Kindheit am Niederrhein

Kindheit am Niederrhein

Geburt – Erziehung – Schule – Spielwelten

Herausgegeben: Verein für Heimatpflege e.V. Viersen

Sammlung und Text Helena Siemes
Transkription der Noten und Liedsätze Gerd Philips

Mercator-Verlag

Dieses Buch entstand mit
freundlicher Unterstützung der

Nordrhein-Westfalen-Stiftung
Naturschutz, Heimat-und Kulturpflege

und des Landschaftsverbandes Rheinland, Köln

Bibliografische Information Der Deutschen Bibliothek

Die Deutsche Bibliothek verzeichnet diese Publikation in der
Deutschen Nationalbibliografie; detaillierte bibliografische
Daten sind im Internet über http://dnb.ddb.de abrufbar.

Teil I – Kinderwelten

Teil II – Spielwelten

Teil III – Der Ernst des Lebens

Teil IV – Nonsens und Absurdes

Teil V – Skatologisches

Teil VI – Kinder und Jugendliche in Kriegszeiten

Ein Wort zuvor

Impuls und Anstoß zur Entstehung auch dieses Buches gab mir meine Mutter Katharina Siemes, geb. Höfer (Jg. 1904). Dank ihres ungewöhnlichen Gedächtnisses und ihrer Freude am Erzählen teilte sie mir einen großen Schatz von Versen, Liedchen, Spielen, Spruchweisheiten, damaligen Lebensgewohnheiten und Lebensumständen mit, die ich aufschrieb. Damit wurde ein breites Fundament gelegt insbesondere für das vorliegende Buch „Kindheit am Niederrhein".

Einführung

Insgesamt kann ich auf mehr als 30 Jahre (ca. 1970 bis heute) Sammeltätigkeit zurückblicken, die mit Notizen auf Karteikarten begann und zuletzt mit Interviews auf Tonkassetten weitergeführt wurde. Doch erst nach dem Ende meiner beruflichen Tätigkeit konnte ich damit beginnen, das angesammelte Material zu verarbeiten.

Die erste Altersgruppe von Gewährspersonen war in den Jahren 1970 bis 1986 im Durchschnitt 65 bis 85 Jahre alt. Die Befragten waren in den Jahren 1885 bis 1910 geboren und hatten die beiden Weltkriege 1914 – 1918 als Kinder und 1939 – 1945 als Erwachsene erlebt. Sie hatten als Jugendliche und junge Erwachsene die politischen Wirren und wirtschaftlichen Notzeiten der Jahre nach dem Ersten Weltkrieg, die Weimarer Republik sowie die Hitlerzeit und den Zweiten Weltkrieg erlebt. Der Zeitraum, auf den sich die Informationen dieser Gewährspersonen bezogen, umspannt die Jahrzehnte von 1894 – 1956, also bis zum Wiederaufbau der Bundesrepublik.
Mit dem Aussterben dieser Generation ist auch das selbst erlebte Wissen um den einstigen Reichtum und die Vielfältigkeit der Spielkultur aus der Zeit vor und nach dem Ersten Weltkrieg untergegangen.

Eine weitere Gruppe von Informanten kam aus den Jahrgängen 1918 – 1930, während eine dritte Informantengruppe, die Jahrgänge 1926 – 1945, zur „Kriegs- und Nachkriegsgeneration" zählt, wozu auch ich selbst gehöre.

Die Mehrzahl der Gewährspersonen stammte aus dem ehemaligen Kreis Kempen-Krefeld sowie dem heutigen Kreis Viersen, aus den Kreisen Mönchengladbach und Krefeld, einige aber auch aus dem ehemaligen Kreis Geldern, jetzt Kreis Kleve. Fast alle Gewährspersonen waren – wie die oben beschriebenen

Gruppen – in kleinstädtisch-ländlicher Umgebung aufgewachsen und entstammten kleinbürgerlichen Großfamilien mit vielen Kindern. Ihre Eltern waren entweder Handwerker, kleine Angestellte und Geschäftsleute oder sie kamen aus bäuerlichen Familien, zuweilen auch aus Arbeiterkreisen (z. B. Weber). Nur wenige Personen kamen aus bürgerlichen Akademiker- oder Beamtenfamilien und hatten eine höhere Schulbildung.

Alle hatten zunächst die Volksschule besucht. Ihre Spielplätze waren in der Regel die Straße, der Schulhof, öffentliche Plätze, Feldwege und Wiesen. Spiele, Verse und Lieder waren noch sehr lebendig. Das Spiel- und Liedrepertoire besonders der ersten Gruppe war nahezu unerschöpflich.

Bei der Befragung dieser Gruppen nach den Spielen ihrer Kindheit nannte die erste Gruppe (Jahrgang 1885 – 1918) vorrangig Gemeinschaftsspiele. Jungen und Mädchen, so hieß es, spielten zwar häufig miteinander bei Versteck- und Nachlaufspielen, hatten aber auch ihre geschlechtsspezifisch eigenen Spiele. Für Mädchen waren dies besonders Kreisspiele, Seilchenspringen, Ball- und Hüpfspiele, für Jungen waren es Gruppenspiele wie z.B. alle Arten von Bockspringen, Murmelspiele, Messerwerfen, „Räuber und Schandits" usw. Industriell angefertigtes und gekauftes „Spielzeug" wurde nur ganz selten erwähnt, meist stellte man es saisonbedingt aus Naturmaterial selber her wie z.B. Blumenkränze, Binsenkörbchen, Kastanienmännchen, Schiffchen aus Nussschalen, Pfeil und Bogen, Weidenflötchen, Steinschleuder etc.

Erwähnenswert ist in den beiden letzten Gruppen die Beobachtung, dass insbesondere weibliche Gewährspersonen, die aus Beamtenfamilien stammten, in der Regel nur Hochdeutsch sprechen konnten und das Plattdeutsche als „ordinäre" und minderwertige Sprache entschieden ablehnten. Sie betonten dementsprechend, keine plattdeutschen Kinderverse oder Spiellieder zu kennen. Im Gegensatz zu den anderen Informanten hatten sie ihre Spielplätze vielfach in den heimischen Gärten oder auf den Schulhöfen während der Unterrichtspausen und relativ selten auf der Straße vor dem Haus. Nach Spielen aus ihrer Kindheit befragt, nannten sie häufig Spiele mit gekauftem, industriell gefertigtem Spielzeug wie z.B. Kaufladen, Puppenstube, Puppen, Puppenwagen, Bälle, Kricket- und Kegelspiele, die im heimischen Garten gespielt wurden. Sie besaßen mechanisches Spielzeug, Zinnsoldaten, Ritterburgen, Diabolos, Wipproller, Holländer, Rollschuhe und Schlittschuhe.

Viele Spiele, die die Zeitzeugen schilderten, wurden von Liedrufen oder Melodien begleitet. Um die vielen Lieder und Melodien von den Tonkassetten zu verschriften, d.h. zu transkribieren und in die entsprechende Notation zu setzen, 13 fand ich in Gerd Philips – wie schon für den Band „Durch das Jahr. Feste und Bräuche am Niederrhein" (2001) – einen kompetenten Musiker, der sich in dem Thema Volkslied und Volksmusik bestens auskennt.

Die Schreibweise und die Aussprache mundartlicher Wörter

Aus drucktechnischen Gründen ist es nicht möglich, die Mundarttexte mit Hilfe der Rheinischen Dokumenta les- und hörbar zu machen. Dennoch gilt grundsätzlich wie auch in dem Band „Durch das Jahr – Feste und Bräuche am Niederrhein" der Grundsatz: Man schreibt, wie man spricht, „man schraipt, wi man schpricht".

Deshalb wurde in der Schreibung für den Kreis Viersen zu folgenden Hilfen gegriffen:

Der hochdeutsche Laut „ei" wird ähnlich wie „ay" im englischen Wort „day" (Tag) ausgesprochen, z.B. „Heei wörrd nett lang Kemmelai jèmäkkt" (hier werden nicht viel Umstände gemacht).

Lange gedehnte Vokale werden – wie in der Rheinischen Dokumenta – verdoppelt (z.B. Boom – Baum). Anders als in der Rheinischen Dokumenta werden aber nach allen kurz ausgesprochenen Vokalen die darauf folgenden Konsonanten verdoppelt wie z.B. „Moddèr" (Mutter) oder „inn datt Döppè" (in dem Topf). Das sog. abgeschwächte Murmel-„e" wird durch einen Accent grave kenntlich gemacht wie z.B. „dèr Fattèr" (der Vater) oder „kleenè Kengèr" (kleine Kinder).

Der Laut „ai" entspricht dem hochdeutschen Laut „ei", wie z.B. in dem Wort „Oosterai" (Osterei).

Die Konsonanten „sp", „st", „z", „qu" und „x" werden folgendermaßen geschrieben:

sp = schp: „Schpats" (Spatz),
st = scht: „Schtain" (Stein), „schtärèvè" (sterben),
z = ts: „Tsokkerwaatér" (Zuckerwasser),
qu = kw: „kwoed" (böse), „kwaaken" (quaken),
x = ks: „Häkks" (Hexe).

Der Vokal „o" mit Accent circonflex, „ô", wird ähnlich gesprochen wie im Englischen der „a"-Laut, z.B. in den Wörtern „wall" (Mauer), „water" (Wasser) oder „to call" (sprechen).

Alle Texte des nördlichen Niederrheins aus den Kreisen Kleve und Wesel wie z.B. Straelen, Geldern, Kevelaer, Kleve, Rees, Xanten, Duisburg und Moers wurden – sofern sie Sammlungen entnommen sind – in der vorgefundenen originalen Schreibweise belassen.

Die Wind- oder Wetterfähnchen – ein neuer Volksbrauch?

Wetterfahnen, Fahnenstangenhalter und Zunftsymbole, aber auch Aushängeschilder und Schattenfiguren aus dem 19. Jh. begleiten motivisch alle Texte.
Wetterfahnen auf Kirchtürmen sind von alters her bekannt, auf katholischen Kirchen ist es der Hahn, der Hahn als Ankündiger des Tages und als Weckrufer, aber auch als derjenige, der die Gläubigen zur Wachsamkeit mahnt, der dreimal krähte, als Petrus den Herrn verleugnete. Auf evangelischen Kirchen findet man zuweilen einen Schwan, am Niederrhein jedoch öfter den Engel mit Posaune, der sich auf eine bestimmte Stelle in der Bibel bezieht. Viel später bürgerten sich Hauswappen ein wie solche, mit denen in früheren Zeiten Adelsgeschlechter ihre Burg- und Schlosstürme schmückten.
Heute erfreuen sich Wind- oder Wetterfahnen am gesamten Niederrhein wieder besonderer Beliebtheit. Auffallend ist die große Anzahl von Hähnen auf Häusern, die m.E. kaum an die religiöse Tradition anknüpfen. Möglicherweise sieht man sie als Wetterhähne im Sinne des Volksspruches: „Kräht der Hahn auf dem Mist, dreht sich das Wetter oder es bleibt, wie es ist." Windfahnen mit ihren unterschiedlichen Motiven sind am gesamten Niederrhein sozusagen zu einem neuen Volksbrauch geworden. Sie signalisieren zuweilen, unter welchen Sternbildern die jeweiligen Hausbewohner geboren sind: Schütze, Steinbock, Widder, Löwe usw. Nicht wenige Niederrheiner lassen ihr Haus von einem Engel beschützen. In der Regel geben die Wetterfahnen aber Auskunft über die jeweilige Vorliebe des Hausbewohners: Jäger mit Hund und Gewehr, Pferde, Reiter, Katzen, Tauben, Vögel, Gänse, Kraniche, Fische, Paare und Tanzpaare, spielende Kinder, Max und Moritz, Hexen auf Besenstielen usw. Außerdem weisen sie häufig auf die berufliche Tätigkeit des Hausbesitzers hin, auf den Schmied am Amboss, den Gärtner mit Pflanzen, den Bauern mit Pferd und Pflug, den Müller mit Wasser- oder Windmühle, den Schornsteinfeger mit der Leiter, wobei auch typisches Handwerkszeug oder Handwerkssymbole vorkommen wie Hobel (Schreiner), Zirkel (Architekt), Amboss oder z.B. das Innungssymbol der Metzger in Viersen (Lamm mit Kreuzfahne). Ein eleganter Storch auf dem Giebel zeigte viele Jahrzehnte in Viersen eine gynäkologische Arztpraxis an.
Auf Bauernhöfen geben entsprechende Windfahnen auf Scheunen oder Ställen Auskunft darüber, welchen Schwerpunkt der landwirtschaftliche Betrieb hat: z.B. Kuh mit oder ohne Kälbchen, Bulle, Schwein, Pferd, Schaf mit Lämmchen oder Gänse. Reiterhöfe und Pferdeliebhaber sind an einem schreitenden, trabenden oder galoppierenden Pferd erkennbar.

Eine Sonderstellung nimmt der Viersener Stadtteil Dülken ein. Hier sind es vor allem Mondsicheln, Mühlen, Narren und Steckenpferde als Fahnenstangenhalter oder Windfahnen, die als Symbole der Dülkener Narrenmühle und der Narrenakademie von einem fast flächendeckenden Lokalpatriotismus zeugen.

Die Ilustrationen

Viele Fotos wurden mir von Privatpersonen leihweise überlassen. Ganz besonders möchte ich Frau Margarete Löckertz aus Overhetfeld, Herrn Josef Bongartz aus Elmpt, Herrn Hans Josef Drießen (†2004) aus Winnekendonk, Herrn Josef Boßmann aus Kalkar und Frau Therese Frauenrath aus Mönchengladbach danken.

Ebenso gilt mein Dank Herrn Dr. Eugen Gerritz aus Krefeld, der mir freundlicherweise eine Vielzahl niederländischer Kacheln mit Spielmotiven aus dem 17. Jahrhundert aus seiner umfangreichen Privatsammlung zur Verfügung gestellt hat. Zuletzt gilt mein besonderer Dank Frau Erdme Steinhorst, die viele Zeichnungen zu den Spielen anfertigte und unermüdlich beim Korrekturlesen half.

Helena Siemes

Viersen, im Oktober 2005

Teil I – Kinderwelten

Auf die Welt gekommen

Das Geheimnis der Geburt

Die Geburt eines Kindes war für Kinder ein geheimnisvoller Vorgang. Für die Zeit vor der Geburt wurde dem kindlichen Gemüt vermittelt, dass die ungeborenen Kinder bis zu ihrer Geburt im Wasser leben, in einer Quelle oder in einem Brunnen. Das Bild des Wassers als Inbegriff der Fruchtbarkeit ist in vielen Kulturen bekannt. Als Beispiel sei „*ètt Hellijèpöttschè*" auf den *Süchtelner* Höhen genannt:

In *Süchteln* auf dem Heiligenberg[1] unterhalb der Irmgardiskapelle befindet sich eine heute versiegte Quelle, im Volksmund genannt „*ètt Hellijèpöttschè*", aus dem, wie die Kinder glaubten, die Neugeborenen kämen bzw. geholt würden. Es war ein frommer Brauch, dass eine Familie mit Kindern während der Schwangerschaft eine Pilgerfahrt dorthin machte. Die Kinder nahmen ein kleines Stückchen Honigkuchen, „*è Möppkè*", oder ein Stückchen Würfelzucker mit und warfen es voller Andacht betend ins Wasser. Die ungeborenen Kinder sollten sich tief unten auf dem Grund des Wassers befinden. Dasjenige unter ihnen, das ein Zucker- oder Honigkuchenstückchen erhaschte, werde das zukünftige Brüderchen oder Schwesterchen sein. Manche Kinder glaubten, es sei die Hebamme, die, immer wenn sie mit ihrem geheimnisvollen „Hebammenkörfferchen" zu einer Entbindung ins Haus kam, das Neugeborene darin mitbrächte.

„Auf dem Heiligenberg (in *Süchteln*, d. V.) also werden die Kinder ‚bestellt', und wenn es an der Zeit ist, dann holt die *‚Kengkèstannt'* (Kindertante, Hebamme) sie ab und bringt sie der Mutter ins Haus. Wie das alles zuging, das haben wir Kinder nie ergründen können. Aber wir wussten, wenn die ‚Tante' mit ihrem Deckelkörbchen in einem Nachbarhaus verschwand, dass dann dort ein freudiges Ereignis zu erwarten war. Wir liefen ihr heimlich nach und baten inständig, doch auch uns ein Brüderchen oder Schwesterchen zu bringen. Aber wir haben es auch heimlich versucht, selber ein Kindchen aus dem ‚Pöttschèn'-Brunnen zu angeln. Eine lange Schnur, an deren unterem Ende ein Stück Pfefferkuchen festgebunden war, wurde ins Wasser hinabgelassen. Wir lagen dabei auf dem Bauch, um gleich die geringste Bewegung des Wassers erspähen zu können. Ähnliche Versuche sind wohl mehrfach unternommen worden. Vielleicht haben auch zuweilen böse Buben, die an das Wunder des ‚Pöttschèns' nicht glaubten, Steine hinabgeworfen. Die Verwaltung der Stadt *Süchteln* sah sich veranlasst, ein Gitter vor das ‚Pöttschèn' machen zu lassen. Jetzt kann man gar nicht mehr bis aufs Wasser sehen."[2]

Es gab mehrere Quellorte wie auf dem Heiligenberg in *Süchteln*: In *Köln* holte man die Kinder aus dem „Kunnibetspütt", wo sie mit der Muttergottes zusammensitzen, die sie mit Brei aus goldenen Löffeln füttert. [3] In *Herongen* kamen sie aus dem „Amanduspütt", in *Fischeln* aus dem „Pastourschdyk", und in *Uerdingen* holte die weise Frau sie aus den hohlen Weiden auf der *Mündelsheimer* Seite oder aus der *Linnschen* „Elt". [4] Vereinzelt wurden sie aber auch hinter dem Palmstrauch (Buchsbaum) in *Born* geholt. [5] Dieser mythische Glaube ist vermutlich eine ferne Erinnerung an nicht mehr gewusste uralte Quellopfer aus der Vorzeit. [6] Heutige Kinder sind aufgeklärt und haben ein detailliertes Wissen über Zeugung und Geburt. Es gibt kein Geheimnis mehr um die Geburt des Menschen. Der Kinderpsychotherapeut Bruno Bettelheim bedauert die frühzeitige Aufklärung und im Zusammenhang damit, dass die Gestalten des Nikolaus und des Hans Muff ebenso rational viel zu früh den Kindern erklärt würden. Er argumentiert, dass das Erleben des Geheimnisvollen in der frühkindlichen Phase für die gesamte Entwicklung und Reifung des jungen Menschen von großer Wichtigkeit sei. [7]

Neben dem Glauben, dass alles Leben aus dem Wasser entsteht, und neben dem Glauben, die Hebamme bringe die Kinder ins Haus, hat sich im Laufe des 19. Jh.s der in der Romantik aufkommende Glaube an den Storch als Glücks- und Kinderbringer entwickelt. Auch hier gibt es alte Wurzeln für diesen Glauben, der möglicherweise darauf beruht, dass der Storch als Vogel, der jedes Jahr im Frühling zurückkehrt, in der christlichen Symbolik als Sinnbild der Auferstehung Christi galt. Dazu kommt, dass der Storch als Lebensbringer dem Haus, auf dem er nistet, und allen Bewohnern zugleich Heil und Segen bringt. [8] Wenn die Mutter im Kindsbett lag, hieß es: „Der Storch hat sie ins Bein gebissen." [9] Erblickten die Kinder einen Storch, so sangen sie im *Klever* Land:

Nr. 1

Euver, Euver, Pillepoot,	Adebar, Adebar, Pfeilfuß,
Brengt min een Kindje in de Schoot.	Bring mir ein Kindchen in den Schoß.
Niet te kleen, en niet te groot.	Nicht zu klein und nicht zu groß.
Euver, Euver, Pillepoot.	Adebar, Adebar, Pfeilfuß.

Nr. 2

Euver, Euver, Pillepoot,	Adebar, Adebar, Pfeilfuß,
Woorvan sin ow die Been so rood?	Wovon sind deine Beine so rot?
Dat het den lange Winter gedoon,	Das hat der lange Winter getan,
Dat hej so diep	Weil er so tief

20

In de Schnej most schtoon.	Im Schnee stehen mußte.

Beide aus *Kleve* und Umgebung, Gahlings/Matenaar 1936, 31

Nr. 3

Euver Kläpp, Euver Kläpp,	Klapperstorch, Klapperstorch,
Met de lange Schnäp,	Mit dem langen Schnabel,
Met de lange Been.	Mit den langen Beinen.
Flieg nor ons Hüs,	Flieg zu unserm Haus,
Brengt ons een Söster t´Hüs!	Bring uns eine Schwester
	ins Haus!

Kleve und Umgebung, Gahlings/Matenaar 1936, 31

Nr. 4

Klapperstorch, du Bester,
Bring mir eine Schwester,
Klapperstorch, du Guter,
Bring mir einen Bruder!

mdl. *Viersen* 1972, *Born* 1979

Wetterfahne, Viersen

Nicht immer wurde der reiche Kindersegen von den Geschwistern willkommen geheißen. Dies muss man rückschließen, wenn 1912 ein Vers überliefert wird, der „vor 50 Jahren", also um 1862, noch üblich und inzwischen den Kindern verboten war:

Nr. 5

Euwer, Euwer, Pillepoot!	Storch, Storch, Pfeilfuß!
Steck myn Moder mette Gawel dot!	Stech meine Mutter mit der
	Gabel tot!

Statt des Verbotenen, lautete nun der Ruf:

Nr. 6

Euwer, Euwer, Pillepoot,	Storch, Storch, Pfeilfuß,
Brengt myn Moder en Kindje!	Bring meiner Mutter ein
	Kindchen!

Kleve, Aander/Höfler ZfVK 1912, 63

Jedes neugeborene Kind wurde in der Umgebung von *Viersen* „Pannèschteärts-kè" genannt, solange es noch nicht getauft war. Mit „*Pannèschteärtskè*" wird im Volksmund auch eine Schwanzmeise bezeichnet, eigentlich: Pfannenstielchen. Seinen wirklichen Namen erhält das Kind aber erst durch den Taufakt, womit die Identität von Namen/Bezeichnung und Person/Bezeichnetem vollzogen

21

ist. Der Name ist ein „unveräußerlicher Teil (des Menschen), dessen Bedeutung für das Schicksal des Benannten entscheidend ist und dessen Nennung unmittelbar auf das Benannte einwirkt."[10] „*Pannèschteärtskè*" war folglich ein Tabuname.[11] Diese Bezeichnung soll auf einen alten Volksglauben zurückgehen: Es hieß, so lange das Kind nicht getauft war, sei es Gefährdungen durch böse Geister, Hexen und Zauberer ausgesetzt. Wenn die Familie aber im Hause nur den Decknamen „*Pannèschteärtskè*" benutze, könne der Böse das Ungetaufte nicht erkennen, so dass es vor seinen Nachstellungen sicher sei.[12] Wenn die Patin der zu Hause gebliebenen Wöchnerin das Kind nach der Taufe in die Arme legte, sagte sie: „*Wörr hannt è Haidènkengk möttjènoèmè, heij brängè wörr dich è Kresstèkengk wièr.*" – Wir haben ein Heidenkind mitgenommen; hier bringen wir dir ein Christenkind zurück.[13] Früher wurden Kinder wegen der hohen Kindersterblichkeit in den ersten Lebenstagen nach der Geburt getauft. Die Furcht war übergroß, dass das Neugeborene plötzlich ungetauft sterben könnte und dann als unerlöste Seele umherirren müsse. Wie sehr die Menschen unter diesen Ängsten litten, zeigt eine Sage aus *Wachtendonk*.

Die Seelen der ungetauft verstorbenen Kleinkinder, die unerlöst nach der Taufe verlangten, wurden in *Korschenbroich* „*Füürmänn*", Irrlichter genannt.[14] In *Wachtendonk* hießen sie „*Waslichter*" (Irrlichter).

Einst, so heißt es in der Sage aus *Wachtendonk*, musste ein Geistlicher (abends) über eine Brücke gehen, als ein „*Waslicht*" ganz dicht an ihn heran kam. Aus Mitleid taufte er es, und sofort umringten ihn so viele „Waslichter", dass er mit dem Taufen nicht zu Ende kommen konnte.[15]

Auch Krankheit und Tod blieben den Kindern nicht fremd. Wenn jemand im Sterben lag, hieß es „*dä ess ann-t hemmèlè*" – er liegt im Sterben (er ist im Begriff, in den Himmel einzugehen) oder „*dä deet dè Rees*" – er macht sich auf die Reise (in die Ewigkeit). Diese Formulierungen drücken den tiefen Glauben an die Gewissheit eines Lebens nach dem Tod aus. War jemand gestorben, dann „gingen Angehörige zum Lehrer und baten ihn, einige Kinder zum Beten der Stationen zu schicken."[16] Dies konnten Nachbarschaftskreuze und oft die sieben Fußfälle sein. Für ihre Fürbitten erhielten die Kinder eine kleine Vergütung, die aus ein paar Pfennigen oder einem Brötchen bestand.[17]

Wer in der Familie starb, wurde im Haus drei Tage lang aufgebahrt. Die Nachbarn kamen ins Sterbehaus, um am Sarg des Toten Abschied von ihm zu nehmen. Nicht anders, jedoch auf ihre Art, taten es die Kinder. Starb ein Kind, so „schmückten" es die Nachbarskinder: Sie pflückten Blumen oder Grün und wanden daraus ein Kränzchen, das dem verstorbenen Kind auf den Kopf gesetzt wurde. War es schon mit zur Kommunion gegangen, so setzte man ihm das Kommunionkränzchen auf. Jedes Kind brachte außerdem ein Heiligenbildchen mit, das auf den offenen Sarg gelegt wurde.[18] Es kam auch vor, wie z.B. in *Dilkrath*, dass sechs Kinder den Sarg eines gleichaltrigen verstorbenen Kindes von der

Friedhofskapelle bis zum Grab trugen. Es war für sie jedoch eine solche Kraftanstrengung, dass Erwachsene helfen mussten.[19] Wenn ein Erwachsener im Sterben lag, fanden sich z.B. um 1915 in *Viersen* 11- bis 12-jährige Mädchen zusammen, um am Nachbarschaftskreuz, an Wegekreuzen oder Kreuzen in der Kirche für den Sterbenden zu beten. Zuweilen war es auch vorgeschrieben, dass es sieben oder 14 Mädchen sein mussten, die zu den Stationen der sieben Fußfälle pilgerten. Fußfälle gab es z.B. in *Kalkar, Hinsbeck, Lobberich, Süchteln, Fischeln, Osterath, Kaarst, Vorst, Korschenbroich, Willich, Anrath, Klein Jerusalem, St.Tönis, Hüls, Tönisberg, St. Hubert, Uerdingen, Linn* u.a.m.

Es ist aus der Zeit um 1910 überliefert, dass Jungen und Mädchen für einen Sterbenden zu Fuß von *Viersen* nach *Dülken,* dat *„Bejinnè Plängskè"* pilgerten,[20] den Weg zur im Jahre 1871 erbauten und im Jahre 2002 renovierten Marienkapelle in der St. Corneliuskirche. (Die ursprüngliche Kapelle stand außerhalb der Kirche. Aus ihr stammen noch die Marienstatue und die Tabernakeltür, beide aus dem 15. Jh.)

Das Gebet der Mädchen begann mit dem apostolischen Glaubensbekenntnis. Es folgten die „Fünf Wunden" und die Gesätze des schmerzhaften Rosenkranzes mit dem Zusatz: „Herr, gib dem Kranken, was ihm selig ist, nimm ab, was ihm schädig ist."[21] Wenn die Mädchen den Toten aufsuchten, legte jedes Kind, wie auch beim Tod eines Kindes, ein Heiligenbildchen auf ihn, so dass der Sarg zuletzt ganz damit bedeckt war. Als Dank dafür bekamen sie von den Angehörigen „è Klömmpkè" – ein Bonbon oder eine ähnliche Kleinigkeit.[22]

1) Vgl. Siemes/Philips 2001, 240 ff 2) Agnes Neef-Winz an den Reichssender Köln, 14. Juni 1938: Zu Ihrer Sendung vom 13. Juni 1938: „Wir suchen und sammeln", Nachlass Neef-Winz, Viersen 3) Siemes/Philips 1995, 57 4) Heckmanns 1930, 158 5) Röttgen/Strick 2001, 202 6) Schauerte 1967, 42 7) Bettelheim 1989 8) Heinz-Mohr 1976, 278 9) Aander/Höflich 1912, 63 10) HDA VI, 95 11) vgl. Siemes/Philips 2001, 145 f 12) Hahnen HKK 1954, 76 13) Neef-Winz 1984, 8 14) NGF 1880, 167 15) vgl. auch: V. Huyskens. In: Der Niederrhein, 1878, Nr. 8; übern. bei: Nießen 1911, 42 16) Heckmanns/Fischer 1921, 30 17) Heckmanns-Fischer ebd. 18) mdl. Overhetfeld 1982 19) mdl. Dilkrath 1999 20) Nachlass Neef-Winz, Viersen; mdl. Viersen u. mdl. Dülken 1989 21) mdl. Viersen 1970 22) mdl. Viersen 1970

Literatur

Aander, Heid und Max Höfler, Aus dem Cleveschen. ZfVK 9. Jg. 1912 (Aander/Höfler 1912)

Bächtold-Stäubli, Hanns, Handwörterbuch des deutschen Aberglaubens, Bd. I–X, unter Mitwirkg. von Eduard Hoffmann-Krayer, Unveränd. Fotomechan. Nachdruck von 1935, Berlin 1986 (HDA VI)

Bettelheim, Bruno, Ein Leben für Kinder. 1989 (Bettelheim 1989), Kinder brauchen Märchen, Stuttgart 1977 (Bettelheim 1977)

Gahlings, Karl und Franz Matenaar, Lieder und Sprüche aus dem Leben und Brauchtum am Niederrhein, Kleve 1936 (Gahlings/Matenaar 1936)

Hahnen, Fr., Heimatliches Brauchtum. In: Heimatbuch des Grenzkreises Kempen-Krefeld, 1954 (Hahnen HKK 1954)

Heckmanns, Franz, Alt-Uerdinger Brauch. In: Die Heimat, Krefeld 1930 (Heckmanns 1930)

Heckmanns, Franz und Paul Fischer, Die sieben Fußfälle. Eine alte Volksandacht, unter besonderer Berücksichtigung der Fußfälle der Umgebung Krefelds, Hüls, Krefeld 1921 (Heckmanns/Fischer 1921)

HDA = Handwörterbuch des deutschen Aberglaubens VI

HKK = Heimatbuch des Grenzkreises Kempen-Krefeld 1954

Heinz-Mohr, Gerd, Lexikon der Symbole. Bilder und Zeichen der christlichen Kunst, 4. Düsseldorf, Köln 1976 (Heinz-Mohr 1976)

Müller Josef, Hg., Rheinisches Wörterbuch, Bd. I – IX. Berlin, Bonn 1928-1971 zu: „Pfannenstielchen" (RWB VI)

Neef-Winz, Agnes, An den Reichssender Köln, 14. Juni 1938 (Nachlass Neef-Winz, Viersen)

Neef-Winz, Agnes, Agnes Neef-Winz zum 100. Geburtstag. Hg. Verein für Heimatpflege e.V., Viersen 1984 (Neef-Winz 1984)

NGF = Niederrheinischer Geschichtsfreund (NGF 1880)

Nießen, Josef, Hg., Sagen und Legenden vom Niederrhein. Kempen, 1. Bd. 1909, 2. Bd. 1911, Reprint Wuppertal 1985 (Nießen 1911)

Röttgen, Bernhard, Nachlass in 2 Bänden. Bd. I: Brüggen und Born in schwerer Zeit, Bd. II: Brüggener Sitten und Bräuche, bearb. von Bernhard Röttgen, Pfarrer i. R. in Brüggen Ndrh., erg. und überarb. von Erwin Strick, Brüggen 2001 (Röttgen/Strick 2001)

RWB = Rheinisches Wörterbuch

Schauerte, Heinrich, Volkskundliches zur Taufe. In: Europäische Kulturverflechtungen im Bereich der volkstümlichen Überlieferung. Festschrift zum 65. Geburtstag von Bruno Schiers, Göttingen 1967 (Schauerte 1967)

Siemes, Helena und Gerd Philips, Rheinische Spiele, Reime und Lieder, Aachen und Umgebung, Aachen 1995 (Siemes/Philips 1995)

Siemes, Helena und Gerd Philips, Durch das Jahr, Feste und Bräuche am Niederrhein, Duisburg 2001 (Siemes/Philips 2001)

ZfVK = Zeitschrift des Vereins für rheinische und westfälische Volkskunde

Frömmigkeit: Morgen- und Abendgebete

Der Niederrhein war immer überwiegend katholisch geprägt. Den Kern dieses niederrheinischen Katholizismus hat der in *Uerdingen* geborene Werner Ross kurz und treffend charakterisiert: „Zum rheinischen Katholizismus gehörte es, dass er ganz ohne Erbaulichkeit, ohne frommes Wesen, Innerlichkeit oder Verzückung auskam. Mir fällt eine Anekdote aus späterer Zeit ein. Mein Bruder fragte den Pfarrer seiner Gemeinde, ob der neue Kaplan nicht ein Mystiker sei. Worauf der Pfarrer seelenruhig antwortete: ‚Dä is nit mystisch, dä is jeck!' Frömmigkeit war nicht Inbrunst, sondern Brauch."[1] Das will nichts anderes besagen, als dass alles, was „tè" war, ein „Zu viel" an übertriebenen Äußerlichkeiten, an „Firlefanz", den Menschen bis heute nicht liegt, auch wenn man folgendes Sprichwort aus *Geldern* nicht wörtlich nehmen muss: *Drî mol öm de Kerk gohn ess so gut als ens drin.* – Dreimal um die Kirche herumgehen ist genau so gut wie einmal hinein.[2]

So war auch die religiöse Erziehung der Kinder eine Selbstverständlichkeit, über die nicht viel geredet wurde. Man war tief gläubig und praktizierte die Religion ohne Wenn und Aber. Wer z. B. die weltlichen Gebote nicht beachtete, von dem sagte man verächtlich: *Heä jlöff nett ann Jôtt onn Jèbôtt.* – Er glaubt nicht an Gott und (alle anderen) Gebote. Sinngemäß dasselbe ist mit der doppelten Verneinung gemeint: *Deä jeet nett noa Kirrèk off Kluus.* – Er geht weder zur Kirche noch zur Klause. Der sonntägliche Kirchgang und dazu äußerlich die sonntägliche Kleidung waren somit fester Bestandteil eines Feier- und Ruhetags. Die Kinder waren das Jahr hindurch eingebunden in alle kirchlichen Feste und

Bräuche, an denen sie teilnahmen und nicht unwesentlich mitgestaltend ihren Anteil hatten: Neujahr, der Abschluss der Fastnachtstage durch den Aschermittwoch, die Fastenzeit, der Palmsonntag, die Karwoche, das Osterfest als Höhepunkt im Frühjahr, im Herbst die Kinderfeste St. Martin und St. Nikolaus, im Winter die Vorbereitung auf Weihnachten, schließlich das Christfest als zweiter Höhepunkt des Jahres. Wallfahrten zur Gotthardus-Oktav nach Vorst, nach Kevelaer usw. waren für Kinder von 11 bis 12 Jahren immer ein besonderes Erlebnis. Zudem besuchte jedes Kind neben der sonntäglichen Messe auch am Nachmittag um 15.00 Uhr die Christenlehre, im Volksmund „Kinderandacht" genannt.

Wie es in einer Familie mit vielen Kindern vor der Schulmesse, die täglich stattfand, um ca. 1920 zuging, schildert ein Gewährsmann aus *Heinsberg*:

„Jeden Morgen mussten wir mit Holzschuhen zur Messe. Wir gingen nüchtern zur Kirche (vor dem Konzil von 1961, d. V.). Die Holzschuhe mussten wir zuvor in der Halle (unter dem Turm) ausziehen. Auf Filzschlüppchen gingen wir nach vorn. Wer zu spät kam, der mußte auf den Fliesen stehen bleiben. Wer dann keine Schlüppchen an hatte, bekam kalte Füße. Nach der Messe herrschte in der Halle ständig großes Durcheinander, bis jeder seine eigenen Holzschuhe gefunden hatte."

Zum täglichen festen Ritual gehörte auch das Abendgebet in den Familien, das gemeinsam und kniend im Zimmer verrichtet wurde. Auch morgens betete (meist) die Mutter mit den Kindern. Diese konnten sich sicher und behütet fühlen, wenn die Mutter sie morgens mit einem Segenswunsch zum Spielen aus dem Haus ließ oder sie zur Schule schickte:

Nr. 7

Mutter:	*Wi jees-dè?*	Wie gehst du?
Kind:	*Enn Jôddès Naam.*	In Gottes Namen.
Mutter:	*Schuttsängèl bèwaar dich!*	Schutzengel bewahre dich!
	Aamèn.	Amen.

Auch sprach das Kind vor dem Verlassen des Hauses ein kurzes Gebet, während die Mutter ihm ein Kreuz auf die Stirne zeichnete:

Wetterfahne, Viersen

25

Nr. 8

> *Heiliger Schutzengel mein,*
> *Laß' mich dir anbefohlen sein!*
> *In allen Nöten steh mir bei*
> *Und halte mich von Sünden frei.*
> *An diesem Tag, ich bitte dich,*
> *Beschütze und bewahre mich.*
> *Amen.*

mdl. *Viersen* 1980, *Köln.* vgl. Becker 1920, 66: Hellje Schutzengel ming, / Loß mich dir anbefolle sin. / Driev mich an zo Joddes Ehr, / Wend av vun mer alle böse Lehr

Das Gefühl, beschützt und geborgen zu sein, wurde zusätzlich verstärkt durch ein kleines, rundes Schutzengel-Skapulierchen (ein kleines Medaillon), das mit einer Sicherheitsnadel am Hemdchen des Kindes befestigt war und das es immer bei sich trug.[3] Wie wichtig das Gefühl der Geborgenheit für Kinder ist, betont der Kinderpsychotherapeut Bettelheim: „Da die Eltern über das Kind wachen … und es mit allem versorgen,

Wetterfahne,
Kempen-St. Hubert

was es braucht, glaubt es auch auf völlig natürliche Weise, dass ein ihnen ähnliches, nur sehr viel mächtigeres, intelligenteres und zuverlässigeres Wesen – ein Schutzengel – draußen in der Welt am Werk ist … Wer solche bildlichen Schutzvorstellungen als bloße kindische Projektionen eines unreifen Geistes abwertet, entzieht dem kleinen Kind einen Teil der langdauernden Sicherheit und Fürsorge, deren es bedarf."[4]
Beim Zubettbringen entwickelte sich folgender Dialog zwischen Mutter und Kind:

Nr. 9

Mutter:	*Wi schlöpps-dè?*	Wie schläfst du?
Kind:	*Enn Jôddès Naam.*	In Gottes Namen.
Mutter:	*Weä vèrweärt dich?*	Wer behütet dich?
Kind:	*Dè liibè Mottèr Jôddès*	Die liebe Gottesmutter
	Onn deä hellijè Schuttsängèl.	Und der heilige Schutzengel.
	Aamèn.	Amen.

mdl. *Viersen* 1981

Zum täglichen Abendgebet gehörte auch das Gebet für die Eltern, dessen vier Zeilen kurz und prägnant waren. Zwei Kindergebete aus *Viersen:*

Nr. 10

> *Die Eltern mein empfehl ich dir,*
> *Behüte, lieber Gott, sie mir!*
> *Vergilt, o Herr, weil ich's nicht kann,*
> *Das Gute, das sie mir getan.*
> *Amen.*

mdl. *Viersen* 1972 Neef-Winz 1941, allgem. bekannt, vgl. Die Heimat 1924, Jg. 3, 28

Eine Anzahl von Kindergebeten ist im Laufe der Jahrhunderte volkstümlich geworden. Es sind besonders Texte, die die Mutter mit den Kindern beim Zu-bettbringen betete. [5]

Nr. 11

> *Heär, ech bönn kleen,*   Herr, ich bin klein,
> *Minn Härrtschèn öss reen,*   Mein Herz ist rein,
> *Soll nièmès enn woènèn*   Soll niemand darin wohnen
> *Äs Jesus alleen.*   Als Jesus allein.
> *Jesus enn minn Härrtschè,*   Jesus in meinem Herzchen,
> *Maria enn minnè Senn,*   Maria in meinem Sinn,
> *Enn dè söötè Naamè Jesus schloèp* Im süßen Namen Jesu schlaf
> *ech enn.*   ich ein.

Viersen, Neef-Winz 1941

Nr. 12

> *Lieven Heer, ek sin klein,*   Lieber Herr, ich bin klein,
> *Min Hortje es rein,*   Mein Herz ist rein,
> *Sal niemes drin woone*   Es soll niemand darin wohnen
> *As Jesus, Maria en Joosep.*   Als Jesus, Maria und Joseph.
> *Jesus in min Hortje,*   Jesus in meinem Herzchen,
> *Maria in minne Sen,*   Maria in meinem Sinn,
> *Joosep, den sal wakke,*   Joseph, der soll wachen,
> *Wän ek in't Bedje sin.*   Wenn ich im Bettchen bin.

Kleve Gahlings/Matenaar 1936, 140, am Niederrhein weit verbreitet

In der späteren hochdeutschen „Kurzfassung" blieben nur die ersten vier Zeilen erhalten. Die Zeilen 5 bis 8, die die ersten vier Zeilen gedanklich entschieden vertiefen, fehlen hier. In einer solchen Verkürzung ist der Vierzeiler flach und banal und bietet in unserer Zeit immer wieder Anlass für Spott und Verballhornung. Enzenzberger bezeichnet ihn sogar als „das von Erwachsenen eingeschwärzte Falschgeld des Gefühls". [6]

Nr. 13

Ich bin klein,
Mein Herz ist rein,
Soll niemand drin wohnen
Als Jesus allein.

mdl. *Viersen* und Umgebung, vgl. Lewalter/Schläger 1911, 30, Nr. 73, vgl. in Köln: Becker 1910, 66

Nr. 14

Ik will nou liggen und schlope,	Ich will mich nun hinlegen und schlafen,
Mi op dän liwen Gott verlote,	Mich auf den lieben Gott verlassen,
Wenn mi den bitteren Duad öwerküam,	Wenn mich der bittere Tod überraschte,
Dat mi dän liwe Gott	Dass der liebe Gott mich
In dän Himmel nüam.	In den Himmel nähme.

Mülheim a. d. Ruhr, Klewer 1901, 94

Nr. 15

Hier lek ek aß es Kuh,	Hier liege ich wie eine Kuh,
Nou süht osen Herrgott tu,	Nun sieht unser Herrgott zu,
Datt megg den Düwel lätt en Ruh.	Dass mich der Teufel lässt in Ruh.

Moers, Krach 1924, 80

Nr. 16

Ek bönn en Kendschen so klein,	Ich bin ein kleines Kind,
Ek drag minn Krützken allein;	Ich trage mein Kreuzchen allein;
Ek woll so geern no dem Hemmel fahren,	Ich möchte so gern zum Himmel gehen,
Ek woll minn Vaadersch Huus bewahren.	Ich möchte meines Vaters Haus behüten.

Moers Krach 1924, 80

Nr. 17

Liewen Heer,	Lieber Herr,
Komm von boven här,	Komm von oben herab,
Geef mech Koß on Kleär,	Gib mir Nahrung und Kleidung,
Hemmelriek, Amen!	Das Himmelreich, Amen!
On dann niet mehr, Amen!	Und nichts weiter, Amen!

Moers Firmenich I, 396 f.

In allen Regionen Deutschlands war das Gebet „Abends, wenn ich schlafen geh" bekannt. Es steht sowohl in der Sammlung von Achim von Arnim und Clemens von Brentano[7] mit dem Titel „Des Knaben Wunderhorn" als auch in der Sammlung der Brüder Grimm „Im Himmel steht ein Baum".[8] Jakob Grimm hatte es am 2. September 1806 mit zwei Volksliedaufzeichnungen seines Bruders Wilhelm unter den Titeln „Abendgebät" und „Todesgebät" an Clemens von Brentano geschickt. Zur Herkunft bemerkte er: „Beide von unserer Magd mündlich gehört, die sie von ihrer Großmutter weiß." Heinz Rölleke, Herausgeber und Kommentator der „Wiegen- und Kinderlieder" der Brüder Grimm, bemerkt dazu: „Obwohl beide Lieder wohl (auch) als Sterbelieder auffaßbar sind, (vgl. vor allem die Schlusszeilen des Abendgebets und Parallelüberlieferungen mit dem Titel „Seliger Tod"), nahm Brentano dies in die Kinderlieder des „Wunderhorns" (27 b) auf." Er „änderte" Vers 2, der heißt „mit mir gehn" (gemeint ist am Ende des Lebens: in das Himmelreich) zu „bei mir stehn" (damit ist gemeint beim abendlichen Einschlafen). Jakob Grimm ordnete daraufhin an, die Abschrift in die „Wiegen- und Kinderlieder" einzuordnen. So wurde durch diese Veränderung aus dem Sterbegebet ein Abendgebet, das durch die Sammlung „Des Knaben Wunderhorn" im deutschsprachigen Raum bekannt und beliebt wurde.[9]

Nr. 18

Abends, wenn ich schlafen geh,
Vierzehn Englein bei mir stehn:
Zwei zu meiner Rechten
Zwei zu meiner Linken,
Zwei zu meinem Haupte,
Zwei zu meinen Füßen,
Zwei, die mich wecken,
Zwei, die mich decken,
Zwei, die mich weisen
In das himmlische Paradeis.
Amen.

Wetterfahne von
Ewald Mataré, Viersen

mdl. *Viersen* 1975, vgl. Köln: Werner 1961, 37, s. Kommentar Nr. 18, vgl. den Kommentar bei Lewalter/Schläger 1911, 288/89, Nr. 76

Nr. 19

En wôôr ek gôn en wôôr ek stôn,   Und wo ich geh und wo ich steh,
Vertien Engeltjes met min gon.   Vierzehn Englein mit mir gehn.
Twee an min Koppenend,   Zwei an meinem Kopfende,
Twee an min Futtenend,   Zwei an meinem Fußende,
Twee an min rêchte Sid,   Zwei zu meiner rechten Seite,

Twee an min lenke Sid,	Zwei zu meiner linken Seite,
Twee, die min dekke,	Zwei, die mich decken,
Twee, die min wêkke,	Zwei, die mich wecken,
En twee, die min wiese	Und zwei, die mich weisen
In't hemelse Paradiese.	In das himmlische Paradies.

Kleve, Gahlings/Matenaar 1936, 141

Die *niederländische* Fassung zeigt die grenzüberschreitende Verbreitung dieses Gebetes:

Nr. 20

S'Avonds, als ik slapen ga,	Abends, wenn ich schlafen geh,
Volgen me zestien engeltjes na.	Folgen mir sechzehn Englein nach.
Twee aan mijn hoffdeneind,	Zwei an meinem Kopfende,
Twee aan mijn voeteneind,	Zwei an meinem Fußende,
Twee aan mijn rechterzij,	Zwei an meiner rechten Seite,
Twee aan mijn linkerzij,	Zwei an meiner linken Seite,
Twee, die mij dekken,	Zwei, die mich decken,
Twee, die mij wekken,	Zwei, die mich wecken,
Twee, die mij leeren	Zwei, die mich lehren
Den weg des Heeren,	Den Weg des Herrn,
Twee, die mij wijzen	Zwei, die mich weisen
Naar s'hemels paradijzen.	Ins himmlische Paradies.

Limburg NL, van Vloten, 4. 1978, 1894, 171

Am Ende des 19. Jh.s erlangte das Gebet noch einmal besondere Verbreitung durch die volksliedhafte Vertonung in der Märchenoper „Hänsel und Gretel" von Engelbert Humperdinck.

Wetterfahne, Kevelaer

Nr. 21 Abends will ich schlafen gehn

Abendsegen

A - bends will ich schla - fen gehn, vier - zehn En - gel um mich stehn:

zwei zu mei - nen Häup-ten, zwei zu mei - nen Fü - ßen,

zwei zu mei-ner Rech-ten, zwei zu mei-ner Lin-ken,

zwei-e, die mich de-cken, zwei-e, die mich we-cken,

zwei-e, die mich wei-sen zu Him-mels Pa-ra-dei - sen.

Text: nach Adelheid Wette, Melodie: Engelbert Humperdinck, s. Kommentar Nr. 18

Nr. 22

Enn dèr Hemmèl schteet ennè Boom,	Im Himmel steht ein Baum,
Doèdraan hang ich minnè Droom,	Daran häng ich meinen Traum,
Doèdraan hang ich minnè Senn,	Daran häng ich meinen Sinn, (Gemüt)
In Jôddès Naamè schloap ich enn.	In Gottes Namen schlaf ich ein.

Viersen, Nachlass Neef-Winz, weit verbreitet am ganzen Niederrhein, s. Kommentar Nr. 22 und Nr. 23

Daneben gab es auch die hochdeutsche Fassung:

Nr. 23

Im Himmel steht ein goldner Baum,	*Wetterfahne,*
Daran häng ich meinen Traum,	*Kempen-St. Hubert*
Daran befehl ich meinen Sinn,	
Im süßen Namen Jesu geh ich hin.	

mdl. *Neuwerk* 1981, vgl. Wehrhan 1909, 33, Z. 3: „Dahin leg ich meine Sünd", s. Kommentar Nr. 22 und Nr. 23

Nr. 24

Wän ek op min Bedje trêêj,	Wenn ich in mein Bettchen geh,
Trêêj ek op Marias Stêêj.	Sitze (eigentlich: trete) ich auf Marias Schoß.
Maria es min Mooder,	Maria ist meine Mutter,
Johannes es min Brooder,	Johannes ist mein Bruder,
Jesus es min Geleidersmann,	Jesus ist mein Begleiter,
Den min de Weg wêl wiese kann.	Der mir den rechten Weg wohl weisen kann.

Kleve, Gahlings/Matenaar, 140, fast gleichlautend mdl. *Viersen* 1978: Wänn ech enn minn Bättschè treän,/Treän ech inn Marias Schuèt./Maria öss minn Moddèr,/Johannes öss minnè Broèr,/Jesus (oder tsinnt Juèsepp) öss minnè Jèletts-môôn,/Datt ech inn Rouè schloapè kônn, vgl. *Kleve:* RWB V, 862: Z. 5 – 6: Liefheerke es mine Geleitsmann,/De mej den Weg wall wisen kann (der das „Geleite" gibt), s. Kommentar Nr. 24

Nr. 25

Ek bönn en Kendschen so klein,	Ich bin ein Kindchen, so klein,
Ek drag minn Krützken allein.	Ich trage mein Kreuzchen allein.
Ek woll so geern no dem Hemmel fahren,	Ich wollt so gern zum Himmel fahren,
Ek woll minn Vaadersch Huus bewahren,	Ich wollt meines Vaters Haus bewahren,
Liewen Heer, komm van boven här,	Lieber Herr, komm von oben her,
Geef mech Koß on Kleär,	Gib mir Kost (Nahrung) und Kleider,
Hemmelriek.	Das Himmelreich.
On dann niet mehr. Amen!	Und dann nichts mehr. Amen!

Kleve, Firmenich I, 397

Nr. 26

Herr, mein Gott, ich fleh zu dir,
Mach ein frommer Christ aus mir!
Wenn ich das nicht sollt werden,
Nimm mich lieber von der Erden!
Nimm mich in dein Himmelreich,
Mach mich einem Engel gleich.

mdl. *Neuwerk* 1981

Wetterfahne, Issum

Solche Abendgebete gaben dem Kind innere Sicherheit vor dem unheimlichen Dunkel der Nacht.

Nr. 27

Wat wej niet wete,	Was wir nicht wissen,
Dat schajt ons niet.	Das schadet uns nicht.
Jesus, Maria, Jösepke,	Jesus, Maria, Josef,
Verlat ons niet.	Verlasst uns nicht.

Kleve RWB V, 862

Nr. 28

Kindje Jesus ging nor bütte.	Das Jesuskind ging heraus (aus dem Himmel).
Et wol den Hemel ons opschlüte.	Es wollte uns den Himmel aufschließen.
Maria en Josep sochte nor,	Maria und Joseph suchten es,
Woètè niet, wor et Kindje wor.	Sie wussten nicht, wo ihr Kind war.

Den falsse Judas hatt et gefange	Der falsche Judas hatt' es gefangen
Met Dornekron en isere Stange	Mit Dornenkron' und eisernen Stangen.

Kleve, RWB V, 862

1) Ross, 1993, 79 2) Spee 1875, H2. 45, Nr. 4 3) mdl. *Viersen* 1970 4) Bettelheim 1977, 51 5) vgl. Wehrhan 1909, 33 6) Enzensberger 1977, 358 7) Wunderhorn 1977, 805 8) Grimm 1985, 78, vgl. Wehrhan 1909, 77 9) Rölleke 1993, 101–102

Literatur:
von Arnim, Achim und Clemens Brentano, Des Knaben Wunderhorn. Vollständ. Ausgabe nach dem Text der Erstausg. 1806/1808, Darmstadt 1977 (Wunderhorn 1977)
Becker, Herman, Altkölnische Wiegen- und Kinderlieder, Köln 1920 (Becker 1920)
Bettelheim, Bruno, Kinder brauchen Märchen, Stuttgart 1977 (Bettelheim 1977)
Die Heimat, Crefeld 1924 (Die Heimat 1924)
Enzensberger, Hans Magnus, Hg., Allerleirauh. Viele schöne Kinderreime, Frankfurt 3. Aufl. 1977 (Enzensberger 1977)
Firmenich, Matthias, Germaniens Völkerstimmen, Bd. I–III, Neudr. der Ausg. Berlin 1843–1867, Osnabrück 1968 (Firmenich I)
Gahlings, Karl und Franz Matenaar, Lieder und Sprüche aus dem Leben und Brauchtum am Niederrhein, Kleve 1936 (Gahlings/Matenaar 1936)
Grimm, Brüder, Im Himmel steht ein Baum, Dran häng ich meinen Traum. Volkslieder, Kinderlieder, Kinderzeichnungen. Hg. Gabriele Seitz, München 1985 (Seitz 1985)
Klewer, Wilhelm, Aus dem Kinderleben, In: Festschrift zum ... Rheinischen Provinzial-Lehrertag, Remscheid 1901 (Klewer 1901)
Krach, Gottfried, Min Modersprok, Die Mundart in der ehemaligen Grafschaft Moers, Moers 2. 1924 (Krach 1924)
Lewalter, Johann und Georg Schläger, Deutsches Kinderlied und Kinderspiel. In Kassel aus Kindermund in Wort und Weise gesammelt, Kassel 1911 (Lewalter/Schläger 1911)
Müller Josef, Hg., Rheinisches Wörterbuch, Bd. I–IX, Bonn, Berlin 1928–1971 (RWB V)
Neef-Winz, Agnes, ungedruckt. Nachlass Viersen (Neef-Winz 1941)
Rölleke, Heinz, hrsg. u. komm. Wiegen- und Kinderlieder. Gesammelt durch die Brüder Grimm, Weimar 1999 (Rölleke 1999)
Ross, Werner, Eine rheinische Jugend. In: Gundel Paulsen, Hg., Kindheitserinnerungen vom Niederrhein, Husum 1993 (Ross 1993)
RWB V = Rheinisches Wörterbuch (s. Müller)
Siemes, Helena und Gerd Philips, Durch das Jahr. Feste und Bräuche am Niederrhein, Duisburg 2001 (Siemes/Philips 2001)
van Vloten, J., Baker- en Kinderrijmen, Leiden, 4. Aufl. 1894. Nachdr. 1978 mit Register zusammengest. von Francine Schregel-Onstein (Vloten 1978)
Wehrhan, Karl, Kinderlied und Kinderspiel, Leipzig 1909 (Wehrhan 1909)
Werner, Jakob, Ibben, dibben dapp ... Sammlung Kölnischer Kinderlieder und Reime, Köln 1961

Gefühle und Zärtlichkeiten

Vor dem Jahr 1900 redeten Kinder ihre Eltern ausschließlich mit *Vaadèr/Fattèr* oder *Moodèr/Mottèr* an, nicht aber mit Papa oder Mama. Vor den Eltern, wie vor allen Erwachsenen, hatte man Respekt. Sie waren unumstrittene Autoritätspersonen. Man benutzte noch nicht überall das vertraute „Du", vielmehr wurden die Eltern mit „Ihr" oder „*Örr*" angeredet wie alle älteren Mitglieder der Großfamilie.

33

Man denke an das bekannte Mailied „Der Mai ist gekommen". Hier heißt es in der zweiten Strophe: „Herr Vater, Frau Mutter, dass Gott Euch behüt …"

Diese formale Distanz zwischen Eltern und Kindern drückte sich auch darin aus, dass Gefühle möglichst nicht nach außen gezeigt wurden. Das erläutert ein Brief von Agnes Aerts aus *Viersen* an Agnes Neef-Winz, in dem über das Verhältnis von Eltern und Kindern um 1900 die Rede ist: „Küssen war bei uns zu Hause nicht üblich, bei Kleinkindern eher, aber schon bei Schulkindern nicht, auch nicht unter Geschwistern und sicher nicht sahen sie (die Kinder) es bei den Eltern ... Alles das, was als Getue unter anderem so aussah, (war) verhasst, (war) Angestell oder Jèdööèns." [1] Generell war man mit Zärtlichkeiten sehr sparsam. Es war jedoch zuweilen üblich, den Eltern, Tanten und Onkeln ein „Kusshändchen" zu geben. [2]

Beim Spielen mit dem Kleinkind berührte der Erwachsene die Stirn des Kindes mit seiner eigenen Stirn und sagte dazu: *„Düüta"* oder *„Deuta"*. Dabei wurde das Kind genau beobachtet und wenn es darauf positiv reagierte, sagte man: *„Kik ènns, èt kann all düüta!"* – Sieh mal, es kann schon düüta. Auch wetzte der Erwachsene seine Nase an der Nase des Kindes, was *„Nääskè schliipe"* – Näschen schleifen genannt wurde. Eine Umarmung hieß „Halslieb"; danach gab es auch zuweilen ein Küsschen als Abschluss der Zärtlichkeiten. [3] Um ein kleines Kind zum Lächeln anzuregen, nahm es der Erwachsene auf den Schoß und zwickte es sanft in die Wangen mit den Worten: *„Ech kniip dech inn èt Bäkkskè, onn du lachs nett,"* – Ich zwicke dich in das Wänglein, und du lachst nicht – bis es schließlich jauchzte. [4] Ein Spiel war ebenfalls, wenn man scherzhaft sagte: *„Tach Schängkè! Jäff mich è Hängkè!"* – Guten Tag, Hänschen! Gib mir ein Händchen! (Schängkè, aus: frz. Jean, Schang = Hans, Hänschen). Ein anderes beliebtes Spiel zwischen dem Erwachsenen und dem Kind war *„Härrjöttschè inn denn Hièmèl kiikè"* oder *„Köllè kiikè"* – Gott im Himmel sehen oder Köln sehen. Dabei fasste der Erwachsene mit beiden flachen Händen den Kopf des Kindes über beide Ohren und hob es hoch, was nicht immer nur vergnüglich war, sondern zuweilen auch weh tat. [5] Doch bei aller gefühlsmäßigen Zurückhaltung wusste man, dass ein Kind viel Zuwendung brauchte: *„Ôuè Köi onn jongk Viè möddè wärrm jèhalldè weärdè."* – Alte Kühe und junges Vieh müssen warm gehalten werden, d.h. alte und junge Menschen brauchen (menschliche) Wärme.

1) Brief von Agnes Aerts aus Viersen an A. Neef-Winz in Eisleben, 1941, Nachlass Neef-Winz, unveröff. 2) ebd.
3) ebd. 4) mdl. Viersen, Dülken 1975 5) mdl. *Viersen, Dülken, Süchteln, Boisheim,* weit verbreitet, vgl. Schmitz 1893, 99

Literatur:
Neef-Winz, Agnes, Jeld verdeene. In: Die Heimat, Krefeld, 20. Jg. 1941 (Neef-Winz 1941)
Schmitz, Wilhelm, Die Mischmundart in den Kreisen Geldern (südlicher Teil), Kempen, Erkelenz, Heinsberg, Geilenkirchen, Aachen, Gladbach, Krefeld, Neuss und Düsseldorf, sowie auch mancherlei Volksthümliches aus der Gegend, Dülken 1893 (Schmitz 1893)

Erziehung in Merksätzen

Pflicht und absoluter Gehorsam

Die Gesellschaft des 19. Jh.s und auch noch während der ersten Hälfte des 20. Jh.s war bis nach dem Zweiten Weltkrieg hierarchisch-patriarchalisch strukturiert. Dem entsprechend war auch die Familie organisiert.[1] Absolutes Oberhaupt der Familie war der Vater. Ein äußeres Zeichen für die vorrangige Stellung des Vaters in der Familie war sein Platz bei Tisch: Er saß an der Schmalseite des rechteckigen Tisches und hatte damit auch den besten Überblick über alle Familienmitglieder. Der Hausvater hatte immer das letzte Wort. Die Erwachsenen setzten den Kindern klare Grenzen und darüber gab es keine Diskussionen. Äußeres Zeichen für diese unbedingte Ordnung war die Rute bzw. der Rohrstock, der in fast jeder Familie hinter dem Spiegel steckte (vgl. körperliche Schulstrafen). Von ihm wurde gründlich Gebrauch gemacht, wenn es nötig war, zuweilen aber auch voreilig.[2] In diesem Sinne ist vielleicht die „Klage" eines Jungen zu verstehen, die ein Vierzeiler ausdrückt:

Nr. 29

Wi ich nôch è klee Jöngskè woar,	Als ich noch ein kleiner Junge war,
Doa woar ich Pappa si Fränntskè.	Da war ich Papas Fränzchen (=Liebling).
Onn wi ich dann jätt jröttèr woar,	Und als ich dann etwas älter war,
Schlooch heä mich opp ètt Päntskè.	Da schlug er mir die Hucke voll.

mdl. *Viersen* 1980, s. Kommentar Nr. 29

Ein Beispiel für die absolute Forderung der Unterordnung unter die väterliche Gewalt ist der Brief eines Vaters aus dem Schützengraben im Ersten Weltkrieg an seine halb erwachsene, ca. 16-jährige Tochter, die bereits als Lehrling in der Sparkasse tätig war. (Der Vater stammte aus dem bäuerlichen Bereich und betrieb ein Milchgeschäft.)

„Rußland – Schützengraben 7.7.1915
Liebes Viechen! (Kosename für Sophia)

Erhielt heute Deine l. Karte und sehe, daß Du viel Arbeit hast in der neuen Stellung. Wie geht es denn da …? Kannst Du schon schweigen? Wird wohl schwer fallen (Hinweis auf das Schweigegebot der Angestellten). Aber paß nur gut auf, dass Du es erlernst. Ich muß hier auch manchmal schweigen und bin bald 44 Jahre alt und ich kann Dir sagen, Schweigen ist <u>Gold</u>. Auch sehe ich, daß Du Dich bessern willst und mir öfter schreiben wirst. Ich will es auch hoffen, daß Du Deinen Vater im

Krieg nicht vergessen wirst, wenn Du noch so viel Arbeit hast; denn tausendmal und noch mehr denke ich an Euch und sitze manchmal in der Nacht beim Kerzenlicht und schreibe an Euch. Ich will Dir das für diesmal verzeihen, weil Du viel hast lernen müssen. Aber kommt es nochmal vor, sehe ich mich veranlaßt, nach Hause zu kommen und Dir mal Subordination* mit Gewalt beizubringen. Dieses Fremdwort wird mit einer dicken Bleifeder hinten im Rücken geschrieben, weil es sonst schwer zu behalten ist (Androhung von Prügel mit dem Rohrstock, d.V.). Hoffentlich wirst Du Dich bessern und mir die weite Reise und Arbeit erspart bleiben …

Ich will nun schließen und hoffe, daß ich die dicke Bleifeder nicht nötig habe. Sei also herzlich gegrüßt mit innigen Küssen für Mama von Deinem Vater Johannes
         Auf Wiedersehen, Grüße an alle."

*Unterordnung, Brief von Johann Liesemanns *(Viersen)* vom 7. Juni 1915 aus Russland an seine Tochter Sophia, genannt Sofie, gekürzt, Privatbesitz

Die Androhung und Durchführung einer Bestrafung mit der „dicken Bleifeder", d. h. mit dem Stock, wie sie der Vater aus dem fernen Russland deutlich
formuliert, wurde nicht nur in Bürgerfamilien praktiziert. Das Schlagen der
Kinder gehörte zur Tagesordnung. Es hieß nicht umsonst: *„Wä Vaader on
Mooder net lusstert, da mott et Kolvfell lusstern".* – Wer auf Vater und Mutter
nicht hört, der muss auf die Peitsche (Kalbfell) hören.[3] Unbeeinflusst von den
Bewegungen in der Gesellschaft, aber auch von den Erkenntnissen der Pädagogik lebte das alte Muster der Machtverteilung und -ausübung von oben nach
unten fort."[4] Die Befehle und Meinungen der Erwachsenen waren absolut sa-
krosankt. Widerspruch wurde nicht zugelassen.

1) vgl. Weber-Kellermenn 1993, 146 ff 2) Schmitz 1893, 98 3) Spee 1875, H.1, 25, Nr. 25, Nr. 61 4) Weber-Kellermann 1979, 139

Literatur:
Schmitz, Wilhelm, Die Mischmundart in den Kreisen Geldern (südlicher Teil), Kempen, Erkelenz, Heinsberg, Geilenkir-
chen, Aachen, Gladbach, Krefeld, Neuss und Düsseldorf, sowie mancherlei Volkstümliches aus der Gegend, Dülken 1893
(Schmitz 1893)
Weber-Kellermann, Ingeborg, Die Kindheit, Frankfurt 1979 (Weber-Kellermann 1979)
Weber-Kellermann, Ingeborg, Die Geschichte der Kindheit und ihre soziokulturelle Bedeutung. In: Spielwelten der
Kinder an Rhein und Maas, Köln, Bonn 1993, Hg. Landschaftsverband Rheinland (ARL Amt für Rheinische Lan-
deskunde) (Weber-Kellermann 1993)

Wille, Eigensinn, Neugier

Der eigene Wille des Kindes oder Jugendlichen galt nichts, er hatte sich immer
dem der Erwachsenen unterzuordnen. Wenn Kinder gegen die Anordnung der
Eltern oder Erwachsenen in der Familie mit einem *„Ich well ävvèr …,"* protes-
tierten, – ich will aber … dies und jenes, bekamen sie die definitive Antwort:
„Dinnè Well schteet enn dè Hoothött!" – Dein Wille steht in der Holzhütte. Oder:
„Di Jeet woll ooch ennè langè Schteärts habbè, noo mott sè mött ètt Schtüppkè loopè."
– Die Ziege wollte auch einen langen Schwanz haben, nun muss sie mit dem
Stummel laufen. In *Kleve* hieß es: *„Kinder, die wat welle, kriege wat vör die Belle."*[1]
– Kinder, die etwas wollen, bekommen etwas auf den Popo (Belle= Oberschenkel). Oder: *„As de Kinder öre Well kriege, da schrawe se nit."* – Wenn die Kinder
ihren Willen bekommen, dann schreien sie nicht. Und wer alles haben wollte,
dem wurde entgegnet: *„Ja, hoas kriss du allès. Ennè Reng duur dè Naas onn ennè
Schtrüèswöösch ongèr dè Fott."* – Ja, bald bekommst du alles: Einen Ring durch
die Nase und ein Strohbündel unter den Popo.[2] Allzu eigensinnigen Kindern
sagte man, sie hätten ein böses Würmchen, das ihnen herausgeschnitten werde,
falls sie ihren „Starrsinn" nicht aufgeben wollten.[3] Fragte ein Kind allzu neugierig: *„Wat jöfft ett tè eätè?"* – Was gibt es zu essen? – hieß es scherzhaft: *„Jèschtoo-*

37

vdè Jaardèpörrtschès." – Mit Mehlschwitze angemachte Gartentörchen. Ein Kind, das gern unbeobachtet Gesprächen von Erwachsenen zuhörte, wobei die Themen nicht für Kinderohren bestimmt waren, nannte man *„Lustèrfengk"* – Lauscher. *„Ennè Lustèrfengk öss ennè Düüvèlskengk."* – Ein Lauscher ist ein Teufelskind (Fink).[4] Oder: *„Kleen Keätèlkès habbè jruètè Uèrè."* – Kleine Kesselchen haben große Ohren. Erdreistete sich ein kleines Kind, vor seinen Eltern die Zunge herauszustrecken, hieß die martialische Drohung, abgesehen von der auf dem Fuße folgenden Strafe, der Teufel werde ihm die Zunge abschneiden.[5]

Wehe, ein Kind ließ sich verleiten, seinen Wunsch an einen Erwachsenen in Befehlsform mit einem einleitenden und auffordernd-befehlenden *„Alla"!* – von fr. „allez!" – Mach voran! Schnell! zu äußern, was bedeutete, dass es schnell einen Wunsch erfüllt haben wollte.[6] Um Kindern diese Unbescheidenheit im sprachlichen Ausdruck abzugewöhnen, hieß es: *„Wetts du och, woè ‚Alla' schteet? ‚Alla' schteet enn dè Hoothött hengèr dè Düer bee dä Bässèm."* – Weißt du auch, wo „Alla" steht? „Alla" steht in der Holzecke hinter der Tür beim Besen. D. h.: Du hast im Haus nichts zu vermelden. Du musst in aller Form um etwas bitten. Wenn die Mutter das Haus verließ und vom Kind bedrängt wurde: *„Ich mööt möttjoan!"* – Ich möchte mitgehen, erhielt es die Antwort: *„Du bliffs opp Heembliivènsweäjèlkè."* – Du bleibst zu Hause, wörtlich: auf dem zu Hause-bleib-Wägelchen. Oder scherzhaft: *„Du jees mött opp èt Heeibliivèskeärkè."* – Du gehst mit auf dem Hier-Bleib-Kärchen. Hatte ein Kind einen unerfüllbaren Wunsch und fragte fordernd: *„Onn watt krii ich?"* – Und was bekomme ich?, so antwortete der Erwachsene: *„Ennè dekkè Nikks mött ennè langè Schteärts!"* – Ein dickes Nichts mit einem langen Schwanz, also nichts. Wenn das Kind bettelte: *„Brängstè mech jätt mött?"* – Bringst du mir etwas mit? erhielt es die Antwort: *„Joa, Tsokkèrnikkskès."* – Ja, Nichtschen aus Zucker, also nichts.

Hatten Kinder oder auch Erwachsene irgend etwas Wichtiges unterlassen oder falsche Entscheidungen getroffen, äußerten sie später bedauernd: *„Hai ich dôch dett äff datt jèdoan"* … oder *„… neet jèsait."* – Hätte ich doch dies oder jenes getan oder nicht gesagt. Dann hieß es: *„Höi, wänn onn wüèr …"* – Hätte, wenn und wäre …, womit formuliert wurde: Es ist nun einmal unabänderlich. Oder: *„Hött jèhätt dritt em Bätt!"*[7] – Hätte gehabt macht das Bett voll. Im Hochdeutschen sagt man in solchen Situationen: „Wenn das Wörtchen ‚wenn' nicht wär, dann wär die ganze Welt nicht mehr." Wenn ein Kind im Gespräch mit einem Erwachsenen eine entgegengesetzte Meinung äußerte und sagte: *„Ich meen ävvèr …"* – ich meine aber, so sagten die Erwachsenen: *„Du häss nikks tè benèdaiè"*, – du hast nichts zu vermelden (latein. benedicere – segnen). Oder: *„Mött Meenè onn Duèn pischè kleen Kengèr enn dè Schuèn."* – Mit Meinen und Tun pinkeln kleine Kinder in die Schuhe.[8] Oder: *„Mött Meenè pischè kleen Kengèr enn ètt Bätt."* – Mit Meinen pinkeln kleine Kinder ins Bett.[9] Oder:

38

Nr. 30

Möt Meenè pischè dè Kengèr enn èett Bäd.	Mit Meinen pinkeln die Kinder ins Bett.
Sè meenè, sè süètè opp èett Pöttschè,	Sie meinen, sie säßen auf dem Töpfchen,
Onn dann liggè sè noch enn èett Bättschè.	Und dann liegen sie noch im Bettchen. [10]

1) Gahlings/Matenaar 1936, 22 2) mdl. *Neuwerk* 1981 3) Schmitz 1893, 98 4) vgl. „Lustèrfengk soat opp dè Klengk", Schmitz 1893, 78 5) Schmitz 1893, 98 6) mdl. *Neuwerk* 1981 7) mdl. *Dülken, Kaldenkirchen, Neuwerk, Neersen,* 1979 8) mdl. *Amern, Hinsbeck, Elmpt, Overhetfeld* 1981 9) mdl. *Brüggen, Born* 1975 10) mdl. *Viersen* 1979

Literatur:
Gahlings, Karl und Franz Matenaar, Lieder und Sprüche aus dem Leben und Brauchtum am Niederrhein, Kleve 1936 (Gahlings / Matenaar 1936)
Schmitz, Wilhelm, Die Mischmundart in den Kreisen Geldern (südlicher Teil), Kempen, Erkelenz, Heinsberg, Geilenkirchen, Aachen, Gladbach, Krefeld, Neuss und Düsseldorf sowie mancherlei Volksthümliches aus der Gegend, Dülken 1893 (Schmitz 1893)

Höflichkeit

Zur Begrüßung von Erwachsenen gab man das „feine Händchen", die rechte Hand. Dabei machte der Junge eine Verbeugung, den „Diener", und das Mädchen einen „Knicks". Damit erwies man dem Erwachsenen Höflichkeit und Achtung. Wenn Jungen einen geschlossenen Raum betraten oder einen Erwachsenen begrüßten, zogen sie die Mütze ab, sonst hieß es: *„Häss-tè Möschè ongèr dè Kapp?"* – Hast du Spatzen unter der Mütze? Zu einem Kind, das ein „Dankeschön" vergessen hatte, sagte man: *„Watt sätt man?!"* – Was sagt man?! Wenn ein Kind nicht zuhörte, was ihm der Erwachsene sagte, hieß es: *„Twièmoal saarè kôôs Jälld."* – Zweimal sagen kostet Geld, d. h.: Hör besser zu, damit ich es dir nicht zweimal sagen muss. Ein Kind durfte sich nicht in die Unterhaltung der Erwachsenen einmischen. Es hieß: *„Waart, böss datts-dè jèvroèch wörrs!"* – Warte, bis man dich fragt. Sei nicht vorlaut. Ebenfalls wurde es zur Geduld ermahnt: *„Du häss dôch waardè jèliièrt!"* – Du hast doch warten gelernt.
mdl. *Viersen* 1970

Benehmen bei Tisch

Die elterlichen Regeln, nach denen alle Mitglieder der Familie an der Erziehung der Kinder mitwirkten, wurden meist in kurzen Merksätzen vermittelt, die man

39

überall am Niederrhein kannte und die überall Gültigkeit hatten. Sie spiegeln die pädagogischen Grundsätze jener Zeit und das Verhältnis von Eltern und Kindern, von Kindern und allen übrigen Erwachsenen zueinander. Bis in die fünfziger Jahre des 20. Jhs. wurde in jeder Familie vor einer warmen Mahlzeit das Tischgebet gesprochen. Meist wurden stehend ein bis drei „Vaterunser" und „Gegrüßet seist du Maria" gebetet sowie: „Komm Herr Jesus, sei unser Gast / Und segne, was du uns bescheret hast."

Nr. 31

Danke, liev Hierke,	Danke, lieber Herr,
Kooß on Klierke,	Für Speise und Kleidung,
Hiemelriek on dan nex mier.	Für Himmelreich und dann nichts mehr.
Danke, liev Hierke!	Danke, lieber Herr!

Geldern, UH. 15. Jg., Nr.3, 1927, unpag., s. Kommentar Nr. 31

Kinder empfanden die Gebete als zu lang, hatten meist großen Hunger und waren in der Regel ungeduldig. Doch alle mussten lernen: „*Ött örrsch wörrd jèbätt! Värrkès vallèn èsuè övvèr önnè Troach heär.* " – Zuerst wird gebetet, Schweine fallen so (ohne Gebet) über ihren Futtertrog her. Bevor man sich zu Tisch setzte, mussten die Hände sauber gewaschen werden. Wenn das vergessen wurde, hieß es: „*Du kömms ann dèr Döösch wi è Värrkè an dèr Troach.* " – Du kommst an den Tisch wie ein Schwein an den Trog. Wenn sich ein Kind unbeherrscht auf das Essen stürzte, ohne abzuwarten, bis auch die anderen mit dem Essen begannen, sagte man: „*Du välls drüèvèr heär wi Värrkès Wöllèm!* " – Du fällst darüber her wie Schweinewilhelm! D. h. du benimmst dich daneben (Färrkes Wöllm = Schweinewilhelm, galt als ein Schimpfwort). Es war ebenfalls nicht erlaubt, sich zu viel auf den Teller zu legen. Dann hieß es: „*Nu maar sennisch: Allès, watt opp dinnè Tällèr likk, öss dinn too. Ètt nömmt dich nièmès jätt aff.* " – Nun mal schön bedächtig. Alles, was auf deinem Teller liegt, gehört dir. Niemand nimmt dir etwas weg. Wer unbescheiden „viel" haben wollte, wurde zurechtgewiesen: „*Völl jeet inn ènn Mang.* " – Viel passt in einen Korb. Wer sich dennoch mehr auf den Teller gelegt hatte, als er essen konnte, erhielt die Rüge: „*Dinn Oorè sennd jröttèr äs dèr Maach (oder Buuk).* " – Deine Augen sind größer als der Magen (Bauch). Es gehörte sich nicht, mit vollem Mund zu reden. Dann lautete die Mahnung: „*Waart mött Kallè, böss-dè dèr Mongk leäch häss.* " – Warte mit dem Reden, bis du den Mund leer hast. Jemand, der etwas vom Essen auf dem Tisch verschüttete, wurde zurechtgewiesen: „*Wänn dè Värrkès saat sennd, dann schtuètè sè dèr Troach ömm.* " – Wenn die Schweine satt sind, dann stoßen sie den Trog um. Wenn ein Kind nach dem Essen rülpste, wurde es hinausgeschickt, von den Geschwistern ausgelacht und von den

Erwachsenen zurechtgewiesen: *„È Värrkè (oder: ènn Kou) öss saat!"* – Ein Schwein (oder: eine Kuh) ist satt!
Wenn bei Tisch ein Kind Spinat oder etwas anderes nicht essen mochte und protestierte: *„Ich maach ävvèl lièvèr …"* – Ich mag oder hätte aber lieber …, wurde die Diskussion kurzerhand beendet: *„Lièvèrkökkskès weärdè nett jèbôkkè, heeij wörrd jèjeätè, watt opp dèr Döösch schteet."* – Lieberkuchen (= Sonderspeisen) werden nicht gebacken, hier wird gegessen, was auf dem Tisch steht. Sinngemäß ähnlich: *„Lièvèrmängkè öss jèhangè"*. – Das Lieber-Körbchen ist aufgehängt. [1] Man bedenke, dass in den damaligen Zeiten in der Großfamilie eine große Schar um den Mittagstisch saß: Eltern, Großeltern, vielleicht ein unverheirateter Onkel und eine Tante und mindestens fünf bis acht oder zwölf Kinder.

Kinderreiche Bauernfamilie aus Kalkar, Privatbesitz Josef Boßmann

Beim Mittagessen durften Kinder nicht unaufgefordert sprechen. Es hieß: *„Hallt dinnè Mongk, du häss bloos tè kallè, wänn dè jèvrôchs wörrsch!"* – Halt deinen Mund, du darfst nur sprechen, wenn du gefragt wirst. Beim Essen durfte man – wie heute noch – sich nicht mit beiden Ellenbogen auf den Tisch stützen und schon gar nicht den Kopf in die Hand schmiegen. Tat ein Kind dies dennoch, wurden ihm die Ellenbogen unsanft weggestoßen und es musste sich sagen lassen: *„Di Knüèkèl fônn dèr Döösch aff!"* – Nimm deine Ellenbogen vom Tisch. Oder: *„Dich waasè Schtiipè ann dè Uèrè."* – Dir wachsen Stützen an den

41

Ohren. *„Lôtt datt Schôkkèlè ann dèr Döösch sièn!"* – Unterlasse das Schaukeln am Tisch, sagte man zum Kind, das mit dem Stuhl während des Essens schaukelte.

mdl. *Viersen* 1972

Aber nicht immer ließ sich in einer kinderreichen Familie mit schulpflichtigen Kindern morgens nach dem Besuch der Schulmesse vor Schulbeginn beim eiligen Frühstück die oben beschriebene Ordnung einhalten, denn meist war der Familienvater bereits zur Arbeit außer Haus: „Wir waren zu Hause eine große Kinderschar. Nach dem ersten Weltkrieg hatten unsere Eltern beträchtliche Sorgen, uns groß zu kriegen. … Wir wohnten nicht weit von der Kirche entfernt. Bis die Schule begann, hatten wir noch ein Viertelstündchen Zeit. Im Galopp eilten wir daher nach Hause. Mutter hatte inzwischen das Morgenbrot fertig gemacht. Es gab für uns alle eine Pfanne Bratkartoffeln mit Zwiebelsoße. Die Kartoffeln waren vom Vortag übrig geblieben. Die Pfanne wurde mitten in der Küche auf einem umgestülpten Eimer gesetzt, jeder bekam eine Gabel, womit sich jeder seinen Anteil selbst abteilte. Wir setzten uns im Hückchen darumherum und aßen drauflos. Dazu gab es noch eine Schnitte Schwarzbrot mit Möhrenkraut und Quark *(Klätschkiès)*. Brötchen mit Butter und Marmelade oder eine Scheibe Wurst lernten wir erst kennen, wenn wir zur Erstkommunion gingen. – Damals fand diese erst statt, wenn wir elf oder zwölf Jahre alt waren. – Wenn die Pfanne sich allmählich leerte, stibitzten wir Älteren uns von den Jüngeren noch rasch zusätzlich eine Gabel voll Bratkartoffeln. Es war unbeschreiblich: der eine weinte und der andere bekam einen Schlag mit der Gabel auf seine Finger."[2]

1) vgl. RWB I, 1971, 369 2) 1985 in Heinsberger Platt handschriftlich zugesandt von Heinrich Domsel aus Heinsberg

Literatur:
Müller, Josef, Hg., Rheinisches Wörterbuch, Bd. I–IX, Bonn, Berlin 1928–1971 (RWB I)
RWB I = siehe Müller
Unsere Heimat, Beilage zur Niederrheinischen Landeszeitung, Zwanglose Blätter, hg. von den Heimatvereinen des Kreises Geldern. (UH 1927)
UH = siehe Unsere Heimat

Bescheidenheit, Rücksicht auf den anderen und Sparsamkeit

In der Mitte des 19. Jh.s und um die Jahrhundertwende (1900) bis zum Zweiten Weltkrieg und in den nachfolgenden Jahren des Wiederaufbaus (nach 1945) war die Mehrheit der Bevölkerung sehr arm. Man konnte sich z. B. in der Regel nicht einmal „gute Butter" leisten. Aber selbst in den besser gestellten Familien und solchen, die ein mehr oder weniger gutes Auskommen hatten, wurden die Kinder grundsätzlich zur Sparsamkeit und zum Maßhalten im Umgang mit Nahrungsmitteln und allen anderen Dingen erzogen. Wenn ein Kind z. B. am Tisch die Butter oder Wurst zu dick auf eine Scheibe Brot legte, hieß es: *„Maneèrlikk mött dè Bottèr, angèrsch schtött dich dèr Oas!"* – Geh manierlich (sparsam) mit der Butter um, sonst stößt dich der Ochse! Oder: *„Wivüèl Kööi hatt örr dèheem?"* – Wieviel Kühe habt ihr zu Hause? Ein Ausdruck, der besagt, dass das Vieh nichts von Anstand (bei Tisch) hält. Vielleicht dachte manches Kind trotz der strengen Vorschriften öfter insgeheim:

Nr. 32

> *Lieber Gott, ich bitte dich:*
> *Verlaß mich nicht bei Tische.*
> *Und gib, dass ich zu jeder Zeit*
> *Das größte Stück erwische!*

Wehrhan ZfVK 1906, 3. Jg., 77

Beim Mittagessen wurde auch darauf geachtet, dass das Kind sich bemühte, appetitlich zu essen: *„Heeij wörrd nett jèmattscht!"* oder: *„Jeäf Bèdraach, dattè nett schlabbèrs, angèrsch krisst-è è Schlabbèrlättskè!"* – Hier wird nicht gematscht, oder: Gib acht, dass du nicht schlabberst, sonst bekommst du ein Schlabberlätzchen.

Von dem, was man sich auf den Teller legte, durfte nichts übrig bleiben und weggeworfen werden: *„Heij wörrd nikks Schangè jèmäkk! Eät öördtlikk! Püèmèlè onn Knöösè jöff èett heeij neet. Di Tällèrè weärdè näkk uutjèschaart!"* – Hier wird nichts weggeworfen. d.h. nichts darf verkommen. Iss ordentlich. Herumstochern und Reste übriglassen gibt es hier nicht! Die Teller müssen blank ausgeputzt werden. Auch die Brotkanten und Rinden durften nicht verschmäht werden: *„Di Kööèrschkès weärdè möttjèjeätè!"* – Die Brotkrusten müssen mitgegessen werden. Denn *„Weä Bruèt schangè mäkk, förr dämm kömmp nôch enns ennèn Tiit, woè heä jee Bruèt mièr hätt."* – Wer Brot verderben lässt, für den kommt noch einmal eine Zeit, in der er kein Brot mehr hat.

Schon beim kleinen Kind wurde darauf geachtet, dass es das richtige Maß einhielt, d.h. dass es sich nicht zu viel von dem nahm, was auch alle anderen besonders gern mochten. Es musste Rücksicht auf die anderen nehmen, damit für jeden noch genug übrig blieb. *„Bèjeeärlichheet onn Affjèschmakklichheet"* – Begehrlichkeit und Abgeschmacktheit sollte es bei Tisch erst gar nicht aufkommen lassen. *„Watt?! Möngkè foll, Hängkès foll onn och nôch dè Öchskès foll?! Nee Kengk, dat jeet net."* – Was?! Mündchen voll, Händchen voll und auch noch die Augen voll?! Nein, Kind, das geht nicht. Wenn etwas geteilt wurde, hieß es: *„Jeddèr ött Sinnt, onn dèr Düüvèl nikks."* – Jeder bekommt seinen Anteil, der Teufel aber nichts. Ein Erwachsener, von dem man sagt, *„Heä kritt dèr Hôlls*   43 *nett fôll.* " – er kriegt den Hals nicht voll, gilt auch heute als ungebildet und ist nicht besonders beliebt. Süßigkeiten gab es selten, ausschließlich an hohen Feiertagen, da sie zu teuer waren. Deshalb hieß es: *„È sööt Müllkè jöfft è leäch Büllkè.“* – Ein süßes Mäulchen macht den Beutel / das Portemonnaie leer, d. h.: Naschen ist zu teuer, kostet zu viel Geld. Auch bei der Kleidung wurde zur Sparsamkeit ermahnt, wenn es hieß: *„Lapp opp Lapp brengk Kroonè enn dèr Sakk.“*[1] D. h. Altes, was verschleißt, muß geflickt werden; wörtlich: Lappen auf Lappen bringt Kronen (Münzen) ins Portemonnaie.

1) alle mdl. *Viersen* 1980

Literatur:
Wehrhan, Karl, Lippische Kinderlieder. In: ZfVK, 3. Jg. 1906 (Wehrhan, ZfVK 1906)
ZfVK = Zeitschrift des Vereins für rheinische und westfälische Volkskunde

Sauberkeit und ordentliche Kleidung

Ein Kind, das sich morgens nicht gewaschen hatte, wurde gefragt. *„Hätt dich dè Kôtt jèwäschè?“* – Hat dich die Katze gewaschen? Schlimm war, wenn man bereits einen Schmutzrand am Hals sehen konnte. Dann hieß es: *„Du häss dich ennè Soom ömm dèr Hôlls jèwäschè.“* – Du hast dir einen Saum um den Hals gewaschen. Schmutzige und zu lange Fingernägel wurden als *„Neäjèl wi Schöppè“* getadelt – Nägel wie Dreckschaufeln. Oder: *„Du kanns Duèjräävèr weärdè, deä hätt dè Schöppè paraat.“* – Du kannst Totengräber werden, der hat die Schaufeln bereitstehen. Oder: *„Öss dé Mimm jèschtorèvè?“* – Ist die Katze gestorben? Oder: *„Moss-dè Truèr draarè?“* – Musst du Trauer tragen? Wenn im Herbst die kleinen Steckrüben reif waren, zupften die Kinder sich eine aus dem Feld, schälten die Schale mit den Zähnen ab und aßen sie an Ort und Stelle auf. Auch wenn man eine Möhre auszog, wurde der Schmutz an der Schürze oder Hose abgerieben. Erst dann wurde sie gegessen. Sauber und hygienisch war dies nach unseren heutigen Vorstellungen nicht. Man machte sich darüber aber keine Sorgen. Es hieß lakonisch: *„Dräkk schuèrt dèr Maach.“* – Sand scheuert den Magen. Um Kindern das Spucken abzugewöhnen, sagte man ihnen: *„Düüvèlskengèr Schpöijè.“* – Teufelskinder spucken. Wurde ein Kind beim Nasenbohren erwischt, lautete die Warnung: *„Pass opp, dèr Vengèr brekk aff!“* – Pass auf, der Finger bricht ab! Oder: *„Püètèr dich neet enn dè Naas èrömm!“* – Lass das Nasenbohren sein! Kinder unter sich sagten: *„Wänn dè boèvè bös, schrieffs-dè ènn Ansichtskaart?“* – Wenn du oben bist, schreibst du eine Ansichtskarte? Ein Kind, das Läuse hatte, war ein *„Nietèkönning“* – Nissenkönig oder *„ennè Luusèpongèl“* – Läuselump. Ein *„Pongèl“* galt als schmutziger, verkommener Mensch. Sonntagskleider wurden ausschließlich sonntags oder feiertags getragen. Es hieß:
„Weä fain jeet werrikè, jeet bèdrietè na dè Kirrèkè.“[1] – Wer in guten Sachen ar-

beitet, der geht in schmutzigen Kleidern zur Kirche. Oder „*Wi ènn Printsessin joèn wirèkè – onn wi ennè Pöngèl tèr Kerkè.*"[2] – Als Prinzessin arbeiten und wie ein Schmutzfink zur Kirche gehen. Den hohen Stellenwert des Sonntags betont ein Liedchen aus *Elten:*

Nr. 33

As et Sonndag es, as et Sonndag es,	Wenn Sonntag ist, wenn Sonntag ist,
Dann es et den Dag des Heern.	Dann ist der Tag des Herrn.
Dann krig ik an schoon hemdje aan	Dann bekomme ich ein schönes Hemdchen an
En all mijn moje kleer'n.	Und alle meine schönen Kleider.

Elten, Lochner von Hüttenbach, ZfVK 1906, 224

Die Unterwäsche, die jedoch nur einmal in der Woche gewechselt wurde, musste sauber sein, sonst hieß es: Oben hui und unten pfui! Zuweilen drehten ärmere Leute auch das Innere der Unterwäsche nach einer Woche nach außen um und trugen sie eine weitere Woche lang. Die Prozedur der großen Wäsche war sehr arbeitsaufwendig und fand nicht allzu oft statt.

„Große Wäsche" auf der Bleiche in Alt-Kalkar, Privatarchiv Josef Boßmann, Kalkar

Wenn ein kleiner Junge vergessen hatte, den Hosenschlitz vorn zuzumachen, wurde er ermahnt: *„Maak deä Jôôsschtoal ènns tau, Jong!"* – Mach den Gänsestall einmal zu, Junge! Waren Hose und Hemd beim kleinen Jungen nicht ordentlich, so riefen die Erwachsenen scherzend:

Nr. 34

Äkkstra Pittèrkè, äkkstra Pôôs,	Extra Peterchen, extra Post,
Di Bokks ess loos,	Die Hose ist offen (lose),
Dèr Hämmbschläpp èruut,	Der Hemdenzipfel (hängt) heraus,
Allè Kengèr laachè dech uut!	Alle Kinder lachen dich aus!

mdl. *Neuwerk* 1980

Es wurde als unordentlich empfunden, wenn bei Mädchen oder Frauen der Unterrock länger war als das Kleid und unten herausguckte. Es hieß: *„Du häss dè Hommès duèr dè Frommès."* – Bei dir guckt das Hochamt (das um 10.00 Uhr stattfand) durch die Frühmesse (sie fand um 7.00 Uhr statt). Wenn bei Mädchen die Haare unordentlich ins Gesicht hingen, hieß es: *„Du häss dè Flärèkè inn ètt Jèseet hangè."* – Du hast die Strähnen im Gesicht hängen. Oder wenn die Haare zu lang und ungeregelt waren: *„Du kikks mött dè Hôddèlè duèr dè Kôddèlè."* – Du guckst mit den unordentlichen Haarsträhnen durch die halb geschlossenen Augenlider. Wenn der Junge die Haare zu lang hatte und ein Friseurbesuch angesagt war, hieß es: *„Du brukks ennè Krangkèschiin."* – Du brauchst einen Krankenschein. Grundsätzlich legte man nach dem Schulunterricht zu Hause die bessere Kleidung ab und zog für das Haus und zum Spielen ältere und abgenutztere Kleidung an.

Wenn ein Kind etwas anfassen oder berühren wollte, was ihm verboten worden war, schlug der Erwachsene ihm auf die entsprechende Hand und sagte:

Nr. 35

> *„Jesus sprach zu seinen Jüngern:*
> *Bleib davon mit deinen Fingern!"*

mdl. *Overhetfeld* 1981, fast alle Redewendungen stammen aus *Viersen* oder dem *Kreis Viersen*

1) mdl. 1975 2) *Waldniel,* Nachlass Peters 1961

Literatur:

Lochner von Hüttenbach, Freiherr, Kinderlieder aus Elten. In: ZfVK 3. 3. Jg. 1906 (Lochner von Hüttenbach. ZfVK 1906)

Peters, Gerhard, Nachlass, Waldniel 1961, Kreisarchiv Kempen, Nr. 4 (Nachlass Peters 1961)

ZfVK = Zeitschrift des Vereins für rheinische und westfälische Volkskunde

Kleidung

Die Kinderkleidung war bis zum dritten Lebensjahr für Jungen und Mädchen gleich: Auch die Jungen trugen bis zu diesem Alter Kleidchen mit einem Schürzchen oder einem Kittelchen darüber. Im Winter wurden lange schwarze oder graue, selbstgestrickte Strümpfe, „*Hoase*", getragen, die mit Strumpfbändern, „*Hoasèbängèlè*", am „*Liffkè*", dem Leibchen, befestigt waren. Diese meist selbst gehäkelten „Leibchen" waren bei den Kindern höchst unbeliebt, weil sie so unangenehm kratzten wie auch die langen Strümpfe. Ab sechs oder sieben Jahren trugen kleine Jungen auch das sog. „*Hammpèlmännkèn*": Das war eine kurze Hose mit einem festen Oberteil, in die man wie in einen Overall hineinstieg. Es wurde auch „*Liif onn Sièl anneen*" genannt – Leib und Seele aneinander, und wurde bis ca. 1920 getragen. Das „*Hammpèlmännkèn*" war vorne geknöpft und hinten geschlitzt. Darüber trugen die Jungen eine kurze Hose, die gleichfalls oft gestrickt war. Die „*Liffkèsbokks*" der Jungen, die Leibchenhose, hatte hinten eine Klappe, „*deä Bokksèkaak*", die zugeknöpft wurde. Bei kleinen Jungen des ersten Schuljahres mussten der Lehrer oder die Lehrerin oft Hilfestellung leisten und den „*Kaak*" aufknöpfen, wenn Not am Mann war. Kleine Mädchen trugen über dem von Weißnäherinnen angefertigten Hemdchen ein gestricktes, graues Jäckchen mit schwarzen Ärmeln. Jäckchen, Unterhose mit Gummizug am Beinchen sowie der Unterrock waren aus gleichem Material, innen aufgeraut und außen glänzend.[1]
Im Sommer trugen Kinder Söckchen oder kurze Strümpfe. Generell trugen bis zum Ersten Weltkrieg und in den Jahren danach alle Kinder der Volksschule Holzschuhe, „*Klommpè/Bôttschè*". Vor dem Zweiten Weltkrieg bis in die ersten Jahre der Nachkriegszeit kamen für Jungen wie für Mädchen derbe, schwarze oder braune hohe geschnürte Schuhe auf, die bei den Jungen oft mit Nägeln und „Hufeisen" als zusätzliche Besohlung versehen waren, damit sie länger hielten. Bis in die Nachkriegsjahre hinein waren auf dem Land, und besonders im Winter, noch „*Bôttschè/Klommpè*", Holzschuhe oder „*Jalôschè*", üblich. In diesen trug man „*Schlüffkès*", die die Kinder in der Schulklasse anbehielten, während die „*Klommpè/Bôttschè*" entweder vor der Klasse oder an der Wand entlang abgestellt wurden. Auf dem Kopf trugen die Jungen meist „*ènn Kapp*" – eine Schirmmütze, während Mädchen sich mit „*ènn Plümmèmötts*" – einer gestrickten Mütze mit einer Bommel – vor Regen und Kälte schützten.[2] Meist war die Kinderkleidung aus Sparsamkeitsgründen knapp und wurde deshalb an die jüngeren Geschwister „weitervererbt". Sie wurde immer wieder sorgfältig ausgebessert, denn Konfektionskleidung kannte man in Arbeiter-, Bauern- oder Handwerkerfamilien kaum, da es hieß: aus Alt mach Neu! Ob Klein, ob Groß: Kinder wurden immer wieder ermahnt, sorgsam mit der Kleidung umzugehen.

47

Pünktlichkeit

Die Erziehung zur Pünktlichkeit, die zugleich eine Erziehung zur Rücksichtnahme auf die anderen ist, war eine Selbstverständlichkeit. Es hieß: „Was du nicht willst, das man dir tu, das füg auch keinem andern zu!" Dies galt grundsätzlich für das Verhalten zu allen anderen Menschen. „Sozialverhalten" würde man es heute nennen. Pünktlichkeit wurde nicht nur in der Schule eingefordert, sondern auch zu Hause in der Familie beim gemeinsamen Mittagessen. Wenn ein Kind durch eigenes Verschulden zu spät zum Essen kam, konnte es sein, dass der Vater ein strenges Machtwort sprach: *„Watt wells du noch heeij?! Ött Book öss ömmjèdraarè. Du koass joa dèrnoa enn dè Hommès joan!"* – Was willst du noch hier? Das Buch ist umgetragen. Du kannst ja später noch ins Hochamt gehen! Das bedeutete, dass für den Zuspätkommenden das Mittagessen beendet war. Er bekam nichts mehr zu essen und musste bis zur nächsten Mahlzeit warten.* Oder aber es hieß auch: *„Weä neet oppèr Tiit kömmb, ett maar, watt üèvèrbliff."* – Wer nicht rechtzeitig kommt, isst nur, was übrig bleibt. Auf Hochdeutsch sagt man: Wer nicht kommt zur rechten Zeit, der kriegt das, was übrig bleibt.
Wenn es dämmerte, mussten alle Kinder, die noch auf der Straße oder draußen in Garten oder Feld spielten, unverzüglich ins Haus kommen und das Spiel beenden. Wenn die Mutter gerufen hatte, spielte sich zuweilen ein kindlich-eigenes „Zeremoniell" ab: Man verzögerte das Auseinandergehen ein wenig, sagte *„Tschöö"*, drehte sich um und ging. Danach näherte sich ein anderes Kind dem, das nach Hause ging, schlug ihm auf die Schulter und sagte: „Letzter". Dieses Kind gab das wiederum an ein anderes Kind weiter usw., bis alle Kinder wieder zu Hause waren. Vor dem Zubettgehen hörte man oft in einfachen Familien die laut über die Straße gerufene Aufforderung der Mütter (im Rufton) an die Kinder : *„Pischè, puupè, Waatèrdrengkè, Bättjoan!"* – Die „Bedürfnisse" erledigen, Wassertrinken, Zubettgehen! Oder in *Viersen: „Jèpisch, jèpupp, dè Trôpp èropp!"* – ... die Treppe hinauf (ins Schlafzimmer)! Oder in *Neuwerk:* *„Alla marsch! Jèpisch, jèpupp, Weewaatèr, jèbätt, onn dann dè Träpp èropp."* – ... Weihwasser nehmen, beten ... In *Krefeld* kurz und bündig: *„Bottèramm mött Kruut, jèpischt, na Bätt!"* – Butterbrot mit Kraut ... usw.

alle mdl. *Viersen, Krefeld, Neuwerk* 1970–80
* In der vorkonziliaren, tridentinischen Liturgie der katholischen Kirche wurde das Messbuch vor der Lesung des Tagesevangeliums von der Epistelseite zur Evangelienseite des Altars getragen. Wer bis zum Evangelium in der Messe anwesend war, für den war der Besuch der Messe gültig. Für den, der später kam, war die Messe ungültig. Er musste eine spätere besuchen, um seiner Sonntagspflicht nachzukommen.

Wenn die Kinder vor dem Dunkelwerden nicht im Haus waren, so glaubten sie, würden sie vom *„Bussèmann"* oder von der *„Abendmutter"* bedroht, wovor sie großen Respekt hatten. Beim Ertönen der Abendglocke um sieben Uhr musste jedes Spiel ein sofortiges Ende nehmen. Die Eltern hatten den Kindern eingeschärft: „*Noa Oèvènsklôkk öss nikks Düèjès mièr opp dè Schtroat.*"[3] – Nach der Abendglocke ist nichts Taugliches mehr auf der Straße. Zudem kannte jedes Kind den Warnruf:

Nr. 36 Oèvènsklôkk

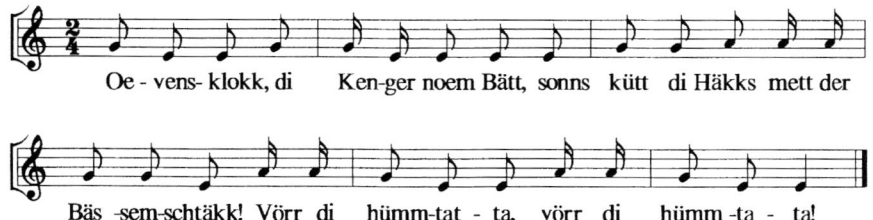

Oe-vens-klokk, di   Ken-ger noem Bätt, sonns kütt di Häkks mett der

Bäs-sem-schtäkk! Vörr di   hümm-tat-ta,   vörr di   hümm-ta-ta!

Abendglocke/Die Kinder ins Bett/Sonst kommt die Hexe/Mit dem Besenstiel!

Text und Melodie 1983 in *Neuwerk* aufgezeichnet, ebenso in *Süchteln, Lobberich, Mönchengladbach* und in *Viersen* bekannt. Hier hieß es auch: *sônns kömmp deä Faddèr mött dèr Bässèmschtäkk!* s. Kommentar Nr. 36

Eine ähnliche unheimliche Gestalt, vor der die Kinder sich fürchteten und die ihre Phantasie beschäftigte, war die „Kornmuhme". Zwar hatte sie mit der Pünktlichkeit nichts zu tun. Doch warnte und „erzog" sie die Kinder, den Feldfrüchten keinen Schaden zuzufügen.[2] Von Kindergeneration zu Kindergeneration (wahrscheinlich auch durch die Erwachsenen) wurde überliefert, dass die „Kornmuhme" Kinder, die in ein Getreidefeld liefen und somit nicht unerhebliche Flurschäden anrichteten, dadurch bestrafte, dass sie sie in die Irre laufen ließ und sie den Weg nach Hause nicht mehr fänden.[3]

1) mdl. *Süchteln* 1999; 2) mdl. *Viersen* 1998 3) Schmitz 1893, 99

Literatur:
Mannhardt, Wilhelm, Roggenwolf und Roggenhund, Danzig 1865 (Mannhardt 1865)
Reinecke, Carl, Kinderlieder. Schulausg., Leipzig, 6. 1908 (Reinecke 1908)
Schmitz, Wilhelm, Die Mischmundart in den Kreisen Geldern (südlicher Teil), Kempen, Erkelenz, Heinsberg, Geilenkirchen, Aachen, Gladbach, Krefeld, Neuss und Düsseldorf sowie mancherlei Volksthümliches aus der Gegend Dülken 1893 (Schmitz 1893)

Eitelkeit, Prahlen, Trotz und Lügen

Um Kinder vor zu großer Eitelkeit zu bewahren, wenn sie allzu oft in den Spiegel blickten, sagte man ihnen: „*Pass opp! Doa hengèr dich sett è Düüvèlkè onn vröit sech!*"[1] – Gib acht! Da hinter dir sitzt ein Teufelchen und freut sich! Es wurde von demjenigen, der eitel und hoffärtig war und zu viel vor dem Spiegel stand, gesagt: „*Deä hätt dèr Düüvèl hengèr sech schtoan.*" – Der hat den Teufel hinter sich stehen. Auch beim Prahlen und Angeben waren die Erwachsenen mit einem eher scherzhaften Merkspruch gewappnet: *„Wörr habbè è Höngkè, datt hett Schtronntsbüllkè."*[2] – Wir haben ein Hündchen, das heißt Angeber. In *Overhetfeld* nahm dieser Merkspruch sogar die Form eines Rätsels an: *„Vörr habbè ennè Hongk, deä hett ‚Schtronnts‘ onn ènn Kôtt, di hett ‚Büll‘. Wi hett datt? – Schtronntsbüll!".* – Wir haben einen Hund, der heißt „Angeber" und eine Katze, die heißt „Beutel". Wie heißt das? – Angeber!*

Wenn der Eindruck entstand, dass ein Kind die Unwahrheit sagte, legte oder drückte die Mutter ihren Finger sanft auf die Nase des Kindes und sagte: *„Hässtè all è Knübbèlkè opp dè Naas?"* Oder: *„Lôtt mich ènns opp dinn Naas föölè!"*[3] – Hast du bereits ein Knübbelchen auf der Nase? Oder: Lass mich mal an deiner Nase fühlen! Oft wich das Kind im Bewusstsein seiner Lüge zurück und weigerte sich, den Erwachsenen freiwillig seine Nase berühren zu lassen. Es glaubte wirklich, dass sich bei einer Lüge ein Knötchen auf der Nase bilden werde.[4] Ein Kind, das den Eltern gegenüber trotzig und frech war, wurde aufgefordert, sich im Spiegel zu betrachten: *„Kiik maar ènns enn datt Schpièjèl, doa waaßè dich joa kleenè Höèrès!"* – Schau nur einmal in den Spiegel, da wachsen dir ja kleine Hörner. Damit waren die Hörnchen eines Teufelchens gemeint, das im Kind stecke.[5] Interessant ist hierbei, dass dieser Spruch einst aus dem Bereich des Aberglaubens gekommen ist: Demnach durfte man kleine Kinder nicht in den Spiegel sehen lassen, weil man glaubte, dass sie dadurch eitel würden.[6] Wenn ein Kind mit der Hand nach der Mutter schlug, hieß es: „Wer die Mutter schlägt, dem wächst die Hand aus dem Grab."

* Schtronntsbüll = Angeber, hier hat man das Wort auseinandergenommen:„schtrontse" und „Büll" (=Beutel).

1) Schmitz 1893, 98 2) mdl. *Viersen* 1972 3) Schmitz ebd. 4) mdl. 1970 5) mdl. 1972 6) Runkel 1940, 101

Literatur:

Runkel, Otto, Niederrheinischer Aberglaube. In: Die Heimat, 1940 (Runkel 1940)

Schmitz, Wilhelm, Die Mischmundart in den Kreisen Geldern (südlicher Teil), Kempen, Erkelenz, Heinsberg, Geilenkirchen, Aachen, Gladbach, Krefeld, Neuss und Düsseldorf sowie mancherlei Volksthümliches aus der Gegend, Dülken 1893 (Schmitz 1893)

Warnungen, Hilfen und Heilsprüche

Da bei Kleinkindern die Feinmotorik noch nicht voll ausgebildet ist und vor dem Umgang mit Feuer oder gefährlichen Gegenständen gewarnt werden muss, um sie vor Unfällen zu bewahren, hieß es kategorisch:

Nr. 37
> *Messer, Gabel, Schere, Licht*
> *Taugt für kleine Kinder nicht.*

mdl. *Viersen* 1980

Um Kinder vor dem unvorsichtigen Spiel mit dem Feuer zu warnen, hieß es: *„Kinder, di mött Füür spööle, pesse s'nachts in't Bed."*[1] – Kinder, die mit dem Feuer spielen, machen nachts das Bett nass. Um zu verhindern, dass ein Kind einen Kirschkern verschluckte, warnte man: *„Pôss opp, sônns wääs dich ennè Boom uut dèr Mongk!"*[2] – Gib acht, sonst wächst dir ein Baum aus dem Mund! Um kleine Kinder davor zu warnen, zu nahe an ein Gewässer heranzugehen, hieß es: *„Pass opp, sônns trökk dèr Waatèrmann dich mètt sinnè langè Hoak èrenn!"*[3] – Gib acht, sonst zieht dich der Wassermann mit seinem langen Haken ins Wasser. Wenn ein Kind den Schluckauf hatte, genannt *„Hekk", „Schlekk"* oder *„Hekkèbekk"*, lenkte die Mutter es davon ab, indem sie riet: *„Gap över den Dumm (Daumen)!"*, oder *„Kik en de Sonn!"*[4] In *Geldern* hieß es: *„Den es et Härzken an't waase."* – Dem wächst das Herzchen. Um den Schluckauf zu unterdrücken, sagte man in *Kleve:*

Nr. 38

Ek heb dèn Schlekk,	Ich habe den Schluckauf,
Ek heb den Hekk,	Ich habe den Schluckauf,
Ek heb den Pekk,	Ich habe den Schluckauf,
Ek gêêf öm dran,	Ich gebe ihn dran, (auf)
Ek gêêf öm Jan,	Ich gebe ihn Johannes,
Eenen alde Man.	Einem alten Mann.

s. Kommentar Nr. 38

Nr. 39

Ek heb den Hekkebekk,	Ich habe den Schluckauf,
Ek heb öm now, heb öm dan.	Ich habe ihn jetzt, ich habe ihn dann.
Ek gôôf öm minne Nêêvemann.	Ich gebe ihn weiter an meinen Nachbarn.

Kleve, Gahlings / Matenaar 1936, 135

Überall am Niederrhein galt: Wer den Schluckauf hatte, musste den folgenden Spruch ohne Atemholen siebenmal, in anderen Gegenden dreimal hintereinander aufsagen:

Nr. 40

Ich habb dä Schlekk,	Ich habe den Schluckauf,
Ich habb deä Pekk,	Ich habe den Schluckauf,
Ich habb öm sièvè Joar jèhatt.	Ich habe ihn sieben Jahre gehabt.

mdl. *Viersen* 1972, vgl. *Köln:* Werner 1961, 27, s. Kommentar Nr. 40

Dreimal hintereinander in einem Atemzug:

Nr. 41

Ich habb dèr Hekk,	Ich hab' den Schluckauf,
Ich habb dèr Schlekk,	Ich hab' den Schluckauf,
Ich habb vörr vaièr Pänningè Wäkk.	Ich hab' für vier Pfennige Weißbrot.

Grefrath, Süchteln, Dülken, Viersen, Norrenberg 1875, 104, Nr. 4

Nr. 42

Du Schlekk, du Dekk, du Dönn,	Du Schluckauf, du dicker, du dünner,
Du driifs mich all di Rebbèn ömm.	Du treibst mir alle Rippen um.

Norrenberg 1875, 104, Nr. 5

Im folgenden Spruch ist es der Rhein, der den „Hick" verschlingt, als wäre er ein böser Dämon. Um von ihm befreit zu werden, musste man sagen:

Nr. 43

Ek en der Hick,	Ich und der Schluckauf
Wej gunge över de Rin.	Wir gingen über den Rhein.
Ek gun dröver,	Ich ging hinüber,
De Hick föll rin.	Der Schluckauf fiel hinein.

Wesel, Müller, ZfVK 1913, 41

Die nachfolgenden kleinen Heilsprüche entstammen dem Bereich der magischen Sprüche, die besonders aus der frühen Literaturgeschichte in der Karolingerzeit (9. Jh.) bekannt sind. „Magie ist Erkenntnis wirkender Kräfte in der natürlichen Umwelt des Menschen und Mittel zu ihrer Bezwingung, Abwehr des Schadens, Erzwingung des Nutzens … Mittel der Magie sind Handlung, Zeichen und Wort."[5] Die Heilsprüche hören sich wie Zaubersprüche an. Die Mutter sprach sie, wenn ein Kind sich verletzt hatte, über Schmerzen klagte und zu ihr kam, um sich trösten zu lassen, dann blies sie auf die schmerzende Stelle, strich mit der Hand darüber und sagte:

Nr. 44

Heelè Haas,	Heiler Hase,
Värrèkès Naas,	Schweinenase,
Kroènèbeen!	Krähenbein!

Danach blies sie noch einmal darauf und sprach:

Püüsèlè, püüsèlè, heelè, baatè,	Streicheln, streicheln, heilen, nützen
Wänns-dè nett heelè wells,	Wenn du nicht heilen willst,
Mosstè -t maar laatè!	Musst du es nur lassen!
Dä, Fekks*, häss duu ött!	Da, Spitz, hast du es!

* Hundename für einen Spitz

In der letzten Zeile hob sich der Ton der Mutter. Indem sie laut „*Dä, …*" (Da, …) rief, wies sie mit einer großen Bewegung auf den Hund, womit der Schmerz auf ihn übertragen werden sollte und das Kind meist suggestiv empfand, davon befreit zu sein. Hierbei handelt es sich um nichts Geringeres als um einen – längst vergessenen – Aberglauben, dass man Krankheiten insbesondere auf Hunde übertragen konnte.[6]

Viersen, Nachlass Neef-Winz 1950

In einer kürzeren Form strich der Erwachsene über die schmerzende Stelle oder blies darauf:

Nr. 45

Heelè, heelè, baatè,	Heilen, heilen, nützen,
Wänns-dè neet heelè wells,	Wenn du nicht heilen willst,
Mossdè-`t maar laatè!	Musst du es nur lassen!

mdl. *Viersen* 1974

Nr. 46

Öökè, Böökè,	Eichen, Buchen,
Flüèkröökè, Flöökè.	(Wortspiel)
Morjè öss wärr allès heel!	Morgen ist wieder alles heil!

mdl. *Neuwerk* 1981

Auch bei diesen Worten blies die Mutter auf die Wunde oder schmerzende Stelle des Kindes.

Nr. 47

Ôchtèr Tsinnt Jôôn	Hinter St. Johannes
Wonnt ennè Môôn,	Wohnt ein Mann,
Deä höötèlè, böötèlè,	Der höötele, böötele,
Heelè kônn.	Heilen kann.

mdl. *Hinsbeck* 1999

Der hl. Johannes d. T. wurde bei Schmerzen – eigentlich bei Kopfschmerzen – um Hilfe angerufen. Bis heute wird er in *Hinsbeck* im dortigen Johannes-Kapellchen besonders verehrt und war einst das Ziel verschiedener Wallfahrten. Hier aber wird Johannes nicht selber angerufen, vielmehr heißt es: „Hinter St. Johannes wohnt ein Mann, der heilen kann." Ähnlich lautet ein Vers aus *Geldern*, der ebenfalls von einem (fiktiven?) Mann spricht, der an St. Johannes wohnt (und heilen kann):

Nr. 48

Hailè, bailè, Blüütjè!	(Diminutiv von Blut)
Värkès-, Värkèsschnüütjè!	Schweine-, Schweineschnäuz-chen!
An Sinnt Jann	An St. Johannes
Wonnt ennè Mann,	Wohnt ein Mann,
Dänn hailè, bailè, Blüütjè kann.	Der heilen (Wortspiel) kann.

Geldern, Spee 1875, II, 18, s. Kommentar Nr. 48

Nr. 49

Heile, heile, Blütje,	Heile, heile, Blütchen, (von Blut)
Fäärke, Fäärkesschnütje.	Schwein, Schweineschnäuzchen.
Heile, heile Sägen,	Heile, heile Segen,
Sewen Dage Rägen,	Sieben Tage Regen,
Sewen dage Schnee,	Sieben Tage Schnee,
Nauw düüt et gar nimmer wee.	Nun tut es gar nicht mehr weh.

Geldern, Samans, UH. Nr. 7 1932, s. Kommentar Nr. 49

Nr. 50

Kille, kille wüt,	Wortspiel
Krâânefüüt,	Krähenfüße,
Eksterbeen,	Elsterbein,
Now es de Fenger heil.	Nun ist der Finger heil.

Kleve, Gahlings/Matenaar 1936, 134

Wenn sich ein Kind den Finger verbrannt hatte:

Nr. 51

Sand, treck üt den Brand,	Sand, zieh aus dem Brand,
Treck üt et Fleiß,	Zieh aus dem Fleisch,
Helpt, hellege Geist!	Hilf, heiliger Geist!

ebd.

Wenn beim Wechseln der Zähne ein Kind einen Milchzahn verlor, hob es ihn auf, warf ihn hoch über seinen Kopf nach hinten fort und sagte dazu: *„Heei, Härrjöttschè, hässè ennè Wäggtôngk, jäff mich doèvüèr ennè Bruèttôngk!"* – Hier, Herrgott, hast du einen Weißbrotzahn, gib mir dafür einen Brotzahn. Mit *„Wäggtôngk"* ist der Milchzahn, der *„Weißbrotzahn"* gemeint, der beim kleinen Kind noch so „weich" ist, dass man damit nur Weißbrot beißen kann. Der *„Bruèttôngk"* ist der bleibende Zahn, der hart und widerstandsfähig ist, damit man das viel härtere, geschrotete Schwarzbrot beißen kann.[7] Auch ließ das Kind zuweilen zu, wenn der Milchzahn bereits wackelte, aber noch nicht ausgefallen war, dass es selbst oder die Mutter einen festen Faden darum band, diesen an der Türklinke festmachte und anschließend die Tür schnell zuschlug. Damit war der Zahn gezogen. Meist war dieses Verfahren schmerzlos und das Kind stolz darauf, sich so mutig gezeigt zu haben.[8]

Wer Linkshänder war, *„ennè Lengkspuèt"* – ein Linksfuß, dem wurde brutal die linke Hand eingebunden, so dass er sie nicht benutzen konnte.[9] Gegen das allzu lange Daumenlutschen half ein *„Sôôtföpp"*, ein in Salzwasser getauchtes, zusammengebundenes Stück Leinen.[10] Wenn ein Kind sich langweilte und fragte: *„Mamma, watt soll ich ènns donn?"* – Mutter, was kann ich mal tun? Lautete die Antwort: *„Muusküètèlè schpettsè onn Sangk anènangèr knööpè."* – Mauseköttel anspitzen und Sand aneinanderknoten.[11] Ein Kind galt als körperlich gesund, wenn folgende Voraussetzungen eintrafen:

Nr. 52

Köppkè kôôt onn Püètschès wärrm,	Köpfchen kalt und Füßchen warm,
Pörrtschè oapè,	(wörtlich:) Törchen offen = gute Verdauung,
Dann lott maar all dè Dökktèrsch loopè.	Dann lass nur alle Ärzte laufen.

Viersen, Nachlass Neef-Winz 1955

Nr. 53

Kopf kalt, Füße warm,
Machen Doktor und Apotheker arm.

mdl. *Boisheim* 1995

Wie alle Verbote und Gebote gehörte auch dies zur Erziehung: *„Kleen Kengèr möddè mött Schloapè jruèt weärdè".* – Kleine Kinder brauchen viel Schlaf, um zu wachsen und gesund zu bleiben. *„Wänn kleenè Kengèr enn dèr Schloap lachè, dann sennd sè mött dè Ängèlkès ann't schpiele."* – Wenn kleine Kinder im Schlaf lachen, dann spielen sie mit den Engelchen. „*Loèvè öss Kengèrvröid*". – Lob macht Kinder froh.

1) Schönberner 1979, 118 2) mdl. *Viersen, Dülken, Süchteln, Boisheim* 3) Schmitz 1893, 97 4) Müller ZfVK 1913, 42 5) de Boor 1960, 94 f, vgl. Meyers GHK 1965, 21–40 6) HDA IV, 478 7) mdl. *Overhetfeld* 1981 8) *Viersen* 1971 9) mdl. *Hinsbeck* 1983 10) mdl. *Hinsbeck* 1983 11) mdl. *Neuwerk* 1980

Literatur:
Bächtold-Stäubli, Hanns, Handwörterbuch des deutschen Aberglaubens Bd. I–X unter Mitwirkg. von Eduard Hoff-mann-Krayer, 1986, unveränd. Fotomechan. Nachdr. von 1935, Berlin 1986 (HDA IV)
de Boor, Helmut, Die deutsche Literatur von Karl dem Großen bis zum Beginn der höfischen Dichtung 770–1170, München 4. 1960 (de Boor 1960)
Gahlings, Karl, Matenaar, Franz, Lieder und Sprüche aus dem Leben und Brauchtum am Niederrhein, Kleve 1936 (Gahlings / Matenaar 1936)
GHK 1965 = Geldrischer Heimatkalender
HDA IV = Handbuch des deutschen Aberglaubens, siehe Bächtold-Stäubli
Meyers, Fritz, Alte Besprechungsformeln vom Niederrhein. In: Geldrischer Heimatkalender 1965 (Meyers GHK 1965)
Müller, Josef, Rheinische Segen gegen den Schluckser. In: ZfVK, Jg. 10, 1913 (Müller 1913)
Neef-Winz, Agnes, Nachlass (Neef-Winz 1955)
Norrenberg, Peter, Geschichte der Herrlichkeit Grefrath, Viersen, Dülken 1875 (Norrenberg 1875)
Samans, Ludwig, Sprichwörter, Redensarten und Liedchen von Vörde. In: Unsere Heimat, Beilage zur Westdeutschen Landes-Zeitung, 20. Jg., Nr. 7, unpag., 1932 (Samans, UH. 1932)
Schmitz, Wilhelm, Die Mischmundart in den Kreisen Geldern (südlicher Teil), Kempen, Erkelenz, Heinsberg, Gei-lenkirchen, Aachen, Gladbach, Krefeld, Neuss und Düsseldorf sowie mancherlei Volksthümliches aus der Gegend, Dülken 1893 (Schmitz 1893)
Schönberner, Egon, Onsen t'Hüs, Teil II, Kinderspiele am Niederrhein, Kleve-Materborn 1979 (Schönberner 1979)
Spee, Joh., Volksthümliches vom Niederrhein. H. I, Aus Leuth im Kreise Geldern, und Heft II, Köln 1875 (Spee 1875)
UH. 1932 = Unsere Heimat, siehe Samans
Werner, Jakob, Sammlung Kölnischer Kinderlieder und Reime, Köln 1961 (Werner 1961)
ZfVK 1913 = Zeitschrift des Vereins für rheinische und westfälische Volkskunde

Sprichwörter und Redensarten zum Verhältnis zwischen Eltern und Kindern

„*Beätèr è Kengk opp èt Kössè äs ee opp èt Jèwessè.*" – Besser ein Kind auf dem Kis-sen als eins auf dem Gewissen; Absage an die Abtreibung.
mdl. *Viersen* 1970

Im Umkreis von *Geldern* hieß es:

„*Vööl Kindèr ärèmè nit. Èt gift waèl vööl Bottèrammè, maar ok vööl Patèrnôstèr.*" – Viele Kinder machen nicht arm, es gibt wohl viele Butterbrote, aber auch vie-le Vaterunser.

„*Soèwel Kindèr, soèwel Patèrnôstèr.*" – Soviele Kinder da sind, soviel Vaterunser werden für sie aus Sorge gebetet.

Das folgende Sprichwort enthält entgegen dem Lob des Kinderreichtums jedoch skeptische Töne:

„Vööl Kengèr ärèmè nit, maar sè haalè dè Nöppkès kaal." – Viele Kinder machen nicht arm, wörtlich: aber sie halten die Stofffasern auf den Kleidern kahl, d. h. die Kleider sind abgetragen; man muss äußerst sparsam leben und kann sich nicht allzuviel leisten.
„Gej hät säldè gèhört, datt dè jongè Kattè dè aaldè dè Müüs brengè, mar wäl dè aaldè dè jongè." – Man hat selten gehört, dass junge Katzen den alten die Mäuse bringen, wohl aber die alten den jungen.

Zwar heißt es, Eltern sollten mit „warmer Hand", also noch zu Lebzeiten, den Kindern etwas vererben. Dennoch sollte man klug bedenken:
„Me mott sich nit ütträkkè, voèr dat mè nô Bett gaat." – Man sollte sich nicht (ganz) ausziehen, bevor man zu Bett geht; d. h.: So lange man lebt, sollte man sich nicht ganz von seinem Besitz trennen. Es ist eine Warnung an die Eltern, vor dem Tod ihr Vermögen an die Kinder zu verteilen.

Wenn Kinder Intimitäten wie Streitigkeiten etc. aus der Familie in die Öffentlichkeit tragen, heißt es:
„Dat es ännè lälekè Vogèl, dän sin aigè Näs bèschmäärt." – Das ist ein hässlicher Vogel, der sein eigenes Nest beschmutzt.

Die Anhänglichkeit an Elternhaus und Heimat besagt das Sprichwort:
„Wor den Haas gèjonkt ès, dor bleft he gään." – Wo der Hase aufgewachsen ist, da bleibt er gern.

„Süd, Nord, Ost, West, tüs es best." – Süden, Norden, Osten, Westen, zu Hause ist es am besten.

Von Kindern, die nie das elterliche Haus verlassen haben, sagt man:
„Sè sin nit van Mojèrs Muuspôtt gèwäst." – Sie sind nie von Mutters Mustopf weggewesen, d. h. sie haben nie für sich selbst sorgen müssen (= sind selbständig gewesen).

„Gej mot niet ömmèr bej Modèrs Muspôtt leggè, fremdè Oogè makè Menße." – Du sollst nicht immer bei Mutters Gemüsetopf liegen; fremde Augen machen Menschen. D. h. der Umgang mit anderen Menschen und Lebenserfahrungen in der Fremde bilden und erweitern den Horizont. Geh in die Fremde und lerne leben!

Kleve, Rees, NGF 1883, 40

Das Gegenteil besagt:

„Wän èt Kôwkè fàrrèg ès, gät èt Möskè fliegè." – Wenn der Vogelbauer fertig ist, fliegt der Vogel weg, d.h. auf die bevorstehende Hochzeit eines Kindes bezogen: Wenn die neue Wohnung (oder das Haus) fertig ist, dann verlässt es das Elternhaus.

Wenn man den falschen Ehepartner gewählt und sich in dessen Persönlichkeit geirrt hat, heißt es:
„Wänn mè dè Kuw kennt, brukt mè sich owèr èt Kalf nit tè wondèrè."
Oder: *„Wänn mè dè Kuw nit kennt, brukt mè sich owèr èt Kalf nit tè wondèrè."*
– Wenn man die Kuh (nicht) kennt, braucht man sich über das Kalb nicht zu wundern; d.h. die Tochter (oder der Sohn) kommt im Charakter ganz auf die Mutter (oder den Vater). Meist ist es negativ gemeint.
Alle: Umkreis von *Geldern*, UH. 1.Jg., Nr. 5, 1911

„Kleinè Kindèr träjèn in dè Schlöpp, grootè op èt Hart." – Kleine Kinder treten in den Schoß, große auf das Herz.
Spee 1875, H.2., 46, Nr. 19

„Vüèl Kengèr, vüèl Säèjèn (Säèngèr)." – Viele Kinder, viel Segen.
mdl. *Viersen* 1974

„Een Mottèr kann beätèr sièvè Kengèr jruètträkkè äs sièvè Kengèr een Mottèr ann`t Eätè halldè." – Eine Mutter kann besser sieben Kinder großziehen als sieben Kinder eine Mutter ernähren können. Wird gesagt, wenn Kinder ihre Eltern im Alter nicht unterstützen.
mdl. *Viersen* 1974

„Mottèrs Schuèt öss ärrm, maar wärrm." – Mutters Schoß ist arm, aber warm.
mdl. *Viersen* 1975

„Maar ee Kengk, datt ess dèr Jräuèl emm Huus." – Nur ein einziges Kind ist ein Greuel im Haus.
Osterath, NGF 1879, 52

„Èt Weär kännt mèr am Wengk on dè Modèr am Kengk." – Das Wetter erkennt man am Wind und die Mutter am Kind.
Osterath, NGF 1879, 116

„Dat es ennè braavè Jong, dä opp si Vaar att." – Das ist ein braver (guter) Junge, der auf seinen Vater kommt (artet). Übertragen: Man darf vom Menschen nicht

mehr erwarten, als das, wozu ihn Erziehung und das ständige Beispiel gemacht haben.

Osterath, NGF 1879, 116

„Wat Modèr an't Hätt geht, dat geht dem Vadèr nôch net èmoal an dè Kniè." – Was der Mutter zu Herzen geht, das geht dem Vater nicht einmal bis zum Knie.

Osterath, NGF 1879, 16

Literatur:
NGF = Niederrheinischer Geschichtsfreund 1879 und 1883
Volkstümliches vom Niederrhein. H. I, Aus Leuth im Kreise Geldern, und Heft II, Köln 1875 (Johannes Spee 1875)
Spee, Johannes, UH. = Unsere Heimat Zwanglose Blätter, hg. von den Heimatvereinen des Kreises Geldern. Beilage zur Niederrheinischen Landeszeitung, 2. Jg. Nr. 3, 1911 unpag. (UH. 1911)

Lieder für die Kleinen – Schlafliedchen

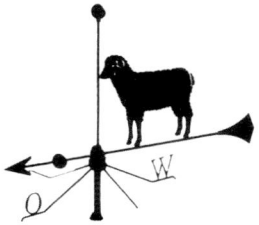

Schon der Säugling reagiert auf Blickkontakt, auf rhythmisches Sprechen und Singen, auf Musik und Schaukelbewegungen. Die sanften, rhythmischen Bewegungen des Wiegens und Schaukelns, verbunden mit einem Schlafliedchen, wirken auf das Kind beru-

Wetterfahne, Nettetal

higend und vertreiben Einschlafängste. Währenddessen hört das Kind die Stimme der Mutter und sieht in das vertraute Gesicht. Dies alles zusammen weckt in ihm angenehme Empfindungen. Die Wiege wurde meist mit einem Fuß auf der Kufe in Bewegung gehalten. So konnte man gleichzeitig mit den Händen irgendeine nützliche Arbeit verrichten wie z.B. Stricken, Stopfen, Gemüseputzen oder Kartoffelschälen. Dazu wurde in ständiger Wiederholung gesungen. Eines der ältesten und verbreitetsten Schlaf- und Wiegenliedchen ist das schon 1808 in „Des Knaben Wunderhorn" veröffentlichte „Schlaf, Kindchen, schlaf". Es war als Allgemeingut in ganz Deutschland bekannt und steht deshalb mit einigen Varianten am Anfang der folgenden Wiegenliedchen.

Nr. 54 Schlaf, Kindchen, schlaf

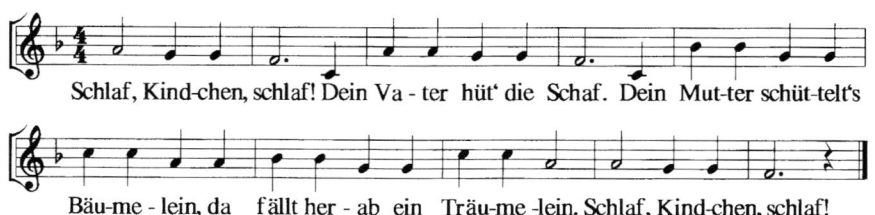

Schlaf, Kind-chen, schlaf! Dein Va-ter hüt' die Schaf. Dein Mut-ter schüt-telt's Bäu-me-lein, da fällt her-ab ein Träu-me-lein. Schlaf, Kind-chen, schlaf!

Text: volkstümlich, Melodie: J. F. Reichard 1781, s. Kommentar Nr. 54

Nr. 55

Schlaf, Kindchen schlaf!
Dein Vater hüt' die Schaf,
Deine Mutter schüttelt's Bäumelein,
Alle Kinder schlafen ein.
Schlaf, Kindchen, schlaf!

mdl. *Kaldenkirchen* 1980

Wetterfahne,
Viersen-Dornbusch

Nr. 56

Schloap, Kengkè schloap!
Doa buutè jonnt twiè Schoap.
È schwôrrt onn è wett,
Onn wänn datt Kengkè nèt schloapè well,
Dann kömmb datt schwôrrtè onn bitt ött.

Schlaf, Kindchen schlaf!
Da draußen geh'n zwei Schaf'.
Ein schwarzes und ein weißes,
Und wenn das Kindchen
nicht schlafen will,
Dann kommt das schwarze
und beißt es.

Nachlass Neef-Winz 1942, mdl. *Born, Neuwerk, Rheydt, Dülken, Süchteln* 1981 u.a.m.

Nr. 57

Schlôôp, Kindjè schlôôp!
Den Vââder hüjt die Schôôp,
Die Mooder hüjt die bonte Kuw,
Kindje makt die Öögskes tuw.
Schlôôp, Kindje, schlôôp!

Schlaf, Kindchen, schlaf!
Der Vater hütet die Schaf,
Die Mutter hütet die bunte Kuh,
Kindchen macht die Äuglein zu.
Schlaf, Kindchen, schlaf!

Kleve, Gahlings/Matenaar 1936, 15; vgl. Böhme 1897, 4, Nr. 15

Die folgenden Varianten haben z. T. einen sozial-kritisch-bitteren Ton:

Nr. 58

Schloap, Kengkè schloap!
Di Mottèr ess è Schoap,
Di Vattèr es ennè Kappèsbuèr*,
Kömmb heä na Heem,
Dann kikk heä suèr,
Schloap, Kengkè, schloap!

Schlaf, Kindchen, schlaf!
Deine Mutter ist ein Schaf,
Dein Vater ist ein „Kappesbauer",
Kommt er nach Hause,
Dann blickt er sauer,
Schlaf, Kindchen, schlaf!

* Kappèsbuèr, ein Bauer, der Weißkohl anbaut, aus dem Sauerkraut gemacht wurde: abfällig im Sinne von armselig, mdl. *Neersen* 1980, *Neuwerk* und *Dülken* 1981, vgl. NL. *Roermond:* Dou, dou, kiendje, / Moder hèt Kathrienke, / Vader is eine kappesboer, / Kump d'r thoes, dan kiek d'r soer …, Veldekekrink Remunj 1993, 10, S. Kommentar Nr. 58

In der folgenden Variante – meist von Kindern als Parodie gesungen – werden Vater und Mutter verunglimpft, doch ist auch hier Bitterkeit über die Armut zu spüren:

Nr. 59

Schloap, Kengkè, schloap!	Schlaf, Kindchen, schlaf!
Dinn Vaadèr ess ènn Schoap,	Dein Vater ist ein Schaf,
Dinn Muèdèr ess ènn Dussèldièr,	Deine Mutter ist ein „Dusseltier",
Watt kanns du ärrm Kengk doèvüèr?	Was kannst du armes Kind dafür?
Schloap, Kengkè, schloap!	Schlaf, Kindchen schlaf!

mdl. *Krefeld-Traar* 1981, *Neuwerk, Rheydt, Lobberich, Viersen, Süchteln*

Allem Anschein nach ist es „kulturelle Wirklichkeit", wenn von 845 Kindern zwischen sechs und zehn Jahren (1983–1986 in Essen), nach dem „Besitz und den Umgang mit den ihnen eigenen Texten" befragt (2210 Texte), einmal nur „Schlaf, Kindchen schlaf," mit Melodie und zwar in der obigen verballhornten hochdeutschen Textfassung genannt wurde.
Vgl. bei Fischer 1994, 18

Nr. 60

Haia, Niina*, Kengkè schloap!	Haia, Niina, Kindchen schlaf!
Enn dämm Bongèdè** sennd di Schoap,	Im Baumgarten sind die Schafe,
Enn dämm Jaadè sennd di Lämmèlain,	Im Garten sind die Lämmlein,
Enn dämm Hemmèl sennd di Ängèlain.	Im Himmel sind die Engelein.
Haia, Niina, Kengkè schloap!	Haia, Niina, Kindchen schlaf!

*„Niina" ist das Wort für „Wiege", ** Wiese mit Obstbäumen hinter dem Bauernhaus, von mhd. boumgart (Baumgarten), *Neuwerk,* Mackes 1913, 136

Nr. 61

Heia, süsa Kinneke!	Heia, süßes Kindchen!
Appele en Pêêre in't Spinneke,	Äpfel und Birnen im Spindchen,
Mooder hit Kathrineke,	Mutter heißt Kathrinchen,
Vââder es eene Kappesbuur,	Vater ist ein Kappesbauer (s. o.)
Wän hej t'hüs kömt, kiekt hej suur.	Wenn er nach Hause kommt, blickt er sauer.

Kleve, Gahlings/Matenaar 1936, 15, vgl. Schmitz 1893, 59: Haia Popingkè, / Di Mottèr hett Katringkè, / Di Vattèr öss ennè Kôppèsbuèr, / kömmt dèr heem, da kikkt dèr suur.

Nr. 62

Heija, süßa Kindeken,	Heia, süßes Kindchen,
Dat Päppken steht in't Spindeken.	Das Breichen steht im Spindchen.

61

Wenn onse Kindjen niet well swiegen,	Wenn unser Kindchen nicht ruhig sein will,
Dann mot ek et Päppken kriegen.	Dann muß ich das Breichen holen.

Wesel, Tidden HKW 1982, 130

Nr. 63

Niina, Kenndschè!	Niina, Kindchen!
Tsökkèrkèn enn datt Mönndschè,	Zückerchen ins Mündchen,
Hoonich enn datt Päppkè,	Honig ins Breichen,
Schmäkkt wi Tsokkèr Säppkè.	Schmeckt wie Zuckersaft.

Leuth, Spee 1875 1. H., 14

Nr. 64

Leef Kenndschè jeet noo schloapè.	Unser liebes Kindchen geht nun schlafen.
Sinn Öchskès vallèn tou.	Seine Äugelein fallen zu.
Sööt Mellkskè sall ètt drengkè	Süße Milch soll es trinken
Waal fann dè bongktè Kou.	Wohl von der bunten Kuh.
Datt kömmb dôch oss leef	Das steht doch unserm lieben
Kenndschèn tou.	Kindlein zu.

Leuth, (Spee) Die Heimat vom 14. X Nr. 42, 1875, 168

Der folgende Text hat nach unserem heutigen Empfinden keinen freundlichen Inhalt. Wer macht sich schon Gedanken darüber, wie viele Hühner oder Gänse „totgeschlagen" werden und man sie in den Hals sticht, um sich „totzubluten", damit unsere Daunenkissen für das Bett besonders weich und angenehm sind!? Gerade dieses Schlafliedchen zeigt, dass sein Inhalt nur eine geringe Rolle spielt und es unwichtig ist, ob er vom Kleinkind verstanden werden kann oder nicht. Der harte Arbeitsalltag und die Armut der kleinen Leute waren zu groß, um sich gegenüber dem „Schicksal" der Kreatur Mitleidsgefühle leisten zu können. Tiere waren vor allem Nutztiere, die entweder Wolle, Federn, Eier oder Fleisch zu „liefern" hatten, wovon man letztlich (über)lebte. Viel wichtiger als der Inhalt solcher Liedchen sind sowieso der Blickkontakt mit der Mutter, die vertraute Singstimme, die gleichmäßige Wiederholung, der Rhythmus und die Schaukelbewegung der Wiege.

Nr. 65 Aia popaia, schlaach Kükkhännschè duèt

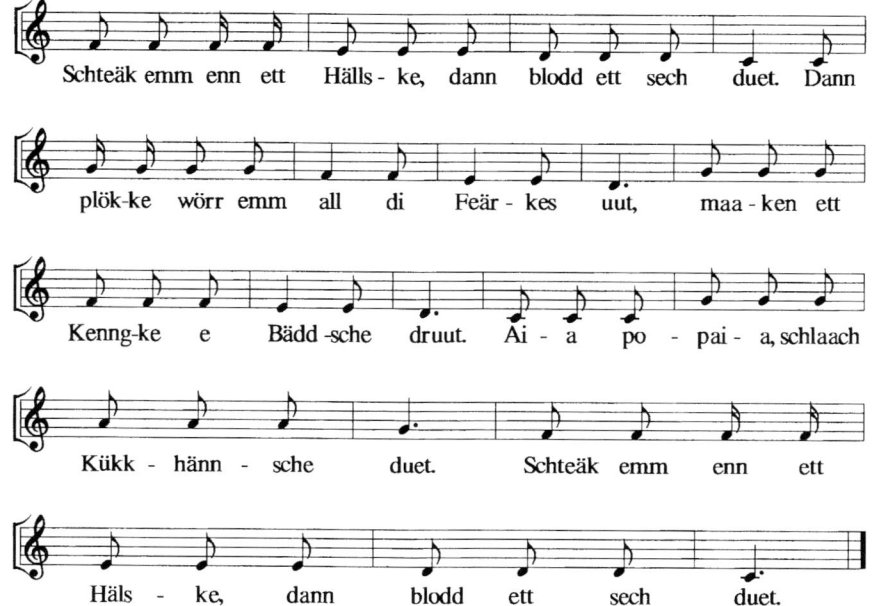

Schteäk emm enn ett Hälls-ke, dann blodd ett sech duet. Dann plök-ke wörr emm all di Feär-kes uut, maa-ken ett Kenng-ke e Bädd-sche druut. Ai - a po - pai - a, schlaach Kükk-hänn-sche duet. Schteäk emm enn ett Häls-ke, dann blodd ett sech duet.

Eiapopeia, schlag das Kükelchen tot. / Stich ihm in das Hälschen, / Dann blutet es sich tot. / Dann zupfen wir ihm alle Federn aus, / Machen für das Kind ein Bettchen daraus. / Eiapopeia, schlag das Kükelchen tot. / Stich ihm in das Hälschen, / Dann blutet es sich tot.

Text und Melodie 1976 in *Viersen*, auch in *Born, Dülken, Krefeld, Leuth, Niederkrüchten* und *Rheydt* aufgezeichnet, vgl. auf hochdeutsch bei Simrock 1879, 59, im deutschsprachigen Raum weit verbreitet; s. Kommentar Nr. 65

Nr. 66

Heia popeia,
Schlôôt et Hünneken dood,
Kokt et in't Pötje
En schmoort et gud.

Heia popeia,
Schlagt das Hühnchen tot,
Kocht es im Töpfchen
Und schmort es gut.

Kleve, Gahlings / Matenaar 1936, 15

Nr. 67

Heia, popeia,
Kokt et Kind een Eia.
Vaader sal et rüüre,
Mooder sal't probiere.
Al min kleine Kinderkes
Schlôôpen as die Engeltjes.

Heia, popeia,
Kocht dem Kind ein Ei.
Vater soll es rühren,
Mutter soll's probieren.
Alle meine kleinen Kinderchen
Schlafen wie die Engelchen.

Kleve, Gahlings / Matenaar 1936, 15

Oft sind die Texte der Schlafliedchen, aber auch anderer Kinderliedchen sehr drastisch.

Nr. 68

Haia, popaia, haia, popeia,	Haia, popaia, haia, popeia,
Kengkè lekk enn dè Haija:	Das Kindchen liegt im Bettchen:
Vattèr, Mottèr, Kengkè schrait,	Vater, Mutter, das Kindchen schreit,
Kengkè hätt ènn Ai jèlait*.	Das Kindchen hat ein Ei gelegt.
Kengkè iss opp dè Fott jèfallè,	Das Kindchen ist auf das Popöchen gefallen,
Aikè iss kapott jèjangè.	Das Eichen ist entzwei gegangen.

* = ins Bett gemacht, mdl. *Krefeld-Traar* 1980

Nr. 69

Haia, Niina*, Kengkè schrait,	Heia, Niina, Kindchen schreit,
Hätt ènn Ai enn't Bätt jèlait.	Hat ein Ei ins Bett gelegt.

*„Niina" = Wiege, mdl. *Viersen* und *Neersen* 1981

Nr. 70

Schaarèn, faarèn, Hommpèlèpuèt,	Scharren, fahren, Hinkefuß,
Opp jönndèr Sii litt ennè Schluèt.	Auf der anderen Seite liegt ein Schloss.
Doè bröijè sè Biièr,	Da brauen sie Bier,
Doè bôkkèn sè Bruèt,	Da backen sie Brot,
Doè schlônnt sè	Da schlagen sie
Dè fättè Küschkès duèt.	Die fetten Schweinchen tot.

Umkreis von *Viersen,* Norrenberg 1874, 119

Nr. 71

Haia popaia,	Heia popeia,
Morjè wällè wörr brouwèn.	Morgen wollen wir (Bier) brauen.
Dè Bütt, di lôttè wörr maakèn,	Den Bottich (Wanne) lassen wir reparieren,
Deä Hôpp ess ann dè Schtaakèn,	Der Hopfen ist an den Stangen,
Dè Keätèl ess enn Hollôngk,	Der Kessel ist in Holland,
De Köu, di sennd enn Brobôngk.	Die Kühe, die sind in Brabant.
Hôpp, Pärrdschèn, drapp!	Hopp, Pferdchen, trabe!
Môrjèn ess èt Sonndaach.	Morgen ist es Sonntag.

Leuth, Spee 1875 1. H., 14; s. Kommentar Nr. 71

Die beiden obigen Liedchen sind ein Zeugnis für das Bierbrauen und den früheren Hopfenanbau am Niederrhein. So ist z.B. überliefert, dass es um 1600 in *Neersen* „Hoppengärten" gegeben hat.[1] In beiden Liedchen werden einfache Fakten aus dem Arbeitsalltag aneinandergereiht, die zum Bierbrauen gehören: der Bottich, der Hopfen, die Hopfenstangen, der Kessel. Das Bierbrauen (besonders das Altbierbrauen) hatte am Niederrhein eine alte Tradition. In Edikten Friedrichs II. (d.Gr.) von Preußen, die er zur Verbesserung der Landwirtschaft am preußischen Niederrhein erließ, empfahl er u.a. die Förderung des Hopfenanbaus. Bis ins 19. Jh. blieb der nördliche Niederrhein (Kleve, Goch, Wesel) Schwerpunkt des rheinischen Hopfenanbaus. Am südlichen Niederrhein gab es um 1870 in *Neersen* und *Schiefbahn* den Hopfenanbau „gleichsam als eine landwirtschaftliche Spezialität dieser beiden Gemeinden".[2]
Ernst Klusen nennt das folgende „Liedchen" einen am Niederrhein und auch im Rheinland häufig belegten „Kinderwiegevers": (vgl. „Kinderarbeit und häusliche Pflichten" im Kapitel „Schule"). Oft lag in kinderreichen Familien auf den ältesten Geschwistern die Last, auf das Kleinste aufzupassen, ja es sogar auch zu versorgen und mitzuerziehen, weil die Mutter sich dem Lebensunterhalt widmen musste.

Nr. 72 *Wenn andere Kinder spielen gehen*

Dülken, Fiedler 1875, 103, 152/53

Nr. 73

Wänn angèrè Kengèr schpièlè jônnt,	Wenn andere Kinder spielen gehn,
Dann mott ech ann dè Weejèn schtoan.	Dann muss ich an der Wiege stehn.
Di Weech, di sätt krikk, kräkk, krôkk.	Die Wiege, die sagt krik, kräk, krok.
Schloap, du kleenè Driitsôkk.	Schlaf, du kleines Scheißerlein.

mdl. *Overhetfeld* 1981, vgl. *Moers* Firmenich I, 39, s. Kommentar Nr. 72/73

Aus zwei verschiedenen Texten hat sich das nachfolgende Liedchen zusammengesetzt:

Nr. 74 Haia Niina Kinnèkè, Moddèr schlöppt

Hai - a Nii - na Kin - ne - ke, Mod - der schlöppt bee

Trin - ni - ke. Watt deet se doe? Se schpennt Schopps-

hoer. Ich wollt, datt Mod-der wärr te Huus wüer. Wänn

an - ge - re Ken - ger schpie - le jonnt, dann

mott ich ann de Weech blii - ve schtoen. Di Weech, di mäkk waal

krik - kel - di - krakk. Schloep, du klee - ne Puup - sokk!

Heia, Niina, Kindchen, / Mutter schläft bei Kathrinchen. / Was tut sie da? / Sie spinnt Schafswolle. / Ich wünschte, Mutter / Wäre wieder zu Hause. / Wenn andere Kinder spielen gehn, / Dann muss ich / An der Wiege stehen bleiben. / Die Wiege, die macht wohl krikeldikrack. / Schlafe, du kleines Scheißerlein!

Text und Melodie 1996 in *Viersen* aufgezeichnet, siehe Kommentar Nr. 74

Nr. 75

Heija, min Kindeken,	Eia, mein Kindchen,
Eck schaukle dech,	Ich schaukel dich,
Hätt ech mär en Stöcksken,	Hätt ich nur ein Stöckchen,
Dann schlüg ech dech,	Dann schlüg ich dich,
Äwer dou bös e betschen te kleen,	Aber du bist ein bisschen zu klein,

Mots noch en betschen geschockelt sin.	Musst noch ein bisschen geschaukelt werden.

Moers, Caumanns HKM 1940, 91

Die Situation ist eine ähnliche wie in den vorausgegangenen Versen. Die Mutter ist nicht zu Hause. Auch hier klagt die ältere Schwester, dass sie das Kleinste hüten muß, das nicht einschlafen will.

Nr. 76

Heia, süsa Kinneke,	Heia, süßes Kindchen,
Moder es no Trinneke.	Mutter ist zu Kathrinchen.
Wat düt se dor?	Was tut sie dort?
K(n)öpt enne Schnoor.	Knüpft (spinnt) einen Faden.
Eck woll, dat Moder wär tüß wor!	Ich wollte, dass Mutter wieder zu Hause wäre!

Geldern, UH. 25. Jg., Nr. 4, 1937, vgl. Meyers GHK 1961, 109 ebenfalls aus *Geldern:* Heija, Nuna, Kinneke …

Nr. 77

Heija, süßa Heckedepek*,	Heija, süßes Heckedepeck,
Ek denke an min Ongeklöck,	Ich denke an mein Unglück.
Wenn andere Kinder spölen gohn,	Wenn andere Kinder spielen gehn,
Dann mot ek an de Wiege stohn.	Muss ich an der Wiege stehn.

*„süßes Heckedepeck"= Kosename, *Wesel,* Tidden HKW 1982, 130

Die älteste gedruckte Fassung ist von 1875:

Nr. 78

Haia suusa Kinneke,	Heia süßes Kindchen,
Wi bes du doch so schtollt?	Wie bist du doch so stolz?
Häss du Piin inn't Bükkske,	Hast du Bauchschmerzen,
Off sinnd di Vüttjès kôllt?	Oder sind deine Füßchen kalt?
Vüèrkè wellè wey schtookè,	Feuerchen wollen wir stochen,
Päppkè wellè wey kookè,	Milchbreichen wollen wir kochen,
Wey häbbè nôch Törf onn Hôllt*.	Wir haben noch Torf und Holz.
Wänn andèr Kindèr schpööle goon,	Wenn andere Kinder spielen gehn,
Mott ekk ann ett Wiègskè schtoon.	Muss ich an der Wiege stehn.
Ett Wiègskè sätt well: Krekkèdèkrakk.	Das Wieglein sagt wohl: Krekkedekrakk.
Schloop, du kleinè Puupsakk!	Schlaf, du kleines Scheißerlein!

* für das Feuer, Kreis *Geldern,* Spee 1875 2. H., 20

Aus der Umgebung von *Moers* stammen die fünf folgenden Wiegenliedchen:

Nr. 79

Eija bommbohm,	Eia bommbohm,
Osse klänne Jong	Unser kleiner Junge
Well nit alläjn schlopen,	Will nicht alleine schlafen,
Well segg noch wiege looten.	Will sich noch wiegen lassen.
Eija bommbohm.	Eia bommbohm.

Moers, Krach 1924, 78

Nr. 80

Eija popeija, watt rabbèlt enn ètt Stroh?	Eia popeia, was raschelt im Stroh?
Dè Müsskès onn dè Kätzèkès,	Die Mäuschen und die Kätzchen,
Di biitè segg jô so.	Die beißen sich ja so.
Eija popeija.	Eia popeia.

Moers, Krach ebd.

Nr. 81

Eija popeija, watt rabbèlt enn ètt Stroh?	Eia popeia, was raschelt im Stroh?
Ossè klännè Gasèn,	Unsere kleinen Gänse,
Die höbbè jo kenn Schuhn.	Die haben ja keine Schuh.
Dè Schustèr we'll kenn Lähr	Der Schuster will kein Leder
Onn kenn Läjstèn duhn,	Und keinen Leisten geben,
Onn well oss ärmè Gasèn	Und will unsern armen Gänsen
Nit makèn dè Schuh.	Keine Schuhe machen.

Moers, Krach ebd., Smidt 1856, 1

Nr. 82

Eija popeija! Watt ènn Bèhäj!	Eia popeia, So viel Aufhebens!
Kok min Kènnd dôch Brej!	Koch meinem Kind doch Milchbrei!
Dun ock Zóckèr onn Bottèr drenn,	Gib auch Zucker und Butter hinein,
Dann krigg dè Jong ock bätèrè Sènn.	Dann bekommt der Junge auch bessere Laune.
Eija popeija!	Eia popeia!

Moers, Krach ebd., Smidt 1856, 2

Nr. 83

Eija, min kläjn Weg*!	Eia, mein kleines Kind!
Wä schlöpp van Nag be megg?	Wer schläft diese Nacht bei mir?

Datt sall min liew De'rnschèn duhn,	Das soll mein liebes Mädchen tun,
*Datt ös jô min süht Zockèrhuhn.*18	Das ist ja mein süßes „Zuckerhuhn".

* Weg = kleines Kind, *Moers,* Krach ebd.

Nr. 84

Heija, popeija,	Eia, popeia,
Wat rappelt in' t Stroh?	Was raschelt im Stroh?
Dat Miesken well sterven,	Das Kätzchen will sterben,
Dat Müsken es froh.	Das Mäuschen ist froh.

Wesel, Tidden HKW 1982, 130

Nr. 85

Morjèn öss öt Sonndaach,	Morgen ist es Sonntag,
Dann donnt wörr öt bäästè	Dann ziehen wir das beste
Kleddschèn aan,	Kleidchen an,
Vüürèn onn aitè Fraanijè draan.	Vorn und hinten Fransen dran.
Haia, popaia.	Eia, popeia.

Viersen, Nachlass Neef-Winz 1942

Diese obigen drei Zeilen gehören auch zu einem Kniereitervers. Durch das angehängte „Eia, popeia" wurden sie zu einem Wiegenliedchen.

Das folgende Liedchen aus *Viersen* ist ursprünglich ein Kettenlied, das wegen des Themas der „verkehrten Welt" als Fastnachtslied fungierte. Hier wurde es durch das vor- und nachgesetzte „Eia popeia" zum Wiegenlied umfunktioniert. (Anm.: zum Thema: „Verkehrte Welt …" vgl. Siemes / Philipps 2001, 89 ff.) Solche „Funktionswechsel" kommen bei Kindervolksliedern häufig vor:

Nr. 86

Haia, popaia, kikkèrikii sätt	Heia, popeia, kikeriki, sagt
ossèn Haan,	unser Hahn,
Du trook heä sinn	Dann zog er seine Stiefel und
Schtièvèl onn Schpoarèn aan	Sporen an
Onn jing dômött uut fraiè,	Und ging damit aus, um zu reiten,
Nô datt Känn(t)kè fônn Haiè*.	In das Käntchen (Ländchen) von Heyen.
Di Kou, di soat ann't Füér	Die Kuh, die saß am Feuer und spann,
onn schpônn,	

69

Datt Källèfkè loach enn dè	Das Kälbchen lag in der
Weech onn songk,	Wiege und sang,
Datt Höngkè schtuètèt di Bottèr,	Das Hündchen stieß die Butter,
Datt Mimmkè schpöölèt di Schottèl,	Das Kätzchen spülte die
	Schüssel,
Di Fleärmuus, di keärèt datt Huus uut,	Die Fledermaus, die kehrte das
	Haus aus,
Schwällèfkè drooch dä Dräkk èruut.	Schwälbchen trug den Dreck
	heraus.
Heia, popaia.	Heia, popeia.

Nachlass Neef-Winz *Viersen,* 1950, s. Kommentar Nr. 86

* In anderen Fassungen wie z.B. im Fiedler 1875, 100, Nr. 151 heißt es „Labberdiän", in UH. 14. Jg. Nr. 12, 1926, *Kevelaer:* „Rüttletütte", Norrenberg 1875, 96, Nr. 5: „Klammertheikes", andernorts z.B. „Lommerdeien"= Lombardei u.a.m., vgl. *Köln,* sowohl unter „Verzällcher" als auch auf sechs Zeilen gekürzt unter „Wiegen- und Schoßliedchen" aufgeführt, Werner 1961, 35

Die folgenden beiden Liedchen sind ursprünglich keine Schlaf-, sondern Kettenlieder, obwohl sie als Schlafliedchen gesungen wurden. Der Inhalt des zweiten Liedchens hat außer der ersten Zeile: „Schaukeln, schaukeln, Bübchen …" nichts mit dem Wiegen eines kleinen Kindes zu tun. Beide Liedchen stammen aus dem *Viersener* Raum:

Nr. 87

Haia, popaia,	Eia, Popeia,
Kükkskè hau è Ai jèlait	Hühnchen hatte ein Ei gelegt
Enn deä kuèpèrè Keätèl.	In den Kupferkessel.
Do hau ich beei jèseätè.	Ich hatte dabei gesessen.
Datt soll ich förr nièmès saarè.	Das sollte ich zu niemandem
	sagen.
Du joaf heä mich di Schaalè.	Dann gab er mir die Schalen.
Du sait ich datt.	Da sagte ich es.
Du schlooch heä mich.	Da schlug er mich.
Du jrièn ich.	Da weinte ich.
Du kreech ich ènn dekkè Bottramm.	Da bekam ich ein dickes
	Butterbrot.
Du sôtt ich mich opp mi Schtöllkè	Da setzte ich mich auf mein
	Stühlchen
On lôppèt mich mi Schönnkè.	Und flickte mir mein Schühchen.
Du koam ennè jruètè Jribbèlèjraaf	Da kam ein großer „Gribbelgraf"
Onn noam mich ètt bäästè Läppkè aaf.	Und nahm mir den besten
	Flicken weg.

Viersen, Nachlass Neef-Winz 1950, RP, Nr. 132 vom 9.06.1956, s. Kommentar Nr. 87

In „Des Dülkener Fiedlers Liederbuch" von 1875 überliefert Norrenberg unter dem Pseudonym Hans Zurmühlen ein weiteres Kettenlied, das Klusen als „Wiegenvers" bezeichnet:

Nr. 88

Schokkèlè, schokkèlè, Buämè,	Schaukeln, schaukeln, Bübchen,
Ett Männkè* wonnt enn Ruamè.	Das Männlein wohnt in Rom.
Watt deet ött doa?	Was tut es dort?
Èt schnitt sich di Haarè,	Es schneidet sich die Haare.
Watt söllèn di Haarè?	Was soll man mit den Haaren anfangen?
Schtrekkè maakè	Stricke daraus machen.
Watt söllèn di Schtrekkè?	Was soll mit den Stricken geschehen?
Dufè fangè.	Tauben damit fangen.
Watt söllèn di Dufen?	Was sollen die Tauben tun?
Aièr leggèn.	Eier legen.
Watt söllèn di Aièr?	Was soll mit den Eiern geschehen?
Köökskè bôkkèn.	Daraus kleine Kuchen backen.
Watt sollèn dä Kookèn?	Was sollen die Köche?
Paapèn eätèn.	Milchbrei essen.
Watt sollèn di Paapèn?	Was sollen die Pfaffen/Pastöre?
Mössè leäsèn.	Messen lesen.
Watt sollèn dè Mössèn?	Was sollen die Messen (bewirken)?
Dè ärm Sellkès uut èt Feèchfüèr lüäsèn.	Die armen Seelchen aus dem Fegefeuer erlösen.

* damit ist das Kind gemeint, Fiedler 1875, 103, 153

Nr. 89

Schokkèlè, schokkèlè, Schüürè,	Schaukeln, schaukeln, „Schüre",
Komm jeestè mett noa Düürè,	Komm, gehst du mit nach Düren,
Woa di blau Blömmkès stônnt,	Wo die blauen Blümchen stehen,
Di di Kengèr plökkè jônnt,	Die die Kinder pflücken gehen,
Woa mi Vaddèr miène jeet,	Wohin mein Vater mähen geht,
Onn mi Moddèr bängè deet,	Und meine Mutter (das Getreide) binden geht.
Woa mi Schwässtèr dèr Wiin tapp,	Wo meine Schwester den Wein zapft,
Onn mi Broar dè Schoon lapp.	Und mein Bruder die Schuhe sohlt.

71

Schokkèlè, schokkèlè, Schüürè,	Schaukeln, Schaukeln, „Schüre",
Komm jeestè mett noa Düürè.	Komm, gehst du mit nach Düren.

Granterarh, HKE 1961, 32, s. Kommentar Nr. 89

Nr. 90

Pip, pup, Jäntje,	Pip, pup, Hänschen,
Ek weet en Vogelneß.	Ich weiß, wo ein Vogelnest ist.
De alde sin gonn fliege,	Die Alten sind weggeflogen.
De Jonge pupe in't Neß.	Die Jungen machen ins Nest.

Geldern und Umgebung, in: Gerrits, UH, 1926, 14. Jg. Nr. 12, vgl. Neudruck in: Drißen *(Winnekendonk)* 1982, 218 f

Nr. 91

Heija, süßa Sösken,	Eia, süßes Schwesterchen,
Ek wet en Duwennöstken.	Ich weiß, wo ein Taubennestchen ist.
Achter in Kösters Kämpken,	Hinten im (kleinen) Feld von Küsters,
Dor sett op en Stämpken.	Da sitzt (es) auf einer Zweiggabel.
Die Olden sönt herüt geflogen,	Die Alten sind ausgeflogen,
De Jongen verwahrt Nöstken.	Die Jungen sind im Nest sicher (bewahrt).
Heija, süßa Sösken.	Eia, süßes Schwesterchen.

Wesel, Tidden HKW 1982, 130

Wetterfahne, Viersen

1) Lentzen / Verres 1878, 84 vgl. Schmitz 1871, 33 vgl. Martens HKK 1959 2) Fonk 1999, 58 vgl. Plötz 2003, 331

Literatur:
Böhme, Franz Magnus, Deutsches Kinderlied und Kinderspiel, Volksüberlieferungen aus allen Landen deutscher Zunge, Leipzig 1897 (Böhme 1897)
Caumanns, P., Grafschafter Volkspoesie. In: Heimatkalender für den Kreis Moers 1940 (Caumanns HKM 1940)
Drißen, Franz Josef, Hg. 700 Jahre Winnekendonk, Winnekendonk 1982 (Drißen 1982)
Firmenich, Germaniens Völkerstimmen, Bd. I–III, Neudr. der Ausg. Berlin 1843–1867, Osnabrück 1969 (Firmenich I)
Fischer Helmut, Kinderreime im Ruhrgebiet, Köln 1994, Nr. 1103 (Fischer 1994)
Fonk, Genno, Altbier im Alltag. Biergeschichte vom Niederrhein, Duisburg 1999 (Fonk 1999)
Gahlings, K. und F. Matenaar, Lieder und Sprüche aus dem Leben und Brauchtum am Niederrhein, Kleve 1936 (Gahlings/Matenaar 1936)
Grittje Kattrine (Gerrits, Griche), Wiegen- und Schaukellieder vergangener Tage. In: UH., 14. Jg. Nr. 12, 1926; UH., 1932, 6,9; 1934, 10 unpag. (UH.); vgl. Neudruck in: Drißen 1982, 217–219
Gerrits, Theodor, Alte niederrheinische Sprichwörter. Reime und Liedchen. In: Unsere Heimat. Beilage zur Niederrheinischen Landeszeitung 16. Jg., Nr. 8, 1928 unpag. (Gerrits UH, 8,1928)

Granterath, KKE 1961

GHK = Geldrischer Heimatkalender 1961

HKE = Heimatkalender der Erkelenzer Lande 1961

HKK 1959 = Heimatbuch des Grenzkreises Kempen-Krefeld) s. Martens ...

HKM = Heimatkalender Kreis Moers

HKW = Heimatkalender Kreis Wesel 1982

Krach, Gottfried, Min Modersprok, Die Mundart in der ehemaligen Grafschaft Moers, Moers 2. 1924 (Krach 1924)

Lennarz, Maria, Kinderreime aus M. Gladbach. In: ZfVK 5. Jg. 1908, 200 (Lennarz, ZfVK 1908)

Lentzen, J. P. und Franz Verres, Geschichte der Herrlichkeit Neersen und Anrath, Fischeln 1878 (Lentzen/Verres 1878)

Mackes, Karl, Aus dem alten Neuwerk, Viersen 1913 (Mackes 1913)

Martens, Hannes, Hopfenanbau in St. Hubert. In: Heimatbuch des Grenzkreises Kempen-Krefeld 1954 (Martens HKK 1959)

Meyers, Fritz, „Heija, nina, Kinnèkè". Kinderreime aus vergangener Zeit. In: Geldrischer Heimatkalender 1961 (Meyers GHK 1961)

Neef-Winz, Agnes, Viersen, Nachlass 1942 und 1950

Norrenberg, Peter, Chronik der Stadt Dülken, Viersen 1874 (Norrenberg 1874)

Norrenberg, Peter, Geschichte der Herrlichkeit Grefrath, Viersen, Dülken 1875 (Norrenberg 1875)

Plötz, Robert, Landleben an Peel, Maas und Niers. In: Hg. Frankewitz, Stefan, Preußen an Peel, Maas und Niers. Das Preußische Herzogtum Geldern im 18. Jh., Kleve 2003 (Plötz 2003)

Rheinische Post, Viersen, Grenzlandkurier (RP 1956 Nr. 132)

Smidt, Heinrich, Wiegenlieder, Ammenreime und Kinderstubenscherze in plattdeutscher Mundart, Bremen 2. 1856 (Smidt 1856)

Schmitz, Alois, Medizinische Topographie des Schwalm- und Nette- und eines Theiles des Niersgebietes, insbesondere der Gemeinde Viersen, Viersen 1871 (Schmitz 1871)

Schmitz, Wilhelm, Die Mischmundart in den Kreisen Geldern (südlicher Teil), Kempen, Erkelenz, Heinsberg, Geilenkirchen, Aachen, Gladbach, Krefeld, Neuss und Düsseldorf sowie mancherlei Volksthümliches aus der Gegend, Dülken 1893 (Schmitz 1893)

Simrock, Karl, Hg. Das deutsche Kinderbuch, 3. vermehrte Aufl., Frankfurt/Main o.J. (1879) (Simrock 1879)

Spee, Joh., Volksthümliches vom Niederrhein. H I, Aus Leuth im Kreise Geldern, und Heft II, Köln 1875 (Spee 1875)

Tidden, J., Niederrheinische Volkspoesie. In: Heimatkalender Kreis Wesel 1982 (Tidden HKW 1982)

Unsere Heimat, Beilage zur Niederrheinischen Landeszeitung. Zwanglose Blätter, hg. von den Heimatvereinen des Kreises Geldern. 14. Jg. Nr. 12, 1926 unpag. (UH. 1926)

Unsere Heimat, Beilage zur Westdeutschen Landes-Zeitung, Zwanglose Blätter, 25. Jg. Nr. 4, 1937, unpag. hg. von den Heimatvereinen des Kreises Geldern (UH. 1932 u. 1934)

Veldekekrink Remunj, Öpke döpke. Sjpeelkes, versjes en leedjes in't Remunjs veur grote en klein kienjer, Roermond 1993

UH. = Unsere Heimat

Werner, Jakob, ibben, dibben, dapp ... Sammlung Kölnischer Kinderlieder und Reime. Köln 1961 (Werner 1961)

ZfVk = Zeitschrift d. Vereins für rheinische und westfälische Volkskunde 1908.

Zurmühlen, Hans, (Pseudonym für Peter Norrenberg) Des Dülkener Fiedlers Liederbuch, Viersen 1875 (Fiedler 1875)

Fingerspiele

Alles Spielen beginnt mit der liebevollen Zuwendung der Eltern zum Kind.[1] In der alten Großfamilie erweiterte sich diese enge Beziehung auf die Großeltern, meist auch auf die noch im Familienverband lebenden Geschwister der Eltern, die eigenen älteren Geschwister und nicht selten auf die unverheirateten Großtanten und Großonkel. Das Kleinkind befand sich mithin immer in der Obhut irgendeines Familienangehörigen, wenn die Eltern nicht anwesend waren.

Aus der Entwicklungspsychologie weiß man, dass die ständige Zuwendung des Erwachsenen zum Kleinkind die Grundvoraussetzung für die spätere soziale, emotionale und psychische Ansprechbarkeit des jungen Menschen und für jede Entfaltung von kindlichen Aktivitäten ist. Es ist jedoch nicht nur der Körperkontakt, der durch die Spiele zwischen Mutter und Kind oder Erwachsenen das Gefühl des Vertrauens und der Sicherheit herstellt. Wichtig ist auch die frühe Erfahrung der Sprechweise und der Lautsprache im Kontakt mit den unmittelbaren Bezugspersonen, durch die sich Musikalität, Rhythmus, Sprachempfinden und Sprache des Kindes entwickeln. Durch langjährige Beobachtung und Forschung weiß man, dass Kleinkinder, denen es an Anregungen zur Betätigung der Sinne fehlt und die häufig sich selbst überlassen werden, schon im Verlauf der ersten Lebensjahre erhebliche Defizite aufweisen: Sie bleiben in der Beherrschung der Bewegungen (Motorik) und der Sinne (Sprache) sowie in der Art ihres Umgangs mit den Dingen der Außenwelt, der sozialen Kontaktfähigkeit und Kontaktaufnahme zu anderen Menschen oftmals zurück und zeichnen sich durch Verhaltensauffälligkeiten aus. „Spielentwicklung, Sprachentwicklung und Persönlichkeitsentwicklung hängen vielfach zusammen."[2] Neben der Sprache gehören zu den menschlichen Ausdrucksmöglichkeiten das Sehen und Hören sowie das leibliche und seelische Fühlen. „Im Kinderspiel ist alles aufs Interessanteste ineinander verwoben: Die Entfaltung des symbolischen Vermögens, welches die Voraussetzung bildet für alle geistigen Fähigkeiten des Menschen – und die Natürlichkeit, die im körperlichen und sinnlichen Wohlsein verwurzelte Spontaneität, die uns mit dem Tierreich und seinen Spielwelten verbindet."[3] Das „Geheimnis" einer gesunden, normalen kindlichen Entwicklung hängt folglich in erster Linie von der ständigen Anwesenheit geliebter Bezugspersonen ab, die sich mit dem Kind „beschäftigen", d. h. spielen. Spielen aber heißt, sich dem Kind aktiv zuwenden, damit es reagiert und sich ebenfalls aktiviert. Mit dem Menschenkind spielt ein Mensch, der schon in den entwickelten Symbolsystemen steht und über die Fähigkeit des Symbolgebrauchs verfügt. In den Dialogen und Spielen, dem Austausch von Handlungen entsteht symbolisches Lernen.[4] „Spiele wie Kniereiter, Fingerspiele usw. gehen dem Sprechen des Kindes voraus, sie bahnen geradezu den Weg und fordern es zum Sprechen heraus, das keineswegs nur in Nachahmungsakten, sondern im Mitvollziehen dieser (symbolischen) Strukturen" besteht.[5] Dies geschah wie selbstverständlich in der Großfamilie mit Hilfe der traditionellen Kleinkinderverse und -spielchen, die jedes Familienmitglied aus der eigenen Kindheit kannte. Leider sind sie bei den heutigen Elterngenerationen weitgehend in Vergessenheit geraten.

Ob Wiegenliedchen, Finger-, Hand-, Krabbel- oder Koseverse, sie alle sind echte Gebrauchsverse. „Alles ist noch unentdeckt: das eigene Gesicht, die eigenen Finger, die Tiere, die Jahreszeiten, das Wetter, die Berufe. Der Reim verhilft dem Kind dazu, sich in dieser Welt einzurichten, ihrer Herr zu werden. Essen und Einschlafen, Sprechen und Fragen, Gehen und Zählen, Schaukeln und Spielen sind Künste, die der Reim ihm kunstvoll zuträgt."[6]

Alle spielerischen Anregungen, die ein Kind durch die von Erwachsenen vermittelten Finger-, Hand- und Krabbelverse, Kniereiter und Schoßliedchen erhält, wecken Empfindungen, die auch für die Entwicklung der Sinneswahrnehmungen – wie bei den Wiegenliedern bereits erwähnt – von großer Bedeutung sind.

Diese Gebrauchs- oder Kontaktspiele haben eine ähnliche Funktion wie die Wiegenlieder. Sprache und Bewegung ergänzen sich. Die von ihnen ausgehenden Impulse beginnen mit dem Zeigen auf Gegenstände oder mit dem Vormachen von Bewegungen. Sie gehören mit zu den elementaren Voraussetzungen, damit das heranwachsende Kind später kontakt- und beziehungsfähig werden kann. Der Spracherwerb hängt stark vom rhythmischen Empfindungsvermögen ab und damit auch von der Koordinierung der Bewegungsabläufe im weitesten Sinn.[7] Die spielerische Zuwendung des Erwachsenen zum Kleinkind – das Zeigen und Benennen von eigenen Körperteilen wie Finger, Hand, Gesicht, das Vormachen von Bewegungen – hat beim Kind aktivierende Wirkung.

Der Unterschied dieser Spielliedchen zu den sogenannten Kinderspielliedern und Versen besteht darin, dass sie von Erwachsenen für Kinder und mit Kindern gesungen und gespielt wurden. Bei den Spielliedern und Spielen der älteren Kinder ist dies weitgehend nicht der Fall. Sie wurden immer von einer Kindergeneration an die nächste weitergegeben. Die Generationen der Eltern vergangener Zeiten verfügten über einen reichhaltigen Schatz von solch wichtigen Spielen für das Kleinkind. Beispiel hierfür ist das heute noch von Müttern praktizierte Fingerspiel „Das ist der Daumen".

Nr. 92

> *Das ist der Daumen,*
> *Der schüttelt die Pflaumen,*
> *Der hebt sie auf,*
> *Der trägt sie nach Haus,*
> *Und der kleine Schelm,*
> *Der isst sie alle auf.*

s. Kommentar Nr. 92

Schattenbild, Wandsbeck 1875

Der Witz liegt bei diesen Fingerspielen darin, dass als Pointe immer der Kleinste und Schwächste (kleine Finger) der Erfolgreichste ist. Bei jeder Zeile fasst man das genannte Fingerchen des Kindes an und spricht dazu, wobei der Daumen den Anfang macht. Hierbei „ereignet" sich die Begegnung des Kindes mit dem Gegenüber, dem anderen Menschen: Bei der körperlichen Berührung und emotionalen Zärtlichkeit, mit der dieses schlichte Fingerspiel sich zwischen Erwachsenem und Kind vollzieht, empfindet es zugleich Behaglichkeit und Lust, diese Bewegungen mit sich geschehen zu lassen und schließlich selber mitzuvollziehen. Auch die sich stets wiederholenden Reime sind dabei wichtig. Sprache und Bewegung ergänzen sich; die Sprache des Kindes wird durch die begleitenden Bewegungen gefördert. (Bekanntlich werden Sprachstörungen bei Kindergarten- und Grundschulkindern u.a. durch Bewegungsmangel verursacht. Man hat herausgefunden, dass man bei allen Finger- und Handspielen beide Händchen des Kindes in gleicher Weise betätigen sollte. Der Grund dafür liegt darin, dass die linke Großhirnhälfte, die auch für die Sprache zuständig ist, die Motorik der rechten Körperseite bestimmt – und umgekehrt.)

1) Vgl. Hetzer 1982, vgl. Flitner 1996 2) Flitner 1977, 85 3) Flitner 1977, 4 4) Vgl. Flitner 1977, 5 5) ebd. 6) Enzensberger 3. 1972, 353 7) vgl. Hetzer 1982

Literatur:
Enzensberger, Hans Magnus, Allerleirauh. Viele schöne Kinderreime ..., Frankfurt 3. 1972 (Enzensberger 3. 1972)
Hetzer, Hildegard, Spielen lernen – Spielen lehren, München, 9. Aufl. 1982 (Hetzer 1982)
Flitner, Andreas, Spielen-Lernen. Praxis und Deutung des Kinderspiels, 10. Überarb. Aufl. 1996 (Flitner 1996)
Flitner, Andreas, Spiel als „Sprache" des Kindes. In: Theorie und Praxis der Sozialpädagogik 1977 (Flitner 1977)

Fingerspiele

Die Themen der Verschen sind einfach und aus dem Alltag genommen: Kochen, Holz hacken, Feuer anzünden, den Tisch decken, das Essen verteilen und verzehren, eine Kuh schlachten, Wursten und Wurst essen.

Nr. 93

Deä kôkkt,	Der kocht,
Deä schtôkkt,	Der heizt,
Deä däkkt dèr Döösch,	Der deckt den Tisch,
Deä schött uut,	Der schöpft aus,
Onn deä kleenè Knirrps vrett allès uut.	Und der kleine Knirps frisst alles auf.

mdl. *Neuwerk, Viersen* 1981, identisch mit Norrenberg 1875, 104, Nr. 2, vgl. *Köln:* Wener 1961, 20

Nr. 94

Dä häut Hoot,	Der schlägt Holz,
Dä dräät beei,	Der trägt es herbei,
Dä schtôkk Vüèr,	Der zündet das Feuer an,
Dä kôkkt Tsupp,	Der kocht die Suppe,
Onn dä kläänèn Driitsôkk ett allès opp.	Und das kleine Scheißerlein isst alles auf.

mdl. *Grefrath* 1995, in *Kleve* mit einer 5. vorletzten Zeile bekannt: „Den schöpt op" – Der schöpft aus. vgl. Schönberner 1979, 12, vgl. *Köln:* Werner 1961, 20

Das Thema des nächsten Fingerverses stammt aus dem Bereich des Kinderspiels und soll vor möglichen kleinen Unfällen warnen:

Nr. 95

Deä öss inn-ètt Waatèr jèvallè,	Der ist ins Wasser gefallen,
Deä hätt-èmm druut jèhôllt,	Der hat ihn herausgeholt,
Deä hätt-èmm affjèdrüscht,	Der hat ihn abgetrocknet,
Deä hätt-èmm nô Huus jèbrait,	Der hat ihn nach Hause gebracht,
Onn deä Muggèl*	Und der Muggel
Hätt ètt fòrr si Mottèr jèsait.	Hat es seiner Mutter gesagt.

* Kosewort

Manchmal auch:

Onn deä hätt-ömm inn-ètt Bätt jèbrait.	Und der hat ihn ins Bett gebracht.

mdl. *Viersen* 1975, *Neuwerk, Brüggen* 1981, vgl. *Köln:* Werner 1961, 20, s. Kommentar Nr. 95

In *Rees* lautet bezeichnenderweise die erste Zeile:

Denn es in de Rhin gefalle.	Der ist in den Rhein gefallen.

Rees, van der Veen 1922, 207

Nr. 96

Dümmeling woor int Waater gefalle.	Dümmeling war ins Wasser gefallen,
Langkmann ös gekomme,	Langmann ist gekommen,
Fengerleng ös geschwomme,	Fingerling ist geschwommen,
Tünnes het öm ruutgetrokken,	Anton hat ihn herausgezogen,
On et Schtüppken hett öm aafgedrösch.	Und der Kleine hat ihn abgetrocknet.

Repelen, Müller ZfVK, 1914 , 401

Der folgende Vers thematisiert den Kauf einer Kuh, das Schlachten, Wursten und schließlich das Essen.

Nr. 97

Dümling hau en Kuw gekoch,	Däumling hatte eine Kuh gekauft,
Fickefacke häj se no Hüs gebroch,	Fickefacke hat sie nach Haus gebracht,

Lankmann häj se gestoake,	Langmann hat sie geschlachtet,
Goldfengerke häj de Wors gemackt,	Goldfingerchen hat die Wurst gemacht,
On dat kleine Stömpke*	Und das kleine Stümpchen
Häj se opgegäte.	Hat sie aufgegessen.

* oder Tingeltangel, *Geldern,* UH. 25. Jg., Nr. 4, 1937, s. Kommentar Nr. 97

Nr. 98

Dümmèrling hätt ee Färkè jèschlaut	D. hat ein Schwein geschlachtet.
Johannes hätt ett no Huus jèbraut,	J. hat es nach Haus gebracht,
Langmann hätt et schuèn jemäkkt,	L. hat es (schön gemacht) gereinigt,
Fillefakk hätt dè Wôorsch jemäkkt,	F. hat die Wurst gemacht,
Dä Kleenè hätt sè freätèn.	Der Kleine hat sie aufgegessen (gefressen).

Lobberich, Spee 1875, H. II, 12. Nr. XV

Nr. 99

Twee Nönnekes Waater halen.	Zwei Nönnchen holen Wasser.

Hierbei werden die kleinen Finger und die Ringfinger ineinander gehakt.

Twee pompen hoch opde Klompe,	Zwei pumpen hoch auf den Klompen
Läeg op de Schuhn.	Und tief auf den Schuhen.

Die Zeigefinger und Daumen werden auf- und abbewegt.

Poder in de Präkstuhl.	Der Pater im Predigtstuhl.

Die noch verschlungenen Hände werden um die kleinen Finger und Ringfinger gedreht, so dass der Daumen der rechten Hand zwischen dem Daumen der linken Hand und deren Zeigefinger hervorschaut.

Appele met Beschütt,	Äpfel mit Zwieback,
En de Präk es ütt.	Und die Predigt ist aus.

Dabei wird die rechte Hand hin- und herbewegt und die Hände werden auseinandergetan.

Emmerich, Müller ZfVK 1914, 153, s. Kommentar Nr. 99

In *Kleve* lautet der Text:
Nr. 100

Twee Männekes Water hale,	Zwei Männchen holen Wasser,
Twee Männekes pompe	Zwei Männchen pumpen
Op de läge Klompe,	Auf niedrigen Holzschuhen,
Op de hoge Schuhn.	Auf hohen Schuhen.
Dor sett en Männeke in de Präkstuhl.	Da sitzt ein Männlein im Predigtstuhl.

Müller 1914, 1153

Nr. 101

Aus dem Kreis *Kleve* dient das „Gespräch" der fünf Finger als Mahnung, dass es Zeit ist, zu Bett zu gehen:

Nor Bed, nor Bed, sêt Dümmeldotje.	Ins Bett, ins Bett, sagt D.
Ek heb nog niet gegêête, sêt Fimmelfotje.	Ich habe noch nicht gegessen, sagt F.
Woor sal ek dan gôôn hââle?	Woher soll ich denn etwas holen?
Sêt den lange Man.	Sagt der lange Mann.
In Mooders Kästke, sêt Tingelingeling.	In Mutters Kästchen, sagt T.
Nor Bed, nor Bed, sêt et klêêne Deng.	Ins Bett, ins Bett, sagt das kleine Ding.

Kleve, Gahlings/Matenaar 1936, 16

In der ersten Zeile wenig kindgemäß klingt der Vers aus *Grefrath:*

Nr. 102

Jôôn, minnè Môôn, deä Wiiwèrjäkk,	Johann, mein Mann, der Frauennarr,
Dä oat su jeär jèbroanè* Schpäkk.	Der aß so gern gebratenen Speck.
Hä jool sich ennè Hoot	Er kaufte sich einen Hut
Mött ènn Plümm.	Mit einer Feder.
Datt ess minnè Vengèrling,	Das ist mein Ringfinger,
Onn datt ess minnèn Dümm.	Und das ist mein Daumen.

* oder: gestohlenen Speck, mdl. *Grefrath* 1995

Die Namen der fünf Finger:

Nr. 103

Düèmèrling	Daumen
Fikkèfakkè	Zeigefinger

Langmann	Mittelfinger
Tingèltangèl	Ringfinger
Kleen Männèkè	kleiner Finger.

mdl. *Dülken* 1981, vgl. Veldekekrink Remunj 1993, 10, vgl. *Köln:* Werner 1961, 20

Die fünf Finger haben im Kreis *Kleve* folgende Namen:

Nr. 104

Penk	Pint	kleiner Finger
Golde Rengk	goldener Ring	Ringfinger
Lange Letter	lange Leiter	Mittelfinger
Biertapper	Bierzapfer	Zeigefinger
Lüüseknapper	Läusetöter	Daumen

Gahlings/Matenaar ebd., s. Kommentar Nr. 104

Nr. 105

Dümmeling,	Daumen
Fengerleng,	Zeigefinger
Lange Raw,	Mittelfinger / langer Rabe?
Kotte Knaw,	Ringfinger / kurzer Knauf oder Knabe
Weg-hopp,	Kleiner Finger, Weg-hopp
Hänsken övern Tun.	Hänschen überm Zaun.
Den haut Holt kort,	Der schlägt Holz klein,
Den stockt an,	Der macht (das Feuer) an,
Den rührt de Papp,	Der rührt die Milchsuppe,
Den scheppt op,	Der schöpft sie aus,
Om den decken, den fret alles op.	Und der dicke, der frisst alles auf.

Hünxe, Sander ZfVK, 1906, 117

Der folgende Vers wurde auf der „*Dülkener Nette*" gesungen:

Nr. 106 Ann hätt ènn Taafèl

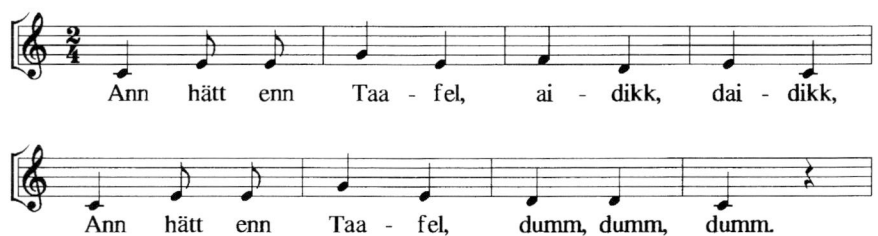

Va - der hätt e Mötts - ke mött enn blau - e Plümm.

Datt ess min - ne Venn-ger -ling onn datt ess min - ne Dumm.

Anna hat eine Tafel, / Aidik, daidik, / Anna hat eine Tafel, / Dum, dum, dum. /
Vater hat ein Mützchen / Mit einer blauen Bommel. / Das ist mein Ringfinger, /
Und das ist mein Daumen.

Text und Melodie 1979 in *Viersen-Dülken* aufgezeichnet, s. Kommentar Nr. 106

Bei jeder Silbe wird ein Fingerchen des Kindes bewegt.

Nr. 107

Faddèr, Moddèr,	Vater, Mutter,
Träkk ènns ann di Plümm!	Zieht mal an der Quaste!
Datt öss minnè Fingèrling	Das ist mein Ringfinger
Onn datt öss minnè Dümm!	Und das ist mein Daumen!

mdl. *Viersen* 1970

Die folgenden beiden Hand- und Kitzelverse sind nicht weniger originell als
die Fingerverse. Sie sind schlicht und poetisch:

Nr. 108

Man nimmt mit der linken Hand das Händchen des Kindes und hält es. Dabei
spricht man:

1. Doa schtröi ich dich jätt Heävèrkè.   Hier streu ich dir etwas Hafer.

Dabei berührt man die innere Handfläche des Kindes, als ob man etwas
drauflegt.

2. Onn doa koèm è jannts kleen Vüèjèlkè.   Und da kam ein ganz kleines
                                               Vögelchen.

Mit erhobenem rechten Arm bewegen sich die Finger der rechten Hand des Erwachsenen pantomimisch wie ein flatternder Vogel auf die ausgesteckte Handfläche des Kindes zu.

3. Onn datt sätt sich doèdropp, onn doèdropp, onn doèdropp,…
Und das setzt sich darauf, und darauf, und darauf,…

Dabei werden alle fünf Fingerspitzen der Kinderhand angetippt.

4. Onn doè mäkk datt Vüèjèlkè pikk, pikk, pikk,…
Und da macht das Vögelchen pick, pick, pick,…

Der Zeigefinger tupft nun auf die Handinnenfläche des Kindes.

5. Onn doè jeng èt prrr,… onn datt Vüèjèlkè floèch fôtt.
Und da ging es prrr,… und das Vögelchen flog weg.

Bei diesem Schlusssatz bewegen sich die Finger der Hand (pantomimisch) mit einer weiten Bewegung nach oben und zeigen, wie das Vögelchen wegfliegt.
mdl. *Viersen* 1973

Nr. 109 Es saßen zwei Täubchen auf dem Dach
Auf beide Zeigefinger hatte die Mutter weißes Papier geklebt.

1. Das eine flog fort.

Dabei führt sie zuerst die rechte Hand nach hinten. Wenn sie mit der Hand wieder zurückkommt, knickt sie den Zeigefinger mit dem weißen Papier ein und zeigt den Mittelfinger. Das Kind hat dadurch den Eindruck, dass der weißbeklebte Finger (das Täubchen) weg ist.

2. Das andere flog fort. (Wie oben beschrieben.)
3. Das eine kam wieder. (Wie oben beschrieben.)
4. Da saßen sie wieder.
mdl. *Neuwerk* 1981, s. Kommentar Nr. 109

Wetterfahne, Kevelaer

Nr. 110
Im Gesicht des Kindes werden bei jeder Silbe mit dem Zeigefinger beide Ohren nacheinander, ebenso die Augen, die Nasenlöcher und zum Schluss der Mund berührt:

Vaadèr, Moodèr,	Vater, Mutter,
Ich hann Hongèr.	Ich hab Hunger.
Wetts-dè woè?	Weißt du wo?
Doè!	Da!

mdl. *Viersen, Neuwerk* 1981, vgl. *Kleve,* Schönberner 1979, 39

Bei jeder Silbe werden nacheinander beide Ohren, Augen, Nasenlöcher und zuletzt der Mund berührt. Zentrales Thema ist auch hier wieder: das Essen.

Nr. 111

Schpäkk-Kook (oder Riifkook)	Speck(pfanne)kuchen (oder Reibekuchen)
Schmäkk joot.	Schmeckt gut.
Wetts-dè woè?	Weißt du wo?
Doè!	Da!

mdl. *Viersen, Dülken, Süchteln* 1978

Nr. 112

Schpäkk-Kook	Speckkuchen
Schmäkk joot.	Schmeckt gut.
Wetts-dè woduèr?	Weißt du wodurch?
Duèr di jeälè Muèr.	Durch die gelbe Möhre.
Drömm!	Darum!

mdl. *Born, Brüggen* 1980

Nr. 113

Die Hand der Mutter krabbelt vom Handteller des Kindes an über Unterarm, Oberarm, Schulter, Hals bis zum Kinn des Kindes. Beim letzten Vers kitzelt sie das Kind unter dem Kinn. Dabei spricht sie:

Woè jeet deä Weäch opp Döllkè aan?	Wo geht der Weg nach Dülken?
Jraad duèr böss ann di Düèr.	Geradeaus bis an die Türe.
Doè jeet èt killè, killè, killè,…	Da geht es kille, kille, kille, …

mdl. *Viersen* 1977

Nr. 114

Ähnlich wie oben werden „*Müsskè löpp di Träpp èropp*" und „Muss mal schnell zum Doktor laufen" gespielt:

Müsskè löpp di Träpp èropp	Mäuschen läuft die Treppe hinauf
Böss boèvè ann datt Üèrkè.	Bis oben an das Öhrchen.
Dörrf ich doè schällè?	Darf ich dort schellen?
Bimmèlimmèlimm …	Bimmelimmelimm …

mdl. *Hinsbeck* 1981

Nr. 115

Die Mutter kitzelt das innere, flache Händchen des Kindes und spricht dabei sehr rhythmisch, d.h. sie skandiert jede Silbe:

Muss mal schnell zum Doktor laufen.
Ist der Doktor da?
Wo denn?
Ein Treppchen höher! (Der Unterarm wird gekitzelt.)

Muss mal schnell zum Doktor laufen.
Ist der Doktor da?
Wo denn?
Noch ein Treppchen höher. (Der Oberarm wird gekitzelt.)

Muss mal schnell zum Doktor laufen.
Ist der Doktor da?
Wo denn?
Noch ein Treppchen höher. (Die Mutter klopft an die Wange des Kindes.)

Muss mal schnell zum Doktor laufen,
Ist der Doktor da?
Ja! Schellen oder klimpeln?
Klimpeln! (Die Mutter zupft am Ohr des Kindes.)
Bimmelimmelimm!

(Sie zupft an der Nasenspitze.)
Guten Tag!

mdl. *Dülken* 1978

Die Mutter krabbelt mit den Fingerspitzen am Ärmchen des Kindes hoch und spricht:

Nr. 116

Kommt die Maus die Treppe rauf. (Sie zupft am Öhrchen.)
Klingelingeling! (Sie klopft an, indem sie auf die Stirn des Kindes tippt.)
Tag, Herr Nasemann! (Dabei tupft sie auf die Nase des Kindes.)

mdl. *Viersen* 2002

Nr. 117

Pi-pa-Pittèrkè,	Pi-pa-Peterchen,
Jees-dè mött noèm Maat?	Gehst du mit zum Markt?
Koop ich dich è Äppèlkè	Dann kauf ich dir ein Äpfelchen

Onn ènn Prummètaat.

mdl. *Neuwerk* 1981, manchmal auch Appèltaat

Und (eine Pflaumentorte), ein Pfaumentörtchen.

Wetterfahne, Viersen-Dülken

Nr. 118
Hand, Faust, Daumen werden nacheinander auf dem Tisch gezeigt:

Pekk, Poal, Raavètangk!
    Jäff dämm Buèr di flachè Hangk!

    Di Fuus – Watt schteet? Dümmkè!

    Dümmkè, Dümmkè,
    È jebakkè Prümmkè.
    Pekk, Poal, Raavètangk!
Krefeld, Röttsches 1875, 53, 8

Spitze, Pfahl, Rabenzahn!
Gib dem Bauern die flache Hand!

Die Faust – Was steht? Däumchen!

Däumchen, Däumchen,
Ein gebackenes Pfläumchen.
Spitze, Pfahl, Rabenzahn!

Hierbei „patscht" man bei jeder Zeile mit der Hand auf das kleine Kinderhändchen. Bei der letzten Zeile kitzelt man den Handteller des Kindes.

Nr. 119
    Pekk, Poal, Raavèntangk,
    Fengstè Jolld on Sellvèrsangk,
    Hallt dann tuu dè flakkè Hangk,
    Dè Fuus.
Krefeld, Röttsches 1875, 55, 22 bezeichnet den Vers als „Gedächtnis-Vers"

Spitze, Pfahl, Rabenzahn,
Findest du Gold und Silbersand,
Halte dann die flache Hand zu,
Die Faust.

Nr. 120
Bei „Daalèr, Maalèr" legt man sehr schnell eine Hand nach der anderen auf die eine und die andere Hand des Kindes. Das Kind seinerseits legt seine Hand auf die Hand des Erwachsenen, so dass die jeweils unterste Hand schnell wieder hervorgezogen und wieder aufgelegt wird. Bei der letzten Zeile wird die innere Handfläche des Kindes gekitzelt:

Wetterfahne, Leuth

    Daalèr,
    Maalèr,
    Köökè,
    Källèfkè,
    Schwänntskè,

Taler,
Maler,
Kühchen,
Kälbchen,
Schwänzchen,

Dännstkè,	Tänzchen,
Killèkillèwäntskè.	(Wortspiel)

mdl. *Viersen* 1975, vgl. *Köln:* Werner 1961, 19, weit verbreitet

Nr. 121

Daalèr*, Maalèr,	Taler, Maler
Schtüüwèr*, Deutkèn*,	Stüver, Deutken,
Fleutkèn,	Flötchen,
Killèwillèweutkèn!	Killewilleweutken!

* alte Geldmünzen: Taler, Stüver, Deut. Vgl. Redensart: „Doè jeäf ich kennèn Deut vüer." – Dafür gebe ich keinen Deut, das ist mir nichts wert, *Duisburg,* Meyer-Markau 1905, 182

Nr. 122

Doa hässtè 'nèn Daalèr.	Da hast du einen Taler.
Dann jeestè nô dèr Maart.	Dann gehst du zum Markt.
Dann jällè wörr	Dann kaufen wir
È Kööikè onn è Källèfkè.	Ein Kühchen und ein Kälbchen.
Datt Kööikè hätt è Schwänntskè	Das Kühchen hat ein Schwänzchen
Onn so klee Diddèldiddèldänntskè.	Und so ein kleines Diddeldänzchen.

Viersen 1942, Nachlass Neef-Winz, vgl. *Köln:* Werner 1961, 19, s. Kommentar Nr. 122

Wetterfahne, Loosen

Nr. 123

Dao haese 'nen daalder.	Hier hast du einen Taler.
Gangk nao de mert, koup dich 'n koe.	Geh zum Markt und kauf dir 'ne Kuh.
'N koe of 'n kalf;	Eine Kuh oder ein Kalb,
'N sjtök van de laever,	Ein Stück von der Leber,
'N sjtök van de pens.	Ein Stück vom Bauch.
Kiele, kiele, wen!	Kiele, kiele wen!

Tegelen, NL, Houx/Jacobs/Lücker 1968, 193, vgl. Veldekekrink Remunj 1993, 18

Nr. 124

Die Mutter kitzelt die Hand des Kindes und spricht dazu:

Killè, killè wänntskè.	Kille, Kille wänntskè.
Datt Värrkè hätt è Schwänntskè.	Das Schwein hat ein Schwänzchen.

Buutè deet èt hommèlè,   Draußen donnert es.
Kengkè donnt sè pongèlè.   (Innen) tragen sie das Kind
                               hin und her, d.h. sie drücken
                               es an sich.

mdl. *Boisheim, Dülken* 1980

Bei der letzten Zeile drückt der Erwachsene das Kind zärtlich an sich. Dies gilt auch für das nächste Koseverschen:

Nr. 125

Watt dièt èt buutè hummèlè?   Was donnert es draußen?
Watt donnt sè mett èt Kengkè?   Was tun sie mit dem Kind?
– Pongèlè!   – Liebkosen!

mdl. *Krefeld* 1981

Nr. 126

Kille, kille, Kattendantz,   Kille, kille Katzentanz,
De gantze Klomp kapott gedanzt,   Den ganzen Holzschuh kaputt
                               getanzt,
Wellen es gau ene neje maake   Wir wollen schnell einen
                               neuen machen
Van dij alde Bohnestaake.   Von den alten Bohnenstangen.
Kille, kille Kattendantz,   Kille, kille Katzentanz,
De gantze Klomp kapott gedanzt.   Den ganzen Holzschuh kaputt
Uedem, RWB IV, 303   getanzt.

Nr. 127

Wenn die Bettlaken gestreckt und gefaltet wurden, wozu immer zwei Personen gehören, ließ man das Kleinkind darin auf- und abschaukeln:

Akeleie, selvere Steie,   Akeleien, silberne Sterne,
Hoog in die Locht,   Hoch in der Luft,
Leeg in die Bâân.   Niedrig in der Bahn.
Door kömt ons klêên Kââtjen âân.   Dort kommt unser kleines
                               Käthchen an.

Kleve, Gahlings / Matenaar 1936, 20, bis auf die letzte Zeile gleichlautend in *Tegelen* NL: Hakke, leie, zilvere sjeie / Hoeg in de lôch, lieg in de baan, / Doa kump hakke-leien aan! In: Houx / Jacobs / Lücker 1968, 193

Nr. 128

Hackeleije, selvere Scheije,   Hakeleien, silberne Scheiden,
Golde Mätzer, selvere Krätzer,   Goldene Messer, silberne Gabeln,

Hooch in de Loch,　　　　　　　　Hoch in der Luft,
Leeg in de Baan,　　　　　　　　Niedrig in der Bahn.
Doar kömt Hackeleijen aan.　　　Da kommt Hakeleien an.

Vördese, Samans UH. 1932, 20. Jg. Nr. 7

Nr. 129

Hakkèlaiè,　　　　　　　　Hackeleie,
Sillvèrè Schaiè,　　　　　　Silberne Scheiden,
Jölldènè Trässè,　　　　　　Goldene Tressen,
Sillvèrè Messè,　　　　　　Silberne Messer,
Hoch enn dè Lucht,　　　　　Hoch in der Luft,
Leech opp dè Baan,　　　　　Niedrig auf der Bahn,
Dô kômmt Hakkèlaièn ann.　　Da kommt Hackeleien an.

Spee 1875, H. 2, 15, XXII

Ein aus der Reformpädagogik des 19. Jhs. stammendes und weit verbreitetes Spiellied mit der Hand des Kindes:

Nr. 130 Wie das Hähnchen* auf dem Turme

Wie das Hähn-chen auf dem Tur-me sich kann drehn bei Wind und Stur-me, so sol-len sich mei-ne Händ-chen drehn, daß es ei-ne Lust ist an-zu-sehn.

* Häufig auch „Fähnlein" oder „Fähnchen", mdl. *Viersen, Dülken, Süchteln, Waldniel, Amern, Dilkrath* 1970, mdl. *Boisheim* 2002, überall am Niederrhein bekannt

Literatur:
Gahlings, Karl und Franz Matenaar, Lieder und Sprüche aus dem Leben und Brauchtum am Niederrhein, Kleve 1936 (Gahlings/Matenaar 1936)
Houx, J., A.M., Jacobs und P. P. Lücker, Tegels Dialek, Maastricht 1968 (Houx/Jacobs/Lücker 1968)
Meyer-Markau, W., Duisburger Kinderlieder. In: Festschrift zu der vom 12.–14.6.1905 abgehaltenen Hauptversammlung des Allgemeinen deutschen Sprachvereins, Duisburg 1905 (Meyer-Markau 1905)
Müller, Josef, Handkitzelverse. In: Zeitschrift des Verein für rheinische und westfälische Volkskunde, 11. Jg. 1914 (Müller ZfVK 1914)
Müller Josef, Hg., Rheinisches Wörterbuch, Bd. I–IX, Bonn, Berlin, 1928–1971 (RWB IV)
Neef-Winz, Agnes, Viersen, Nachlass 1942

Norrenberg, Peter, Geschichte der Herrlichkeit Grefrath, Viersen, Dülken 1875 (Norrenberg 1875)

Röttsches, Heinrich, Die Krefelder Mundart – nebst einem Anhang: Sprichwörter und Volkslieder, Halle 1875 (Röttsches 1875)

Samans, Ludwig, Sprichwörter, Redensarten und Liedchen von Vördese. In: Unsere Heimat, Beilage zur Westdeutschen Landes-Zeitung, 20. Jg., Nr. 7, 1932, unpag., (Samans, UH., 1932)

Sander, Hermann, Kinderlieder und Kinderspiele. Gesammelt in Hünxe bei Wesel. In: ZfVK 9. Jg., 1906 (Sander ZfVK 1906)

Schönberner, Egon, Onsen t'Hüs, Teil II, Kinderspiele am Niederrhein, Kleve-Materborn 1979 (Schönberner 1979)

Spee, Joh., Volksthümliches vom Niederrhein. Aus Leuth im Kreise Geldern H. I, und H. II, Köln 1875 (Spee 1875)

Unsere Heimat, Beilage zur Westdeutschen Landes-Zeitung, Zwanglose Blätter, hg. von den Heimatvereinen des Kreises Geldern. 25. Jg. Nr. 4, 1937, unpag. (U. H. 1937)

UH. = Unsere Heimat

Veen, van der, Schönheiten am Niederrrhein. Rees und der Rhein von Wesel bis Emmerich und von Xanten bis Kleve. Land und Leute aus alter und neuer Zeit, Rees 1922 (van der Veen, 1922)

Veldekekrink Remunj, Öpke, döpke. Sjpeelkes, versjes en leedjes in't Remunjs veur grote en klein Kienjer

Werner, Jakob, ibben, dibben, dab ... Sammlung Kölnischer Kinderlieder und Reime, Köln 1961 (Werner 1961)

ZfVK = Zeitschrift des Vereins für rheinische und westfälische Volkskunde

Kniereiter

Das Kind saß auf dem Schoß des Erwachsenen, der es bei jeder Zeile mit den Knien oder Armen schaukelte. Beim letzten Vers kam die Überraschung. Das Kind wurde entweder gekitzelt oder man ließ es scheinbar zwischen die Knie fallen und fing es wieder auf, wobei das Kind genau wusste, dass ihm nichts Böses geschah. So empfand es eher Lust als Angst und konnte durch diese Erfahrung das zum Dasein wichtige Urvertrauen und das Gefühl der Geborgenheit entwickeln. Die Verschen wurden von der Singstimme im üblichen Leiergesang begleitet. Diese Liedchen waren wie die Wiegenlieder, Fingerspiele und Schoßliedchen überall bekannt und beliebt, weshalb die große Anzahl von örtlichen Varianten nicht erstaunlich ist. Nur einige können hier aufgeführt werden:

Nr. 131

Hoot schnièn	Holz schneiden
Door di Wii'èn,	Durch die Weiden,
Klommpè maakèn,	Klompen (Holzschuhe) machen,
Datt soll kraakèn.	Das soll krachen.
Schiitèn enn dänn Oavèn,	Scheite in den Ofen,
Härrjöttchè sett do boavèn.	Der Herrgott sitzt da oben.
Enn datt Bäkkèrsch Hüsskè,	In Bäcker's Häuschen,
Do wonnt è klee Piipmüsskè.	Da wohnt ein klein' Piepmäuschen.
Di Köttèln, di floarèn,	Die Küttel, die flogen,
Di Möschè, di schtoavèn, Prrrrr.	Die Spatzen, die stoben (auseinander). Prrrrr.

Klompe / Holzschuhe wurden nicht nur aus Pappelholz, sondern auch aus dem Holz von Rotweiden hergestellt. Im Gegensatz zum Pappelholz, das bei Nässe Wasser anzog, wodurch die Holzschuhe an den Füßen schwerer wurden, hatte das Holz der Rotweide vom unteren Teil des Stammendes den Vorteil, dass es kein Wasser aufsog, insgesamt aber war es etwas schwerer als Pappelholz. Deshalb brauchte man Rotweidenholz vor allem für Männerholzschuhe.

Siebers 1980, 19, s. Kommentar Nr. 131

Nr. 132

Hôllt schniiè,	Holz schneiden,
Alldè Wiiè,	Alte Weiden,
Klommpè maakè,	Holzschuhe machen,
Datt soll kraakè.	Das soll krachen.
Scheetèn enn dä Oèvè,	Scheite in den Ofen,
Härrjöttschè wonnt doa boèvè.	Der Herrgott wohnt da oben.
Inn datt Bäkkèrsch Hüsskè,	In Bäckers Häuschen,
Doè wonnt è jannts klee Müsskè.	Da wohnt ein ganz klein' Mäuschen.
Datt Müsskè, datt piièp,	Das Mäuschen, das piepte,
Di Küètèlkès floèrè,	Die Küttelchen flogen,
Onn allès woèr jèloèrè.	Und alles war gelogen.
(Onn datt jônntse Schtökkskè	(Und das ganze Stückchen
woèr jèloèrè.)	war gelogen.)

Die letzte Zeile ist vielleicht verloren gegangen und an ihre Stelle wurde eine neue erfunden. Anstatt *„doer die Wiigèn"* (1875 in *Leuth*) heißt es in *Hüls „alldè"* – alte oder *„all di"* – alle.

mdl. *Hüls* 1979

Nr. 133 Hoot schniè

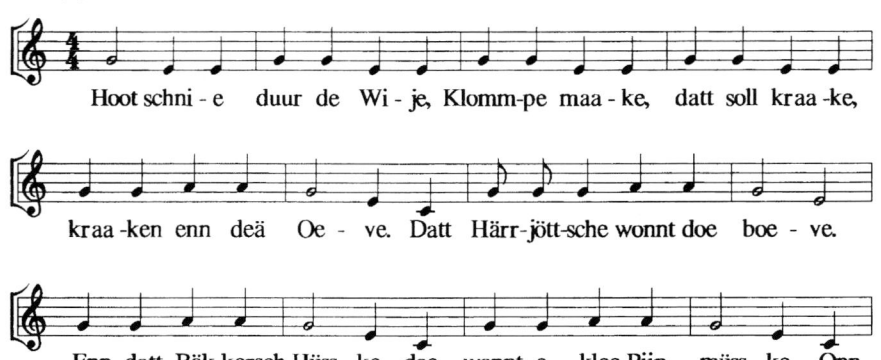

Hoot schni - e duur de Wi - je, Klomm-pe maa - ke, datt soll kraa - ke,

kraa - ken enn deä Oe - ve. Datt Härr-jött-sche wonnt doe boe - ve.

Enn datt Bäk-kersch Hüss - ke, doe wonnt e klee Piip - müss - ke. Onn

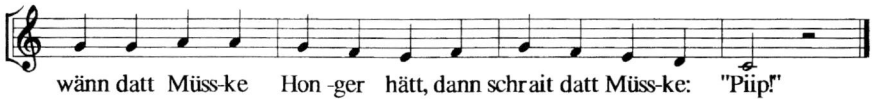

wänn datt Müss-ke   Hon -ger   hätt, dann schrait datt Müss-ke: "Piip!"

Holz schneiden / Durch die Weiden, / Holzschuhe machen, / Das soll krachen, / Krachen in dem Ofen. / Der Herrgott wohnt da oben. / In Bäckers Häuschen, / Da wohnt ein kleines Piepmäuschen. / Und wenn das Mäuschen Hunger hat, / Dann schreit das Mäuschen: Piip!

Text und Melodie 1989 in *Overhetfeld* aufgezeichnet, s. Kommentar Nr. 133

Nr. 134
Aus dem grenznahen niederlänischen Tegeln:

Holt sjnieje	Holz schneiden
Van alde wieje.	Von alten Weiden.
Klômpe make,	Holzschuhe machen,
Det zal krake!	Das soll krachen!
D'n haan zal op d'n tore sjtaon,	Der Hahn soll auf dem Turme stehn,
De klokke zulle luuje gaon.	Die Glocken sollen läuten gehen.
Biba! Nostra!	Biba! Nostra!
Keuken – Drikus is d'r zelf't ierste aan!	Keuken Heinrich ist selbst zuerst dran!

Tegelen NL, Houx / Jacobs / Lücker 1968, 18. In dem niederländischen Vers stimmen nur die Zeilen 1 bis 4 mit den vorgenannten überein.

In der Holzschuhmacherwerkstatt, Niederrheinisches Museum für Volkskunde und Kulturgeschichte, Kevelaer

91

Nr. 135

Holt sagen,	Holz sägen, (gutes Holz)
Bolt sagen,	„Bolt" sägen, (schlechtes Holz)
Brötsches backen,	Brötchen backen,
Datt sall schmacken,	Das soll schmecken,
Schiet en, Schiet en!	Schieß ein, Schieß ein!
	(in den Backofen)

Moers, Krach 1926, 80

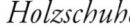 *Holzschuhe*

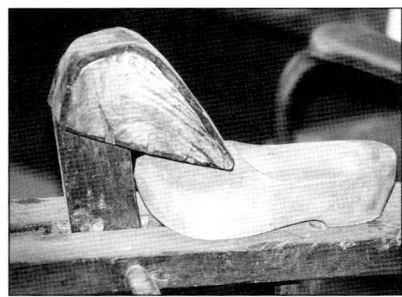

*In der Holzschuhmacher-
werkstatt, Kevelaer*

Nr. 136

Wiege wage,	Wiege wage,
Höltere Sage,	Hölzerne Säge,
Brötkes backe,	Brötchen backen,
Die salle schmake.	Die sollen schmecken.
Schiet se all en et Öwenke.	Schieß sie alle ins Öfchen ein.

Duisburg, Meyer-Markau 1905, 182

Nr. 137

Holt saage, Wellege waage,	Holz sägen, Weiden wiegen,
Wor soll ek ene neje van maake?	Wovon soll ich einen neuen machen?
Van die alde Hoppestaake.	Von der alten Hopfenstange.
Sat ene Wever op et Tau,	Es saß ein Weber auf dem Webstuhl,
Wost niet, wat hej weve soll.	Er wußte nicht, was er weben sollte.
Hej wevden det en wevden dat,	Er webte dies und webte das,
Hej wevde sin Frau	Er webte seiner Frau
En Hemd on't Gat.	Ein Hemd um den Hintern.

Kleve, Matenaar KKL 1987, 193. Vermutlich fehlt eine Zeile, und es wurden die Zeilen 4 bis 8 angehängt, die eigentlich ein Webervers sind, der nicht zu diesen ersten drei Zeilen gehörte.

Pferde waren einst das Fortbewegungsmittel, wie heutzutage für uns moderne Menschen das Auto. Pferde benutzte man zum Reisen, mit oder ohne Kutsche, die Post wurde mit der Postkutsche befördert. In der Landwirtschaft oder zum Transport jeglicher Handelsware waren die kalt- oder warmblütigen Pferde absolut notwendig, ganz zu schweigen von ihrem Einsatz beim Militär. Anstatt der für uns gewohnten Autos beherrschten Reiter und Pferdefuhrwerke einstmals das Straßenbild. Verkehrsunfälle mit Pferd und Wagen sowie tödliche Reitunfälle geschahen damals häufig. Kein Wunder, dass gerade in den Kniereiterliedchen immer wieder neben der unverzichtbaren milchspendenden Kuh das Pferd ein zentrales Thema ist.

Wetterfahne,
Viersen-Dülken

Nr. 138 Hopp, hopp, hopp

> *Hopp, hopp, hopp,*
> *Pferdchen, lauf Galopp*
> *Über Stock und über Steine,*
> *Aber brich dir nicht die Beine.*
> *Hopp, hopp, hopp, hopp, hopp,*
> *Pferdchen lauf Galopp!*

Wetterfahne, Viersen

mdl. *Kaldenkirchen* 1979, vgl Böhme 1897, 80, Nr. 356, allgemein bekannt

Nr. 139

Hopp, hopp, Reiterlein,	Hopp, hopp, Reiterlein,
Wenn de Kinder sönd noch klein,	Wenn die Kinder sind noch klein,
Rejt se well op Stock on Bein.	Reiten sie wohl auf Stock und Bein.
Wenn se gröter wachsen,	Wenn sie wachsen und größer sind,
Dann reijt se well no Sachsen.	Dann reiten sie wohl nach Sachsen.
Von Sachsen no Braband,	Von Sachsen nach Brabant,
On dann dör't ganze Land.	Und dann durch's ganze Land.

Wesel, Tidden HKW 1982, 130

Nr. 140 Hoppa, hoppa, Reiter

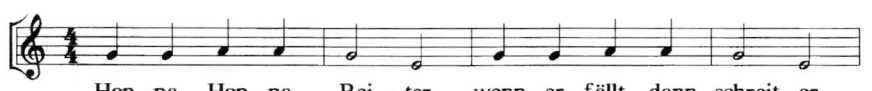

Hop - pa, Hop - pa, Rei - ter, wenn er fällt, dann schreit er.

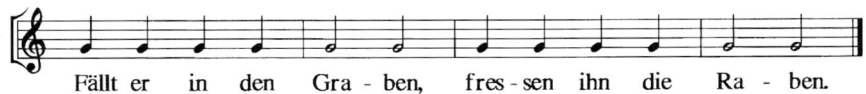

Fällt er in den Gra-ben, fres-sen ihn die Ra-ben.

Text und Melodie 1989 in *Overhetfeld* aufgezeichnet. Andernorts heißt es: Fällt er in den Sumpf, / Dann macht der Reiter: plumps!

Nr. 141

Reiter zu Pferd!
Wo wollet ihr her?
Wohl über das Feld,
Wir haben kein Geld,
Die Trommel geschlagen,
Die Flinten geladen, Kapief – Kapaaf!
Dè Kôpp jeet aaf!   Der Kopf geht ab!

Wetterfahne, Straelen

Krefeld, Wansleben 1925, 64, vgl. *Köln:* Werner 1961, 24

Nr. 142

Datt Hippkè leep demm Bärrch èropp,	Das Zicklein lief den Berg herauf,
Onn wibbèldè mött èt Schtärrtschè.	Und wibbelte mit dem Schwänzchen.
Do schprong dè kleenè Schniidèr* dropp	Da sprang der kleine Schneider darauf
Onn mennt, èt wöör si Pärrdschè.	Und meint, es sei sein Pferdchen.

* Mit dem „kleinen Schneider" ist das Kind gemeint und angesprochen, *Krefeld,* Wansleben 1925, 64

Nr. 143

Hopp, hopp, hopp, mein Reiterlein,
Wo reitest du denn hin?
Ich reite nach der Mühle
Und werf den Sack dahin.

Waldniel, Nachlass Peters 1961

Wetterfahne, Dülken

Die von Peter Norrenberg 1875 gesammelten Kinderreime und Liedchen wurden zwar, wie von ihm mitgeteilt, in *Viersen* gesammelt. Norrenberg betont, dass sie aber auch in *Dülken, Süchteln, Grefrath* und am ganzen Niederrhein zu finden sind. Wir finden sie auch in den fünfziger Jahren des 20. Jh.s im Nachlass von Agnes Neef-Winz, in den 70er und 80er Jahren vielfach noch in mündlicher Überlieferung. Aber auch im niederländischen Limburg, in *Tegeln,*

Roermond und *Venlo* sind sie zu Hause und verweisen damit auf die grenzüberschreitende Kulturlandschaft des Niederrheins. Die weite Verbreitung dieser Verse wird durch die folgenden Fassungen belegt, die zudem veranschaulichen, dass es in fast jeder Ortschaft eine eigene Variante gab.

s. Norrenberg 1874, 119, Anm. 1

Nr. 144

Hôpp, Pärrdschèn, tsur Müülèn!	Hopp, Pferdchen, zur Mühle!
Dèr Köstèr opp ètt Füllèn.	Der Küster auf dem Fohlen.
Passtuuèr ritt opp dè bongktè Koo,	Pastor reitet auf der bunten Kuh,
Onn domitt no di Müllè too,	Und darauf zur Mühle,
Waal ömm ein Säkkskèn Haavèr.	Wohl wegen eines Säckchens Hafer.
Watt soll datt Pärrdschèn traabèn*?	Was soll das Pferdchen traben?
Waal ömm ein Säkkskèn Wäkkèn.	Wohl wegen eines Säckchens Wecken.
Watt soll datt Pärrdschèn schläkkèn?	Was soll das Pferdchen schlecken?
Waal ömm ein Säkkskèn Ärrtèn	Wohl wegen eines Säckchens Erbsen
Di Fott oppwärrpèn.	Soll es das Hinterteil hochwerfen.

* vielleicht wurde „tragen" mit „traben" verwechselt, *Viersen*, Norrenberg 1875, 105, Nr. 15, vgl. *Köln* Werner 1961, 23, Z. 1–4, s. Kommentar Nr. 144

Nr. 145

Im niederländischen *Roermond* sind die ersten acht Zeilen im Jahre 1993 noch lebendig:

Hop paerdje meule,	Hopp, Pferdchen, zur Mühle,
De köster riet op't veule.	Pastor reitet auf dem Fohlen.
Riet d'r mit nao de bontje koe,	Reitet damit zur bunten Kuh,
Geit d'r mit nao de meule toe.	Geht damit zur Mühle.
Gaef dit paerdje haver,	Gib dem Pferdchen Hafer,
Laot det paerdje drave.	Lass das Pferdchen traben.
Gaef das paerdje wikke,	Gib dem Pferdchen Wecken,
Laot dat paerdje sjlikke.	Lass das Pferdchen schlecken.

Roermond NL, Veldekekrink Remunj, 1993, 17

Nr. 146

Hôtt, Peärdschèn, opp dänn Drapp!	Hopp, Pferdchen, trabe!
Morrjèn öss ött Sonndaach.	Morgen ist Sonntag.
Kômmèn all di Heärè	Dann kommen all die Herren

Mött di bongktè Feärè.	Mit den bunten Federn (auf dem Hut).
Rubbèl, didubbèl, didubb, dubb, dubb.	Rubbel, didubbel,didubb, dubb, dubb.
Rubbèl, didubbèl, dubb.	Rubbèl, didubbèl, dubb.

Viersen, Norrenberg 1875, 105, Nr. 16

Nr. 147

Morrjèn öss ött Sonndaach.	Morgen ist Sonntag.
Dann bruukè wörr neet tè werrikè.	Dann brauchen wir nicht zu arbeiten.
Dann jônnt wörr nô di Kerrkè.	Dann gehen wir zur Kirche.
Da bôkkè wörr,	Dann backen wir,
Dann bröijè wörr,	Dann brauen wir,
Dann sall oss klee Jrettschè	Dann soll unser kleines Gretchen
Kökkskè weärde.	Koch werden.

Süchteln, Nachlass Neef-Winz 1942

Schattenbild, Wandsbeck 1875

Nr. 148

Jö! Jrettschèn opp dänn Drapp!	Jö! Gretchen (Name des Pferdes) trabe!
Morrjèn öss ött Sonndaach.	Morgen ist Sonntag.
Kômmèn all di jruètè Heärèn	Kommen all die großen Herren
Mött dè bäästè Klaièr.	Mit den besten Kleidern.
Dônn kômmèn all dö Frauèn	Dann kommen all die Frauen
Mött di bongktè Mauèn.	Mit den bunten (Puff-)Ärmeln.
Dann kömmt dörr Akkèrsmann	Dann kommt der Bauer
Mött dôtt Jrettschèn äitèn drann.	Mit dem „Gretchen" hinten dran.

Viersen und Umgebung, Norrenberg 1875, 104, Nr. 17, s. Kommentar Nr. 148

Die folgende 1994 in *Boisheim* aufgezeichnete Fassung weicht nur wenig von den früher aufgezeichneten Fassungen aus dem Kreis Viersen ab. Dies zeigt der Vergleich mit dem Norrenberg-Text von 1875.

Nr. 149 Hopp, Peärdschèn, opp dänn Trapp

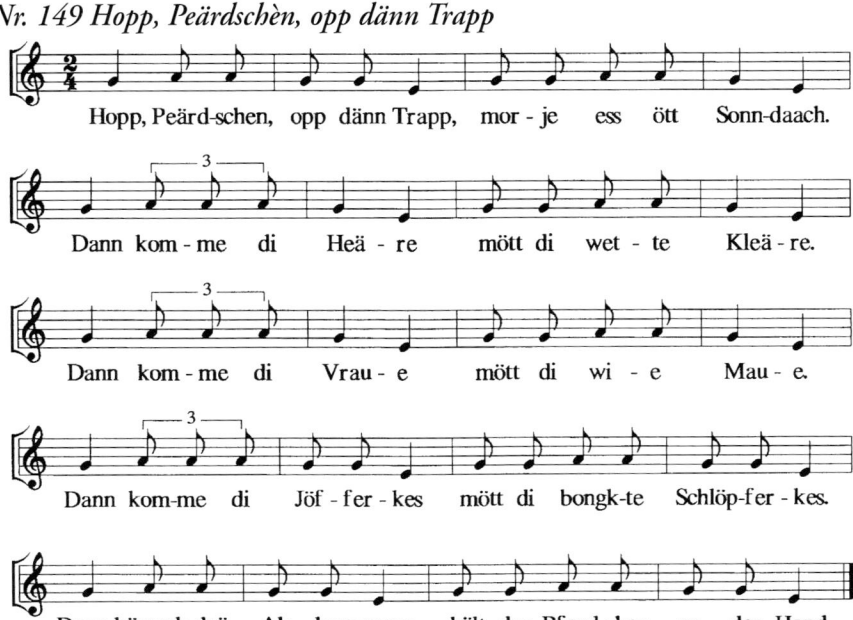

Hopp, Peärd-schen, opp dänn Trapp, mor - je ess ött Sonn-daach.

Dann kom - me di Heä - re mött di wet - te Kleä - re.

Dann kom - me di Vrau - e mött di wi - e Mau - e.

Dann kom-me di Jöf - fer - kes mött di bongk-te Schlöp-fer - kes.

Dann kömmb deä Ak - kers-mann, hält das Pferd-chen an der Hand.

Hopp, Pferdchen, trabe, / Morgen ist Sonntag. / Dann kommen die Herren / Mit den weißen Kleidern. / Dann kommen die Frauen / Mit den weiten (Puff-)Ärmeln. / Dann kommen die Jungfräulein / Mit den bunten Schlüpferchen. / Dann kommt der Bauer, / Hält das Pferdchen an der Hand. (Sprechgesang zu Viertelnoten): Hoo, hüü, hoo, hüü!

Text und Melodie 1994 in *Boisheim* aufgezeichnet, vgl. *Köln:* Z. 1–6, Werner 1961, 24, s. Kommentar Nr. 149

Wetterfahne, Overhetfeld

Nr. 150 Ju, Päddschè nô dèr Mööle

Ju, - Pädd-sche no der Möö - le, Köss - ter ritt datt Vöö - le,

Of - fer -mann* di bong-kte Kuu. Ri merr na der Möö -le tsuu.

Hopp Pferdchen, zur Mühle, / Der Küster (Organist) reitet auf dem Fohlen, / Der Küster reitet die bunte Kuh. / So reiten wir auf die Mühle zu. Im Sprechgesang: Jöi, jöi, jöi!**

* Öffermann hieß auch der Küster; den Berufsstand „Organist" gab es früher noch nicht, **„Jö!" war ein Fuhrmannskommando für die Pferde, Text und Melodie 1995 in *Meerbusch-Büderich* aufgezeichnet. s. Kommentar Nr. 150

Nr. 151

Hôpp, Peärdschè, Vöölè,
Wörr rièn noa dè Möölè,
Wörr rièn opp dè bongktè Kau,
Onn doamöt noa dè Müèlè tau.
Hôpp, hôpp, hôpp!

Hopp, Pferdchen, Fohlen,
Wir reiten zur Mühle,
Wir reiten auf der bunten Kuh,
Und damit zur Mühle.
Hopp, hopp, hopp!

mdl. *Born, Brüggen* und *Hinsbeck:* 1983

Nr. 152

Jo, Pärdschè Föölè,
Rièn no dè Möölè,
Dôvandann nô Nôttsjraaf,

Dô donnt wörr eenèn dikkèn Hongk* af:

Säs Färrkèn onn seevè Schwiin.
Dô sall N.N. Koak siin.

Auf, Pferdchen, Fohlen,
Wir reiten zur Mühle,
Von dort zum Nordgraben
(in Leuth),
Da schlachten wir einen
„dicken Hund":
Sechs Ferkel und sieben Schweine.
Dort soll (Kindername) Koch
sein.

* nicht wörtlich, sondern im Sinne von: ...haben wir ein großes Schlachtfest, *Leuth,* Spee 1875 1. H., 13,VII e

Nr. 153

Hopp, Paerdsche Möle,
Vader op et Föle,
Moder op de bonte Kuw,
Reje wej no de Möle tuw.
Hopp, Päerdsche op den Drapp,
Maerge es et Sonndag.
Dann komme de Herre
Met de bonte Kleere.
Dann komme de Frauwe
Met de bonte Mauwe.

Dann kömt ok dän Ackersmann
Met et Paerdsche achteraan.
Paerdsche sall sin Staertche schödde,

Hopp, Pferdchen zur Mühle,
Vater auf dem Fohlen,
Mutter auf der bunten Kuh,
Reiten wir zur Mühle.
Hopp, Pferdchen, trabe,
Morgen ist Sonntag.
Dann kommen die Herren
Mit den bunten Kleidern.
Dann kommen die Frauen
Mit den bunten Ärmeln
(an den Kleidern).
Dann kommt auch der Bauer
Mit dem Pferdchen hintendran.
Das Pferdchen soll seinen
Schweif schütteln,

Dat de Wäckskes drubbele sölle.	Dass die Weißbrötchen hüpfen sollen.
Loop, loop, loop,	Lauf, lauf, lauf,
De Wäckskes sin gujekoop.	Die Weckchen sind ein guter „Kauf".
Aenn oover een Üür	Und nach ein Uhr (einer Stunde)
Sinn se äns so düür.	Sind sie noch mal so teuer.

Schravelen, Gerrits Th. UH. 20. Jg., Nr. 9, 1932

Nr. 154

Hop, Perdje Mööle,	Hopp, Pferdchen, zur Mühle,
Anna op et Fööle,	Anna auf dem Fohlen,
Mejke op die bonte Kuw,	M. auf der bunten Kuh,
Reje wej nôôr Holland tuw.	Reiten wir nach Holland.
Holland en Brabant,	In Holland und Brabant
Wäßt dat Gras drie Elle lang.	Wächst das Gras drei Ellen hoch.
Drie Elle en eene Fuut,	Drei Ellen und einen Fuß,
Dat düüt die bonte Kuw so gud.	Das tut der bunten Kuh so gut.
Hop, Perdje Mööle,	Hopp, Pferdchen zur Mühle,
Hop Perdje, hop!	Hopp, Pferdchen, hopp!

Kleve, Gahlings / Matenaar 1936, 19

Nr. 155

Hob, Perdjè Möhlè,	Hopp, Pferdchen, zur Mühle,
Rijter met no (naar, noor) Köhle.	Reite mit nach Köln.
Rijter met no Amsterdam.	Reite mit nach Amsterdam.
Van Amsterdam no Spanje,	Von Amsterdam nach Spanien,
3 Appele van Oranje.	3 Äpfel von Oranien.
3 Peere van den hoogen Boom.	3 Birnen von dem hohen Baum.
Die sinn vör onse kleine Sohn!	Die sind für unsern kleinen Sohn!

Elten, Lochner von Hüttenbach ZfVK, 1906, 221

Nr. 156

Hop, Perdje Eesel,	Hopp, Pferdchen Esel,
Fâârt met min, nôôr Wesel!	Fahr mit mir nach Wesel!
Fâârt met min nôôr Amsterdam.	Fahr mit mir nach Amsterdam.
Dôôr kriegt gej een Wêgge-Botterham.	Da bekommst du ein Butterbrot aus Weck.

Kleve, Gahlings / Matenaar 1936, 19

Fahnenhalter, Dülken

Nr. 157

Hôpp, hôpp, Päätschè!	Hopp, hopp, Pferdchen!
Tè Köllèn opp demm Wättschè*,	In Köln auf dem Wättschen,
Tè Ookèn enn dä Nonnèbösch	Zu Aachen in dem Nonnen-busch
Hannt sè jèfangèn ennè wettè Fösch.	Haben sie einen weißen Fisch gefangen.
Dô kommèn och di Heärè	Da kommen auch die Herren
Mött di bongktè Kleärè.	Mit den bunten Kleidern.
Dô kommèn och di Frauè	Da kommen auch die Frauen
Mött di wiè Mauè.	Mit den weiten (Puff-)Ärmeln.
Dô kömmt och dänn Akkèschmann,	Da kommt auch der Ackers-mann,
De datt Rièn nedèn** kann.	Der das Reiten nicht kann,
Trap, trap, trap!	Trap, trap, trap!
Dô fällt he vônn datt Pättschèn aff.	Da fällt er von dem Pferdchen herab.

* Wättschè = kleines Inselchen nahe bei Köln, Rheinau genannt, ** nedèn: zusammengesetzt
aus: net-enkann – doppelte Verneinung, *Mönchengladbach,* Firmenich I, 515

Wetterfahne, Viersen-Dülken

Nr. 158 Harubbè, dubbè, dupp

Ha - rub-be, dub-be, dupp, ha - rub-be, dub-be, dupp. Es

kommt ein grü - ner - Wa - gen. Das Pferd-chen ist so

ma - ger, mußt' sie - ben Jahr' im Stal - le stehn und

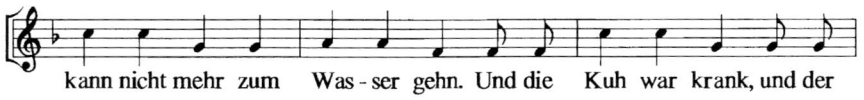

* Löchlein in der Hose, / Wodurch die Sonne scheint, Text und Melodie 1989 in *Overhetfeld* aufgezeichnet, s. Kommentar Nr. 158

Nr. 159

Sööve Perd vör eene Wage,	Sieben Pferde vor einem Wagen,
Had ek en Schwepp,	Hätte ich eine Peitsche,
Dan woll ek fahre,	Dann würde ich fahren,
Hot, haar, hü!	Hot, haar, hü!

Kleve, Matenaar KKL 1987, 193

Nr. 160

Aabram onn Iisaak,	Abraham und Isaak,
Di spelldèn opp dèr Piipsôkk.	Die spielten auf dem Dudelsack.
Dèr Piipsôkk woar jèbroakè,	Der Dudelsack war gebrochen,
Du spelldèn sè opp dè Knoakè,	Da spielten sie auf Knochen,
Di Knoakè woarèn dè laungk,	Die Knochen waren zu lang,
Du spelldèn sè opp dè Plaungk,	Da spielten sie auf der Planke,
Dè Plaungk, di woar dè breet,	Die Planke war zu breit,
Du spelldèn sè opp dè Jeet,	Da spielten sie auf der Ziege,
Di Jeet, di woar dè jriis,	Die Ziege war zu grau,
Du spelldèn sè opp ett Iis,	Da spielten sie auf dem Eis,
Datt Iis, datt woar dè bott,	Das Eis war zu stumpf,
Du felèn sè opp dè Vott.	Da fielen sie auf das Hinterteil.

mdl. *Heinsberg* 1975

Beim letzten Reim ließ der Erwachsene das kleine Kind sanft über das Knie bis auf die Erde herunterrutschen.

Literatur:
Aander, Heid und Max Höfler, Aus dem Clevischen. In: Zeitschrift des Vereins für rheinische und westfälische Volks-kunde, 9. Jg., 1912 (Aander / Höfler ZfVK 1912)
Böhme, Franz Magnus, Deutsches Kinderlied und Kinderspiel, Volksüberlieferungen aus allen Landen deutscher Zun-ge, Leipzig 1897 (Böhme 1897)
Firmenich, Matth., Germaniens Völkerstimmen, Bd. I–III, Neudr. der Ausg., Berlin 1843–1867, Osnabrück 1968 (Fir-menich I)

Gahlings, Karl und Franz Matenaar, Lieder und Sprüche aus dem Leben und Brauchtum am Niederrhein, Kleve 1936 (Gahlings/Matenaar 1936)

Gerrits, Theodor, Alte niederrheinische Sprichwörter, Reime und Liedchen. In: UH. 20. Jg., Nr. 9, 1932 (Gerrits Th. UH. 1932)

HKW = Heimatkalender Kreis Wesel

Houx, J., A. M. Jacobs P. P. Lücker, Tegels Dialek, Maastricht 1968 (Houx/Jacobs/Lücker 1968)

KKL = Kalender für das Klever Land

Krach, Gottfried, Min Modersprok. Die Mundart in der ehemaligen Grafschaft Moers, Moers 1924 (Krach 1924)

Lennarz, Maria. Kinderreime aus M.-Gladbach. In: ZfVK 5, 1908 (Lennarz ZfVK 1908)

Lochner von Hüttenbach, Freiherr, Kinderlieder aus Elten. In: Zeitschrift des Vereins für rheinische und westfälische Volkskunde, 3. Jg. 1906 (Lochner von Hüttenbach ZfVK 1906)

Matenaar, Franz, Heija, süsa Kinneke. Niederrheinische Kinderlieder aus alter Zeit. In: Kalender für das Klever Land 1987 (Matenaar KKL 1987)

Meyer-Markau, W., Duisburger Kinderlieder. In: Festschrift zu der vom 12.–14.6.1905 abgehaltenen Hauptversammlg. des Allgem. deutschen Sprachvereins, Duisburg 1905 (Meyer-Markau 1905)

Neef-Winz, Agnes, Viersen, Nachlass (Neef-Winz 1942)

Norrenberg, Peter, Chronik der Stadt Dülken, Viersen 1874 (Norrenberg 1874)

Norrenberg, Peter, Geschichte der Herrlichkeit Grefrath, Viersen, Dülken 1875 (Norrenberg 1875)

Peters, Gerhard, Waldniel, Nachlass Peters, Kreisarchiv Kempen Nr. 4, 1961 (Nachlass Peters 1961)

Siebers, Gerd, Klompen am Niederrhein, Bocholt 1980

Spee, J., Volksthümliches vom Niederrhein I, Aus Leuth im Kreise Geldern H. I und II, Köln 1875 (Spee 1875)

Tidden, J., Niederrheinische Volkspoesie. In: Heimatkalender Kreis Wesel 1982 (Tidden HKW 1982)

UH. = Unsere Heimat

Veldekekrink Remunj, Öpke Döpke. Sjpeelkes, versjes en leedjes in't Remunjs veur grote en klein kienjer, Roermond 1993 (Veldekekrink 1993)

Wansleben, Clara, Das erste Lebensjahrzehnt des Crefelder Kindes. In: Die Heimat, Crefeld, 4. Jg., 1925 (Wansleben 1925)

Werner, Jakob, ibben, dibben, dab ... Sammlg. Kölnischer Kinderlieder und Reime, Köln 1961 (Werner 1961)

ZfVK = Zeitschrift des Vereins für rheinische und westfälische Volkskunde

Schoßliedchen

Beim nächsten Liedchen (in Pentatonik gesungen) steht das Kind auf dem Schoß des Erwachsenen. Dieser hält es an beiden Händchen, Ärmchen oder unter den Armen fest und läßt es auf dem Schoß „tanzen".

Nr. 161

Hôpp, Marjännkè! Hôpp Marjännkè!	Hopp, Mariännchen! Hopp, Mariännchen!
Loot di Pöppkès danntsèn.	Lass die Püppchen tanzen.
Nè jauè Môôn, nè braavè Môôn,	Ein guter Mann, ein braver Mann,
Nè Môôn fann Kommpelèsanntèn*.	Ein Mann von K.
Heä rüèrt di Papp,	Er rührt den Brei,
Heä weech di Kengèr,	Er wiegt die Kinder,
Heä lett di Pöppkès danntsèn.	Er lässt die Püppchen tanzen.
Heä pakk deä Sakk opp sinnè Nakk,	Er lädt den Sack auf seinen Nacken,

Heä jeng waal nô di Mööl̀e.	Er ging wohl zur Mühle.
All watt förr nè jauè Môôn habb ich!	Was habe ich doch für einen guten Mann!
Nè Mann öss wi è Föll̀e.	Ein Mann ist wie ein Fohlen.

* franz. complet – vollkommen, hier: ein vollkommener Mann, *Dülken, Viersen* und Umgebung, Norrenberg 1874, 120, s. Kommentar Nr. 161

Nr. 162 Hôpp, Marjännikè

Hopp, Mariännchen, hopp, Mariännchen/Lass die Püppchen tanzen./Ein guter Mann, ein braver Mann,/Ein Mann von Kompelesanten.

Text: *Viersen, Dülken, Süchteln, Grefrath,* Norrenberg 1874, 120, Nr. 14, vgl. *Köln:* Werner 1961, vgl. *Köln:* Werner 1961, 22, Melodie: Aus Böhme 1886, 170, s. Kommentar Nr. 162

Nr. 163

Hôpp, Marjännèkè,	Hopp, Marjännchen,
Dämm Beär èss loas,	Der Bär ist los,
Ich habb ömm hüèrèn brômmèn.	Ich habe ihn brummen hören.
Ich meen, èt wüèr ennè Baièschwärrm.	Ich meine, es wär ein Bienen-schwarm.
Ett ess eenèm Baut mött Jongèn.	Es ist ein Nest (Bau) mit Jungen.

Leuth, Spee 1875, 1.H., 13/14,VII c

Nr. 164

Hôpp, Mariännèkè,	Hopp, Mariännchen,
Den Bär ès lôss,	Der Bär ist los,
Leg öm aan èn Täukè.	Leg ihn an ein Seilchen.
Sät öm Moèdèrs Mötzkè of,	Setz ihm Mutters Mützchen auf,
Dann es èt Vadèrs Fräukè.	Dann ist es Vaters Frauchen.

Elten, Lochner von Hüttenbach ZfVK 1906, 225

103

Nr. 165

Den Bêêr es los, den Bêêr es los,	Der Bär ist frei, der Bär ist frei,
He'y öm niet bromme?	Hört ihr ihn nicht brummen?
Achter de Mööle geet hey spööle	Hinter der Mühle geht er spielen
Met die wette Poote,	Mit den weißen Pfoten,
Met die glââsere Ooge,	Mit den gläsernen Augen,
Met den bonten Paraplüj.	Mit dem bunten Regenschirm.

Kleve, Gahlings / Matenaar ZfVK 1936, 31

Gahlings und Matenaar glauben, der Bär sei häufig als „Schreckgespenst" dargestellt worden, um Kinder zu ängstigen. Dagegen sprechen sowohl die Verwendung der Verse als Schoßliedchen als auch die eher freundlich lustigen Bilder und Assoziationen. Den „Tanzbär", den das fahrende Volk mitbrachte und auf freien Plätzen oder auf der Kirmes zu den Rhythmen eines Tambourins tanzen ließ, hat man wohl kaum als bösartiges Ungeheuer empfinden können, wohl aber als exotische Sensation wie das Äffchen des Orgelmannes.

Nr. 166

Hôpp, Marjännikè, Kaffekännikè,	Hopp, Marjännchen, Kaffekännchen,
Môrrjè moss-dè schtärèvè.	Morgen musst du sterben.
Lôtt di Pöppkès danntsè	Lass die Püppchen tanzen
Opp di Buèrè Schanntsè!	Auf der Bauern' Schanzen.

mdl. *Viersen* 1979, *Krefeld* 1981: Hopp Marjännikè ... morrjè mossè schtärrvè, / Lott di Pöppkès danntsè / Opp di Buurè Schanntsè!; *Born, Brüggen* 1980: Hopp Marjännike ... Lott dè Pöppkès donntsè / Opp dè leäjè Schonntsè.

Nr. 167

Hôpp Mariännikè, hôpp Mariännikè,	Hopp, Mariännchen, hopp Mariännchen,
Lôtt di Pöppkès danntsè.	Lass die Püppchen tanzen.
Ommè Bièr, ommè Wein,	Um Bier, um Wein,
Ommè muß ja danntsè.	Muss man ja tanzen.
Wees du och, wo Rômbach wonnt?	Weißt du auch, wo Rombach wohnt?
Rômbach wonnt amm Pömmpkè.	Rombach wohnt am Pümpchen.
Allè Mättschès krijjè nè Mann,	Alle Mädchen kriegen einen Mann,
Onn ech kriich nôch è Stömmpkè*.	Und ich bekomm' noch ein Stümpchen.

* das Kind ist gemeint, *Mönchengladbach,* Lennarz ZfVK 1908, 200

Nr. 168

Pöppkè, Pöppkè, dônnts,	Püppchen, Püppchen tanz,
Di Schönnkès sennd nôch jônnts.	Die Schühchen sind noch ganz.
Lôtt ètt dich nett jèröijè,	Lass es dich nicht gereuen,
Dä Schusstèr mäkk joa nöijè.	Der Schuster macht ja neue.
Pöppkè, Pöppkè, dônnts!	Püppchen, Püppchen tanz!

Viersen Nachlass Neef-Winz 1942 und mdl. *Viersen, Dülken* 1979, vgl. *Köln:* Werner 1961, 22

Nr. 169

Wenn das kleine Kind laufen lernte, wurde es auf seine Beinchen gestellt und lief in die geöffneten Arme der Mutter, die dazu aufmunternd sprach:

Puttschè, Puttschè jeng nô Bröggè,	Putsche, Putsche ging nach Brüggen,
Hau si Krömmkè opp dèr Röggè,	Er hatte seine Kiepe auf dem Rücken,
Du schloorè sè ömm	Da schlugen sie ihm
Enn Pann vörr dè Fott,	Eine Pfanne vor den Hintern,
Du muès mi Kengkè loopè.	Da musste mein Kindchen laufen.

Viersen, Nachlass Neef-Winz 1956, vgl. Z. 1 und 2 Beginn eines Rätsels: Ett jing è Männèkè övvèr dè Brökk, / Ett hau è Krömmkè opp dèr Rökk. Watt woar doe drenn? Watt = Watte

Ein ähnliches Verschen aus *Kleve* und *Rees,* das ebenfalls beim Laufenlernen gesungen wurde:

Nr. 170

Een, twie drie,	Eins, zwei, drei,
Miekè düüt èt niet.	Mieken tut es nicht. (laufen)
Stellekes, stellekes,	Stell dich, stell dich,
Dan brêkt gej die Beentjes niet.	Dann brechen dir die Beinchen nicht.
Hoog es den Sölder,	Hoch ist der Söller,
Leeg es die Flur,	Niedrig ist der Flur,
Knap es die Dogter,	Klein ist die Tochter,
Lelk es den Buur.	Unerzogen ist der Bauer.
Een, twie, drie,	Eins, zwei, drei,
Mieke düüt et niet.	Mieken tut es nicht.
Stellekes, stellekes,	Stell dich, stell dich,
Dan brêkt gey ook die Beentjes niet.	Dann brechen dir auch die Beinchen nicht.

Kleve, Gahlings / Matenaar 1936, 20, derselbe Wortlaut: *Rees,* van Veen 1922, 203

Sobald das kleine Kind ein wenig laufen konnte, wurde beim Schreiner – wenn man es sich leisten konnte – ein stabiles Schaukelpferd bestellt. Wenn es seine Pflicht erfüllt hatte, kam es auf den Speicher und wartete auf die nächste Generation.

vgl. Kleintitschen 1979, 87

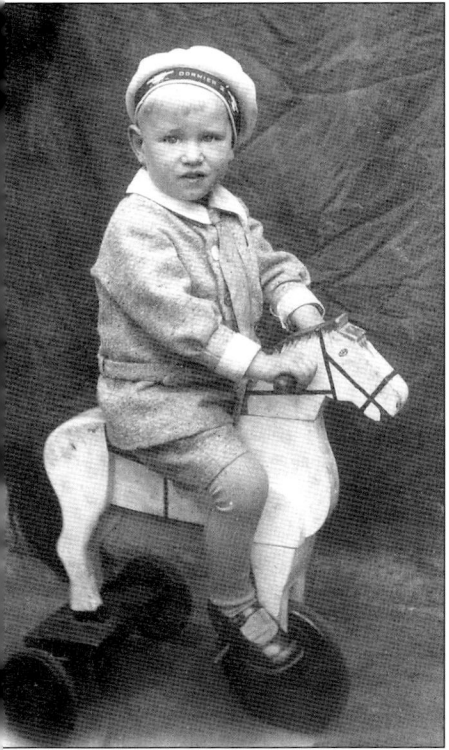

Vierjähriger Junge 1933/34 auf einem Holzpferd, Privatbesitz, Viersen.
Das hier abgebildete Holzpferdchen stammt aus dem Jahre 1934 und wurde von einem handwerklich geschickten Familienmitglied konstruiert und hergestellt. Es wurde innerhalb der Familie von einem Vetter zum anderen weitergereicht (vier Vettern wurden im Abstand von zwei bis drei Jahren geboren). Das Pferdchen war bereits mit einigem „technischen Komfort" ausgestattet: Es hatte drei Rädchen und konnte vom Kind wie ein Dreirad (mit Pedalen) gefahren werden. Außerdem konnte man den Hals bewegen.

Der Text des nächsten Schoßliedchens „Lôtt ess duèt" ist aus heutiger Sicht makaber und zweifellos nicht kindgemäß. Aber der Inhalt ist wie bei den meisten anderen Kinderliedern unwichtig, da er von den Kleinen nicht reflektiert wird. Wichtig allein sind Singstimme, Melodie, Rhythmus sowie körperliche Nähe des Erwachsenen und vor allem die „Tanzbewegungen", bei denen das Kind vom Erwachsenen sicher auf dem Schoß gehalten wird.

Das Tanzliedchen „Lôtt ess duèt" ist laut Böhme 1897, 135, Nr. 619 um 1800 entstanden. Im hochdeutschen Text heißt es: „Lott' ist tot./Julchen liegt im Sterben./D'r Freier kommt,/Der wird alles erben." Sicherlich handelt es sich ursprünglich nicht um ein Kinderschoßliedchen. Wie es so oft im Kindervolkslied zu beobachten ist, unterlag auch dieses Tanzlied einem Funktionswechsel und wurde im Laufe der Zeit zum Schoß- und Tanzliedchen.

Nr. 171 Lôtt ess duèt

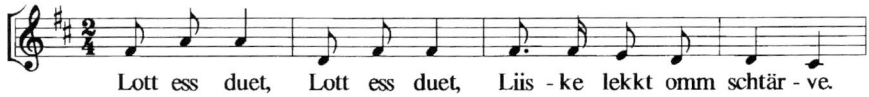

Lott ess duet, Lott ess duet, Liis-ke lekkt omm schtär-ve.

Datt ess schuen, datt ess schuen, krii-je wörr jätt tu är-ve.

Lotte ist tot, Lotte ist tot, / Lieschen liegt im Sterben. / Das ist schön, das ist schön, / Dann bekommen wir etwas zu erben.

Text und Melodie 1989 in *Süchteln* aufgezeichnet, weit verbreitet, s. Kommentar Nr. 171

Bei dem folgenden Liedchen sitzt das Kind auf Großvaters Füßen und wird dabei im Vierer-Rhythmus geschaukelt.

Nr. 172 Piddèwiddèwitt, säät Schiièrèschlipp

Pid-de-wid-de-witt, säät Schiie-re-schlipp, Schiie-re-schlipp, säät Kaat-je.

Kaat-jen haad enn Träkk-mötts opp, Träkk-mötts haad enn Jaat-je.

Piddewiddewitt, sagte der Scherenschleifer, / Scherenschleifer, sagte Käthchen. / Käthchen hatte eine Ziehmütze auf, / Die Ziehmütze hatte ein Löchlein.

Text und Melodie *Grefrath* 1995; auch mdl. in *Kalkar* 2002 bekannt, aber als Spottvers, s. Kommentar Nr. 172

Beim nächsten Vers setzte man das kleine Kind auf den Schoß, nahm beide Beinchen in die Hand und bewegte sie im Rhythmus des Sprechens vor und zurück. Im zweiten Teil wurden die Beinchen doppelt so schnell bewegt. Man begann ganz langsam:

Nr. 173 Wänn datt Kengschè

Wänn datt Keng-sche Kirr-ke jeet, dann jonnt di Beng-kes

kiff, kaff, kiff, kaff. Wänn ett dann na Hee-me jeet, dann

jonnt di Beng-kes kiff, kaff, kiff, kaff, kiff, kaff, kiff, kaff.

Wenn das Kindchen zur Kirche geht, / Dann gehen die Beinchen / Kiff, kaff, kiff, kaff. / Wenn es dann nach Hause geht, / Dann gehen die Beinchen / Kiff, kaff, kiff, kaff, kiff, kaff, kiff, kaff.

Text und Melodie 1981 in *Amern* aufgezeichnet

Nr. 174 Lasst uns mal spazieren gehn

Laßt uns mal spa - zie - ren gehn auf die grü - ne

Wie - se zu der Tan -te Lu - i - se. Tan - te Lu - i - se

ist nicht da. Ge - hen wir zur O - ma - ma.

O - ma - ma ist auch nicht da. Gehn wir wie - der um!

Text und Melodie 1996 in *Boisheim* aufgezeichnet, vgl. Bruns 1884, 68, Nr. 167

In dieser Überlieferung zeigt sich, dass der Vers ursprünglich ein Spiel war: „Die Kinder bilden je zwei nebeneinander einen langen Zug. Eine Ecke des Spielplatzes ist die Wiese. In einer zweiten Ecke sitzt ein Kind (Tante Luise), in einer dritten Ecke ein anderes (Großmama). Der Zug setzte sich in Bewegung und singt: ‚Lasst uns mal spazieren gehen‘ usw. Er zieht zur Wiese, zur Tante L. und G. Wenn der Umzug dreimal stattgefunden hat, so setzen sich zwei andere Kinder hin und das Spiel beginnt von neuem.“

vgl. *Köln:* Becker 1920, 22

Nach der mündlichen Aussage der Gewährsperson wurde dieses Liedchen gesungen, wenn die Großeltern mit dem Kleinkind (im Kinderwagen) spazieren gingen.
Bei dem gleichlautenden Text in Heinsberger Mundart nahm (meist) der Vater das Kind auf den Arm oder ließ es auf den Schultern reiten, wenn es unruhig war. Er schritt mit ihm im Rhythmus des Textes von der Küche zum nächsten Raum und wieder zurück. An jeder Ecke (nach zwei Zeilen) drehte er sich mit Schwung um.

Nr. 175 Deä kleenè Kuèn sinn Vrau

Die Frau des kleinen Konrads / Hat ein Hinterteil wie ein Wau-Wau, (Hund) / Hat Ärmchen wie eine Leberwurst, / Ein Köpfchen wie eine Kokusnuss. / Die Frau des kleinen Konrads.

Text und Melodie 1995 in *Boisheim* aufgezeichnet, s. Kommentar Nr. 175

Drei Schoß- oder Schaukelliedchen aus *Boisheim:* Das Kind wurde auf einen Stuhl gesetzt, den der Erwachsene nach vorne und hinten schaukelte:

Nr. 176 Die Königin von Portugal

Text und Melodie 1995 in *Boisheim* aufgezeichnet

Nr. 177 Huttschè, puttschè

Schmiet i -emm mett en-ne Küel-schtrongk, datt -e jung-ket wi en -ne Hongk.

Hutsche putsche ging nach Brüggen, / Hatt' eine Kiepe auf dem Rücken. / Ich warf nach ihm mit einem Grünkohlstrunk, / Dass er junkte wie ein Hund. / O weh!

Text und Melodie *Boisheim* 1995; vgl. Norrenberg 1874; 119, Nr 7, Z. 3–4: … Huttschè Puttschè jeng doèr ett Land / Haus inn Schtäkkskèn enn di Hand. s. Kommentar Nr. 177

Apothekenschild, Breyell

Nr. 178 Äppèl onn Biièrè

Äp - pel onn Biie- re mett lan - ge Schtiie-le, häk -ke - di, vuk -ke - di,

Krenn - te. Pan - ne schue - re, datt soll due - re

sie - ve Uue - re. Kaa, kaa, fit - sche - la - la - la!

Äpfel und Birnen mit langen Stielen, / Häkedi, vukedi Korinthen. / Pfannen-scheuern, das soll dauern / Sieben Stunden. / Kaa, kaa, fitschelalala!

Text und Melodie 1995 in *Boisheim* aufgezeichnet

Nr. 179 Tüürèlüürè Lappèsakk

Der Stuhl, auf dem das Kind saß wurde hin und her geschaukelt: es wurde mit dem Handtuch angebunden

Tüü -re - lüü - re Lap - pe - sakk! Keng -ke hätt inn de Bokks je -kakkt.

Tüürelüüre Lappensack! / Das Kindchen hat in die Hose gemacht.

Text und Melodie 1995 in *Osterath* aufgezeichnet

Nr. 180 *Bimm, bamm, baièr* (I)

Bimm, bamm, bai - er. Die Katz´ frißt kei -ne Ei - er. Was frißt sie dann, was

frißt sie dann? Speck aus de Pann. O, die lek - ke - re Ma-damm!

mdl. am Niederrhein und darüber hinaus überall bekannt

Das „Bimm, bamm, baièr- Liedchen" und die Varianten erinnern an das Glockenbeiern* bei hohen Festen. Das Liedchen bezieht sich aber auch auf die Pflicht des Küsters, der während des ganzen Jahres zu allen Angelegenheiten die Glocken zu läuten hatte. Als Lohn für seine Dienste hatte er das Recht, in der Karwoche von Haus zu Haus zu gehen und Eier einzusammeln. Möglich, dass hier der „mißvergnügte Küster gemeint ist, der mit dem Ergebnis der österlichen Sammlung nicht zufrieden ist"[1], vielleicht war er aber *Wetterfahne, Dülken* auch der vielen Eier überdrüssig. Dieses im gesamten deutschen Sprachraum bekannte Liedchen konnte ein Schoßliedchen sein; es wurde aber auch gebraucht, um dem Kind das Essen schmackhaft zu machen, wenn es keinen Appetit hatte und nicht essen wollte.

* = die Glocken wurden einzeln von Hand zu bestimmten Melodien geläutet.

Nr. 181 (II)

Bimm, bamm, baièr.	Bimm, bamm, baier.
Deä Kööstèr maach kenn Aièr.	Der Küster mag keine Eier.
Watt maach heä dann?	Was mag er denn?
Schpäkk enn dè Pann.	Speck in der Pfann'.
O, watt nè läkkèrè Kööstèrmann.	O, welch ein leckerer Küstermann.

Text und Melodie 1994 in *Viersen* aufgezeichnet, ebenfalls in mdl. *Dülken, Süchteln, Waldniel,* allgemein weit verbreitet, auch in den Niederlanden überall verbreitet, vgl. de Cock/ Teirlinck VIII, 44, Nr. 23, s. Kommentar Nr. 181

Eine *Moerser* Variante erinnert in der zweiten Zeile ebenfalls an das Eiersammeln des Küsters in der Karwoche, wenn es heißt: Bim, bam beijer,/ Körv voll Eier … (Körbe voll Eier).

Nr. 182 (III)

Bim, bam, beijer,	Bim, bam, beier,
Körv voll Eier,	Körbe voll Eier,

Hus voll Kender,	Haus voll Kinder,
Stall voll Render,	Stall voll Rinder,
Hof voll Pärd,	Hof voll Pferde,
Den Bur hiet Görd,	Der Bauer heißt Georg,
De Frau hiet Drühtschen.	Die Frau heißt (Gertrud) Trudchen,
Back mech e lecker Eierstütschen.	Back mir ein leckeres Eierküchlein.

Moers, Caumanns HKM 1940, 91

Um die Aufmerksamkeit des Kindes vom Löffel abzulenken, sagte die Mutter:

Nr. 183

Schêp, Gââb'l, Lêêp'l, Meß.	Schüssel, Gabel, Löffel, Messer.
Aabele, baabele biskum.	Aabele, baabele biskum.

Kleve, Gahlings / Matenaar 1936, 21

Nr. 184

Tsopp! Tsopp! Tsieren!	Zopp, zopp, zieren!
Schpäkk be de Biiren,	Speck zu den Birnen,
Botter be de Feesch.	Butter zum Fisch.
Wänn et Ke'nd nit äte well,	Wenn das Kind nicht essen will,
Watt düüt et an den Deesch?	Was tut es dann am Tisch?

Moers, Krach 1924, 84

Wenn das Kind Bauchschmerzen hatte, weil ihm irgend etwas vom Essen nicht bekommen war, massierte die Mutter vorsichtig das Bäuchlein und sprach dabei:

Nr. 185

Trômm, trômm, trisèlkè,	Tromm, tromm, triselke,
Wi rôppèlt dech dämm Bukk?	Was rappelt in deinem Bauch?
Datt deet di kalldè Bottèrmellk	Das kommt von der kalten Buttermilch
Onn dè wärrmè Kukk.	Und vom warmen (Eier-) Kuchen.

Lobberich, Spee 1875, H. 2, 9, IX

Vom Essen erzählt auch der folgende Vers aus *Geldern:*

Nr. 186

Holt sage,	Holz sägen,
Wellege waage,	Weiden wiegen,
No Sante loope,	Nach Xanten laufen,
Wäckskes koope,	Kleine Wecken kaufen,
Wän sall di ääte?	Wer soll die essen?
Ons klein Brürke	Unserem kleinen Brüderchen
In't Bückske stääke.	Ins Bäuchlein stecken.

Geldern, Meyers GHK, 1961, 109

Nr. 187

Sprachspiel mit zwanzig betonten Silben:

Willè, willè, woèr,	Wille, wille, war,
Willè, willè, woèr,	Wille, wille, war,
Willè, willè, wipp, wipp, wipp,	Wille, wille, wipp, wipp, wipp,
Willè, willè, woèr.	Wille, wille, war.
Kann dä Buèr jen twentich tällè?	Kann der Bauer keine (nicht bis) zwanzig zählen?
Twentich schtônd èr doè.	Zwanzig stehen dort!

mdl. *Grefrath* 1995, vgl. Wortmann ZfVK, 1910, 195, vgl. Schollen 1887, 191, Nr. 48, vgl. Veldekekrink Remunj 1993, 29, s. Kommentar Nr. 187

Es handelt sich um ein Spiel für kleine Kinder, die noch nicht zählen konnten. Bei jeder betonten Silbe legte das Kind ein Steinchen auf ein Häufchen oder es machte einen Strich auf ein Stück Papier, bis es zuletzt zwanzig waren.

1) Döring 1988, 96

Literatur:
Anleitung, Schattenbilder auszuschneiden, Wandsbeck 1875
Becker, Hermann, Altkölnische Wiegen- und Kinderlieder, Köln 1920 (Becker 1920)
Caumanns, P., Grafschafter Volkspoesie. In: Heimatkalender für den Kreis Moers 1940 (Caumanns HKM 1940)
de Cock, A. und Is. Teirlinck, Kinderspel & Kinderlust in Zuid-Nederland. Bd. I–VIII, Gent 1902–1908 (de Cock / Teirlinck VIII)
Döring, Alois, Glockenbeiern im Rheinland, Köln 1988 (Döring 1988)
Firmenich, Matth., Germaniens Völkerstimmen. Bd. I–III, Neudr. der Ausg. Berlin 1843–1867, Osnabrück 1968 (Firmenich I)
GHK = Geldrischer Heimatkalender
HKM = Heimatkalender Moers
KKL = Kalender für das Klever Land
Kleintitschen, Rosa, Ut den alden Tied, Hüls 1979 (Kleintitschen 1979)
Krach, Gottfried, Min Modersprok, Die Mundart in der ehemaligen Grafschaft Moers, Moers 1924
Lennarz, Maria, Kinderreime aus M. Gladbach. In: Zeitschrift des Vereins für rheinische und westfälische Volkskunde 5. Jg. 1908 (Lennarz ZfVK 1908)
Hüttenbach, Freiherr Lochner von, Kinderlieder aus Elten. In: ZfVK, 3. Jg. 1906 (Lochner von Hüttenbach 1906)
Matenaar, Franz, Heija, süsa Kinneke. Niederrheinische Kinderlieder aus alter Zeit. In: Kalender für das Klever Land 1987 (Matenaar KKL 1987)

Meyers, Fritz, Heija, nina, Kinneke. Kinderreime aus vergangener Zeit. In: Geldrischer Heimatkalender 1961 (Meyers GHK 1961)

Neef-Winz, Agnes, Viersen 1942 und 1956 Nachlass (Neef-Winz 1942)

Norrenberg, Peter, Chronik der Stadt Dülken,Viersen 1874 (Norrenberg 1874)

Schollen, Matth., Aachener Volks- und Kinderlieder, Spiellieder und Spiele. In: Zeitschrift des Aachener Geschichtsvereins Bd. IX, Aachen 1887 (Schollen 1887)

Spee, J., Volksthümliches vom Niederrhein I, Aus Leuth im Kreise Geldern H. I und H. II, Köln 1875 (Spee 1875)

Veen, van der, Schönheiten am Niederrrhein. Rees und der Rhein von Wesel bis Emmerich und von Xanten bis Kleve. Land und Leute aus alter und neuer Zeit, Rees (van der Veen 1922)

Veldekekrink Remunj Remunj, Öpke, döpke. Sjpeelkes, versjes en leedjes in't Remunjs veur grote en klein kienjer, Roermond 1993 (Veldekekrink Remunj 1993)

Wortmann, J., Kinderspiel mit Steinchen. In: ZfVK, Jg. 7, 1910 (Wortmann ZfVK 1910)

Werner, Jakob, ibben, dibben, dab … Sammlung Kölnischer Kinderlieder und Reime, Köln 1961 (Werner 1961)

ZfVK = Zeitschrift des Vereins für rheinische und westfälische Volkskunde

Kleine Verse, Liedchen und „Vèrtällkès"

Die von Clemens Brentano und Achim von Arnim (1805/1808) herausgegebene Sammlung der Volks- und Kinderlieder in „Des Knaben Wunderhorn" wurde im 19. Jh. zum Anstoß für eine rege Sammeltätigkeit von Volksliedern, Kinderreimen, -liedern und Kinderspielen. Einen Höhepunkt dieser Tätigkeiten bildete die umfangreiche Sammlung von Franz Magnus Böhme „Deutsches Kinderlied und Kinderspiel" aus dem Jahre 1897. Im gleichen Zeitraum erschienen in allen deutschsprachigen Regionen Sammlungen mit hochdeutschen und dialektgebundenen Reimen, Liedern und Spielen, die engagierten Volkskundlern, Wissenschaftlern und Lehrern zu verdanken sind.[1] Kinderreim, Kinderlied und Kinderspiellied haben sich viele Jahrhunderte durch mündliche Tradierung von einer Kindergeneration zur nächsten fast ununterbrochen bis in die fünfziger Jahre des 20. Jh.s erhalten. Der Kinderreim stammt meist von den Kindern selbst, die sich an verschiedene Vorbilder, lokale Ereignisse, Volks- oder Kunstlieder der Erwachsenen angelehnt haben.

Der Kindervers als solcher hat keinen bestimmten Verfasser, er ist anonym wie beispielsweise auch die Märchen und Sagen. Durch die beständige mündliche Tradierung ist der Kindervers einem dauernden Veränderungsprozess unterworfen, so dass von manchen Reimen zahlreiche landschaftlich oder örtlich gebundene Varianten existieren.

Schon früh reagieren Kinder auf sprachliche Klänge. Sie haben spontane Freude an Sprach- und Wortspielereien, an komisch verdrehten Wörtern und Silben und deren Wirkung. Oft war das, was als Kinderreim bezeichnet wird, gar nicht für Kinder gedacht. „Manches, was als Volksgut gilt, ist abgesunkene Erwachsenenliteratur, unkenntlich gewordene Kunstpoesie, Sprichwort und Rätsel, Moritat und Gassenhauer, Soldaten- und Trinklied", sind „Scholaren- und Theatersongs, Flugschriften, Rufe von Straßenverkäufern und Krämern, Balladen und Volkslieder, verschollenes Brauchtum und Ritual: dies alles findet sich im Kinderreim wieder, zersungen, verballhornt, parodiert, aber auch umfunktioniert und verjüngt".[2] Viele Kinderreime, Lieder und Spiele mit gleichen oder ähnlichen Texten und Inhalten sind über ganz Europa verbreitet.

1) vgl. zur Geschichte: Wedel-Wolf 1982 2) Enzensberger 1979, 349

Literatur:
Enzensberger, Hans Magnus, Allerleirauh … 3. 1979 (Enzensberger 1979)
Wedel-Wolf, Annegret, Geschichte der Sammlungen und Erforschung des deutschsprachigen Volkskinderliedes und Volkskinderreimes im 19. Jh. Göppingen 1982 (Wedel-Wolf 1982)

Im gesamten deutschsprachigen Raum ist das folgende Liedchen in vielen Ortsdialekten und Varianten bekannt:

Nr. 188 Klee, klee Knuètèrpöttschè

Klee, klee Knue-ter-pött-sche, watt dees de enn min-ne Hoaf? Du plökks mich all di Blömm-kes aff, du mäkks ött mich jätt jroaf.

Vat-ter sall waal kii-ve, Mot-ter sall waal schloan.

Klee, klee Knue-ter-pött-sche, lott minn Blömm-kes schtoan!

Kleiner, kleiner „Knatschpitter",/Was tust du in meinem Hof?/Du pflückst mir alle Blümchen ab,/Du machst es mir etwas zu grob./Vater wird (wohl) schimpfen,/Mutter wird (wohl) schlagen./Kleiner, kleiner „Knatschpitter",/Lass meine Blümchen stehen!

Viersen, Nachlass Neef-Winz 1950; s. Kommentar Nr. 188

Nr. 189 Kleiner Schelm bist du

Klei-ner Schelm bist du, weißt du, was ich tu? Ich

steck dich in den Ha - fer - sack und bind' ihn o - ben zu!

Wenn du dann noch schreist:/„Ach, mach doch wieder auf!"/Dann bind' ich ihn noch fester zu/Und setz' mich oben drauf.

Text und Melodie 1970 in *Viersen* aufgezeichnet

Soldat, Deutscher Hausschatz, Regensburg 1875

Vermutlich ein Kindergartenlied:

Nr. 190 Mein Hintermann

Mein Hin - ter-mann, mein Vor - der-mann macht im - mer Trip -pel-

Trapp. Er trip-pelt mir, er trap-pelt mir Ga - ma -schen-knöp-fe

ab. Im - mer lang - sam vor - an, im - mer lang - sam vor-

an, daß die klei - ne Ge - sell - schaft fort - kom-men kann.

Die Kinder gingen im Gleichschritt hintereinander und hielten den Vordermann an der Schulter fest. Der 2. Teil des Liedchens „Immer langsam voran" wurde viel langsamer gesungen als der Beginn.
Er ist Fragment einer Marschparodie von 1839 auf den damaligem straffen Militärgeist, genannt die „Krähwinkler Landwehr", der zum Bestandteil eines Kindergartenliedes wurde.

Text und Melodie 1975 in *Viersen* aufgezeichnet, s. Kommentar Nr. 190

Nr. 191

Ètt woarèn enns sièvè Petronällè.	Es lebten einst sieben Petronellen.
Di jingè ann di Düürè schälle.	Die gingen an den Türen klingeln.
Doa koam ènn Vrau èruut.	Da kam eine Frau heraus.
Onn schlôôch sè vörr di Schnuut,	Und schlug sie auf die Schnauz,
Mött è Döppè Kruut*.	Mit einem Topf voll Kraut.
Noo öss datt Schtökkskè uut.	Nun ist das Stückchen aus.

* Kruut = Apfel- oder Rübensirup, mdl. *Born* 1980

Nr. 192

Hôpp, Marjännikè, Kaffekännikè,	Hopp, Mariännchen, Kaffeekännchen,
Môrrjè moss dè schtärrèvè.	Morgen musst du sterben.
Lôtt di Pöppkès danntsè	Lass die Püppchen tanzen
Opp di Buèrè Schanntsè!	Auf der Bauern Schanzen!
Onn schlââch sè vörr di Schnuut,	Und schlag sie auf die Schnauz',
Mött è Döppè Kruut.	Mit einem Topf voll Kraut.

mdl. *Neuwerk* 1980

Verse wie diese beiden lassen es zu, dass man sie weiterdichtet und neue Varianten erfindet. Man hört Assonanzen und starke Rhythmen: Die Wörter, Klänge, Silben, Reime und Rhythmen sind wie Teile eines Spiels, das immer wieder zu neuen Zusammensetzungen und Kombinationen verlockt. Die Wörter dienen keinem übergeordneten Zweck, sie bedeuten nichts, fügen sich nicht zu einem logischen Zusammenhang oder Inhalt zusammen, da sie meist unverbunden von einem Bild zum anderen springen. Sie sind allein wichtig im Hinblick auf das klanglich-rhythmische Gefüge. „Worte … sind die Spielbälle im Spiel, das von Klang und Rhythmus diktiert ist."[1] In diesen sprachlichen Spielbereichen sind Kinder zu Hause. Der Kinderreim ist, wie Ruth Lorbe sagt, „jeweils mehr oder weniger prälogisch, während das lyrische Gedicht jeweils mehr oder weniger postlogisch ist. Für das Kind ist die „prä- oder vorlogische Sprache der Rhythmen und Klänge ‚die' schöne Sprache schlechthin."[2]

Nr. 193

Doa woar enns è klee jriis Källkè,	Da war einmal ein kleines graues Kerlchen,
Datt keärèt si Kapällkè.	Das kehrte sein Kapellchen (Stübchen).

117

Du fongk ètt è jriis Köttèlkè.	Da fand es ein graues Küttelchen.
Datt laut ètt opp si Schöttèlkè,	Das legte es auf sein Schüsselchen,
Braut ètt noè dè Heärèn tou.	Brachte es zu den Herren.
Dè Heärèn noomèn ètt enn dè Mongk:	Die Herren nahmen es in den Mund:
Fich, fich, ètt woar Kottèschtrongk!	Ätsch, ätsch, Es war Katzendreck!

mdl. *Breyell, Kaldenkirchen, Lobberich, Süchteln* 1979

Der nächste Vers muss sehr langsam, gedehnt und geheimnisvoll Wort für Wort gesprochen werden. Nach jeder Zeile wird eine spannungsgeladene Pause gemacht. Diese ersten vier Zeilen leben vom „Erzähltalent" und der dazugehörigen Mimik des Vortragenden:

Wetterfahne, Kempen

Nr. 194

Ött woar ènns ennèn Buèr.	Es war einmal ein Bauer.
Onn deä Buèr haar ennèn Üll.	Der hatte eine Eule,
Onn deä Üll keek dänn Buèr aan.	Und die Eule sah den Bauer an.
Onn deä Buèr keek dänn Üll aan.	Und der Bauer sah die Eule an.
Onn du jeng datt Schtökkskè	Und da begann die Geschichte
Fonn vüèrè aan:	Wieder von vorne:
Ött woar ènns ennèn Buèr…	Es war einmal ein Bauer …

mdl. *Kaldenkirchen* 1982, vgl. Böhme 1897, 240, Nr. 1207 in Hochdeutsch, s. Kommentar Nr. 194

Nr. 195

Ött woar ènns è Männkè,	Es war einmal ein Männchen,
Datt kroèp inn è Kännkè,	Das kroch in ein Kännchen,
Dann kroèp ètt wärr druut,	Dann kroch es wieder heraus,
On noo öss datt Vèrtällkè uut.	Und nun ist die kleine Geschichte aus.

mdl. *Kaldenkirchen, Leuth* 1979, für *Lobberich* und *Hinsbeck* ebenfalls notiert in: Brücker/Cremer/Lennarz u.a. 1910, 358, s. Kommentar Nr. 195

Wetterfahne, Dülken-Schirick

Nr. 196

Ött woarèn ènns sièvè Jèsällè.	Es waren einmal sieben Gesellen.
Di dienè ann allè Düürè schällè.	Die schellten an den Türen.
Doa koam è Värrkè	Da kam ein Schwein
Mött ènn langè Schnuut.	Mit einer langen Schnauze.
Doa woar datt Schtökkskè uut.	Da war das Stückchen aus.

mdl. *Waldniel, Traar* 1980

Nr. 197

Do woer ene Jong,	Es war einmal ein Junge,
Dä hei en Bomm,	Der hatte ein Gewehr,
Dä hei en Böss,	Der hatte eine Büchse,
Schoot sevenhondert Föss'.	Schoss siebenhundert Füchse.
Die Föss' ging hä verkope.	Die Füchse verkaufte er.
Fär dat Geld kog hän e Perd,	Für das Geld kaufte er ein Pferd,
Dat Perd woèr geen drei Blanke wert.	Das Pferd war keine drei blanke (Taler) wert.
Di Böss, di reet,	Die Büchse riss (schoss),
Dat Perd, dat schmeet,	Das Pferd das warf (ihn ab),
Die Fonke floge,	Die Funken flogen,
Die Mösse stove.	Die Spatzen stoben (auseinander).
Et es geschidd,	Es ist geschehen
In den alden Tied.	In der alten Zeit.

Umgebung von *Straelen*, Brücker / Cremer / Lennarz u. a. 1910, 358

Wetterfahne, Viersen-Süchteln

Nr. 198

Ek sal dech wat vertälle	Ich will dir was erzählen
Van di dri Mamselle.	Von den drei Mamsellen.
Du moß mech nit ütlache,	Du darfst mich nicht auslachen,
Söns dun ek dech de Nöös afhappe.	Sonst beiße ich dir die Nase ab.

Geldern und Umgebung, Samans UH. 20. Jg., Nr. 7, 1932, unpag.

Nr. 199

Ech mott öch jätt vèrtällè	Ich muss euch was erzählen
Vann ôôè Tuutèbällè.	Von der alten Bella Tute.
Mi Mottèr jeff mich Schällè,	Meine Mutter gibt mir Schalen,

Di Schällè jeff ech dè Jeet,	Die Schalen geb' ich der Ziege,
Di Jeet jeff mech Mellk,	Die Ziege gibt mir Milch,
Di Mellk jeff ech dämm Bäkkèr,	Die Milch geb' ich dem Bäcker,
Dèr Bäkkèr jefft mech ennè Schtuut,	Der Bäcker gibt mir ein kleines Weißbrot,
Dè Schtuut jeff ech dè Bruut,	Das Weißbrötchen geb' ich der Braut,
Di Bruut, di jefft mech Jälld,	Die Braut gibt mir Geld,
Doa rees ech mött dôrr dè jônntsè Wällt.	Damit reis' ich durch die ganze Welt.

Breyell, Sieben 1988, 111, ähnlich *Viersen* mdl. 1978

Nr. 200

Deä Dekkè onn dänn Dönnè,	Der Dicke und der Dünne,
Di jengè tèsaamè schpönnè.	Die gingen zusammen spinnen.
Deä Dönnè veel di Trapp èropp,	Der Dünne fiel die Trepp' herauf,
Deä Dekkè hätt sich kapott jèlôôch.	Der Dicke hat sich totgelacht.

mdl. *Breyell, Brüggen* 1980, in *Neuwerk* 1981 lautet die letzte Zeile: Deä Dönnè heel sich am Schpönnè, vgl. *Köln:* Werner 1961, 2, s. Kommentar Nr. 200

Nr. 201

Derrèk fann Neel,	Heinrich von Neel (Waldniel),
Lièn mech dinnè fättè Preell.	Leih mir deinen fetten Pfriem.
Hoal Sôôt,	Hol Salz,
Hoal Schmôôt,	Hol Schmalz,
Wo ömm di fättè Bonnè mött sôôt.	Womit man die dicken Bohnen salzt.

Leuth, Spee 1875, H. 1, 15, k.

Nr. 202

Dô sôôt è Wiffkèn enn datt Jaat.	Da saß ein Fräuchen in der Tür.
Datt foorèt di Kükkskès also saat.	Es fütterte die Küken satt.
Flimmp, Flômmp,	Flimp, flomp,
Eerèndômmp,	Erendomp,
Dô sall Kukkukk fleejè joan.	Da soll der Kuckuck wegfliegen.

Leuth, Spee 1875, H. 1, 15, i

Nr. 203

Deä Düüvèl woll è Müèrkè schrôppè,	Der Teufel wollte ein Möhrchen schrappen,

Woos nett, wi ött Mätts tè pôkkè. Wusste nicht, wie er das Messer
packen sollte.

Heä schnièt sich inn dänn Dumm, Er schnitt sich in den Daumen,
Datt joof ènn dekkè, fättè Prumm. Das gab eine dicke, fette
Pflaume (Schwellung).

Viersen und Umgebung, Norrenberg 1874, 120, Nr. 17, vgl. Peltzer 1960, 118, vgl. für *Moers:* Krach 1924, 75,
Nr. 1

Nr. 204

Ongèn enn't Dörrp onn boavèn Unten im Dorf und oben
enn't Dörrp, im Dorf,
Doa jônnt di Buurè opp Klommpè. Da gehen die Bauern auf
Holzschuhen.

Ongèn enn' t Dörrp onn boavèn Unten im Dorf und oben
enn't Dörrp, im Dorf,
Doa lôttè sè sich nett lommpè. Da lassen sie sich nicht
lumpen.

mdl. *Breyell* 1981, Norrenberg 1874, 120, Nr. 15, vgl. Peltzer 1960, 118

Nr. 205

Enn dè Middè fônn dè Weäk, Mitten in der Woche,
Dann bakkè werr di Kookèn. Dann backen wir die Kuchen.
Deä Môôn, deä schmièrt Der Mann schmiert die Butter
di Bottèr to dikk, zu dick,
Di Frau fängk ann to flookèn. Die Frau fängt an zu fluchen.

Viersen und Umgebung, Norrenberg 1874, 120, Nr. 13, vgl. RWB I, 369

Die Schmiede waren früher so arm, wie das folgende Schmiedeliedchen es
beschreibt. Dieser Vierzeiler, der Refrain des Dülkener Schmiedeliedes, wird
in anderen Quellen auch als eigenständiges „Kinderliedchen" bezeichnet, das
nicht nur in *Dülken* gesungen wurde:

Nr. 206 Schmett, Schmett, ärm Daier

soll harrt schloen, darf   nait   vüer Vönngks-kes   loo - pe   joen.

Schmied, … armes Geschöpf, / Muss aufstehn um halb vier. / Steht fest, soll hart schlagen, / Darf vor Fünkchen nicht laufen gehn.

mdl. *Dülken,* s. Kommentar Nr. 206

Wetterfahne, Wankum

Nr. 207

Düürè, lüürè, Lisskè,	Düüre, lüüre, Lieschen,
Minnè Fattèr sett inn't Kisskè.	Mein Vater sitzt im Gefängnis.
Jeet minn Moddèr Kirrkè,	Wenn meine Mutter zur Kirche geht,
Bruukè wörr nett tè wirrèkè.	Brauchen wir nicht zu arbeiten.

mdl. *Viersen* 1979

Nr. 208

Düürè, düürè, Lisskè,	Düüre, düüre, Lieschen,
Minn Vaadèr sett opp ètt Hüsskè*.	Mein Vater sitzt auf dem „Häuschen".
Moddèr sett doaneävè,	Mutter sitzt daneben,
Well mech kennè Pänning jeävè.	Will mir keinen Pfennig geben.

* das im Freien stehende Plumpsklo, mdl. *Dülken* 1979, s. Kommentar Nr. 208

Wenn an einem bestimmten Tag in der Woche die Straßenmusikanten kamen, insbesondere der „Orgelsmann", dann sangen die Kinder:

Nr. 209 *Tüürèla, tüürèla, Orjèlsmann*

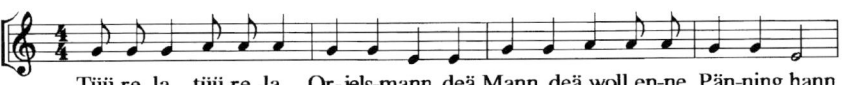

Tüü-re -la, tüü-re -la, Or-jels-mann, deä Mann, deä woll en-ne Pän-ning hann.

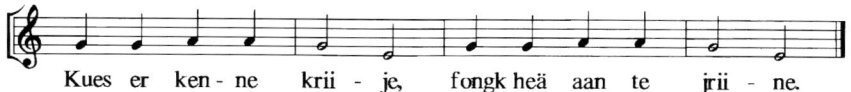

Kues er ken - ne krii - je, fongk heä aan te jrii - ne.

Türela, türela, Orgelmann, / Der Mann wollte einen Pfennig haben. / Konnte er keinen bekommen, / Fing er an zu weinen.

mdl. *Viersen, Süchteln, Neuwerk,* Born, Breyell 1980, vgl. Eskuche 1897, 65, Nr. 185

Die Straßenmusikanten durften nur an bestimmten Tagen in einer bestimmten Stadt auftreten. Sie mussten sich zuvor bei der Stadtverwaltung für ein geringes Entgelt einen Erlaubnisschein einholen. „Um 1948 spielte in *Boisheim* und Umgebung regelmäßig ein älterer Straßenmusikant bekannte Volkslieder auf der Klarinette. Ich erinnere mich gut daran, dass er eine Brille mit runden, auffallend dicken Gläsern trug. Zu seinem Repertoire zählten Lieder wie ‚Ich weiß nicht, was soll es bedeuten‘, ‚Freut euch des Lebens‘, ‚Am Brunnen vor dem Tore‘, ‚Lobt froh den Herren‘ u. a. Die Hausfrauen öffneten die Fenster, lauschten und warfen nach dem Spiel Geldmünzen in die aufgehaltene Mütze des sympathischen Spielers. Auf der Kirchentreppe gegenüber einer Metzgerei (heute ‚An St. Peter‘) wartete er häufig auf mich. Ich war damals etwa fünf Jahre alt und konnte schon leidlich auf der Blockflöte spielen. (Ein junges Mädchen, eine Wirtstochter aus der unmittelbaren Nachbarschaft, hatte es mir ein Jahr zuvor geduldig beigebracht.) Die erste Stimme von mir bekannten Liedern konnte ich auswendig spielen. Der wendige Musikant improvisierte geschickt eine zweite Stimme dazu. Er hatte ein ausgeprägtes Talent für den natürlichen Wechsel zwischen Terz- und Sextparallelität. Sensibel hielt er sich zurück, so dass man sehr wohl die Stimmführung der etwas leiseren Blockflöte hören konnte. Daran hatten die Metzgersleute so großen Gefallen, dass sie uns beide ins Geschäft hineinriefen, um uns mit einer Scheibe Wurst zu belohnen. Der Straßenmusikant, dessen Name ich nie gekannt habe, erhielt jedes Mal zusätzlich eine Tüte mit Wurstzipfeln.“

mdl. *Boisheim* 2003

Nr. 210

Ek weet wat, ek weet wat,	Ich weiß was, ich weiß was,
Achter enne Steen doar leet wat.	Hinter einem Stein, da liegt was.
Wat dan, wat dan?	Was denn, was denn?
En schenkewägge Botteram.	Ein Schinkenweißbrot-Butterbrot.

Vördese, Samans UH. 20. Jg., Nr. 7, 1932, unpag.

Nr. 211

Annèmarii hätt Küèl jèschtoalè

Enn Pèsstuèr sinnè Jaard.
Pèsstuèr woll noè Döllkè joan

Onn Annèmarii vèrklaarè.
Annèmarii, datt woèrd noo bang
Onn kroèp enn dè Kaffekann.
Di Kann, di jeng kapott
Onn Annèmarii feel opp di Fott.

Annemarie hat Grünkohl gestohlen
In Pastors Garten.
Pastor wollt nach Dülken gehen
Und Annemarie verklagen.
Annemarie bekam nun Angst
Und kroch in die Kaffeekann'.
Die Kanne ging entzwei
Und Annemarie fiel aufs Hinterteil.

mdl. *Viersen, Süchteln, Breyell* 1980, s. Kommentar Nr. 211

Nr. 212

Ich ging mit meinem Papa
Am Rheine Tata.*
Da wollt er mich versaufen.
Da ging ich laufen.
Da kam ein Herr gegangen.
Da sprang ich in den Rhein
Da brach ich mir ein Bein.

* kindlich: spazieren, mdl. *Viersen* 1975, *Grefrath* 1995

Wetterfahne, Viersen-Dülken

Nr. 213

Di Pongèls Liis fònn Oakè,
Di soat ann't Füèr onn schleep.
Verbrännèt sich
Dè Plümm fònn dè Möttsch.
Dèr Däukèr, watt sè leep!

Die lumpige Liese aus Aachen,
Die saß am Feuer und schlief.
Verbrannte sich
Die Quaste von der Mütze.
Zum Teufel, wie sie lief!

mdl. *Viersen* 1978, s. Kommentar Nr. 213

Nr. 214

Josef ist der beste Mann.
Er hat die schönsten Kleider an.
Vater tot, Mutter tot,
Gib du mir ein Butterbrot.
Butterbrot, das mag ich nicht,
Zuckerplätzkès kriegst du nicht.

Viersen, Norrenberg 1875, 105, Nr. 24

Deutscher Hausschatz, Regensburg 1875

Nr. 215

Maria floh wohl um das Haus
Und meint, sie wär verborgen.
Da kam ein schönes Fräulein an
Und sagte: „Guten Morgen!"

Krefeld, Nolden 1912, 83

Deutscher
Hausschatz,
Regensburg 1875

Nr. 216

Jrettschèn opp datt Höischôpp
Schpeelèt mött dè Jeesèldôpp.
Jrettschè songk, Jrettschè schprongk,

Jrettschè jeng datt Sellkèn embrôngk.

Gretchen auf dem Heuschober
Spielte mit dem Kreisel.
Gretchen sang, Gretchen
sprang,
Gretchen ging der Unterrock
in Brand.

Lobberich, Spee 1875, H. 2, 13, XVI

Nr. 217

Hanneke, Hanneke, Toverhex,

Wat hat gey gêr?
En Költje Vür.
Eck häb gen Vür.
Dann stêk eck ou Hüsken in Brand.

An welke Kant?
Wo et Kindje in de Wig lêt

On et Kisske met Geld steht.

Hannchen, Hannchen,
Zauberhex',
Was hättest du gern?
Ein (Stückchen) Feuer.
Ich habe kein Feuer.
Dann steck ich dein Häuschen
in Brand.
An welcher Seite?
Wo das Kindchen in der Wiege
liegt
Und das Kistchen mit Geld
steht.

Geldern und Umgebung, Spee 1875, H. 2, 18, Nr. XXIX

Nr. 218

Wänn wèrr enns jèhiiroat sennd,

Da sättè mèrr oss enn di Vuèrèlskau

Onn kiikè dè Dreät eruut.

Dann sättè mèrr oss opp dè Schtäkk

Wenn wir einmal verheiratet
sind,
Dann setzen wir uns in den
Vogelkäfig
Und schauen durch die
Drahtstäbe.
Dann setzen wir uns auf das
Stöckchen

125

Onn eätè ann dè Wäkk.	Und essen vom Weißbrot.
Onn wänn dè Lüüt och saarè:	Und wenn die Leute auch sagen:
„Di Twiè, di sennd jäkk!"	„Die beiden sind verrückt!"

Mönchengladbach, Gierlichs RGB 1902, 352, hier als „Wiegenlied" aufgezeichnet, vgl. *Köln:* „Verzällcher", Werner 1961, 34

Nr. 219

Rôppè, rôppè, rengkès,	Roppe, roppe, rengkes,
Doè soètèn è paar ärrm Kengkès.	Da saßen ein paar arme Kinder.
Jäff sè jätt ôff lôtt sè schtoèn,	Gib ihnen was oder lass sie stehn,
Dè hemmlschè Port woèrd oèpè jèdoèn.	Die Himmelspforte wurde aufgemacht.
Du koom Josef uut di Schuèl,	Da kam Josef aus der Schule,
Koèkèt Maria	Er kochte Maria
'Nènn Appèlsprengk.	Eine Apfel-Buttermilchsuppe.
Doè soètèn all di Ängèlkès beei:	Alle Engelchen saßen dabei:
Kleen onn jroß, nackt onn bloß,	Klein und groß, nackt und bloß,
Jesus opp Maria Schooß.	Jesus auf Marias Schoß.

Viersen und Umgebung, Norrenberg 1874, 119, Nr. 1, vgl. *Köln,* Werner 1961, 62, vgl. Siemes/Philips 1995, 56 f, s. Kommentar Nr. 219

Wetterfahne, ev. Kirche, Viersen

Nr. 220 Klippèr, klappèr Ringèlkè

Klip-per, klap-per Rin-gel-ke, doe schtonnt twie är-me Ken-ger-kes.
Jeff se jätt onn lott se joan. Datt hemm-li-sche Pöört-sche ess
opp-je-doen. Als Je-sus aus der Schu-le kam, da kocht Ma-ri-a
Ha-fer-brei, da sa-ßen all die En-gel bei, klei-ne und gro-ße,
nack-te und blo-ße, al-le auf Ma-ri-a ih-rem Scho-ße.

Klipper, klapper Ringelchen, / Da stehen zwei arme Kinderchen. / Gib ihnen etwas und lass sie gehen. / Das himmlische Törchen ist aufgetan. / Als Jesus aus der Schule kam, / Da kocht Maria Haferbrei, / Da saßen all die Engel bei, / Kleine und große, nackte und bloße, / Alle auf Maria ihrem Schoße.

1997 in *Boisheim* aufgezeichnet; vgl. *Köln,* Becker 1920, 33: Becker führt es unter den „Reigen- und Tanzliedchen" auf. S. Kommentar Nr. 220

Wetterfahne, Kempen, St. Hubert

Nr. 221

Opp sangk Selligstér Bärch*,	Auf Sankt Seligster Berg,
Doè schinnt di Sonn suè ärch,	Da scheint die Sonne sehr,
Do schteet è jölldè Schtöölkè.	Da steht ein goldenes Stühlchen.
Wä sett dropp?	Wer sitzt darauf?
Jott Hellichmann,	Der heil'ge Gott,
Waart opp Jesus.	Er wartet auf Jesus.
Als Jesus ut di Schöll koèm,	Als Jesus aus der Schule kam,
Doè bakkt Maria Wäggèbrai.	Da backte (bereitete) Maria Milchsuppe.
Doè koème all dè Ängèlè herbei,	Da kamen alle Engelchen herbei,
Kleen onn jruèt, allt onn bluèt,	Klein und groß, alt und bloß,
Alle in Marias Schuèt.	Alle auf Marias Schoß.
Enn Marias „Gatè",	In Marias Garten,
Da wôôssè jolldè Blaarè,	Da wachsen goldne Blätter,
Sè wôôssè, datt sè blöddè;	Sie wachsen, bis sie blühen;
Jott bèhööt di Köuh,	Gott beschütze die Kühe,
Jott behööt de Akkèrsmann,	Gott beschütze den Bauern,
We datt Pärrdschè trappè kann.	Damit das Pferdchen traben kann.

* Berg in *Aachen, Mönchengladbach,* RWB V, 863, vgl. *Aachen:* Schollen 1887, 185, Nr. 30, s. Kommentar Nr. 221

Wetterfahne, Viersen

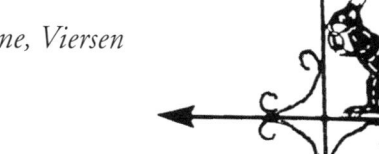

Nr. 222

Kling, klang, Gloria,
Maria kam die Trepp herab
Und hat 'nen roten Rock an.
Da hingen siebzig Glocken dran.
Die Glocken fingen an zu klingen.
Maria fing an zu singen:
Mutter, Mutter, ein Butterbrot!
Ein großes, großes Stück,
Leg's nur auf die Lade hin,
Bis ich aus der Schule bin.
Mutter, wo ist mein Butterbrot gewesen?
Das hat die Katz gefressen.
Hau der Katz' den Schwanz ab.
Hau ihn nicht zu lang ab,
Lass ein kleines Stückchen dran,
Dass die kleine Emma drauf tanzen kann.

Wetterfahne,
Kempen, St. Hubert

Umgebung von *Viersen* und *Geldern,* Norrenberg 1875, 105, Nr. 18, vgl. *Köln:* Werner 1961, 66, hier unter „Tanz und Reigen" aufgeführt, s. Kommentar Nr. 222

Nr. 223

Op Petersbur sin Paeche,
Dor läj enne Mann on schliep.
Ek schlug öm vörrr sin Gaeche,

Dat hän Höllep riep.

Im Wäldchen von Bauer Peters,
Da lag ein Mann und schlief.
Ich schlug ihn auf sein
Hinterteil,
Dass er um Hilfe rief.

Schravelen, Gerrits Th. UH. 1928, 16. Jg., Nr. 8, unpag., s. Kommentar Nr. 223

Nr. 224

Twee blaue Düvkes,
Die satten op den Krütthoff.
Den Krütthoff den krakde.
Dat Männeke, wat dor wakde,
Dat Männeke, dat die Tromm al schlug,

Dat Männeke, dat die Fohn al drug,

Den Mölder met den Appelekölder.

Zwei blaue Täubchen,
Die saßen auf dem „Krütthoff".
Der „Krütthoff", der krachte.
Das Männchen, das dort wachte,
Das Männchen, das die
Trommel schlug,
Das Männchen, das die Fahne
trug,
Der Müller mit dem
„Appelekölder".

Kleve, Matenaar KKL 1987, 193 (aus dem Nachlass), Interpunktion wurde nicht verändert, so belassen wie in KKL 1987

Den folgenden Versen liegt wahrscheinlich eine Ballade zugrunde, die ursprünglich von Erwachsenen vorgetragen und in der Folge von Kindern verkürzt und „zersungen" wurde.

Nr. 225

Hans Pitterken	Hans Peterchen
Liet sinn Perdschen beschlohn	Ließ sein Pferdchen beschlagen,
Liet et den hogen Berg opgohn,	Ließ es den hohen Berg hinauftraben,
Den hogen Berg, den diepen Dahl,	Den hohen Berg, das tiefe Tal,
Sterwt hei dann, dann es hei dood,	Stirbt er dann, dann ist er tot,
Begrawen öm onder Rosen roth.	Begräbt man ihn unter Rosen rot.
Wann de Rosen fallen,	Wenn die Rosen verblühen,
Sengen de Nachtegallen,	Singen die Nachtigallen.
Wann de Nachtegallen sengen,	Wenn die Nachtigallen singen,
Sall Hans Pitterken et Graw,	Soll H. P. ins Grab hinein
renn spreng'n.	springen.

Moers, Firmenich I, 397, s. Kommentar Nr. 225

Nr. 226

En Hüsken met Kender,	Ein Häuschen mit Kindern,
En Höfken met Render,	Ein Höfchen mit Rindern,
'N Ställeken met Perd,	Ein Ställchen mit Pferden,
De Mann hitt Görd,	Der Mann heißt Gerd,
Die Frau hitt Drütschen,	Die Frau heißt Gertrud,
Backt en Eierstüttschen.	Sie backt ein Eierstütchen.

Moers, Firmenich I, 397

Nr. 227

All achter Plockers Pääreboom,	Hinter dem Birnbaum von Plockers (Name),
Door läje drij Saldoote.	Da lagen drei Soldaten.
Den änne keek den andere aan,	Der eine sah den anderen an.
Sej kosse et Lache nitt loote.	Sie konnten das Lachen nicht lassen.

Schravelen, Gerrits 1932, UH., 20. Jg., Nr. 9, 1932, unpag.

Nr. 228

Jan, minne Man,	Hans, mein Mann,
Woll Kersen plukken,	Wollt' Kirschen pflücken,

129

Fiel uit den Boom aan duisend Stukken.	Fiel aus dem Baum in tausend Stücken.
Jan, minne Man, was hast wer klaar,	Hans, mein Mann, war schnell wieder klar,
Toen trok hij zinn Wijf bij 't Haar.	Dann zog er seine Frau an den Haaren.

Elten, Lochner von Hüttenbach 1906, 222

Nr. 229

Jan, minne Mann, was Tamboer,	Jan, mein Mann war Tambour (Trommler),
Ik was Tamboers Wijf.	Ich war des Tambours Frau.
Toen Jan, minne Mann,	Wenn Jan, mein Mann,
De Trommel sloeg,	Die Trommel schlug,
Kloppte minn het Hart in het Liyf.	Klopfte mir das Herz im Leib.

Elten, Lochner von Hüttenbach 1906, 222

Nr. 230

Luistervink sat op de Klink,	Der Lauscher saß auf der Klinke,
Had een Fleske,	Er hatte ein Fläschchen,
Waaruit hij drinkt.	Woraus er trinkt.
Is er dan niets in,	Ist nichts darin,
Dan wille wij wat haale,	Dann wollen wir etwas holen,
Jan van Spaij zal alles betaale.	Jan von Spanien soll alles bezahlen.

Elten, Lochner von Hüttenbach 1906, 223

Die Gestalt des „Jan van Spanien" kommt auch in anderen Kinderversen vor, wie z. B. aus *Düffelward* (Kreis Kleve):
„Jan van Spanien, de schwatte Mann (der schwarze Mann), de spölden (spielte) all op sin Wagerad; / Dat Wagerad, dat krakte; / Dat Männeke, dat enwakte!"

RWB VIII, 249; aus *Straelen:* Achter usem Huse, / Doe steht en Känneken met Win gestott (umgestoßen). / We sall dat dann betahle? Jan van Sp., hät de Bückse vull Oranien!, RWB VIII, 249

Eine Kinderfrau aus *Rees* erzählte die nachfolgende Variante den Kindern einer *Krefelder* Familie vor dem Einschlafen. Interessant ist, wie diese Version den Weg vom nördlichen zum südlichen Niederrhein nach *Krefeld* „gewandert" ist und dort aufgeschrieben wurde. Solche „Wanderungen" hat es häufiger gegeben.

Wansleben 1924, 97

Nr. 231

Hingkèlèpingk	Hinkelepink
Soat opp dè Klingk.	Saß auf der Klinke.
„Jäff mich di Kann,	„Gib mir die Kanne,
Datt ech ènns dringk.	Damit ich mal trinken kann.
Ess do nikks inn,	Wenn nichts darin ist,
Dann laat sè haalè.	Dann lass eine holen.
Jan fann Schpannjè sallt betaalè!"	Jan von Spanien soll es bezahlen."

Krefeld, Wansleben 1924, 97

Nr. 232

Schniddèrwipp, Schniddèrwapp,	Schneiderwipp, Schneider-wapp,
Wi schmäkk' di Papp	Wie schmeckt der (Milch-)Brei
Fann Weetènmääl, fann Bokkèrtsmääl?	Aus Weizenmehl, aus Buchweizenmehl?
Deä Môôn woèr scheäl,	Der Mann schielte,
Di Frau woèr blengk,	Die Frau war blind,
Di Maad, di drooch datt hölltèrè Kengk	Die Magd trug das hölzerne Kind
Wool opp datt düüstèr Kämmèrkèn.	Auf das dunkle Kämmerchen.
Doè schloorèn si sich mött Hämmèlkèn,	Da schlugen sie sich mit Hämmerchen,
Dänn eenèn feel di Trapp hèraff,	Der eine fiel die Treppe herab,
Dä angèrè krièch 'nèn Bôttsèschlach.	Der andere bekam einen Batzenschlag.

Viersen und Umgebung, Norrenberg 1874, 120, Nr.11, vgl. *Düsseldorf,* Firmenich I, 432, vgl. in den Niederlanden ähnliche vier Zeilen bei de Cock / Teirlinck. VIII, 69: „Schelewip, schelewap! / Van wa' maakte gij de pap? / Van bloem en meel! / Daarvan ziede gij zoo scheel!"

Nr. 233

Buèr, Buèr, lôtt minn Lellejè schtoèn,	Bauer, Bauer, lass meine Lilien stehen,
Di Hemmèlsdüèr wörrd oèpè jèdoèn,	Die Himmelstür wird aufgemacht,
Kömmt Maria Muèdèr	Da kommt die Mutter Maria
Mött sinnè jolldè Bruèdèr.	Mit ihrem goldenen Bruder.
Hätt è Schtökkskè enn di Hand,	Hat ein Stöckchen in der Hand,
Treibt die Wolken durch das Land.	Treibt die Wolken durch das Land.

Lauf, lauf, Wolken,
Maria hat gemolken
Sieben Hipp und eine Kuh.
Die machen oss Pettèrkè die Türe zu.

Lauft, lauft, Wolken,
Maria hat gemolken
Sieben Ziegen und eine Kuh.
Die machen unserm Peterchen
die Türe zu.

Dülken, Fiedler 1875, 103

Abzählvers aus *Viersen, Dülken, Süchteln:*

Abzählvers aus *Winnekendonk:*

Nr. 234
Finchen, Finchen, Zuckerfinchen,
Fahr überall,
Fahr über Gottes Haus,
Da kommen die schönsten
Puppen heraus.
Wie sollen sie heißen?
Viecke, Vacke, Veiße.
Müllers Esel,
Der bist du.
Landsmanns Kuh.
Landsmanns Esel,
Das bist du.

Nr. 235
Itge, Fitge, Weise,
Wir fahren über Reise.
Wir fahren über Gotteshaus.
Da kömmt die schöne Puppe
heraus.
Wie soll sie heißen?
Itge, itge, Weise.
Wer soll die Binde waschen?
Ich oder du?

Nr. 234: Norrenberg 1874, 110, die letzte Zeile gehört zu dem Abzählvers: „Ich und du, / Müllers Kuh, / Müllers Esel. Das bist du.", Nr. 235: *Winnekendonk,* Schumacher UH. 26. Jg., Nr. 3, 1938

Nr. 236
Trômm, trômm, trisèlkè,
Wi rôppèlt dech dämm Bukk?
Datt deet di kalldè Bottèrmellk

Onn dè wärrmè Kukk.

Twièmôll Bottèrmellk,
Eemôll Wôôrsch.
Allwä datt Beer emm Källèr hatt,
Dä leit ook jeenèn Dôôrsch.

Tromm, tromm, triselke,
Was rappelt in deinem Bauch?
Das kommt von der kalten
Buttermilch
Und von dem warmen (Eier-)
Kuchen.

Zweimal Buttermilch,
Einmal Wurst.
Und wer das Bier im Keller hat,
Der leidet auch keinen Durst.

Grefrath, Spee 1875, H. 2, 10, Nr. IX, s. Kommentar Nr. 236

Nr. 237
Dè Kölln opp dènn Alldèmaart,
Dô sett ènn Frou mött Druvvè.

Zu Köln auf dem Alten Markt,
Da saß eine Frau mit Trauben.

Di Frou, di deet datt Tösskèn opp,	Die Frau machte das Döschen auf,
Säggt Heär, wellt örr enns schnuvvè?	Sagt, Herr, wollt ihr mal (Tabak) schnupfen?

Nr. 238

Enn Döllkè opp denn auè Maart,	In Dülken auf dem Alten Markt,
Doa soat enn Vrau mett Druuvèn.	Da saß eine Frau mit Trauben.
Doa mäkkt di Vrau di Duès opp	Da öffnet die Frau die Dose
Onn löät (leet) oss enns schnuèvèn.	Und ließ uns mal schnupfen.

Dülken, Norrenberg 1875, 107, Nr. 8

Früher hatten viele Bauern Traubenstöcke *("Druvvèwängèl")* an der Hauswand oder im Innenhof. Die großen Traubenblätter befeuchteten sie und schlugen die Butter darin ein, damit diese länger frisch blieb, wenn sie verkauft wurde.

Das folgende Verschen aus *Viersen* und *Mönchengladbach,* das mit „Vermächtnis" überschrieben werden könnte, muss entsprechend theatralisch vorgetragen werden:

Nr. 239

Du leef Annèmarii,	Du liebe Annemarie,
Ech mott noo bald schtärrèvè.	Ich muss nun bald sterben.
Onn datt *sallstè ärrèvè:*	Und *das* sollst du erben:
Ann mi Bätt, doè öss è Hootschaap.	An meinem Bett ist ein hölzernes Bord.
Inn datt Hootschaap öss è Kääskè.	Auf dem Holzbord ist ein Kästchen.
Inn datt Kääskè öss ènn Schachtèl.	In dem Kästchen ist eine Schachtel.
Inn di Schachtèl öss è Dösskè.	In der Schachtel ist ein Döschen.
Inn datt Dösskè öss è Paperrkè.	In dem Döschen ist ein Papierchen.
Inn datt Paperrkè öss ennè Pänning drenn.	In dem Papierchen ist ein Pfennig.
Du leef Annèmarii,	Du liebe Annemarie,
Ech mott noo balld schtärrèvè:	Ich muss nun bald sterben:
Datt sallstè ärrèvè!	*Das* sollst du erben!

mdl. *Viersen, Mönchengladbach* 1978, s. Kommentar Nr. 239

Nr. 240

Annè Marii hätt Klommpèn aan,
Jeet dèrmöt nô dè Iisèrbaan.
Annè Marii, di schpellt dämm Baß,
Datt dè Tällèrè rabbèlèn enn dè Kaas.

Annemarie hat Holzschuh' an,
Geht damit zur Eisenbahn.
Annemarie, die spielt den Bass,
Dass die Teller rappeln im Schrank.

Annè Marii hätt allès fèrrklôppt,
Dè Bättschtäll onn dè Kaamèrpôtt.

Annemarie hat alles verkauft,
Das Bettgestell und den Nachttopf.

Krefeld, Röttsches, Die Heimat, Jg. 1, 1922, 85

Nr. 241 Auf dem Berge Sinai

Auf dem Ber-ge Si-na-i, da wohnt der Schnei-der Ki-kri-ki.

Sei-ne Frau, die Gre-te, saß auf dem Bal-kon und näh-te.

Fiel her-ab, fiel her-ab, und das lin-ke Bein brach ab.

Kam der Dok-tor an-ge-rannt mit der Na-del in der Hand.

Näht das Bein-chen wie-der an, daß sie wie-der lau-fen kann.

Text und Melodie 1994 in *Viersen* aufgezeichnet, weit verbreitet, s. Kommentar Nr. 241

Nr. 242

Ètt Oavès enn dè Maandèschiin,
Dô jong è Mättschèn, datt holldè Wiin,

Des Abends im Mondenschein,
Da ging ein Mädchen, das holte Wein,

Hooèch opp dè Klommpè.
Dänn Huusmann waar ferdrongkè.

Hoch auf Holzschuhen.
Der Hausmann war ertrunken (betrunken?).

Bässtèmoodèrsch Jrettschè woos ètt neit.

Großmutters Gretchen wusste es nicht.

Jeng wal nô dè Kööstèr.	Sie ging wohl zum Küster.
Kööstèr joaf èr nè rooè Rokk	Der Küster gab ihr einen roten Rock
Mött ènn paar jäälè Schtriipèn dropp,	Mit ein paar gelben Streifen drauf,
Roosèmarii, Tullpètii, Tsukkèr,	Rosmarin, Tulpen, Zucker,
Kaneèl onn Branndèwiin.	Zimt und Branntwein.

Krefeld, Röttsches 1875, 56, Nr. 27

Nr. 243

Hännskè soèt imm Schoèrèschteen	Hänschen saß im Schornstein
Onn wikkstè sich dè Schoon.	Und putzte sich die Schuh.
Doa koèm è alld Müsskè	Da kam ein altes Mäuschen
Onn satt sich dèrtou.	Und setzte sich dazu.
Hännskè noèm dè Bässèmschtell	Hänschen nahm den Besenstiel
Onn schlooch dämm Müsskè völltovöll.	Und schlug das Mäuschen viel zu viel.
Völltèvöll es onnjèsongk,	Viel zu viel ist ungesund,
Hännskè ess ennè Schwainhongk.	Hänschen ist ein Schweinehund.

Mönchengladbach, Gierlichs RGB 1901/02, 89, die unterschiedliche Schreibweise „völltovöll" und „völltèvöll" ist original. Gesungen wurde das Liedchen vermutlich zur Melodie „Fuchs, du hast die Gans gestohlen", s. Kommentar Nr. 243

Die folgende Variante behandelt ein ganz anderes Thema:

Nr. 244

Jänsche soht en de Schornstäjn	Hänschen saß im Schornstein
On miek segg de Schuhn.	Und flickte (machte) sich die Schuh.
Do kohm noh öhm en De'rn heren,	Da kam ein Mädchen zu ihm herein,
Nätt, pront on van Fazuhn.	Nett, gepflegt und ansehnlich.
Jänschen säht: „Wenn dou freje wes,	Hänschen sagt: „Wenn du freien willst,
Dan frej ke'nnen as megg!	Dann freie niemand andern als mich!
Ek höbb ännen blanken Daaler,	Ich habe einen glänzenden Taler,
Dän we'll egg gäwen degg!"	Den will ich dir geben!"
Jänsche, nähm se niet!	Hänschen nimm sie nicht!
Jänsche, duhn et niet!	Hänschen tu es nicht!
Se hät jo ännen schäjwe Fuht!	Sie hat nämlich einen (schiefen) lahmen Fuß!

135

„Et düht öhr neks, et düht öhr neks,	„Es macht (tut) ihr nichts, es macht ihr nichts,
Et wärd alldag mehr gut!"	Es wird täglich besser!"

Moers, Krach 1924, 81, Nr. 23, vgl. *Köln* Z. 1–8 inhaltl. ähnlich, Z. 9–12 abweichend: „Als se dann noh der Kirche ging, / Hatt se de Hoor gefloochte, / Als se uus der Kirche kom, / Hatt se en schöne Doochter." Werner 1961, 36

Nr. 245

Jahn, Pitt, Därk gingen noh der Kärk,	Hans, Peter, Heinrich gingen zur Kirche,
Do kohm de Paschtor	Da kam der Pastor
On plog se be't Ohr.	Und zog sie am Ohr.
Do kohm de Köster	Da kam der Küster
On satt se op de Röster*;	Und setze sie auf den Röster.
Do kohm de Kaplon on säht:	Da kam der Kaplan und sagte:
„Loht doch die ärme Schelms mar gohn!"	„Lassst doch die armen Schelme gehen!"

* Teil des Pfluges, *Moers,* Krach 1924, 81, Nr. 22

Nr. 246

Agter dè Möhlèn gont wej spölèn.	Hinter der Mühle gehen wir spielen.
Hästè nit gesihn Jan on Trin?	Hast du nicht Hans und Käthe gesehen?
Hästè nit gesihn Jan sin Pärd?	Hast du nicht Hans' Pferd gesehen?
Hästè nit gesihn,	Hast du nicht gesehn,
Wi häj Trin dropp böhrt?	Wie er Katharina herauf hebt?

Moers, Krach 1924, 79

Nr. 247

Jukks, Jukks, Jukks,	Spaß, Spaß, Spaß,
Watt wällè werr oss maakèn?	Was wollen wir uns machen?
Herringstüüt mött Klappèrtüüt,	„Heringspanhas" mit „Klapperpanhas",
Datt soll oss läkkèr schmaakè.	Das soll uns lecker schmecken.

Viersen und Umgebung, Norrenberg 1875, 105, Nr. 25/26. Variante der 3. und 4. Zeile: „Watt likk oss ann di angèrè Lüüt? Di kiikèn wi di Aapèn." Was liegt uns an den anderen Leuten? Die schauen drein wie die Affen.

„Klappèrtüüt" (Panhas, in *Viersen* gesprochen: Pannas) wurde beim Schweineschlachten nach dem Verwursten aus der Wurstbrühe mit Buchweizenmehl und Gewürzen hergestellt. Zum Erkalten füllte man die vermengte Masse in

irdene Töpfe oder Porzellanschüsseln. Nach dem Erkalten konnte das Gefäß umgestürzt werden. In Scheiben geschnitten briet man ihn in der Pfanne. „Heringstüüt" gibt es nicht. Es handelt sich um eine Wortspielerei.

Zum „Tüütschaarè" der Kinder beim Schlachten: vgl. Siemes/Philips 2001, 321 ff

Nr. 248

> *Eine kleine Dickmadam,*
> *Fuhr mal mit der Eisenbahn.*
> *Eisenbahn, die krachte,*
> *Dickmadam, die lachte.*

mdl. *Viersen* 1978, weit verbreitet, s. Kommentar Nr. 248

Nr. 249 Die Wochentage

Wetterfahne,
Winnekendonk

> *Guten Tag, Herr Montag,*
> *Wie geht's dem Herrn Dienstag?*
> *Sehr gut, Herr Mittwoch!*
> *Sagen sie dem Herrn Donnerstag,*
> *Dass ich komme am Freitag*
> *Mit dem Herrn Samstag*
> *Zum Kaffetrinken am Sonntag.*

mdl. *Overhetfeld* 1980, vgl. Dillman/Wehrhan 1923, 13

Nr. 250

Moandag welle wej Moandag maake,	Montag wollen wir Montag machen,
Densdag welle wej ok wat ßlaape,	Dienstag wollen wir auch etwas schlafen,
Hunsdag sinne wej allemoael siek,	Mittwoch sind wir alle krank,
Donderdags wärke wej ock noch niet.	Donnerstag arbeiten wir auch noch nicht.
Frejdag gung de Frauw te Kerke,	Freitag geht die Frau zur Kirche,
Wij Düwel mag dann op Soaterdag wärke:	Welcher Teufel mag denn Samstag arbeiten ...
So sagen alle Faulen,	
Denen die Arbeit nicht passt.	

Umgebung von *Geldern,* Anonym UH. Jg. 23, Nr. 9, 1935 unpag.

Nr. 251

De Sonndag, dat es de Supdag,	Sonntag ist der Sauftag,
De Mondag, dat es de Blaudag,	Am Montag wird „blau" gemacht,

137

De Dinsdag dat es de Morddag,	Am Dienstag ist Mord und Totschlag,
De Mitwoch, dat es de Brotdag,	Der Mittwoch ist Brottag (wird gebacken).
De Donnerdag, dat es de Woschdag,	Der Donnerstag ist Schlacht/Wursttag
De Fridag, dat es de Faßdag,	Der Freitag ist Fasttag,
De Samsdag, dat es de Gelddag.	Der Samstag ist der Geldtag.

Duisburg, Meyer-Markau 1905, 185

Der obige Vers versetzt den Zuhörer in das Arbeitermilieu: Nach dem Lohntag, dem Samstag, an dem die Arbeiter die Lohntüte in Empfang genommen hatten, folgte oftmals leider das „Versaufen" des hart verdienten Lohns, auf den die Familie sehnsüchtig wartete, um die Wochenschulden für Lebensmittel bezahlen zu können. Dies war nicht nur für die Stadt typisch, sondern passierte auch auf dem Land, z.B. bei den Webern oder den Arbeitern in der Ziegelei.

mdl. *Brüggen* 1998

Nr. 252

Als unser Mops ein Möpschen war,
Da konnt er freundlich sein.
Jetzt brummt er alle Tage
Und bellt noch obendrein.

mdl. *Niederkrüchten* und *Viersen* 1990

Schattenbild, Wandsbeck 1875

1) Pielow 1976, 220-242 2) Lorbe 1976, 178-220

Literatur:
Anleitung, um Schattenbilder auszuschneiden, Wandsbeck 1875
Becker, Herman, Altkölnische Wiegen- und Kinderlieder, Köln 1920 (Becker 1920)
Böhme, Franz Magnus, Deutsches Kinderlied und Kinderspiel, Volksüberlieferungen aus allen Landen deutscher Zunge, Leipzig 1897 (Böhme 1897)
Brückner, Fr., E. Cremer, G. Lennarz, J. Nießen, H. Heckers und W. Rübenkampp, Hg. Der Deutsche Niederrhein vom Erftgebiet bis zur Landesgrenze, Crefeld 1910 (Brückner/Cremer/Lennarz u.a. 1910)
Cock, A. de und Is. Teirlinck, Kinderspel & Kinderlust in Zuid-Nederland, Bd. I–VIII, Gent 1902–1908 (de Cock/Teirlinck VIII, 1908)
Die Heimat, Crefeld 1924 (Die Heimat 1924)
Dillmann, Josef und Karl Wehrhan, Vierzehn Englein fahren. Reim-, Reigen- und Rätsellust für die singende, spielende Jugend, für Sport-, Turn- und Wandervereine, Frankfurt 1923 (Dillmann/Wehrhan 1923)
Enzensberger, Hans Magnus, Allerleirauh. Viele schöne Kinderreime …, Frankfurt 3. 1972 (Enzensberger 3. 1972)
Eskuche, Gustav, Siegerländische Kinderliedchen, Siegen 1897 (Eskuche 1897)
Firmenich, Matth., Germaniens Völkerstimmen, Bd. I–III, Neudruck der Ausgabe Berlin 1843–1867, Osnabrück 1969 (Firmenich I)
Gerrits, Theodor, Alte niederrheinische Sprichwörter, Reime und Liedchen. In: UH., 16. Jg., Nr. 8, 1928, unpag. 1928. (Gerrits Th. UH. 1928)
Gerrits, Theodor, Alte niederrheinische Sprichwörter, Reime und Liedchen. In: UH., 20. Jg., Nr. 9, 1932 unpag. (Gerrits Th. U.H. 1932)

Gierlichs, Hubert, Spiellieder. In: Rheinische Geschichtsblätter 6. 1901/02 (Gierlichs RGB 1901/02)

Gierlichs, Hubert, Wiegenlieder aus der Gegend von Mönchengladbach. In: Rheinische Geschichtsblätter, 6. Jg. 1902 (Gierlichs RGB 1902)

KKL = Kalender für das Klever Land

Krach, Gottfried, Min Modersprok. Die Mundart in der ehemaligen Grafschaft Moers, Moers 2. 1924 (Krach 1924)

Hüttenbach, Freiherr Lochner von, Kinderlieder aus Elten. In: ZfVK 3. Jg. 1906 (Lochner von Hüttenbach ZfVK 1906)

Lorbe, Ruth, Kinderlyrik. In: Gerhard Haas, Kinder- und Jugendliteratur. Zur Typologie und Funktion einer literarischen Gattung. 2. 1976 (Lorbe 1976)

Matenaar, Franz, Heija, susa Kinneke. Niederrheinische Kinderlieder aus alter Zeit. In: Kalender für das Klever Land 1987 (Matenaar KKL 1987)

Meyer-Markau, W., Duisburger Kinderlieder. In: Festschrift zur 14. Hauptverammlung des Allgemeinen Deutschen Sprachvereins, Duisburg 1905 (Meyer-Markau 1905)

Müller Josef, Hg., Rheinisches Wörterbuch, Bd. I-IX, Bonn, Berlin, 1928-1971 (RWB I und V)

Neef-Winz, Agnes, Viersen (Nachlass Neef-Winz)

Nolden, Hans, Alt Crefeld, Crefeld 1912 (Nolden 1912)

Norrenberg, Peter, Chronik der Stadt Dülken, Viersen 1874 (Norrenberg 1874)

Norrenberg, Peter, Geschichte der Herrlichkeit Grefrath, Viersen, Dülken 1875 (Norrenberg 1875)

Peltzer, L., Kleine Beiträge. Alte niederrheinische Kinderreime und Lieder. In: Rheinisch Westfälische Zeitschrift für Volkskunde, Bonn 7. 1960 (Peltzer 1960)

Pielow, W., Das Verhältnis des Kindes zum Gedicht. In: Literarische Bildung und Erziehung. Hg. H. Müller-Michaelis, Darmstadt 1976 (Pielow 1976)

RGB = Rheinische Geschichtsblätter

Röttsches, Heinrich. Die Krefelder Mundart ... nebst einem Anhang: Sprichwörter und Volkslieder, Halle 1875 (Röttsches 1875)

Röttsches, Heinrich, In: Die Heimat. Crefeld 1922, Jg.1, 85 (Röttsches, Die Heimat 1922)

RWB = Rheinisches Wörterbuch Hg. Josef Müller, Bd. I-IX., Bonn, Berlin 1928–1971 (RWB)

Samans, Ludwig, Sprichwörter, Redensarten und Liedchen von Vördese. In: Unsere Heimat, Beilage zur Westdeutschen Landes-Zeitung, 20. Jg., Nr. 7, unpag., 1932 (Samans, UH. 1932)

Schollen, Matth., Aachener Volks- und Kinderlieder, Spiellieder und Spiele. In: Zeitschrift des Aachener Geschichtsvereins Bd. IX, Aachen 1887 (Schollen 1887)

Schumacher, Carl. In: UH. 26. Jg., Nr. 3, 1938 unpag. (Schumacher UH.1938)

Sieben, Theodor, Heimatliche Wanderung. Geschichten, Gedichte, Anekdoten aus Breyell, Schaag und Umgebung o.J. (1988), Maschinendruck (Sieben 1988)

Siemes, Helena und Gerd Philips, Rheinische Spiele, Reime und Lieder, Aachen und Umgebung, Aachen 1995 (Siemes/Philips 1995)

Siemes, Helena und Gerd Philips, Durch das Jahr. Feste und Bräuche am Niederrhein, Duisburg 2001 (Siemes/Philips 2001)

Spee, Johannes, Volksthümliches vom Niederrhein. H. I, Aus Leuth im Kreise Geldern, und H. I, Köln 1875 (Spee 1875)

Unsere Heimat, Zwanglose Blätter, hg. von den Heimatvereinen des Kreises Geldern. Beilage zur Niederrheinischen Landeszeitung, 20. Jg., Nr. 7, 1932, unpag. (UH. 1932, 1935 und 1938)

Wansleben, Clara, Das erste Lebensjahrzehnt des Crefelder Kindes. In: Die Heimat, Crefeld 1924 (Wansleben 1924)

Werner, Jakob, Ibben, dibben, dab ... Sammlung Kölnischer Kinderlieder und Reime, Köln 1961 (Werner 1961)

ZfVk = Zeitschrift des Vereins für rheinische und westfälische Volkskunde

Zurmühlen, Hans (Pseudonym für Peter Norrenberg), Des Dülkener Fiedlers Liederbuch, Viersen 1875 (Fiedler 1875)

Wachsen in die Welt

Gratulationsverse zum Namenstag

Im Gegensatz zum Geburtstag spielte der Namenstag eine besondere Rolle. Das Gratulieren zum Namenstag oder zu anderen festlichen Anlässen war nicht nur eine Angelegenheit der Erwachsenen. Auch kleine Kinder wurden in die Festlichkeit eingebunden und dazu angehalten, in entsprechender Form ihre Glückwünsche vorzutragen. Meist wurde der Glückwunsch mit einem der folgenden Verse ausgesprochen:

Nr. 253

> *Ich bin ein kleines Stümpchen*
> *Und esse jern ein Klümpchen (Bonbon),*
> *Ihr dürft mich nicht auslachen,*
> *Nächstes Jahr will ich es besser machen.*

mdl. *Viersen* 1972, vgl. *Köln:* Werner 1961, 38, s. Kommentar Nr. 253

Vermutlich von älteren Kindern erdacht, entstand hieraus eine Parodie:

Nr. 254

> *Ich bin ein kleiner Lümmel.*
> *Ich rauch so gern 'nen Stümmel*.*
> *Ich geh die Straße auf und ab,*
> *Bis daß ich 'nen Stümmel gefunden hab.*

* Stümmel = Zigarettenkippe, mdl. *Viersen* 1979, *Krefeld-Traar* 1981

An den beiden folgenden Verschen ist abzulesen, dass vermutlich zuerst die mundartliche Form vorhanden war, die später verhochdeutscht wurde:

Nr. 255

> *Ech huèr è Jlökkskè lüè,*   Ich hörte ein Glöckchen läuten,
> *Ech woos nett, watt èt sull bèdüjè.* Ich wusste nicht, was es
>   bedeuten sollte.
>
> *Ech häbb enns noajèdôôch,*   Ich habe einmal nachgedacht,
> *Doa woar èt dinnè Naamènsdach.*   Da war es dein Namenstag.

mdl. *Elmpt* 1980, in *Amern* in hochdeutscher Fassung mdl. 1981

Nr. 256

> *Als ich morgens einmal schlief,*
> *Kam ein Englein und rief:*
> *„Schtangk opp, du Schtiif."*   Steh auf, du steifes Wesen!
> *Und als ich nachgedacht,*
> *War heute xx's Namenstag,*

mdl. *Neuwerk* 1981

Nr. 257

> *Ech wönnsch dich Wuèrsch*   Ich wünsche dir Wurst
> *Onn Schengk onn Schpäkk!*   Und Schinken und Speck!

Onn allè Daach ennè Krinntèwäkk!

mdl. *Viersen* und *Kaldenkirchen* 1980

Und jeden Tag ein Korinthenweißbrot!

Giebelornament,
Willich-Neersen

Nr. 258

Ich bin ein kleiner Gratulant
Und habe nichts zu schenken.
Doch geb' ich kräftig dir die Hand
Und bitte zu bedenken,
Daß alle Liebe dein gehört,
Die mein Herz umschließt.
Das ist gewiß ja auch etwas,
Und nun sei froh gegrüßt.

mdl. *Neuwerk* 1980

Nr. 259 (I)

Heut zu deinem Namensfeste
Wünsch ich dir das Allerbeste:
Dicke Bohnen, Schengk onn Speck,
Alle Tage Krintenweck!

mdl. *Viersen, Born* 1978, s. Kommentar Nr. 259

… Schinken und Speck,
Jeden Tag Korinthenweißbrot!

Nr. 260 (II)

Heut zu deinem Namensfeste
Wünsch ich dir das Allerbeste!
Erbsen, Bohnen, Schengk on Speck,
Morrjen essen wir Korinthenweck.
Gott, der Herr, mag dich bewahren
Vor Geschwüren und Darmkatarrhen,
Vor Rheumatismus und Gicht,
Und vor Fratten* im Gesicht.
Dann wirst du bleiben jung und schön,
Selbst wenn du bist ne alte Möhn**.

* Warzen, ** Frau, mdl. 1979 *Dülken* und *Amern* 1980

Giebelornament,
Grefrath

Nr. 261

Ich komm opp Klommpè
Onn lôt mech nett lommpè,

Ich komme in Holzschuhen
Und lasse mich nicht lumpen
(ich bin großzügig),

141

Ich schtônn opp mi Schtökk,	Ich stehe auf meinem Stück (ich bestehe darauf),
Onn wönnsch dich vüèl Jlökk!	Und wünsche dir viel Glück!

mdl. *Viersen* 1976, vgl. *Köln:* Werner 1961, 38

Der folgende Spruch war eigentlich von Erwachsenen für Erwachsene bestimmt, denn Kinder bekamen keinen Schnaps, wenn sie zum Gratulieren kamen.

Nr. 262

Ich komm opp Klommpè	Ich komme in Klumpen/Holzschuhen
Onn lôtt mech nett lommpè,	Und lass mich nicht lumpen,
Dinnè Naam tè jèdängkè,	Um an deinen Namen zu denken,
Ömm è Dröppkè tè drengkè.	Und ein Tröpfchen zu trinken.

mdl. *Viersen* 1978, *Neuwerk* 1981

Wer den entsprechenden Festtag vergessen hatte oder verhindert war, der durfte im Zeitraum von sieben bis acht folgenden Tagen „ordnungsgemäß" noch nachträglich gratulieren. Dies hängt mit der katholischen Liturgie zusammen: Nach den Hochfesten Ostern und Weihnachten gibt es jeweils eine achttägige Festwoche, die Oktav. Davon sind auch Heiligenfeste betroffen, wie z.B. die Gertrudis-Oktav in *Dilkrath* nach dem 17. März, die Gotthardus-Oktav in *Vorst* nach dem 15. Mai, die Brigida-Wallfahrten nach *Xanten* oder die Irmgardis-Oktav auf dem *Süchtelner Heiligenberg* nach dem 4. September. Deshalb hieß es:

Nr. 263

Weä jratèlièrt enn dè Ôktaaf,	Wer in der Oktav gratuliert,
Deä ess och nôch braaf.	Der ist auch noch brav.

Vgl. Siemes/Philips 2001, 145 ff

D.h. er darf durchaus noch in diesem „erlaubten" Zeitraum gratulieren. Vom Geburtstag wurde wenig Aufhebens gemacht. Dennoch war er kein vergessener Tag. Im Kreis *Kleve* war unter Kindern das „Geburtstagsabklopfen" bekannt. Am Tag selbst wurde die Anzahl der entsprechenden Lebensjahre „mit kräftigen Schlägen auf den Rücken abgezählt. Bei dem besonders kräftigen (letzten) Mehrschlag hieß es: *,Eene vöör et andre Jôôr!'*"

Gahlings/Matenaar 1936, 25

Literatur:
Gahlings, Karl und Franz Matenaar, Lieder und Sprüche aus dem Leben und Brauchtum am Niederrhein, Kleve 1936 (Gahlings / Matenaar 1936)
Siemes, Helena und Gerd Philips, Durch das Jahr. Feste und Bräuche am Niederrhein, Duisburg 2001 (Siemes/Philips 2001)
Werner, Jakob, Ibben, dibben, dab … . Sammlung Kölnischer Kinderlieder und Reime, Köln 1961 (Werner 1961)

Spiele allein, zu zweit und zu dritt

Wer konnte es in seiner Kinderzeit nicht? Purzelbaumschlagen! Schon auf Brueghels Spielbild ist es abgebildet. Freude machte es besonders dann, wenn man es den anderen vormachen konnte: Wie schnell? Wie oft hintereinander? Wer konnte es am besten?

Purzelbaum, Niederländische Kachel, 17. Jh., Privatbesitz Dr. Eugen Gerritz, Krefeld

Nr. 264

Pit - ter - ke, Pit - ter - ke, Waa - ter pomm - pe!

Peterchen, Peterchen, Wasser pumpen.

mdl. *Viersen* 1974

Zum Spiel gehörten zwei Kinder. Sie standen Rücken an Rücken, hakten sich mit den Armen ein und beugten sich wechselseitig nach vorn. Dabei wurde das eine vom andern im Wechsel auf den Rücken gehoben und gewiegt. Dazu wurde gesungen.
Es ist ein uraltes Spiel, das auf der aus dem 17. Jh. stammenden holländischen Kachel abgebildet ist (ebenfalls auf Brueghels Spielbild).

Waaterpommpe, Niederländische Kachel, 17. Jh., Privatbesitz, Dr. Eugen Gerritz, Krefeld

143

Nr. 265 Krämmèr, Krämmèr Hänndschè

Zu zweit ein drittes Kind (auf den Händen) tragen.

Kräm-mer, Kräm-mer Hännd-sche! Sätt dich opp datt Pänn - sche!

Jeet di Pann ka - pott, dann fälls de opp di Fott.

Kremmèr, Kremmèr Hänndschè! / Setz dich auf das Pfännchen. / Geht die Pfanne entzwei, / Dann fällst du auf das Hinterteil.

Text und Melodie mdl. *Viersen* 1970, s. Kommentar Nr. 265 und Nr. 266

„*Krämmèr-Hänndschè*"* spielten auch Erwachsene mit kleinen Kindern: Diese liebten das Spiel besonders dann, wenn die „Großen" mit ihnen einen Spaziergang machten. Wenn das Jüngste müde wurde, nahmen beide Eltern das Kind ein Stückchen „*Krämmèr-Hänndschè*" und trugen es eine Weile. So von den Eltern „getragen" zu werden, war ein großes Vergnügen für alle Beteiligten.

Text und Melodie mdl. *Viersen* 1973

Peter Brueghel d. Ä., Krämmerhänndsche, Ausschnitt aus dem Kinderspielbild von 1560.

So wurde es gemacht: Zwei größere Kinder fassten einander an den Händen, die rechte Hand des einen fasste die linke Hand des anderen, darauf setzte sich ein etwas kleineres Kind, das von den beiden wie auf einem flachen „Pfännchen" getragen wurde. Die beiden „Träger" gaben ihre freie Hand dem Kind, damit es sicher sitzen konnte. In der *Klever* Gegend wurde es „*Stüllekendraage*" – Stühlchentragen, in *Moers* „*Tönnekèn draage*" genannt.

* „Krämmèr-Hänndschè-draarè" kommt möglicherweise von: „Kräämèr draarè", „ein Kind op dè Kräämèr draarè", d.h. Huckepack tragen (wie die Krämer früher die Kiepe auf dem Rücken trugen), daraus wurde das Tragen eines kleineren Kindes von zwei größeren, vgl. RWB IV, 1357

Nr. 266 Tönnèkèn, Tönnèkèn, opp denn Draach

Tön - ne -ken, Tön-ne-ken, opp denn Draach, mor-jen ess ett Sonn-daach;

öw -wer-mor-jen ess dänn Daach, wo datt Pärd-schen Haa-wer maach.

Tönnchen, Tönnchen, auf die Trage, / Morgen ist Sonntag; / Übermorgen ist ein Tag, / An dem das Pferdchen Hafer mag.

Moers Firmenich I, 397, s. Kommentar Nr. 265 und Nr. 266

Nr. 267 Sätt deä Klommp

Sätt deä Klommp on-ger di Pommp! Ri - ra - rutsch-e - la -la - la.

Hierbei fassten sich zwei Kinder überkreuz an den Händen und zogen sich im Rhythmus der Silben, wobei sie einige Takte in eine Richtung hüpften oder liefen. Bei „rutschè-la-la-la!" wechselten sie die Richtung und gingen in die Gegenrichtung.

Entsprechend ähnlich wurde gesungen und gespielt:

Ri-ra-rutschika, wir fahren mit der Eisenbahn.

Oder:

Ri-ra-rutschika, wir fahren nach Amerika.

Text und Melodie, auch die der Varianten, in *Neuwerk* 1980 aufgezeichnet

Die Kinder stellten sich zu zweit nebeneinander, hielten sich kreuzweise an den Händen fest, wobei sie sich umdrehten wie bei „Ri-ra-rutsch", und alle hopsten nacheinander und sangen:

Nr. 268 Schaikè, Schaikè, Schaikè*

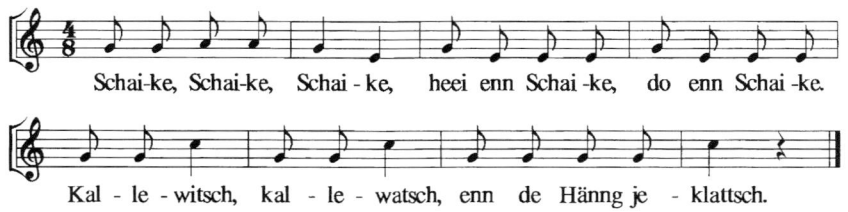

Schai-ke, Schai-ke, Schai - ke, heei enn Schai -ke, do enn Schai -ke.

Kal - le -witsch, kal - le -watsch, enn de Hänng je - klattsch.

Scheitchen, Scheitchen, Scheitchen / Hier ein Scheitchen, da ein Scheitchen. / Kallewitsch, kallewatsch, / In die Hände geklatscht.

* Holzscheit (mhd. Schît), *Krefeld*, Nolden 1912, 101, Melodie rekonstruiert von Gerd Philips

Nr. 269 Tring widdèwing

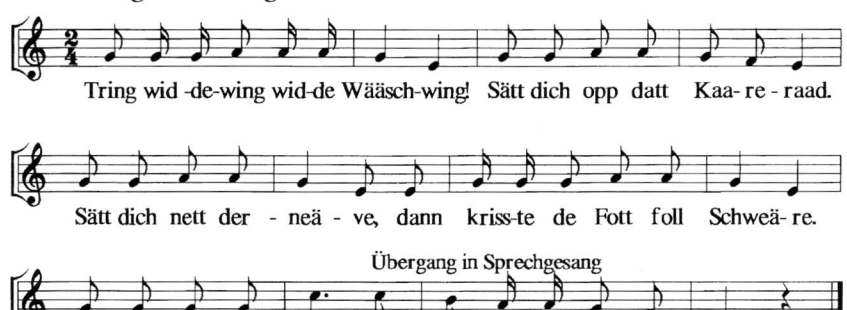

Tring wid-de-wing wid-de Wääsch-wing! Sätt dich opp datt Kaa-re-raad.

Sätt dich nett der - neä-ve, dann kriss-te de Fott foll Schweä-re.

Übergang in Sprechgesang

Sätt dich nett te wiit, dann kriss-te de Fott foll Driit!

Kathrinchen … (Wortspiel)! / Setze dich auf das Karrenrad / Setze dich nicht daneben, / Dann kriegst du den Hintern voller Geschwüre, / Setze dich nicht zu weit, / Dann bekommst du den Hintern voller Kot.

Zwei Kinder saßen einander gegenüber und hielten sich überkreuz an beiden Händen. Im Rhythmus des Liedchens zogen sie sich nach vorn und nach hinten. Bei „Dann kriss-tè dè Fott …" ließen sie sich los und fielen lachend um.

Text und Melodie 1972 in *Viersen* aufgezeichnet; vgl. *Köln*: Werner 1961 96, Z. 2–4: Setz dich op et Karerad,/ Hingen on vör bekack,/ Fijann, wie stink dat!

Nr. 270 Ri-ra-rutsch

Ri - ra - rutsch, wir fah-ren mit der Kutsch, wir

fah-ren mit der Ei-sen-bahn, O-pa steckt die Pfei-fe an. Ri - ra-rutsch!

mdl. *Kaldenkirchen, Dülken, Born, Neuwerk*

Variante: *Wetterfahne, Viersen*

Nr. 271

Ri-ra-ruttsch,
Wè vaarè mött di Kuttsch.
Veersch-dè mött noè Amstèrdam,
Krisst-tè ènn Kruutbottèramm!

Ri-ra-ruttsch!

Wir fahren mit der Kutsch.
Fährst du mit nach Amsterdam,
Bekommst du ein Butterbrot
mit „Kraut".

mdl. *Grefrath* 1995, in *Kleve* Schönberger1979, 155 lautet eine Zeile: Iiserbahn hät Klompen an

Nr. 272 *Ri-ra-rutschtika*

Ri - ra - rutsch - ti - ka, wir fah - ren mit der Ei - sen - bahn.

Wenn das gro - ße Was - ser kommt,

dreh'n wir uns wie - der he - rum, wid - de - bumm!

Text und Melodie 1979 in *Dülken* aufgezeichnet

Nr. 273

Wie bei „Ri-Ra-Rutsch" gingen die Kinder paarweise mit verschränkten Armen.
Bei „Karwitsch, Karwatsch" machten sie kehrt.

Äppèl onn Beerè mètt langè Schteelè,	Äpfel und Birnen mit langen Stielen,
Karwittsch, karwattsch, karwittsch, karwattsch,	
Maak mech èn Kapp fonn jröin onn jeäl,	Mach mir eine Kappe grün und gelb,
Dä Mann ess scheäl,	Der Mann schielt,
Di Frau ess blengk,	Die Frau ist blind,
Di Määt, di träät datt hölltèrè Kengk.	Die Magd, die trägt das hölzerne Kind.

Uerdingen, Heckmanns, Die Heimat, 1930, Jg. 9, 168, vgl. mit dem Tanzliedchen „Äppèl on Biièrè met langè Schti-ièlè, Häkkèdi, vukkèdi Krenntè" aus *Boisheim.* Die letzten drei Zeilen bilden auch Bestandteil von „Schniddèrwipp, Schniddèrwapp", das hier unter „Vèrtällkès" geführt wird.

Nr. 274

Ein Frage-und Antwortspiel, das meist von zwei Kindern gespielt wurde:

A: *Jäff mich ènn Ärrt!*	Gib mir eine Erbse!
B: *Ich habb-èr kenn.*	Ich habe keine.
A: *Jongk enn dèr Källèr onn hoal-èr dich een!*	Geh in den Keller und hol dir eine!
B: *Doa sennd-èr kenn.*	Dort sind keine.

A: *Dann bloès ich dich!*	Dann blas' ich dich!
B: *Dann weèr ich mich!*	Dann wehr' ich mich!

Beide Kinder bliesen sich heftig ins Gesicht. Wer es ohne zu lachen am längsten aushielt, bekam vom anderen eine Erbse oder etwas, das zuvor vereinbart worden war.

mdl. *Viersen* 1979, vgl. Becker 1920, 91, Nachlass Neef-Winz *Viersen* 1942, s. Kommentar Nr. 274

Literatur

Becker, Herman, Altkölnische Wiegen- und Kinderlieder, Köln 1920 (Becker 1920)
Die Heimat, Crefeld 1930 (Die Heimat 1930)
Firmenich, Matth., Germaniens Völkerstimmen, Bd. I–III. Neudruck der Ausgabe 1843-1867, Osnabrück 1968 (Firmenich I 1968)
Heckmanns, Franz, Alt-Uerdinger Sitte und Brauch. In: Die Heimat, Krefeld 9. Jg. 1930 (Heckmanns, Die Heimat 1930)
Müller, Josef, Hg., Rheinisches Wörterbuch, Bd. I–IX, Bonn, Berlin, 1928-1971 (RWB IV)
Neef-Winz, Agnes, Viersen, Nachlass (Neef-Winz 1942)
Nolden, Hans, Alt Crefeld, Crefeld 1912 (Nolden 1912)
RWB = Rheinisches Wörterbuch
Schönberner, Egon, Onsen t'Hüs, Teil II, Kinderspiele am Niederrhein, Kleve-Materborn 1979 (Schönberner 1979)
Werner, Jakob, Ibben, dibben, dapp ... Sammlung Kölnischer Kinderlieder und Reime, Köln 1961 (Werner 1961)

Verwandlung und Phantasie: Nachahmung der Welt der Erwachsenen

Phantasie- und Rollenspiele

Zu allen Zeiten haben Kinder das Alltagsleben und besondere Ereignisse aus der Welt der Erwachsenen in Rollenspielen sich „anverwandelt" und nachgeahmt. Bei diesen Spielen treten die Kinder in eine selbstgewählte Phantasiewelt, in der sich die augenblicklichen Wunschvorstellungen der Kinder erfüllen. Zu den mannigfaltigen Themen gehören immer zeitbedingte aktuelle z. B. Familiensituationen wie die Vater-Mutter-Kind-Spiele und das Mutter-Kind-Spiel der Mädchen mit den Puppen, wobei das Kind besonders gut seine eigenen Erfahrungen in der Familie mit einbringen kann. Jungen imitierten gern das Exerzieren der Soldaten. Es wurde Schule gespielt, Kaufladen, Zirkus und viele andere aus dem aktuellen Erleben (Technik, Maschinen, Regenwasser kanalisieren, Schiffe, Flugzeuge etc.) herrührende Themen. Auch auf dem Spielbild des Pieter Brueghel von 1560 sind unter den 80 dokumentierten

Spielen solche Imitations- oder Nachahmungsspiele zu finden: z.B. das Spiel eines Mädchens mit der Puppe, das Kaufmannsspiel, ein Hochzeitszug und eine Taufprozession.

Vater-Mutter-Kind-Spiele

Zu den alltäglichen, nicht von Erwachsenen organisierten Rollenspielen zählen bis heute noch das „Schule-Spielen" und das immer noch beliebte „Vater-Mutter-Kind-Spiel". Die Mädchen bereiteten z. B. eine „Mahlzeit" aus Gras, Wiesenblumen oder Sand. Vor den „Sandmahlzeiten" wurden auch vielerlei „Spielgebetchen" gesprochen:

Nr. 275

Bisskè baabè, bisskè baabè,	Lautspielerei mit „Amen" oder: „In Ewigkeit Amen"
Hänndschès tsaamè,	Die Händchen zusammen (gefaltet),
Öchskès tuu,	Die Äugelein zu,
Jônnt wörr na dänn Hemmèl tuu.	So gehen wir auf den Himmel zu.

mdl. *Viersen* 1970

Nr. 276

Bisskè baabèn, bisskè baabèn,	Lautspielerei mit „Amen"
Halld dè Hängkès tsaamèn	Halt die Händchen zusammen (gefaltet),
Eät jätt, drengk jätt,	Iss was, trink was,
Vaddèr, Moddèr och jätt,	Vater und Mutter auch was,
Kleenè Kengèr nikks!	Die kleinen Kinder nichts!

mdl. *Viersen* 1970, s. Kommentar Nr. 276

Nr. 277
Ein Scherzgebet bei ständig eintönigem Essen lautete:

Tsupp, Tsaus, Jèmöös,	Suppe, Soße, Gemüse,
Alles, was sein ist! Amen.	Alles, was sein ist! Amen.

mdl. *Viersen* 1979

Das folgende Kindergartenlied aus den bürgerlichen – den sog. „besseren" gesellschaftlichen – Kreisen ist ein typisches Beispiel für ein von Erwachsenen „gelenktes", jedoch nicht spontan von den Kindern selbst erfundenes Rol-

149

lenspiel, das ganz bewusst das Spielen mit der Puppe auf die Mädchenrolle festlegt.

Nr. 278 Seht mein Püppchen

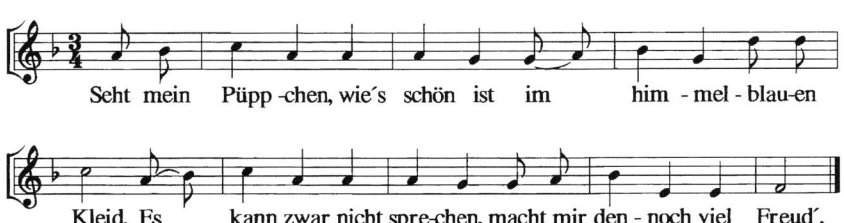

Seht mein Püpp-chen, wie's schön ist im him - mel - blau-en
Kleid. Es kann zwar nicht spre-chen, macht mir den - noch viel Freud'.

> *Jeden Morgen wird's gewaschen, geputzt und gekämmt.*
> *Und geht es zum Abend, hat es dennoch meine Händ'.*
>
> *Es geht mit zur Visite, es geht mit zum Tee.*
> *Und setzt sich ganz dämlich neben mich auf's Kanapee.*
>
> *Nun muss ich zur Schule, Mama hat's gesagt.*
> *Ade, du mein Püppchen. Und aus ist der Spaß.*

Text und Melodie 1980 in *Neuwerk* aufgezeichnet, Melodie nach: „Die Tiroler sind lustig" und „Kommt ein Vogel geflogen"

„Das Püppchen hat Fieber".
Das Spiel mit diesem mündlich überlieferten Titel wurde 1896 bei der Entlassung aus der Kinderverwahrschule St. Remigius Viersen aufgeführt. Das Foto gibt die tiefe Ernsthaftigkeit und Konzentration der drei Kinder wieder, mit der sie sich als „Mutter", „Doktor" und „Dienstmädchen" dem Fotografen stellen.
1896, Privatbesitz Sofie Busch, Viersen

Hierzu gehört das mündlich überlieferte Satzfragment: „Fieber hat es 40 Grad,/ Lieber Doktor, gib mir Rat …"

mdl. *Viersen* 2002

Ein ähnliches aufführbares Rollenspielgedicht stammt ebenfalls aus der Kinderverwahrschule: Das Mädchen spielt die „Mutter" und der Junge den „Doktor", so wie das Foto von 1896 die Rollenverteilung festlegt, die der damaligen gesellschaftlichen Wirklichkeit entsprach:

Nr. 279

> *„Ach lieber Doktor Pillemann,*
> *Sehen sie mal mein Püppchen an.*
> *Drei Tage hat es still gesessen,*
> *Auch hat es gar nichts mehr gegessen.*
> *Die Ärmchen hängen ihr wie tot.*
> *Sie wünschet nicht mal Zuckerbrot.*
> *Ach lieber Doktor, sind Sie ehrlich!*
> *Ist diese Krankheit sehr gefährlich?"*
> *„Madame, Sie grämen sich zu viel.*
> *Ins Bett muss sie, muss tüchtig schwitzen.*
> *Drei Kiebitzeier geben sie ein,*
> *Und morgen wird es besser sein."*

Schattenbild,
Wandsbeck 1875

mdl. *Neuwerk* 1981, vgl. Weber-Kellermann / Falkenberg 1981, 321 ff

Das Verrichten der täglichen Gebete gehörte wie selbstverständlich zum Vater-Mutter-Kind-Spiel, allerdings in kindlich verfremdeten Worten und Formen:

Nr. 280 Das „Vaterunser"

Faam, Naam, Nuètèboom.	Faden, Namen, Nussbaum.
Ossè Vadèr loach enn ètt Waatèr.	Unser Vater lag im Wasser.
Koam Tsinnt Pettèr mött dè Schnuut,	Da kam St. Petrus mit der Schnauze,
Trook ossè ärmè Vadèr druut.	Und zog unsern armen Vater heraus.
Faam, Naam, Nuètèboom.	Faden, Namen, Nussbaum.

mdl. *Amern* 1979

Aus *Kleve* sind zwei Versionen des Vaterunser überliefert, die zugleich als Abzählverse benutzt wurden:

Nr. 281

Vââder onser, die gej sid,	Vater unser, der du bist,
Wet gej niet, wôôr Mooses set?	Weißt du nicht, wo Moses sitzt?
Mooses set in't Kêlderlok,	Moses sitzt im Kellerloch,
Had nog gôôr gen Sup gekokt.	Hat noch gar keine Suppe gekocht.

151

Nr. 282

Vââder onser, die gej sid,	Vater unser, der du bist,
Sêt den Têlder niet so wied,	Setz den Teller nicht so weit,
Sêt öm, dat ek dôôr ook bej kann,	Setz ihn, dass ich auch gut daran kann,
Net so gud as onse Jan.	Nicht so wie bei unserem Johannes.

Beide: Gahlings/Matenaar 1936, 37

Nr. 283

Vater unser, der du bist,
Weißt du nicht, wo Moses ist?
Moses sitzt im Kellerloch
Und hat noch kein Supp gekocht.

Danach folgte der „Engel des Herrn":

Nr. 284

Der Engel des Herrn brachte Maria die Bonnètsupp.	... Bohnensuppe.
Und sie empfing sie brennend heiß.	
Maria sprach: Di schmäkk noè miè!	… Die schmeckt nach mehr!
Der Engel sprach: Du kriss nikks miè!	… Du bekommst nichts mehr!

mdl. *Neuwerk* 1981

oder:

Nr. 285

Der Engel des Herrn brachte Maria die Bratwurst.
Der Engel sprach: „Beiß!"
Maria sprach: „Scheiß!"

mdl. *Neuwerk* 1981, s. Kommentar Nr. 285

Nr. 286

Gegrüßet seist du Maria!	
Heei bräng ich dich di Kôppèsschaaf.	Hier bringe ich dir den Weißkohlhobel.
Doa schaavdè sech Maria dè Vengèr aaf.	Da schabte sich Maria die Finger ab.

mdl. *Viersen* 1980

Nr. 287 Das „Confiteor"

Der lautmalerische Versuch, das Lateinische beim „Confiteor" (Ich bekenne …) nachzuahmen, zeigt, wie Kinder mit der (unverstandenen) lateinischen Kirchensprache „spielten" und beliebige Silben und Wörter zusammensetzten.

Astèrbeenè, krattsè, breemè, teenè.	(Lautspielereien)
Nuètè, kraakè, Schtommpè Kallèmoos,	Nüsse, knacken, Stücke (?)
Vritt Jraas!	Frisst Gras!

mdl. *Amern* 1979

Nr. 288 Steckenpferdreiten

Das Pferd war in allen europäischen Kulturen das wichtigste Fortbewegungs- und Transportmittel. Es kann deshalb nicht überraschen, dass in der Antike auch griechische und römische kleine Jungen häufig beim Spiel mit dem Steckenpferd abgebildet wurden. Dabei konnte es durchaus ein einfacher Stock sein, der als Steckenpferd herhalten musste. Der kindlichen Phantasie waren zu allen Zeiten keine Grenzen gesetzt. Die Maler des 16. Jh.s haben neben den Erwachsenen auch kleine Kinder gemalt, die auf einem Steckenpferd reiten. „Auf dem Stock reiten" galt bei mittelalterlichen Dichtern als ein Allgemeinplatz, mit dem man die frühe Kindheit umschrieb.

s. Kommentar Nr. 288

Römischer Knabe mit Steckenpferd, Rieche 1984

Heute noch wird in *Dülken* jedes Jahr am 11.11. um 19.11 Uhr mit dem Ritt auf Steckenpferden um die Narrenmühle von Erwachsenen ein altes Ritual vollzogen und damit die Närrische Saison eröffnet (vgl. Siemes / Philips 2001, 130 f). Dabei verteilen Mitglieder der Narrenakademie Steckenpferdchen mit Pappköpfen an die anwesenden Kinder – wenn sich denn ein Sponsor dafür gefunden hat. In der Vergangenheit jedenfalls war das Steckenpferdchen speziell bei Kindern im Vorschulalter, vorwiegend bei kleinen Jungen, ein beliebtes Spielzeug. Ein einfacher Stock wurde als Steckenpferd deklariert. Am oberen Ende war der Stock zuweilen gebogen, mit zwei Nägeln wurde eine Kordel am oberen Ende befestigt; das war der Zügel. Als Peitsche oder Gerte diente ein dünner Zweig, dessen Blätter abgestreift wurden. Man „ritt" damit, indem man es

153

zwischen die Beine nahm und sich in Galoppsprüngen fortbewegte. Nicht selten haben die Väter oder Großväter auf eine mindestens zwei Zentimeter dicke Holzplatte einen Pferdekopf gemalt, ihn mit einer Stichsäge ausgeschnitten und ihn auf einem ausgedienten Besenstiel mit Nägeln befestigt. Solider war das Steckenpferd dann, wenn man mit einem großen Bohrer in den Hals des Pferdekopfes ein Loch bohrte, das den Durchmesser des Stieles hatte. Beides wurde miteinander verleimt und zuletzt wurden die Zügel aus Kordel am Pferdemaul befestigt.

mdl. *Viersen* 1976, mdl. *Boisheim* 1992

Redewendung: Ein Steckenpferd frisst mehr als sechs Ackergäule. D. h. für eine Liebhaberei kann man sein ganzes Vermögen opfern.

Broekmann UH. 20. Jg., Nr. 11, 1932

Nr. 289 Fuhrmann und Pferdchen
Nicht weniger beliebt als das Steckenpferdreiten war das Spiel „Fuhrmann und Pferdchen“: Mit der „Strickliese“ eine „Leine“ herzustellen, war bei kleinen Mädchen und Jungen (oft noch im Kindergartenalter) eine in gleicher Weise beliebte Betätigung. Wenn die meist aus Wollfäden hergestellte „Leine“ lang genug war, wurde sie an den beiden Oberarmen befestigt. Nun wurde sie zu einem imaginären Pferdegeschirr bzw. zum Zügel, während das angeleinte Kind das Pferdchen war. Ein Spielkamerad nahm die Zügel in die Hände, und beide konnten Pferd und Lenker bzw. Fuhrmann spielen. Es gab sogar Wettrennen unter mehreren „Gespannen“. Die „Gespanne“ konnten zu „Kutschen“ erweitert werden, indem man kleinere Kinder zwischen „Pferd“ und „Lenker“ zwischen den „Zügeln“ unterbrachte. Fast allen Kindern war dies so vertraut wie den Kindern heute das Autofahren.

mdl. *Viersen* 1972

Fuhrmann und Pferdchen, Kupferstich, Conrad Meyer, 1657

Zügel und Leine für das Pferdegeschirr wurden von den Kindern mit der Strickliese selbst angefertigt. Häufig reichte aber auch eine etwas dickere Kordel.

154

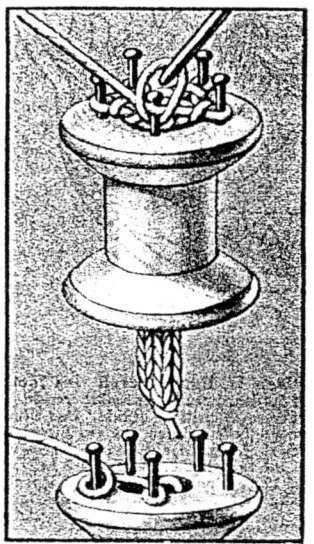

„Strickliese"; die Kopie der Zeichnung wurde freundlicherweise von H. und W. Tillmann aus dem Textilmuseum „Die Scheune", Alt Kämpken, Hinsbeck-Nettetal zur Verfügung gestellt.

Nr. 290 Vogel schießen (Vuèrèlscheetè) und Schützenfest (Schöttèrai)

Ganz anderen Charakter als das Absingen vorgegebener, auswendig gelernter Texte hat das „nicht angeleitete spontane Rollenspiel", auch Imitationsspiel genannt.

Wenn die Erwachsenen das Schützenfest vorbereiteten, waren auch die Kinder eifrig bei der Sache. Sie spielten mit Inbrunst und improvisatorischer Frische ihr ureigenes „Schützenfest", das, was sie bei den Erwachsenen gesehen hatten, aber ohne deren anregende und reglementierende Anleitung wie etwa in der Kinderverwahrschule. Diese Spontaneität und Begeisterung – aber auch wie detailgetreu im Spiel die Bräuche aus der Erwachsenenwelt nachgeahmt wurden – spiegeln drei Berichte: der erste aus der Umgebung von *Kevelaer* um die Jahrhundertwende vor dem Ersten Weltkrieg, der zweite aus *Viersen,* vor dem Ersten Weltkrieg (um 1912) und der dritte aus dem Jahre 1930, ebenfalls aus *Viersen.*

1. Die ganze Woche über waren alle Schuljungen im Dorf mit der Vorbereitung ihres „Schützenfestes" beschäftigt. Die Rollen und wer welchen Rang einnehmen durfte, wurden nicht ganz ohne Kabbeleien festgelegt. Am Sonntag war endlich alles für das Schützenfestspiel fertig:
„Die Kinderlehre war zu Ende. Im Galopp ging es zum Schulhof, wo der Schützenzug sich aufstellte. An der Spitze stand K. Pitt mit dem Tambourstock, um den Bauch trug er eine Schärpe, auf dem Kopf einen alten Zweimaster aus der Franzosenzeit, die linke Hand hatte er in die Seite gestemmt. Dann kam die Musik: Vier Jungen mit Mundharmonikas und einer mit der Trommel. Es folgte ein Junge mit dem Vogel: Der Vogel war aus Pappe und hinten dran baumelte eine Kartoffel, das war das Ei, der erste Preis. Der König trug um den Hals eine Kette und daran hingen die Platten der vorherigen Schützenkönige. Der Schützenkönig ging nämlich jedes Jahr zum Kupferschmied, der aus weißem Blech ein Herz oder einen Vogel schlug. Und darauf wurde dann der Name und das Jahr des Schützenkönigs eingetragen. Dann kam der ganze Schützenzug, die große Jungenschule (Klassen 5 – 8, d. V.) mit einem Knüppel als Gewehr über der Schulter. So zogen wir durchs Dorf. Der Bürgermeister, ein früherer Offizier, stand mit seiner Frau vor der Haustüre und sagte nur immer wieder: ,Famose Jungens, prächtige Kerle!' Um so strammer marschierten wir und um

so höher warfen wir die Beine in die Luft. Pastor, der gerade zu den Bauern zum Kaffeetrinken gehen wollte, sah uns auch, blieb stehen und winkte uns zu … Bei einem Bauern in der Weide wurde mit dem Kielbogen und Knicker der Vogel geschossen. Hacke Jupp schoß schon mit seinem ersten Schuß die Kartoffel unter dem Vogel weg und bekam den ersten Preis, ein Klappmesser. Der lange Toni wurde Schützenkönig. Im Galopp lief der Adjutant zu dessen Mutter, um ihr zu berichten, dass ihr Toni Schützenkönig geworden sei und daß wir gleich kämen. So zogen wir nun zum Haus vom langen Ton und stellten uns dort in Reih und Glied auf. Frummen Theij trat vor und schwenkte die Fahne:

um die Beine, um den Bauch, um den Hals, genau so wie die Großen es machten. Tons Mutter kam mit einem Sack ‚Babbelkes‘ – die Großen bekamen ja ein Glas Bier – wir eben jeder ein ‚Babbelken‘. Dann ließen wir Anton den Ersten hochleben – und aus war das Schützenfest.“

Aus dem Plattdeutschen ins Hochdeutsche übertragen und gekürzt, in: UH. 12. Jg., Nr. 10, 1924

Kinderschützenfest, Parade vor dem Königspaar, Privatbesitz Josef Bongartz, Overhetfeld

2. „Zuweilen spielten bei uns in *Viersen* bis zu dreißig Kinder aus der Nachbarschaft mit, wenn es um die Vorbereitung und Durchführung ‚unseres‘ Schützenfestes ging (um 1910–1914). Es waren Jungen und Mädchen. Der Schützenkönig bekam eine Schärpe umgehängt und einen Kranz aus Ackerwinden auf den Kopf gesetzt.
Er durfte sich seine Königin wählen. Sie wurde ebenfalls mit einer Schärpe und einem Blumenkranz geschmückt. Zusätzlich entlieh man von einem erwachsenen, weiblichen Familienmitglied eine Siamosenschürze*, die die Königin stolz als Umhang trug. Aus zwei ausgewählt dicken Kartoffeln wurde der ‚Vogel‘ angefertigt. In Flügel und Schwanz wurden Gänsefedern gesteckt. Dann wurde er auf einer langen Bohnenstange befestigt und dem Zug vorangetragen. König und

Königin saßen in einem mit Blumenkränzen geschmückten Heu- oder „Bollerwagen" (Leiterwagen), den andere Kinder ohne besondere Rollen zogen. Jungen
wie Mädchen verkleideten sich mit Helmen aus Zeitungspapier und schlossen
sich dem Festzug an. Mit Federgewehren – sofern vorhanden – und selbstgebastelten ‚*Flitzebogen*' wurde der Kartoffelvogel abgeschossen. Damit auch ein Fest-
gelage stattfinden konnte (Jèlaach), mußte zuvor jedes Kind fünf Pfennige geben,
wovon Brötchen mit Blutwurst und als Getränk Himbeersaft gekauft wurden."
* große halbe Schürze aus grobem Baumwollstoff, mdl. *Viersen* 1970

3. „Im Sommer lagen die
Schützenfeste in unseren
Kindertagen (um 1930) so
quasi in der Luft, und sie
gingen, wie so manches Tun
der Erwachsenen, auch in
unsere Spiele ein. … Prälu-
dium jeden Schützenfestes
war der Vogelschuß … Der
Rumpf unseres Vogels be-
stand aus einer besonders
großen und dicken Kartof-
fel, in die Schwanz, Flügel
und der Hals aus Holz hin-
eingesteckt wurden. Es passierte schon einmal, dass
der Regen einige Tage den
Vogelschuss verhinderte,
dann war die Kartoffel

*Kinderschützenfest, Vorbeimarsch am Ehren-
mal, Privatbesitz Josef Bongartz, Overhetfeld*

natürlich trocken und geplatzt. Der Kartoffelrumpf, auf einen Besenstiel gesteckt, mußte den Schüssen eines Kindergewehrs mit Pfeil und Gummispitze
trotzen. Oma sollte – wie bei den Großen üblich – den Ehrenschuß machen,
sie lehnte dankend ab, dafür sprang ein Nachbar in die Bresche, der noch ein
Markstück in die Kasse spendete. Bei der Zielgenauigkeit der Kinderflinte –
übrigens von der letzten Kirmes stammend – war schon ein Treffer ein Erfolg
und artete zum Jubel aus, wenn der Kartoffelvogel gar Schwanz und Flügel verlor. Dann hämmerte Beckersch Piggel wie wild auf der Kindertrommel. Als
‚*Hännsken*' die ganze Kartoffel mit einem Schuß vor den Bug von der Stange
holte, fielen wir Jungs uns vor Begeisterung in die Arme, der ‚*Piggel*' trommel-
te, was das Zeug hielt. – Die Tage danach war genug zu tun, um auf der
Büroschreibmaschine Einladungen, Eintrittskarten und eine Sammelliste für
das große Schützenfest zu tippen. Drei von uns gingen mit der Sammelliste

157

durch die Nachbarschaft, Trommelgeld zu schnorren. Und die Nachbarschaft hatte Verständnis, auch wenn sie sich damit einen Nachmittag Krach auf dem Hof einhandelte."

Viersen, Abrahams 1990, 30

4. Selbst in der kargen Nachkriegszeit, im Jahre 1950, wurde z. B. im ländlichen *Boisheim* „Schützenfest" gespielt. In den großen Garagen einer ehemaligen Mühle hatte der Müller, selbst Vater von sieben Kindern, Tische und Bänke aufgestellt, damit die teilnehmenden Kinder auch bei schlechtem Wetter die großzügigen Kuchen- und Getränkespenden vieler Nachbarn ungestört verzehren konnten. Bei der „Schützenparade" sangen die Kinder zur Melodie des Präsentiermarsches:

Nr. 291 Seht, da kommt der König

Seht, da kommt der König, / Hat zwei Pfennige zu wenig. / Einen Taler, einen Taler, / Einen Taler muss er haben, / Damit er tüchtig trinken und saufen kann.

Text und Melodie 1994 in *Boisheim* aufgezeichnet, Melodie: nach dem „Praesentier-Marsch" Friedrichs des Großen

und ebenso:

Nr. 292 Rükkstè nett

Riechst du nicht, riechst du nicht, / Wie die Bauern stinken? / Tadèratta, tadèratta, tadèrattatta.

Kiik ènns aan, kiik ènns aan,
Vattèr schlöpp bee Mottèr!
Tadèratta, tadèratta, tadèrattatta.

Sieh mal an, sieh mal an,
Vater schläft bei Mutter!

Text und Melodie 1994 in *Boisheim* aufgezeichnet, Melodie: nach dem „Petersburger Marsch" Friedrich des Großen

Nr. 293 Soldatspielen

In der Kaiserzeit war das „Soldatspie-
len" bei kleinen Jungen außerordentlich beliebt. Als Requisit reichte oft
schon ein aus Zeitungspapier zusam-
mengefalteter „Helm" und ein selbst
gezimmerter Säbel aus Holzleisten.

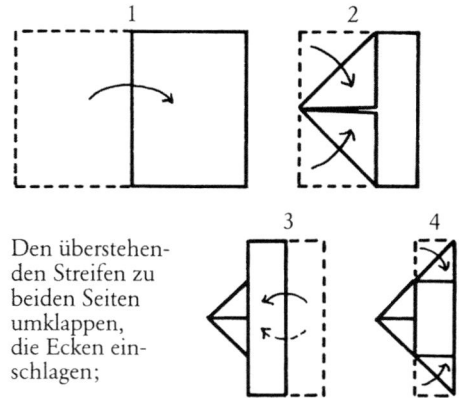

Den überstehen-
den Streifen zu
beiden Seiten
umklappen,
die Ecken ein-
schlagen;

Wie ein Helm
aus Papier entsteht.

etwas nachformen
und verzieren, z. B.
mit einer Feder.

Das kleine Verschen wurde wahrscheinlich von Erwachsenen für das Kind gesprochen:

Harri di bimmdèrat,
Dä Wöllèm wörrd Soldaat.
Dann kritt hä nè Hällèm ömm

Mött ruè Bänndschès drömm.
Dann kritt hä nè Bässèmschtell,

Datt soll dè Sääbèl senn.

Harri di bimmdèrat,
Der Wilhelm wird Soldat.
Dann bekommt er einen
Helm auf
Mit roten Bändchen drum.
Dann bekommt er einen
Besenstiel,
Das soll der Säbel sein.

Neuwerk, Mackes 1913, 136

Nr. 294 Der Sedanstag

Ein Jungenspiel, das während des Ersten Weltkrieges in *Schravelen* gespielt
wurde:
Am 2. September 1870 kapitulierte die französische Armee im deutsch-fran-
zösischen Krieg (1870/71) bei Sedan (Frankreich). Zugleich wurde Napoleon
III. dort gefangen genommen. Die Erinnerung an diesen Sieg feierte das deut-

sche Kaiserreich jedes Jahr mit großem Pomp. Im Spiel imitierten die Kinder solche öffentlichen, patriotischen Feiern auf ihre Art. Aus *Schravelen* stammt die um 1917 aufgezeichnete Erinnerung:

„„Achtung! Das ganze Bataillon marsch!! Bumm tèrra, bumm tèrra, di höltèrè Popp, di höltèrè Popp! … di hätt ken Ärmè on ken Vott!' So hatte der Hauptmann ‚Köbès' (Jakob) gebrüllt. Danach setzte die ‚Musik' ein. Sie bestand aus einer Kirmestrommel, zwei Konservenbüchsen, einer alten Gießkanne, zwei echten Kriegsvereinsflöten und den unvermeidlichen Pôttdekkèln (Topfdeckeln) …

Jugendtambourkorps aus Overhetfeld von 1938,
Foto Privatbesitz Josef Bongartz.

Der Kolonne voraus marschierte, der Hoheit seiner Würde voll und ganz bewußt, der ‚Fähnrich'. Von seinen Schulkameraden wurde der baumlange Junge kurz *‚Jöppkè'* (Josef) genannt. Sein Kleinod, die Fahne, trug er mit außerordentlicher Gewichtigkeit. An einer drei Meter hohen Latte flatterte sie hoch im Winde, so daß es weithin sichtbar war, ein die Farben schwarz-weiß tragendes Tuch, dessen weißer Teil früher für ein gewisses Bekleidungsstück (vermutlich eine Männerunterhose. d. Verf.) Verwendung fand, während die schwarze Hälfte bislang als Regenschirm gedient hatte … Dem Zuge folgte unmittelbar *‚der Träng'* (Versorgungsbataillon, d. V.): Auf einem Kindersportwagen (heute wohl ‚Buggy' genannt d. V.) wurde eine Kiste transportiert, in der alles das untergebracht war, was Kinder für wichtig hielten. Der *‚Träng'* hatte die ‚schwierige' Aufgabe, für die *‚Fourage'* (Verpflegung) Sorge zu tragen. Diese bestand aus gut belegten Butterbroten und verschiedenen Bierflaschen mit Zuckerwasser. Nicht zu übersehen war die direkt hinter der Fahne getragene, mit Laub und Grün geschmückte, aus Weißbrotteig gebackene *‚Kluck'* (Glucke) ‚von nicht zu unterschätzendem Umfang'. Die ,Siegeskluck' wurde jeweils auf Beschluß einer vom ,Hauptmann' einberufenen ,Soldatenversammlung' bei einem Bäcker zu einem möglichst erschwinglichen Preis bestellt. Obendrein hatte der Bäcker noch eine große Tüte mit *,Môppènkrümmèls'* (Lebkuchenbruch) spendiert. *,Môppèn'* waren ein Lebkuchengebäck, das zur damaligen Zeit von allen Kindern heiß begehrt war.

Das fast eintönige ,bumm tèrra, bumm tèrra' wurde zumindest 30mal abgedroschen, bis das ,Tambourscorps' zu einem neuen ,Märscher' überging. Dieser spornte die Jungen erst richtig an: Mit einer fortreißenden Begeisterung fielen die ,Krieger' in das Spiel der Trommler und Pfeifer mit dem vaterländischen Lied ein: ,Ich bin ein Preuße, kennt ihr meine Farben, die Fahne weht mir schwarz und weiß voran.' Wenn die Schar auf der Straße mit ,klingendem Spiel' vorbeizog, blieben die Passanten stehen und schauten zu. Auf die aus Papier aller Schattierungen angefertigten Kopfbedeckungen (Helme) waren die Jungen besonders stolz. Am rechten Schulterblatt wurde das ,Seitengewehr' (Säbel) kerzengerade gehalten. Dieses ,Verteidigungswerk' ... war mitunter das Werk tagelanger Arbeit. Es bestand aus einer bisweilen einen Meter langen Latte, in die oben quer ein kleines Holzstück eingenagelt war. Nur wenige hatten einen blechernen Säbel vom ,billigen Jakob'. Der ,Hauptmann', der durch eine *,Plümm'* (Feder) oben am Papierhelm zu erkennen war ..., kommandierte bei der Schravelener Mühle: ,Das ganze Halt!' Er versammelte seine ,Ratgeber' um sich und verkündete folgende kurze Kriegsorder: ,Soldaten. Wir werden vom Feinde hintergangen. Er soll sich in der nahen Schravelener Heide aufhalten. Es ist nicht ausgeschlossen, daß es zu einem Scharmützel kommt. Wahrscheinlich wird es beim „Schravelener Buer" zu einer Entscheidung kommen ... Ich hoffe, dass jeder seine Schuldigkeit tut und wacker dreinschlagen wird! ...' Alle schrien begeistert: ,Hurra! Hurra! Hurra!' Hauptmann *,Kööbès'* sandte nun Vorposten aus und die mutigen Kämpfer zogen geordnet weiter in Richtung *Kervendonk*, wobei ständig immer wieder ,Bumm tèrra, bumm tèrra' und ,Ich bin ein Preuße ...' geschmettert wurde. Aber kein ,Feind' wurde gesichtet und es kam zu keinem ,Gefecht'. Das alte Gut vom ,Schravelener Buèr' wurde als Biwakstätte bestimmt.

Die ,Soldaten' aber spielten auf der Wiese und im Schatten der großen Bäume vorm Hause, machten ,Aufführungen' und trieben ,sonstiges Allotria'."

Aus dem Plattdeutschen ins Hochdeutsche übertragen und gekürzt: Aus der Jugendzeit. Eine Erinnerung von W. H. In: UH., 8. Jg., Nr. 5, 1917 unpag.

Nr. 295 Prozession spielen – *Protsääß schpièlè*

Von öffentlichen, farbigen Aufzügen und kirchlich-feierlichen Prozessionen fühlten sich schon zu Brueghels d. Ä. Zeit (1560) Kinder magisch angezogen. Auf dem berühmten Brueghelschen „Spielbild" befinden sich auch ein Hochzeitszug und eine Taufprozession, in denen Kinder mit verteilten Rollen feierlich daherziehen.

Heute ist die Präsenz der Kirche in der Öffentlichkeit keine Selbstverständlichkeit mehr wie noch vor 50 Jahren, denn der christliche Glaube wird in vielen Familien nicht mehr gelebt und weitergegeben. Folglich erscheinen uns im Jahre 2003 Imitationsspiele wie „Kirche-spielen" oder „Prozession-spielen" als seltsam, um nicht zu sagen befremdlich. Um die Jahrhundertwende bis in die 50er Jahre hinein aber waren solche Spiele in katholischen Gegenden so alltäglich wie heute die gängigen Computerspiele und absolut nichts Besonderes. Da diese Spiele draußen im Freien stattfanden, waren sie an die Jahreszeit gebunden. Meist fanden sie im Frühjahr, Sommer oder Frühherbst statt.

Wie beim Schützenfest-Spielen und bei dem Spiel der Sedansfeier beteiligten sich an einem solchen Aufzug bis zu 30 Kinder aus einer Nachbarschaft.

Mütter, Tanten und Großmütter mussten für das „Prozessionsspiel" ihre Siamosenschürzen oder andere große Schürzen oder Tischdecken zur Verfügung stellen. Sie dienten als Umhänge und „Gewänder", um *„Passtuèr"* (Pastor) und *„Kaploèn"* (Kaplan) für ihre Rollen einzukleiden. Besonders große Schürzen wurden zu einen Chormantel umfunktioniert. Aus den Haushalten wurden alle verfügbaren Schellen zusammengetragen, mit denen die *„Möösdeenèr"* (Messdiener) ausgestattet wurden. Meist waren es die Mädchen, die Margeriten und Kornblumen pflückten, woraus Kränze gewunden wurden, die sie sich als *„wettè Kengèr"* (weiße Kinder) aufsetzten. Zahlreiche Sofakissen wurden aus den guten Stuben entführt, auf denen die Mädchen aus Papier oder Pappe geschnittene Symbole wie Anker, Kreuz und Herz (Glaube, Hoffnung, Liebe) befestigten. Ein ausgedientes Wasser- oder Weinglas als Kelch, ein Körbchen mit Ähren (Brot und Wein) u.a.m. kamen dazu. Als „Lamm Gottes" musste eine besonders verschmuste Katze herhalten, die auf „einem blauen Sofakissen" feierlich mitgetragen wurde; sie duldete es, weil die warme Unterlage ihr zusagte.

Zog die Prozession, „betete" man u. a. – möglichst durcheinander – murmelnd: „Rhabarber, Rhabarber, Rhabarber".

mdl. *Viersen* 1972

Nr. 296 Bischofsbesuch

Kam der Bischof zur Firmung oder zu einem Pastoralbesuch in eine Pfarre, wurde „Bischof" gespielt. Wie beim „Prozession-Spielen" bekränzten sich die Mädchen mit Wiesenblumen und Efeu und spielten *„Wettè Kengèr"* (Weiße Kinder). Die Jungen übernahmen die „großen" Rollen von Kaplänen, Pfarrern und dem Bischof. Als Hirtenstab des Bischofs diente eine lange Bohnenstange aus dem Garten.

mdl. *Viersen* 1972

Nr. 297 Messe spielen

„Mit meinem Vater ging ich als Kind sonntags oft ins Hochamt. Oben auf der Orgelbühne ließ sich der ganze Kirchenraum herrlich überblicken. Für uns Kinder gab es viel Interessantes zu beobachten: Drei geistliche Herren waren in prächtigem Ornat an einem feierlichen Hochamt beteiligt. Zwanzig bis vierzig Meßdiener zogen mit und ohne Kerzen, mit und ohne Weihrauch auf dem Hochaltar ein und aus, schritten nach einer sorgsamen Choreographie feierlich auseinander und zueinander. Das Evangelienbuch wurde von einer auf die andere Seite des Altars getragen; es wurde mit feinen Schellen geläutet oder gegongt. Dazu vermittelte der getragene gregorianische Gesang eine zusätzlich festliche Atmosphäre. Die bewegten und farbigen Bilder hatten sich uns tief eingeprägt. Im Spiel wurden sie nachempfunden:
Auf dem Hof hinter unserm Haus stand ein geräumiger Schuppen. Ein alter, wackeliger Tisch diente als ‚Altar‘. An einem ausgemusterten, weißen Tischtuch wurden Spitzen von verschlissener Bettwäsche mit Stecknadeln befestigt. Ein altes Werkzeugschränkchen wurde neu angestrichen und zum ‚Tabernakel‘ umfunktioniert, flankiert von angeschlagenen Blumenvasen mit Gartenblumen. Obendrauf stand ein altmodisches Kreuz, das schon im Keller gelandet war. In dem ‚Tabernakel-Schränkchen‘ standen ein winzig kleiner Spielzeug-Kelch und eine Spielzeug-Monstranz aus Zinn oder Blei, Spielzeug, das man bis heute in Kevelaer kaufen kann.
Ein großes schweres Buch mit goldgeprägtem Titel ‚Das Leben der Heiligen‘, das früher in jeder Familie vorhanden war, diente als ‚Meßbuch‘. Es lag auf einem umgekehrten, abgeschrägten Margarinekistchen. Für die Gewänder der Meßdiener schnitten wir die schwarz-weiß-rote und die Hakenkreuzfahne mit Erlaubnis der Eltern entzwei. 1945 wurden sie nicht mehr gebraucht. „Passtuèr“ bekam eine alte Tischdecke umgehängt. Nichts wurde genäht, alles wurde mit Sicherheitsnadeln und Stecknadeln zusammengesteckt, was zuweilen recht schwierig war, damit die ‚Kreationen‘ auch aneinanderhielten. Aus einer alten Konservendose entstand ein ‚Weihrauchfaß‘. Mit Hammer und Nagel schlugen wir rundherum Löcher hinein, damit es gut qualmen konnte. Zuletzt wurde an den oberen Rand der Büchse eine Kette von unserm Hund befestigt.
Der ‚Weihrauch‘ wurde aus einem Gemisch von Zeitungspapier, Kerzenresten und getrockneten Tannennadeln zubereitet, was viel Rauch erzeugte und interessant roch. Oft liefen uns die Tränen aus den Augen von aller Qualmerei. Dann liefen wir rasch aus dem Schuppen heraus an die frische Luft, und im Handumdrehen wurde aus der ‚Messe‘ eine schöne Prozession mit Gesang, viel Gebimmel und Rauchentwicklung. Wie es sich gehörte, wurde auf Latein ‚gesungen‘ und ‚gebetet‘, und auch das Auswendiglernen der lateinischen Gebete, die die Messdiener können mußten, gehörte mit zum Spiel. Viele Kinder aus der Nachbarschaft ließen sich das Ereignis nicht entgehen und kamen da-

zu, um mit uns ‚Messe‘ zu spielen. Abgesehen vom Mitschreiten um unsern Hof bei der Prozession durften sie bei der Kollekte lediglich einen Pfennig auf den Teller legen, sonst nichts, denn alle tragenden Rollen waren längst vergeben.“

mdl. *Viersen* 1972

Eine Kölner Beschreibung aus dem Jahr 1920 bestätigt, wie beliebt das „Messe-spielen“ war. „Wenige Häuser ... mochte es geben, wo nicht ‚Altar‘ gespielt wurde. Mit welchem Eifer baute man den Altar, stiftete, d.h. schmückte man denselben, mit welchem Ernste wurde Messe gelesen, die Vesper und Complet gesungen, gepredigt und durch Haus und Hof Trepp auf, Trepp ab Prozession gegangen. Das Gegenstück zu diesem friedlichen Spiel war das Soldatenspiel ...“

Becker 1920, 83

Nr. 298 Indianer spielen

Zum Rollenspiel gehört auch das Indianerspielen. In den 30er Jahren vor dem Zweiten Weltkrieg regten Karl Mays Winnetou- und Fritz Steubens Tecumseh-Geschichten mit der Gestalt des „edlen Indianers“ die Phantasie der Jungen und Mädchen lebhaft an. Vor dem Zweiten Weltkrieg war die Karl-May-

Lektüre genau so aktuell wie in den ersten Jahren nach 1945. Man identifizierte sich mit solch vorbildlichen und bewunderten Indianerhelden wie Winnetou und Tecumseh und schlüpfte besonders gern in deren Rollen. Allerdings war es in den ersten Nachkriegsjahren schwierig, an ein Exemplar der begehrten Bücher zu kommen, es sei denn, man entlieh sie in einer öffentlichen Bibliothek.

Das Foto aus dem Jahre 1939/40 aus *Viersen* zeigt eine Gruppe von fünfzehn Jungen und Mädchen nach einem Indianerspiel im Wald, und zwar im

Sommer. Auf dem Bild ist gut zu erkennen, mit wie einfachen Mitteln „Kostüme" erfunden wurden. Bei den Mädchen reichte bereits eine Hühner- oder Gänsefeder im Haar oder ein Stirnband mit einer Feder, um die Rolle einer Squaw anzudeuten. Wesentlich aufwendiger sehen die „Requisiten" der Jungen aus. Alle (außer einem) tragen einen Federschmuck, der auf höchst einfache Weise hergestellt wurde: Man schnitt einen schmalen Streifen aus Wellpappe zurecht, passte ihn der jeweiligen Kopfgröße an und klebte ihn hinten zusammen. Die Hühner- oder Gänsefedern steckte man anschließend in die Rillen der Wellpappe – und fertig war der Indianerkopfputz. Zusätzlich wurde ein Halstuch durch ein leeres Streichholzschächtelchen zusammengehalten. Das „Kostüm" des dritten Jungen in der oberen Reihe von rechts – ein „Umhang" und die Hose – besteht aus einem zurechtgeschnittenen Kartoffelsack. Der kleinere Junge rechts neben ihm hat sich malerisch einen Bademantel umgehängt, wobei die lebhaften Gesten der beiden sehr sprechend sind.

Literatur
Abrahams, Josef, Aus dem alten Rintgen. Geschichten um den Viersener Neumarkt. Hg. Peter Abrahams, Viersen 1990 (Abrahams 1990)
Anonym, Uet mine Jongestid. In: UH. 12. Jg., Nr. 10, 1924 (Anonym UH.1924)
Becker, Herman, Altkölnische Wiegen- und Kinderlieder, Köln 1920 (Becker 1920)
Broekmann, Josef, Niederrheinische Volkssprüche. In: UH. 20. Jg., Nr. 11, 1932, unpag. (Broekmann UH. 1932)
Gahlings, K. und F. Matenaar, Lieder und Sprüche aus dem Leben und Brauchtum am Niederrhein, Kleve 1936 (Gahlings / Matenaar 1936)
UH.= Unsere Heimat, Beilage zur Niederrheinischen Landeszeitung, Zwanglose Blätter. Hg. von den Heimatvereinen des Kreises Geldern. 8. Jg. Nr. 5, 1917 unpag. (UH. 1917)
Weber-Kellermann, Ingeborg und Regine Falkenberg, Was wir gespielt haben. Erinnerungen an die Kindheit, Frankfurt 1981 (Weber-Kellermann/Falkenberg 1981)

Kindliche Parodien auf kirchliche Lieder und Gebete

Parodien auf Gestalten der Bibel und auf Heilige sowie Kirchenlieder und kirchliche Texte gehörten mit zum „frommen Spielrepertoire". Sie setzen einen festgefügten Glauben voraus und können nicht in einer dem religiösen Leben fernen Großstadt entstanden sein. Vielmehr stammen sie, wie Klusen sagt, aus „sehr glaubensfesten, ländlichen Gegenden,… wo man dauernden Umgang mit den Formen hat, die man parodiert. Der vertraute Umgang mit kirchlichen Formen und Formeln legte es nahe, sie in die Sphäre des Außerkirchlichen hineinzuziehen."[1] Dies trifft nicht nur für die „wilden Vespern" zu, sondern auch für alle Spottverse auf Heilige, wie z. B. Martin, Nikolaus, Vitus, Antonius usw. sowie auf die kindlichen Verballhornungen vertrauter Kirchenlieder. Wenn, wie in unserer Gegenwart, Glaube und Glaubenswissen dramatisch schwinden, fehlt auch die „Parodie" in diesem Bereich, denn christlicher Glaube und kirchliches Leben sind heute nicht mehr wie noch vor 50 und 100 Jahren eine zum Leben gehörende Selbstverständlichkeit. [2] Interessant war bei der Befragung der Gewährspersonen, dass alle beteuerten: In Gegenwart von Erwachsenen hätten sie als Kinder diese parodistischen Liedchen und Verschen nicht singen oder sagen dürfen. Kam solches dennoch einem Elternteil zu Ohren, so folgte auf dem Fuße eine Strafe, meist eine saftige Ohrfeige. Mithin war ihre Aufführung in Gegenwart der Erwachsenen grundsätzlich streng verboten.

Nr. 299 Maria und Josef (I)

Ma - ri - a und Jo - sef, die san-gen, san-gen, san-gen so wun - der-, wun - der - schön: In Je - ru - sa - lem am Bahn - hof, da kannst du pad - de - len geh'n.

Text und Melodie 1981 in *Niederkrüchten* aufgezeichnet

Nr. 300 Maria und Josef (II)

Die sangen, sangen, sangen so wunder-, wunderschön:
In Jerusalem am Bahnhof
Kann man se plantschen sehn.

mdl. *Overhetfeld* 1981

Nr. 301 Maria und Josef (III)

Maria und Josef,	Maria und Josef
Di hôddèn inn Jèrusalem	Die hatten in Jerusalem
Ènn Bottèrmellksfabrikk.	Eine Buttermilchfabrik.
Am Jordan, am Jordan,	Am Jordan, am Jordan,
Doa vroatèn sè Bottèr wi Kiès.	Da aßen sie Butter wie Käse.

mdl. *Viersen* 1979

Nr. 302 Maria und Josef (IV)

Maria und Josef,	Maria und Josef,
Di hôddè enn Jèrusalem	Die hatten in Jerusalem

È Faaradjèschäff,
Mött Freilauf on Rökktritt
On hengè ennè Bimmèl-Bammèl draan.

Ein Fahrradgeschäft,
Mit Freilauf und Rücktritt
Und hinten einem Bimmel-
Bammel drann.

mdl. *Gerkerath* 2003

Nicht ganz genau mit dem Hochdeutschen nimmt es die folgende Parodie eines heute noch am Niederrhein sehr bekannten Marienliedes:

Nr. 303 Maria zu lieben (I)

Ma - ri - a zu lie - ben, war Jo - sef sein Sinn.
Er fuhr je - den A - bend mit dem Fahr - rad da - hin.

Er half sie beim Spü - len: "Ma - ri - a, mach schnell! Wir

wol - len spa - zie - ren. Der Mond scheint so hell."

Text und Melodie 1981 in *Viersen* und in *Overhetfeld* aufgezeichnet, Melodie Paderborn 1765: „Maria zu lieben ist allzeit mein Sinn …" In: Gotteslob 1975, 562, Nr. 594, s. Kommentar Nr. 303

Nr. 304 Maria zu lieben (II)

Maria zu lieben, war Josef sein Sinn,
Er fuhr jeden Abend mött
dè Schörrèskaar doèhinn.   … mit der Schubkarre dorthin.

mdl. *Viersen* 1975, vgl. Melodie Nr. 303

Nr. 305 Maria zu lieben (III)

Maria zu lieben, woar Josef sinnè Sinn.   Maria zu lieben war Josefs Sinn.
Ött oavès noam Eätè jing heä nô örr hin.   Abends nach dem Essen ging
                                                  er zu ihr.
Maria ding spöölè, onn Josef drüchdè aff.   Maria spülte und Josef
                                                  trocknete ab.
Dann jingè sè tèsaamè noèm   Dann gingen sie zusammen
Kiivèltèrbösch.   zum Kivelter Busch.*

* Kleine Anhöhe in *Neuwerk*, mdl. *Neuwerk* 1981, Melodie vgl. Nr. 303

Nr. 306 Maria zu lieben (IV)
Variante aus *Büderich:*

> ... *Er half sie beim Spülen, Maria, geschwind!*
> *Dann gehen wir spazieren mit dem himmlischen Kind!*

mdl. *Büderich* 1995, Melodie vgl. Nr. 303

Nr. 307 Vadèr, Modèr, minnè Meärleng ess duèt

Vater, Mutter, meine Amsel ist tot. / Sie ist diese Nacht vom Stöckchen gefallen. /
Sie hat sich den linken Fuß gebrochen. / Vater, Mutter, meine Amsel ist tot.

Text und Melodie 1978 und 1997 in *Viersen* aufgezeichnet, am Niederrhein weit verbreitet, Melodie „Großer Gott
wir loben dich ..." in: Gotteslob 1975, Nr. 257, s. Kommentar Nr. 307

Nr. 308/1 Petrus und Paulus jingèn enns wanndèrè

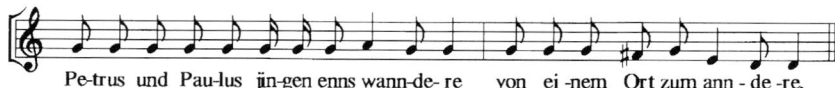

Petrus und Paulus jingèn enns <u>wannd</u>èrè/von einem <u>Ort</u>* zum anndèrè.
Petrus und Paulus gingen auf Wanderschaft / von einem Ort zum andern.
*Petrus sätt: „Lôtt oss ènns è Schöppkè <u>drengkè</u>."/Paulus sätt: „Ich <u>habb</u> kee Jälld
mièr."*
Petrus sagt: Lass uns einen Schoppen trinken. / Paulus sagt: Ich hab' kein Geld
mehr.
Petrus sätt: „Ich sall èt waal <u>betaalè</u>."/Paulus <u>sätt</u>: „Datt well ich neet."
Petrus sagt: Ich werde es bezahlen. / Paulus sagt: Das möcht' ich nicht.

Text und Melodie 1981 in *Breyell* aufgezeichnet, * ab der Unterstreichung setzen Halbschluss bzw. Schluss der
Psalmodie ein

Diese Psalmtonparodie (Klusen) zählt zu den „wilden Vespern" und wurde sicherlich auch von Kindern gesungen. Im „Wunderhorn" gibt es eine ähnliche

Textversion „Petrus und Pilatus auf der Reise". Die Melodie ist leider nicht überliefert, doch wissen wir, was dazu gespielt wurde: „Bei diesem Liede reichen sich
zwei Kinder die Hände kreuzweis und gehen singend auf und ab, und bei:
‚Sprach Pilatus' drehen sie sich durch einen Zug der Hände schnell herum und
wandern zurück."

Wunderhorn 1977, 844

Nr. 308/2 Petrus und Pilatus auf der Reise

Pilatus wollte wandern,
Sprach Petrus.
Von einer Stadt zur andern,
Juchheisasa andern
Sagt Pilatus.
Jetzt kommen wir vor ein Wirtshaus,
Sprach Petrus.
Frau Wirtin, schenkt uns Wein heraus,
Juchheisasa usw.
Sagt Pilatus.
Womit willst du ihn bezahlen?
Sprach Petrus.
Ich hab noch einen Taler,
Juchheisasa, usw.
Sagt Pilatus.
Wo hast du denn den Taler bekommen?
Sprach Petrus.
Den hab ich den Bauern genommen,
Juchheirasa, usw.
Sagt Pilatus.
usw. …

vgl. Wunderhorn 1977, 844

Wetterfahne, Umgebung
von Straelen

Nr. 309 Dominus deies Schnettsèlèr

Do - mi - nus dei - es Schnett-se - ler, mi Fat - ter woar en - ne Schnett-se - ler.

Dominus deies <u>Schnettsèlèr</u>,/mi Fattèr woar <u>ennè</u> Schnettsèler*.
Dominus deies Schnitzer,/mein Vater war ein Schnitzer.
Heä jeng waal opp eenè <u>huèrèn</u> Bärrch,/doa soat sangkt Pettèr <u>onn</u> sangkt Paulus.
Er ging auf einen hohen Berg,/da saßen St. Peter und St. Paulus.

169

Sangkt Paulus haa(t)eenè <u>Korrf</u> an 'nen Ärm./Enn dä Korrf doa <u>woa</u>rèn Brättsèlèn enn.

Sankt Paulus hatte 'nen Korb am Arm./Im Korb waren Brezeln.

Doa noam sangkt Pettèr eenè <u>Techèlschteen</u>./Onn schmièt sangkt Pau<u>lus</u> dè Brättsèlèn vanneen.

Da nahm St. Peter einen Ziegelstein./Und warf dem heiligen Paulus die Brezeln voneinander.

Sangkt Paulus säät: „Woa sall ech nuu <u>bliivèn</u>?/Ich konn ooch jenn nöijè mièr kriijèn."

Sankt Paulus sagt: Wo soll ich nun bleiben?/Ich kann auch keine neuen mehr bekommen.

Sangkt Pettèr sait: „Ich <u>jeäf</u> örr dich jenn."/Sangkt Paulus säät: „<u>Datt</u> salls du waal duèn!"

Sankt Peter sagt: Ich gebe dir keine davon (wieder)./Sankt Paulus sagt: „Das sollst du dennoch tun."

Fiedler 1875, 101 und 152, *ab der Unterstreichung setzen Halbschluss bzw. Schluss der Psalmodie ein, s. Kommentar Nr. 309

Der Spottgesang zwischen Pastor und versoffenem Küster wurde in gregorianischen Tonschritten geleiert, wobei die ersten beiden Zeilen das Dominus vobiscum aus der lateinischen Liturgie (Der Herr sei mit euch) imitierten:

Nr. 310 Dominè Kööstèr, woè bös duu

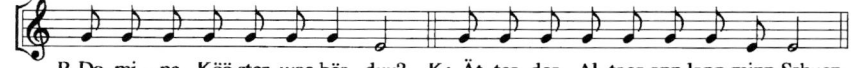

P. Do -mi - ne Köö-ster, woe bös duu? K.: Ät -ter der Al -toer onn lopp minn Schuen.

Pastor: *Do minè Kööstèr, woè böss <u>du</u>*?*	Du, mein Küster, wo bist du?
Küster: *Ättèr dèr Altoèr onn lôpp <u>minn</u> Schuèn.*	Hinter dem Altar und flick meine Schuhe.
Pastor : *Worömm jölls-tè dich dann jenn nöij<u>è</u>?*	Warum kaufst du dir keine neuen?
Küster: *Datt Leär öss mich tè dö<u>ièr</u>.*	Das Leder ist mir zu teuer.
Pastor: *Woa häss -tè dann all datt Jälld jèloat<u>è</u>?*	Wo hast du denn all das Geld gelassen?
Küster: *Datt öss mich all duèr datt Hällskè jèschoat<u>è</u>.*	Es ist mir durch den Hals geschossen.
Oder auch: *...duèr dèr Hôlls jèvloar<u>è</u>.*	... durch den Hals geflogen.

* Ab der Unterstreichung setzen Halbschluss bzw. Schluss der Psalmodie ein, Text *Viersen* 1942, Nachlass Neef-Winz, Text und Melodie mdl. *Viersen* 1979, s. Kommentar Nr. 310

In *Kleve* ärgerten die Stadtkinder die Kinder vom Dorf, z. B. wenn sie in die Stadt kamen, um zur Kirmesvorbereitung Besorgungsgänge mit der Schubkarre zu machen. Sie hänselten die Bauernkinder und sangen „in bekannter Kirchenmelodie":

Nr. 311

Ora pro nobis.	Bitte für uns.
Aerpele met Stokfes	Kartoffel mit Stockfisch
Frêête de Buure,	Essen die Bauern,
Wän't Kermes es.	Wenn Kirmes ist.

Gahlings/Matenaar 1936, 80

Litanei beten

„Litanei beten" war eine beliebte Beschäftigung beim Sonntagsspaziergang der Familie. Die Kinder gingen hinter den Eltern her und taten so, als ob sie eine Wallfahrt machten. Dabei wurde der gesprochene Text, abgesehen von der ersten Zeile, meist neu erfunden. Ein Kind sagte eine Zeile vor, die anderen wiederholten sie, indem sie halblaut murmelten:

Nr. 312

Minn Moddèr, di hôtt ènn Pälltsmötts.	Meine Mutter hatte eine Pelzmütze.
Wh.: Minn Moddèr, di hôtt …	
Di woar schuèn, di woar fain.	Die war schön, die war fein.
Wh.: Di woar schuèn …	
Doa woar è blau Bänndschè draan.	Da war ein blaues Bändchen dran.
Wh.: Doa woar è …	
Di hôtt sè bee Abrahams jèjollè.	Die hatte sie bei Abrahams gekauft.
Wh.: Di hôtt sè bee …	
Di hôtt vüèl Jälld jèkôôs …	Die hatte viel Geld gekostet.
Wh.: Di hôtt sé …	
usw.	

Manchmal kam es vor, dass Vorübergehende den Hut zogen. Darüber wurde schallend gelacht.

mdl. *Viersen* 1976, vgl. *Overhetfeld* 1982, vgl. Bruns 1884, 146, Nr. 325 – hier als Pfänderverse verzeichnet

Nr. 313

Roosekrants,	Rosenkranz,
Selvere Krants,	Silberner Kranz,
Sêt dat Wiefke op et Pötje.	Setz das Frauchen auf das Töpfchen.
Wet niet, wat et kôôke sal.	Es weiß nicht, was es kochen soll.
Tien Pond Suurmuus.	Zehn Pfund Sauerkraut.

Kleve, Gahlings / Matenaar 1936, 38

Spottverse auf Heilige und Gestalten der Bibel

Nr. 314

Kresskengkè kômm,	Christkindchen komm,
Breng mech ènn Trômm,	Bring mir eine Trommel,
Datt ech mött Radau	Damit ich mit Lärm
Enn dèr Hemmèl kômm!	In den Himmel komm!

mdl. *Viersen, Amern, Dülken, Born, Brüggen, Hinsbeck, Neuwerk, Süchteln, Rheydt* 1976, weit verbreitet

Nr. 315

Kresskengkè komm,	Christkindchen komm,
Breng mich ennè Schlomm,	Bring mir eine Schürze,
Datt ich mètt Mamma	Damit ich mit Mutter
Ann't werrikè komm.	Ans Arbeiten komm!

mdl. *Neuwerk* 1980

Selbst die am Niederrhein so beliebten Kinderheiligen St. Martin und St. Nikolaus wurden vom Spott der älteren Kinder mit ihren Trutzversen nicht verschont:

Nr. 316

Tsinnt Meärtè, Tsinnt Meärtè!	St. Martin, St. Martin!
Di Koo hätt sevvè Schteärtè.	Die Kuh hat sieben Schwänze.

mdl. *Viersen* 1970, *Krefeld* 1981

Zur Melodie des Martinsliedes „St. Martin ritt durch Schnee und Wind":

Tsennt Meärtè, Tsennt Meärtè,	St. Martin, St. Martin
Tsennt Meärtè ritt opp ennè Jeetèbokk	St. M. reitet auf einem Ziegenbock
Hätt vaijèr Been,	Hat vier Beine

Onn ennè Schwängèl ann dé Vott.   Und einen Schwengel am
                                     Hintern.

mdl. *Viersen* 1972, *Overhetfeld* 1981

Nr. 317

Sankt Martin, St. Martin, St. Martin
Ritt fonn dè Bösstèrd na dè Schirrèk*   Reitet von der Bistard zur
                                           Schirik.

Onn jölld sech ennè ennjèmägdè   Und kauft sich einen
Hörring.   eingelegten Hering.
Heä vritt emm opp onn schpait   Er frisst ihn auf und spuckt
emm uut,   ihn aus,
Onn kömmt emm duèr dè Bokks èruut.   Und (er) kommt ihm durch die
                                       Hose raus.

* Bistard und Schirik sind Dülkener Sektionen. mdl. 1979 *Dülken,* 5. Z. auch: Sankt Martin öss enn Värrekèsschnuut

Nr. 318

Tsinnt Meärtè hätt enn Kuu jèschlaut,   Sankt Martin hatte eine Kuh
                                          geschlachtet,

Datt Fääl ann ennè Judd vèrkoot.   Das Fell an einen Juden
                                     verkauft.

Datt Fääl woar fätt, di Kuu   Das Fell war fett, die Kuh war
woar maajèr,   mager,
Tsinnt Meärtè mott di Schengkèlè   St. Martin musste die Schenkel
knaarè.   abnagen.

Norrenberg 1875, 98

St. Nikolaus

Nr. 319 *Dä Maat èropp (Den Markt herauf)*

Den Markt herauf, den Markt herauf, / Da kommt der Heilige Mann! / Alles,
was er kann (ist), / Die Kinder macht er bang.

Text und Melodie (Herzog-Albrecht-Marsch) 1995 in *Meerbusch-Büderich* aufgezeichnet

Nr. 320 Kloès mött di Kiipè (Nikolaus mit der Kiepe)

Kloes mött di Kii - pe wellt di Ken-ger jrii - pe.

Ken-ger loo - pe di Tropp er - ropp. Kloes schtipp de Been enn de Loot.

Nikolaus mit der Kiepe / Will die Kinder fangen. / Die Kinder laufen die Trepp hinauf, / Nikolaus streckt die Beine in die Luft.

Text und Melodie 1994 in *Viersen* aufgezeichnet

Knecht Ruprecht, eine Schreckgestalt, die die Kinder packt und in die Manteltasche steckt, Spekulatiusmodel, Privatbesitz.

Nr. 321

Kloas, Kloas, schiit enn dè Hoas,	Nikolaus, Nikolaus, scheiß in die Strümpfe,
Schiit enn dé Schoon,	Scheiß in die Schuhe,
Dann häss-dè mött Reenmaakè	Dann hast du mit Reinmachen
Nikks tè duèn.	Nichts zu tun.

mdl. *Viersen* 1974, in *Neuwerk* auch: Kloas, Kloas, / Driit enn dè Hoas! *Rees:* pes in den Hoas ... RWB IV, 639

Nr. 322

Kloas, Kloas,	Nikolaus, Nikolaus,
Sett opp dè Trapp,	Sitzt auf der Treppe,
Hätt hengè onn vüèrè dè Bokks jèlapp.	Hat hinten und vorn die Hose geflickt.

mdl. *Neuwerk* 1980

Nr. 323

Pater noster Schengkebeen,	Vater unser Schinkenknochen,
Sätt di Schottèl opp dänn Döösch,	Setz die Schüssel auf den Tisch,
Nikks drenn, nikks druut	Nichts drin, nichts draus,
Kloès marscheèr dich dè Düür eruut!	Nikolaus, marschier zur Tür hinaus!

Viersen, Norrenberg 1875, 94, Nr. 1. vgl. RWB IV, 639

Nr. 324

Kloas, Kloas, schiit enn dè Hoas,	Nikolaus, Nikolaus, scheiß in die Strümpfe,
Schiit doaneävè,	Scheiß daneben,
Brukkstè oss nikks tè jeävè	Brauchst uns nichts zu geben.

mdl. *Krefeld-Traar* 1981

Nr. 325

Kloès,	Nikolaus,
Mett di langè Bloès	Mit der langen Blase (Tüte),
Mett di kuèrtè Been,	Mit den kurzen Beinen,
Kömmp nett miè no heem.	Kommt nicht mehr nach Hause.

Mönchengladbach, RWB IV, 638

Nr. 326

Sintèrkloas, hellijè Môôn,	Sankt Nikolaus, heiliger Mann,
Jäff dè kleen Kengèr watt,	Gib den kleinen Kindern was,
Onn dè jruètèn ennè Foot vörr èt Jatt.	Und den großen einen Fußtritt in den Hintern.

Leuth, Spee 1875, H. I., 7, III, b

Nr. 327

Kloas fann dè Haart,	Nikolaus von der Hardt
Mött dä langè Baart,	Mit dem langen Bart,
Mött dè langè Been,	Mit den langen Beinen,
Jeet alleen nô heem.	Geht allein nach Hause.

mdl. *Neuwerk* 1980, vgl. zu den „Trutzversen" Siemes / Philips 2001, 353

Andere Heilige

Nr. 328

Antonius fonn Padua	Antonius von Padua
Soat ann't Vüer onn schlièp.	Saß am Feuer und schlief.
Doa schprongk ömm ennè Fongk	Da sprang ihm ein Funken
Förr ètt Föttschè aan.	Vor das Hinterteil.
Dèr Daivèl, watt heä lièp!	Zum Teufel, wie er lief!

mdl. *Viersen* 1975, vgl. Siemes/Philips 2001, 209

Nr. 329

Abraham onn Isaak	Abraham und Isaak
Schloorè sech mött Tswiibakk.	Schlugen sich mit Zwieback.
Tswiibakk jing kapott,	Zwieback ging entzwei,
Onn Abraham veel opp di Fott.	Und Abraham fiel auf sein Hinterteil.

mdl. *Viersen* 1973, auch „Tswibèlbakk", vgl. Bruns 1884, 31. Nr. 114: in Hochdeutsch, Z. 3 und 4: „Der Zwieback ging entzwei,/ der Abraham kriegt das Ei", weit verbreitet

Nr. 330

Kain schlooch Aabèl	Kain schlug Abel
Mött deä Tsaabèl	Mit dem Säbel
Resonaabèl opp deä Schnaabèl.	Tüchtig auf den Schnabel.

mdl. *Viersen* 1974, vgl. Gahlings/Matenaar 1936, 78: In *Kleve:* ... met den Plugstock vôôr den Schnââbel", Varianten hierzu im deutschsprachigen Raum weit verbreitet, „resonabèl" von frz. „raisonnable"

Nr. 331

Kain onn Aabèl	Kain und Abel
Jingè noè Baabèl.	Gingen nach Babel.
Kain schluèch Aabèl	Kain schlug Abel
Mött di Jaabèl	Mit der Gabel
Opp dèr Schnaabèl.	Auf den Schnabel.

mdl. *Neuwerk* 1980

Nr. 332 (aus dem Niederländischen)

Kain sloeg Abel	Kain schlug Abel
Zoo miserabel	So miserabel (d.h. tüchtig/kräftig)
Met een pannekoek,	Mit einem Pfannekuchen
Op zijn ziel	Auf seinen Kopf (wörtl. Seele),
Dat hij dood ner viel.	Dass er tot herniederfiel.

van Vlothen 4. 1978, 41

Nr. 333

Isak had sin Frauw geschlââge,	Isaak hatte seine Frau geschlagen,
Dröm sal öm den Düüvel hââle,	Darum soll ihn der Teufel holen,
Isak sung, Isak sprong,	Isaak sang, Isaak sprang,
Dat öm de Knoop van de Boks afsprong.	Dass ihm der Knopf von der Hose absprang.

Kleve, Gahlings / Matenaar 1936, 86: Der Vers gibt den Rhythmus des zur Kirmes am Niederrhein getanzten „Schottisch" wieder

Nr. 334

Aadam onn Eeva,	Adam und Eva
Di soatèn opp ennè Knupp.	Saßen auf einem Erdhügel.
Aadam sätt: „Watt schtengk datt heei?"	Adam sprach: „Was stinkt es hier?"
Eeva hôtt jèpuppt.	Eva hatte gestunken.

mdl. *Viersen* 1975, gesungen zu der Melodie „Hänsel und Gretel verirrten sich im Wald". Varianten hierzu weit verbreitet, s. Kommentar Nr. 334

Nr. 335 (aus dem Niederländischen)

Adam en Eva,	Adam und Eva,
Die zaten op een stoepje;	Die saßen auf einer Türstufe;
Adam zei: wat stinkt er zoo?	Adam sagte: Was stinkt es so?
En Eva liet een poepje.	Und Eva ließ ein Fürzchen.

Provinz *Limburg,* NL, van Vlothen 4. 1978, 40, bei van Vlothen werden weitere Varianten aufgeführt

Nr. 336

Annas* schlug Kaifas*	Annas schlug Kaifas
Met den Wetkwast	Mit dem Tünchpinsel zum Kälken
Op den Hernekast,	Auf den „Gehirnkasten",
Dat Kaifas dood was.	Dass Kaifas tot war.

* Annas und Kaifas waren zur Zeit Jesu Hohepriester, die beim Prozess Jesu eine Rolle spielten, *Kleve,* Gahlings / Matenaar 1936, 78

Scherzhafte Beichtformeln

Nr. 337

Ich habe gestunken,
Ich habe gelogen.
Ich habe der Mutter
Ans Hemd gezogen.

mdl. *Viersen* 1975, *Neuwerk* 1981

Nr. 338

Ich habe gelogen,
Ich habe gestohlen,
Ich habe den Pastor
Am Kittel gezogen.

mdl. *Mönchengladbach* 1979

Spielende Kinder auf einer Baustelle,
Privatbesitz Josef Bossmann, Kalkar

Nr. 339

Jäntje most gôôn bichte,	Hänschen musste zur Beichte gehen,
Bichte bej de Kaplôôn.	Beichten beim Kaplan.
En duw most hej segge,	Und da musste er sagen,
Wat hej had gedôôn.	Was er getan hatte.
Drie keer gelôôge,	Dreimal gelogen,
Drie keer geflukt,	Dreimal geflucht,
Drie keer bej Mooder	Dreimal bei Mutter
In' Bedje gepupt.	Ins Bettchen gemacht.

Kleve, Gahlings/Matenaar 1936, 17

1) Klusen1963, 106 2) ebd.

Literatur:

Bruns, Wilhelm, Illustriertes Kinderspielbuch, Düsseldorf 2. 1884 (Bruns 1884)
Gahlings, Karl, und Franz Matenaar, Lieder und Sprüche aus dem Leben und Brauchtum am Niederrhein, Kleve 1936 (Gahlings/Matenaar 1936)
Gotteslob, Katholisches Gebet- und Gesangbuch für das Bistum Aachen, Mönchengladbach 1975 (Gotteslob 1975)
Klusen, Ernst, Über gregorianisches Melodiengut im rheinischen Volkslied. In: Beiträge zur rheinischen Musikgeschichte 1963, H. 52 (Klusen 1963)
Müller Josef, Hg., Rheinisches Wörterbuch, Bd. I–IX, Bonn, Berlin, 1928-1971 (RWB IV)
Neef-Winz, Agnes, Viersen (Nachlass Neef-Winz 1942)
Norrenberg, Peter, Geschichte der Herrlichkeit Grefrath, Viersen, Dülken 1875 (Norrenberg 1875)
Siemes, Helena und Gerd Philips, Rheinische Spiele, Reime und Lieder, Aachen und Umgebung, Aachen 1995 (Siemes/Philips 1995)
Siemes, Helena und Gerd Philips, Durch das Jahr. Feste und Bräuche am Niederrhein, Duisburg 2001 (Siemes/Philips 2001)
RWB = Rheinisches Wörterbuch
Spee, Joh., Volksthümliches vom Niederrhein. H. I, Aus Leuth im Kreise Geldern, und H. II, Köln 1875 (Spee 1875)
Vloten, J. van, Baker- en Kinderrijmen, Leiden, 4. verm. Druck 1894, Nachdr. 4. 1978 mit Register zusammengest. von Francine Schregel-Onstein (van Vloten 1978)
Zurmühlen, Hans (Pseudonym für Peter Norrenberg), Des Dülkener Fiedlers Liederbuch, Viersen 1875 (Fiedler 1875)

Wortspiele und „Scherzfragen"

Formelhafte Fragen und Antworten und kindliche Dialoge bilden eigene Formen des Spiels und der spielerischen Unterhaltung. Sie sind typische „Blamierscherze", die besonders von sechs- bis elfjährigen Kindern geliebt werden. Der Fragende beweist, wie überlegen er und wie dumm der Antwortende ist, der lächerlich gemacht wird.

Ähnlich verhält es sich mit den vielen Spottversen, bei denen die Vornamen verdreht oder verulkt werden. Das Necken ist ein alter Kinderbrauch, bei dem der andere geärgert oder aus der Reserve gelockt wird. Das geschieht häufig „durch ein Abweichen von den Regeln der alltäglichen Kommunikation und durch ein Spiel mit der Doppeldeutigkeit der Wörter."[1]
Die Scherzfragen bzw. die Antworten darauf waren zuweilen recht drastisch und durften den Eltern meist nicht zu Ohren kommen. Die Kinder fanden sie jedoch lustig, wie z. B.:

Nr. 340
> *Wetts- dè èt Nöistè?* Weißt du das Neueste?

Die feststehende Antwort wurde vom Fragenden meist selbst gegeben:
> *Wänn dè pupps, dann döis-dè.* Wenn du pupst, dann drückst du!

Oder es hieß auch:
> *Wänn dè etts, dann bitts dè.* Wenn du isst, dann beißt du.
> *Wänn dè pupps, dann dritts dè.* Wenn du pupst, dann scheißt du.

mdl. *Viersen* 1995

Nr. 341
Eine Rätselfrage hieß:
> *„Höimich" onn „Schpöimich"* Schlag-mich und Bespuck-mich
> *Soatèn opp èt Daak.* Saßen auf dem Dach.
> *Eenè veel èrongèr.* Einer fiel herunter.
> *Weä blièf dropp?* Wer blieb drauf?

Je nachdem, was das Kind, dem die Frage gestellt worden war, antwortete:
> z.B. *„Höi-mich"*! Schlag mich! – bekam es einen Klaps,
> oder *„Schpöi-mich"*! Bespuck mich! – wurde es angespuckt.

mdl. *Viersen* 1970

Nr. 342
Spiel mit dem Wörtchen „*watt?* – was?" als Fragepronomen und dem Substantiv „Watte" sowie „*Woll* = Wolle":
Stellte ein Kind eine Frage, die lediglich aus dem Wort „*watt?*" bestand, erhielt es die Antwort: „*Ich vèrkoop kenn ‚Watt' bloos ‚Woll', du böss ennè Doll.*" – Ich verkaufe keine Watte, nur Wolle, du bist ein Narr.

mdl. *Krefeld* 1981

Nr. 343
Das „Hunderttausend-Nadel-Spiel":
Ein ebenso scherzhaftes Spiel war „Hunderttausend Nadeln", das allerdings auch schmerzhaft sein konnte. Dabei drehte man die Haut am Oberarm des Spielgefährten mit beiden Händen in entgegengesetzte Richtungen.
mdl. *Boisheim* 2002

Nr. 344
Fragte man: „*Watt mäkk Papp?* – Was macht dein Vater?", lautete die Antwort: „*Kromm Been, wänn heä kakk!* – Krumme Beine, wenn er kackt."
mdl. *Neuwerk* 1980

Nr. 345
„Wie hieß Isaak, als er noch ein kleines Kind war?" – „Er hieß I-Beutelchen." Erst als er groß und erwachsen war, hieß er „I-Sack"; Beutelchen und Sack werden zum Wortspiel.
mdl. *Hinsbeck* 1980

„Warum frisst der Hund die Wurst nicht mit der ‚Pelle'?" – Antwort: „Weil er sie mit der ‚Schnauze' frisst."
mdl. *Viersen* 1974

Nr. 346
Eine kleine Geschichte rankt sich um die Frage, wie die Namen „Hermann" und „Jakob" entstanden sind, wobei mit ähnlich klingenden Wörtern gespielt wird: „*heèr* – hierher" und „*Môôn* – Mann", „*joa* – ja" und „*Kôpp* – Kopf".

Ennè Männsch woar inn ött Waatèr jèvallè onn reep ömm Höllèp: „Heèr, Môôn!"
Ein Mann war ins Wasser gefallen und rief um Hilfe: „Hierher, Mann!"
Doa koam ennè angèrè, soach deä Kôpp inn't Waatèr onn reep: „Joa, Kôpp, ich komm!"
Da kam ein anderer, sah den Kopf im Wasser und rief: „Ja, Kopf, ich komme!"
So entstanden die Namen „Her-mann" *(Heèr, Môôn!)* und „Ja-kob" *(Joa, Kôpp)*.
mdl. *Viersen* 1978, *Hinsbeck* 1980

Eine beliebte Frage lautete:

Nr. 347
Kännstè è Belldschè mött twiè Keärtsè? – Nää?
Kennst du ein Bildchen mit zwei Kerzen? – Nein?
Bei der Antwort, die der Fragende selbst gab, steckte er die Zunge heraus und hielt die beiden Zeigefinger rechts und links neben dem Mund.
mdl. *Viersen* 1978

Wenn Kinder sich im Streit grob hin und her schubsten oder wenn am Ende eines Zankes ein Kind verstoßen worden war und die Versöhnung noch nicht stattgefunden hatte, sagte das betroffene Kind in einer sprachlichen Mischung zwischen Hochdeutsch und Platt:

Nr. 348

Erst höis-dè mich,	Zuerst schlägst du mich,
Dann schpöis-dè mich,	Dann spuckst du mich an,
Dann schicks-dè mich fônn dèr Hof,	Dann schickst du mich vom Hof,
Dann nimms-dè mich ètt	Dann nimmst du mir die
Schüppkèn aff,	Schaufel weg,
Ja, meins-dè denn, ich wär doof?!	Ja, glaubst du denn, ich wär' dumm?!

mdl. *Süchteln* 1990

Nr. 349

Frieden schließen nach einem Streit:
Nach einem Streit schlossen Kinder wieder Frieden, indem sie folgendes Ritual inszenierten: „*Schtriit uut!* – Streit aus". Dabei drückten beide Widersacher jeweils ihre Zeigefinger aneinander. Ein Dritter musste sie mit seinem Zeigefinger durchschlagen. Eine andere Möglichkeit war: Daumen und Zeigefinger wurden zusammengedrückt. Dann hieß es: „*Schlaach duèr!* – Schlag durch!"
Nun wurde durch Daumen und Zeigefinger des Widersachers geschlagen. Zur Bekräftigung, dass der Zank vorüber war, wurde mit dem Fuß ein Kreuz auf den Boden gemacht oder ein Kreuz in die Handfläche gezeichnet.

mdl. *Süchteln* 1990

Wenn Kinder ein Nachlaufspiel beendeten, riefen sie: „Delas!" Nach diesem Zuruf durfte nicht mehr „abgeschlagen" werden.

mdl. *Viersen* 1978

Nr. 350

Trennten sich Kinder nach dem Spiel, sagten sie:

Ech jôngk nô Huus,	Ich geh nach Haus,
Doa broan ech mich enn Muus.	Dort brat ich mir eine Maus.

mdl. *Neuwerk* 1970

oder:

Nr. 351

Ech jôngk na Huus,	Ich geh nach Haus,
Doa broan ech mich enn Muus.	Dort brat ich mir eine Maus.

Dann leäch ech mich enn-èt Bätt.	Die leg ich mir ins Bett.
Dann rook ech mich enn Tsijarätt.	Dann rauch ich mir eine Zigarette.

mdl. *Krefeld* 1980

oder:

Nr. 352

Ech jônn na Huus,	Ich gehe nach Haus,
Doa broèn ech mich enn Muus.	Dort brat ich mir eine Maus.
Di leäch ich opp dè Trapp.	Die leg ich auf die Treppe.
Dann mennt minn Moddèr,	Dann meint meine Mutter,
Étt wüèr enn Ratt.	Es wäre eine Ratte.

mdl. *Viersen* 1980

Nr. 353

Auf die Frage: „*Woè jees-dè hinn?* – Wo gehst du hin?" gab man als Kind die ungenaue Antwort: „*Na Bokkèrts Mimm!* – Zur Katze von Bockertz!" Auf die Frage: „*Woè kômms-dè heèr?* – Woher kommst du?" hieß es ebenso unbestimmt: „*Vôn Bokkèrts Meèr!*" („Meèr" ist ein Endsilbengleichlaut zu „heèr"). So wich man den Fragen aus.

mdl. *Boisheim* 1999

Nr. 354

Wo jees dè hin?	Wo gehst du hin?
Noa Klostèr Bimm.	Nach Kloster Bimm.
Wo Kômms-dè heär?	Wo kommst du her?
Fônn Klostèr Beèr.	Von Kloster Beer.

mdl. *Krefeld* 1981

Versprechen einhalten:
Damit ein Versprechen eingehalten wurde und gültig war, schlug ein Kind beim anderen zwei überkreuz gehaltene Finger durch.

mdl. *Dülken* 1998

Nr. 355

Etwas, was verschenkt oder getauscht worden war, blieb unverrückbar im Besitz dessen, der es erhalten hatte. Der Spruch mit der Androhung der Hölle bekräftigte diese Abmachung:

Enns jéjeävè, bliff jèjeävè.	Einmal gegeben, bleibt gegeben.
Wièrhoalè öss jèschtoalè.	Wiederholen ist gestohlen.

Dreemoal övvèr dè Höll jèvloarè.   Dreimal über die Hölle
geflogen.

mdl. *Viersen 1971, Dülken, Süchteln, Neersen, Grefrath*

Nr. 356

Aens gegäve, blef gegäve,	Einmal gegeben, bleibt gegeben,
Afgenoome es gestohle,	Abgenommen ist gestohlen,
Drijmool over de Kerktoorm sprenge,	Dreimal über den Kirchturm springen,
Honder'düsend Spelten dörßluke.	Hunderttausend Stecknadeln herunterschlucken.

Geldern/Kevelaer, UH. 6. Jg. Nr. 6, 1916 unpag.

Nr. 357

Heimliches Getuschel ins Ohr:
Wissè, wissè, Wäkkèr,   Silbenspiel
Moss nièmès jätt säggè!   Musst niemandem etwas sagen!

Es wurde geheimnisvoll und öfter schnell hintereinander leise ins Ohr eines
Spielkameraden geflüstert, so dass sich sich die Wörter in- und miteinander im
Flüsterton verwischten.
mdl. *Amern* 1981

Wenn ein Kind über irgend etwas weinte, wurde es nicht etwa getröstet; im Gegenteil, es wurde lauthals von den anderen verspottet:

Nr. 358 *Jriiènbröttschè, Kaffetöttschè*

Jriiènbröttschè*, Kaffetöttschè, morjè moss dè schtärvè! – … morgen musst du
sterben!

* ein weinerliches Kind, Text und Melodie 1975 in *Viersen* aufgezeichnet

1) Virtanen 1985, 184

Literatur:
UH. = Unsere Heimat, Zwanglose Blätter, hg. von den Heimatvereinen des Kreises Geldern. Beilage zur Niederrheinischen Landeszeitung, 6. Jg. Nr. 6, 1916 unpag. (UH. 1916)
Virtanen, Leea, Aggression und Kindertradition. In: Kinderkultur. 25. Deutscher Volkskundekongreß in Bremen vom
7. – 12. Oktober 1985, Bremen 1987 (Virtanen 1987)

Spottverse

Die kindliche Vorliebe für Reime und spielerischen Umgang mit der Sprache drückt sich auch in Spottversen über die Spielkameraden aus. Mit Hilfe von Reim- und Silbenverdrehungen und lautlichen Assoziationen wurden die Vornamen in Spott-, ja „Schmäh- und Schimpfnamen" umgeformt, was die Kinder mit ihrer ungeheuren Lust am Necken und Spotten zum Lachen brachte, z.B.: „Ilse Bilse, keiner will se./ Kam der Koch, nahm se doch." So wurde der Spielkamerad lächerlich gemacht, wobei das „Opfer" oft zur Verfolgung der „Übeltäter" provoziert wurde. Da die recht drastischen Spottverse im Chor und in der Öffentlichkeit gerufen wurden, war Gegenwehr meist unmöglich. In fast allen Fällen beruhte der kindliche Spott auf einer Laune, nicht auf persönlicher Abneigung. Nur einige typische Spottverse seien hier aufgeführt: *Ann schuèr dè Pann,/ schuèr dè Piif,/ morjè böss- dè enn alld Wiif!* (Ann' scheuer die Pfann',/ scheuer die Pfeif',/ morgen bist du ein altes Weib!) – *Älls, Pälls, Poppèschtälls,/ Du häss dè Vott voll Hönnèrschaiss!* (Elsbeth, …/ du hast den Popo voll Hühnerscheiß!) – *Konnraad wi löpp datt Raad?/ datt Raad, datt löpp wi Konn-Raad!* (Konrad, wie läuft das Rad?/ Das Rad, das läuft wie Kon-Rad).

Berufe und ihre Vertreter

Bäcker

Nr. 359

Bäkkèr, schiit Läkkèr,	Bäcker, scheiß Lecker(zeug),
Schiit Duvvèschtronnd,	Scheiß Taubendreck,
Dreemoal jèbôkkèn	Dreimal gebacken
Onn nôch nett ronnd.	Und noch nicht rund.

mdl. *Amern* 1980, s. Kommentar Nr. 359

Nr. 360

Eên, twee, drie, vier, fif,	Eins, zwei, drei, vier, fünf,
Den Bäkker schlug sin Wif.	Der Bäcker schlug seine Frau,
Den Bäkker schug sin Höndje	Der Bäcker schug sein Hündchen
Wel vöör dat bloote Köndje.	Wohl auf das nackte Hinterteilchen.

Kleve, Gahlings/Matenaar 1936, 66

Nr. 361 Di Brüètschès vann dämm Bäkkèr

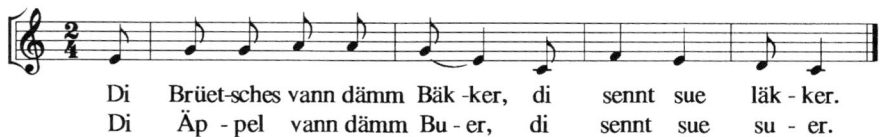

Di Brüet-sches vann dämm Bäk-ker, di sennt sue läk-ker.
Di Äp-pel vann dämm Bu-er, di sennt sue su-er.

Die Brötchen vom Bäcker, / Die sind so lecker. / Die Äpfel von dem Bauer, / Die sind so sauer.

Text und Melodie 1995 in *Grefrath* aufgezeichnet, vgl. aus *Kleve:* Gahlings/ Matenaar 1936, 67: Die Bröödjes van den Bäkker, / Die sin so lêkker, / Die Bröödjes van de Fries, / Die sin so fies.

Zunftzeichen Bäckerbretzel,
Kempen St. Hubert

Bauer

Nr. 362

Im Rufton gesungen:

Buèr, Buèr,	Bauer, Bauer,
Dè Mellèk wörrd suèr!	Die Milch wird sauer!

mdl. *Viersen, 1972*

Wetterfahne, Straelen

Nr. 363

Ennè Buèr öss è Värrikè fann Natuèr,	Ein Bauer ist von Natur aus ein Schwein,
Ennè Buèr öss è Biès,	Ein Bauer ist ein Biest,
Vèrköpp dè Bottèr onn frett dér Kiès.	Verkauft die Butter und frisst den Käse.

mdl. *Hinsbeck, Krefeld, Waldniel* 1980, mdl. *Viersen, Dülken, Süchteln* 1990

Nr. 364

Im Rufton gesungen: Bei geizigen Bauern wurde jeweils der entsprechende Name eingesetzt (Melodieverlauf ähnlich wie bei „Fusskaruèt", Nr. 424):

„Schmettsè"* Buèr	Bauer „Schmitz",
Du kikks suè suèr,	Du guckst so sauer,
Jöffs di Kengèr	Gibst den Kindern
Nôch nett enns ènn Muèr!	Nicht einmal eine Möhre!

* Der entsprechende Name des Bauern wurde eingesetzt, mdl. *Viersen* 1980, überall bekannt

Nr. 365

Di Buèrè, di luère　　　　Die Bauern lauern
Töschèn all di Muèrè,　　Zwischen allen Mauern,
Töschèn all di Häkkè,　　Zwischen allen Hecken,
Woè di Börrjèr käkkè.　　Wo die Bürger kacken.

mdl. *Hinsbeck* 1981

Feuerwehr

Nr. 366 Ètt brännt – Es brennt

Es brennt, es brennt, / Die Feuerwehr, die rennt. / Peter läuft die Treppe rauf /
Und schüttet noch etwas Petroleum darauf. / Es brennt, es brennt, es brennt.

mdl. *Amern, Born, Brüggen, Overhetfeld, Hinsbeck, Neersen, Niederkrüchten, Neuwerk* und *Waldniel* 1979, Text und Melodie 1994 in *Viersen* aufgezeichnet

In *Duisburg* gab es eine zweite Strophe:

Èt brännt, èt brännt,　　　　Es brennt, es brennt,
Die Feuerwehr, die rennt,　　Die Feuerwehr, die rennt
Do bovè en den daddè Stock,　Da oben in dem dritten Stock
Dô steht èn Frau en den Öndèrrock.　Da steht eine Frau im Unterrock.

Meyer-Markau 1905, 187

Gerber

Nr. 367

Datt schtengkijè Fällschèn　　Das stinkende Fellchen
Jöfft datt klengkijè Jälldschèn.　Bringt klingendes Geld.

 Osterath, 1879, NGF 1879, Nr. 6, 24

Gemüsehändler

Der Gemüsehändler zog – ähnlich wie der Milchhändler – mit einer Karre durch die Straßen der Stadt und Sektionen und bot sein Gemüse an, oder er brachte es zu den Kunden. Die kleine Karre wurde z. B. in *Viersen* von einem Eselchen gezogen.

Nr. 368

Schpinaat, Schpinaat!	Spinat, Spinat!
Hongk, seek mich di Kaar nett naat!	Hund, pinkel mir die Karre nicht nass!
Andiivè, Andiivè!	Endivien, Endivien!
Kengk, moss mich fonn di Kaar affbliivè!	Kind, bleib mir ja von der Karre fern!

mdl. *Viersen* 2000

Laternenanzünder

Um 1920 wurden die Straßen in den Städten mit Gaslaternen beleuchtet, während es diese technische Neuerung in den Dörfern und auf dem Land noch nicht gab. Wenn es dunkel wurde, ging der Laternenanzünder in den Städten durch die Straßen von Gaslaterne zu Gaslaterne. Die gusseiserne Laterne hatte von „innen einen Brenner und war verglast. Eine Seite konnte man mittels eines Verschlusses öffnen, so daß man den Brenner kontrollieren und alle paar Wochen die Scheiben von innen putzen konnte. Dies alles tat der Laternenmann." Der Laternenanzünder trug einen langen Stab mit sich. „An diesem war oben ein gekrümmter Haken angebracht. Von jeder Laterne herab hing ein mit einem Ring versehenes Kettchen. Abend für Abend wurde der Haken an der langen Stange behutsam in einen dieser Ringe bugsiert. Dann zog der Laternenmann das Kettchen herunter und siehe da, die Laterne verbreitete ein mildes Licht …" An der anderen Ecke der Laterne hing noch ein zweites Kettchen mit Ring. Bei Tagesanbruch zog er an diesem zweiten Kettchen, und das Licht erlosch. Um die Laternen zu reinigen oder einen Schaden zu reparieren, trug er zuweilen eine kleine Leiter über seiner Schulter.

Wenn das Gas entströmte und die Flamme plötzlich anging, entstand wahrscheinlich ein zischendes Geräusch, das der Vers lautmalerisch durch das „Puffdisch!" oder „Fuppdisch" wiedergibt. Zuweilen kam es jedoch vor, dass halbwüchsige Jungen den Laternenanzünder aus der Ferne beobachteten. Nachdem er die Lampe mit Hilfe seiner Stange angezündet hatte und außer Sichtweite war, kletterten sie am Laternenschaft hoch, zogen an dem besagten Ring und löschten die Laterne wieder aus.

Granderath 1994, 85, mdl. *Viersen* 1970

Nr. 369

Kütt dä Mann mett di Schtang,　　Kommt der Mann mit der Stang,
Fuppdich jeet datt Lämmpkè aan!　Fuppdich, geht das Lämpchen an!

mdl. *Neuwerk* 1981

Nr. 370

Schiddèwiddèwitt, Lateärèpitt,　　Schiddewiddewitt, Laternenpeter!
Hongsfott, di Läddèr èropp!　　Hundefott, die Leiter herauf!
Puffdich jeet datt Lämmpkè aan!　Puffdich geht das Lämpchen an!
auch: ... *Klömm opp di Läddèr èropp!* Kletter die Leiter herauf!

mdl. *Viersen* 1978

Nr. 371

Piddèwiddèwitt Laternepitt!　　Piddèwiddèwitt Laternenpeter!
Hondsfott, de Ledder heropp,　　Hundsfott, die Leiter hinauf,
Schühkes* aan, Strömpkes* aan,　Schühchen an, Strümpfchen an!
Pitter steck dat Lämpke an!　　Peter steckt das Lämpchen an!

* „Schühkes" on „Strömpkes" sind Vorrichtungen in der Gaslaterne, *Duisburg*, Meyer-Markau 1905, 186

Metzger oder Fleischhauer

Wetterfahne:
Zunftzeichen der
Metzger, Viersen

Spottverse über den Metzger wurden nicht gefunden. Das ist um so erstaunlicher, wenn man eine zeitgenössische Beschreibung aus der Zeit um 1910 liest, wie sie aus Kinderaugen wahrgenommen wurde: „Die Metzger oder Fleischhauer, wie man sie derzeit auch nannte, besaßen im Anfang noch keinen Wagen und auch nicht das dazu benötigte Pferd, um das für den Laden bestimmte Fleisch vom Schlachthof zur Metzgerei zu transportieren. Zu diesem Transport benutzten sie eine flache, relativ lange Karre mit zwei Deichseln. Unter der Karre waren zwei starke Ziehhunde angeschirrt, derweil der Metzger oder sein Geselle sich zwischen die Deichsel schob, unter jeden Arm eine Deichselstange geklemmt. Wie oft haben wir Kinder beobachtet, wie der mit Schweine- und Rinderhälften hochbepackte Karren in einem wirklich unerhörten Tempo an unserm Haus vorbei kam. Der Weg vom *Viersener* Schlachthof bis in die Stadt war relativ lang. Die kraftstrotzenden Hunde wußten, dass sie nach getaner Arbeit zu Hause viel Abfallfleisch zugeworfen bekamen und absolvierten daher die Heimtour in rasantem Tempo. Der zwischen den Deichseln sich befindliche Mann, der den schweren Karren vor allem zu lenken hatte, mußte sich ihrem Tempo, ob er wollte oder nicht, halb mitlaufend, halb geschoben, anpassen. Und das amüsierte uns Kinder jedesmal aufs neue."

Viersen, Granderath 1994, 88

Fahnenstange,
Dülken-Bistard

Müller

Nr. 372

Mölder, Mölder, mââle,	Müller, Müller, mahle,
Alle Dââg eenen Dââler,	Jeden Tag einen Taler,
Alle Dââg een fette Kuw,	Jeden Tag eine fette Kuh,
En den Mölder düüt neks dôôrtuw.	Und der Müller tut nichts dazu.

Kleve und Umgebung, Gahlings/Matenaar 1936, 67, vgl. *Hüls* Göhn 1953, 145

Polizist, Schutzmann

Bis in die fünfziger Jahre des 20. Jh.s trugen Polizisten eine dunkelblaue Uniform, zu der statt der heute üblichen Schirmmütze ein schwarzer, helmartiger imposanter Tschako gehörte. Kinder liebten es besonders, den durch die Stadt patrouillierenden Polizisten, den „Schutzmann", aus sicherer Entfernung mit ihren Spottliedchen zu ärgern. Wenn dieser den Kindern drohte und Anstalten machte, hinter ihnen herzulaufen, rannten sie schreiend weg. Meist blieb es bei dieser Drohgebärde des Schutzmannes. Polizisten – wie auch Schneider, Schornsteinfeger, Schuster und Laternenanzünder – waren in der Regel auf den Spottgesang der Kinder eingestellt.

Nr. 373 Doa schteet ennè Schuttsmann

Doa schteet en - ne Schutts-mann, doa schteet en - ne Schutts-mann, deä hätt der jann - tse Daach noch nikks je - doan.

Da steht ein Schutzmann, / Da steht ein Schutzmann, / Der hat den ganzen Tag / Noch nichts getan.

mdl. *Viersen* 1970, *Boisheim* und *Niederkrüchten* 1990

In *Amern, Hinsbeck* und *Neuwerk* gab es eine zweite Strophe dieses Spottgesangs:

189

Deä deet och hüüt nikks,	Der tut auch heut nichts,
Deä deet och hüüt nikks,	Der tut auch heut nichts,
Deä deet dè jonntsè	Er tut die ganze
Angèr Weäk nôch nikks.	Weitere Woche nichts.

mdl. *Amern* 1981

Wenn ein Schutzmann, „Putz" genannt, auf der Straße auftauchte, riefen die Kinder:

„Putts, putts dich enns dè Naas aff!	Putz, putz dir mal die Nase ab!

Das Ansehen eines Polizisten in der Öffentlichkeit war sehr gering. Verächtlich sagten die Erwachsenen auch zuweilen von jemandem, der faul war:

Hä öss suè vuul wi Pollètseischaissè!	Er ist so faul wie Polizeischeiße.

mdl. *Viersen* 1976, mdl. *Krefeld* 1981

Postillion

Wenn der Postwagen in *Viersen* ankam, liefen die Kinder hinterher und sangen den Liedruf, der das Posthornsignal nachahmt:

Nr. 374 Äkkstra Pittèrkè

Äkk-stra Pit-ter-ke, äkk-stra Poos. Habb dich jätt mött-je-brait, watt nikks koos.

Extra Peterchen, extra Post. / Habe dir was mitgebracht, / Was nichts kost'!

Text und Melodie 1975 in *Viersen* aufgezeichnet

Die Ankunft der Post- oder Paketpostkutsche war für Kinder nicht weniger interessant als der Orgelmann mit seinem Affen, der Scherenschleifer oder Laternenanzünder. Die Paketpostkutsche war ein hochgebauter, gelber Postwagen. „Der Kutscher und Zusteller mit seiner merkwürdigen zylinderhutartigen Kopfbedeckung thronte hoch oben auf dem Kutschbock. Um diesen Platz zu erreichen, mußte er drei bis vier leiterartige Sprossen heraufklettern. Er konnte dies nur mittels kräftiger Klimmzüge tun. Wenn er Pakete in einem Haus abliefern wollte, mußte der Abstieg in umgekehrter Weise erfolgen. Nur mußte er sich diesmal an den Leiterstangen gut festhalten. Hinten an der Kutsche befand sich eine Tür mit einem kräftigen vergitterten Fensterchen. Auch hier mußte der Kutscher zwei Leiterstufen erklimmen, um die im Inneren des Wagens befindlichen Pakete und Päckchen zu erreichen. Diese hintere Tür wurde jedesmal wieder sorgfältig zugeschlossen. Nach vollzogener Zustellung an den Adressaten eines Postgutes begann die Kletterpartie auf den Kutschbock von Neuem und dies so lange, bis das letzte Poststück abgeliefert war."

Viersen, Granderath 1994, 87

Schattenbild, Wandsbeck, 1875

Nr. 375

Verlacht wird in dem Liedchen nicht der Postbote, sondern der kleine Junge mit dem Namen Peter:

Äkkstra Pittèrkè, Äkkstra Pôôs!	Extra Peter, extra Post!
Di Bokks ess loos,	Die Hose ist offen,
Dèr Hämbschläpp èruut,	Der Hemdzipfel (hängt) heraus,
Alle Kengèr laachè dech uut.	Alle Kinder lachen dich aus.

mdl. *Neuwerk* 1981

Schäfer

Der Schäfer konnte sich genauso wenig gegen den Spottgesang der Kinder wehren wie alle anderen Erwachsenen, denn wenn er mit seiner Herde vorbeizog, konnte er diese nicht im Stich lassen.

Nr. 376

Schöppèr, Schöppèr, Luèrfott,	Schäfer, Schäfer, Lauerfott (Aufpasser),
Winniè jeet di Sonn opp?	Wann geht die Sonne auf?
Töschè sääs onn sevvè Uèrè	Zwischen sechs und sieben Uhr
Kömmb dä Schöppèr	Zieht der Schäfer
Mött sinn Schöèp jèluerè.	Mit seinen Schafen heran (und „lauert").

Sprechgesang:

Luèrfott, Luèrfott, Luèrfott!	Lauerfott, Lauerfott, Lauerfott!

mdl. *Viersen* 1979, vgl. Spee 1875 H. 2, 9, VIII, aus *Lobberich*

Nr. 377

Töschen Daach on Donkèl	Zwischen Tag und Dunkel
Jeet dè Scheppèr longkè,	Geht der Schäfer lunken (lauern),

191

Töschèn twiè Muurè	Zwischen zwei Mauern
Jeet dè Scheppè luurè,	Geht der Schäfer lauern,
Töschen twiè Häggè	Zwischen zwei Hecken
Jeet dè Scheppèr läggè,	Geht der Schäfer (sich) legen,
Töschen twiè Miitè*	Zwischen zwei Mieten
Jeet dè Scheppèr schiitè.	Geht der Schäfer scheißen.

* Gegen Frost gesicherte Grube u.a. zur Aufbewahrung von Feldfrüchten, *Leuth*, Spee 1875 H. II, 9, VIII, vgl. mdl. *Dülken*, 1979: Es fehlen die Zeilen 3–6, hier bezogen auf den Fassmacher (möglich ist auch, dass ein Familienname gemeint ist): Küppèr, Küppèr Fuulfott, / Morjè jeet di Sonn opp, / Töschè Daach on Dongkèl / Jeet dèr Küppèrsch longkè, / Töschè twiè Miitè / Jeet dä Küppèrsch driitè, die Gewährsfrau erklärte, es von ihrer 1867 in *Kaldenkirchen* geborenen Mutter zu kennen.

Schäfer mit Schafen im Winter bei Kalkar, Privatbesitz Josef Boßmann, Kalkar

Nr. 378

Scheaper mit di Schope	Schäfer mit den Schafen
Het su lang geschlope,	Hat so lang geschlafen,
Witt Popier, schwatt Popier,	Weißes Papier, schwarzes Papier,
Morgen kummen die Soldaten wier.	Morgen kommen die Soldaten zurück.

Mühlheim a.d. Ruhr, Klewer 1901, 96

Nr. 379

| Schöppèr, Schöppèr, Schoapsköpp, | Schäfer, Schäfer, Schafskopf, |
| Wennè jeet di Sônn opp? | Wann geht die Sonne auf? |

Ömm tièn ällf Uèrè,	Um zehn elf Uhr
Do jeet dè Schöppèr luèrè.	Geht der Schäfer lauern.
Süüt datt Weär jèvällich uut,	Sieht das Wetter gut aus,
Träkkt-è mött sinn Schöppkès uut;	Zieht er mit seinen Schäfchen aus;
Övvèr Fäldèr, duèr di Hai	Über Felder, durch die Heide
Söökt heä sech enn jruètè Wai.	Sucht er sich eine große Weide.
Hebbè di Schöep datt Pänntskè dekk,	Haben die Schafe den Bauch voll,
Trökkt heä wärr mött dännè trökk.	Zieht er wieder mit ihnen zurück.
Wänn di Schöppkès schloapè dann,	Wenn die Schafe dann schlafen,
Fängt di Woll tè wôssè aan,	Beginnt die Wolle zu wachsen.
Dèr Bello läkkt sech och dèrbee.	Der Bello (Hund) legt sich auch dazu.
Di Schöppkès roopè „Mää, mää, mää!"	Die Schafe rufen: Mäh, mäh, mäh!

Nachlass Peters *Waldniel* 1961, s. Kommentar Nr. 379

Scherenschleifer

Wenn der Scherenschleifer mit seiner Schubkarre kam, auf der der Schleifstein befestigt war, liefen die Kinder herbei, um bei dem spannenden Vorgang zuzuschauen. Ein ganz bestimmtes kreischendes Geräusch kündigte etwa zweimal im Jahr den Scherenschleifer an.
„Dieses Geräusch schon von weitem vernehmend, rannten die Frauen eiligst durch Küche und Stuben, um stumpfgewordene Scheren oder Messer zusammenzusuchen und für den sich nahenden Scherenschleifer parat zu legen. Und nichts fanden wir Kinder vergnüglicher, als ihm die stumpf gewordenen Gegenstände selbst zu übergeben. Denn wir schauten stets begeistert zu, wie das Schleifen so vor sich ging, und besahen uns sein Handwerk immer wieder. Der Mann trat

Holzschnitt, Jost Amman, Das Ständebuch, Leipzig 1934

mit einem Fuß, wenn der Schleifvorgang begann, auf ein Pedal, das sich am Fuße des Karrens befand, auf dem alles aufgebaut war. Von diesem Pedal aus wurde ein sogenannter Treibriemen bewegt und dieser wiederum setzte einen runden Wetzstein in kreisende Bewegung. Nun prüfte der Scherenschleifer erst einmal mit Daumen und Zeigefinger den Grad der Stumpfheit des betreffenden Utensils. Neben sich hatte er ein altes Tuch hängen und ein Gefäß mit Wasser zum notwendigen Anfeuchten des Schleifsteins. Dann nahm er ein Messer oder eine Schere und drückte die anzuschleifende Seite gegen den rotierenden Stein. Damit begann unter Funkensprühen das kreischende Lied des Schleifens, das man schon von weitem vernehmen konnte. Wenn der Schleifer glaubte, die alte Schärfe sei nun wieder erreicht, schnitt er mit der Schere oder dem gerade geschliffenen Messer einen Lappen oder ein Stück Papier an.

Wir Kinder freuten uns jedesmal aufs neue, wenn es hieß: ‚Der Scherenschleifer kommt!‘ Er konnte zwischendurch immer so richtig schöne Geschichten erzählen. Dazwischen sprühten dann die Funken vom Schleifstein und das fanden wir großartig. Wir Kinder nannten ihn darum auch den ‚Märchenerzähler‘.“

Viersen, Granderath 1994

Schmied

Nr. 380

Schmet, Schmet, Schmet, ärm Dier,	Schmied, Schmied, Schmied, armer Schelm,
Opstohn öm halwer vier,	Aufstehn um halb vier,
Schtif staohn, hart schlohn,	Gerade stehn, fest (zu)schlagen,
Mot för de Fonke lope gohn.	Muss vor den Funken laufen gehn.

Winnekendonk, RWB VII, 1471

Nr. 381

Den Schmet, den Schmet,	Der Schmied, der Schmied,
Den sett op et Schap on schett;	Der sitzt auf dem (Teller) Bord und kackt;
On hätt ek öm net harondergerete,	Hätt ich ihn nicht heruntergerissen,
Dann hatt he et ganze Schap bedrete.	Hätt’ er das ganze Bord beschissen.

Moers-Wallach, RWB VII, 1471

Wetterfahne, Dülken

Nr. 382

Schmettschè, Schmettschè	Schmiedchen, Schmiedchen
fann Bielefeld*	von Bielefeld
Hätt hätt kee Iisèr onn kee Jälld.	Hat kein Eisen und kein Geld.

RWB VII, 1471, * „Der Schmied von Bielefeld" war eine am Niederrhein bekannte Legendengestalt, vgl. Nöever 1953 und Nießen 1909, 11f: „Meister über alle Meister"

Nr. 383

Duudèl, duudèl, disskè,	Duudel, duudel, diske,
Mi Fattèr öss ennè Schmett.	Mein Vater ist ein Schmied.
Onn wänn dè Büll kee Jälld enn hätt,	Und wenn im Beutel kein Geld mehr ist,
Dann hängk mi Moddèr dè Läpp.	Dann zieht meine Mutter eine Schnute.

Mönchengladbach RWB VII, 1948–58, 1472

Schneider

Über kaum einen anderen Beruf gibt es so zahlreiche Spottlieder wie über den Schneider. Man bezichtigte ihn häufig der Unehrlichkeit, weil er angeblich von dem Tuch des Kunden etwas stahl und deshalb diesem das Gewand zu knapp saß. Abgesehen davon waren die Schneider im allgemeinen sehr arm, vor allem die Flickschneider.

Nr. 384

Hurraa, Hurraa,	Hurrah, hurrah,
Dè Keätèl ess kapott,	Der Kessel ist kaputt,
Bräng ömm nô dè Schniidèr,	Bring ihn zum Schneider,
Dä sett è Läppkèn dropp.	Der setzt ein Läppchen drauf.

Lobberich, Spee 1875, H. 2. 11, XIII

Nr. 385

Schnieder mit der Ehle	Schneider mit der Elle
Woul sich e Läppke stehle;	Wollt sich ein Läppchen stehlen;
Kous su wiet net kumme,	Konnt' nicht so weit kommen,
Funk he an te brumme,	Fing er an zu brummen,
Schnid sich in dän Dume,	Schnitt er sich in den Daumen,
Krig he en Sack voll Prume,	Bekam er einen Sack voll Pflaumen,
Schnid he sich in dä Finger,	Schnitt er sich in den Finger,
Mack he dumme Dinger,	Macht er dumme Sachen,

195

Schnid hä sich en di Futt,
Do wuar wirr alles gutt.

Mülheim a.d. Ruhr, Klewer 1901, 96

Schnitt er sich in den Popo,
Da war wieder alles gut.

Nr. 386

Schneider, Schneider, hopp, hopp, hopp,
Mach mir einen neuen Rock (Jacke).
Nicht zu groß und nicht zu klein,
Sonntag muß er fertig sein.

mdl. *Viersen* 1970, *Osterath, Büderich* und *Meerbusch*

*Zunftzeichen der
Schneider vom
Zunftbaum Kempen,
St. Hubert*

Nr. 387

Schnidèr Alleks, Schnidèr Alleks,
Wo häss du dinn Frau?
Enn't Panndhuus, enn't Panndhuus,
Do hängt sè ann't Tau*.

Schneider Alex, Schneider Alex,
Wo hast du deine Frau?
Im Pfandhaus, im Pfandhaus,
Da hängt sie am Webstuhl.

* Tau oder Jètau ist der Webstuhl, *Duisburg,* Meyer-Markau 1905, 185

Nr. 388 Schniddèr Jakob

Schneider Jakob, Schneider Jakob, / Wo hast du die Scher'? / Heb das Hemd
hoch, / Heb das Hemd hoch, / Da findest du sie wieder!

mdl. *Viersen* 1970, die Gewährsperson (Geburtsjahr 1904) bemerkte zu diesem Vers ausdrücklich, sie habe ihn in Anwesenheit ihrer Eltern nicht singen dürfen, mdl. *Viersen* 1975, mdl. *Grefrath, Büderich* und *Meerbusch*, weitere Variante
aus *Viersen*: Schniddèr Wipphopp … Z. 3–6: Loop dänn Bärrich eropp, / Doa vengs du sè wièr"

Vermutlich zur selben Melodie wie „Schniddèr Jakob" wurden die folgenden
Varianten gesungen:

Nr. 389

Schniidèr Häppmann,
Schniidèr Häppmann,
Woa häst-è dinn Schièr?
Enn dè Hämmbskläpp,

Schneider Häppmann,
Schneider Häppmann,
Wo hast du deine Scher'?
Am Hemdenzipfel,

Enn dè Hämmbskläpp,	Am Hemdenzipfel,
Doè fengs du sè wièr.	Da findest du sie wieder.

mdl. *Viersen* 1975

Nr. 390

Schniddèr Wipphôpp,	Schneider Wipphopp,
Schniddèr Wipphôpp,	Schneider Wipphopp,
Woa häss du di Schiièr?	Wo hast du die Scher'?
Loop dänn Bärrich èropp,	Lauf den Berg hinauf,
Loop dänn Bärrich èropp,	Lauf den Berg hinauf,
Doa fengks du sè wiièr.	Da findest du sie wieder.

mdl. Text und Melodie *Viersen* 1972

Nr. 391

Schniider Weppschtärt*,	Schneider Wippschwanz,
Schniider Weppschtärt,	Schneider Wippschwanz,
Wo hääs dou dinn Scheer?	Wo hast du deine Schere?
Ann dènn Bättpôôß, ann dènn	Am Bettpfosten, am
Bättpôôß,	Bettpfosten,
Dô hängk sè nitt meer.	Da hängt sie nicht mehr.

* Bachstelze; (datt Wippschtäèrtskè) = unruhiges Kind, *Moers*, Krach 1924, 82, vgl. *Kleve*, Gahlings/Matenaar 1936, 66

Nr. 392

De Gäjt, die liep den Berg herobb,	Die Ziege lief den Berg hinauf,
De Schniedèr liep sè noh;	Der Schneider lief ihr nach.
De Gäjt, die hiel de Stärt enne Höch,	Die Ziege hielt den Schwanz in die Höhe,
De Schnieder säht „Oho!"	Der Schneider sagt: „Oho!"

Moers, Krach 1924, 79

Das „Wappentier" des Schneiders war die Ziege; deshalb verspotteten ihn die Kinder:

Nr. 393

Schrüèr*, Schrüèr, Jeet!	Schneider, Schneider, Ziege!
Watt kôôst dèr Weet?	Was kostet der Weizen?

* Schrüèr (Schröder) ist die alte Bezeichnung für den Schneider

Schattenbild, Wandsbeck 1875

Nr. 394

Schrüèr, Schrüèr, Schrekk!	Schneider, Schneider, Schreck!
Allè Daach ennè Mekk.	Jeden Tag ein Weißbrot.
Fiif Ällè Lengk,	Fünf Ellen Band,
Deä Schrüèr, dä schtengk!	Der Schneider stinkt!

mdl. *Viersen* 1980, vgl. Schmitz 1893, 48

Nr. 395

Auf dem Berge Sinai	
Saß der Schneider Kikeriki.	
Seine Frau, die Margarete,	
Saß auf dem Balkon und nähte.	
Fiel herab, fiel herab,	
Und das rechte Bein war ab.	

Schattenbild, Wandsbeck 1875

mdl. *Viersen* 1972, vgl. Siemes/Philips 1995, 190: In *Aachen* als Auszählvers aufgezeichnet, letzte Zeile: Und du bist ab!

Nr. 396

Bej Grevers op die Bröck,	Bei Grevers auf der Brücke
Dor satte söve Schnejders drop.	Darauf saßen sieben Schneider.
On äne Schnejder va' söventien Johr,	Und ein Schneider von 17 Jahren,
Den hat enen Bart näs Gäjtenhor.	Der hatte einen Bart aus Ziegenhaar.

Kevelaer, Stenmans GHK 1987, 207

Nr. 397

Vom „Schneider im Himmel" handelt ein Märchen der Brüder Grimm (KHM Nr. 35), doch im folgenden Vers wird dem Schneider angedichtet, in der Hölle Heizer zu werden.

Schnejer, Schnejer sonder Nold,	Schneider, Schneider ohne Nadel,
Hej düüt gröts en hej düüt stolt,	Er tut groß und stolz,
Hej düüt altid bromme.	Er brummt immerzu.
Schnejer, Schnejer Noldestêêker,	Schneider, Schneider Nadelstecher,
In de Hel dôôr word gej Stôôker.	In der Hölle wirst du Heizer.

Kleve und Umgebung; Gahlings/Matenaar 1936, 66

Nr. 398

De Hahn, de kräjt,	Der Hahn kräht,
De Wend, de wejt.	Der Wind weht.
Schnieder Voß well op den Boom.	Schneider V. will auf den Baum.
Dor plöckt heij sek en Prum.	Da pflückt er sich eine Pflaume.
Ek sag: Tu, gev der mej ook een.	Ich sage: Du, gib mir auch eine (davon).
Du schmeet heij mej	Da bewarf er mich
Met 'nen Prumensteen.	Mit einem Pflaumenstein.
Du nam ek minnen wetten Stock	Da nahm ich meinen weißen Stock
On schlug öm op den kahlen Kopp.	Und schlug ihn damit auf den kahlen Kopf
Du riep hej: Vader Jakob!	Da rief er: Vater Jakob!

Wesel, Tidden HKW 1982, 132

Schornsteinfeger

Auch der Schornsteinfeger wurde mit Vorliebe aus sicherer Entfernung gehänselt. Wenn er auf dem Dach war, sangen die Kinder (so, so, la, la, so, so, mi, mi, usw.):

Nr. 399

> *Schornsteinfeger, schwarzer Neger,*
> *Sitzt auf 'm Dach und kann nicht fegen!*

mdl. *Hinsbeck, Viersen* 1979

Nr. 400

> *Schornsteinfeger, schwarzer Neger,*
> *Hast die ganze Fott verbrannt!*

mdl. *Viersen*, 1979, *Hinsbeck*

Nr. 401

> *Schornsteinfeger Lampe*
> *Ging zu seiner Tante.*
> *Wollt ein Stückchen Kuchen haben,*
> *Sagte nicht mal „Danke"!*

mdl. *Born, Viersen* 1979

Wetterfahne, Kempen

Nr. 402

Schornsteinfeger hupp, hupp, hupp,	Schornsteinfeger hupp, hupp, hupp,

199

Hätt des Naut emm Bätt jèpuppt.	Hat diese Nacht ins Bett „gepuppt".
Worömm häss-dè datt jèdoèn?	Warum hast du das getan?
Woèrs tè fuul förr oppdèschtoan.	Warst zu faul, um aufzustehen.

mdl. *Hinsbeck* 1998, vgl. *Kleve*: Gahlings/Matenaar 1936, 65, vgl. *Wesel*, Tidden, 132: Schoßtenfäger hupp … Z. 4: Hej wass de möj, öm optestohn (Er war zu müde, um aufzustehn)

Schuster

Schuster waren – wie die Schneider – meist arm, ja armselig. Man nannte sie auch „*Peäkmännkè*" – Pechmännchen oder „*Peäklapp*" – Pechflicker (oder Pech-flicken). Der folgende Vers bezieht sich auf die ärmlichen Mahlzeiten aus Mehl- und Milchbrei.

Nr. 403

Schuster Lapp, Lapp, Lapp[*],	Schuster Lapp, Lapp, Lapp,
Dèr Tällèr foll Papp, Papp, Papp,	Der Teller voll Milchbrei,
Dèr Tällèr foll Prengk,	Der Teller voll Buttermilchsuppe,
Deä Schustèr, deä schtengk.	Der Schuster, der stinkt.

[*] Neckname für den Schuster, mdl. *Viersen* 1973, *Neuwerk* 1981. Das Verb „lappen" kann sowohl heißen: „Schuh-sohlen flicken" als auch „vom Schneider etwas flicken lassen". Deshalb ist dieser Vers auch für den Schneider über-liefert: „Schniddèr Lapp, Lapp ..."

Nr. 404

Schuster Lapp, Lapp,	Spitzname für den Schuster
En Päcksken Taback,	Ein Päckchen Taback,
För twee Pänneng Papier;	Für zwei Pfennig Papier;
Drey Pänneng gäw wihr.	Drei Pfennig gib wieder zurück!

Moers, Krach 1924, 82, Nr. 33

Nr. 405

Schuh-Lapperke, Fettlehr,	Flickschusterlein, Fettleder
Lappse mi nett,	Flick sie mir so nett (gut),
Dat ek se vör dat Fenterke sett.	Damit ich sie vor das Fensterchen setz'.
So dreiht he sin Dradelke,	So dreht er sein Drähtchen,
So steck he dat Nadelke,	So steckt er das Nädelchen,
So häut he de Pinn, Pinn, Pinn,	So schlägt er auf (den) Holzstift,
Kick es, wat ek förn Lapperke bön!	Sieh mal, was ich für ein Flickerlein bin!

Duisburg, Meyer-Markau 1905, 185

Nr. 406

> *Schuster läpp läpp,*   Schuster läpp läpp,
> *Dè Tällèr fòll Wäkk,*   Der Teller voll Weißbrot,
> *Dè Täller fòll Wanntsè,*   Der Teller voll Wanzen,
> *Dè Schustèr kann danntsè.*   Der Schuster kann tanzen.

Mönchengladbach, Müller ZfVK, 22. Jg. 1925, 41, vgl. ähnlich in *Düsseldorf* a. a O. 40

Straßenbahn und Schaffner, die „Lektrische"

„Außer dem Fahrer (gab es um 1910) in jedem Wagen, d.h. auch in jedem Anhänger, einen Schaffner. Bei einem solchen Schaffner kaufte man das Billett, in das er jedesmal vorschriftsmäßig ein Loch knipste. Diese Billetts staken, zu verschiedenen Blöckchen zusammengeheftet, in einer zuklappbaren, buchdeckelähnlichen Holzlade, die er, nachdem er jedem Fahrgast mit einem „Bitte schön" ein gelochtes Scheinchen ausgehändigt hatte, schwungvoll unter seinen Arm klemmte oder in die dafür bestimmte große schwarze Umhängetasche steckte, denn er hatte noch andere Aufgaben: Er mußte darauf achten, daß die Leute ohne Schwierigkeiten ein- und aussteigen konnten und half ihnen dabei. Er tat auch dem Fahrer kund, wann er zu halten hatte und wann er wieder weiterfahren konnte. Zum Zeichen, daß alle Wartenden eingestiegen waren, er hatte zuvor mit einem kräftigen Ruck die Wagentür zugeschoben, zog er kurz an einem ledernen Riemchen, das so angebracht war, dass es den ganzen Wagen an der Decke entlang verlief. Dadurch ertönte beim Fahrer ein Klingelzeichen. Der Fahrer selbst besaß auch eine Klingelvorrichtung. Die aber befand sich am Boden, rechts, zu seinen Füßen. Der Fahrer stand nämlich beim Fahren und saß nicht … Manchmal durften wir Kinder vorne bei ihm einsteigen. Vor allem faszinierte uns an seinem Fahrerpult der wuchtige hochstehende Metallgriff, der sich über einer großen, mit Messingzahlen versehenen, in das Pult eingelassenen scheibenartigen Platte befand. Er wurde während der Fahrt immer wieder mit kurzen, kräftigen Rucken mal nach rechts, mal nach links geschoben. Auf diese Weise konnte der Fahrer, wie er uns erklärte, die Geschwindigkeit regeln und auch, falls erforderlich, plötzlich bremsen. Wenn er ein Klingelzeichen als Warnsignal für Passanten oder für andere Fuhrwerke geben mußte, so trat er mit dem Fuß energisch mehrmals auf den dicken runden Metallknopf am Boden, worauf ein schrilles „bimmelimelim" ertönte … Damals war es übrigens auch noch möglich, die Fenster während der Fahrt zu öffnen. Auch gab es vor diesen Fenstern jene immer etwas muffig riechenden Gardinchen, um sich gegen die Sonne zu schützen. Besonders schön empfanden wir Kinder das Fahren in den Sommer-Anhängewagen. Die beiden Plattformen solcher Wagen hatten nämlich zum Wageninnern keine Türen, so daß es innen immer luftig und hell war. Da auch die Fenster in diesem Wagen nur glaslose große Rahmen hatten, konnte man während der Fahrt so herrlich die Arme herausbaumeln lassen und allen nur möglichen Leuten zuwinken. Das fanden wir immer sehr lustig. Wenn so eine Elektrische an einem Gleis-Endpunkt angekommen war, stieg der Fahrer aus, denn dann mußte er mittels eines langen kräftigen Seils, das irgendwo am Wagen befestigt war, mit einem resoluten Schwung, einen oberhalb der Bahn befindlichen Bügel umschwenken, weil man ja nun anders herum fahren mußte."

Granderath 1994, 94-96

Nr. 407 Klingèlingèling, die Straßenbahn kommt

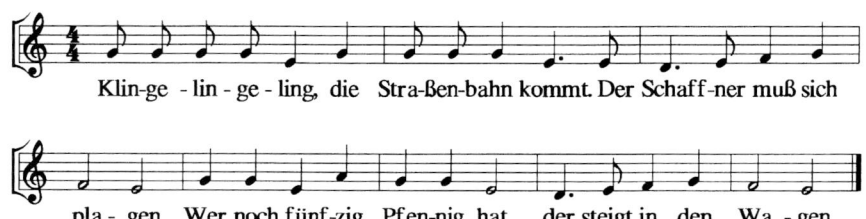

Text und Melodie 1995 in *Osterath* aufgezeichnet

Gesungen zur Melodie „Auf der grünen Wiese …"

> *Ach, was bin ich müde, ach, was bin ich matt.*
> *Hätt ich nur ein Dreirad*, führ ich in die Stadt.*

* auch Fahrrad

Wetterfahne, bei Wankum

Anschließend wurden die ersten vier Zeilen gesungen:

Nr. 408 Tingèlingèling

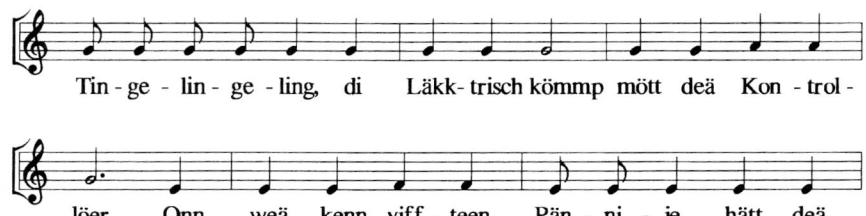

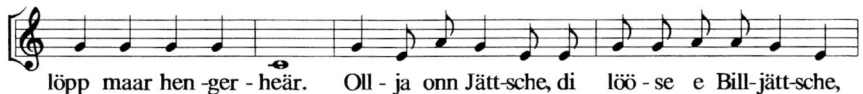

Tingelingeling, die Elektrische kommt / Mit dem Kontrolleur. / Und wer keine 15 Pfennige hat, / Der läuft nur hinterher. / Olga und Henriettchen / Lösen ein Billettchen (Fahrkarte), / Steigen in die Elektrische ein / Und winken dann „Adieu"!

mdl. 1972 *Viersen*, Z. 1-8 mdl. *Dülken* 1980, Z. 1-4 mdl. *Viersen, Born, Krefeld*, mdl. *Neuwerk* 1981: … Schtaijè enn't Kupee / On saarè dè Schtatt: „Addschöö". – Steigen ins Abteil / Und sagen der Stadt: „Adieu", vgl. *Duisburg* Meyer-Markau, 1905, 187 „Tenglengleng, tenglengleng, / Do kömp de Elektrisch her! / Wa nit fifftin Penning hät', / De löp do drachter her." s. Kommentar Nr. 408

Weber

Nr. 409

Kaflittsch, kaflettsch,	(Ahmt das klappernde Geräusch des Webstuhls nach)
Koak mech eenèn Dättsch	Koch mir einen Brei
Fann Weetèmeäl,	Von Weizenmehl,
Fann Möldèrschmeäl.	Von Müllermehl.
Di Vrau waas seech,	Die Frau war krank,
Di Kou waas blengk.	Die Kuh war blind.
Di Maad, di kreech	Die Magd, die kriegte
Èn höltèrè Kengk.	Ein hölzernes Kind.

Aus *Lobberich*, Spee 1875, H.2, 13, b

Auch im folgenden Vers wird das Klappern des Webstuhls klanglich nachgeahmt:

Nr. 410

Kadittèr, Kadättèr, Kadittèr, Kadättèr!
Je längèr, je nettèr.
Kadittèr, kadättèr, Kattuun, Kattuun.

mdl. *Waldniel* 1980

Nr. 411

Dor satt enne Wäver op et Tauw,	Da saß ein Weber auf dem Webstuhl,
Hän woß nit, wat hän wäwe soll.	Er wusste nicht, was er weben sollte.

203

Hän wäwden dat, hän wäwden dat.	Er webte dies und webte das.
Hän wäwden sin Frau	Er webte seiner Frau
En Hemd an't Gat.	Ein Hemd ans Hinterteil.

Aus der Umgebung von *Geldern* UH., 16. Jg., Nr. 9, 1928 unpag., vgl. Siemes / Philips 2001, 57

Ziegelarbeiter

Nr. 412

Een, twiè, dreij, Tischèlbekkèrai,	Eins, zwei, drei, Ziegelbäckerei,
Tischèlbekkèr, Bottèrlekkèr,	Ziegelbäcker, Butterlecker,
Een, twiè, dreei.	Eins, zwei, drei.

mdl. *Born, Kaldenkirchen, Neuwerk* 1979

Die Arbeit in der Ziegelei war hart und brachte nur wenig Geld ein. Der Ziegelmeister in der *Viersener* Ziegelei wurde mit diesem Vers verspottet:

Nr. 413

Deä krommè Teschèlbaas,	Der krumme Ziegelmeister,
Deä hätt kee Hämmb amm Aarsch.	Der hat kein Hemd am Hintern.
Deä schmiièrt sich dè Fott foll Leem	Der schmiert sich den Hintern voll Lehm
Onn jeet noè Heem.	Und geht nach Haus'.

mdl. *Viersen* 1979

Zimmerleute

Nr. 414

Minn leef Märjrüdrüü,	Meine liebe Maria-Gertrud,
Watt kôstè mech dè Tömmerlüü?	Was kosten mich die Zimmerleute?
Sè jônnt waal schliipèn onn weetèn,	Sie gehen zwar zum Schleifen und Wetzen,
Ömm datt sè dänn Tiid vèrlettèn,	Um die Zeit herumzubekommen.
Onn mött ennè Feèch iss dè Kann leäch	Und im Handumdrehen ist die (Bier-)Kanne leer.

Waldniel RWB V, 869

Zunftzeichen, Kempen, St. Hubert

Zeppelinfieber in Deutschland, Flieger

„Als am 17. September 1929 das Luftschiff ‚Graf Zeppelin' bei seinem Städtebesuch von Hamburg nach Berlin auch eine Schleife über die Rheinlande zog, stand – wie in vielen anderen Orten – die Stadtprominenz (von Viersen) bereits früh am Morgen auf dem Bismarckturm, die ganze Stadt war in Bereitschaft, um den Anblick des ‚Wunders der Luftfahrt', des ‚Symbols neuer deutscher Weltgeltung' nicht zu versäumen. In *Viersen* stand alles auf dem Sprung: ‚Die Hand am Knopf zum Auslösen von Sirenen, die Glockenseile gestrafft und die Bettlaken (zum Winken) bereitgelegt …' Die allgemeine Begeisterung ging auch auf die Kinder über, die an diesem Tag ein neues Liedchen aus der Taufe hoben:

Nr. 415

>   *Sum, sum, sum,*
>   *Zeppelin flieg herum*
>   *Über Aachen, über Essen,*
>   *Viersen hat er nicht vergessen.*
>   *Sum, sum, sum,*
>   *Zeppelin flieg herum.*

Abrahams 1990, 45, gesungen zur Melodie: Sum, sum, sum, Bienchen flieg herum …

Zeppelin-Spekulatiusbrett, Aachen, ca. 1925, Privatbesitz

Zu diesem Ereignis notiert der damalige Gymnasiast Karl Leisner in *Kleve* am 17. September 1929 in seinem Tagebuch: „Wir gingen mit dem Gymnasium zum Bresserberg. Hier glaubten wir, ‚Graf Zeppelin' besser sehen zu können. Leider ging unsere Hoffnung nicht in Erfüllung. In der Stadt sah man das Luftschiff bedeutend besser. Trotzdem machte uns der Anblick des herrlich in der Luft schwebenden Luftschiffs ‚toll' vor Begeisterung. Nachher hatten wir schulfrei."

Seeger KKL 2004, 161

Literatur:

Anleitung Schattenbilder auszuschneiden, Wandsbeck 1875

Abrahams, Josef, Aus dem alten Rintgen. Geschichten rund um den Viersener Neumarkt. Hg. Peter Abrahams, Viersen 1990 (Abrahams 1990)

Gahlings, Karl und Franz Matenaar, Lieder und Sprüche aus dem Leben und Brauchtum am Niederrhein, Kleve 1936 (Gahlings/Matenaar 1936)

GHK = Geldrischer Heimatkalender

Göhn, Edmund, Der niederrheinische Flecken Hüls von der Urzeit bis zur französischen Revolution, Hüls/Krefeld 1953 (Göhn 1953)

Granderath, Hildegard, Wie ich als Kind meine Heimatstadt Viersen erlebte. Hg. Verein für Heimatpflege e.V. Viersen, Viersen 1994 (Granderath 1994)

HKW = Heimatkalender Kreis Wesel

KKL = Kalender für das Klever Land

Klewer, Wilhelm, Aus dem Kinderleben. In: Festschrift zum … Rheinischen Provinzial-Lehrertag, Remscheid 1901 (Klewer 1901)

Krach, Gottfried, Min Modersprok, Die Mundart in der ehemaligen Grafschaft Moers, Moers 2. 1924 (Krach 1924)

Meyer-Markau, W., Duisburger Kinderlieder. In: Festschrift zu der vom 12.–14.6.1905 abgehaltenen Hauptversammlung des Allgemeinen deutschen Sprachvereins, Duisburg 1905 (Meyer-Markau 1905)

Müller, Josef, Schusterspott im Rheinischen. In: Zeitschrift des Vereins für rheinische und westfälische Volkskunde, 22. Jg. 1925 (Müller ZfVK 1925)

Müller, Josef, Hg., Rheinisches Wörterbuch, Bd. I–IX, Bonn, Berlin, 1928–1971 (RWB V, VII)

NGF = Niederrheinischer Geschichtsfreund 1879 (NGF 1879)

Peters, Gerhard, Waldniel Nachlass Peters, Kreisarchiv Kempen Nr. 4, 1961 (Nachlass Peters 1961)

RWB = Rheinisches Wörterbuch (s. Müller …)

Schmitz, Wilhelm, Die Mischmundart in den Kreisen Geldern (südlicher Teil), Kempen, Erkelenz, Heinsberg, Geilenkirchen, Aachen, Gladbach, Krefeld, Neuss und Düsseldorf sowie mancherlei Volksthümliches aus der Gegend, Dülken 1893 (Schmitz 1893)

Schollen, Matth., Aachener Volks- und Kinderlieder, Spiellieder und Spiele. In: Zeitschrift des Aachener Geschichtsvereins Bd. IX, Aachen 1887 (Schollen 1887)

Seeger, Hans-Karl, „Graf Zeppelin" über Kleve in der Erinnerung Karl Leisners. In: Kalender für das Klever Land 2004 (Seeger KKL 2004)

Siemes, Helena und Gerd Philips, Rheinische Spiele, Reime und Lieder, Aachen und Umgebung, Aachen 1995 (Siemes/Philips 1995)

Siemes, Helena und Gerd Philips, Durch das Jahr. Feste und Bräuche am Niederrhein, Duisburg 2001 (Siemes/Philips 2001)

Spee, Johannes, Volksthümliches vom Niederrhein. H I, Aus Leuth im Kreise Geldern, und Heft II, Köln 1875 (Spee 1875)

Stenmans, Peter, Kinderreime, Liedchen und Sprüche in Kevelaerer Platt. In: Geldrischer Heimatkalender 1987 (Stenmans GHK 1987)

Tidden, J., Niederrheinische Volkspoesie, In: Heimatkalender Kreis Wesel 1982 (Tidden HKW 1982)

UH = Unsere Heimat, Zwanglose Blätter, hg. von den Heimatvereinen des Kreises Geldern. Beilage zur Niederrheinischen Landeszeitung

ZfVK = Zeitschrift des Vereins für rheinische und westfälische Volkskunde

Großmütter und Tanten

Nr. 416

Di Jeet, di löppt dèr Bärich èropp	Die Ziege läuft den Berg hinauf
Onn schreit:	Und schreit:
„Jong, watt kriijè wörr Vröid,	„Jung', was kriegen wir Freud',
Di Oma wörrd vèrbläut!"	Die Oma wird verbleut!"

mdl. *Viersen* 1980

Nr. 417 Freut euch des Lebens

Freut euch des Le-bens, Groß-mut-ter wird mit der Sen-se ra-siert.

Al - les ver - ge - bens, sie war ja nicht ein - ge - schmiert

Text und Melodie 1982 in *Overhetfeld* aufgezeichnet, s. Kommentar Nr. 417

Zur Melodie eines Rheinländers* wurde gesungen:

Nr. 418 Heinerle, was machst du da?

"Hei - ner - le, was machst du da?" "Ich ra - sier die O - ma - ma."

"Hei - ner - le, das darfst du nicht! O - ma - ma ist kit - ze - lig."

* Rheinische Polka im 2/4-Takt, mdl. *Viersen* 1974, vgl. *Köln:* Heinerich, … / Ich vexier die Großmama. … vgl. Werner 1961, 98

Die verspottenden „Großmutterlieder" mit mehreren Strophen tauchten erst nach dem Ersten Weltkrieg bei Kindern und Schülern auf; den um 1900 Geborenen waren sie noch weitgehend unbekannt.

Nr. 419 Meine Oma fährt im Hühnerstall Motorrad

Mei - ne O - ma fährt im Hüh -ner-stall Mo - tor - rad, Mo -

tor - rad, Mo - tor - rad. Mei -ne O - ma fährt im Hüh-ner-stall Mo -

tor - rad oh - ne Brem-se, oh - ne Rück-tritt, oh - ne Licht.

2. Meine Oma hat Klosettpapier mit Blümchen. / Meine Oma ist 'ne ganz moderne Frau! / 3. Meine Oma hat 'nen Nachttopf mit Beleuchtung. / Meine Oma ist 'ne ganz moderne Frau. / 4. Meine Oma hat 'nen Bandwurm, der gibt Pfötchen. / Meine Oma ist 'ne ganz moderne Frau.

mdl. *Viersen* 1970, *Overhetfeld* 1981, weit verbreitet

Nr. 420 Eine Oma ging spazieren

Ei - ne O - ma ging spa - zie - ren, an der

Hand ihr En - kel - kind; denn es wollt die O - ma

füh - ren, denn die gu - te al - te Da - me, die war blind.

2. War ein Graben in der Nähe zwischen Wald und der Chaussee. / „Oma, hops mal", sprach die Range, und die alte Dame hopste in die Höh'. / 3. Dieses macht der Kleinen Freude, wenn es die Oma hopsen sah. / „Oma, hops mal", sprach sie öfter, wenn auch kein Graben in der Nähe war. / 4. Kam ein Förster um die Ecke zwischen Wald und der Chaussee. / „Pass nur auf, du kleine Range, dieser Unfug ist doch wirklich unerhört!" / 5. „Onkel Förster, sei doch ruhig, Onkel Förster, sei doch still. / Diese Oma ist die meine. Die kann ich hopsen lassen, wann und wo ich will."

Text und Melodie 1975 in *Viersen* aufgezeichnet

Nr. 421 Ich hab' ne alte Tante

Ich hab´ ne al - te Tan-te, die war spar-sam im Ge -brauch. Mit

ei - nem Ei - mer Was -ser putzt sie das gan - ze Haus. Und

was sie da - von ü - brig hält, kocht sie gleich Kaf - fee draus.

Text und Melodie 1994 in *Kaldenkirchen* aufgezeichnet, ebenfalls mdl. in *Viersen, Büderich* und *Osterath,* vgl. in *Krefeld-Traar* 1981: Ich hatt enn aal Tant. / Di puttst datt janntsè Huus / Mett ennè Ämmèr Waatèr. / Dann kokkt sè Kaffè druut; ähnlich bei Wehrhan 1929, 118, Nr. 1788

Nr. 422

O Tante Traut, o Tante Traut,
Watt hässtè vrächè Blaarè!

O Tante Gertrud, o Tante Gertrud,
Was hast du unerzogene Kinder!

Di drengkè dich dèr Kaffe uut	Die trinken dir den Kaffee aus
Onn schlaarè dich jätt vörr di Schnuut.	Und schlagen dich auf das Maul.

mdl. *Viersen* 1979

Nr. 423

O Tante Traut, o Tante Traut,	O Tante Gertrud, o Tante Gertrud,
Watt hässtè frächè Blaarè!	Was hast du unerzogene Kinder!
Di schännè mich alls Pollakk uut	Die beschimpfen mich als Polen
Onn schmiitè mich dè Düèr èruut.	Und werfen mich zur Tür hinaus.
O Tante Traut, …	O Tante Gertrud, …

mdl. ebenfalls aus *Kaldenkirchen, Krefeld , Dülken, Born, Brüggen,* Melodie: O Tannenbaum, o Tannenbaum, wie treu sind deine Blätter …

Literatur:

Caumanns, P., Grafschafter Volkspoesie. In: Heimatkalender für den Kreis Moers 1940 (Caumanns HKM 1940)

Gahlings, Karl und Franz Matenaar, Lieder und Sprüche aus dem Leben und Brauchtum am Niederrhein, Kleve 1936 (Gahlings / Matenaar 1936)

Gierlichs, Hubert, Reime, welche von den Kindern beim Spielen gebraucht werden. In: Rheinische Geschichtsblätter, Bonn 1901/02 (RGB 1901/02)

HKE = Heimatkalender der Erkelenzer Lande 1987 (HKE 1987)

Kleintitschen, Rosa, Ut den alden Tied, Hüls 1979 (Kleintitschen 1979)

Mackes, Karl, Aus dem alten Neuwerk, Viersen 1913 (Mackes 1913)

Mackes, A., Spottverse auf Vornamen. In der M. Gladbacher Gegend gesammelt von A. Mackes. In: ZfVk; 10 Jg. 1913 (Mackes A. ZfVk 1913)

Müller Josef, Hg., Rheinisches Wörterbuch, Bd. I–IX, Bonn, Berlin, 198-1971 (RWB I, II, IV, V)

RGB = Rheinische Geschichtsblätter, Bonn 1901/02

RWB = Rheinisches Wörterbuch

Simrock, Karl, Hg., Das deutsche Kinderbuch, 3. vermehrte Auflage, Frankfurt/Main o.J. (1879) (Simrock 1879)

UH. = Unsere Heimat, Zwanglose Blätter, hg. von den Heimatvereinen des Kreises Geldern. Beilage zur Niederrheinischen Landeszeitung, 20. Jg., Nr. 7, 1932, unpag. (UH. 1932)

Wehrhan, Karl, Frankfurter Kinderleben in Sitte und Brauch, Kinderlied und Kinderspiel, Wiesbaden 1929 (Wehrhahn 1929)

ZfVk = Zeitschrift des Vereins für rheinische und westfälische Volkskunde

Außenseiter

Rothaarige

Rothaarige Kinder und Erwachsene hatten unter dem Spott ganz besonders zu leiden. Ihnen wurden charakterliche Schwächen unterstellt, vor denen man sich in acht zu nehmen habe, wie z. B. Falschheit und Hinterlist. Dies drückt die überall bekannte Redensart aus: *„Dä hätt fallschè Pannè opp èll Daak"* – der hat falsche Ziegel auf dem Dach. Damit sind im übertragenen Sinn die roten Haare gemeint. Oder: *„Ruè Hoar onn ällsè Hôllt wassèn opp* *kennè joè Jrongk"* – rote Haare und Erlenholz wachsen auf keinem guten Boden/Grund. Generell wurden die Rothaarigen abschätzig *„Fuss"* oder *„Vuès"* genannt. In *Krefeld* sagte man: „der Blaue". Auf dem Schulweg wurden Rothaarige zu ihrem Leidwesen häufig mit folgendem Leiergesang verspottet:

Nr. 424 Fusskaruèt

Roter Fuchs (Spottname), / Wie schmeckt das Brot? / Das Brot, das schmeckt nach rotem Fuchs.

mdl. *Viersen* 1970; auch in *Amern, Boisheim, Dülken, Neersen, Neuwerk, Niederkrüchten* und *Waldniel* aufgenommen, 1981 und 1994

Nr. 425

Fusskaruèt, watt, kôôs ee Luèt*?   Roter Fuchs, was kost' ein Lot?
Datt Luèt kôôs ennè Haanèpuèt!   Das Lot kost' einen Hahnenfuß!

* ein Lot = alte Maßeinheit (ca. 16,7 g), mdl. *Viersen* 1974

Nr. 426

Fuss, Fuss, Fuss!   Fuchs, Fuchs, Fuchs!
Füèr enn dè Fott!   Feuer im Hintern!

mdl. *Viersen* 1972

Nr. 426

Honndèr wäkk,   Hühner weg!
    (Sperrt die Hühner ein!)
Dèr Voos kömmp!   Der Fuchs kommt.
    (Nehmt Euch in Acht!)

mdl. *Born* 1979

Nr. 427 Fuss, Fuss, komm èruut

Fuchs, Fuchs, komm heraus, / Der Teufel frisst dir alles aus!

Text und Melodie 1979 in *Viersen* aufgezeichnet, weit verbreitet

Nr. 429 Wenn der Fuchs nach Hause kommt

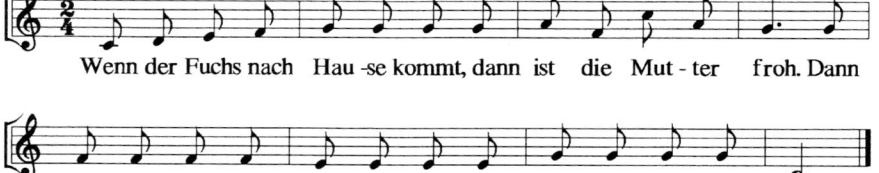

Text und Melodie 1978 in *Dülken* aufgezeichnet, bekannt auch in *Viersen, Süchteln, Kaldenkirchen, Neuwerk, Krefeld, Amern, Waldniel, Hinsbeck, Osterath* und *Büderich*, manchmal auch: „Dann braucht sie kein ‚Petrolium' mehr …" s. Kommentar Nr. 429

Nr. 430

Rooje Vos, den Düüvel es los!	Roter Fuchs, der Teufel ist los!
Bind ön an en Täuke,	Bind ihn an ein Seil.
Sêt öm een alde Schlôôpmöts op,	Setz ihm 'ne alte Schlafmütz' auf,
Dan likt hej als een Fräuke.	Dann sieht er aus wi 'ne alte Frau.

Kleve, Gahlings / Matenaar 1936, 76

Krauses und welliges Haar

Nr. 431

Kruusè Hoèr, kruusè Senn	Senn, krauses Haar,
	krauser Sinn (Gesinnung)
Meddsè sett dèr Düüvèl drenn.	Mitten sitzt der Teufel drin.

mdl. *Amern, Boisheim, Born, Dülken, Büderich, Hinsbeck, Neuwerk, Osterath* und *Viersen* 1979

Stotterer

Nr. 432

Schtammèlbäkk,*	Stottermund,
Watt jöllt dèr Dräkk?	Was gilt der Dreck?
*Sièvè Schtüüvèr** dè Kann!*	Sieben Stüber die Kanne.

* Bäkk = Schnabel, Kinn, Stotterer, ** Stüber = Geldmünze, *Viersen*, Florax 1893, 9

Bucklige

Nr. 433

Marii di song,	Maria sang,
Dä Puggèl, dä schprong,	Der Bucklige sprang,

Böss datt emm ennè Knoop	Bis ihm ein Knopf
Fônn dé Bokks affschprong.	Von der Hose absprang.

mdl. *Neuwerk* 1981

Nr. 434

Wä ennè Puggèl hätt,	Wer einen Buckel hat,
Dä kann neet möttjoan.	Der kann nicht mitgehn.
Wä-rèr twiè hätt,	Wer zwei hat,
Dä mott dèrneävè joan.	Der muss daneben gehn.
Wä-rèr dreei hätt,	Wer drei hatt,
Dä mott dè Buus schloan.	Der muss die dicke Trommel
	schlagen.

mdl. *Grefrath* 1995, auch in *Aachen* bekannt

Klein und dick

Nr. 435

Kleen onn dekk ess onnjèschekk.	Klein und dick ist ungeschickt.
Lôngk onn schmaal, datt süüt so kaal	Lang und schmal (dünn) sieht kahl aus.

mdl. *Viersen* 1972

Nr. 436

Eine kleine Dickmadam
Fuhr mal mit der Eisenbahn.
Eisenbahn, die krachte,
Dickmadam, die lachte.

mdl. *Viersen* 1970

Zigeuner

Durchziehenden Zigeunern begegneten Erwachsene mit Misstrauen. Den Kindern schärften sie ein, sich von ihnen fernzuhalten, und warnten sie vor Diebstahl und Kinderraub. Diese Angst spiegeln auch die Verse wider.

Nr. 437

Tsikk, tsakk, Tsijoinerpakk,	Zick, zack, Zigeunerpack,
Förr fiif Pänning Kautabakk,	Für fünf Pfennig Kautaback,
Förr teen Pänning Koalè,	Für zehn Pfennig Kohle,
Tsijeunèr hätt jèschtoalè.	Zigeuner hat gestohlen.

mdl. *Viersen, Neersen, Neuwerk, Amern, Waldniel* 1972

Nr. 438

Tsikk, Tsakk, Tsijöinerpakk,	Zick, zack, Zigeunerpack,
Förr fiif Pänning Kautabakk,	Für fünf Pfennig Kautaback,
Donnt di Kengèr jriipè,	Fangen die Kinder,
Donnt di Kengèr enn dä Sakk.	Stecken die Kinder in den Sack.

mdl. *Viersen* 1972, *Born, Dülken, Krefeld* 1981

Wenn Zigeuner gesichtet wurden und sich einem Bauernhof näherten, schlossen die Bauern die Hoftüren. Wenn sie vorbei waren, liefen die Kinder heraus und riefen aus sicherer Entfernung:

Nr. 439

Hutti, tutti, Negerweib,
Scheiß drei Kilometer weit,
Ohne zu schlabbern
In eine Flasche hinein.

mdl. *Viersen* 1972

Juden

Kein in der Öffentlichkeit stehender Handwerker, kein Erwachsener, der Autorität verkörperte, weder Lehrer noch Polizist wurden von der Lust am kindlichen Spott verschont. Auch die Juden blieben nicht ungeschoren. Hier waren es nicht die Juden aus dem Bürgertum, vielmehr waren es solche, die schlecht angesehen waren wie z.B. Pferdehändler, Pferdemetzger u.ä., die zu Geld gekommen waren. Peter Rühmkorf stellte 1967 fest, es sei aufschlussreich, dass es im Deutschland der Nazizeit keine „Umgangspoesie mit antisemitischem Inhalt" gegeben habe. „Der antisemitische Volksvers" entstand dagegen in einer Zeit, „wo der wirtschaftliche und soziale Erfolg tüchtiger jüdischer Geschäftsleute noch ins Auge stechen konnte. Spottreime wie die vom Juden Itzig mit der Nase spitzig ... waren aus ganz anderen Verhältnissen hervorgegangen als Hitler sie mit seinen Ausrottungsideen heraufbeschwor." Als aber Rassenhass und Judenmord von oben verfügt wurden, „verschwand der alte traditionelle Judenvers fast völlig ...". Stattdessen wurden von den Nazis „bestialische Hetzlieder" verbreitet.

Rühmkorf 1967, 179

Die folgenden Verse, der Nachkriegsgeneration nicht mehr bekannt, wurden rhythmisch skandiert gesprochen oder gesungen:

Nr. 440 Jüdd, Jüdd, Jüdd

Jüdd, jüdd, Jüdd, hepp, hepp, hepp, hätt enn Naas wi enn Waa-ter-schäpp.

Text und Melodie 1981 in *Amern* aufgezeichnet, s. Kommentar Nr. 440 und Nr. 441

Oder auch:

Schtäkk di Naas inn	Steckt die Nase in den
dänn Koffedräkk.	Kaffeesatz.

mdl. *Kaldenkirchen* 1980

oder:

Fällt mett dè Naas inn dè Waatèrschäpp.	Fällt mit der Nas' in den
	Wassertopf.

Viersen 1975, *Neersen* 1980, *Amern* 1981; vgl. in *Köln:* … hät en Naas we en Wasserschepp, in: Becker 1920, 49

Nr. 441

Hepp, hepp, hepp. Judd, Judd, Judd.

mdl. *Niederkrüchten* 1981, s. Kommentar Nr. 440 und Nr. 441

„Hep" („HEP") ist die Reihung der lateinischen Anfangsbuchstaben von „Hierosolyma est perdita" – Jerusalem ist verloren. Diese Bedeutung kannten aber weder die Kinder noch die Gewährsleute, die diese Verse 1975 und 1980 bis 1981 übermittelten.

Nr. 442

Jüdd, Jüdd, Kôllvèrschwannts,	Jud', Jud', Kälberschwanz,
Beän förr mich deä Ruèsèkrônnts.	Bet' für mich den Rosenkranz.

mdl. *Hinsbeck* 1981

Nr. 443

Júdd, Júdd, Júdd, Schlabbèrlapp,	Jud', Jud', Jud', Schlabberlappen,
Hatt sinn Vrau ann dè Fott jèrappt.	Hatt seine Frau an das
	Hinterteil gefasst.

mdl. *Dülken* 1979

Nr. 444

Jud, Jud, Hackepack	Jud', Jud', Hackepack
Häät den Düwel op de Nack!	Hat den Teufel auf dem Nacken.

Aus *Vördese* und Umgebung von *Geldern* UH. 20. Jg. Nr.7, 1932, unpag.

Nr. 445
Es wurde gesungen zur Melodie: „Ein Vogel wollte Hochzeit machen":

Beei Juddèbell inn dè Wuèrschkapäll*,	Bei der Juddebell in der Wurstkapell',
Doè jeet dèr jônntsèn Daach di Schäll.	Da geht den ganzen Tag die Schell…
Fiderallala, fiderallala …	

mdl. *Viersen* 1976, Bell = Kurzname von Sybille, * mit „Wurstkapelle" ist die Wurstküche gemeint und mit „Juddebell" (Jüdin Billa) die Inhaberin einer Viersener Pferdemetzgerei namens Sibilla Simons, vgl. zur Person: „Sie musste mehrmals einige Zeit im Gefängnis zubringen, da sie mit den Gesetzen in Konflikt geriet." Nussbaum 2002, 168 ff

Nr. 446

Juddè Bell, riif datt Fäll,	Juden Billa, reibt das Fell
Onn schrait: „Hurraa"!	Und ruft: „Hurra!"
Lüü, eät mar Pärtsvleesch,	Leute esst nur Pferdefleisch,
Öss jènoch doa,	Ist genug da.
Bruukt örr nett tè pompè	Dann braucht ihr (kein Geld) zu leihen.

mdl. *Viersen* 2000, vgl. oben

Nr. 447
Das Gebetsverhalten der Juden wurde in den folgenden Versen parodiert. Dazu drehten die Kinder die Hände bis zum Ellenbogen umeinander. Der Text wurde rhythmisch betont:

Rébbèdidépp öss Júddèjèbätt.	Rebbedidepp ist Judengebet.
Júddèjèbätt öss Máuschél.	Judengebet ist Mauschel.
Máuschél öss Káuschél,	Mauschel ist Kauschel,
Káuschél ist Áamén.	Kauschel ist Amen.

mdl. *Viersen* 1980

Ähnliche Bewegungen machten die Kinder bei dem mit „Judengebet" bezeichneten Vers Nr. 448. Auch hier wurde streng rhythmisch betont:

Nr. 448

Jott jéäf,	Gott gebe,
Dátt Jráas wächst,	Dass Gras wächst,
Datt Kúh Mílch gibt,	Dass die Kuh Milch gibt,
Datt Kínd Pápp kricht,	Dass das Kind den Milchbrei bekommt,

Datt Hándele wándele
Únd den Báuer betrügen kánn.

Dass Handeln wandeln
Und den Bauer betrügen kann.

mdl. *Amern* 1981

Nr. 449

Jüddschè, Jüddschè, schachèlè nicht!
Du weißt ja, was Moses spricht:
„Jüddschè, Jüddschè, schachèlè nicht!"

mdl. *Viersen, Dülken, Süchteln* 1975, vgl. Norrenberg 1875, 106, Nr. 6, s. Kommentar Nr. 449

Nr. 450 Jude Itzich

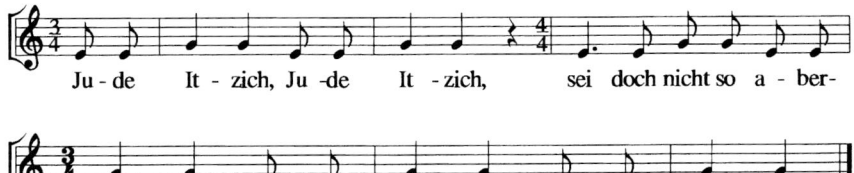

Text und Melodie 1981 in *Niederkrüchten* aufgezeichnet, s. Kommentar Nr. 450

Nr. 451

Een, twiè, dree,
Ennè Judd kapott,
Vaièr, viif, sääs,
Ennè Schtôpp enn dè Vott.

Eins, zwei, drei,
Ein Jude tot,
Vier, fünf, sechs,
Ein Stopfen im Hintern.

mdl. *Hinsbeck* 1981, s. Kommentar Nr. 451

Holländische Arbeiter

Als nach dem Ersten Weltkrieg in *Viersen* der Bahnhof gebaut wurde, kamen auch viele holländische Arbeiter über die Grenze. Überall im Umkreis riefen die Kinder:

Nr. 452

Hollängèr, Pollängèr, (Barbänger) Schpäkkvreätèr, Raabèn!
Holländer, Polländer, Speckfresser, Raben!

mdl. *Viersen* 1972, *Niederkrüchten* 1981, auch: Hollängèr, Hollängèr, Schpäkkvreätèr Tüüt! *Born/Brüggen* 1979

Hollängèr, Barbängèr, Schpäkkfreätèr, Kuhdieb!

mdl. *Krefeld-Traar* 1981, vgl. *Aachen*, Schollen 1881, 22, Nr. 70: Holländer, Brobänder (Brabanter) Speckfreisser, Kukuk

216

In der Umgebung von *Kleve* riefen die Holländer: *„Duitse Moffe!"*

Die Klever riefen zurück: *Holländische Mausefotten!*
oder: *Holländische Käsefresser!*
oder: *Hollander, Brabander, Speckfrêêter, Kuwdief!*
Kleve, Gahlings / Matenaar 1936, 63

Die Holländer riefen wiederum: *Prüüß, Prüüß, dè Kool schütt üüs!*
                          Preuß', Preuß', der Kohl schießt aus!
mdl. *Amern* 1981

Die Niederländer bezeichneten damals im Gegenzug – und heute noch vielfach – die Deutschen als „Rotte Prüße" (schlechte, verdammte Preußen)!

Die Großmutter eines Gewährsmannes aus *Krefeld-Traar* stammte aus Blerick im niederländischen Limburg. Sie brachte ihrem Enkel eine Parodie auf die holländische Nationalhymne bei. Dies ist aus der ursprünglich konfessionellen Feindschaft der erst nach 1815 zu Holland gekommenen katholischen Provinz Limburg gegen die reformierten evangelischen Oranier zu erkären.

Nr. 453

Wilhelmus von Nassauen	Wilhelmus von Nassauen
Deä schièt sinn Vaader enn dè Hand.	Schiss seinem Vater in die Hand.
Datt mott jee maar well bewaarè,	Das musst du nur gut aufbewahren,
Datt jefft noch Mest för opp ett Land.	Das gibt noch Mist (Dünger) fürs Land.

mdl. *Krefeld-Traar* 1981, s. Kommentar Nr. 453

Die belgische Besatzung (1918–1926)

Nr. 454

Warum ist es am Rhein so schön?:	
Weil di Belljèr, di Aapè,	Weil die Belgier, die Affen,
Ann dèr Riin schtônnt onn jaapè.	Am Rhein stehn und gaffen,
Darum ist es am Rhein so schön.	

mdl. *Osterath* und *Büderich* 1995, nach 1945 wurde es auch mit dem Text gesungen: „… weil die Tommies, die Aapè (Engländer) oder: „… weil die Amies, die Aapè (Amerikaner)/Ann dèr Riin schtônnd", Melodie: Warum ist es am Rhein so schön? (Text u. Melodie: A.v. Bergsattel), weit verbreitet

Literatur:

Becker, Herman, Altkölnische Wiegen- und Kinderlieder, Köln 1920 (Becker 1920)

Birlinger, Anton, Nimm mich mit! Kinderbüchlein, Freiburg/Brsg. 7, 1871 (Birlinger 1871)

Florax, Ludwig, Französische Elemente in der Volkssprache des nördlichen Roergebietes. In: Jahres-Bericht Nr. 17 über das Real-Progymnasium der Stadt Viersen. 1892–93, hg. Diekmann, Josef, Viersen 1893 (Florax 1893)

Gahlings, Karl und Franz Matenaar, Lieder und Sprüche aus dem Leben und Brauchtum am Niederrhein, Kleve 1936 (Gahlings/Matenaar 1936)

Norrenberg, Peter, Geschichte der Herrlichkeit Grefrath, Viersen, Dülken 1875 (Norrenberg 1875)

Nussbaum, Israel, Gut Schabbes. Jüdisches Leben auf dem Lande. Aufzeichnungen eines Lehrers 1869–1942, Berlin 2002 (Nussbaum 2002)

Rühmkorf, Peter, Über das Volksvermögen. Exkurse in den literarischen Untergrund, Reinbek b. Hamburg 1969 (Rühmkorf 1969)

UH.= Unsere Heimat, Zwanglose Blätter, hg. von den Heimatvereinen des Kreises Geldern. Beilage zur Niederrheinischen Landeszeitung, 20. Jg., Nr. 7, 1932, unpag. (UH. 1932)

Werner, Jakob, ibben, dibben dabb … Sammlung Kölner Kinderlieder und Reime, Köln 1961 (Werner 1961)

Teil II – Spielwelten

Kind und Natur

Flötchen schneiden

Nr. 455

Im Frühjahr, besonders im April und Mai, wenn der Saft in die Bäume steigt, wurden Flötchen geschnitten. Aus den noch weichen, jungen Zweigen der Weide, Eberesche, Erle oder Linde fertigten die Jungen ein Flötchen. Dazu gehörte viel Geduld, denn zu dieser Jahreszeit ist die Rinde bekanntlich ganz weich und noch nicht verholzt.

Man brauchte zur Herstellung einen glatten, fingerdicken Zweig, von dem man ein ungefähr zehn Zentimeter langes Stück abschnitt. Am unteren Viertel dieses Holzstückchens wurde die Rinde rundherum bis auf das Mark (den Kolben) eingeschnitten. Einen Finger breit unter der obersten Kante entstand die Kerbe für das Flötenloch. An der unteren Seite wurde das Mundstück schräg abgeschnitten. Nun musste das Holzstückchen ständig feucht gehalten werden, um die Rinde geschmeidig werden zu lassen, wozu in der Regel die eigene Spucke verwendet wurde. Mit dem Griff eines Messers – meist eines Küchen- oder Taschenmessers – klopfte man so lange rundum auf das oberste Stück, bis die Rinde mürbe war. Zwischendurch musste immer wieder für neue Feuchtigkeit gesorgt werden, damit sie nicht brüchig wurde. Wenn schließlich die Rinde rundherum aufgeweicht und locker war, wurde das Mark (der Kern) ganz vorsichtig herausgezogen.

Dabei musste man sehr darauf achten, das dünne Röhrchen nicht zu zerdrücken. Nun wurde das Mark des Mundstücks an der obersten Kante der Kerbe abgeschnitten, der Kern an einer Seite abgeflacht und von oben wieder in das Röhrchen gesteckt, sodass die flache Seite oben zur Kerbe hin zeigte. Zuletzt steckte man das längere Stück von unten in den

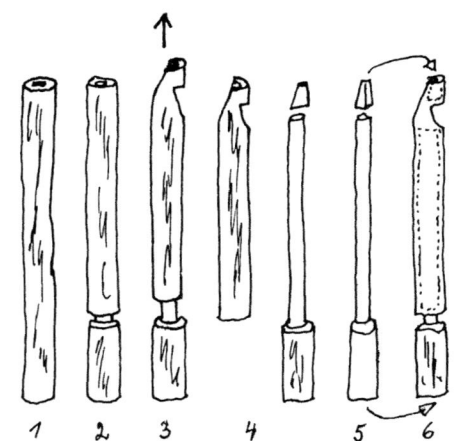

Weidenflötchenschnitzen,
Zeichnung mit freundlicher Genehmigung
von H. M. Sieben

Hohlraum und das Flötchen war fertig. Es konnte in hohen und tiefen Tönen geblasen werden und wochenlang eine Freude für die Kinder sein, bis etwas anderes aktuell wurde.

Das Besondere beim Schnitzen eines solchen Flötchens war, dass währenddessen immer wieder ein bestimmtes Liedchen gesungen wurde, wobei der Liedrhythmus die Betonung der Schläge bestimmte, die man mit dem Schaft des Messers ausführte. Diese Verse nennt man „Bastlöserverse" oder „Pfeifenklopfverse". Sie wurden so oft wiederholt und gesungen, bis sich die Rinde vom Holz löste.

Nr. 456 Ich woll è Flöötschè maakè – Ich wollt ein Flötchen machen

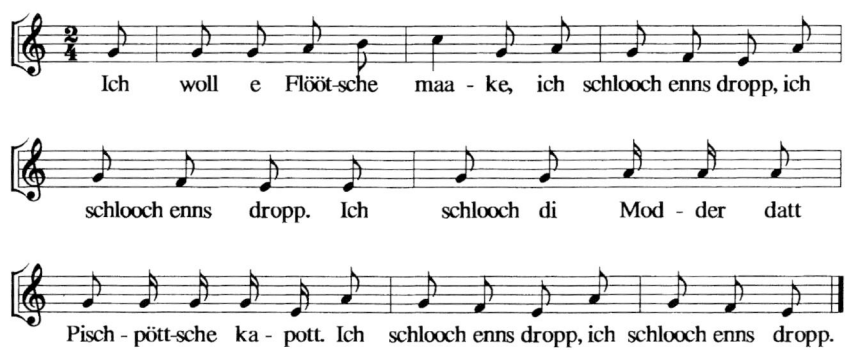

Ich wollt' ein Flötchen machen,/Ich schlug mal drauf,/Ich schlug mal drauf./Ich schlug der Mutter/Das Nachttöpfchen kaputt./Ich schlug mal drauf,/Ich schlug mal drauf.

Text und Melodie *Niederkrüchten* 1981

Nr. 457 Tippè, tippè, taapè

Tippè, tippè, taapè,/Ich wollt' ein Flötchen machen./Das Flötchen wollt' nicht taugen,/Da schlug ich ihm auf den Rücken.

Im Sprechgesang:

Enn deä Rüèjè, opp deä Rüèjè*,	In den Rücken, auf den Rücken,
Flöttschè, du moss düèjè!	Flötchen, du musst taugen.

* Unter „Rüèjè" * ist hier „Rücken" = Röök gemeint, da sich diese Zeile auf „düèjè" reimt. Wenn man aber anstatt „schlooch" „schmièt" einsetzt, wie diese Zeile aus *Kempen/Grefrath* lautet: Datt Flöttschen woll nett düèjèn,/Do schmiet ich ett enn dèr Rüèjèn./Piff,-paff, doè woèr datt Flöttschèn aff. (RWB II, 656), dann ergibt dies ebenfalls einen Sinn, denn Rüèjè ist das alte Wort für Roggen, Freudenberg 1875, Text und Melodie 1974 in *Viersen, Kempen* und *Grefrath* aufgezeichnet

Nr. 458

Tippè, tippè, taapè,	Tippe, tippe, taape,
Ich wollt è Flöttschè maakè,	Ich wollte ein Flötchen machen,
Flöttschè wollt nett düèjè,	Das Flötchen wollt' nicht taugen,
Du schmièt ich ött enn dèr Hüèjè,	Da warf ich es in die Höh',
Uut dèr Hüèjè enn dèr Riin,	Aus der Höh' in den Rhein,
Flöttschè sall waal aaf sièn*.	Flötchen soll wohl ab sein.

* mit „aafjoèn" ist das Abgehen der Weidenrinde gemeint, vgl. *Krefeld,* Nolden 1912, *Viersen,* Nachlass Neef-Winz 1942, s. Kommentar Nr. 458

Nr. 459

Flöttschè, Flöttschè aafjoèn,	Flötchen, Flötchen geh ab (die Rinde),
Morjè kömmt deä Flöötèmôôn,	Morgen kommt der Flötenmann,
Deä di Flöttschès maakè kônn.	Der die Flötchen machen kann.
Flöttschè, Flöttschè aafjoèn!	Flötchen, Flötchen, geh ab!

Dülken, Weyers 1970, 25

Nr. 460

Ungeduld spricht aus diesem Zweizeiler:

Flöttschè, Flöttschè jongk aaf!	Flötchen, Flötchen, geh ab!
Angèrsch hau ich dich dèr Kopp aaf!	Sonst schlag ich dir den Kopf ab!

mdl. *Viersen* 1988

Nr. 461

Ech woll è Flöttschè maakè,	Ich wollt' ein Flötchen machen,
Datt Flöttschè woll nett lökkè,	Das Flötchen wollt' nicht gelingen,
Dou jeng ech na dèr Plökkè,	Da ging ich zum Plücken (Name),
Dèr Plökkè woar nett dèheem,	Der Plücke war nicht zu Haus',
Dou jeng ich na Küppèr Kleen*,	Da ging ich zu „Küpper Klein"

221

Küppèr Kleen sätt vörr mech:	„Küpper Klein" sagt' zu mir:
„Krii dech maar ennè ôôè iièrdè Pôtt	„Nimm dir nur einen alten irdenen Topf
Onn hau maar döchtisch dropp!"	Und schlag' nur tüchtig drauf!"
Flöttschè, Flöttschè loas!	Flötchen, Flötchen, geh los!

* Name, mdl. *Amern* 1981, s. Kommentar Nr. 461

Nr. 462

Ech woll mich enns è Flöttschè maakè,	Ich wollte mir mal ein Flötchen machen,
Datt Flöttschè woll nett lökkè,	Das Flötchen wollte nicht gelingen,
Du jeng ich nô dèr Plökkè.	Da ging ich zu Plücken.
Dèr Plökkè woar nett doè,	Der Plücken war nicht da,
Du jeng ich nô Fiitè Kleen*,	Da ging ich zu Vieten Klein,
Deä haad dè Bokks voll Schteen,	Der hatte die Hose voller Steine,
Du jeng ich nô Laumè Jruèt,	Da ging ich zu Laumen Groß,*
Deä haad dè Bokks voll Bruèt.	Der hatte die Hose voll Brot.
Hurra! Mi Flöttschè èss loas!	Hurra! Mein Flötchen ist los!
Hurra! Mi Flöttschè èss loas!	Hurra! Mein Flötchen ist los!
Watt datt schtüfft, watt datt schtüfft!	Wie das staubt, wie das staubt!
Eärpèl mètt Schèvau!	Kartoffel mit Wirsing!

* Name, mdl. *Waldniel* 1981

Nr. 463

Tsip, Tsip, Tsip,	Zip, Zip, Zip,
Wan es dat Fleutje rip?	Wann ist das Flötchen fertig (reif)?
Wêl in de Mei, wêl in de Mei,	Wohl im Mai, wohl im Mai,
Wän alle Mösse lêggen een Ei.	Wenn alle Vögel legen ein Ei.
Tsip, tsip, tsaf,	Zip, zip, zip,
Geet et Fleutje nog niet af?	Geht das Flötchen noch nicht ab?
Dan schmitte wej et Stökske in den Rin.	Dann werfen wir das Stöckchen in den Rhein.
En wel dan wêl een Fleutje sin.	Dann wird es bald ein Flötchen sein.
Tsip, tsip, tsaf,	Zip, zip, zap,
Dan geet et Fleutje af.	Dann geht das Flötchen ab.

Kleve, Gahlings/Matenaar 1936, 32, in *Duisburg* lauteten die Zeilen 4 – 6: Schmet et en de Ruhr;/Ut de Ruhr en de Rhin,/Mot dat Flötke ferdig sin, Meyer-Markau 1905, 181

Nr. 464

Zipp, zapp, zehre,	Zipp, zapp, zehre,
Fleutjè wull nit pipe,	Das Flötchen wollt' nicht pfeifen,
Kom Jan Drikkes met det	Da kam J. D. mit dem
scharpe Meske,	scharfen Messer,
Wull Fleutje Hals afschnièn.	Wollt' dem Flötchen den Hals abschneiden.
Dor fing Fleutjè an te pipe.	Da fing das Flötchen an zu pfeifen.
Pip, pip, pip, pip!	

Rees-Hamminkeln RWB II, 656

Nr. 465

Teppe, Happe, Tape,	
Ek woll so gern en Fleutjen make	Ich wollt so gern ein Flötchen machen
Van Esse of van Wellege.	Von Esche oder Weiden.
Wellege es et beste,	Weide ist am besten,
Hell af, half af!	Ganz ab, halb ab!
Bitt de Kuw de Start af!	Beiß der Kuh den Schwanz ab!

Geldern-Kevelaer RWB II, 656

Regenliedchen im Mai

Die ersehnte, warme Jahreszeit gab den Kindern die Möglichkeit, die Häuser zu verlassen und draußen auf der Straße, auf der Wiese oder im Bongèrt, im Baumgarten, zu spielen:

Nr. 466

Kommt, Kinderkes, nôôr büte,	Kommt, ihr Kinder, nach draußen,
Et es mooj Wêêr.	Es ist schönes Wetter.
Die Möskes die fleute	Die Vögel singen
Te Eer van den Heer.	Zur Ehre Gottes.

Kleve, Gahlings/Matenaar 23

Der Maimonat mit seiner linden Luft und dem Mairegen ist für die Bauern und die Landwirtschaft wichtig und wie die Kinderliedchen sagen: „segensreich". Vielversprechend konstatiert eine Wetterregel: „Mai kühl und nass, füllt dem Bauern Scheuer und Fass". Der Mairegen bewirkt ganz besondere Kräfte in der Natur. Er fördert nicht nur das Wachstum der Pflanzen und Bäume, sondern, wie es früher hieß, auch das körperliche Wohlbefinden der Menschen und ganz besonders das Wachstum der Kinder. Kinder empfanden den frühsommerlichen Mairegen als schön, und es scheint, dass es ein besonders angenehmes Gefühl war, mit nackten Füßen und unbedecktem Kopf in der milden Luft durch den warmen Regen zu laufen oder sich einfach in den Regen zu stellen und sich nass regnen zu lassen. Dazu sangen sie ein beschwörendes Liedchen, wodurch – so glaubten sie fest – sie schneller groß werden würden. Nicht selten wurde aus diesem Grund am Türrahmen in alten Häusern ein Strich, manchmal sogar eine Kerbe gemacht oder mit Zollstock oder Zentimetermaß am Anfang des Monats die Größe des Kindes festgestellt, um am Ende des Wonnemonats unter den Augen der Erwachsenen zu überprüfen, wie viele Zentimeter es in den letzten vier Wochen gewachsen war.

Man kann drei Gruppen dieser Regenliedchen mit unterschiedlicher Akzentuierung feststellen:

1. In dem mehrmals immer wieder hintereinander zu singenden zweizeiligen Liedchen, das wie eine Beschwörungsformel klingt und am ganzen Niederrhein wie auch im Rheinland weit verbreitet ist, ruft das Kind den Regen an, er solle es schneller wachsen lassen:

Nr. 467 Maireängèr

Mai - reän - ger, maak mich jruet, ich
bönn sue kleen wi en - ne Haa - ne - puet!

Mairegen, mach mich groß,/Ich bin so klein wie ein Hahnenfuß*!

* oder auch Haasèpuèt – Hasenfuß, Text und Melodie 1970 in *Viersen, Dülken, Süchteln,* 1981 in *Overhetfeld* und 1985 in *Grefrath* aufgezeichnet, s. Kommentar Nr. 467

Nr. 468

Mairäèjè maak mech jruèt!   Mairegen, mach mich groß!
Bönn so nè kliènè Bokksèknuèp.   Bin so ein kleiner Hosenknopf.
Krefeld, Langer 1931, 85

Nr. 469
Hier wird der warme Regen hervorgehoben:

Wärrmè Rään, maak mich jruèt,	Warmer Regen, mach mich groß,
Ich bönn so kleen wi ennè Haanèpuèt.	Ich bin so klein wie ein Hahnenfuß.

mdl. *Neuwerk* 1980

Wetterfahne, Viersen

oder:

Nr. 470

Maireängèr, Maireängèr	Mairegen, Mairegen,
Fall opp mich, dann waas ich!	Fall auf mich, dann wachse ich!

mdl. *Neuwerk* 1980

2. Diese Gruppe der Regenliedchen bezeichnet den Mairegen als „Segen". Es fällt auf, dass die Gewährsleute häufig sowohl *„Ètt reängèrt, ètt seängèrt ..."* es regnet, es segnet, sangen als auch: *„Ètt reängèrt, ètt reängèrt ..."* es regnet, es regnet.

Nr. 471

Ètt räjènt, ètt säjènt,	Es regnet, es segnet,
Di Joffèr, di jrinnt.	Die Jungfrau, die weint.
Di Sônn, di schinnt.	Die Sonne, die scheint.

Krefeld, Röttsches 1875, 55, Nr. 24

Nr. 472

Et rêêgent, et sêêgent,	Es regnet, es segnet,
Di Panne worde nat.	Die Ziegel werden nass.
Dôôr komme drie Saldötjes âân,	Da kommen drei Soldätchen an,
Di falle op et Gat.	Die fallen auf das Hinterteil.

Kleve, Gahlings/Matenaar 1936, 24

Nr. 473

Et regent, et segent,	Es regnet, es segnet,
De Panne were natt.	Die Ziegel werden nass.
Do kome twe Soldate,	Da kommen zwei Soldaten,
Di segge: Wat es dat?	Die sagen: „Was ist das?"

Duisburg, Meyer-Markau 1905, 182

225

Nr. 474

Èss reängèrt, ètt seängèrt,
Di Pannè weärdè naat.
Di Buèrè, di Buèrè,
Di kruupè ongèr ètt Daak.

Oder:

Di Buèrè, di loopè mött datt näkkè Jaat.

Es regnet, es segnet,
Die (Dach-)Ziegel werden nass.
Die Bauern, die Bauern,
Die kriechen unter das Dach.

Die Bauern laufen mit dem
nackten Hinterteil.

mdl. *Hinsbeck* 1980

Nr. 475

Rege-, Regeschure,
Dröppelt op de Mure,
Dröppelt op dat Pannedack,
Werde all de Kender natt.

Regen, Regenschauer,
Tröpfelt auf die Mauer,
Tröpfelt auf das Ziegeldach,
Werden all die Kinder nass.

Duisburg, Meyer-Markau 1905, 182

Nr. 476

Ètt reängèrt, ètt seängèrt,
Di Pannè weärdè naat.
Doa boavèn opp dänn Tuèrè,
Doa settè twiè Pastuèrè.

Zuweilen:

(Di weärdè plättschènaat.)
Di wäschè sech, di keemè sech,

Böss datt deä Reängèr üèvèr ess.

Es regnet, es segnet,
Die (Dach-)Ziegel werden nass.
Dort oben auf dem Turm,
Da sitzen zwei Pastöre.

(Die werden plitschenass.)
Die waschen sich, die
kämmen sich,
Bis dass der Regen vorüber ist.

Text und Melodie 1972 in *Viersen* aufgezeichnet

Meist wurde das Liedchen mehrmals hintereinander und zusammen mit dem Zweizeiler Nr. 467/468 „Maireängèr maak mech jruèt ..." gesungen, ja eher geschrieen wie ein „Kampfgesang".

mdl. *Viersen* 1979, in *Krefeld* (mdl. 1981) lauten die beiden letzten Zeilen: Tillatupp, Tillatupp,/Dänn Äèsèl hätt enn dè Scholl jèpupp!" s. Kommentar Nr. 476

Nr. 477 Ètt räängèrt – Es regnet

koe - men dreei Sol - daa - te, di wä - sche sich, di kää - me sich, bess

datt dä Rään-ger öö - ver ess onn sau - te: "Watt ess datt?"

Es regnet, es regnet,/Die Ziegel werden nass./Da kamen drei Soldaten,/Die waschen sich, die kämmen sich,/Bis dass der Regen vorüber ist./Und sagten: „Was ist das?"

Text und Melodie 1995 in *Grefrath* aufgezeichnet

Nr. 478

Rege, Rege Schure,	Regen, Regen, Schauer,
Möllem op der Ruhre,	In Mühlheim auf der Ruhr,
Kettweg op der Brügge,	In Kettwig auf der Brücke,
Do schuwen all de Mügge.	Da schwirren alle Mücken.
Wat Gott weit, wat Gott weit,	Was Gott weiß, was Gott weiß,
Dat di Schur wir öwer geit!	Dass die Schauer wieder vorübergeht!

Mülheim a.d. Ruhr, Klewer 1901, 101, s. Kommentar Nr. 478

Auch dieses Liedchen klingt – wie die Verse der ersten Gruppe – wie eine Beschwörung. Der Verfasser des Artikels, Sammler der Kinderverse, bemerkt dazu, dass das Spielen der Kinder im Freien zu deren Leidwesen öfter durch den Regen unmöglich gemacht wurde und sie ans Haus fesselte, wo sie ungeduldig auf besseres Wetter warteten. Blieben die Regenwolken länger am Himmel, so ließen sie sich nicht abhalten, dennoch auf die Straße zu gehen und diesen Vers zu singen. „Und sonderbar, wenn die Kinder lange genug die Beschwörungsformel gesungen hatten, dann verzog sich der Regen wieder." Hierbei kamen den Kindern vielleicht der Zufall und die individuelle Wahrnehmung zu Hilfe.

Nr. 479

Rege, Regeschuure,	Regen, Regenschauer,
De Kalver op de Muuren.	Die Kälber auf den Mauern.
Do soot en Vögelchen op et Daak,	Da saß ein Vögelchen auf dem Dach,
Dat riep all ömmer: Weit, weit,	Das rief dauernd: Ich weiß, ich weiß,
Dat de Regen övergeit.	Dass der Regen vorüber geht.

Moers, Firmenich I, 396

3. In der folgenden Gruppe der Liedchen wünscht sich das Kind, nicht nass zu werden:

Nr. 480

Reängèr, Reängèr, Dröppkè,	Regen, Regen, Tröpfchen,
Vall neet opp mi Köppkè,	Fall nicht auf mein Köpfchen,
Vall neet opp mi Bottèrvaat,	Fall nicht auf mein Butterfass,
Angèrsch wörrd ètt nôch siipènaat.	Sonst wird es noch tropfend nass.

mdl. *Overhetfeld* 1980

Nr. 481

Regè, Regèndröppkè,	Regen, Regentröpfchen,
Fall mich nit op èt Köppkè,	Fall nicht auf mein Köpfchen,
Fall mar en èt grünè Gras,	Fall' nur ins grüne Gras,
Werè allè Blümkès natt.	So werden alle Blümchen nass.

Duisburg, Meyer-Markau 1905,182

Das folgende Regenliedchen wurde vermutlich durch den Kindergarten vermittelt. Der hochdeutsche Text ist entgegen den anderen Liedchen, die sich durch unlogische Gedankensprünge und komische Effekte auszeichnen – z.B. die Pastoren, die auf dem (Kirch-) Turm sitzen, sich waschen und kämmen – logisch aufgebaut. Es klingt eher nach einer die Motive zusammenfassenden Nachdichtung durch Pädagogen als nach einem von Kindern tradierten Volkslied:

Nr. 482 Es regnet, es regnet

Es reg - net, es reg - net, der Kuk - kuck wird naß.
Wir sit - zen im Trock - nen, was scha - det uns das?
Mai - re - gen bringt Se - gen, und wer - den wir naß, so
wach - sen wir lu - stig wie Bäu - me und Gras.

Text und Melodie 1982 in *Overhetfeld* aufgezeichnet, Melodie: „Ihr Kinderlein, kommet" von Joh. Abr. Peter Schulz

Literatur:

Firmenich, Matth., Germaniens Völkerstimmen, Bd. I–III, Neudruck der Ausgabe Berlin 1843 – 1867, Osnabrück 1969 (Firmenich I)

Freudenberg, Richard, Söitelsch Plott (Süchtelner Plattdeutsch) mit Wörterverzeichnis und Dialektproben, Viersen 1888 (Freudenberg 1888)

Gahlings, Karl und Franz Matenaar, Lieder und Sprüche aus dem Leben und Brauchtum am Niederrhein, Kleve 1936 (Gahlings/Matenaar 1936)
HKK = Heimatbuch des Grenzkreises Kempen-Krefeld (bis 1958)
Heinrichs, Heinrich Matthias, Frühlings- und Sommerbrauchtum in Amern. In: Heimatbuch des Grenzkreises Kempen-Krefeld 1958 (Heinrichs HKK 1958)
Klewer, Wilhelm, Aus dem Kinderleben, In: Festschrift zum ... Rheinischen Provinzial-Lehrertag, Remscheid 1901 (Klewer 1901)
Langer, Hubert, Für te senge on te danze. Heimatlieder in niederrheinischer Mundart. In: Mitteilungen des Vereins Linker Niederrhein, Krefeld, 3. Jg. Nr. 3, 1931 (Langer 1931)
Meyer-Markau, W., Duisburger Kinderlieder. In: Festschrift der 14. Hauptversammlung des Allgemeinen Deutschen Sprachvereins zu Duisburg 1905 (Meyer-Markau 1905)
Müller, Josef, Hg., Rheinisches Wörterbuch, Bd. I – IX, Bonn, Berlin,1928–1971 (RWB)
Neef-Winz, Agnes, Viersen (Nachlass Neef-Winz 1942)
Nolden, H., Alt Crefeld, Crefeld 1912 (Nolden 1912)
Röttsches, Heinrich, Die Krefelder Mundart … nebst einem Anhang: Sprichwörter und Volkslieder, Halle 1875 (Röttsches 1875)
RWB = Rheinisches Wörterbuch
Sieben, Heinrich Matthias, Wenn Kenger spiëlè. In: Heimatbote Amern und Dilkrath 1983 (Sieben 1983)
Wansleben, Clara, Das erste Lebensjahrzehnt des Crefelder Kindes, in: Die Heimat, Crefeld 1925 (Wansleben 1925)
Weyers, Paul, Aus Vorliebe für Dülkener Eigenart. Sonderdruck der Festschrift „Sechs Jahrhunderte der Stadt Dülken" (Dülken) 1970 (Weyers 1970)

Jahreszeitliche Spiele

Nr. 483 Löwenzahnspiel (I)
Im Mai blüht der Löwenzahn. Die an Lämpchen oder kleine Fallschirme erinnernden Samenköpfchen wurden in das Spiel mit einbezogen. Wenn sich die zarten Samenfäden gebildet hatten, sagten die Kinder in *Kleve: „Pittje, blôôs de Lamp üt!"* – Peter, blas' die Lampe aus!, bliesen sie ab und sahen den kleinen Fallschirmchen nach, wie sie davonsegelten. Oder sie sangen:

Nr. 484
Al min Kinder komme nôôr Hüs,	Alle meine Kinder kommen nach Haus,
Mooder blôôst et Lämpke üt.	Mutter bläst das Lämpchen aus.

Kleve, Gahlings/Matenaar 1936, 23

Nr. 485 Löwenzahnspiel (II) – Dè Lômmp uutbloasè – Die Lampe ausblasen
Ein Kind pflückte den Samenstand eines Löwenzahns, *„datt Lämmpkè"* (Lämpchen) vorsichtig ab und fragte ein anderes: *„Liggt örr all inn't Bätt?"* – Liegt ihr schon im Bett? Die Antwort des anderen lautete: *„Nää!"* Dann blies das Kind die „Fallschirmchen" möglichst nur zur Hälfte weg. Wenn der Dialog fortgesetzt wurde: *„Nää, ech mott nôch Waatèr drengkè,"* – Nein, ich muss noch Wasser trinken – blies man vorsichtig weiter. Erst wenn es hieß: *„Nää, ech mott nôch enns pischè!",* wurde *„datt Lämmpkè"* ganz ausgeblasen.

mdl. *Viersen* 1974

Beim Wegblasen der Samenfäden:

Nr. 486

Min Moder steckt de Lampe an,	Mein' Mutter zündt' die Lampe an,
Min Moder blöst se ut.	Mein' Mutter bläst sie aus.

Duisburg, Meyer-Markau 1905, 181

Nr. 487 Löwenzahnorakel

Man pflückte sehr vorsichtig den Löwenzahn mit dem Samenstand ab und fragte: „Wie viel Jahre leb ich noch?" Die Samenfäden, die stehen blieben, wurden gezählt – sie gaben die Anzahl der Lebensjahre an.

mdl. *Viersen* 1981, *Dülken, Neuwerk,* vgl. de Cock/Teirlinck VI, 203

Nr. 488 Gänseblümchen-Orakel

Hierbei wurden die Blütenblättchen des Gänseblümchens eins nach dem andern abgezupft und gefragt:

> *Er liebt mich!?*
> *Er liebt mich nicht!?*
> *Von Herzen!?*
> *Mit Schmerzen!?*

Das letzte Blättchen gab die Antwort.

mdl. *Viersen* 1970

An den Flechten der Zöpfe zählten die Mädchen ihr Schicksal ab:

Nr. 489

Verlieft,	Verliebt,
Verlooft,	Verlobt,
Getraut,	Verheiratet,
Gescheije.	Geschieden.

Kleve und Umgebung, Gahlings/Matenaar 1936, 25

Wenn der Kuckuck rief, zählte man die Rufe und fragte, wie viele Lebensjahre man zu erwarten habe:

Nr. 490

Kuckuck, Kuckuck säg min dog,	Kuckuck, Kuckuck, sag mir doch,
Uvööl Joore läv ek nog?	Wie viel Jahre leb ich noch?

Kleve und Umgebung, Matenaar 1952, 117

Während die Erwachsenen beim Ruf des Kuckucks schnell zu ihrem Porte-monnaie griffen und es öffneten, damit das Geld im Laufe des Jahres nie aus-gehen möge, umschlossen die Kinder aus demselben Grund mit der Hand ei-nen Pfennig oder Groschen – wenn sie einen solchen denn zufällig in der Tasche hatten.

Nr. 491

Wänn de Kuckuck rüppt „in de Mai",	Wenn der Kuckuck ruft: „Im Mai",
On gej hät Geld in de Täß,	Und du hast Geld in der Tasche,
Dann häje altit satt van dat Gräij!	Dann hast du immer genug von dem Zeugs!

Leider ruft der Kuckuck „kuckuck" und nicht: „in de Mai" – im Mai.

Geldern und Umgebung, UH. Jg. 23, Nr. 9. 1935 unpag.

Ein anderes Orakelspiel, das auch „Knopforakel" genannt wurde, war unab-hängig von der Jahreszeit. Es wurde an den Knöpfen abgezählt.

Junger „Flößer" auf der Ley in der Nähe von „Gut Born" bei Kalkar. Das Floß besteht aus einer alten Türe und einer vermutlich noch älteren ausrangierten Badewanne, Privatbesitz Josef Boßmann, Kalkar.

Nr. 492 Was hast du getan?
> *Geedelt,*
> *Gebedelt* (gebettelt),
> *Gestohlen,*
> *Gekauft.*

mdl. *Amern* 1981, *Neuwerk*

Oder:

Nr. 493 Was bist du?
> *Kaiser,*
> *König,*
> *Edelmann,*
> *Beedelmann* (Bettler),
> *Dokktèr* (Doktor),
> *Appteekèr* (Apotheker),
> *Bauer,*
> *Soldat.*

mdl. *Viersen* 1978, *Amern* 1981, *Neuwerk,* vgl. bei Simrock 1879, 218, 896

Heuernte in den Ferien, Privatbesitz
Sofie Busch, Viersen

Im Ablauf der Jahreszeiten gab es ständig Neues in der Natur, mit dem sich die Kinder beschäftigen konnten. Der Monat Juni brachte besonders viele spielerische Möglichkeiten: Aus den Taubnesseln saugte man Honig, mit den Brennnesseln legten Jungen besonders gern unerfahrene Spielgefährten herein, indem sie sie aufforderten, diese unerschrocken fest anzufassen mit der Versicherung *„Di brännè dessè Mônnt neet!"* – Die brennen in diesem Monat nicht![1] Die doppelte Flügelfrucht des Ahorns setzten die Mädchen sich als „Zwicker" auf die Nase, Lindenfruchtsamen klebten sie sich auf die Stirne, ins Gesicht, auf die Handrücken, auf die Arme. Solch spielerische Naturerfahrungen waren nicht nur in ländlichen Gegenden möglich, denn auch in den Städten gab es – und gibt es heute noch – Ahorn- und Lindenbäume. Die stacheligen Früchte der Kletten mit ihren Widerhäkchen, „Soldatenknöpfe" genannt, waren besonders für Scherze beliebt. Man warf sie anderen Kindern oder auch Erwachsenen auf die Kleider. Unangenehm konnte es allerdings werden, wenn Jungen sie den Mädchen in die Haare warfen, denn nicht selten ließen sie sich nur schwer aus den geflochtenen Zöpfen herausklauben. Aus Binsen flochten die Mädchen kleine Körbchen. Zusammenhängende Kirschen wurden zu beliebten Ohrgehängen.[2] Die Früchte der Schneebeere benutzte man als „Knallerbsen". Beim Eisenhut ließ sich der „Helm" zurückbiegen und zum Entzücken der Kinder wurden zwei „Pferdchen" (die aufgerollten Fruchtblätter) sichtbar. Die zarten, weißen, kelchartigen Blüten der Ackerwinde wurden im Zusammenhang mit

232

der erzählten Legende zu „Muttergottesgläschen". Indem man das Löwen-
mäulchen *(Jaapmüllkè)* seitlich etwas zusammendrückte, ließ sich sein „Mäulchen" öffnen.

Nr. 494 Ein Vater hatte sieben Söhne

Es wurde sehr rhythmisch gesprochen:

> *Ein Vater hatte sieben Söhne,*
> *Sieben Söhne hatte er.*
> *Hatte er kein Brot,*
> *Schlug er einen tot.*

Voraussetzung für dieses Spiel war, dass Eberesche oder Tollkirsche dort standen, wo Kinder spielten. Man brach einen Zweig ab, und während man das
Versen sprach, zupfte man beim letzten Wort „tot" ein Blättchen ab. Das
Versen wurde so oft gesprochen, bis am Ende kein Blättchen mehr vorhanden war.

mdl. *Born* 1973

Nr. 495 Fipkè, Fièp, Röbbèfiidèl, Fump; Schilpèrt, Füpp oder Blattfiipè
– Auf einem Blatt flöten, fiepen

Nur im Sommer vor der Getreideernte zirpte und fiepte man auf einem Grashalm oder einem abgekniffenen Kornstengel. Die oben genannten zahlreichen
Bezeichnungen für dieses flötenähnliche „Fiepen" zeigen, wie beliebt dieses typische „Saisonspiel" überall da war, wo Kinder mit und in der Natur und den
Jahreszeiten lebten.
Ein noch grüner Kornstengel wurde ausgezogen. Ein etwa vier bis fünf Zentimeter langes Stückchen des Halmes wurde mit dem Fingernagel abgekniffen
und das eine Ende mit dem Daumen und Zeigefinger etwas flach gedrückt. An
dieser Seite blies man hinein und war immer wieder freudig überrascht, wie
kräftig der so erzeugte fiepende Ton war.

mdl. *Viersen* 1970, *Neuwerk* 1981, im *Klever* Raum hieß es „de Fupp", Schönberner 1979, 203

Ein ähnlich kräftiger Ton entstand auch beim Blasen auf einem Grashalm. Beide Hände wurden zu Fäusten geballt, so dass die beiden Handballen einander
berührten. Zwischen Daumen und Handballen wurde ein möglichst breiter
Grashalm gespannt und mit schmalen Lippen kräftig darauf geblasen.

mdl. *Born, Viersen* 1970, vgl. Schönberner 1979, 204: „Schilpert" hieß es im *Klever* Raum

Ebenso ließ sich auf dem frischen Blatt einer Hainbuche ein schrill fiepender
Ton erzeugen, wenn man das Blatt – ähnlich wie bei dem oben beschriebenen

Auch beim Erntedankfest wurden Kinder mit einbezogen. Auf dem Foto sehen wir sie als Bauer und Bäuerin verkleidet mit einem Korb voller Äpfel in einem „Bollerwagen", einem beliebten Spielobjekt für alle Kinder, der von einem Schafsbock gezogen wird, Privatbesitz Getrud Bohnen, Dülken.

Grashalm – zwischen beide Daumen klemmte, an den Mund führte und kräftig blies.

mdl. *Born, Neuwerk, Viersen,* vgl. Schönberner, 1979, 204

„Im Herbst steckte die Mutter uns aus den glänzenden Kastanien mit Hilfe von Streichhölzchen Tierchen und allerlei Figürchen zusammen. Sie zeigte uns, wie aus den Hälften der Nussschalen kleine Schiffchen gemacht wurden, die wir bei Regen im Rinnstein schwimmen ließen. Reife Bucheckern wurden aufgesammelt, ‚ausgepiddelt' und die Kerne gegessen."

vgl. hierzu Nießen II 1937, 132–172

Nr. 496 *Piffkès fonn Eekeltèr* – Pfeifchen aus Eicheln

Wenn im Herbst die Eicheln reiften, wurden die herabgefallenen vom Waldboden aufgehoben, gesammelt und vorsichtig ausgehöhlt. An der zulaufenden Spitze (unten) wurde ein kleines Loch gebohrt, in das man einen starken Strohhalm steckte. Es waren kleine Kostbarkeiten, zumal sie sich nicht lange hielten. Aus einer solchen kleinen Pfeife wurde verbotenerweise und an heimlichen Orten getrocknete Kamille oder Pfefferminztee geraucht.

mdl. *Boisheim* und *Viersen* 1972

Oftmals reichte es aber auch, in die Eichel ein kleines Loch zu bohren und ein dünnes Stöckchen hineinzustecken, oder man suchte gezielt nach einer Eichel, an der noch ein längerer dünner Zweig haftete. Auch damit wurde die Phantasie in Gang gesetzt und ohne „echten" Rauch feierlich „geschmaucht".

mdl. *Born, Viersen*

Nr. 497 Pimmpèrt onn Wengkvuèrèl opploatè – Den kleinen und den großen
Windvogel auflassen

Kaum waren im Spätsommer und im beginnenden Herbst die ersten Ge-
treidefelder abgeerntet, kam die Zeit, in der auf den Stoppelfeldern die
Windvögel aufgelassen wurden. Die heute gebräuchliche Bezeichnung
„Drachensteigen" kannte man am Niederrhein nicht. Mit den modernen Lenkdrachen der Gegenwart hat der selbstgemachte „Windvogel"
der Vergangenheit wenig zu tun, außer dass beide beim herbstlichen
Wind aufgelassen werden. Vor 50 Jahren wäre es keinem Erwachsenen
eingefallen, einen Windvogel für sich selbst zu basteln und anschließend
mit ihm zu spielen. Heute ist das Spiel mit dem Lenkdrachen eher ein
Freizeitsport, an dem sich Erwachsene und Jugendliche gleichermaßen beteiligen.

Der „*Pimmpèrt*" war der „bescheidenere" und kleinere Windvogel,
den fast jedes Kind mit wenig Aufwand basteln konnte. So wurde er hergestellt:

Zwei besonders schöne, kräftige Strohhalme (von Haferstroh)
wurden durch eine aus Zeitungspapier geschnittene Rauten-
oder Birnenform der Länge und der Breite nach gesteckt, sodass ein Kreuz entstand wie bei einem Windvogel. Mit einem Nähfaden wurde eine leichte Spannung zwischen den
beiden kürzeren Seiten hergestellt. An der unteren Seite

„Pimmpèrt",
Zeichnung
E. Steinhorst

bekam der „*Pimmpèrt*" einen
„*Schtäèrts*" – einen Schwanz
aus Papierschnitzeln. Er wurde an einem Zwirn- oder
Garnfaden in die Luft gelassen. Der „*Pimmpèrt*" hatte
keine lange Lebensdauer und
hielt höchstens ein bis zwei
Tage.

mdl. *Viersen* 1976

Nr. 498 Dèr Wengkvuèrèl –
Der Windvogel

Ebenso wie der „*Pimmpèrt*"
wurde der „*Wengkvuèrèl*"
(Windvogel) grundsätzlich
selbst gemacht.

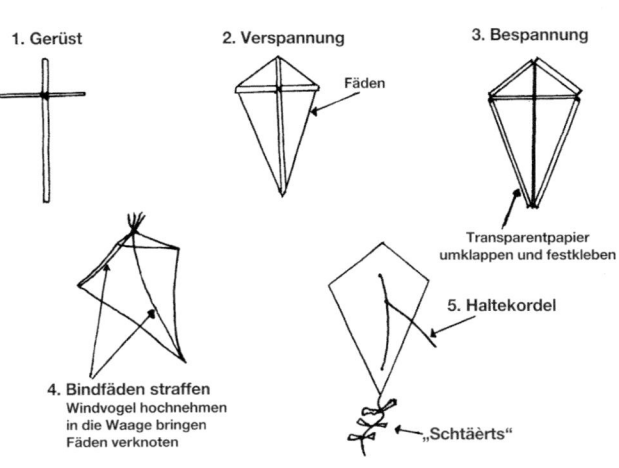

Anleitung zum Bau eines Windvogels,
Zeichnung Erdme Steinhorst

235

Beim Schreiner oder Anstreicher konnte man für wenig Geld dünne Lättchen oder Tapetenleisten bekommen. Zwei wurden zu einem Kreuz zusammengebunden (oder genagelt), in der Mitte verstärkt und an den Enden eingekerbt, so dass man eine Kordel einspannen konnte, mit der alle vier Holzlatten verbunden wurden. Das Ganze wurde mit buntem Transparentpapier bespannt und mit Kleister oder gekochten und zerquetschten Kartoffeln festgeklebt. Im oberen und unteren Teil der längeren Leiste bohrte man ein kleines Loch, um die Haltekordel zu befestigen. Die Kordel, an der der Windvogel aufgelassen wurde, durfte nicht zu dick sein, weil sie sonst zu schwer war. Sie wurde auf ein Brettchen oder einen kurzen Stock aufgewickelt. An den *„Schtäèrts"*, den Schwanz, kamen – wie beim *„Pimmpèrt"* – bunte Papierschnitzel, die ebenfalls aus Transparentpapier waren.

Junge mit Windvogel, Privatbesitz

Zwei Kinder waren beim *„Opploatè"* – beim Auflassen meist beteiligt: Einer hielt den Windvogel hoch, während der andere, wenn der Windvogel vom Wind erfasst wurde und hochstieg, die Kordel entsprechend abwickelte (*„Koard aafloatè*"*) und ein Stück weit mitlief. Je höher der Windvogel stieg, um so mehr Kordel musste abgespult werden.

mdl. *Viersen* 1989, * Koard aafloatè – Kordel ablassen, d.h. übertragen: schnell laufen, eilig weglaufen, fliehen, *Viersen* 1995

Die Zeichnung auf der niederländischen Kachel illustriert den Vorgang, wenn der Windvogel aufgelassen wurde, Niederländische Kachel 17. Jh., Privatbesitz Dr. Eugen Gerritz, Krefeld

Nr. 499 Schneemann

Früher waren die Wintermonate kälter als heute, Frost und Schnee waren keine Seltenheit. Wenn Schnee gefallen war, wurde ein Schneemann gebaut, mit Augen und Mund aus Kohlestückchen. Für die Nase organisierte man eine Möhre, und besonders schön war es, wenn das Gemeinschaftswerk mit einem ausgedienten Hut oder Zylinder gekrönt wurde. Oft lauerten die Jungen den Mädchen auf dem Heimweg von der Schule auf, um sie mit Schnee zu „waschen" oder mit Schneebällen zu bewerfen, woraus sich rasch eine wilde Schneeballschlacht entwickelte.

Nr. 500 Littschèn – Schliddern

Wenn es hart gefroren hatte, wurde auf den Seen und Bächen oder dort, wo sich auf Wiesen, Feldern, auf der Straße, auf Höfen oder Plätzen Eisflächen gebildet hatten, eine *„Littschbahn"*, eine Schlidder- oder Gleitbahn, angelegt. Am besten ließ es sich mit *Blöttschè*, mit Holzschuhen, *„littschen"*, die unten bereits glatt abgelaufen waren. Wenn die Unterflächen der *Klommpè, Blöttschè* oder *Bôttschè* eines Kindes nicht glatt genug waren und die Littschbahn dadurch mit Schrammen oder Streifen beschädigt wurde, erhielt der Übeltäter gnadenlos *„Littschverbot"*, es sei denn, die Holzschuhe wurden zuerst zu Hause unten glatt abgescheuert. Besonders schlimm war es, wenn sich jemand mit benagelten Schuhen auf die *„Littschbahn"* wagte! Auch wer „gegen den Strich" littschte, machte die Bahn stumpf und wurde vertrieben.

mdl. *Viersen* 1972

Nr. 501 Schlitten

Schlitten besaßen nur Kinder, deren Familie sich den Kauf finanziell leisten konnten. Folglich bastelten findige Jungen ihren Schlitten selber: Er wurde z.B. aus Nudelkisten gebaut, die die Kinder sich im Lebensmittelgeschäft, dem „Co-

Schneemann, Privatbesitz, Theo Königs, Brüggen

Der abgebildete Schlitten ist – wie zu erkennen – kein selbst gebastelter, Privatbesitz Theo Königs, Brüggen.

237

lonialwarengeschäft" erbaten. Die Kanten der Kiste beschlug man mit Bandeisen. Diese holte man sich von alten Holztonnen, die man zuerst zerschlagen musste. Außerdem achtete man sehr darauf, dass an den Kanten keine Nägel mehr herausragten, damit es keine Verletzungen gab und die Rodelbahn nicht zerstört wurde.

mdl. *Viersen* 1971

Nr. 502 Rollschuhlaufen

Rollschuhlaufen war eigentlich an keine bestimmte Jahreszeit gebunden, abgesehen vom Winter. Wichtig war vor allem, dass es nicht regnete. Rollschuhe hatte nicht jedes Kind, denn Rollschuhe waren Gegenstände, die man sich genau so wenig selber herstellen konnte wie Schlittschuhe oder einen Roller. Den stolzen Preis von 13 oder 14 Reichsmark konnten nur Familien aus bürgerlichen, finanziell besser gestellten Kreisen für diese Freizeitgestaltung ihrer Kinder aufbringen.

Die Erwachsenen, deren Häuser in *Viersen* auf der einzigen Straße standen, die nicht mit groben Pflastersteinen gepflastert war, mussten um 1930 eine plötzliche und heftige Art von „Kinderterror" über sich ergehen lassen: die Vorliebe von Kindern und Jugendlichen für geräuschvolles Dahinrollen. So berichtet ein Augenzeuge: „Unversehens und irre kreisend fielen sie wie ein ‚Bienenschwarm' eines Tages ein in das bis dahin so geruhsame Bürgerviertel an der Königsallee (in *Viersen*, d.Verf.). Das hatten sie nun davon, die dort ansässigen Bewohner, daß sie über eine piekfeine Straße mit einem fugenlosen Straßenbelag (Asphalt) verfügten, so zentral gelegen inmitten der Stadt. Der ‚Bienenschwarm' waren jene Bürgertöchter und Bürgersöhne Anfang der 30er Jahre, die ausgerechnet die Königsallee zum Rollschuhlaufen auserkoren hatten … Rollschuhlaufen war damals jedenfalls ‚in', die Bürger an der Königsallee bekamen es zu spüren. Es kann nicht nur an der verbesserten Technik der Rollschuhe gelegen haben. Die luxuriösesten Exemplare, lenkbar, gummigefedert und mit Doppelkugellager versehen, kosteten damals so um die 13,50 Reichsmark. Unsere Mutter rückte

Roller, Friedrich Seidenstücker, Berlin 1950, Galerie Wilde Köln

aber nur solche für 8,50 Mark zum Namenstag heraus. Doch was machte das? In der Masse der wenigstens fünf bis sechs Dutzend Jungen und Mädchen rollten auch die billigsten Vehikel mit. Allerdings so formvollendete Kunstfiguren, wie die lenkbaren Rollschuhe erlaubten, waren damit nicht zu laufen, der Imponiermöglichkeit bei den Mädchen waren Grenzen gesetzt. Lenkbar waren nämlich nicht nur die Rollschuhe, auch die Mädchen ließen sich gern zum Paarlauf an das Händchen nehmen, und das war doch schon was … Die Erwachsenen hatten für das muntere Treiben, das über Frühling und Sommer bis spät in den Herbst anhielt, nicht viel Verständnis. Es gab Leserbriefe in den Zeitungen, und die Polizei schaute schon mal vorbei. Zu Hause gab es dämpfende Ermahnungen. Der Wäschereibesitzer Heines wehrte sich

Fahrzeuge, wie dieser „Holländer", waren nur für gutsituierte bürgerliche Familien finanziell erschwinglich. Für diejenigen, für die solche Spielgeräte unerreichbar waren, blieben es in ihrer Kindheit staunenswerte Wunder, Privatbesitz Viersen.

mit den natürlichen Mitteln seiner Wagenpferde, die nach dem Anschirren nicht immer warteten, bis sie außerhalb der Stadt waren, und deren Abfallprodukte auf der Straßenfläche die Rollschuhfahrer zu Kurven zwangen. – Schließlich übten sich die Bürger der Königsallee in Geduld, bis der Spuk auf einmal wie von selbst zu Ende war."

Abrahams 1990, 27/28

1) mdl. *Boisheim* 2002 2) vgl. Siemes/Philips 2001, 211, vgl. 15. Juni, „Vitus-Kirschen"

Literatur:

Abrahams, Josef, Aus dem alten Rintgen. Geschichten rund um den Viersener Neumarkt. Hg. Peter Abrahams, Viersen 1990 (Abrahams 1990)

Cock, A. de und Is. Teirlinck, Kinderspel & Kinderlust in Zuid-Nederland, Bd. I–VIII, Gent 1902–1908 (de Cock/Teirlinck VI)

Gahlings, Karl und Franz Matenaar, Lieder und Sprüche aus dem Leben und Brauchtum am Niederrhein, Kleve-Materborn 1936 (Gahlings/Matenaar 1936)

Matenaar, Franz, Glücksvögel und gefiederte Propheten. In: Heimatkalender für das Klever Land, 1952 (Matenaar HKL 1952)

Meyer-Markau, W., Duisburger Kinderlieder. In: Festschrift zur 14. Hauptversammlung des Allgemeinen Deutschen Sprachvereins zu Duisburg, Duisburg 1905 (Meyer-Markau 1905)

Nießen, Josef, Rheinische Volksbotanik, Bd. 2, Berlin und Bonn 1937 (Nießen II)

Schönberner, Egon, Onsen t'Hüs, Teil II, Kinderspiele am Niederrhein, Kleve-Materborn 1979 (Schönberner 1979)
Siemes, Helena und Gerd Philips, Durch das Jahr. Feste und Bräuche am Niederrhein, Duisburg 2001 (Siemes, Philips 2001)
Simrock, Karl, Das deutsche Kinderbuch, Basel, 3. 1879 (Simrock 1879)
UH. = Unsere Heimat, Beilage zur Westdeutschen Landeszeitung, Zwanglose Blätter. 23. Jg., Nr. 9, 1935 unpag. (UH. 23. Jg., Nr. 9. 1935)

Tiere in Versen, Liedchen, Spiel und Redensarten

Nr. 503

> *Die Enten sprechen:*
> *„Soldaten kommen! Soldaten kommen!"*
> *Die Katze spricht:*
> *„Von dadau! Von dadau!"*
> *Der Haushund spricht:*
> *„Wo? Wo? Wo?"*
> *Der Hahn auf dem Mist spricht:*
> *„Sie sind schon da! Sie sind schon da!"*

mdl. *Overhetfeld* 1980

Maikäfer und Marienkäfer

Die mit dem warmen Wetter plötzlich auftretenden Maikäfer mit ihren braunen Flügeldecken übten eine besondere Anziehungskraft und Faszination auf alle Kinder aus. Im gesamten deutschsprachigen Raum hieß es in vielen Varianten:

Nr. 504

> *Maikäfer flieg,*
> *Dein Vater ist im Krieg,*
> *Deine Mutter ist in Pommerland,*
> *Pommerland ist abgebrannt,*
> *Maikäfer flieg!*

Es ist das bekannteste Maikäferliedchen und laut Franz Magnus Böhme ist dies die in Mitteldeutschland verbreitetste Fassung.[1] Neben der hochdeutschen gibt es auch zahlreiche in den jeweils regionalen Dialekten.
Allgemein gilt in ganz Deutschland der Maikäfer bis heute als Frühlingsbote. Wenn Kinder ihn ent-

deckten, setzten sie ihn auf die Hand und forderten ihn mit den Worten des Liedes auf, wegzufliegen.

Nr. 505 Maikääfer, vleech

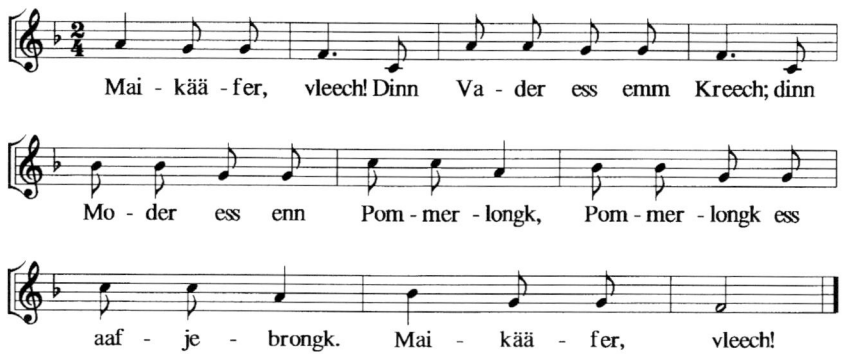

Mai - kää - fer, vleech! Dinn Va - der ess emm Kreech; dinn

Mo - der ess enn Pom - mer - longk, Pom - mer - longk ess

aaf - je - brongk. Mai - kää - fer, vleech!

Maikäfer flieg!/Dein Vater ist im Krieg;/Dein' Mutter ist in Pommerland,/Pommerland ist abgebrannt./Maikäfer flieg!

Text und Melodie 1995 in *Grefrath* aufgezeichnet, vgl. auch in Duisburger Mundart: Krach 1924, 80, Nr.17, s. Kommentar Nr. 505

Das Maikäferfangen war, wie auch de Cock/Teirlinck [2] feststellen, schon immer eine „wahre Kinderlust". Nicht immer gingen Kinder jedoch so „einfühlsam" mit den Maikäfern um, wie die poetischen Liedchen es glauben machen. In meiner Kinderzeit in den Jahren 1943/44 schüttelten wir die niedrig hängenden Zweige der Bäume so lange, bis die Maikäfer in großer Anzahl prasselnd auf den Waldboden fielen, von uns Kindern aufgelesen und in Büchsen oder Zigarrenkistchen, versehen mit Luftlöchern und Blättern, verstaut wurden. „Wer hat die meisten?" lautete die Parole. Oft ließ man mehrere während der Schulstunde zum Gaudi der Schüler und zum Ärger des Lehrers fliegen. Die meisten Maikäfer aber verendeten oder wurden schließlich den Hühnern vorgeworfen, die sich gierig auf sie stürzten.

In unserer Zeit haben nur wenige Kinder jemals einen Maikäfer in der Natur gesehen. Am Niederrhein scheinen sie ausgestorben zu sein. Der Sänger Reinhard Mey, der Anfang der 70er Jahre klagte, „Es gibt keine Maikäfer mehr", hat sich jedoch geirrt. Denn die größte Maikäferplage seit den 50er Jahren des 20. Jhs. suchte im Mai 2002 das Rhein-Main-Gebiet heim. Ganze Waldstücke in Südhessen wurden kahlgefressen und entlaubt, und es gab und gibt keine wirksamen Gegenmaßnahmen. Man fürchtet für die nächsten Jahre, dass sie sich weiter ausbreiten. Hier endet alle Maikäferromantik.[3]

Beim Fliegenlassen des Marienkäfers:

Nr. 506

Liewe Heerwörmken flieg!　　　　Liebes Herrgottswürmchen flieg!
Din Vader ös im Krieg,　　　　　Dein Vater ist im Krieg,
Din Moder ös im Pommerland,　　Dein' Mutter ist in Pommerland,
Pommerland ös afgebrannt.　　　Pommerland ist abgebrannt.
Liewe Heerwörmken flieg!　　　　Liebes Herrgottswürmchen flieg!

Hünxe, Sander ZfVK 1906, 117

Nr. 507 *Flimmflämmkè vleech – Marienkäfer flieg*

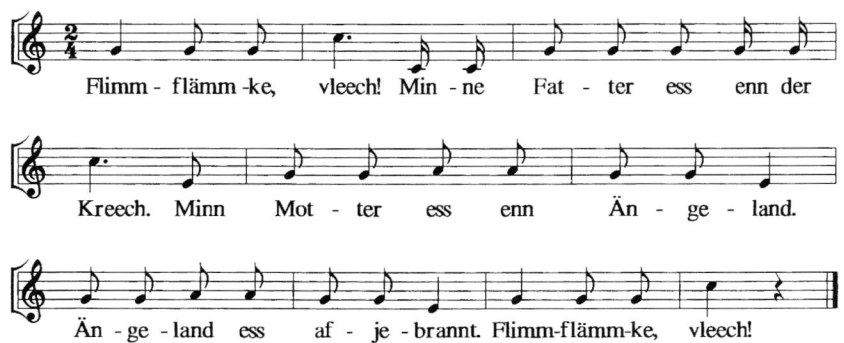

Marienkäfer flieg!/Mein Vater ist im Krieg,/Mein' Mutter ist in Engeland,/Engeland ist abgebrannt,/Marienkäfer flieg!

Text und Melodie 1981 in *Amern, Waldniel* und *Grefrath* aufgezeichnet, s. Kommentar Nr. 507

In dieser Version ist die Mutter anstatt in Pommerland in England und anstelle des Maikäfers wird der Marienkäfer besungen. Wurde der Marienkäfer (Flimmflämmkè) mit dem Maikäfer (Maikeävèr) verwechselt? Vermutlich nicht. Es könnte sich vielmehr um den kindlichen Versuch handeln, dem Liedchen über die kurze Erscheinungszeit des Maikäfers hinaus mit Hilfe des häufig sichtbaren Marienkäferchens zu mehr Aktualität zu verhelfen. Denn zahlreicher sind die Lieder, die die roten Marienkäfer besingen. Das Volk – oder waren es die Kinder – hat ihnen viele poetisch anmutende Namen gegeben:
Härrjôttslämmpkè, Flimmflämmkè, Herrgottslämpchen in *Amern, Melljèrflüètschèn*, Himmphämmpkè, Jôddèslämmpkè* in *Grefrath,* Hièmèlsmannèkè**, *Himmelsmännchen* in *Hüls, Heerwörmkèn,* Herrgottswürmchen in *Hünxe, Scherslämpkè* in *Kevelaer, Goddèslämpkè,* Gotteslämpchen in *Kleve, Liev Heeres Kükkske,* des lieben Herrgotts Küchlein, *Füürlämpkè,* Feuerlämpchen, *Lièvèlämmpkè, Jôddèslämmpkè,* Liebeslämpchen in *Kleve, Flimmflämmkè, Jôd-*

dèslämmpkè in *Krefeld*, *Liilämmpkèn* in *Niederkrüchten* und *Mariaflöttschè*, *Ma-riavüèjèlkè*, Marienflötchen oder -vögelchen sowie *Hièmèlsmöschkè* oder Him-melsvögelchen in *Viersen*.

* Norrenberg 1875, 104, Nr. 7, ** Kleintitschen 1979, 90, s. Kommentar Nr. 507

Die Vielfalt der Namen und Bezeichnungen für das rote Käferchen ist er-staunlich. Wie kam es zu dieser außerordentlichen Beliebtheit des Tierchens? Wie der Name „Marienvögelchen" oder „Gotteslämpchen" besagt, ist es nach der Legende überirdischer Herkunft. Die meisten Namen sind mit dem Him-mel, Gott und Maria verbunden. Da der Himmel, in dem Gott und Maria ih-re Heimstatt haben, folglich auch seine Heimat ist, vermittelt es „den Verkehr des Menschen mit dem Jenseits." [4] Wenn ein Marienkäferchen sich auf die Hand oder die Kleidung eines Menschen setzt, wird es auch heute noch von Erwach-senen und Kindern überall als Glückszeichen und Glücksbringer betrachtet. Es zu töten, könnte möglicherweise Unglück bringen. [5]

Nr. 508

Lievelämpke, Godeslämpke,	Liebeslämpchen, Gottes-lämpchen,
Flieg mar nôôr denn Hemel!	Flieg' nur zum Himmel!
Op Maria's Schöötje,	Auf Marias Schößchen,
Door kriegt gej een Krentebröödje.	Kriegst du ein Korinthen-brötchen.

Kleve, Gahlings/Matenaar 1936, 28

Nr. 509

Füürlämpke, fliegt mar nôôr den Hemel!	Feuerlämpchen, flieg nur zum Himmel!
Op Marias Schöötje	Auf Marias Schoß
Kriegt g' (gej) en Krentebröödje.	Bekommst du ein Korinthen-brötchen.
Füürlämpke flieg!	Feuerlämpchen flieg!

Kleve, Gahlings/Matenaar 1936, 28

Nr. 510

Live' Heeres Kükske, got fliege!	Liebes Herrgotts Küchlein (Küken), flieg weg!
Ow Hüüske brandt af,	Dein Häuschen brennt ab,
Ow Kinderkes, die schrauwe.	Deine Kinderchen schreien.
Liev' Heerke – flieg weg!	Du liebes Herrchen – flieg weg!

Kleve, Gahlings/Matenaar ebd.

Wenn sich ein Marienkäfer bei einem Kind auf die Hand setzte, sprach es zu ihm:

Nr. 511

Scherslämpke, bliv bej mej.
Si' gej enen Düvel, dann got va' mej!

„Scherslämpchen", bleib bei mir.
Bist du aber ein Teufel, dann geh fort von mir!

Kevelaer, s. Kommentar Nr. 511

Nr. 512

Flimmflämmkè, Härrjôttslämmpkè,

Fleesch enn dèr Hemmèl!
Opp Marias Schöötschè
Kress-tè è Krenntèbröötschè.

Flimmflämmchen, Herrgotts-
lämpchen,
Flieg in den Himmel!
Auf Marias Schößchen
Bekommst du ein Korinthen-
brötchen.

mdl. Amern 1978, mdl. Krefeld 1981, mdl. Grefrath 1995

Nr. 513

Flimmflämmkè, Härrjôttslämmpkè

Fleesch opp Härrjöttschè si Schüètschè,
Dann kriss-tè Wääk onn Brüètschè.

Flimmflämmchen, Herrgotts-
lämpchen,
Flieg auf Herrgotts Schößchen,
Dann bekommst du Weck und
Brötchen.

mdl. Amern 1981

Nr. 514

Himmphämmpkè, Jôddèslämmpkè,
Vleech enn'èn huèrèn Hemmèl èrrèn!

Dô krisst-è Waatèr onn Brüètschè

Opp Marias Schüètschè.
Himmphämmpkè vleech, vleech, vleech!

Marienkäfer, Gotteslämpchen,
Flieg in den hohen Himmel
hinein!
Da bekommst du Wasser und
Brötchen
Auf Marias Schößchen.
Marienkäfer flieg, flieg, flieg!

mdl. Grefrath 1995

Variante:

Melljèrflüètschèn, Melljèrflüètschèn,
Vleesch opp Maria sinn Schüètschèn!

Marienkäfer, Marienkäfer,
Flieg auf Marias Schößchen!

Grefrath und Umgebung, Norrenberg 1875, 104, Nr. 7

Während des Singens umschloss das Kind das Marienkäferchen mit beiden Händen. Abschließend sagte es zwei- oder dreimal: *„Jäff mech Oalich! Jäff mech Oalich!"* – Gib mir Öl! Gib mir Öl! und öffnete wieder beide Hände. Manchmal sonderte das Käferchen ein Tröpfchen rotgelbe Flüssigkeit ab. Zur „Belohnung" für die abgegebene „Öllieferung" ließen die Kinder es anschließend wieder fliegen. [6] Es konnte aber auch eine Drohung ausgesprochen werden: *„Hièmèlsmöschkè, Hièmèlsmöschkè, wänn du mech jenné Oaleng jeffs, da schlaach ech dech muus- muusduèt!*[7] – Himmelsvögelchen, Himmelsvögelchen, wenn du mir kein Öl gibst, dann schlage ich dich mause-mausetot!

Schnecke und Fliege

Wenn in der frühsommerlichen Jahreszeit die Schnecken in den Gärten auftauchten, erregten sie mit ihrem Haus auf dem Rücken das Interesse der Kinder. Fanden sie ein Schneckenhaus, so wurde die Schnecke mit großer Ausdauer und Geduld beobachtet und immer wieder mit Gesang aufgefordert, aus ihrem Haus zu kommen und die Hörner herauszustrecken.

Nr. 515

Schläkk, Schläkk, komm èruut!	Schneck', Schneck', komm heraus!
Dä Düüvèl vritt dech allès uut!	Der Teufel frisst dir alles aus!

mdl. *Viersen* 1970, vgl. für *Straelen*, Brückner/Cremers/Lennarz1910, 361, s. Kommentar Nr. 515 und Nr. 516

Nr. 516

Schläkk, Schläkk, komm èruut,	Schneck', Schneck', komm heraus,
Schteäk dinn Vivat-Höörès uut!	Steck deine Vivat-Hörner heraus!
Schläkk, Schläkk, komm èruut,	Schneck', Schneck', komm heraus,
Dänn Düüvèl frett dech ôllès uut.	Der Teufel frisst dir alles aus.

Hüls, Kleintitschen 1979, 89, s. Kommentar Nr. 515 und Nr. 516

Nr. 517

Schlecke, Schlecke, komm herut,	Schneck', Schneck', komm heraus,
Dien Hüske ste'it im Braund.	Dein Häuschen steht in Flammen.
Un ahl die kle'ine Ke'inderkes,	Und all die kleinen Kinderchen,
Die krupen dur dän Daump.	Die kriechen durch den Rauch (Dampf).

Mühlheim a.d. Ruhr, Klewer 1901, 92

Nr. 518

Schlêk, Schlêk, kom herüt,
Stekt vier Fengers üt,
Anders trek ek ow et Hüs herüt.

Schneck', Schneck' komm heraus,
Steck vier Finger aus,
Sonst zieh ich dich aus dem
Haus heraus.

Kleve, Gahlings/Matenaar 1936, 28

Nr. 519

Schläk, Schläk, komm der ütt,
Sije nijt thüß, dann bliff derütt!

Schneck', Schneck', komm heraus,
Wenn du nicht zu Hause bist,
dann bleib draußen!

Schravelen, Gerrits: UH., 23. Jg. Nr. 5, 1933

Nr. 520

Schleck, Schleck, stäk de Höres ut,

Eck gäv dech Bier en Bruat,
Wenns du dat niet duhn wels,
Da schlei eck dech musduad!

Schneck', Schneck', steck die
Hörner raus,
Ich gebe dir Bier und Brot,
Wenn du das nicht tun willst,
Dann schlag ich dich mausetot!

Straelen, Brücker/Cremer/Lennarz, 361

Nr. 521

Schläk, Schläk, kom herüt,
Dan krigst'e Bier än Brood,
Än wänn du nit herütter köms,
Dan hau ek dech musdood.

Schneck', Schneck' komm heraus,
Dann kriegst du Bier und Brot,
Und wenn du nicht herauskommst,
Dann schlag' ich dich mausetot.

Vördese UH. 20. Jg. Nr. 7, 1932

Dass den Schnecken Bier angeboten wird, wie der Vers sagt, setzt sich darin fort, dass noch heutzutage Hobbygärtner Schnecken mit einer Bierfalle unschädlich machen.

Der Vers „war beliebt beim Spiel mit Schnecken, die, wenn sie der Aufforderung nicht nachkamen, totgeschlagen wurden."[8] Ein ähnliches Phänomen im Hinblick auf das Spiel mit Tieren gab es auch in der Antike: „Wir wissen aufgrund ... künstlerischer Belege, daß griechische Kinder mit Mäusen und Hasen spielten, die sie anleinten; mit den zuletzt genannten ließ ein Junge wiederum seinen eigenen Hund spielen ... Dem … Hirschkäfer ... schnitten sie den Kopf ab und formten aus seinen enormen Zangen eine Miniaturlyra."[9]

Böhme berichtet, wie Kinder mehr oder weniger bewusst tierquälerisch mit einem Tier spielen, so z.B. mit einem Maikäfer. Sie hielten ihn an einem langen

Faden, den sie ihm um ein Bein gebunden hatten. Dann ließen sie ihren Gefangenen so weit fliegen, wie es die Länge des Fadens erlaubte. [10] Wie Fittà berichtet, war dies auch in der Antike bekannt. Erstaunlicherweise gibt es für dieses unschöne Spiel als Beleg auch ein Liedchen, das auf die bekannte Melodie „Maikäfer flieg" gesungen wurde.

Nr. 522

Maikewer turr, Maikäfer turr,	Maikäfer surr', Maikäfer surr',
Ick hebbsche an der Schnurr,	Ich hab' dich an der Schnur,
Ick hebbsche an dat linker Beein	Ich hab' dich an dem linken Bein
Bowen in dä Schorsteein,	(bis) oben in dem Schornstein.
Maikewer turr,	Maikäfer surr',
Ick hebbsche an der Schnurr.	Ich hab' dich an der Schnur,

Mülheim a.d. Ruhr, Klewer 1901, 95, s. Kommentar Nr. 522

Spiele wie diese, bei denen Tiere gequält wurden, waren nicht selten. Die Welt der Kinder war nie eine Idylle, in der Unschuld und Harmonie vorherrschen. Unter Jungen galt es als besondere „Heldentat", *„Möschènööstèr uutdèhoalè",* die Spatzennester auszuziehen, zu zerstören und die meist noch nackten Jungen, die *„Kaalbättskès",* zu töten. [11] Dass man Katzen oder Hunden mit einer Kordel eine leere Blechbüchse an den Schwanz band und sie dann davonjagte, kam häufig vor. [12] Auf der nebenstehenden Darstellung

Kind mit Schweinsblase, im Hintergrund ein Hund und der ihn jagende Junge, Conrad Meyer, Die Kinderspiele, 1657

von Spielen aus dem 17. Jh. ist zu sehen, wie im Vordergrund des Bildes ein Mädchen eine Schweinsblase aufbläst. Im Hintergrund aber jagt ein Hund, dem man eine solche Schweinsblase an den Schwanz gebunden hat, entsetzt und in gestrecktem Lauf davon. Ihn verfolgt und jagt ein Junge mit emporgereckten Armen. [13]

Ein Sprichwort sagt: *„Weä dèr Hongk tärrcht, mott sech ètt Biitè jèvallè loatè"* – wer einen Hund ärgert, muss sich das Beißen gefallen lassen. Es belegt, wie oft Hunde von Kindern (aber auch von Erwachsenen) unnötig und aus reiner

Griechischer Junge mit Schildkröte, der einen Hund aufhetzt, Fittà 1998

Junge mit einem Vogel, den er mit einem Faden am Bein fliegen lässt, Conrad Meyer, 1657

Lust so gequält und gereizt werden, dass sie böse und bissig werden. Auch dafür gibt es in der Antike einen Beleg: Eine Zeichnung auf einem Krug zeigt ein Kind, das einen Hund aufhetzt, indem es ihm eine Schildkröte, die mit einem Bein an einer Schnur hängt, in der Luft schwebend vor die Nase hält. [14]

Man fing Fliegen und riss ihnen die Beine aus. Jungen fingen Frösche und versuchten, ihnen mit einem Strohhalm den Bauch aufzublasen. Die Gewährsleute, die davon meist zögerlich und kopfschüttelnd aus ihrer Jugendzeit berichteten, konnten als alte Menschen ihr tierquälerisches Tun in der Kindheit nicht mehr begreifen und schon gar nicht gutheißen. Tatsache aber ist, dass Kinder im Spiel mit Tieren (und auch untereinander) sehr grausam sein können, sich dessen aber nicht besonders bewusst sind. [15] Früher wurden Käfigvögel von Kindern wie Spielobjekte behandelt. Sowohl bei Brueghel im 16. Jh. als auch bei Conrad Meyer im 17. Jh. sieht man, wie ein Junge

einen Vogel an einer Schnur gefesselt fliegen lässt, sodass er nicht entkommen kann.

Das auch von Erwachsenen bei geselligen und fröhlichen Zusammenkünften oft gesungene Lied von der „kleinen Fliege" belegt z.B., dass auch Fliegen solche „Spielobjekte" waren, vielleicht heute noch sind. Darüber hat man sich selten Gedanken gemacht. In den von Lehrern und Heimatkundlern in der Vergangenheit gesammelten Liedern und Spielen findet man Hinweise auf Tierquälerei überhaupt nicht. Im Gegenteil, sie schlossen solche Spiele wie auch anstößige Fäkalverse bewusst aus, weil ihnen Ästhetik und „Unschuld" der Kindheit wichtiger waren als eine objektive Dokumentation.

Nr. 523 *Du kleine Fliege*

Du klei - ne Flie - ge, wenn ich dich krie - ge,

dann reiß ich dir das lin - ke Bein - chen aus.

2. Dann musst du hinken auf einem Schinken/Und kommst ja in das städtische Krankenhaus.

Text und Melodie 1992 in *Viersen,* 1995 in *Meerbusch* und *Osterath* aufgezeichnet

Nr. 524 *Du dumme Fliege*

Du dum - me Flie - ge, wenn ich dich
Dann mußt du hin - ken auf ei - nem

krie - ge, dann reiß ich dir das lin - ke Bein - chen aus.
Schin- ken, dann kommst du in das gro - ße Kran-ken - haus.

Dann wirst du o - pe - riert, mit Sal - be ein - ge - schmiert.

Dann mußt du e - wig, e - wig ster - ben.

Dann kommt der Herr Pa - stor und pre - digt dir was

vor. Schrumms, all - wid - der enn Vleech ka - pott!

Text und Melodie 1982 in *Overhetfeld* aufgezeichnet, s. Kommentar Nr. 524

Die mit klebrigem Leim bestrichenen Fliegenfänger, die vor der Benutzung der „chemischen Keule" die einzige Möglichkeit waren, sich in Haus und Küche der Hekatomben und Myriaden von Fliegen zu erwehren, waren ehedem – und auch heute noch – zwar umweltfreundlich, aber nicht besonders „fliegen- oder tierfreundlich". Der „Billige Jakob" aus *Köln,* der auf der *Dülkener* Kirmes seinen Stammplatz hatte, warb mit einem Spruch für das damals in jedem Haushalt unentbehrliche Objekt:

Nr. 525

Die Fahne voll Leim bringt Ruhe daheim.
Da kann man kriegen Flöhe und Fliegen.
Auch alle die munteren Mücken,
Wenn sie sich nicht vorher schon drücken!

Weyers 1965, 69

Redensart

Bättèr Fleejè jèvangè als möötich jèjangè.
Besser Fliegen gefangen als müßig gegangen.

Neersen, NGF 1879, 32

1) Böhme 1897, 165 2) de Cock/Teirlinck IV, 164 3) Freund, FAZ vom 22.05.2002, Nr. 116: Das große Fressen 4) HDA V, 1693 5) HDA V, 1700 6) mdl. Amern 1981 7) mdl Viersen 1970 8) Samans UH. 20. Jg. Nr.7, 1932 9) Fittà 1998, 68 10) Böhme 1897, 424, 13   11) mdl. Born 1970 12) mdl. Viersen 13) Meyer 1970 14) Fittà 1998, 66 15) mdl. *Viersen* und *Born* 1970, vgl. Schmitz 1893, 66

Literatur

Bächtold-Stäubli, Hanns, Handwörterbuch des deutschen Aberglaubens Bd. I–X, (1927–1942) unter Mitwirkung von Eduard Hoffmann-Krayer, 1986, unveränd. Fotomechan. Nachdruck von 1935, Berlin 1986 (HDA V)

Böhme, Franz Magnus, Deutsches Kinderlied und Kinderspiel, Volksüberlieferungen aus allen Landen deutscher Zunge, Leipzig 1897 (Böhme 1897)

Brückner, Fr., E. Cremer, G. Lennarz u.a., Der deutsche Niederrhein vom Erftgebiet bis zur Landesgrenze, Crefeld 1910 (Brückner/ Cremer/ Lennarz 1910)

de Cock. A. und Is. Teirlinck, Kinderspel & Kinderlust in Zuid-Nederland, Bd. I–VIII, Gent 1902–1908 (de Cock/Teirlinck IV)

Fittà, Marco, Spiel und Spielzeug in der Antike. Unterhaltung und Vergnügen im Altertum. Aus dem Italienischen übersetzt von Cornelia Homann. (Wissenschaftliche Buchgesellschaft Darmstadt) 1. Stuttgart 1998 (Fittà 1998)

FAZ = Frankfurter Allgemeine Zeitung vom 22.05.2002, Nr. 116: Andrea Freund, Das große Fressen

Gahlings, Karl und Franz Matenaar, Lieder und Sprüche aus dem Leben und Brauchtum am Niederrhein, Kleve 1936 (Gahlings/Matenaar 1936)

Gerrits, Griche. In: Unsere Heimat, Beilage zur Westdeutschen Landeszeitung, Zwanglose Blätter, hg. von den Heimatvereinen des Kreises Geldern. 23. Jg. Nr. 5, 1933, unpag. (Gerrits UH. 23. Jg. Nr. 5, 1933)

HDA V = Handwörterbuch des deutschen Aberglaubens

Kleintitschen, Rosa, Ut den alden Tied, Hüls 1979 (Kleintitschen 1979)

Klewer, Wilhelm, Aus dem Kinderleben. In: Festschrift zum ... Rheinischen Provinzial-Lehrertag, Remscheid 1901 (Klever 1901)

Krach, Gottfried, Min Modersprok, Die Mundart in der ehemaligen Grafschaft Moers, Moers 2. 1924 (Krach 1924)

Meyer, Conrad, Die Kinderspiele, Hg. von Conrad Ulrich, Zürich 1970 (Meyer 1970)

Meyer-Markau, W., Duisburger Kinderlieder: Festschrift zur 14. Hauptversammlung des Allgemeinen Deutschen Sprachvereins zu Duisburg, Duisburg 1905 (Meyer-Markau 1905)

NGF = Niederrheinischer Geschichtsfreund 1879 (NGF 1879)

Norrenberg, Peter, Geschichte der Herrlichkeit Grefrath, Viersen, Dülken 1875 (Norrenberg 1875)

Samans, Ludwig, Sprichwörter, Redensarten und Liedchen von Vördese. In: Unsere Heimat, Beilage zur Westdeutschen Landes-Zeitung, Zwanglose Blätter, hg. von den Heimatvereinen des Kreises Geldern. 20. Jg., Nr. 7, 1932 unpag. (Samans UH. 1932)

Sander, Hermann, Kinderlieder und Kinderspiele. Gesammelt in Hünxe bei Wesel. In: ZfVK, 9. Jg., 1906 (Sander 1906)

Schmitz, Wilhelm, Die Mischmundart in den Kreisen Geldern (südlicher Teil), Kempen, Erkelenz, Heinsberg, Gei-

lenkirchen, Aachen, Gladbach, Krefeld, Neuss und Düsseldorf sowie mancherlei Volksthümliches aus der Gegend, Dülken 1893 (Schmitz 1893)
UH.= Unsere Heimat. Beilage zur Westdeutschen Landeszeitung. Hg. von den Heimatvereinen des Kreiseses Geldern.
Weyers, Paul, Im Zeichen der Windmühle, Dülken 1965 (Weyers 1965)
ZfVk 1906 = Zeitschrift des Vereins für rheinische und westfälische Volkskunde

Fledermaus

Wenn an langen Sommerabenden die flatternden Fledermäuse gegen den dunkelnden Abendhimmel gesichtet wurden, riefen die Kinder:

Nr. 526

Fleärmuus, Scheärmuus,	Fledermaus, Schermaus,
komm èruut,	komm heraus,
Dèr Düüvèl frett dech dè Mellk uut!	Der Teufel frisst dir die Milch aus!

mdl. *Viersen* 1978, vgl. Schmitz 1893, 67

Nr. 527

Pläèrmuus, keèr dinn Huès!	„Pläèrmuus", kehr dein Haus!
Keèr dinn sièvèn Hüüsèr uèt!	Kehr' deine sieben Häuser aus!

Uerdingen, Die Heimat, Krefeld, 9. Jg., 1930

Nr. 528

Fläärmuus, käär din Hus!	Fledermaus, kehr dein Haus!
Käär din sewèn Hüsèr uut!	Kehr deine sieben Häuser aus!

Moers, Krach 1924, 80

Abergläubisches

Im Volksglauben spielten die nützlichen Nachtschwärmer eher eine unheimliche Rolle. So war unter Kindern – aber auch unter Erwachsenen – der Aberglaube verbreitet, Fledermäuse würden sich in den Haaren des Menschen festkrallen und seien nicht mehr oder nur unter Schwierigkeiten wieder herauszulösen.

mdl. *Viersen* 1976

Die gefürchtete Schruut

Ein Puterhahn (Schruut) wirkte früher auf Kinder wie ein kampfbereiter Stier: Seine gurrenden, fremdartigen Rufe, sein Kopf und sein Hals, beide nackt und rot, flößten Kindern Angst ein. Nur aus sicherer Entfernung glaubten sie, ihn mit einem roten Tuch und mit ihren Rufen reizen und provozieren zu können.

Und das taten sie nach Herzenslust, auch wenn der Puter sich davon nicht aus der Ruhe bringen ließ.

Nr. 529

Schruut, Schruut, Schruut!
Ich habb mièr Ruèt wi du!

mdl. *Viersen* 1970

Schruut, Schruut, Schruut!
Ich hab' mehr Rot als du!

Nr. 530

Truuthaaan, eck habb mièr Ruèt
aan als du!

mdl. *Krefeld* 1978

Truthahn, ich habe mehr Rot
an als du!

Nr. 531

Truthahn, Schruthahn,
Treck dè bestè Tappèrt an!

Straelen, Brückner/Cremer/Lennarz 1910, 361

Truthahn, Schruthahn,
Zieh den besten Mantel an!

Nr. 532

Sonntags, wenn die Glocken beiern,
Sitzt die Schruut auf ihren Eiern,
Und der Gänserich, der Gute,
Hält sie dann bei gutem Mute.

mdl. *Viersen* 1980

Wetterfahne, Dülken

Krähe

Nr. 533

Kroè, Kroè,
Dänn Düüvèl süppt dech
dè Mellk uut!

Krefeld, Die Heimat, Krefeld, Jg. 9. 1930, 169

Kräh', Kräh',
Der Teufel säuft dir die Milch aus!

Nr. 534

Kroèn, Kroèn,
Dèr Düüvèl kömmb dich noè!

mdl. *Viersen* 1970

Kräh', Kräh',
Der Teufel kommt dir nach!

Nr. 535

Watt säht de Kräj, äjn för de andern?
Agter den Berg! Agter den Berg!

Was sagt die eine Krähe zur andern?
Hinter dem Berg! Hinter dem Berg!

Aas, Aas, Aas!
Träck af! Träck af, Träck af!

Aas, Aas, Aas!
Zieh ab! Zieh ab! Zieh ab!

Moers, Krach 1924, 83, Nr.38

Redensarten

Wänn dè Kroanè „Naat, naat!" roopè, jöff ètt Reängèr.
Wenn die Krähen „Nass, nass!" rufen, gibt es Regen.
mdl. *Viersen* 1972

Dänn soat doar wi n'en Üül tössen enne Koppel Krääje.
Er saß da wie eine Eule mitten in einem Schwarm Krähen, d.h.:
Er passte nicht recht in diese Gesellschaft.
Schravelen, Vördese, Samans, UH. 20. Jg., Nr. 7, unpag.

Een Kroan krôttst di angèrè kee Ooch uut.
Eine Krähe kratzt der anderen kein Auge aus.
mdl. *Viersen* 1975

Heä hätt enn Schtemm wi enn Kroan.
Er hat eine Stimme wie eine Krähe: Er ist heiser.
mdl *Viersen* 1970

Heä pekkt enn't Eätè wi ènn Kroan.
Er stochert im Essen herum wie eine Krähe:
Er sucht sich das Beste heraus.
mdl. *Viersen* 1970

Heä hätt Oorè wi enn Kroan.
Er hat Augen wie eine Krähe.
(Scharfe durchdringende Augen, oder: Er kann gut sehen.)
mdl. *Viersen* 1974

Kiebitz

Nr. 536

Kiwwitt, wo blièw ek?
E'nnèn Brammèltènboosch.
Do se'ng ek, do fleujt ek,
Do höbb ek min Loos.

Kiwitt, wo bleib ich?
In einem Brombeerstrauch.
Da sing' ich, da pfeif' ich,
Da hab' ich meine Lust/Freude.

Moers, Krach 1924 , 81

Huhn und Hahn

Während des Zweiten Weltkrieges gab es kaum vorgefertigtes Spielzeug. Wer eine Puppe oder einen Roller besaß, konnte sich glücklich schätzen – oder auch nicht. Denn in der Notsituation, in der Nahrungsmittel und Kleidung rationiert und knapp waren, wurde manche Puppe, Eisenbahn oder anderes gut erhaltenes Spielzeug gegen Speck, Zucker, Mehl oder Kleidung eingetauscht. „Ich war damals acht Jahre alt. Meine Puppe, an der ich nicht hing, war bereits gegen ein Paar Schuhe eingetauscht worden. Lieber als mit Puppen spielte ich mit unseren Tieren – dem Hund und den Hühnern.

Ich liebte unsere Hühner mehr als alles Spielzeug und verbrachte Stunden im Hühnerstall damit, sie zu zähmen. Jedes Huhn hatte einen Namen. Besonders wenn die Dämmerung kam und alle Hühner sich rechtzeitig zum Schlafen auf die Stangen begeben hatten, kam meine Stunde. Ich blies ihnen auf der Flöte vor, dann streichelte ich sie und kraulte sie unter dem Hals, den sie lang und länger reckten. Wenn sie ihre Köpfe ganz hoch hatten, drückte ich sie sanft wieder herunter und das Spiel begann von vorn.“

mdl. *Viersen* 1970

Nr. 537

Kô, kô, kô, kô, kaaa!	Ko, ko, ko, ko, kaaa!
Aikén likk emm Schaap*!	Das Eichen liegt im Nest!

* hier Nest, eigentlich: offenes Fach für Teller, Schüsseln usw., mdl. *Neuwerk* 1981

Nr. 538

Eenè meenè Schnuutè,	Ene mene Schnute,
Watt schraiè all di Puutè?	Was schreien alle Kinder?
Vaddèr schrait, Moddèr schrait:	Vater, schreit, Mutter schreit:
„Deä Haan, deä hätt è Ai jèlait!“	„Der Hahn, der hat ein Ei gelegt!“

mdl. *Neuwerk* 1981

Nr. 539

Tuck, tuck, tuck, min Hündèrkès,	Tuck, tuck, tuck, meine Hühnerchen,
Wat dont gej op onsen Hof?	Was tut ihr auf unserm Hof?
Gej plökt mej al dè Blümkès af,	Ihr pflückt mir alle Blümchen ab,
Gej makt et mej dè grof.	Ihr macht es mir zu grob.
Mama, dè sal wel kiiwen,	Mama soll wohl schelten,

Papa, der sal wel slon.
Tuk, tuk, tuk, min Hündèrkès,
Wu salt ons Kendèr goon?

Papa wird wohl schlagen.
Tuck, tuck, meine Hühnerchen,
Wie soll es uns Kindern ergehen?

Hünxe, Sander, ZfVk 1906, 112, vgl. Krach 1924, 83, Nr. 36 und 37, im deutschsprachigen Raum weit verbreitet, s. Kommentar Nr. 539

Nr. 540

Èt Fröijoar kömmp möt
wärrmè Wengk,
Di Möschè maakè vüèl Schpäkktaakèl,
Di Hännè allèrlai Jèkaakèl,
Di een hätt jraad è Ai jèlait,
Èt erschtè vleets,
Èt jing waal schlait.
Sè röpp alluutèr: „O Jôtt, o Jôtt!

Minn ärmè Fott jeet mich kapott!"

Das Frühjahr kommt mit
warmem Wind,
Die Spatzen machen viel Lärm,
Die Hühner allerlei Gegacker,
Eine hat grad' ein Ei gelegt,
Das erste vielleicht,
Es ging wohl schlecht.
Sie ruft immer wieder:
„O Gott, o Gott!
Mein armes Hinterteil geht
entzwei!"

mdl. Viersen 1995

Nr. 541

Kükkskè hatt è Aikè lait

Enn dè kuèpèrè Keätèl.
Wänns du datt nett jlöövè wells,

Ech hann dèrbeei jèseätè.

Das Küken hatt' ein Eichen
gelegt
In den Kupferkessel.
Wenn du das nicht glauben
willst,
Ich habe dabei gesessen.

Mönchengladbach, Gierlichs RGB 1901/02, 349

Nr. 542

Welche Hühner legen die meisten Eier? Ein Wettstreit:

„Die Hunder kakkele",
Sêêj Hein van Akkere,
„Lêgge sej brââf?"
Sêêt Hein Leygraaf.
„Een Ei", sêêj Dei.
„In de Ben",
Sêêj Verfoortsen Hen.
„De min' lêggen der al twee",
Sêêj Hein van't Veen.
„Bej min' lêggen der al drie",

„Die Hühner kakeln",
Sagt Heinz van Akeren,
„Legen sie auch gut?",
Sagt Heinz Leygraf.
„Ein Ei", sagt Theo.
„In der Wiese" (Bend),
Sagt Verfortsen Heinrich.
„Meine legen schon zwei",
Sagt Hein van't Veen.
„Bei mir liegen schon drei",

255

sêêt Pitje Vill.	Sagt' Pittchen Vill.
„Bej min lêggen der al vier",	„Bei mir liegen schon vier",
sêêt Henneke Kwartier.	Sagt Hänschen Quartier.
„En bej min lêgge sej al",	„Und bei mir legen sie alle",
Sêêt Mâânes van Gal.	Sagt Hermann van Gal.

Kleve, Gahlings/Matenaar 1936, 74

Redensarten

Enn nöi Nästèr läjèn dè Hönnèr jär.
Hühner legen (ihre Eier) gern in neue/frische Nester. Übertragen: Alles Neue,
wie z.B. neue Geschäfte oder Wirtshäuser ziehen die Menschen besonders an,
ähnlich wie: Neue Besen kehren gut.
Osterath, NGF 1879, 116

Jong Hönnèr läjèn dè Aièr on all Küü jävèn dè Melk.
Junge Hühner legen die Eier und alte Kühe geben die Milch. Dies ist als Bau-
ernerfahrung wörtlich zu verstehen: Von jungen Hühnern kann man die meisten Eier erwarten und von alten Kühen die größte Milchmenge.
NGF 1880, 16

Ooch ènn klookè Hänn läggt all enns enn dè Niètèlè.
Auch eine kluge Henne legt schon mal (ein Ei) in die Brennnesseln. D.h.: Auch
der Klügste kann sich irren und macht schon mal einen Fehler.
mdl. *Viersen* 1970, überall bekannt

Een Kluck konn miièr tèsaamè halldè äs teen Kükkskès uttèreen schaarè könne.
Eine Glucke kann mehr zusammenhalten als zehn Küken auseinander kratzen
können: Eine Mutter kann mehr sparen als zehn Kinder vergeuden können.
mdl. *Viersen* 1974

*Wiivèr (Mäedschès), di flöötèn on Honndèr, di kriènè, sall öm beetiitèn dänn Hôlls
ömmdriènè.*
Frauen (Mädchen), die pfeifen und Hühnern, die krähen, soll man beizeiten
den Hals umdrehen.
mdl. *Viersen, Dülken* 1970, allgemein bekannt, vgl. Spee 1875, 2. H., 40

Ett Ai wellt dökksèr klöökèr sièn äs wi dè Hännè.
Das Ei möchte oft klüger sein als die Hühner, D.h.: die Jugend will klüger sein
als das Alter.
mdl. *Viersen* 1976

Enn auè Hänn läch och all enns neävèn ett Nöös.
Ein altes Huhn legt schon mal (ein Ei) neben das Nest. D.h.: Alter schützt vor
Torheit nicht.
mdl. *Viersen* 1975

Woè dè Hänn schaart, doè mott sè och pekkè.
Wo das Huhn kratzt, da muss es auch picken. D.h.: Wo man arbeitet, da soll man auch essen, d.h. Geld verdienen.
mdl. *Viersen* 1976

Loopèndè Hännè onn schtrööpèndè Kengèr brengè ongèr de Nobbèr kwoè Dengèr.
Frei laufende Hühner und herumstreifende Kinder verursachen unter den Nachbarn oft Streit.
mdl. *Viersen* 1975

Sè löpp èrömm wi ènn Hänn, di ètt Ai nett kwiit weärdè kann.
Sie läuft herum wie eine Henne, die ihr Ei nicht loswerden kann. D.h.: Sie läuft aufgeregt umher, um eine Neuigkeit loszuwerden.
mdl. *Viersen* 1975

Hänne kokkèlè (kakkèlè) bai et Leäjè.
Hühner kakeln, wenn sie ein Ei legen. D.h.: Man freut sich, wenn einem etwas gelungen ist.
mdl. *Viersen* 1978

War het Hahntje schwigt en et Henetje kräjt, dor is het Compassje ganz verdrehjt.
Wo der Hahn schweigt und das Hühnchen kräht, stimmt die Richtung nicht mehr.
Kleve, RWB III, 98

Sinen Haan mótt Köning krähje.
D.h: Das Seinige soll immer das Beste sein.
Emmerich, RWB III, 97

Owe Hahn mott alltitt Koneng sin. Dein Hahn muss immer König sein.
D.h.: Du willst deinen Willen immer durchsetzen.
Geldern, RWB III, 97

Wenn ok den Haan nit krähjt, et wird äwel Dag. Es wird Tag, auch wenn der Hahn nicht kräht. D.h.: Was kommen soll, kommt doch.
Mörs, RWB III, 97

Jèdold, sät de Haan on woll en Ei legge.
Geduld sagt der Hahn und wollte ein Ei legen. D.h.: Etwas Unmögliches vorhaben.
Mönchengladbach, RWB III, 96

Abergläubisches

Wem ein weißer Hahn über den Weg läuft, ist ein Glücksvogel.
Korschenbroich, NGF 1880, 184

Ente und Gans

In *Viersen, Dülken, Süchteln und Grefrath* sangen die Kinder zur Melodie von „Alle meine Entchen" oder „Fuchs, du hast die Gans gestohlen":

Nr. 543

Weä di Ännt jèschtoalèn hätt,
Deä öss ennè Deef.
Weä sè mech ävvèr wièr jöff,
Deä'n hann ich leef.

Wer die Ent' gestohlen hat,
Der ist ein Dieb.
Wer sie mir aber wieder gibt,
Den hab ich lieb.

Viersen und Umgebung, Norrenberg 1875, 104, Nr. 12

Wetterfahne, Kevelaer

Redensarten

Ètt jeet jenn Jôôs enn èt Brook, aff sè hätt eenè Kôpp aff ee Köppkè.
Es geht keine Gans ins Bruch, wenn sie einen Kopf oder ein Köpfchen hat. D.h.: Eine Gans ist klug; sie begibt sich nicht auf trügerischen Boden (Brook = Sumpf), d.h. sie meidet die Gefahr.
Leuth, Spee, 1875, 2. H., 44, Nr. 75

Hä kömmb enn dér Jôôßhemmèl.
Er kommt in den Gänsehimmel. D.h.: Er wird ohnmächtig.
Osterath, NGF 1879, 156

Ètt ess ènn schlaitè Tiid, di Jais jônnt all barfoitich.
Es sind schlechte Zeiten, denn die Gänse gehen schon barfuß.
Osterath, NGF 1879, 20

Woè ett Moddèm öss, loopè dè Jööès opp näkkè Fööt.
Wo es Mode ist, laufen die Gänse auf nackten Füßen: Überall ist die Mode anders.
mdl. *Viersen* 1975

Enn Onnjlökk hätt brai Föit, sätt dè Jaas, du troat sè ennè Jröönè kapott.
Ein Unglück hat breite Füße, sagte die Gans, da trat sie einen Frosch tot.
Osterath, NGF 1879, 24

Wänn een Jôôs drengkt, drengkèn dè ongèrèn aal.
Wenn eine Gans trinkt, trinken auch alle anderen. Gemeint ist der (negative) Herdentrieb bei Menschen, die das tun, was alle anderen tun.

Leuth, Spee 1875, H. 1, 24, Nr. 33

Spatzen

Spatzen haben am Niederrhein viele Namen: *Schpatts, Möösch, Möss, Daak-ratsch, Schrupp, Boggèrtskôpp, Puttsch, Klött, Flôtts.*

Schmitz 1893, 53, Lausberg/Möller 2000, Nr. 83

Nr. 544

„Schirrp, schirrp, schirrp",	Schirp, schirp, schirp,
Suè sengè all di Möschè.	So „singen" alle Spatzen.
Wänn ennè vreämè Vuèrèl kömmb,	Wenn ein fremder Vogel kommt,
Deä sätt sech meddsè dèrtöschè.	Der setzt sich mitten dazwischen.

mdl. *Viersen* 1978, weit verbreitet, s. Kommentar Nr. 544. Im Kreis *Viersen* wird mit „Mösch" generell ein Spatz bezeichnet, in *Overhetfeld* und nördlich der *Uerdinger Linie* kann „Möss" zwei Bedeutungen haben: 1. kleiner Vogel, 2. Spatz

Redensarten

Wänn dèr Hemmèl ennvällt, sennd allè Möschè duèt.
Wenn der Himmel einfällt, sind alle Vögel tot. Das sagt man dem allzu Bedenklichen, der immer „wenn" sagt.

mdl. *Viersen* 1970

Deä hätt Möschè ongèr dè Kapp.
Der hat Spatzen unter seiner Mütze: Ein unhöflicher Mensch, der zum Gruß seinen Hut oder seine Mütze nicht abnimmt.

mdl. *Viersen* 1970

Auè (alldè) Möschè vängt mann neet mett Kaaf.
Alte Spatzen fängt man nicht mit Spreu, d.h. übertragen: Erfahrene Menschen lassen sich nicht mit leeren Versprechungen abspeisen, fallen auf Minderwertiges nicht herein.

mdl. 1970 *Viersen*

Heä lett dèr Kopp hangè wi ènn kapoddè Mösch.
Er lässt den Kopf hängen wie ein toter Vogel. D.h.: Er ist traurig (oder deprimiert).

mdl. *Viersen* 1974

Möschè, di dè fröi flöötèn, jrippt dè Kott.
Spatzen (oder Vögel), die zu früh singen, fängt die Katze. D.h.: Man soll nichts Übereiltes tun. Oder auch: Übertriebene Fröhlichkeit kann am Abend ins Gegenteil umschlagen, man soll sich nicht zu früh über etwas freuen.

Leuth, Spee 1875, 2. H., 44, allgemein bekannt

Gej mot geen Möske koope welle, vör daj een Kauke hät.
Du solltest kein Vögelchen kaufen, bevor du einen Käfig hast.
Übertragen: Heirate nicht, wenn du noch keinen eigenen Hausstand hast.
Rees, NGF 1879, 80

Wenn et Kauke färeg es, geht et Möske doot.
Wenn der Käfig fertig ist, stirbt der Vogel. Übertragen: Wenn ältere Leute sich
noch ein Haus bauen, sterben sie.
NGF 1879, 80

Hä hätt è Läfen wi ènn Vöjèlschèn enn dèr Kauèn.
Er hat ein Leben wie ein Vögelchen im Käfig. D.h.: Er hat keine Freiheit, er ist
sehr eingeengt.
Osterath, NGF 1879, 92

Schattenbild,
Wandsbeck 1875

Amsel

Nr. 545 In uns'rer Hecke

In uns'-rer Hek-ke, da ist ein Vo-gel-nest. Der schwar-ze
Pe-ter*, der singt so schön. Singt im-mer did-del-did-del-ditt, und ich sing' mit.

* Schwarzer Peter = Amsel, Text und Melodie 1982 in *Overhetfeld* aufgezeichnet

Affe

Wo konnten Kinder früher Affen kennen lernen? Es gab wenig Gelegenheiten,
einen Zoo zu besuchen, zudem waren die Fahrtkosten dorthin und der Ein-
trittspreis für den Großteil der Bevölkerung meist kaum erschwinglich. Kamen
aber der *„Orjèlsmann"* (der Leierkastenmann) oder der Scherenschleifer, so befand sich in seiner Begleitung zuweilen ein Äffchen, das von den herbeigeeilten
Kindern gebührend bewundert wurde. „Die Drehorgel, wie sie so dahergе-
schoben wurde, war ein völlig verstaubtes, schmuddeliges Vehikel auf vier kleinen, wackeligen Rädern. Auf dem Leierkasten lag mit der Öffnung nach oben
die verschlissene Mütze des auch nicht mehr jungen Orgeldrehers. Wenn er seine Melodien abspielte, öffneten sich die Fenster der Häuser und man warf Pfennige und manches Mal einen Groschen herunter. Der Leierkastenmann winkte jedesmal dankbar rundum und bückte sich immer wieder, um von der Straße

die Gelder einzusammeln. Manchmal saß auf dem Leierkasten ein kleines, mageres Äffchen, das uns Kinder natürlich besonders entzückte. Doch wir durften nie mit dem possierlichen Tierchen spielen, weil es, wie der Leiermann sagte, kräftig zubeißen könnte."

Granderath 1994, 91

Fast jedes Kind kannte das Liedchen vom Äffchen:

Nr. 546 Soat è Äppkè opp èt Träppkè

Saß ein Äffchen auf dem Treppchen/Vor Großmutters Tür./Hatt' ein Löchlein im Höschen,/Kam das Schwänzchen hervor./Truderiderallalla, rallallalla.

2. *Koèm è Höngkè mött si Möngkè,*

Bièt è Schtömmpkè ömm aaf.
Onn è Hööschkè fönn è Möschkè
Noèm jèschwind èt ömm aaf.
Truderiderallalla, rallalla, rallalla ...

Kam ein Hündchen mit seinem Mäulchen,
Biss ein Stückchen davon ab.
Und ein überschlaues Spätzchen*
Nahm geschwind es ihm ab.

3. *Mött èt Schtömpkè,*
Datt klee Lömmpkè,
Doè floèch èt mött èwäch
Opp è Tökkskè, songk è Schtökkskè.

Mit dem Stückchen,
das kleine Lümpchen,
Es flog (hinweg)
Auf ein Ästchen (und)
sang ein Liedchen.

Fônn èll Aapèjèschläch.	Von dem Affengeschlecht.
Truderiderallalla, rallalla, rallalla …	

* Hööschkè, n. = jemand, der schlitzohrig oder raffiniert ist, vor dem man sich in Acht nehmen muss – kann aber auch liebevoll gemeint sein. Text und Melodie 1978 in *Viersen* und *Dülken* aufgezeichnet, Strophen 2 und 3 nach Norrenberg 1875, 105, Nr. 21, überall am Niederrhein bekannt, s. Kommentar Nr. 546

Nr. 547

Èll soat ènn kleen Äppkèn	Saß ein kleines Äffchen
Opp ètt Schäppkèn,*	Auf einem (Stiel-)Pfännchen
Opp Jrooßmodèrs Düèr.	Auf (vor) Großmutters Tür.
Hatt ètt Schwänntskèn duèr ètt Rökkskèn.	Hatt' das Schwänzchen durch das Röckchen.
Heä krièch ènn Läppkèn dèrvüèr.	Es kriegt' ein Läppchen davor.

* kann auch heißen: Bord, Regal, Schaap, mdl. *Krefeld* 1981,

Nr. 548

Dô sot ènn Äppkè opp datt Träppkè	Da saß ein Äffchen auf dem Treppchen
Förr dè Jroosmottèrsch Düür.	Vor Großmutters Tür,
Förr datt Äppkè sinn Päppkè	Für das Breichen vom Äffchen
Sorrch dè Jroosmottèr für.	Sorgt die Großmutter.

Krefeld, Nolden 1912, 80, vgl. Siemes/Philips 1995, 104

Redensarten

Aapè jaapè allès noè.
Affen machen (ahmen) alles nach. Wird besonders von jemandem gesagt, der anderen alles nachplappert.
mdl. *Viersen* 1970

Datt Jälld häus-tè beätèr ann enn Aapèfott vèrkièkè.
Das Geld hättest du besser angelegt, wenn du einen Affenhintern betrachtet hättest. Zuweilen auch mit dem Zusatz: *Dann häus-tè wennichténs jätt jèsièn.*
D.h.: Du hast das Geld für nichts, ganz und gar unnütz ausgegeben.
mdl. *Viersen* 1970

Ièmès förr dänn Aap halldè.
Jemanden zum Narren halten.
Oder: *Mött ièmès dèr Aap maakè.* – Jemanden zum Narren halten.
Sinnèn Aap Tsokkèr jeävè.
Seinem Affen Zucker geben, d.h. sich selbst schmeicheln.
alle mdl. *Viersen* 1970, weit verbreitet

Ennèn alldèn Aap kanns-dè ètt Jèseeitèrschnijè neet lièrè.
Einem alten Affen kannst du das Grimassenschneiden nicht mehr beibringen.
D.h.: Wer alt ist, den kann man nichts Neues mehr lehren.
mdl. *Viersen 1975*

Du böss waal fonn dèr Aap jèbiètè.
Du bist wohl vom Affen gebissen. D.h.: Du bist verrückt.
mdl. *Viersen 1974*

Ann ièmès ènnèn Aap freätè.
An jemandem einen Affen fressen. D.h.: Eine Vorliebe für jemanden haben.
mdl. *Viersen 1973*

Förr Jälld danntsèn dè Aapèn onn tuutèn dè Paapèn.
Für Geld tanzen die Affen und schreien die Pfaffen. D.h.: Für Geld tut man alles.
Geldern und Umgebung, Spee 1875, 2., H., 45

Wat helpt den Aap een Kährs en een Brel, as et Dier nit sien wel.
Was helfen dem Affen eine Kerze und eine Brille, wenn er nicht sehen will.
Wer die Wahrheit (Tatsachen) nicht sehen will, dem helfen weder Helligkeit
(Kerze) noch Brille.
Kleve, NGF 1884, 104, 2

Dat likt precis as eenen Aap op een Ferke.
Das sieht genauso aus wie ein Affe auf einem Schwein. D.h.: Es passt nicht zusammen und ist unsinnig.
NGF 1884, 144

En dat met Menße Hande, säjt den Buur, duw sog hej ene labendien Aap.
Wörtlich: „Und das mit menschlichen Händen (gemacht)," sagte der Bauer, da
sah er einen lebendigen Affen. Ausdruck des Erstaunens und der Verwunderung beim Anblick eines ungewöhnlichen Objektes.
Rees, NGF 1879, 80

Literatur
Anleitung Schattenbilder auszuschneiden, Wandsbeck 1875.
Brückner, Fr., E. Cremer, E. Lennartz u.a., in: Der Deutsche Niederrhein. Crefeld, 1910 (Brückner/ Cremers/Lennartz 1910)
Die Heimat, Krefeld, 9. Jg. 1930 (Die Heimat 1930)
Gahlings, Karl und Franz Matenaar, Lieder und Sprüche aus dem Leben und Brauchtum am Niederrhein, Kleve 1936 (Gahlings/Matenaar 1936)
Gierlichs, Hubert, Reime, welche von den Kindern beim Spielen gebraucht werden. In: Rheinische Geschichtsblätter (Zeitschrift für Geschichte, Sprache und Altertümer des Mittel- und Niederrheins) 6. Jg., Bonn 1901/02 (Gierlichs RGB 1901/02)
Granderath, Hildegard, Wie ich als Kind meine Heimatstadt Viersen erlebte. Hg. Verein für Heimatpflege e.V. Viersen, Viersen 1994 (Granderath 1994)
Krach, Gottfried, Min Modersprok. Die Mundart in der ehemaligen Grafschaft Moers, Moers
Lausberg, Helmut und Robert Möller, Rheinischer Wortatlas, Bonn 2000 (Lausberg/Möller 2000)
Niederrheinischer Geschichtsfreund, 1879 (NGF: 1879, 1880, 1884)
NGF = Niederrheinischer Geschichtsfreund
Nolden, Hans, Alt Crefeld, Crefeld 1912 (Nolden 1912)

Norrenberg, Peter, Geschichte der Herrlichkeit Grefrath, Viersen 1875 (Norrenberg 1875)

RGB = Rheinische Geschichtsblätter

Sander, Hermann, Kinderlieder und Kinderspiele. Gesammelt in Hünxe bei Wesel. In: ZfVk 9. Jg., 1906 (Sander Zf-Vk 1906)

Schmitz, Wilhelm, Die Mischmundart in den Kreisen Geldern (südl. Teil), Kempen, Erkelenz, Heinsberg, Geilenkirchen, Aachen, Gladbach, Krefeld, Neuss und Düsseldorf sowie mancherlei Volksthümliches aus der Gegend, Dülken 1893 (Schmitz 1893)

Siemes, Helena und Gerd Philips, Rheinische Spiele, Reime und Lieder. Aachen und Umgebung, Aachen 1995 (Siemes/Philips 1995)

Spee, Johannes, Volksthümliches vom Niederrhein. H. 1 Aus Leuth im Kreise Geldern, und H. II, Köln 1875 (Spee 1875)

ZfVk = Zeitschrift des Vereins für rheinische und westfälische Volkskunde

Kuh

An den Herbstabenden trieb der Kuhhirt zum letzten Mal seine Herde nach Hause in den Stall. „Vor 70 Jahren (Anm.: heute vor gut 125 Jahren), um 1880, hütete ein Kuhhirt auf dem Driesch mehr als 150 Kühe, die den Bewohnern von *Heinsberg* gehörten."[1] Die Jungen, die dem Hirten halfen, riefen beim Heimtreiben der Kühe:

Schattenbild, Wandsbeck 1875

Nr. 549

Heemopp, dommè Koh, Marellè Blatt,	Nach Haus', dumme Kuh, Marelle Blatt,
Dè Koh ess satt.	Die Kuh ist satt.
Nu kièvè dè Wiivèr.	Nun schimpfen die Frauen.
Watt hannt sè jekôkkt?	Was haben sie gekocht?
Waatèrpapp!	Wassersupp'!
Waatèrpapp, di maach ech nett,	Wassersupp', die mag ich nicht,
Mellkspapp, di krich ech nett.	Milchsupp', die krieg ich nicht.

Heinsberg, HGH 1957, 108

Nr. 550

Tuut, tuut, Höèrkè,	Tut, tut, Hörnchen,
Köükè löppt duèr èt Köèrkè.	Die Kuh läuft durch das Körnchen (Korn).
Wo hatt dè Buur dè Kou jèdônn?	Wohin hat der Bauer die Kuh gebracht?

Kömmb naheem äètè.	Er kommt nach Haus zum Essen.
Hatt dè Kou vèrjeätè.	Er hat die Kuh vergessen.
Frau, Frau, däkk dè Döösch!	Frau, Frau, deck' den Tisch!
Ètt kömmp ènn Schottèl mött Bakkföösch.	Es gibt eine Schüssel mit Backfisch.

Mönchengladbach, Gierlichs RGB 1908, 138

Nr. 551

Heemdriivèn,	Heimtreiben,
Di Wiivèr, di kiivèn,	Die Frauen, die schimpfen,
Di Kengèr, di lärrmèn,	Die Kinder lärmen,
Di Baijèn, di schwärrmèn,	Die Bienen schwärmen,
Di Klokkèn, di jônnt,	Die Glocken läuten,
Di Kläppèlè schlônnt,	Die Klöppel schlagen,
Waal opp dä fuulè Kuuhièrt,	Wohl auf den faulen Kuhhirt,
Dä dè Kööi neet beätèr afkiièrt*.	Der die Kühe nicht gut (be)hütet.
Hä jeng no heem eätèn,	Er ging nach Hause essen,
Hä woar de Köö vèrjeätèn,	Er hatte die Küh' vergessen,
Hä jeng no heem drengkèn,	Er ging nach Haus trinken,
Hä leet dè Kööi vèrsengkèn.	Er ließ die Kühe einsinken (in den Sumpf/Morast).
Hä klomm opp eenè Bössèschtruuk,	Er kletterte auf einen Holunderstrauch,
Dô wonn hä värrtich Aièr uut**.	Da zerbrach er 40 Eier.
Dè Aièr woarèn bèseätèn,	Die Eier waren befruchtet,
Dè Kukkukk hätt sè freätèn.	Der Kuckuck hat sie gefressen.
Dè Kukkukk onn dè Pämmpèlmööisch,	Der Kuckuck und der Wiedehopf,
Di schloorè sech enn ènn Wagèllees,	Die schlugen sich in einer Wagenspur,
Onn datt sooch ech,	Und das sah ich,
Onn du klôppèt ech,	Und da klopfte ich,
Onn du schloorè sè mech,	Und da schlugen sie mich,
Onn du jreen ech,	Und da weinte ich,
Du joovè sè mech è paar Schoon.	Da gaben sie mir ein paar Schuhe,
Onn du schweech ech.	Und da schwieg ich.

* afkiièrè= (Gefahr) abwehren, behüten ** uutwönne = zerstören, auch: (Vogel-)Nester ausziehen, *Leuth,* Spee 1875 H. 1, 10/11, vgl. „Wiegenlieder", „Haia popaia ...“; vgl. Schmitz verkürzte Fassung, 1893, 68

Redensarten

Watt donn ech mött een Kou, di eenè jonntsèn Emmèr Mellèk jefft onn schtött ömm dônn öm.
Was fang ich mit einer Kuh an, die einen ganzen Eimer Milch gibt und ihn dann umstößt? D.h.: Reichtum hilft einem Verschwender nicht, oder: Jemand, der etwas besonders gut machen will, aber dies selber in einem anderem Zusammenhang zunichte macht.
Leuth, Spee 1875, 2. H., 23, Nr. 59

Jèschtuèt ess ongèr dè Küü onn Vèrjeät ongèr dè Lüü.
Gestoße herrscht bei den Kühen und Vergessen bei den Menschen.
Lobberich und *Leuth,* Spee 1875, 1. H., 23, Nr. 30

Passtursch Kou dar't (darèf) opp dè Kerkhoaf waièn.
Des Pfarrers Kuh darf auf dem Friedhof weiden. D.h.: Der Pfarrer kann sich alles erlauben, er hat Vorrechte.
Leuth, Kaldenkirchen und *Lobberich,* Spee 1875, 2. H., 37, Nr. 1

Na den Hoff en na de Kuw geht me döck nae tuw.
Zum Garten und zur Kuh geht man oft. D.h.: Beide liefern vieles für die Haushaltung; deshalb geht man öfter zu ihnen und vernachlässigt sie nicht.
Rees, NGF 1880, 24

Woè deä di Kou aanbengt, doa blifft sè schtoan.
Wo er die Kuh anbindet, da bleibt sie stehen. D.h.: Was er will, wird so ausgeführt. Er ändert seine Meinung nicht.
mdl. *Viersen* 1970

Wen protseßt öm en Kuu, gef liewer een tertuu.
Wer wegen einer Kuh prozessiert, gibt besser eine dazu. D.h.: Es lohnt sich nicht.
Moers, Firmenich I, 401, vgl. *Kleve* und *Rees,* NGF 1879, 28

Wen de Kuu tugehört, den hält se bei de Schtärt.
Wem die Kuh gehört, der hält sie am Schwanz fest.
Moers, Firmenich I, 401

Wij de Kuw nit kännde, soll nit weete, waer et Kalf van dann kamm.
Wer die Kuh nicht kennt, kann nicht wissen, woher das Kalb kommt. D.h. übertragen: Wer die Eltern und ihren geringen Stand nicht kennt, würde bei dem ungewöhnlich überheblichen Getue, das die Kinder an den Tag legen, ihre Herkunft nicht erraten.
Kleve, NGF 1884, 144

Ech kann frannsch wi di Kuu schpannsch.
Ich kann französisch sprechen wie die Kuh spanisch. D.h.: Ich habe nicht studiert; ich beherrsche keine fremden Sprachen.
Osterath, NGF 1880, 16

Hä süüt noch eedèr èn Mökk èn dèr Lout, äls èn Kuu opp dèr Aedèn.
Er sieht noch eher eine Mücke in der Luft als eine Kuh auf dem Boden. D.h.:
Er ist kleinlich und übersieht das Wesentliche.

NGF 1879, 56

Ziege

Eine Ziege war in vergangenen Zeiten die „Kuh" des kleinen Mannes.
Wer ein kleines Stückchen Land
oder einen Garten hatte, hielt sich
eine Ziege, die die großen Familien
mit vielen Kindern mit Milch versorgte. Zu den Aufgaben der Kinder
gehörte das tägliche Schneiden von
Grünfutter, das entweder im Korb
oder mit einem kleinen vierrädrigen
Handwagen, dem „Bollerwagen",
befördert wurde. Abgesehen von der
wirtschaftlichen Notwendigkeit der
Ziegenhaltung in den kleinen Haus-

Das Foto illustriert, wie sich Kinder auf einem Bauernhof mit einem Schafge-spann vergnügen, Privatbesitz Therese Frauenrath, Mönchengladbach.

halten hatten bäuerliche Familien – zuweilen aber auch reiche Bürger – oftmals
ein Ziegengespann zum Spiel und Vergnügen der Kinder.

Nr. 552 An meiner Ziege hab' ich Freude

An mei-ner Zie-ge hab' ich Freu-de, ist ein wun-der-schö-nes Tier. Haa-re hat sie wie aus Sei-de, Hör-ner hat sie wie ein Stier. Meck, meck, meck, meck, meck, meck, meck, meck.

2. Hat ein ausgestopftes Ränzchen/Wie ein alter Dudelsack./Und ganz hinten
hat's ein Schwänzchen/Wie ein Stengel Kautabak./Meck, meck, meck,
meck,/Meck, meck, meck, meck.

Text und Melodie 1982 in *Overhetfeld* aufgezeichnet

Nr. 553

Eene Geit, eene Geit,	Eine Ziege, eine Ziege,
Had Spetmann wêl geseid.	Hatt' Spettmann gesagt.
Den Geit, den liep den Berg herop,	Die Ziege lief den Berg hinauf,
En Spetmann achternôôr.	Und Spettmann hinterher.
Den Geit den stôôk den Stort	Die Ziege hob den Schwanz
in de Höcht,	in die Höh',
En Spetman riep jôô, jôô!	Und Spettmann rief: Joh, joh!

Kleve, Gahlings/Matenaar 1936, 73

Nr. 554

De Gäjt, di liep den Berg herobb,	Die Ziege, die lief den Berg hinauf,
De Schniider liep se noo.	Der Schneider lief ihr nach.
De Gajt, di hiel	Die Ziege hielt
De Schtärt enne Höch,	den Schwanz in die Höh'.
De Schniider säät: „Oho!"	Der Schneider sagt: „Oho!"

Moers, Krach 1924, Nr. 379

Nr. 555

Di Jeet, di löpp	Die Ziege läuft
Deä Bärrich èropp onn schrait:	Den Berg hinauf und schreit:
Jong, watt kriijè wörr Vröid,	Jung', was haben wir Freud',
Di Ooma wörrd vèrbläut!	Die Oma wird verbleut!

mdl. *Viersen* 1980

Nr. 556

Ich weet jätt:	Ich weiß was:
Datt Pèsstuèr ènn Jeet hätt.	Dass Pastor eine Ziege hat.
Ich weet noch jätt mièr:	Ich weiß noch etwas mehr:
Di Jeet, di vrett och Kliè.	Die Ziege frisst auch Klee.
Ich weet noch jätt dèrbeei:	Ich weiß noch was dabei:
Di Jeet, di vrett och Breei.	Die Ziege frisst auch Brei.
Ich weet noch jätt dèrtau:	Ich weiß noch was dazu:
Pèsstuèr kritt nôch ènn Kau.	Pastor bekommt noch 'ne Kuh.

Viersen, Nachlass Neef-Winz 1938, s. Kommentar Nr. 556

268   *Schattenbild, Wandsbeck 1875*

Nr. 557 Ich weet jätt

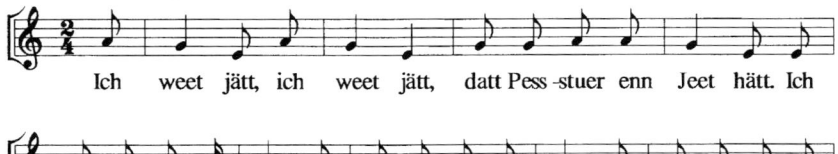

Ich weet jätt, ich weet jätt, datt Pess-stuer enn Jeet hätt. Ich

weet noch jätt der - beei, de Kö -ster hädd-er dreei. Ich weet noch jätt ...

Und im Sprechgesang weiter:

dèr töschè, dè jônntsè Schtuèf   Die ganze Stub' voll Spatzen.
vôll Möschè.

Ich weiß was, ich weiß was, Dass Pastor 'ne Ziege hat. Ich weiß noch was dabei,/Der Küster, der hat drei./Ich weiß noch was dazwischen...

mdl. Text u. Melodie *Grefrath* 1995, ebenfalls mdl. *Amern* 1981, Zeile 3–4: Ich weet noch jätt mièr,/Dèr Kööstèr hädd-èr twiè

Nr. 558

Im Jahre 1830
Fror es stark und fleißig.
Da fror in Anrath in einem Haus
Dem Ziegenbock das Leben aus.
Der Bock stand noch auf einem Fuß,
Die Frau gab ihm den Abschiedsgruß.

mdl. *Neuwerk* 1980

Schattenbild,
Wandsbeck 1875

Redensarten

Mött Jèwallt könnè twiè Mann ènn Jeet twengè.
Nur mit Gewalt können zwei Mann eine Ziege zu etwas zwingen. D.h.: Sie ist an Sturheit nicht zu überbieten.

Mönchengladbach, Firmenich I, 516

Weä dèr Nobbèr well kreetè, jällt sich Duvvè onn Jeetè.
Wer die Nachbarn ärgern will, kauft sich Tauben und Ziegen.

mdl. *Viersen* 1976

Du känns nikks fônn jong Jeetè.
Du verstehst nichts von jungen Ziegen. D.h.: Du bist noch zu jung.

mdl. *Viersen* 1976

Wänn ènn Jeet neet mièr wett, watt sè duèn soll, dann jeet sè kapott.
Wenn eine Ziege nicht mehr weiß, was sie tun soll, dann stirbt sie. Umschreibung für Eigensinn und Sturheit.

mdl. *Viersen* 1974

269

Oss Jeet, di wellt ennè langè Schtart habbè, sè kritt ävvèr kennè.
Unsere Ziege will einen langen Schwanz haben, sie bekommt aber keinen. D.h.:
Der Wunsch ist unerfüllbar.

mdl. *Viersen* 1976

Mött Jèwallt kannst-è ènn Jeet dèr Schtarrt uutträkkè.
Mit Gewalt kann man einer Ziege den Schwanz ausreißen. D.h.: Mit brutaler
Gewalt geht alles.

mdl. *Viersen* 1974

Bloot, dat tüüt, sätt Puèt. Du hollp hä dè Jeet vann èt Daak.
Blut (d.h. Verwandtschaft) zieht, sagt „Puet", dann half er der Ziege vom Dach
herunterzuklettern.

Leuth, Spee 1875, H. 1. 22, Nr. 9

Blout träkkt, sätt dèr Schniidèr, du jreen hä, wi sè sinn Jeet dèr Hals affschneetèn.
Blut (Verwandtschaft) zieht, sagte der Schneider, da weinte er, als sie seiner Ziege den Hals abschnitten.

NGF 1879, 56

*Et jeävèn allèrhand Tourèn sätt „Hongkskoon". Du soat hä mött dè Jeet opp èt
Daak.*
Es gibt allerhand Wege, sagte Hongkskoon. Dann saß er mit der Ziege auf dem
Dach.

Leuth, Spee 1875, H.1, 22, Nr. 10

Ènnè Schniidèr onn ènn Jeet ess ett ärmstè Dièr, watt ech weet.
Ein Schneider und eine Ziege sind die ärmsten Geschöpfe, die ich kenne.

Osterath, NGF 1879, 56

Hä jröösèlt wi ènn Jeet, di Brettsèlè frett.
Er schmunzelt (lacht in sich hinein) wie eine Ziege, die Bretzeln frisst.

NGF 1879, 56

Katze

In fast jedem Haushalt gab es früher mindestens eine Katze. Ihre Anwesenheit in Haus und Garten war um so wichtiger, als es überall zahlreiche Mäuse gab, die nur mit Hilfe der Katzen zu bekämpfen waren. Die vielen Verschen und Liedchen, die sich mit ihr beschäftigen, zeigen dies. Außerdem war
die Katze für Kinder jeden Alters ein überaus beliebtes Streichel- und Spiel-
tier. Eine Gewährsperson berichtete, dass ihre Großmutter für ihre Enkel aus
leeren Persilkartons ein „Katzenhaus" mit vielen Fensteröffnungen geschnitten habe, wenn die Hauskatze Junge hatte. Die Katzenkinder konnten dort
ihren Spieltrieb ausleben, wobei die Kinder dem „Katzentheater" begeistert
zusahen.

 mdl. *Viersen* 1970

Wie bei vielen anderen Tieren, so wurden die Eigenschaften der Katze in den Sprichwörtern und Redensarten auch auf den Charakter und das Verhalten der Menschen übertragen.

Nr. 559

Heia, popeia,	Eia, popeia,
Wat krabbelt in't Strooj?	Was krabbelt im Stroh?
Dat Miske wel stêrve,	Das Kätzchen will sterben,
Die Müskes sin froo.	Die Mäuschen sind froh.

Kleve, Gahlings/Matenaar 1936, 29, vgl. *Wesel* Tidden HKW 1982, 130

Nr. 560

Hänsèl, diddèldänsèl,	Hänsel, diddeldänsel,
Ôch Moodèr, koak Pôpp!	Ach Mutter, koch (Milch-)Brei!
Häss dou jen Mellk,	Hast du keine Milch,
Dônn mällk dè Kôtt.	Dann melk' die Katz'.
Ess dè Kôtt eenè Kaatèr,	Ist die Katz' ein Kater,
Dônn koak dè Pôpp vann Waatèr,	Dann koch' den (Milch-)Brei mit Wasser,
Hänsèl, diddèldänsèl,	Hänsel, diddeldänsel,
Ôch Moodèr, koak Pôpp!	Ach Mutter, koch Brei!

In diesem Verschen geht es um ein Wortspiel zwischen „*Mellk*" (Milch) und „*mällkè*" (melken).

Lobberich, Spee 1875, H. 2, 10/11, XI

Nr. 561

Sevvèn Kattsè schloorèn sech	Sieben Katzen schlugen sich
Mett nèm blangkèn Hammèr.	Mit 'nem blanken Hammer.
Eenè kritt nènn hardèn Schlaach,	Eine trifft ein harter Schlag,
Datt he hengèr dè Düèrè laach.	Dass sie hinter der Türe lag.
Piff, paff, piff, paff, aff!	Piff, paff, piff, paff, ab!

Viersen und Umgebung, Norrenberg 1874, 121, Nr. 5, das Verschen konnte zugleich auch als Abzählvers benutzt werden

Nr. 562

Heißa widumm!	Heißa widumm!
Wänn datt Kätzkè puupè will,	Wenn das Kätzchen einmal „muss",
Hällt ètt datt Stärrtskè krumm.	Hält es das Schwänzchen krumm.
Heißa widumm!	Heißa widumm!
Schlött dem Buur dè Piip af!	Schlagt dem Bauer die Pfeife ab!

271

Lött èmm nôch een Stümmpkèn drann,   Lasst ihm noch ein Stückchen dran,

Datt he nôch èss piipè kann!   Dass er noch mal rauchen kann.

Xanten und Umgebung, Spee 1875 H. 2, 16

Nr. 563 Wer sitzt auf uns'rer Mauer

Wer sitzt auf uns'-rer Mau-er? Fa - ri - rum.
Die Katz sitzt auf der Lau-er. Fa - ri - rum.
Fa - ri - fa - ra, o Spät - ze - lein, nimm
dich in acht vorm Kät - ze - lein. Fa - ri, fa - ra, fa -
rum, fa - ri, fa - ra, fa - rum.

2. Die Katz ist ausgegangen. Fa-ri-rum./Sie hat den Spatz gefangen. Fa-ri-rum./ Fa-ri-fa-ra, o Spätzelein, nimm dich in acht vorm Kätzelein./Fa-ri, fa-ra, fa-rum, fa-ri, fa-ra, fa-rum.

3. Was macht die Mausekatze? Fa-ri-rum./Wohl mit dem kleinen Spatze? Fa-ri-rum./Fa-ri-fa-ra, o Spätzelein, nimm dich in acht vorm Kätzelein./Fa-ri, fa-ra, fa-rum, fa-ri, fa-ra, fa-rum.

Text und Melodie 1982 in *Overhetfeld* aufgezeichnet, s. Kommentar Nr. 563

Katze, Printenmodel, Privatbesitz

Nr. 564

A-B-C,
Die Katze lief im Schnee.
Und als sie wieder heimkam,
Da hat' sie weiße Stiefel an.

mdl. *Neuwerk* 1981, überall bekannt

Nr. 565

Miske, Puselke, gej söllt stärve,   Kätzchen, Puselchen, du musst sterben,

Gej söllt sette op dat Ratt.   Du sollst auf dem Rad sitzen.

Gej hätt Liskes Päppke gegäte,   Du hast Lieschens Brei gefressen,
Duw gej bej dat Fürke satt.   Als du am Feuer saßt.
Fuj, Miske, fuj!   Pfui, Kätzchen, pfui!
Liske schlätt ow met de Ruj.   Lieschen schlägt dich mit der Rut'.

Geldern, Meyers GHK 1961, 109

Nr. 566 Uns're Katz' hat Junge (I)

Uns´-re Katz' hat Jun - ge, sie - ben an der Zahl.
Sechs da - von sind Hun - de. Ist das nicht ´ne Qual?

Und der Ka - ter spricht: "Das kommt vor Ge - richt; denn

Hun - de von ´ner Kat - ze, die er - nähr´ ich nicht."

Text und Melodie 1970 in *Viersen* und 1992 in *Dülken* aufgezeichnet, ebenfalls mdl. *Osterath* 1995

Nr. 567 Uns're Katz' hat Junge (II)

Un - s're Katz' hat Jun - ge, sie - ben an der Zahl.

Sechs da - von sind krum - me, ei - ner wird Sol - dat.

Und der Ka - ter spricht: "Den er - nähr' ich nicht!"

Und der Ka - ter spricht: "Den er - nähr' ich nicht!"

Text und Melodie 1984 in *Overhetfeld* aufgezeichnet, s. Kommentar Nr. 567

Nr. 568 Blaue Luft, Frühlingsduft

Blau - e Luft, Früh - lings -duft, un - s're Katz' hat Flöh'.

Oh - ne Ruh', im - mer - zu springt sie in die Höh'.

Hei - ßa, wie der Schwanz tut schla - gen um der Kat - ze Bauch.

Soll ich dir noch was er - zäh - len: Flö - he hat sie auch.

Tral - lal - la - la - la, tral - lal - la - la - la,

soll ich dir noch was er - zäh - len: Flö - he hat sie auch.

Text und Melodie 1970 in *Viersen* aufgezeichnet, s. Kommentar Nr. 568

Nr. 569

Haarich haarich, haarich ess dè Katts.	Haarig, haarig, haarig ist die Katz'.
Unn wänn dè Katts nett haarich ess,	Und wenn die Katz' nicht haarig ist,
Dann fängt sè kenè Mäuse mehr.	Dann fängt sie keine Mäuse mehr.
Haarich, haarich, haarich ess dè Kats.	Haarig, haarig, haarig ist die Katz'.

Mönchengladbach, Lennarz ZfVk 1908, 200, Nr. 2: Laut Lennarz war dies ein Fastnachtsliedchen. Da es jedoch ohne Melodie überliefert wurde, ordnen wir es an dieser Stelle ein.

Nr. 570

Et Kätje liep döör den kalde Schnej.	Das Kätzchen lief durch den kalten Schnee.
Duw deej öm et Füütje wee.	Da tat ihm das Füßchen weh.
Et wol nor die Kerk gôôn bêêje,	Es wollt' zur Kirch' geh'n beten,
Duw kost et niet mer trêêje.	Da konnt' es nicht mehr gehen.

Kleve, Gahlings/Matenaar 1936, 29

Nr. 571

Moèr öss èt Sonndaach.	Morgen ist Sonntag.
Schnijè mèrr dèr Katts dèr	Wir schneiden der Katz'
Schommp aff.	den Schwanz ab.
Laatè mèrr nôch è bittschè drann,	Wir lassen noch ein bisschen dran,
Datt sè och miauè kann.	Damit sie auch miauen kann.

Mönchengladbach, Gierlichs RGB 1901/02, 348

Redensarten

Dè Katt lett ött Muusè nett.
Die Katze lässt das Mausen nicht. D.h.: Ein Sünder aus Gewohnheit hört nicht auf zu sündigen.
mdl. *Viersen* 1973, vgl. *Osterath,* NGF 1880, 8

Wänn dè Kôtt nett inn't Huus öss, loopè dè Müüs övvèr dèr Döösch.
Wenn die Katze nicht im Haus ist, laufen die Mäuse über den Tisch. D.h.: Wenn Eltern und Dienstherren nicht zu Hause sind, tun Kinder und Dienstboten, was sie wollen.
mdl. *Viersen* 1973, vgl. *Kleve* und *Rees,* NGF 1879, 32, allgmein bekannt

Wänn dè Kôttè mauè, muusè sè nett.
Wenn die Katzen miauen, fangen sie keine Mäuse.
Allgemein bekannt, mdl. *Viersen* 1970

Hej süht dè Katt üt den Boom.
D.h.: Er verfolgt sein Ziel, bis er es erreicht.
Kleve, NGF 1879, 32

Gej könnt öm wismake, dat de Katt Ganseneier leit.
Du kannst ihm weismachen, dass die Katze Gänseeier legt. D.h.: Er glaubt buchstäblich alles, was man ihm erzählt.
NGF 1884, 72

Gaet nae Hüs en schält de Katt wat kleine Erdappeln.
Geh nach Hause und schäl ein paar kleine Kartoffeln für die Katze. Das wird zu jemandem gesagt, der Unfug redet oder tut. D.h.: Was du hier sagst oder tust, das ist so abwegig, dass du besser kleine Kartoffeln für die Katze schälst.
NGF 1884, 96

Hej spölt dermät as de Katt mät de Müs.
Er spielt damit wie die Katze mit der Maus.
NGF 1884, 96

Hej es so wis as Salomons Mis.
Er ist so klug wie Salomons Katze. D.h.: Er ist altklug.
NGF 1884, 144

Watt van Katte kömmt, kann muhse.
Was von Katzen abstammt, kann Mäuse fangen. D.h.: Diebische Eltern haben
diebische Kinder.
Kleve und *Rees,* NGF 1879, 32

Datt ess dè reidè Katts dèr Schpäkk aabèfohlen.
Da hat man aber der richtigen Katze den Speck anvertraut. Ähnlich wie: Den
Bock zum Gärtner machen.
Osterath, NGF 1879, 52

*Wänn dè Katts enns am Schpäkk ess jèweest, dann ess ett ènn Konns, sè dèrvann tè
haldèn.*
Wenn die Katze einmal am Speck genascht hat, ist es eine Kunst, sie später davon fernzuhalten.
Osterath, NGF 1879, 52

Weä dè Kôtt nett voorè well, mott dè Müès voorè.
Wer die Katze nicht füttern will, muss die Mäuse füttern.
Kreis *Heinsberg,* Funken HGH 1980, 142

Ech sett, sätt dè Kôtt. Du sôôt sè enn ètt Schpäkk.
Ich sitze, sagt die Katze. Da saß sie im Speck.
Leuth, Kaldenkirchen, Lobberich, Spee 1875, 41, Nr. 40

Watt öm sech schpaart an dè Mong, krijjèn dè Kôttèn aff dè Hong.
Was man sich vom Mund abspart, bekommen die Katzen oder die Hunde.
Leuth, Kaldenkirchen, Lobberich, Spee 1875, 43, Nr. 57

Wetterregel

Wenn die Katze sich bis hinter die Ohren wäscht, gibt es Regen.
Oder: Wenn sich die Katz bis hinter die Ohren wäscht, ändert sich die Rich-
tung des Windes.
Spee, 1875, H. 2, 36

Abergläubisches

Brautleute sollen die Katze besonders gut füttern und ihr schmeicheln, damit
das Wetter am Hochzeitstag schön wird, d.h. die Katzen sollten sich an diesem
Tag nicht „waschen", weil es dann in den Brautkranz regnete.
NGF 1880, 184, mdl. *Viersen* 1973, *Korschenbroich,* NGF 1880, 96

Wenn sich die Katze mit der rechten Pfote putzt, so kommt Besuch; putzt sie
sich aber mit der linken Pfote, so geht bald jemand aus dem Hause.
Korschenbroich, NGF 1880, 184

Hund

Katze und Hund waren wohl seit jeher die beliebtesten Haustiere und Gefährten des Menschen. Oft gab und gibt es sehr enge gefühlsmäßige Bindungen zwischen Mensch und Tier. Dies zeigen zahlreiche griechische und etruskische Darstellungen von Gastmählern und Leichenfeiern, auf denen Katzen, Hähne, Gänse und Hunde als Gefährten des Menschen abgebildet sind. Ebenso sieht man auf griechischen und römischen Grabmonumenten Mädchen und junge Frauen mit Tieren dargestellt, „die sie zu Lebzeiten geliebt haben."[1] Anders war es bei Landkindern. Tiere wie Hund und Katze waren zuweilen auch Spielkameraden, meist aber als Wachhunde und Mäusefänger reine Nutztiere; sie waren sozusagen „Teile von Produktionsmitteln, immer mit der Arbeit verbunden."[2]

Nr. 572

Butten in de Biise,	Draußen in den Binsen,
Dô ley en Höndje dood.	Da lag ein Hündchen tot.
Sin Stertje wor bevrore,	Sein Schwänzchen war befroren,
Sin Bellekes leije bloot.	Seine Bätzchen lagen bloß.
Du koom Liske Lompe	Da kam Lieschen Lompe
En sey: „Et Höndjen ess verdrongke."	Und sagt: „Das Hündchen ist ertrunken."
Du koom Liske Lollepott	Da kam Lieschen Lollepott
En sey: „Et Höndjen ess kapott."	Und sagt: „Das Hündchen ist tot."
Du koom Jann, den Tömmermann,	Da kam Johannes, der Zimmermann,
En tömmerden et Höndjen	Und „zimmerte" dem Hündchen
et Stertje we'r an.	das Schwänzchen wieder an.
„Wuh, wuh, wuh!"	„Wau, wau, wau!"
Sey et Höndjen duu.	Sagt das Hündchen da.

Schravelen, Geldern Vördese, Spee 1875, H. 2, 19/20, XXXII, vgl. fast gleichlautend aus *Geldern* bei Meyers, GHK 1961, 109, s. Kommentar Nr. 572

Eine Version aus den Niederlanden:

Nr. 573

Buiten in de biezen,	Draußen in den Binsen
Daar lei een hondje dood;	Lag ein totes Hündchen;
Zijn staartje was bevroren,	Sein Schwänzchen war befroren,
Zijn billetjes waren bloot;	Seine Bätzchen waren bloß;
Toen kwam Lijsje Lonken,	Da kam Lieschen Lonken,

Die zei: dat beest is dronken;	Die sagt, das Tier ist betrunken;
Toen kwam Lijsje Lollepot,	Da kam Lieschen Lollepot,
Die zei: dat beest is hallefzot;	Die sagt, das Tier ist halbjeck;
Toen kwam Jan de slager,	Da kam Jan der Metzger,
Die zei: dat beest is mager;	Der sagt, das Tier ist mager;
Toen kwam Tijs de timmerman,	Da kam Matthias der Zimmermann,
Die lapte er weêr een staartje an.	Der flickte ihm wieder ein Schwänzchen an.
Toen liep het hondje henen	Da lief das Hündchen von hinnen,
De staart tusschen de beenen;	Den Schwanz zwischen den Beinen;
Toen ging het hondje dansen,	Da ging das Hündchen tanzen,
A la mode de France.	A la mode de France.

Niederlande, van Vlothen 1978, 43

Nr. 574 Pitt, hallt dänn Hongk fass – Pitt, halt' den Hund fest

Peter, halt' den Hund fest,/Dass er mich nicht beißt./Beißt er mich, verklag' ich dich./Tausend Taler kost' es dich./Peter, halt' den Hund fest,/Dass er mich nicht beißt.

Text und Melodie 1982 in *Hüls* und 1994 in *Krefeld* aufgezeichnet, in ganz Deutschland weit verbreitet, zuweilen auch: „Bauer, halt den Pudel fest …", so bei Simrock 1879, 172, Nr. 692, Krach 1924, 82, Nr. 28, gleichlautend aus den Niederlanden: Houx/Jacobs/Lücker 1968, 194, s. Kommentar Nr. 574

Nr. 575

Ech hôtt enns è Höngkè,	Ich hatt' mal ein Hündchen,
Datt koam mech amm Möngkè.	Das kam an mein Mündchen.
Trôkk ech èmm amm Been,	Zog ich ihn ans Bein,
Dou leep èt noa heem.	Da lief es nach Hause.

Mönchengladbach, Gierlichs RGB 1901/02, 317

Nr. 576

Wie große und kleine Hofhunde bellen:

> *Groten Burenhof: hôf, hôf!*
> *Hört den em ock: tüw, tüw, tüw?*

Großer Bauernhof: hof, hof!
Hört man den auch:
tüw, tüw, tüw?

Geldern, Stenmans GHK 1987, 207

Nr. 577

> *Mi Moddèr jing ènns noa dèr Kerk:*
>
> *Koam sè ann 't Hüsskè,*
> *Doa soat è kleen Höngkè,*
> *Datt woll mi Moddèr biitè.*
> *Dou krech mi Moddèr ennè Schteen,*
>
> *Schmièt datt Höngkè fürr datt Been.*
>
> *Dou jongk ètt sich noan Huus.*

Meine Mutter ging einmal zur
Kirche:
Da kam sie an das Häuschen,
Da saß ein kleines Hündchen,
Das wollt' meine Mutter beißen.
Da nahm meine Mutter einen
Stein,
Warf ihn dem Hündchen
gegen das Bein.
Da lief es nach Hause.

Mönchengladbach und Umgebung, Gierlichs RGB 1902, 352

Schattenbild,
Wandsbeck 1875

Redensarten

Wänn heä ennè Hongk jèwäss wüèr, dann höi heä dich all lang jèbiètè.
Wenn er ein Hund gewesen wäre, hätte er dich schon längst gebissen.
mdl. Viersen, vgl. Osterath, NGF 1879, 52

Woè Knöèk sennd, di jätt döijè, sennd och Hong, di sè mööjè.
Wo Knochen sind, die etwas taugen (an denen etwas dran ist), da sind auch
Hunde, die sie mögen. Übertragen: Ein gutes Mädchen findet auch einen guten
Mann.
mdl. Viersen 1978, vgl. Osterath, NGF 1879, 52

Weä ennè Hongk schmiitè well, deä fengk och ennè Schteen.
oder: *Wä ennè Hongk wärèpè well, fengt leeit ennè Schteen*
Wer einem Hund etwas antun will, der findet auch einen Stein. Übertragen:
Wer Streit sucht, findet immer einen Grund.
mdl. Viersen 1975

Man kann ennè jouèn Hongk tärrjè, böss datt heä kwoat wörrd.
Man kann einen braven Hund so lange ärgern, bis er böse wird.
mdl. *Viersen* 1976

Jèddèr Hongk ess frech enn sinnè Bait.
Jeder Hund ist in seiner Hundehütte (oder seinem Zwinger) frech. D.h.: Dort,
wo er sich sicher fühlt und zu Hause ist. Meint: Jeder Mensch hat sein Hausrecht.
mdl. *Viersen* 1976, vgl. *Osterath*, NGF 1879, 52

Kömmp man övvèr dèr Hongk, dann kömmp man och övvèr sinnè Schtärrt.
Kommt man über den Hund, dann kommt man auch über seinen Schwanz.
D.h.: Wenn man den Anfang geschafft hat, kommt man auch zum guten Ende.
mdl. *Viersen* 1970, vgl. *Rees*, NGF 1879, 64, weit bekannt

De Gefaehr es vorbej, säj de Jong, duw bond hej eenen dooje Hond de Mull tuw.
Die Gefahr ist vorbei, sagt der Junge, da band er einem toten Hund das Maul
zu. Das wurde gesagt, wenn man bei einer gefährlichen Arbeit den gefährlich-
sten Teil hinter sich gebracht hatte.
Rees, NGF 1879, 108

Dä ess övèrall bekännt wi 'nè bongktèn Hongk.
Er ist überall bekannt wie ein bunter Hund.
Osterath, NGF 1879, 52, allgemein bekannt

Hä öss mött dèr Tiid opp dèr Hongk jèkommè.
Er ist im Laufe der Zeit auf den Hund gekommen. Er hat Pleite gemacht; er ist
am Ende.
Osterath, NGF 1879, 52, allgemein bekannt

Jee ruppijèr dèr Hongk, jee meèr Flöö.
Je rauher der Hund ist, je mehr Flöhe hat er.
Osterath, NGF 1879, 52

Weä mött dèr Hongk schloapè jeet, schteet mött Flüè opp.
Wer mit dem Hund schlafen geht (ihn mit ins Bett nimmt), steht mit Flöhen
auf.
mdl. *Viersen* 1972

Heä likk ann dè Hongskätt.
Er liegt an der Hundekette. Übertragen: Er ist mit einer Frau verheiratet, die
ihn beherrscht.
mdl. *Viersen* 1971

Hä öss krangk onn onnjèsongk onn frett wi ennè Schôppshongk.
Er ist krank und nicht gesund und frisst wie ein Schäferhund. D.h.: Er ist ein
Simulant.
Osterath, NGF 1879, 52

Deä öss ennè finnischè Hongk.
Er ist ein hinterlistiger Mensch.
mdl. *Viersen* 1975

Hase und Kaninchen

Nr. 578

Ech jing ènns noèm Böschke.	Ich ging einmal zum Wald.
Dô fong ech è Möschkè.	Dort fand ich ein Spätzchen.
Dô fong ech ennè Haas.	Dort fand ich einen Hasen.
Däm schlooch ech opp dè Naas.	Den schlug ich auf die Nase.

Mönchengladbach, RWB V, 1941, Sp. 1440, vgl. Gierlichs ZfVk 1908, 136

Nr. 580 Zwischen Berg und tiefem, tiefem Tal

Zwi - schen Berg und tie - fem, tie - fem Tal sa - ßen einst zwei Ha - sen. Fra - ßen ab das grü - ne, grü - ne Gras, fra - ßen ab das grü - ne, grü - ne Gras bis auf den Ra - sen.

2. Als sie satt gefressen waren, setzten sie sich nieder,/Bis daß der Jäger, Jäger kam,/Bis daß der Jäger, Jäger kam und schoß sie nieder./3. Als sie sich nun aufgesammelt hatten und sich besannen,/Daß sie noch Leben hatten,/Daß sie noch Leben hatten,/Liefen sie von dannen.

Text und Melodie 1975 in *Viersen* aufgezeichnet, weit verbreitet, s. Kommentar Nr. 580

Niederrheinische Kachel, 20. Jh.

Redensarten

Ètt èss schwoar, dämm Haas ött Höppè tè vèrbiènè.
Es ist schwer, dem Hasen das Hüpfen zu verbieten.
mdl. Viersen 1970

Hä wett waal, wo dèr Haas höppt.
Er weiß mehr (hat mehr Erfahrung), als er nach außen zeigt. Er ist in einer bestimmten Sache kein Neuling mehr.
mdl. Viersen 1970, vgl. Osterath, NGF 1880, 16

Wo denn Haas jèjongkt ess, doa ess hä jeèr.
Wo der Hase groß geworden ist, da ist er gerne. D.h.: An seinem Geburtsort ist man am liebsten.
Leuth, Spee 1875, H. 2, 40, Nr. 24, vgl. *Osterath*, NGF 1880, 16 und *Kevelaer*, U.H. 2. Jg. Nr. 5, 1911

Hej schlöpt as eenen Haas en de Kool.
Er schläft wie ein Hase im Kohl, d.h. mit offenen Augen.
Kleve, NGF 1884, 72, vgl. RWB III, 279

Heä ess beei sinn Wöert wi dèr Haas beei sinn Jongè.
Meint: Er hält nicht Wort.
Kempen, RWB III, 278, Haahaas

En löpt den Haas ook noch so schnell, de Kuw, die kümmt der även well.
Und rennt der Hase noch so schnell, die Kuh, die kommt ebenso gut mit. D.h.: Wer langsamer geht, kommt auch ans Ziel.
Kleve und *Rees*, NGF 1879, 40

Völl Hong ess dèr Haasèn Dood.
Viele Hunde sind des Hasen Tod.
Osterath, NGF 1879, 52

Wo Haase sind, sind ok Hond.
Meint: Wo Licht ist, ist auch Schatten.
Moers RWB III, 280

Frosch

Nr. 581

Ek sêêj: Kekvors, gej sölt wikke,	Ich sage: Frosch, du sollst weichen,
Ek sal ow die Boks afstrikke,	Ich werde dir die Hose bügeln,
Bedeem deej hej sin Mülleke los,	Unterdessen macht er sein Mäulchen auf,
Kwek, kwak, sej Kekvors.	Queck, quack, sagt der Frosch.

Kleve, Gahlings/Matenaar 1936, 38

Von Wasser, Fischern, Fischen und Schiffen

Erstaunlich ist, dass am nördlichen Niederrhein dort, wo man jahrhundertelang den Fischfang im Rhein betrieben hat, nur relativ wenige Verschen und
Liedchen überliefert sind, die Fische, Fischer, Fischfang, Wasser oder Schiffe
zum Thema haben. Wahrscheinlich trifft für das Lebensgefühl der meisten Menschen am Niederrhein folgende Redensart zu: *„Beeter met en alde Karr op et
Land, als met en gud Schepp op et Waater."* – Besser (sicherer) mit einer alten Karre auf dem Land als mit einem guten Schiff auf dem Wasser (Spee 1895, H. 2,
48, Nr. 47).

Aus *Krefeld* sind zwei „Spielverschen" bekannt, in denen ein See und ein Fisch
im Mittelpunkt stehen. Sie entstammen der Sage von den Erdmännchen im
Hülser Berg und ihrem unglücklichen König *„Worbèlèstrükkskèn"* (Waldbeer-
sträuchlein). Dieser rettete einem gestrandeten sprechenden Fisch das Leben.
Als er eine von ihrem eigenen Vater gefangen gehaltene junge Gräfin befreien
und zur Frau nehmen wollte, trug ihn der Fisch über den See zu ihr. Doch es
gab ein tragisches Ende – der Vater des Mädchens tötete den jungen König und
ebenso den Fisch.

Die Krefelder Kinder benutzen das Verschen aus der Sage lange Zeit im Spiel.
Die Verse aus der Sage vom Hülser Berg wurden 1875 von Röttsches in eine
Sammlung von Kinderliedern, „die beim Spielen gesungen wurden", aufge-
nommen. [3]

Wenn der junge König der Erdmännchen den Zauberfisch rief, damit dieser
ihn zu seiner Braut über den See bringen konnte, sagte er folgenden Spruch:

Nr. 582

Feeschkèn, Feeschkèn, Tempatee,	Fischlein, Fischlein, Tempatee,
Breng mech jrasch waal öövèr dè See.	Bring mich rasch über den See!

Wetterfahne Nettetal, Bocholt

Die vom Vater gefangen gehaltene Grafentochter verzehrte sich vor Sehnsucht
nach einem Bräutigam und sang in einsamen Stunden:

Nr. 583

Blauè, blauè Fengèrhout,
Hei' ech ennè Mann, datt wäèr jout.

Blauer, blauer Fingerhut,
Hätt' ich einen Mann, das wär' gut.

Bloumèn enn dè Jaardès,
Roosèn allè Daahès,
Watt batt mech all mi Jout onn Jällt,
Wä mech dä Mann tu dè Hiirot fällt?

Blumen im Garten,
Alle Tage Rosen,
Was nützt mir all mein Gut und Geld,
Wenn mir der Mann zur Heirat fehlt?

Als der König der Erdmännchen bei seiner Rückkehr von einem Besuch bei seiner gefangen gehaltenen Braut, die er am nächsten Tag heiraten wollte, zurückkehrte, wurden er und der Zauberfisch von Pfeilen getötet. Da weinten und klagten alle Erdmännchen über ihren Tod:

Nr. 584

Opp dè See ess jrootè Noot,
Èss (öss) ènn Feeschkèm bleevèn doot.
Wä neit mött tèr Liik well joan,
Mott dè Koas bètaalè.
Annèr, wannèr, Rottèrdammèr.

Auf dem See ist große Not,
Weil ein Fischlein, ach, blieb tot.
Wer nicht mit der Leich' will gehn,
Muss Verzehrgeld zahlen,
Anner, wanner Rotterdamer.

Danach stürzten sich die Erdmännchen nacheinander vor Kummer über den Tod ihres Königs in den See, weil keiner länger leben wollte als sein König.[4]

Wetterfahne, Lobberich

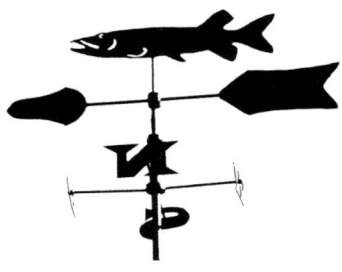

In dem folgenden Abzählvers geht es nicht um das Ablösen der Schale beim Herstellen eines Weidenholzflötchens, sondern um das Herstellen einer Fischreuse:

Nr. 585

Teppè, teppè, taapè,
Ek well een Föchè maakè,

Tipp, tipp, tapp,
Ich will eine (Fisch-)Reuse machen,

Van Wellègè of van Ässe,
Van Ässè eß èt bestè.
Op den bibèlabômsèn Berg

Von Weide oder Esche,
Von Esche, das ist das Beste.
Auf dem b… Berg

284

Wohnè bibèlabômsè Lüj,	Wohnen b… Leute,
On dij bibèlabômsè Lüj,	Und die b… Leute
Häbbè bibèlabômsè Kindèr,	Haben b… Kinder,
On dij bibèlabômsè Kindèr	Und die b… Kinder
Ättè bibèlabômsè Papp,	Essen b… Milchbrei,
On dij bibèlabômsè Papp	Und der b… Milchbrei
Eß van Waatèr on Mähl gèmakt.	Ist aus Wasser und Mehl gemacht.

Geldern, Meyers GHK 1961, 111, vgl. für die *Niederlande* de Cock/ Teirlinck VIII, 194/195

Nr. 586

Pitter Möhlenbeck woll Feschkes fange,	Peter M. wollt' Fische fangen,
Blef de Angel an de Boxepiep* hange.	Da blieb die Angel am Hosenbein hängen.
Hau mar drop, Hau mar drop,	Schlag nur drauf, schlag nur drauf,
Hau mar op de Kappeskopp!	Schlag nur auf den „Kappeskopf"!

* Hosenpfeife = Hosenbein, *Duisburg* Meyer-Markau 1905, 185

Im Zusammenhang mit dem Thema „Wasser" erzählt ein Abzählvers aus dem *Dülkener Fiedler* von einem vermissten Schifferknecht:

Nr. 587

Harubbètubbèdubb oss Jôôn öss heei.	H… unser Hans ist da.
Harubbètuubèdubb, watt hätt deä brait?	H… was hat er gebracht?
Ennèn ärmè Scheppèrknait.	Einen armen Schifferknecht.
Harubbètubbètubb, woè öss deä blièvèn?	H… wo ist er geblieben?
Harubbètubbèdubb öwäch jèdrièvèn.	H… ist weggetrieben.

Fiedler 1875, 100

Wetterfahne, Lobberich

Nr. 588

Doa quoam è Scheppkèn uut Ängèlongk,	Es kam ein Schiffchen aus England,
Dott brait waal guten Mut.	Das brachte guten Mut.
Deä Scheppmôôn wollen wir weichen.	Den Schiffer wollen wir „weichen".
Deä Scheppmôôn wollen wir streichen.	Den Schiffer wollen wir „streichen".

Fiedler 1875, 100, der Sinn dieses Verses ist nicht ersichtlich

Nr. 589

Twe Rose enne Gat,
Drei Lilje op et Feld,
Me Vader de es Schepper,
Dat Schepp, dat geht onder,
Do lew he ni mehr.
Truderiderallala

Zwei Rosen im Garten,
Drei Lilien auf dem Feld,
Mein Vater ist Schiffer,
Das Schiff geht unter,
Dann lebt er nicht mehr.

Duisburg, Meyer-Markau 1905, 182

Nr. 590

Klengèrnöllkè*
Scheep datt Schöllkè**
Van dèr Maasèn op dè Rhiin.
Wo sall Klengèrnöllkè siin?

Klengernöllke
Fuhr mit dem (Nuss-)Schälchen
Von der Maas (bis) auf den Rhein.
Wo mag Klengernöllke wohl sein?

Spee 1875, H.1, 15, i, * Name: klengern = erzählen, Nöllke = Arnold, ** bei Spee ist „Schöllke" mit „Schälchen" angegeben, Schölken fahren *(Goch)* ist im RWB VII, 1707 wie folgt angegeben: „Mit der Eisscholle auf dem Wasser fahren, oder Schölke sprenge: von Eisscholle zu Eisscholle springen".

Wetterfahne, Viersen-Süchteln

Nr. 591

Ött vuuèr è Scheppkè övvèr dèr Riin.

Es fuhr ein Schiffchen auf dem Rhein.

Datt hôtt dèr janntsè Buuk fôll Wiin,

Das hatte den ganzen Bauch voll Wein,

Opp dèr Riin, Buuk voll Wiin,
Weä well doa nett Schtüürmann siin?

Auf dem Rhein, Bauch voll Wein,
Wer will da nicht Steuermann sein?

mdl. *Viersen* 1974

Nr. 592

Ann datt Waatèr, ann dä Riin
Sollè fiif Kaningkès sièn,
Fiif Kaningkès bôkkèn Bruèt,
Schlaarèn sech opp eemôl duèt.
Ikks, akks, krommèn Dakks,
Ossèn Hongk hett Makks.

Am Wasser, am Rhein
Sollen fünf Kaninchen sein,
Fünf Kaninchen backen Brot,
Schlagen sich auf einmal tot.
Ix, ax, krummer Dachs,
Unser Hund heißt Max.

Caro 1906, 57 (Abzählvers)

Redensarten

Heä öss jèsongk wi ennè Vöösch enn't Waater.
Er ist gesund wie ein Fisch im Wasser; er ist kerngesund.
mdl. *Viersen* 1973

Föösch mott schwömmè.
Fisch muss schwimmen: Nach einem Fischgericht muss man viel trinken.
mdl. *Viersen* 1972, allgemein bekannt

Bottèr bee dèr Föösch.
Meint: Butter zum Fisch, d.h.: Sofort bezahlen oder konkret werden.
mdl. *Viersen* 1972, allgemein bekannt

Et es der (dort) niet dieper, saij de Scheper, duw fuhr hej fast (op Grond)
Dort ist es nicht tiefer, sagt der Schiffer, da fuhr er fast auf Grund.
Rees, RWB VII, 1119

Alle Fracht düht lechten (erleichtern), saij der Scheper, du Schmet hejsin Frau ower Bord. – Alle (überflüssige) Last erleichtert, sagte der Schiffer, da warf er seine Frau über Bord.
Klever Land, RWB VII, 1119

Alle Hölpen baten, säi de Möck, du hatt sei in de Rhin gepess, on der Scheper kos wer fahren. – Alle Hilfen sind nützlich, sagt die Mücke, da hatte sie in den Rhein gepisst und der Schiffer konnte wieder fahren.
Neukerk RWB VII, 1119

Beäter en alde Karr op et Land als met en gud Schep op et Waater.
Besser (sicherer) ist man mit einer alten Karre auf dem Land als mit einem guten Schiff auf dem Wasser.
Geldern, Spee 1875, H. 2, 48, Nr. 47

Abergläubisches

Wenn man von Fischen träumt, muß man bald zu einer Beerdigung gehen.
Korschenbroich, NGF 1880, 78

1) Fittà, 1989, 65 2) Weber-Kellermann 1996, 153 3) Keussen 1887, 47 ff 4) Röttsches 1875, 52, s. Nr. 680, 681, 682, die Sage mit diesen drei Verschen wird ebenfalls aus *Hüls* überlief., vgl. Göhn 1953, 148 ff.

Literatur:
Böhme, Franz Magnus, Deutsches Kinderlied und Kinderspiel. Volksüberlieferungen aus allen Landen deutscher Zunge, Leipzig 1897 (Böhme 1897)
Caro, Karl, Kinderspiele und Kinderlieder vom Niederrhein. In: Jahrbuch des Vereins für niederdeutsche Sprachforschung, 32. Jg., Bremen 1906 (Caro 1906)
Cock, A. de und Is. Teirlinck, Kinderlust & Kinderspel, Bd. I–VIII, Gent, 1902 –1908 (de Cock/Teirlinck VIII)
Firmenich, Matthias, Germaniens Völkerstimmen, Bd. I –III, Neudruck der Ausgabe Berlin 1843–1867, Osnabrück 1969 (Firmenich I)

Fittà, Marco, Spiel und Spielzeug in der Antike. Unterhaltung und Vergnügen im Altertum. Aus dem Italienischen übers. von Cornelia Homann. (Wissenschaftliche Buchgesellschaft Darmstadt) 1. Stuttgart 1998 (Fittà 1998)

Funken, H. P., Sprüche aus dem Heinsberger Land. In: Heimatkalender aus dem Heinsberger Land/Heimatkalender des Selfkantkreises, Geilenkirchen-Heinsberg 1980 (Funken HGH 1980)

Gahlings, Karl und Franz Matenaar, Lieder und Sprüche aus dem Leben und Brauchtum am Niederrhein, Kleve 1936 (Gahlings/Matenaar 1936)

Gierlichs, Hubert, Reime, welche von den Kindern beim Spielen gebraucht werden. In: Rheinische Geschichtsblätter (Zeitschrift f. Geschichte, Sprache und Altertümer des Mittel- und Niederrheins) 6. Jg. Bonn 1901/02 (Gierlichs RGB 1901/02)

Gierlichs, Hubert, Wiegenlieder aus der Gegend von Mönchengladbach. In: Rheinische Geschichtsblätter, 6. Jg. 1902 (Gierlichs RGB 1902)

Gierlichs, Hubert, Abzähl- und sonstige Reime. In: Zeitschrift des Vereins für rheinische und westfälische Volkskunde 5. Jg. 1908 (Gierlichs ZfVk 1908)

Göhn, Edmund, Der niederrheinische Flecken Hüls von der Urzeit bis zur französischen Revolution, Hüls/Krefeld 1953 (Göhn 1953)

HGH = Heimatkalender aus dem Heinsberger Land / Heimatkalender des Selfkantkreises, Geilenkirchen-Heinsberg 1957

HKW = Heimatkalender Kreis Wesel

Houx, J., A.M. Jacobs und P. P. Lücker, Tegels Dialek. 1968 (Houx/Jacobs/Lücker 1968)

Keussen, Der Hülserberg und seine Umgebung, Crefeld 1887 (Keussen 1887)

Krach, Gottfried, Min Modersprok, Die Mundart in der ehemaligen Grafschaft Moers, Moers 2. 1924 (Krach 1924)

Langer, Hubert. Für te senge on te danze „Heimatlieder in ndrh. Mundart. In: Mitteilungen des Vereins Linker Niederrhein Krefeld, 3. Jg., Nr. 3, 1931 (Langer 1931)

Lennarz, Maria, Kinderreime aus M. Gladbach. In: Zeitschrift des Vereins für rheinische und westfälische Volkskunde 5. Jg., 1908, 200 (Lennarz ZfVk 1908)

Meyer-Markau, W., Duisburger Kinderlieder. In Festschrift zu der vom 12. bis zum 14. Juni 1905 zu Duisburg abgehaltenen 14. Hauptversammlung des Allgemeinen Deutschen Sprachvereins, Duisburg 1905 (Meyer- Markau 1905)

Meyers, Fritz, „Heija, nina, Kinneke". Kinderreime aus vergangener Zeit. In: Geldrischer Heimatkalender 1961 (Meyers GHK 1961)

Müller Josef, Hg., Rheinisches Wörterbuch, Bd. I–IX, Bonn, Berlin, 1928-1971 (RWB)

Neef-Winz, Agnes, Viersen, Nachlass (Neef-Winz 1938)

NGF = Niederrheinischer Geschichtsfreund

Niederrheinischer Geschichtsfreund 1879 (NGF 1879/1880/1884)

Norrenberg, Peter, Chronik der Stadt Dülken, Viersen 1874 (Norrenberg 1874)

RGB = Rheinische Geschichtsblätter

Röttsches, Heinrich, Die Krefelder Mundart ... nebst einem Anhang: Sprichwörter und Volkslieder, Halle 1875 (Röttsches 1875)

RWB = Rheinisches Wörterbuch (RWB) s. Müller, Jos.

Simrock, Karl, Hg., Das deutsche Kinderbuch. 3. vermehrte Auflage, Frankfurt/Main o.J. (1879) (Simrock 1879)

Spee, Johannes, Volksthümliches vom Niederrhein. H. I, Aus Leuth im Kreise Geldern, und H. II, Köln 1875 (Spee 1875)

Tidden, J., Niederrheinische Volkspoesie. In: Heimatkalender Kreis Wesel 1982 (Tidden HKW 1982)

Stenmans, Peter, Kinderreime, Liedchen und Sprüche in Kevelaerer Platt. In: Geldrischer Heimatkalender 1987 (Stenmanns GHK 1987)

Unsere Heimat, Beilage zur Niederrheinischen Landeszeitung, Zwanglose Blätter, hg. von den Heimatvereinen des Kreises Geldern. 2. Jg. Nr. 5, 1911, unpag. (UH. 1911)

Unsere Heimat, Beilage zur Niederrheinischen Landeszeitung, Zwanglose Blätter, hg. von den Heimatvereinen des Kreises Geldern. 26. Jg. Nr. 3, 1938, unpag. (UH. 1938)

van Vlothen, J., Nederlandsche Baker- en Kinderrijmen, Leiden. Neudruck. S'Gravenhage 4. 1978 (van Vlothen 1978)

Weber-Kellermann, Ingeborg, Hg., Die Familie. Eine Kulturgeschichte der Familie, Frankfurt 1996 (Weber-Kellermann 1996)

Zurmühlen, Hans (Pseudonym für Peter Norrenberg), Des Dülkener Fiedlers Liederbuch, Viersen 1875 (Fiedler 1875)

ZfVk = Zeitschrift des Vereins für rheinische und westfälische Volkskunde 1908

Spiele ohne Aufwand – selbst gemacht

Nr. 593 Paar-off-ommpè – Gerade – ungerade
Schon römische Kinder spielten „paar – unpaar", d.h. „gerade – ungerade" mit Nüssen oder Bohnen nicht anders, als es noch vor dem Zweiten Weltkrieg am Niederrhein mit Stecknadeln, Murmeln, Kirschkernen oder Streichhölzchen gespielt wurde.

„Paar off ommpè", Niederländische Kachel,
Privatbesitz, Dr. Eugen Gerritz, Krefeld

Wenn die Kirschen reif waren, trafen sich gerne zwei Kinder und versteckten eine beliebige Anzahl von Kirschkernen in der geschlossenen Faust. Ein Kind musste erraten, ob es sich um eine gerade oder ungerade Zahl handelte. *„Ommp"*, das war die ungerade und *„Paar"* die gerade Zahl. Wer richtig geraten hatte, bekam die Kirschkerne, andernfalls hatte er diese Anzahl verspielt und musste sie abgeben. Wer verloren hatte, begann wieder. Das Spiel wurde auch mit Streichhölzern, Stecknadeln oder Bohnen gespielt.
Viersen, Nachlass Neef-Winz, RP Nr. 80, 5. 4. 1955

Bei Mädchen war dieses Spiel besonders beliebt, wenn die Stecknadeln bunte Köpfe hatten. Eine andere Art dieses Spieles war, die richtige Anzahl der Knicker (oder Nadeln) zu erraten, die in der Faust versteckt waren. Das Spiel hat sich gehalten und ist als „Knobeln" heute noch verbreitet. Dabei werden Streichhölzer in der geschlossenen Faust gehalten und ihre Anzahl muss erraten werden.
mdl. *Viersen* 1974, *Kleve* und Umgebung, vgl. Schönberner 1979, 178

Nr. 594 Schpälltè jèwennè – Stecknadeln gewinnen
Es wurde stets zu zweit gespielt. Einer hatte eine Stecknadel in der Faust und sagte: *„Fann off bei".* Der Mitspieler legte eine Nadel auf die Finger des anderen und sagte: *„fann"* oder er sagte *„beei".* Nun musste der erste Spieler die geschlossene Faust öffnen. Wenn die Stecknadeln mit den Köpfchen nebeneinander lagen, hieß es „bei". Lagen sie jedoch beliebig durcheinander, war es *„fann".* Hatte der zweite Spieler das entsprechend Richtige geraten, so gehörten die Stecknadeln ihm.
Viersen, Nachlass Neef-Winz, RP Nr. 80, 5. 4. 1955

In *Süchteln* musste man erraten, ob die Köpfe der Stecknadeln oder die Spitzen zusammen lagen. Die Frage lautete dann: *„Fann allès off beei allès?"*

Eine weitere Variante des Stecknadelspiels ist diese:

Beide Hände wurden zur Faust geschlossen. In einer Hand befand sich eine Stecknadel, die andere war leer. Der Spruch dabei lautete:

Nr. 595

Pekk off Poal	Spitze oder Kopf
Ömm een Noal.	Um eine Nadel.
Ongè onn boavè,	Unten und oben,
Woa öss di Noal?	Wo ist die Nadel?

Während die Verse aufgesagt wurden, mussten die Hände blitzschnell von unten nach oben und umgekehrt gedreht werden. Nach den letzten Worten blieben die geschlossenen Hände ruhig stehen. Der andere sollte erraten, in welcher Hand sich die Stecknadeln befanden. Hatte er richtig geraten, gehörten sie ihm. Oft wurde während des Unterrichts in der Schule unter der Bank mit „*Schpälltè*" – Stecknadeln, gespielt. Wenn der Lehrer es merkte, nahm er den Schülern das Döschen mit den Stecknadeln ab, gab es ihnen aber nach Schulschluss meist wieder zurück.

Viersen, Nachlass Neef-Winz, RP, Nr. 80, 5.4. 1955, vgl. VDZ 16.3.1939, überall bekannt

Nr. 596 Schpälltè kneppsè – Stecknadeln knipsen

Mit dem Absatz oder einem Stöckchen wurde auf der Erde ein Kreis gezeichnet. Etwa drei Meter davon entfernt zog man einen Strich, in dessen Mitte eine Stecknadel in die Erde gesteckt wurde. Mit Daumen und Mittelfinger musste die Stecknadel in den Kreis geknipst werden.

Krefeld, Nolden 1912, 100f

Nr. 597 Schteäkbelldschès oder Belldschès schteäkè – Steckbildchen oder (Glanz-)Bildchen stecken

Unabhängig von der Jahreszeit brach irgendwann der Sammeleifer bei Jungen und Mädchen aus. Einmal sammelte man Heiligenbildchen, die meist in der sonntäglichen „Christenlehre", genannt Kinderandacht, nachmittags um drei Uhr eifrig getauscht wurden. Ein anderes Mal sammelte und tauschte man Glanzbildchen, Zigarettenbildchen, Margarinebildchen oder Briefmarken.
Zwischen die Seiten eines Buches wurden beliebig viele Glanz-, Heiligen- oder Zigarettenbildchen sowie Briefmarken gelegt. Ein Kind stach mit einer Stecknadel in das geschlossene Buch. Die Seite, in der die Nadel stecken blieb, wurde aufgeschlagen. Wenn sich auf der aufgeschlagenen Seite eines der gesammelten Bildchen befand, hatte das Kind dieses für sich gewonnen.

mdl. *Viersen* 1995

Nr. 598 Kiikkääskè kiikè – Guckkasten schauen

Um ein „*Kiikkääskè*" herzustellen, brauchte man einen leeren Schuhkarton. Diesen erbettelten sich (meist) die Mädchen in einem Schuhgeschäft. Das Innere der Schachtel wurde mit bunten Glanzbildchen beklebt, die zu bestimmten Themen zusammengestellt wurden, so z.B. „Blumenbilder" oder „Auf dem Bauernhof". Der Phantasie waren dabei keine Grenzen gesetzt, wie das Beispiel „Kirmesmarkt" zeigt: „Ein in der Werkzeugkiste des Vaters gefundenes Uhrrädchen wurde in der Mitte befestigt. Es sollte das Karussell sein. In die vier Ecken wurden leere Streichholzdöschen geklebt, die verschiedene Kirmesbuden darstellen sollten. Auf Papier gezeichnete und dann ausgeschnittene kleine Figürchen, die sich an den Händen hielten, rundherum um das Uhrrädchen-Karussell geklebt, stellten die Kinder auf der Kirmes dar. Oben auf die Schachtel wurde anstelle eines Deckels ein besonders schönes rotes Seidenpapier befestigt, durch das das Tageslicht fiel. Es verlieh dem Innern der Schachtel eine ‚magische' Beleuchtung. Auf der Kurzseite der Schachtel wurde ein Loch gemacht, wodurch die anderen Kinder gegen ein geringes ‚Entgelt' das schöne ‚Werk' bewundern durften."

Um 1890 bis 1895 bestand die „Währung", in der „bezahlt" wurde, aus Kirschkernen, die die Kinder in einem eigens dafür bestimmten Beutelchen aufhoben. Kirschen galten in dieser Zeit als etwas Besonderes und waren nicht in jedem Hausgarten oder Bongèrt (Obstgarten hinter dem Bauernhaus, die heutige Streuobstwiese) vorhanden. Später verlangte man für das Hineinsehen ein oder zwei Pfennige.

Ein anderes Beispiel sah so aus: Schaute man durch das Loch, sah man ein sog. „Ziehharmonika-Bildchen", das mit verschiedenen Blumen so beklebt war, dass der Betrachter den Eindruck hatte, die Blumen blühten. In der Mitte war ein rotes Herzchen aufgemalt und an jeder Seite ein Täubchen, das einen Ring im Schnabel hatte. Darunter stand geschrieben: „In Liebe dein".

Neef-Winz, *Viersen,* Dreistädte Zeitung vom 7. 10. 1950

In den 90er Jahren des 20. Jh.s wurden „Guckkästen" plötzlich wieder aktuell. Da sie die Phantasie in besonderem Maße anregen, wurden sie in Lehrgängen und Fortbildungsveranstaltungen für Erzieherinnen und Kindergärtnerinnen gebastelt und zur Weitergabe und Nachahmung in der praktischen Kindergartenarbeit empfohlen. Es ist ein typisches Beispiel dafür, wie man versucht, eine abgebrochene Tradition von Kinderspielen durch Pädagogen wieder aufgreifen und weiter vermitteln zu lassen.

Nr. 599 Seifenblasen

Im 16. Jh. wurde häufig auf Bildern dargestellt, wie sich Kinder mit Seifenblasen vergnügen. Das zeigt, wie beliebt und verbreitet von alters her dieser kind-

Zwei Kinder mit Seifenblasen, 1965

liche Zeitvertreib war.[1] Mit abgeschabter Kernseife und lauwarmem Wasser wurde in einem Töpfchen eine Seifenlauge geschlagen. Der dazu benötigte Strohhalm wurde zuvor sorgfältig zubereitet: Am unteren Teil, der in die Lauge getaucht wurde, schnitt oder zwickte man mit dem Fingernagel vorsichtig vier kleine Kerben ein, wodurch unten ein kleines „Füßchen" oder „Ständerchen" entstand, um zu verhindern, dass die Seifenlauge sofort abtropfte. Er wurde hineingetaucht, wieder herausgenommen und ganz vorsichtig angeblasen, bis sich kleine und größere Seifenblasen bildeten, deren Schweben, buntes Schimmern und Zerplatzen schön anzusehen waren. Es war stets ein den Nachmittag füllendes, beschauliches Spiel.[2]

mdl. *Viersen* 1971

1) Hills, 1957, 11, Nr. 7 und 8 2) vgl. Böhme 1897, 432, Nr. 35, de Cock/Teirlinck V, 233–35

Literatur

Böhme, Franz Magnus, Deutsches Kinderlied und Kinderspiel. Volksüberlieferungen aus allen Landen deutscher Zunge, Leipzig 1897 (Böhme 1897)
Cock, de und Teirlinck, Kinderspel & Kinderlust in Zuid-Nederland, Bd. I–VIII, Gent 1902-1908 (de Cock/Teirlinck V)
Dreistädte Zeitung, Viersen, A. Neef-Winz vom 7. 10. 1950
Fittà, Marco, Spiel und Spielzeug in der Antike. Unterhaltung und Vergnügen im Altertum. Aus dem Italienischen übersetzt von Cornelia Homann. (Wissenschaftliche Buchgesellschaft Darmstadt) 1. Stuttgart 1998 (Fittà 1998)
Hills, Jeanette, Das Kinderspielbild von Pieter Brueghel d.Ä. (1560), Wien 1957 (Hills 1957)
Nolden Hans, Alt Crefeld. Crefeld 1926 (Nolden 1926)
Rieche, Anita, So spielten die alten Römer. Römische Spiele im archäologischen Park Xanten. Texte Anita Rieche, Landesmuseum Bonn – Regionalmuseum Xanten; Zeichnungen Jörn Kraft, Publikationsstelle des Landschaftsverbandes Rheinland, 2. 1984, unpag. (Rieche 1984)
Rheinische Post, Grenzlandkurier (Kreis Viersen), Nr. 80, 5. 04. 1955 (RP 1955)
Schönberner Egon, Onsen t' Hüs. Teil II. Kinderspiele am Niederrhein, Kleve-Materborn 1979 (Schönberner 1979)
VDZ = Vereinigte Dreistädte-Zeitung (Viersen) 16. 03. 1939

Nr. 600 Wivüèl Schteärè habb ich? – Wieviele Sterne habe ich?
Salmiakpastillen waren besonders im Sommer gefragt. Man konnte sie in der Drogerie kaufen, wie auch Liebesperlen, Süßholz, Manna oder Lakritz. Schon

für einen oder fünf Pfennige holte der Drogist sie mit einem Löffel oder einer kleinen Schaufel aus einem großen, hohen Glas und packte sie in einem kleinen Papiertütchen ab. Von diesem „Schatz" klebte man sich mit Spucke ein Muster auf die Rückseite der Hand: eine Raute, einen Stern, ein Herz usw. Nun fragte man ein anderes Kind: „*Wivüèl Schteärè habb ich?*" – Wieviele Sterne habe ich? Wenn das Kind die richtige Anzahl der geklebten Salmiakpastillen erriet, durfte es nach vorheriger Vereinbarung entweder einmal daran lecken oder es erhielt alle, die auf dem Handrücken klebten.

mdl. *Rheydt* 1976

Nr. 601 *Schümmkè träkkè* – *Schäumchen ziehen*

Im Sommer liebten es Mädchen wie Jungen, sich ein besonderes „Getränk" zu bereiten. In der Drogerie kaufte man Lakritzstückchen oder Lakritzstangen. Letztere wurden in kleine Stücke gebrochen oder geschnitten und in eine Flasche gesteckt, die nur halb oder zweidrittel mit Wasser gefüllt war. Fehlte ein Schraubverschluss oder ein Korken, so hielt man den Daumen auf die Flaschenöffnung, und nun wurde aus Leibeskräften geschüttelt, bis sich die Lakritzstückchen aufgelöst hatten und das Wasser sich in eine dunkelschwarze Brühe verwandelt hatte. Mit einem Strohhalm saugte und blies man zusätzlich so lange in die blubbernde Flüssigkeit, bis sich schwarze Schaumblasen auf dem Lakritzwasser gebildet hatten, die schließlich aus dem Flaschenhals herausquollen.

mdl. *Viersen* 1973

Nr. 602 *Flittsch, Jiip, Kattèpröll* – *Steinschleuder*

Fast alle Jungen träumten im Frühjahr und Sommer von einer „*Flittsch*". Die Erwachsenen waren weniger davon begeistert, denn zuweilen hörte man auch, dass ein Ünglück damit passiert war. Abgesehen davon ging auch manche Fensterscheibe zu Bruch, und natürlich wollte es niemand gewesen sein. Aus vielen Gründen war es streng verboten, eine „*Flittsch*" mit in die Schule zu bringen.

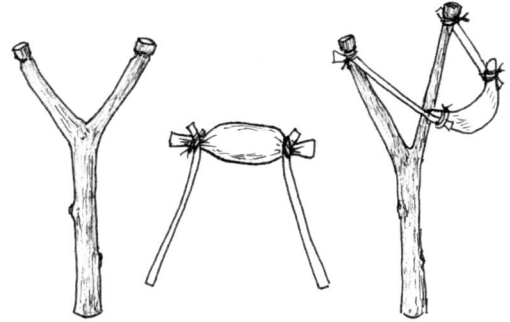

Um eine „*Flittsch*" herzustellen, brauchte man eine möglichst gleichmäßig gewachsene Astgabel (die im Busch oder Wald ge-

Flittsch, Zeichnung Rosemarie Gorissen

sucht und geschnitten werden musste), zwei Gummibänder, Kordel und ein Stückchen weiches Leder; meist diente dazu die Lederzunge eines alten Schuhs. Die beiden Gabelenden mussten etwa vier bis fünf, der Gabelgriff etwa acht bis neun Zentimeter lang sein. Das Gummi bekam man von Einmachringen oder man benutzte Gummistreifen von einem ausgedienten Fahrradschlauch. Aus der alten Schuhlederzunge wurde ein ovales Stück geschnitten. An den beiden Enden des Ovals wurden ungefähr zwei Zentimeter lange Streifen stehen gelassen. An diese band man die beiden Gummienden mit Kordel – fertig war die „Flittsch". Nun konnte man sich mit passend ausgesuchten Kieselsteinen (Müütè) auf die verschiedensten Gegenstände „einschießen". Ein besonders beliebtes Ziel waren damals – zum Ärger der Elektrizitätswerke – die „Telèjrafenpöttschès" (Telegraphentöpfchen). Man durfte sich dabei natürlich nicht erwischen lassen. Auch Spatzen versuchte man zu treffen, doch sie kamen glücklicherweise meist mit dem Leben davon.

mdl. *Viersen* 1970, vgl. Hüttenes 1996, 137

„Königsflittschen" in Nettetal, Foto Franz Heinrich Busch, Viersen

Wie der Zauber der „Flittsch" erwachsene Männer wieder befällt, berichtet die Rheinische Post im Juli 2003: Das „Königsflittschen" fand im Rahmen eines Nachbarschaftsfestes in *Nettetal* statt:

„… Schon im sechsten Jahr trafen sich die Flittsch-Freunde eine Woche vor der *Schaager* Kirmes am ‚Schießstand', diesmal im Garten der Familie R., um den neuen König zu ermitteln. An der ‚Schussanlage', dem Tisch mit den selbstgebastelten Flitschen, wartete die Schubkarre voller Kieselstein-Munition auf ihren trefflichen Einsatz. Drei von Nachbarschaftskindern bunt bemalte Styroporvögel baumelten ein paar Meter entfernt im Stahlring. Pünktlich um 14.30 Uhr begannen die Schützen in Shorts und Freizeithemd ihr heiteres Königsflitschen." Eine Bierlaune hatte sie vor sechs Jahren auf die Idee des Ulk-Wettbewerbes gebracht, verrieten die Teilnehmer: Das alljährliche Flittschen stärke die Gemeinschaft der *Riether* Nachbarschaft. „Gerade zieht H. das Weckglas-Gummi an der kleinen Holzschleuder lang und länger. Die Muskelspannung lässt den Arm zittern. Konzentration – und flitsch fliegt der Stein mit einem Plop gegen das Styropor. Patsch – der Vogel hat ein Stück verloren. Dann passiert lange Zeit nichts außer klönen, lachen, Zielwasser trinken und daneben flitschen. Alle Kiesel verlieren sich in der Weite des Feldes. Patsch – fliegt

plötzlich im Jubel der Zuschauer ein weiteres Stück Styropor ins Gras, bis gegen 16.15 Uhr nur noch ein winziger Rest im Reifen schwebt ... Ein Schrei aus vielen Kehlen ... der Vogel ist gefallen."
RP *Viersen,* Grenzland-Kurier 22. Juni 2003, Nr. 167

Nr. 603 Ennè Flittsèboach – Bogen oder Kielbogen
Ein ungefähr zwei Zentimeter dicker und einen Meter langer Stock aus Weiden-, Birken oder Erlenholz wurde an beiden Enden eingekerbt. An einer Kerbung befestigte man eine dünne Kordel als Sehne. Der Stock wurde gebogen, um ihn zu spannen. Dann verknotete man das zweite Stockende. Die Spannung übertrug sich auf die Kordel. Beneidet wurden Metzgerjungen, weil sie statt Kordel getrocknete Schweinedärme verwenden konnten, die geschmeidiger waren. Hatte man einen besonders belastbaren Stock gefunden, wurde er mit viel Geschick beschnitzt, indem Rinde teilweise entfernt wurde, so dass ein Muster entstand. Für die Pfeile benutzte man möglichst trockenes Schilfried. Das untere dickere Ende des Rieds kerbte man ein, um Halt auf der gespannten Sehne zu erzeugen. Über die Pfeilspitze wurde ein ausgehöhltes, ungefähr fünf Zentimeter langes Stückchen Holunderzweig gestülpt. Ohne Einkerbung und Pfeilspitzenbelastung wäre der Pfeil nicht lenkbar gewesen. Gefährlich wurde die „Waffe", wenn man die Pfeilspitze mit einem Nagel oder sonstigen spitzen Gegenständen versah.
mdl. *Boisheim* 2000

Nr. 604 Drillnoot oder Gäle Guss – Drehnuss oder „Goldammer"
Besonders schwierig war die Bearbeitung einer Hasel- oder Walnuss, um daraus ein kleines Spielzeug herzustellen. In Längsrichtung wurden vorsichtig oben und unten zwei Löcher (und eines seitlich) gebohrt. Während der innere Nusskern durch diese Öffnungen entfernt wurde, konnte die Schale leicht einen Riss bekommen. Die obere und untere Öffnung durfte nicht zu klein sein, da sich ein Stäbchen – oder ein langer Nagel – ohne Reibung drehen können musste. Die seitliche Öffnung brauchte nur so weit zu sein, dass ein Bindfaden oder eine dünne Kordel durchlaufen konnte. Nun nahm man ein rundes Holzstäbchen oder einen Nagel von etwa zehn Zentimetern Länge. Das Stäbchen musste (wie der Nagel mit dem Kopf) ebenfalls mit einem Knopf versehen sein, damit es über der Öffnung hängen blieb. Am oberen Ende wurde ein Bindfaden befes-  *Drillnoot*

295

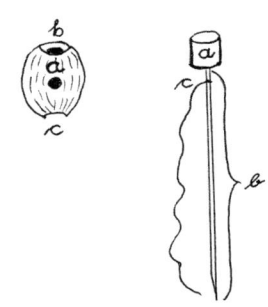

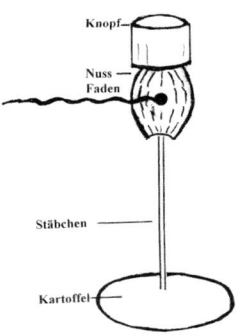

tigt. Das Stäbchen wurde mit dem Bindfaden durch das obere und untere Loch der Nuß gesteckt. Der Faden musste aus der seitlichen Öffnung nach außen gezogen werden. An der Spitze des Holzstäbchens oder Nagels wurde eine Kartoffel befestigt, die dem Spielgegenstand Festigkeit und Schwere verlieh und als Schwungrad diente. Faden oder Kordel erhielten am Ende ein kleines Stäbchen, das als Griff diente und quer zu der seitlichen Öffnung lag. Dadurch wurde verhindert, daß der Faden in die Nuss gezogen wurde.

Aus: UH. 2. Jg. Nr. 3, 1911, unpag.

Mit Daumen und Zeigefinger der linken Hand wurde die Nuss so gefasst, dass sich die Kartoffel unten und die Nuss oben befand. Mit der rechten Hand drehte man den Faden um das Holzstäbchen oder um den Nagel herum fest an, bis die Schnur ganz aufgerollt war. Zog man kräftig an dem Bindfaden, geriet das Stäbchen bzw. der Nagel durch das schnelle Abrollen der Schnur in rotierende Bewegung. Ließ man es los, wickelte sich der Faden um das Stäbchen bzw. um den Nagel auf, da die Kartoffel als Schwungrad die ihr einmal gegebene Bewegung beibehielt. Auf

„Drillnoot" oder Drill-nuss, Zeichnung zur Anfertigung: Erdme Steinhorst

diese Art und Weise konnte man das Spiel ununterbrochen fortsetzen – bis der Bindfaden verschlissen war.

UH. 2. Jg. Nr. 3, 1911, vgl. Hüttenes 1996, 137, vgl. Kanthack 1939, 39/49: „Schnurrneut" (Schnurrnuss), vgl. Schönberner 1979, 211

Nr. 605 Vumm oder Drellknoop – Der surrende Knopf

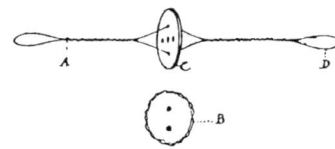

*Zeichnung „Vumm":
de Cock/Teirlinck*

Man benötigte einen großen Knopf mit vier oder zwei Löchern. Durch zwei Löcher wurde ein kräftiger Faden gezogen, so dass er verdoppelt wurde. Faden und Knopf wurden in der Mitte gedreht, „gezwirbelt". Wenn man nun an den Fadenenden zog und sie zurückschnellen ließ, drehte sich der Knopf äußerst schnell von selbst und verursachte ein summendes Geräusch. Man sagte dazu: Es *„vummt".*

mdl. *Overhetfeld, Elmpt* 1980, für *Kleve* vgl. Schönberner 1979, 210, dort nannte man dieses Spiel „Drellknoop", in *Beeck* bei Heinsberg hieß es „Hump", vgl. Peters 1994, 48

Nr. 606 Das fahrende Garnröllchen – „Panzer"
Hier brauchte man eine Garnspule, einen Ring aus
Gummi (der von einem alten Fahrradschlauch abgeschnitten werden konnte), zwei Nägel (einen großen
und einen kleinen) und ein einen halben Zentimeter langes Stück von einer Kerze.

Der Docht wurde aus dem Kerzenstückchen entfernt, so dass ein Loch entstand. Den Gummiring
schob man durch die Spule und das Kerzenstück.
Anschließend wurde der große Nagel von einem Ende des Kerzenstücks zum anderen durchgeschoben.
Dieser wurde nun so lange gedreht, bis der Gummiring sich gespannt hatte. Nun konnte sich die Rolle
ziemlich schnell vorwärts bewegen. Man ließ sie ent-

*Das fahrende Garnröll-
chen – „Panzer", Zeich-
nung Erdme Steinhorst*

weder auf dem Tisch oder auf der Erde fahren. Mit einem Nähfaden konnte
man auch noch etwas daran hängen, das gezogen wurde.
mdl. *Overhetfeld* 1980

In *Kleve* wurde das fahrende Garnröllchen „Panzer" genannt. Anstelle des Ker-
zenstummels verwendete man einen Knopf und an Stelle von Nägeln zwei
Streichhölzer.
„Der Gummiring wird so durch den Knopf gefädelt, daß zwei Schlaufen durch
das Garnröllchen gezogen werden können. Ein abgebrochenes Streichholz hält
an der einen Seite diese beiden Schlaufen. Das zweite Streichhölzchen wird unter das Gummi an der anderen Seite der Garnrolle gezogen und aufgedreht.
Setzt man dieses Gerät hin, schleift das Streichholz über den Boden, und durch
die Spannung des Gummis rollt der Panzer."
vgl. Schönberner 1979, 210

Nr. 607 Musik auf Gläsern – Die Glasharfe
Man füllte eines oder mehrere Gläser bis zum Rand mit Wasser und fuhr anschließend mit dem angefeuchteten Finger über den Glasrand. Hierdurch gerieten die Gläser in Schwingung und erzeugten einen Ton, der, je nachdem wie
hoch die Gläser mit Wasser gefüllt waren, höher oder tiefer sein konnte. Auf
diesem Prinzip beruhen übrigens Mozarts Musikstücke für „Glasharfe".
mdl. *Viersen* 1975

Nr. 608 Eine Wasserorgel
Für eine Oktave benötigte man acht Trinkgläser, die mit Wasser gefüllt wurden.
Man legte einen Grundton fest und goss nun zur Erzeugung des höheren Tons
Wasser in das zweite Glas usw. Dabei klopfte man mit einem Teelöffelchen an

die Glaswand, um die Tondifferenz genau einzustellen. Die „Orgel" war fertig, wenn der achte Ton eine saubere Oktave zum Grundton bildete. Man benutzte ein Teelöffelchen oder ein Hölzstöckchen zum Anschlagen der verschiedenen Töne. Mit einiger Übung ließen sich einfache Liedmelodien entwickeln.

mdl. *Boisheim* 1997

Nr. 609 Èn Färrkèsbloas – Eine Schweinsblase

Die Schweins- oder Kalbsblase war am Schlachttag bei Kindern sehr begehrt. Es gab meist nur eine, und wer sie bekam, war über dieses „Spielzeug" mehr als glücklich.

Links im Bild: Schweinsblase, Zeichnung Conrad Meyer, 1657

Sie wurde zunächst aufgehängt und an der Luft getrocknet. In die getrocknete Schweins- oder Kalbsblase wurden 20 bis 30 getrocknete Erbsen eingeführt. Anschließend wurde sie aufgeblasen und mit einer Schnur zugebunden. Während der Fastnachtstage band man sie (mit den Erbsen) an einen Stock, den man heftig auf die Erde stieß, wodurch ein dumpfes Geräusch entstand; oder man schlug damit die anderen (ohne oder mit Erbsen) auf den Rücken oder auf den Kopf.[1] Hatte man aber das Glück, gleich zwei Schweinsblasen zu ergattern, so konnten sie im Sommer durchaus auch als Schwimmhilfen dienen, wie es auf dem Spielbild von Brueghel zu sehen ist.[2] Schon Geiler von Kaisersberg (1445-1510), Universitätslehrer in Freiburg (Brsg.) und volkstümlicher Prediger in Straßburg, beschrieb, wie begehrt zu seiner Zeit die Schweinsblase bei den Jungen war: „Wenn man ein Schwein schlachtet, so nehmen die Knaben die Blase und blasen sie auf und tun drei oder vier Erbsen darin und verursachen damit Gerumpel (Lärm), und sie haben die Blase lieber als ein Stück Speck."[3] Wenn man – wie während des Zweiten Weltkrieges – keinen Ball besaß, war bei den Landkindern die Schweinsblase nicht weniger heiß begehrt als in der Vergangenheit. Die aufgeblasene Blase ohne Erbsen diente den Kindern als Ball. Benutzte man sie auch zum Fußballspielen, hielt sie allerdings nicht sehr lange.

Viersen, *Born* 1979

Nr. 610 Die Schaukel

Ein passendes Brettchen hatten der Vater oder Großvater schnell entweder selbst zurechtgesägt oder beim Schreiner geholt. An beiden Seiten wurde es eingekerbt, zwei haltbare, dicke Kordeln wurden an beiden Seiten befestigt und oben

*Niederländische Kachel aus dem 17. Jh.,
Privatbesitz Dr. Eugen Gerritz, Krefeld*

an einen starken Ast, die Teppichstange oder in
der Scheune an einen Balken gebunden – fertig war die Schaukel.

Aus *Moers* und *Kaldenkirchen* stammen zwei
Schaukellieder, die die rhythmisch schaukelnde Bewegung des Hin und Her nachempfinden. Wahrscheinlich wurde es von einem Erwachsenen gesungen, der das kleine Kind
jedesmal sanft neu anstieß:

Nr. 611

Hen on här on hen! Kick,	Hin und her und hin! Sieh, das
datt ös no minne Se'nn!	ist nach meinem Sinn!
Här on hen on hen on här! Juchhäij	Her und hin und her! Juchhei
rup ek jedes Kehr –	ruf ich jedes Mal –
Hen on här on hen – wenn ek se'tt	Hin und her und hin – wenn
gemäckleg dren.	ich bequem drin sitze.
Här on hen on hen on här!	Her und hin und hin und her!
Wie en Sche'pp op't grote Meer	Wie ein Schiff auf dem großen Meer
Räjse wej ganz ohne Geld op de	Reisen wir ganz ohne Geld auf
Scho'ckel dor de Welt!	der Schaukel durch die Welt!
Hen on här on hen! Jo, datt ös	Hin und her und hin! Ja, das ist
minne Se'nn.	mein Sinn.

Moers, Krach 1924, 77 Nr. 15

Nr. 612

Pittèrkè, Pittèrké va Viersen,	Peterchen, P. von Viersen,
Watt sall datt Köuhkè jeèvè?	Was soll das Kühchen geben?
Millk onn Bruèt,	Milch und Brot,
Datt schmäkk juut,	Das schmeckt gut,
Jiff datt Kengk enne helle (harten)	Gib dem Kind einen tüchtigen
Schtoèt!	Stoß!

Kaldenkirchen, RWB VI, 631

---

1) Siemes/Philips 2001, 104 f.   2) Hills 1957, 39, Nr. 51, vgl. die Darstellung auf Pieter Brueghels Spielbild von 1560
3) Hills ebd.

Literatur

Hills, Jeanette, Das Kinderspielbild von Pieter Brueghel d. Ä. (1560), Wien 1957 (Hills 1957)

Hüttenes, Heinz, Kinderspiele der dreißiger Jahre. In: Die Heimat. Krefelder Jahrbuch, Jg. 67, 1996 (Hüttenes 1996)

Kanthack, Siegfried, Pommersche Kinder spielen und singen. Kinderreime, Kinderspiele und Kinderlieder aus Broitz, Kreis Greifenberg. Osterwieck, Berlin 1939 (Kanthack 1939)

Krach, Gottfried, Min Modersprok. Die Mundart in der ehemaligen Grafschaft Moers, Moers 2. 1924 (Krach 1924)

Lansberg, Helmut, Robert Möller, Rheinischer Wortatlas, Bonn 2000 (Lansberg/Möller 2000)

Peters, Karl, Nokixeleien von A bis Z. Alphabetisiert, geordnet und herausgegeben von Horst Dieter Jansen Beek 2. 1994 (Peters 1994)

Rheinische Post, Viersen, Grenzland-Kurier 22. 7. 2003, Nr. 167 (RP 2003)

RWB VI = Rheinisches Wörterbuch. Hg. Josef Müller Bd. I–IX, Bonn, Berlin 1928-1971

Schönberner, Egon, Onsen t'Hüs, Teil II, Kinderspiele am Niederrhein, Kleve-Materborn 1979 (Schönberner 1979)

Siemes, Helena und Gerd Philips, Durch das Jahr. Feste und Bräuche am Niederrhein, Duisburg 2001 (Siemes/Philips 2001)

U.H. = Unsere Heimat, Zwanglose Blätter, hg. von den Heimatvereinen des Kreises Geldern. Beilage zur Niederrheinischen Landeszeitung, 2. Jg. Nr. 3, 1911 (U.H. 1911)

Kinder und Sprache

Schnellsprechverse und Wortspiele

*Giebelornament,
Süchteln*

Nr. 613

Adelheid, das nette Weib, hat Gott gebrait in dè Middèrnait.
Adelheid, das nette Weib, hat Gott gebracht in der Mitternacht.

mdl. *Amern* 1981

Nr. 614

È breet Brièmèblaat drièf dè Beäk èraff.
Ein breites Binsenblatt trieb den Bach herunter.

mdl. *Overhetfeld* 1981

Nr. 615

Deä dekkè Deenèr drooch di dekkè Daam duèr deä dekkè Dräkk. Doa dôngkèt di dekkè Daam deä dekkè Deenèr, datt dä dekkè Deenèr di dekké Daam duèr deä dekkè Dräkk drooch.
Der dicke Diener trug die dicke Dame durch den dicken Dreck. Da dankte die dicke Dame dem dicken Diener, dass der dicke Diener die dicke Dame durch den dicken Dreck trug.

mdl. *Viersen* 1980, ebenfalls hochdeutsch: Der dicke Diener trug den dünnen Diener …

Nr. 616

Der dudeldicke Diener trug die dudeldicke Dame durch den dudeldicken Dreck. Da dankte die dudeldicke Dame dem dudeldicken Diener, daß der dudeldicke Diener die dudeldicke Dame durch den dudeldicken Dreck trug.

mdl. *Overhetfeld* 1981, Nr. 737

Nr. 617

Wenn Fliegen hinter Fliegen fliegen, fliegen Fliegen hinter Fliegen her.

mdl. *Viersen, Dülken* 1978, s. Kommentar nr. 617

Nr. 618

Hengèr Huttsè Hermanns Huus hätt Hängkès Henndrikk hongèrt Haasè hoostè hüèrè.

Hinter Hermann Hutzes Haus hat Heinrich Hänkes hundert Hasen husten hören.

mdl. *Viersen* 1980

Nr. 619

Hengèr Härwichs Hännèhus hätt Hausèns Henndrikk hongèrt Haasè hoostè hüèrè.

Hinter Herwigs Hühnerhaus hat Heinrich Hausen hundert Hasen husten hören.

mdl. *Krefeld-Traar* 1981

Nr. 620

Hirsch heiß ich, Hirsch heiß ich ... mehrere Male schnell hintereinander sagen!

mdl. *Dülken, Viersen* 1973, allgemein bekannt, s. Kommentar Nr. 620

Wetterfahne, Overhetfeld

Nr. 621

Hittsè hätt sè, sätt sè. Woè sè sè hätt, datt sätt sè nètt.

Hitze hat sie, sagt sie. Wo sie sie hat, das sagt sie nicht.

mdl. *Viersen* 1970

Nr. 622

Höört die klêêne Hüssemösse esse ope Mestehoope fleute.

Hört die kleinen Hausspatzen, wie sie auf dem Misthaufen schirpen (flöten).

Kleve, Gahlings/Matenaar 1936, 46

Nr. 623

Jüddè Jiina jing jedès Joèr jong Jeetè jälldè.

Jüdin Jiina ging jedes Jahr junge Ziegen kaufen.

Mönchengladbach, Gierlichs RGB 1901/02, 85

Nr. 624

Die Kat die krast die Krölle van de Trap.

Die Katze kratzt die (Haar-)Kröllchen von der Treppe.

Kleve, Gahlings/Matenaar 1936, 45, vgl. für die Niederlande de Cock/Teirlinck VIII, 192: De kat die krabt de krol-lekes van de trap

Nr. 625

Die Katze tritt die Treppe krumm (schnell hintereinander sprechen).

mdl. *Viersen* 1970, s. Kommentar Nr. 625

Nr. 626

Kleen Kaplönnschè, kleen Kaplönnchè.

(Mehrmals schnell hintereinander sagen.) Kleines Kaplänchen ...

mdl. *Viersen* 1970

Nr. 627

Kleen Könningskengèr könnè kenn Kièrschèkeèrè knakkè.
Kleine Königskinder können keine Kirschkerne knacken.

mdl. *Viersen* 1970, auch aus *Mönchengladbach:* Gierlichs RGB 1901/02, 84

Nr. 628

*Der Leutnant von Leuthen befahl seinen Leuten, nicht eher zu läuten, bis der Leut-
nant von Leuthen den Leuten zu läuten befahl.*

mdl. *Krefeld* 1981

Nr. 629

Lazarus reizte die reizenden Weiber, und die reizenden Weiber reizten Lazarus
in den Tod.

mdl. *Viersen* 1890

Nr. 630

Lisbätt, jäff dè Jeet jätt, dä Bôkk hätt jätt.
Elisabeth, gib der Ziege was, der Bock hat was.

mdl. *Amern* 1981

Nr. 631

Mättwôsch mätt Wäckmälk (schnell hintereinander sprechen).
Mettwurst mit Milchsuppe (mit eingebrocktem Weißbrot).

Moers, Krach 1924, 84

Nr. 632

*Meister Müller mahl mir mein Mehl! Morgen muß mir meine Mutter Mutzen ma-
chen.*

mdl. *Viersen, Dülken, Süchteln,Grefrath,* Norrenberg 1875, 107, Nr. 3

Nr. 633

Möllèr maal mech mi Meäl. Mi Mottèr mott mech Mekkè mängè mött Mellk on Meäl.
Müller mahl mir mein Mehl. Meine Mutter muss mir Weißbrot mengen mit
Milch und Mehl.

mdl. *Overhetfeld* 1981, vgl. NL, de Cock/Teirlinck VIII, 212

Nr. 634

Öss datt neet nätt, weä suè jätt hätt onn jeet doèmöt noè Bätt?
Ist das nicht schön, wer so was (Schönes) hat und geht damit zu Bett?

mdl. *Süchteln* und *Viersen* 1979

Nr. 635

Oppèn-Osswall soèt ennè Mann mett-ennèn-Aap opp ènn-Orjèl.
Auf dem Ostwall saß ein Mann mit einem Affen auf einer (Dreh-)Orgel.

mdl. *Krefeld* 1981

Nr. 636

Oss Nättschè si Kosättschè kôôs ennè Daalèr.
Das Korsett von unserem Annettchen kostet einen Taler.

mdl. *Amern, Hinsbeck, Lobberich* und *Viersen* 1980

Nr. 637
Ossè tiènèrnè Waatèrkeätèl hätt ann dè Tuut ènn Blöttsch.
Unser Wasserkessel aus Zinn hat am Ausguss eine Delle.
mdl. *Viersen, Waldniel* 1981

Nr. 638

Pittschè, watt tuppt datt suè?	Pittchen, was klopft da so?
Datt deet di Muus,	Das tut die Maus,
Di tuppt mett di Mull ann datt Pünnt.*	Die klopft mit dem Maul an das „Pünnt".
Datt deet datt, datt datt suè tuppt.	Das ist die Ursache, dass das so klopft.

* ndl. Spitze, Zipfel, Stückchen (Gebäck), mdl. *Waldniel* 1981

Nr. 639

*Wänn du Puggèl vörr mich Puggèl**	Wenn du Buckel zu mir, dem Buckel,
Noch ènns Puggèl säss, du Puggèl,	Noch mal Buckel sagst, du Buckel,
Dann bèpuggèl ich dich Puggèl,	Dann „bebuckle" ich dich Buckel,
Datt du Puggèl vörr mich Puggèl	Dass du Buckel zu mir Buckel,
Nett mièr Puggèl säss, du Puggèl!	Nicht mehr Buckel sagst, du Buckel.

* Puggèl = Buckliger, Buckel, mdl. *Viersen* 1970,

Nr. 640
Sander Sanders sinne süüte Soon sôôp Sââterdags s'ôôves süüte Schnäpskes.
Alexander Sanders süßer Sohn soff samstags abends süße Schnäpschen.
Kleve, Gahlings/Matenaar 1936, Nr. 735

Nr. 641

Heä sätt:	Er sagt:
Sööi sätt. Sue sätt sööi,	Sie sagt. So sagt sie,
Hätt heä jèsait: Öss datt suè,	Hat er gesagt: Ist das so,
Datt sööi datt sätt,	Dass sie das sagt,
Datt heä datt sätt.	Dass er das sagt.

mdl. *Viersen* 1971

Nr. 642
Schmittsè, rittsè, fittsè, Maikittsè. (Maikäfer)
mdl. *Neuwerk* 1981

303

Nr. 643

Waldnieler Waschweiber wollen waschen, wenn sie wüßten, wo warmes Waschwasser wär. Warmes Wasser wissen wir, weiße Wäsche waschen wir.

mdl. *Waldniel* 1978, ähnlich belegt für *Wachtendonk* und *Winnekendonk*

Nr. 644

Watt soll datt sièn,	Was soll das sein,
Datt sööi datt sätt,	Dass sie das sagt,
Datt heä datt suè jèsait hätt.	Dass er das so gesagt hat.

mdl. *Viersen* 1980

Nr. 645

In Ulm, um Ulm und um Ulm herum.

mdl. *Viersen* 1978, allgemein bekannt

Nr. 646

Weä wett, woè Wöllèweävèr Wöllèm wonnt? Wöllèweävèr Wöllèm wonnt wiit. Weä wett, watt Wöllèweävèr Wöllèm wäff? Wöllèweävèr Wöllèm wäff wettè Woll.
Wer weiß, wo Wollweber Wilhelm wohnt? Wollweber Wilhelm wohnt weit weg. Wer weiß, was Wollweber Wilhelm webt? Wollweber Wilhelm webt weiße Wolle.

mdl. *Neuwerk* 1980, Coenen 1970, 463

In *Lobberich* gab es einen Lehrer namens „Istas". Heute noch gibt es eine Straße, die nach ihm benannt ist. Der folgende Spruch spielt mit seinem Namen:

Nr. 647

Wer ist das?
Ist das Istas?
Ja, das ist Istas.

mdl. *Amern, Dülken, Kaldenkirchen* 1980

Nr. 648

Wir Wollenweber würden weiße Widderwolle weben, wenn wir wüßten, wo weiße Widderwolle wäre.

Viersen 1980

Nr. 649

Wörr Wäschwivèr wollè wettè Wääsch wäschè, wänn wörr wüèsè, woè wärrm Waatèr wüèr.

Wir Waschfrauen wollen weiße Wäsche waschen, wenn wir wüssten, wo warmes Wasser wär.

mdl. *Viersen, Kaldenkirchen, Lobberich, Amern, Hinsbeck, Grefrath, Born, Kleve* 1976

Nr. 650

Wollèweävèr Wöllm woll wettè Woll weävè, wänn heä wües, woa wettè Woll wüèr.
Wollweber Wilhelm wollte weiße Wolle weben, wenn er wüsste, wo weiße Wolle wäre.

mdl. *Viersen* 1978, vgl. für die Niederlande de Cock/Teirlinck VIII, 213/214

Literatur

Cock, A. de und Is. Teirlinck, Kinderspel & Kinderlust in Zuid-Nederland. Bd. I–VIII, Gent 1902–1908 (de Cock/Teirlinck VIII)
Coenen, Theo, Alte Rätsel, Reime und Lieder aus Elmpt. In: Heimatkalender der Erkelenzer Lande 1970 (Coenen HKE 1970)
Gahlings, Karl und Franz Matenaar, Lieder und Sprüche aus dem Leben und Brauchtum am Niederrhein, Kleve 1936 (Gahlings/Matenaar 1936)
Gierlichs, Hubert, Reime, welche von den Kindern beim Spielen gebraucht werden. In: Rheinische Geschichtsblätter (Zeitschrift für Geschichte, Sprache und Altertümer des Mittel- und Niederrheins) 6. Jg. Bonn 1901/02 (Gierlichs 1901/02)
HKE = Heimatkalender der Erkelenzer Lande
Krach, Gottfried, Min Modersprok, Die Mundart in der ehemaligen Grafschaft Moers, Moers 2. 1924 (Krach 1924)
Neef-Winz, Agnes, Viersen, Nachlass (Neef-Winz Viersen 1956)
Norrenberg, Peter, Geschichte der Herrlichkeit Grefrath, Viersen 1875 (Norrenberg 1875)
UH.= Unsere Heimat, Zwanglose Blätter, hg. von den Heimatvereinen des Kreises Geldern. Beilage zur Niederrheinischen Landeszeitung, 1. Jg. Nr. 4, 1910, unpag. (UH. 1910)

Gleich oder ähnlich lautende Vokale

Nr. 651

<u>Di</u> Jeet, <u>deä</u> jeet onn <u>datt</u> jeet.
Die Ziege, der geht und das (sie) geht.

mdl. *Viersen* 1973

Nr. 652

Ech schmiit mött ènn Appèlkitsch enn dè Schnuut fôn dèrr Kaffepôtt ènn Blöttsch.
Ich werfe mit einem Apfelkerngehäuse eine Beule in den Ausguss der Kaffeekanne.

mdl. *Viersen* 1970

Nr. 653

Ènn Bônn on ènn Ärrt,   Eine Bohne und eine Erbse
Di jingè noa dèr Märrèt.   Gingen zum Markt.
Doa schmièt di Bônn di Ärrt,   Da (be)warf die Bohne die Erbse,
Datt sè vloach üèvèr dèr Märrèt.   Dass sie über den Markt flog.

mdl. *Dülken* 1979, s. Kommentar Nr. 653

Nr. 654

Frau von Hagen, darf ich's wagen, Sie zu fragen, wieviel Kragen Sie getragen, als
Sie lagen krank am Magen im Spital zu Kopenhagen?

mdl. *Viersen* 1972

Nr. 655

Ha, watt ess datt nätt,	Ha, wie ist das schön,
Wänns-tè suè jätt häss.	Wenn du so was hast.
Leächs-dè dich datt dann emm Bätt,	Legst du es dir dann ins Bett,
Onn vèrwaars dich datt noch jätt.	Und bewahrst es dir noch was.

mdl. *Neuwerk* 1980

Nr. 656

Op den bemmel-la-bomse-Berg	Auf dem b… Berg,
Woone bemmel-la-bomse-Menße,	Wohnen b… Menschen,
En die bemmel-la-bomse-Menße	Und die b… Menschen
Ääte bemmel-la-bomse-Pap	Essen b… Milchbrei
Met eene bemmel-la-bomse-Lêêpel	Mit einem b… Löffel
Üt eene bemmel-la-bomse-Sak.	Aus einem b… Sack.

Kleve, Gahlings/Matenaar 1936, 47, ähnlich in den Niederlanden, vgl. Cock/Teirlinck, VIII, 1908, 194 f

Nr. 657

Trüj, Perplüj, wat sägge de Lüj, dat owe Mann eene Wewer es, dat liege de Lüj.
Gertrud, Regenschirm, was sagen die Leute, dass dein Mann ein Weber ist, das
lügen die Leute.

Schravelen RWB II 1208

Nr. 658

Trüj, Paraplüj, wat segge de Lüj, dat Mooder sinne Vââder eene Wêêver es, dat lie-
ge de Lüj, sêêt Paraplüj.
Gertrud, Regenschirm, was sagen die Leute, dass Mutters Vater ein Weber ist,
das lügen die Leute, sagt Regenschirm.

Gahlings/Matenaar 1936, 47

Nr. 659

Üèm, wänn-èr ennè küèm	Onkel (Oheim), wenn einer käm'
Onn dich di Piif afnüèm,	Und dir die Pfeif' abnähm',
Watt dingt örr dann, Üèm?	Was tätet Ihr dann, Onkel?
Dämm schlöèch ich vörr di Krüèm,	Den schlüge ich vor das Schienbein,
Datt deä nett mièr wièr küèm.	Dass er nicht mehr wiederkäm' …

mdl. *Viersen* 1978, *Hinsbeck* 1980, s. Kommentar Nr. 659

Nr. 660

Einen Satz mit „Album" bilden:

> *Uut datt Bätt feel di Aal – bumm!*   Aus dem Bett fiel die Alte – bumms!

mdl. *Neuwerk, Viersen, Dülken* 1980

Literatur

Cock, A. de und Is. Teirlinck, Kinderspel & Kinderlust in Zuid-Nederland. Bd. I–VIII, 1902–1908 I, Gent (de Cock/Teirlinck VIII)

Gahlings, Karl und Franz Matenaar, Lieder und Sprüche aus dem Leben und Brauchtum am Niederrhein, Kleve 1936 (Gahlings/Matenaar 1936)

RWB II = Rheinisches Wörterbuch, Hg. Josef Müller, Bd. I–IX, Bonn, Berlin 1908–1971

Kinderpredigten, Gedächtnistraining

Nr. 661

Ich jeng nô'm Hemmèl.	Ich ging zum Himmel.
Du joll ich mech nè Schemmèl,	Da kauft' ich mir 'nen Schimmel,
Du schpann ech èmm inn di Kaar,	Da spannt' ich ihn in die Karre,
Du jengè nett hôtt off haar,	Da ging er nicht nach rechts oder links,
Du schpann ech èmm enn di Plooch,	Da spannt' ich ihn in den Pflug,
Du jengè mech nett jènooch,	Da ging er mir nicht (schnell) genug,
Du schpann ech èmm enn dè Äsch,	Da spannt' ich ihn in die Egge,
Du jeng heä mech	Da ging er mir
allènängè enn dèr Weäch.	Überall in den Weg,
Du spann ech èmm enn di Schleep*,	Da spannt' ich ihn in die Schleppe,
Du jengè mech enn dèr Weet.	Da ging er in das Weizenfeld.
Dôtt Iis, datt schplièt,	Das Eis, das riss,
Datt Männkè, datt pippt.	Das Männchen, das „pippt".
Doè soat ènn allt Männkè opp datt Daak,	Da saß ein altes Männchen auf dem Dach,
Datt hait sech balld	Das hat sich fast
È Knökkskè uut dè Buuk jèlacht.	Ein Knöchlein aus dem Bauch gelacht.

* Schleep = bäuerliches Arbeitsgerät zum Glätten des Bodens nach dem Aufbrechen durch das Eggen, *Viersen, Dülken, Süchteln, Grefrath*, Norrenberg 1875, 106, Nr. 27, vgl. mdl. *Boisheim* 1994

Mit solchen und ähnlichen Versen unterhielten sich Kinder und Jugendliche oft an Winterabenden. Jeder musste dem vorangegangenen Reim einen neuen hinzufügen.

Jann, schrapp de Pann.	Jan, kratz' die Pfanne (aus),
Di Pann, die woll nit schure.	Er wollt' die Pfanne nicht scheuern.
Duw ging' e nor die Bure.	Da ging er zu den Bauern.
Die Bure wore nit t'hüs.	Die Bauern waren nicht zu Haus.
Duw ging'e nor et Hüs.	Da ging er zum Haus.
Dat Hüs wor geschlote.	Das Haus war geschlossen.
Duw ging'e nor de Flote*.	Da ging er zu den (Wasser-)Gräben.
De Flote woren te diep.	Die Gräben waren zu tief.
Duw ging'e nor de Hiep.	Da ging er zum Beil.
Die Hiep, die wor te schärp.	Das Beil war zu scharf.
Duw ging'e nor de Härk.	Da ging er zu der Harke.
Die Härk, die wor te spetz.	Die Harke war zu spitz.
Duw ging'e nor de Retz.	Da ging er zur Ritz'.
De' Retz, die wor te schmal.	Die Ritze war zu schmal.
Duw ging'e nor de Saal.	Da ging er zum Sattel/Saal.
De' Saal, de' wor te glatt.	Der war zu glatt.
Duw fiel Jan schrapp de Pann	Da fiel Jan schrapp de Pann
Op et blote Gatt.	Auf das nackte Hinterteil.

* Flot, Floot, Floote kann auch Waschwanne heißen, *Kevelaer,* Stenmans HKG 1987, 209

Jan schrapt de Pan,	Jan kratzt die Pfanne
Hej kan de Pan niet schrââpe.	Er kann die Pfanne nicht (aus)kratzen.
Du ging hej nôôr de Aâpe.	Da ging er zu den Affen.
Die Aâpe wasse niet t'hüs.	Die Affen waren nicht zu Haus.
Duw ging hej nôôr t'... (Waater*).	Da ging er zum Wasser.
Et ... (Waater) was diep.	Das Wasser war tief.
Duw ging hej nôôr de Hip.	Da ging er zum Beil.
De Hip was scherp.	Das Beil war scharf.
Duw ging hej nôôr de Herk.	Da ging er zur Harke.
De Herk was spets.	Die Harke war spitz.
Duw ging hej nôôr Frets.	Da ging er zu Fritz.
Frets was kwoj.	Fritz war bös'.
Duw ging hej nôôr de Hoj.	Da ging er zum Heu.
De Hoj was heet.	Das Heu war heiß.
Duw ging hej nôôr Bed.	Da ging er zu Bett.
Et Bed was kald.	Das Bett war kalt.
Duw ging hej nôôr't Wald.	Da ging er zum Wald.

Et Wald was wied.	Der Wald war weit.
Duw ging hej nôôr Pit.	Da ging er zu Peter.
Pit, den sej: „Wat düüt gej hier?"	Peter, der sagte: „Was tust du hier?"
Duw was Jan so schmââl as eene Pier.	Da war Jan so dünn/schmal wie ein Wurm.

* ergänzt, *Kleve,* Gahlings/Matenaar 1936, 53

Nr. 664

Ich koam ènns opp ött Bönnkè.	Ich kam einmal auf den kleinen Speicher.
Do koam èn ôôt Mönnkè.	Da kam ein altes Männchen.
Datt Mönnkè schpônn	Das Männchen spann
Vann Jeèrschtèjraanè jröönè Sii.	Aus Gerstengrannen grüne Seide.
Du saud ich vörr datt Mönnkè:	Da sagte ich zu dem Männchen:
„Sedd su jood onn jäff mich ènnVämmkè!"	„Seid so gut und gebt mir ein Fädchen!"
Onn datt Mönnkè	Und das Männchen
Joof mich twiè Vämmkès.	Gab mir zwei Fädchen.
Datt een schtoog ich mich enn dè Taisch.	Das eine steckte ich mir in die Tasche.
Ann datt angèrt leet ich mich èrongèr.	An dem anderen ließ ich mich herunter.
Du koam ich ann-è Hemmèlsdöèr,	Da kam ich an die Himmelstür,
Onn do woèrè sè ann`t däbèlè.	Und da spielten sie gerade mit Würfeln.
Onn do vroèrèt ich,	Und da fragte ich,
Aff ich mött dorrèf däbbèlèn.	Ob ich mitwürfeln dürfte.
Onn sè sautè : „Nää!"	Und sie sagten: „Nein!"
Onn sè meenètè „Joa!"	Und sie meinten „Ja!"
Onn du jèwonn ich	Und da gewann ich
Ènn jônnts Höttschè voll Jällt.	Ein ganzes Hütchen voll Geld.
Onn vörr datt Jällt	Und von dem Geld
Joll ich mich ènn blengk Pärrtschè.	Kaufte ich mir ein blindes Pferdchen.
Onn mött datt Pärrtschè	Und mit dem Pferdchen
Reèd ich opp ött Iis.	Ritt ich auf das Eis.
Onn datt Iis, datt schleed,	Und das Eis, das brach,
Onn datt Pärrdschè, datt dreet,	Und das Pferdchen, das mistete,
Onn ètt woèr ènn Jèschrai	Und es war ein Geschrei
Wäjèn datt luèsijè Pärrdsai.	Wegen dem lausigen Pferdeapfel.

mdl. *Grefrath* 1995

309

Die folgenden drei Versionen wurden auch als Abzählverse gebraucht:

Nr. 665

> *Op dä Woich nach Engeland,*
> *Begäguende mech ene Elefant,*
> *Elefant mech Groes goef,*
> *Groes eck de Kuh goef,*
> *Kuh mech Melk goef,*
> *Melk eck et Kätzke goef,*
> *Kätzke mech en Pötche goef,*
> *Pötche eck de Maid goef,*
> *Maid mech en Uhrflätsch goef,*
> *Uhrflätsch eck turückgoef.*

Caro 1906, 57, Nr. 38

Nr. 666

> *Ich ging einmal nach Engelland,*
> *Begegnet mir ein Elephant,*
> *Elephant mir Gras gab,*
> *Gras ich der Kuh gab,*
> *Kuh mir Milch gab,*
> *Milch ich der Mutter gab,*
> *Mutter mir 'nen Dreier gab,*
> *Dreier ich dem Bäcker gab,*
> *Bäcker mir ein Brötchen gab,*
> *Brötchen ich dem Metzger gab,*
> *Metzger mir ein Würstchen gab,*
> *Würstchen ich dem Hund gab,*
> *Hund mir ein Pfötchen gab,*
> *Pfötchen ich der Magd gab,*
> *Magd mir 'ne Schelle gab,*
> *Schelle ich der Magd wiedergab.*

Mönchengladbach, Lennarz ZfVK 1908, 201

Nr. 667

> *Mama muß mich Pfennig geben,*
> *Pfennig muß ich Bäcker geben,*
> *Bäcker muß mich Mehl geben,*
> *Mehl muß ich Mama geben,*
> *Mama muß mich Kuchen backen,*
> *Kuchen muß ich Kätzchen geben,*
> *Kätzchen muß mich Mäuse fangen,*
> *Mäuse muß ich aufhangen.*

Mönchengladbach, Gierlichs RGB 1901/02, 89

Ketten- und Unendlichverse

Der obige Kettenreim – wie viele andere Kinderreime in „Hochdeutsch mit Streifen" – ist ein Beispiel für die vom Hochdeutschen abweichende Grammatik, denn im Plattdeutschen gibt es im Gegensatz zum Hochdeutschen nur drei Fälle. Dativ und Akkusativ fallen zusammen und werden auf das Hochdeutsche übertragen.

Nr. 668

> Abel di Babel,
> Die Wurst hat zwei Schnabel,
> Zwei Schnabel hat die Wurst,
> Der Bauer hat Durst,
> Durst hat der Bauer,
> Das Leben ist sauer,
> Das Kalb ist kein Ziegenbock,
> Die Predigt ist halb,
> Halb ist die Predigt,
> Die Schüssel ist ledig (leer),
> Ledig ist die Schüssel,
> Das Schwein hat zwei Rüssel,
> Zwei Rüssel hat das Schwein,
> Die Maus hat vier Bein.
> Vier Bein hat die Maus,
> Die Predigt ist aus.

mdl. *Kaldenkirchen* 1980

Nr. 669

> Der Bauer hat ein Füllen,
> Das Füllen wollt nicht laufen,
> Der Bauer will's verkaufen,
> Verkaufen will's der Bauer,
> Das Leben wird ihm sauer,
> Sauer wird ihm's Leben,
> Der Weinstock trägt Reben,
> Reben trägt der Weinstock,
> Hörner hat der Ziegenbock,
> Der Ziegenbock hat Hörner,
> Im Walde wachsen Dörner,
> Dörner wachsen im Wald,
> Im Winter ist es kalt,
> Kalt ist's im Winter,
> Da frieren die kleinen Kinder.

mdl. *Viersen* 1995

Nr. 670

> Schälè Wipp, schälè Wapp,
> Mach mir ein Kapp*
> Von Weizenmähl;
> Die Frau eß schäl,
> Dèr Mann ess blengk,
> Di Koo, di hengk,
> Di Määd, di stengk,
> Di Määd, di dräät datt hölltsè Kengk
> Bess opp di düstèrè Kämmèrkès,
> Dô schlaarè sè sech mètt Hämmèrkès,
>
> Dô fällt eens di Trapp hèraff,
> O wièh! Minnè Kööbes!

> Schälè Wipp, schäle Wapp,
> Mache mir eine Kapp'
> Von Weizenmehl;
> Die Frau schielt,
> Der Mann ist blind,
> Die Kuh hinkt,
> Die Magd stinkt,
> Die Magd trägt das hölzerne Kind
> Bis auf die dunklen Kämmerchen,
> Da schlagen sie sich mit Hämmerchen,
> Da fällt eins die Treppe hinunter,
> O weh! Mein Kopf!

* Es müsste heißen: „Papp" (= Brei), *Düsseldorf*, Firmenich I, 432, weit verbreitet, s. Kommentar Nr. 670

Nr. 671

> Ich ging mal auf den Hof.
> Als ich auf den Hof kam,
> Schimpfte mir der Vater aus;
> Vater, laß das Schimpfen sein,
> Ich muß mal in den Stall hinein.

311

Als ich in den Stall kam,
Schimpfte mir der Knecht aus.
Knecht, laß das Schimpfen sein,
Ich muß mal in die Küch' hinein.
Als ich in die Küche kam,
Schimpfte mir die Magd aus.
Magd, laß das Schimpfen sein,
Ich muß mal in das Bett hinein.
Als ich in das Bett kam,
Biß mir eine Floh.
Floh, laß das Beißen sein,
Daß ich schlaf in Ruhe ein.

Niederrheinische Kachel,
20. Jh., Backofen

Mönchengladbach, Gierlichs RGB 1901/02, 84, s. Kommentar Nr. 671

Nr. 672

Morgens früh um sechse
Kommt die alte Hexe.
Morgens früh um sieben
Schabt sie alte Rüben.
Morgens früh um achte
Geht sie auf die Wachte.
Morgens früh um neune
Geht sie in die Scheune.
Morgens früh um zehne
Holt sie alte Späne.

Grefrath, Die Heimat, Krefeld 1924, 29

Morgens früh um elfe
Geht sie ins Gewölbe.
Morgens früh um zwölfe
Kommt sie wieder raus.
Und nun ist die Geschichte aus.

Wetterfahne,
St. Hubert

Die überlangen Zahlengedichte waren an Winterabenden besonders beliebt.

Nr. 673

Wi ich enns è Kükkskè hau,
Du wollè di Nobbèrè wiètè,
Wi datt Kükkskè soll heetè.
Klukk, sätt datt Hännschè dann.
Wi ich enns ennè Haan hau,
Du wollè di Nobbèrè wiètè,
Wi datt Häänschè soll heetè.
Kikèriki, sätt dänn Haan.
Klukk, sätt datt Häänschè dann.

Als ich mal ein Küken hatt',
Da wollten die Nachbarn wissen,
Wie das Küken sollt' heißen.
„Kluk", sagt das Hühnchen dann.
Als ich mal 'nen Hahn hatt',
Wollten die Nachbarn wissen,
Wie das Hähnchen sollt' heißen.
„Kikeriki", sagt der Hahn.
„Kluck", sagt das Hühnchen dann.

Wi ich enns ennè Schwaan hau,
Du wollè di Nobbèrè wiètè,
Wi deä Schwaan soll heetè.
Wettè Feärè dräch deä Schwaan.
Kikèriki, sätt dänn Haan,
Klukk, sätt datt Hännsche dann.

Als ich mal 'nen Schwan hatt',
Da wollten die Nachbarn wissen,
Wie der Schwan sollt' heißen.
Weiße Federn trägt der Schwan.
„Kikeriki", sagt der Hahn.
„Kluck", sagt das Hühnchen dann.

Wi ich enns ènn Kou hau,
Du wollè di Nobbèrè wiètè,
Wi di Kou soll heete.
Bongktè Muu hett di Kuu,
Wettè Feärè dräch dänn Schwaan,
Kikèriki, sätt deä Haan,
Klukk, sätt datt Hännsche dann.

Als ich mal 'ne Kuh hatt',
Wollten die Nachbarn wissen,
Wie die Kuh sollt' heißen.
„Bunte Muh" heißt die Kuh,
Weiße Federn trägt der Schwan.
„Kikeriki", sagt der Hahn.
„Kluck", sagt das Hühnchen dann.

Wetterfahne, Kempen

Wi ich enns è Kallèf hau,
Du wollè di Nobbèrè wiètè,
Wi datt Kallèf soll heetè.
Dikdaläff, hett datt Kallèf,
Bongktè Muu hett di Kou,
Wettè Feärè dräch deä Schwaan,
Kikèriki sätt dänn Haan,
Klukk, sätt datt Hännsche dann.

Als ich mal ein Kalb hatt',
Wollten die Nachbarn wissen,
Wie das Kalb sollt' heißen.
„Dikdaläf" heißt das Kalb,
„Bunte Muh" heißt die Kuh,
Weiße Federn trägt der Schwan.
„Kikeriki", sagt der Hahn.
„Kluck", sagt das Hühnchen dann.

Schattenbild, Wandsbeck 1875

Wi ich enns è Peärd hau,
Du wollè di Nobbèrè wiètè,
Wi datt Peärd soll heetè.
Lôngkhôlls, hett datt Peärd,
Dikdaläff, hett datt Kallèf,
Bongktè Muu, hett di Kou,
Wettè Feärè dräch deä Schwaan,
Kikèriki sätt dänn Haan,
Klukk, sätt datt Hännsche dann.

Als ich mal ein Pferd hatt',
Wollten die Nachbarn wissen,
Wie das Pferd sollt' heißen.
„Langhals" heißt das Pferd,
„Dikdaläf" heißt das Kalb,
„Bunte Muh" heißt die Kuh,
Weiße Federn trägt der Schwan.
„Kikeriki", sagt der Hahn.
„Kluck", sagt das Hühnchen dann.

313

Wi ich enns ennè Knait hau,
Du wollè di Nobbèrè wiètè,
Wi deä Knait soll heetè.
Mättsèrait hett deä Knait,
Lôngkhôlls, hett datt Peärd,
Dikdaläff hett datt Kallèf,
Bongktè Muu, hett di Kou,
Wettè Feärè dräch deä Schwaan,
Kikèriki sätt dänn Haan,
Klukk, sätt datt Hännsche dann.

Als ich mal 'nen Knecht hatt',
Wollten die Nachbarn wissen,
Wie der Knecht sollt heißen.
„Messerschaft" heißt der Knecht,
„Langhals" heißt das Pferd
„Dikdaläf" heißt das Kalb,
„Bunte Muh" heißt die Kuh,
Weiße Federn trägt der Schwan.
„Kikeriki", sagt der Hahn.
„Kluck", sagt das Hühnchen dann.

Schattenbilder,
Wandsbeck 1875

Wi ich enns ènn Maad hau,
Du wollè di Nobbèrè wiètè,
Wi di Maad soll heetè.
Schottèlplakk, hett di Maad,
Mättsèrait hett deä Knait,
Lôngkhôlls, hett datt Peärd,
Dikdaläff hett datt Kallèf,
Bongktè Muu, hett di Kou,
Wettè Feärè dräch deä Schwaan,
Kikèriki sätt dänn Haan,
Klukk, sätt datt Hännsche dann.

Als ich mal 'ne Magd hatt',
Wollten die Nachbarn wissen,
Wie die Magd sollt' heißen.
„Spültuch" heißt die Magd,
„Messerschaft" heißt der Knecht,
„Langhals" heißt das Pferd,
„Dikdaläf" heißt das Kalb,
„Bunte Muh" heißt die Kuh,
Weiße Federn trägt der Schwan.
„Kikeriki", sagt der Hahn.
„Kluck", sagt das Hühnchen
dann.

Wi ich enns è Kengk hau,
Du wollè di Nobbèrè wiètè,
Wi datt Kenkg soll heetè.
Flengk wi dèr Wengk, hett datt Kengk,

Schottèlplakk, hett di Maad,
Mättsèrait hett deä Knait,
Lôngkhôlls, hett datt Peärd,
Dikdaläff hett datt Kallèf,
Bongktè Muu, hett di Kou,
Wettè Feärè dräch deä Schwaan,
Kikèriki sätt dänn Haan,
Klukk, sätt datt Hännsche dann.

Als ich mal ein Kind hatte,
Wollten die Nachbarn wissen,
Wie das Kind sollt' heißen.
„Flink wie der Wind" heißt das
Kind,
„Spültuch" heißt die Magd,
„Messerschaft" heißt der Knecht,
„Langhals" heißt das Pferd,
„Dikdaläf" heißt das Kalb,
„Bunte Muh" heißt die Kuh,
Weiße Federn trägt der Schwan.
„Kikeriki", sagt der Hahn.
„Kluck", sagt das Hühnchen
dann.

Viersen, Nachlass Neef-Winz 1942, weit verbreitet, vgl. Wunderhorn 1977, 815: „Knecht, Magd, Ochs, Esel und alles, was mein ist"

Nr. 674

1. *Eck woar so lang eenen ärme Moan,*	Ich war so lang ein armer Mann,
Bis mech Gott een Hönnke goav.	Bis mir Gott ein Hühnchen gab.
„Tris" het min Hönnke.	„Tris" heißt mein Hühnchen.
2. *Eck woar so lang ênen ärme Moan,*	Ich war so lang ein armer Mann,
Bis mech Gott een Hähnke goav.	Bis mir Gott ein Hähnchen gab.
„Kükerükü" het minen Hahn,	„Kükerükü" heißt mein Hahn,
„Tris" het min Hönnke.	„Tris" heißt mein Hühnchen.
3. *Eck woar so lang eenen ärme Moan,*	Ich war so lang ein armer Mann,
Bis mech Gott een Koh goav.	Bis mir Gott 'ne Kuh gab.
„Komm mar to" het mine Koh,	„Komm nur zu" heißt meine Kuh,
„Kükerükü" het minen Hahn,	„Kükerükü" heißt mein Hahn,
„Tris" het min Hönnke.	„Tris" heißt mein Hühnchen.
4. *Eck woar so lang eenen ärme Moan,*	Ich war so lang ein armer Mann,
Bis mech Gott een Goas goav.	Bis mir Gott 'ne Gans gab.
„Loankhoals" het mine Goas,	„Langhals" heißt meine Gans,
„Komm mar to" het mine Koh,	„Komm nur zu" heißt meine Kuh,
„Kükerükü" het minen Hahn,	„Kükerükü" heißt mein Hahn,
„Tris" het min Hönnke.	„Tris" heißt mein Hühnchen.
5. *Eck woar so lang eenen ärme Moan,*	Ich war so lang ein armer Mann,
Bis mech Gott een Ent goav.	Bis mir Gott 'ne Ente gab.
„Schnatterent" het min Ent	„Schnatterente" heißt meine Ent',
„Loangkhoals" het mine Goas,	„Langhals" heißt meine Gans,
„Komm mar to" het mine Koh,	„Komm nur zu" heißt meine Kuh,
„Kükerükü" het minen Hahn,	„Kükerükü" heißt mein Hahn,
„Tris" het min Hönnke.	„Tris" heißt mein Hühnchen.
6. *Eck woar so lang eenen ärme Moan,*	Ich war so lang ein armer Mann,
Bis mech Gott een Gêt goav.	Bis mir Gott eine Ziege gab.
„Spreng över de Heck" het mine Gêt.	„Spring über die Heck" heißt meine Ziege.
„Schnatterent" het min Ent,	„Schnatterent" heißt meine Ent',
„Loankhoals" het mine Goas,	„Langhals" heißt meine Gans,
„Komm mar to" het mine Koh,	„Komm nur zu" heißt meine Kuh,
„Kükerükü" het minen Hahn,	„Kükerükü" heißt mein Hahn,
„Tris" het min Hönnke.	„Tris" heißt mein Hühnchen.

Wachtendonk, Spee 1883, 21, hier auch weitere Belege für *Hannover, Oldenburg* und *Bonn*

Die folgenden Verse von „*Kücklekück*", *säj onse Hahn*, … " aus *Schravelen* wurden 1875 ebenfalls von Norrenberg unter dem Pseudonym Hans Zurmühlen im Dülkener Fiedler als „Dülkener Fastnachtslieder" überliefert. Als solche geben sie ein Bild von der „verkehrten Welt", deren närrisches Treiben sich während der Fastnachtstage ausbreiten durfte.[1] Alle anderen Überlieferungen führen den Text unter „Kinderlieder und -verse" auf und darunter auch als „Rätsel" bzw. Lügenverse *(Hünxe)*, denn es heißt in der letzten Zeile: „*Sind dat kenn Dutzend Löges?*"[2] – Sind das nicht Dutzende von Lügen?

Nr. 675

„*Kücklekück*", *säj onse Hahn,*	„Kücklekück", sagt unser Hahn,
Trock sinnen besten Tabert an.	Zog seinen besten Mantel an.
(Oder: *Trock sinn beste Spore aan*)	(Oder: Zog seine besten Sporen an.)
Ging der met noo bütte	Zog (ging) damit hinaus
In't Land van Rüttletütte.	Ins Land „Rüttletütte".
(Oder: *Ging der met üt reje*	(Oder: Ritt damit hinaus
Int Land van Lomedeeje*)	In die Lombardei.)
Door soge een klein Hüske stoon.	Da sah er ein kleines Häuschen stehn.
Et Värke mik de Döör all loß,	Das Schwein machte die Tür schon auf,
Die Kuw, dij satt bej't Vüür onn sponn,	Die Kuh saß am Feuer und spann,
Et Kalv läj in de Wieg onn song,	Das Kalb lag in der Wiege und sang,
Dän Hond dään kärnde de Botter,	Der Hund stieß die Butter,
De Katt dij wiss' de Schottele,	Die Katze wusch die Schüsseln,
De Vlerrmuß fägden't Hüß al ütt,	Die Fledermaus fegte schon das Haus aus,
De Schwälf dij drug	Die Schwalbe trug
den Dreck d'r all ütt,	den Dreck heraus,
Die Piere schluge de Tromm,	Die Würmer schlugen die Trommel,
Aenn iedes Vogelge song.	Und jedes Vögelchen sang.

* Lombardei, *Schravelen*, UH. 14. Jg., Nr. 12, 1926, vgl. Drißen 1982, 219, eine weitere Variante aus *Kevelaer* in: Samans UH. 21. Jg. Nr. 4, 1933 unpag., vgl. Niederlande: van Vloten 1978, 151/52, s. Kommentar Nr. 675

Nr. 676

Et waß een Männeke,	Es war ein Männchen
Dat waß nij wiß	Das war nicht ganz gescheit

Enn baude een Hüske	Und baute ein Häuschen
op et Iß.	Auf dem Eis.
Enn duw hej dat Hüske färg hat,	Und als er das Häuschen fertig hatte,
Duw woll hej, dat hej een Fräuwke hat,	Da wollte er eine Frau haben.
Ssoawes in de Kattekouw,	Abends ins Katzenhäuschen,
Märges in et Mäntje.	Morgens ins Körbchen.
Enn duw hej dat Fräuwke hat,	Als er die Frau hatte,
Duw woll hej, dat hej een Kindje hat.	Da wollte er ein Kind haben.
Wuj soll dat Kind dann heite?	Wie soll das Kind denn heißen?
Herinn in't Spind,	„Herein ins Spind",
So hitt min Kind.	So heißt mein Kind
Ssoawes in de Kaatekouw	Abends ins Katzenhäuschen,
Märjes in et Mäntje.	Morgens ins Körbchen.
Enn duw hej dat Kindje hat,	Als er das Kind hatte,
Duw woll hej, dat hej een Knecht hat.	Da wollte er einen Knecht haben.
Wuj soll den Knecht dann heite?	Wie soll der Knecht heißen?
Kromm enn recht,	„Krumm und recht",
So hitt minne Knecht.	So heißt mein Knecht.
Ssoaves in de Kattekouw	Abends ins Katzenhäuschen,
Märges in et Mäntje.	Morgens ins Körbchen.
Enn duw hej den Knecht hat,	Und als er den Knecht hatte,
Duw woll hej, dat hej een Mäjd hat.	Da wollt' er eine Magd haben.
Wuj soll dij Mäjd dann heite?	Wie soll die Magd denn heißen?
Frug on laat,	„Früh und spät",
So hitt minn Maad.	So heißt meine Magd.
Ssoawes in de Kattekouw,	Abends ins Katzenhäuschen,
Märges in et Mäntje.	Morgens ins Körbchen.

Schravelen, Gerrits, UH. 16. Jg., Nr. 12, 1928, unpag.

Schattenbild, Wandsbeck 1875

Nr. 677

1. *Ett schtong ènnèm Boom ènn dè Jaardèn,*	Es stand ein Baum im Garten,
Dämm blöödè so schoèn.	Der blühte so schön.
2. *Enn dèmm Boom do woar ennèn Takk.*	Auf dem Baum, da war ein Zweig.
Takk, Boom, Jaart.	Zweig, Baum, Garten.
3. *Enn dènn Takk, do woar enn Nees,*	Auf dem Zweig, da war ein Nest,
È kleein nätt Neeskè.	Ein kleines, nettes Nestchen.
Neeskè, Takk, Boom, Jaart.	Nestchen, Zweig, Baum, Garten.

4. Enn datt Nees, do woar è Fööjèlkè,	In dem Nest, da war ein Vögelchen,
È kleein, nätt Vööjèlkè.	Ein kleines, nettes Vögelchen.
Vööjèlkè, Neeskè, Takk, Boom, Jaart.	Vögelchen, Nestchen, Zweig, Baum, Garten.
5. Fann datt Vööjèlkè, do floach enn Feär,	Von dem Vögelchen flog eine Feder,
Enn schoèn, bongktè Feär.	Eine schöne, bunte Feder.
Feär, Fööjèlkè, Neeske, Takk, Boom, Jaart	Feder, Vögelchen, Nestchen, Zweig, Baum, Garten.

Krefeld, Röttsches 1875, 56, Nr. 29, vgl. *Kleve* Gahlings Matenaar 1936, 52: hier mit Erweiterungen um Ei (im Nest), Junges (im Ei), Farbe blau

Nr. 678

Ein Huhn und ein Hahn,
Die Predigt geht an.
Eine Kuh und ein Kalb,
Die Predigt ist halb.
Ne Katz und ne Maus
Die Predigt ist aus.
Geht alle nach Haus
Und haltet einen Schmaus!
Habt ihr was, so esst es.
Habt ihr nichts, vergesst es.
Habt ihr ein Stück Brot,
So teilt es mit der Not.
Habt ihr noch ein Brosämlein,
So teilt es mit den Vögelein.

Wetterfahne, Leuth

Krefeld, Die Heimat, Krefeld 1925, 29

Nr. 679

Amen!
Der Geist fuhr nach Samen.
Nach Samen fuhr der Geist.
Die Suppe ist heiß.
Heiß ist die Suppe.
Die Kuh kriegt die Schnuppe.
Die Schnuppe kriegt die Kuh.
Aus Leder macht man Schuh.
Schuh' macht man aus Leder.
Die Gans hat viele Federn.

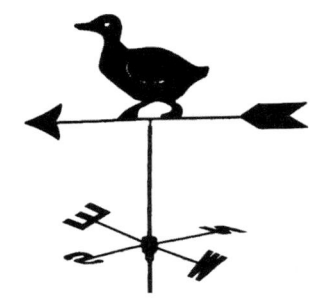

Wetterfahne, Dilkrath

Viele Federn hat die Gans.
Der Fuchs hat 'nen langen Schwanz.
'Nen langen Schwanz hat der Fuchs.
Der Bauer fährt Juchs.
Juchs fährt der Bauer.
Das Leben wird ihm sauer.
Sauer wird ihm das Leben.
Der Weinstock trägt Reben.
Reben trägt der Weinstock.
Das Kalb ist kein Ziegenbock.
Kein Ziegenbock ist das Kalb.
Meine Predigt ist halb.
Halb ist meine Predigt.
Mein Bauch ist erledigt.
Erledigt ist mein Bauch.
Meine Mütze ist rauh.
Rauh ist meine Mütze.
Mein Bruder heißt Fritze.
Fritze heißt mein Bruder.
Das Schwein ist kein Luder.
Kein Luder ist das Schwein.
Die Laus hat sechs Bein'.
Sechs Bein' hat die Laus.
Meine Predigt ist aus.

mdl. *Hinsbeck* 1981

Turmornament,
Schloss Rheydt

Wetterfahne, Nettetal-Rennekoven

Nr. 680

Ich bin der Herr Pastor.
Ich predige euch was vor
Aus der dicken Bibel
Von Maria Zwiebel.
Und wenn ich nicht mehr weiter kann,
Dann fang ich wieder von vorne an.
Ich bin ... (von vorn)

mdl. *Viersen* 1970, im deutschsprachigen Raum weit verbreitet

Nr. 681

Bimm bamm birrkè,   Bimm, bamm birke,
Vadèr jeet tè Kirrèkè.   Vater geht zur Kirche.
Ich sou mett Vadèr joan.   Ich sollt mit Vater gehen.

319

Vadèr sätt, ich sou jätt sirrdèr joan.	Vater sagt, ich sollt' schneller gehn.
Vadèr woll è wiis Peärd haan.	Vater wollt' ein kluges Pferd haben.
Datt Peärd, datt woar nett wiis.	Das Pferd war nicht klug.
Datt jing opp ètt Iis.	Es ging aufs Eis.
Datt Iis, datt schplièt,	Das Eis brach,
Datt Pärrdschèn, datt drièt.	Das Pferdchen mistete.
Di Küètèlè vloèrè,	Die Küttel flogen,
Di Möschè, di schtoèvè.	Die Spatzen stoben (auseinander).
Ett joèf è Jèschrai	Es gab ein Geschrei
Övvèr ee enntsich Paddsai.	Über einen einzigen Pferdeapfel.

mdl. *Boisheim* 1994, vgl. Norrenberg 1875, 106, Nr. 27

Schattenbild, Wandsbeck 1875

Nr. 682

Pittèrkè onn Jaakob,	Peterchen und Jakob,
Di schpelltèn opp dèr Piipsôkk.	Die spielten auf dem Dudelsack.
Dèr Piipsôkk woar jèbroakè,	Der Dudelsack war zerbrochen,
Do schpölltè sè opp dè Knoakè,	Da spielten sie auf Knochen,
De Knoèkè woèrèn tè langk,	Die Knochen waren zu lang,
Do schpölltèn sè opp dè Plangk,	Da spielten sie auf dem Brett,
Dè Plangk di woèr tè breet,	Das Brett war zu breit,
Du schpelltèn sè opp dè Jeet,	Da spielten sie auf der Ziege,
Dè Jeet woèr tè jriis,	Die Ziege war zu grau,
Du spelldèn sè opp dè Iis,	Da spielten sie auf dem Eis,
Datt Iis, datt woèr tè bôtt.	Das Eis war zu stumpf.
Du fuilèn sè opp dè Fott.	Da fielen sie auf das Hinterteil.

Heinsberg, HGH 1957, 105, die Orthographie ist nicht einheitlich: Z. 2. speltèn, Z. 4. spöltè , Z. 6. spöltèn, Z. 8. spelltèn, Z. 10. speldèn

Nr. 683

„Ach ja", sprach der alte Oberförster,
Hugo war sein Name,
Und er schwang sich von Kronleuchter zu Kronleuchter,
Um den Teppich zu schonen.

Und seine Tochter Agathe
Saß am Fenster und nahte,
Zwei rechts – zwei links,
Und stach sich dabei in den Finger.
„Ach ja", sprach der alte Oberförster … (von vorn)

mdl. *Viersen* 1970, Z. 5 und 6 auch: Und seine Tochter Käthe/ Saß am Fenster und nähte …

Wetterfahne, Willich-Neersen

Eine ganz andere Funktion hatten die folgenden Unendlichverse. Bei Schulwanderungen, Wanderungen und weiten Wegstrecken hakten sich mehrere Kinder, meist Mädchen, mit den Armen unter, bildeten eine Kette und sangen zur Melodie des Bayerischen Marsches: „21, 22, 3, 4, 5, 6, 27, 28, 29, 30. Und so geht der bayerische Marsch, Marsch, Marsch."[3] Der bayerische Marsch wurde im Laufe der Zeit vergessen, und daraus wurde dann später: „Und so geht der Bauer durch den Pratsch, Pratsch, Pratsch …", oder auch „Matsch, Matsch, Matsch." Kleintitschen nennt dies ein „Zählspiel", das auch um die Jahrhundertwende gespielt wurde.[4] Dabei hielten zunächst alle an, um zur gleichen Zeit gemeinsam mit dem rechten Fuß und Bein den Schritt zu beginnen und beim Singen so im „Gleichschritt" zu marschieren. Beim letzten Wort und Ton „drei – heis – sig" hielten alle an und es wurde überprüft, wer aus dem Tritt gekommen war. Das Lied ließ sich endlos immer wieder singen, sorgte für fröhliche Stimmung auf einem manchmal langen Weg.

Auf der Landstraße 1953, „Und so geht …"

Nr. 684 Und so geht der Bauer (I)

Und so geht der Bauer durch den Pratsch, Pratsch, Pratsch!
Einundzwanzig, zweiundzwanzig, drei-, vier-, fünf-, sechs-, siebenundzwanzig,
achtundzwanzig, neunundzwanzig, drei – heis – sig!

Text und Melodie 1975 in *Viersen* und 1979 in *Dülken* aufgezeichnet, zu Grunde gelegt ist die der Autorin bekannte Version

Nr. 685 Und so geht der Bauer (II)

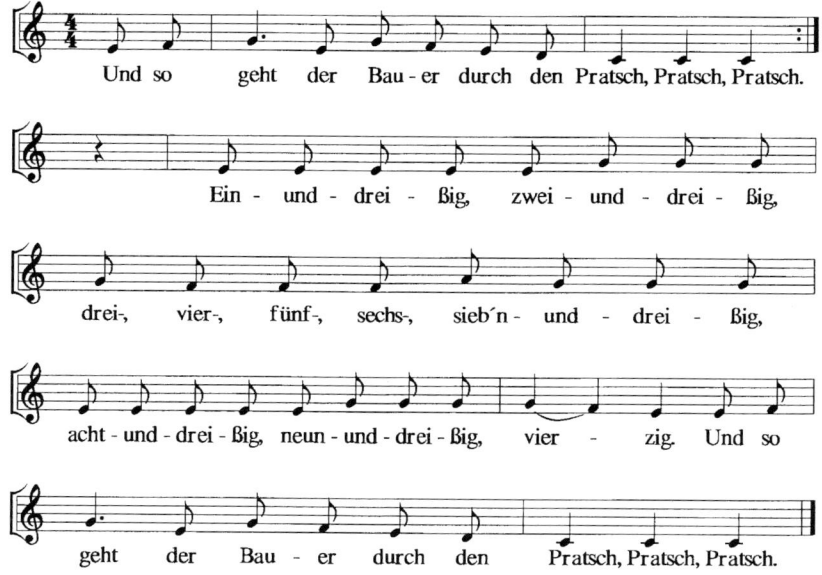

Und so geht der Bau-er durch den Pratsch, Pratsch, Pratsch.

Ein - und - drei - ßig, zwei - und - drei - ßig,

drei-, vier-, fünf-, sechs-, sieb'n - und - drei - ßig,

acht - und - drei - ßig, neun - und - drei - ßig, vier - zig. Und so

geht der Bau - er durch den Pratsch, Pratsch, Pratsch.

Text und Melodie 1979 in *Dülken* aufgezeichnet, Melodie identisch mit Nr. 684

Ein ähnlich endlos gesprochener „Marschier- oder Wanderspruch" ist der im
Chor rhythmisch gesprochene Text:

Nr. 686

> *Schrítt für Schrítt und Mánn für Mánn,*
> *Und wér den Schrítt nicht háltén kánn,*
> *Das ist ein dúmmer, dúmmer Ée – séls – mánn!*

Auch hierbei hielt bei der letzten Silbe die ganze Kette an und prüfte, wer sich
bei der letzten Silbe in der Schrittfolge hatte oder, noch „schlimmer", nicht abrupt mit dem richtigen Fuß angehalten hatte.

mdl. *Viersen* 1995

Nr. 687 Immer länger wird die Reih
Wahrscheinlich wurde es auch besonders gern von Mädchen während der Pause auf dem Schulhof gespielt. Die Mädchen fassten sich an den Händen und bildeten eine Kette. Während des Vorwärtsschreitens sangen sie dabei:

> *Eins, zwei drei,*
> *Immer länger wird die Reih'.*
> *Und die „Anna" geht vorbei.*

„Anna" war z.B. das letzte Kind in der Reihe. Wenn ihr Name genannt wurde, ging sie an der Vorderseite der Reihe vorbei und gab dem ersten Mädchen am anderen Ende die Hand. Anschließend wurde der Name des nächsten Mädchens gesungen, das nun ebenfalls seinen Platz wechselte usw.

Winnekendonk, Schumacher UH. 12. Jg., Nr. 6, 1924 unpag.

Nach dem Zweiten Weltkrieg, als der Wandertag der Schulen in jedem Schulhalbjahr (das Schuljahr war sogar eine zeitlang in „Trimester" eingeteilt) üblich geworden war, kam in den 50er Jahren folgender „Marschiertext" in Mode, der wie oben rhythmisch im Chor gesprochen wurde, und mit dem sich die Kette untergehakter Mädchen vergnügt lange Wanderungen verkürzte. Häufig wurden dabei neue Texte erfunden. Dieses zügige Vorwärtsschreiten auf längeren Wanderungen wurde auch „Klotzen" genannt.

„Klotz – Klotz – Klotz am Bein ...", Wandern 1953

Nr. 688
> *1. Klotz – Klotz – Klotz am Bein,*
> *Klavier vorm Bauch,*
> *Wie lang ist die Chaussee?*
> *Rechts ne Pappel, links ne Pappel,*
> *Mitten drinn en Pferdeappel.*

323

2. Klotz – Klotz – Klotz am Bein,
Klavier vorm Bauch,
Wie lang ist die Chaussee?
Rechts ne Eiche, links ne Eiche,
Mitten drinn' ne Pferdeleiche …
3. Rechts ein Stein, links ein Stein,
Mitten drinn ein Warzenschwein …
4. Rechts ein Bauer, links ein Bauer,
Mitten drinn steht Adenauer.

mdl. *Viersen* 1975, meist wurde unterwegs spontan weitergedichtet, s. Kommentar Nr. 688

1) vgl. hierzu Siemes/Philips 2001, 112 ff 2) ZfVK 1906, 116 3) Kleintitschen 1979, 92 4) ebd.

Literatur

Anleitung Schattenbilder auszuschneiden, Wandsbeck 1875
Caro, Karl, Kinderspiele und Kinderlieder vom Niederrhein. In: Jahrbuch des Vereins für niederdeutsche Sprachforschung, 32. Jg. Bremen 1906 (Caro 1906)
Die Heimat, Crefeld 1924 (Die Heimat 1924 und 1925)
Firmenich, Germaniens Völkerstimmen, Bd. I–III, Neudruck der Ausgabe Berlin 1843–1867, Osnabrück 1969 (Firmenich I 1969)
Gahlings, Karl und Franz Matenaar, Lieder und Sprüche aus dem Leben und Brauchtum am Niederrhein, Kleve 1936 (Gahlings/Matenaar 1936)
GHK = Geldrischer Heimatkalender
Gierlichs, Hubert, Reime, welche von den Kindern beim Spielen gebraucht werden. In: Rheinische Geschichtsblätter (Zeitschrift für Geschichte, Sprache und Altertümer des Mittel- und Niederrheins) 6. Jg. Bonn 1901/02 (Gierlichs 1901/02)
HGH = Heimatkalender des Selfkantkreises, Geilenkirchen-Heinsberg, Funken, H. P. Hg.,1957
Kleintitschen, Rosa, Ut den alden Tied, Hüls 1979 (Kleintitschen 1979)
Lennarz, Maria, Kinderreime aus M. Gladbach, In: ZfVK 5. Jg. 1908, 200 (Lennarz 1908)
Neef-Winz, Agnes, Viersen Nachlass 1942 (Nachlass Neef-Winz)
Norrenberg, Peter, Geschichte der Herrlichkeit Grefrath, Viersen 1875 (Norrenberg 1875)
Röttsches, Heinrich, Die Krefelder Mundart … nebst einem Anhang: Sprichwörter und Volkslieder, Halle 1875 (Röttsches 1875)
Siemes, Helena und Gerd Philips, Durch das Jahr. Feste und Bräuche am Niederrhein, Duisburg 2001 (Siemes/Philips 2001)
Spee, Johannes, In: Korrespondenzblatt des Vereins für niederdeutsche Sprachforschung, Hamburg, 8. Jg., Nr. 2, 1883, S. 21 (Spee 1883)
Stenmans, Peter, Kinderreime, Liedchen und Sprüche in Kevelaerer Platt. In: Geldrischer Heimatkalender1987 (Stenmans GHK 1987)
UH. = Unsere Heimat, Zwanglose Blätter für Heimatschutz in Kevelaer, hg. von den Heimatvereinen des Kreises Geldern, Beilage zur Niederrheinischen Landeszeitung, 14. Jg. Nr. 12, 1926 unpag. (UH. 1926 und 1924)
UH. = Unsere Heimat, Zwanglose Blätter, hg. von den Heimatvereinen des Kreises Geldern
Beilage zur Niederrheinischen Landeszeitung, 21. Jg., Nr. 4., 1933, unpag. (UH. 1933)
Vloten, J. van, Nederlandsche Baker- en Kinderrijmen. Leiden, 4. Aufl. 1894. Nachdruck 1978 mit Register zusammengestellt von Francine Schregel-Onstein (Vloten 1978)
ZfVK = Zeitschrift d. Vereins für. Rheinische und westfälische Volkskunde 1906 (ZfVk 1906)
Zurmühlen, Hans (Pseudonym für Peter Norrenberg), Des Dülkener Fiedlers Liederbuch, Viersen 1875 (Fiedler 1875)

Abzählverse

Wie bei allen volkstümlichen Kinderversen ist auch bei den Abzählversen deutlich zu erkennen, dass sie Produkte der kindlichen Phantasie sind und der Freude an Klang, Rhythmus und inhaltlichen Ungereimtheiten entspringen. Abzählverse sind unverzichtbare „Gebrauchsartikel" im Spielgeschehen. Hier kann man besonders oft feststellen, dass es nicht nur um sporadisch auftauchende Bilder und Inhalte geht: Vielmehr herrscht eine ursprüngliche Freude am Spiel mit Klängen, Lauten und Rhythmen vor.

Das „Auszählen" ist ein Ritual, durch das die meisten Spiele organisiert und eingeleitet werden: Dazu gehören z.B. alle Kreisspiele, Lauf-, Fang-, Versteck-, Nachlauf-, Ball- und alle Mannschaftsspiele. Durch den „geregelten Zufall" wird bestimmt, wer im Spiel welche Rolle übernehmen soll (oder darf), wer das Spiel als erster eröffnen und wer zu welcher „Partei" gehören soll. „Wer fängt an?" – mit Hilfe der Abzählverse kann Streit um Rollen und Kompetenzen vermieden werden, denn der Regel müssen sich alle mitspielenden Kinder unterordnen. Einer nach dem andern kommt dran und muss ausscheiden. Doch trotz der scheinbaren „Überparteilichkeit" des „Wahlvorgangs" gab es nach Berichten von Gewährspersonen immer wieder besonders geschickte Mitspieler(innen), die genau wussten, welche Verse sie bei bestimmten Gruppenzusammensetzungen einsetzen mussten, um bei der letzten Silbe, dem „raus", genau auf dem Platz zu landen, an den sie wollten. Es galt als raffiniert, einzelne Silben auszulassen oder hinzuzufügen oder in Eile und Schnelligkeit sich selbst oder einen anderen Mitspieler zu überspringen (durch ungenaues Zeigen auf den Auszuzählenden), um das gewünschte Ergebnis zu bekommen. „Selbst wenn ein Kind bemerkt, dass der Abzählreim zu seinen Ungunsten manipuliert worden ist, kann es dies übersehen und das Gesicht wahren – denn so lautet die Parole, der Zufall hat entschieden, dass es als letztes übrig bleibt."[1] Folglich sind die Spielregeln ambivalent, d.h. einerseits sind sie verbindlich, andererseits können aber gewisse Spielräume flexibel ausgenutzt werden. So kann mit den Spielregeln im Wortsinn zugleich auch „gespielt" werden. Dennoch schreiben sie „demokratisch" immer wieder neue und andere Festlegungen und Verhandlungen mit der Spielgruppe vor.

Die außerordentliche Fülle und Vielfalt der Abzählverse belegt, von welcher Wichtigkeit sie für das Spiel waren. Abzählverse können sehr kurz sein – zwei- oder vierzeilig – oder aber über viele Verspaare hinweg unlogische, lustige, komisch-absurde Wort- und Klangassoziationen und handfeste wie drastische Alltagsthemen ansprechen. Kindern sind sie selbstverständlich, denn sie sind in dieser Hinsicht nie zimperlich. Viele Verse bestehen aus unverständlichen und

sinnlosen Aneinanderreihungen von Silben und Lauten, die lediglich durch Klang, Reim und Rhythmus miteinander verbunden sind, wie es im Kindervers üblich ist. Zuweilen finden sich auch lokale Gegebenheiten oder Familiennamen in Abzählversen wieder, die zeigen, wie spontan solche kindlichen Erfindungen entstehen können. Ein Beispiel dafür wurde aus *Kaldenkirchen* mitgeteilt:
Der Giebel eines Bürgerhauses in *Kaldenkirchen* war in Stufen abgetreppt. Oben auf dem Giebel stand ein kleines Figürchen, „ein Männchen". In diesem Haus wohnte eine wohlhabende Familie namens Zeelen, die drei Söhne hatte. Einer dieser Jungen spielte gern mit den anderen Kindern auf der Straße. Wenn in seiner Gegenwart ausgezählt wurde, lautete der Abzählvers:

Nr. 689

Tseelè Langè	Zeelen, der Lange,
Träkkt di Mangè	Zieht die Körbe
Fônn di Maas bess an deä Riin.	Von der Maaß bis an den Rhein.
Weä well Tseelè Langè sièn?	Wer will der lange Zeelen sein?

mdl. *Kaldenkirchen* 1979

Auch wenn es kaum noch Müller gibt (Großmühlen sind nicht gemeint) und Esel für Stadtkinder in der Regel im Zoo zu besichtigen sind, so ist der nachfolgende Vers vom Müller, seinem Esel und seiner Kuh einer der ältesten, auch heute noch überregional bekannten Abzählverse, der sowohl auf Hochdeutsch als auch auf Platt gesprochen wurde:

Aus *Viersen:*	Aus *Straelen:*
Nr. 690 (I)	**Nr. 691** (II)
Ich und du,	*Eck en du,*
Müllers Kuh,	*Mölders Kuh,*
Müllers Esel,	*Mölders Esel,*
Das bist du!	*Dat bes du!*

mdl. *Viersen* 1971, vgl. *Hünxe* ZfVK, 1906, 109, vgl. *Straelen* in: Brückner, Cremer, Lennarz ZfVK 1910, 360, vgl. Kommentar Nr. 690 und Nr. 691

Nr. 692 (III)

Ich und du, Müllers Kuh,
Müllers Esel, das bist du.
Müllers Haus, du bist draus,
Müllers Hahn, du bist dran!

Caro 1906, 56, Nr. 10

Wetterfahne, Viersen

Nr. 693

Öne, döne Tintenfaß,*
Geh zur Schul und lerne was,
Wenn du was gelernet hast,
Komm nach Haus und sag mir das!

* von frz. „un, deux ...", mdl. *Viersen* 1971, vgl. *Hünxe* ZfVK 1906, 110

Nr. 694

Ene, dene Dintenfaß,
Geh in Schul' und lerne was.
Wenn du was gelernet hast,
Steck die Feder in die Tasch',
Bauer, Bauer, laß mich gehn!
Ich will in die Schule gehn,
Ich hab' Feder und Papier
Allezeit bei mir.

UH. 26. Jg. Nr. 3, 1938, vgl. Caro 1906, 57, Nr. 26, weit verbreitet – Varianten sind heute noch gebräuchlich, s. Kommentar Nr. 694

Nr. 695

Enichen, Denichen,
Korb voll Stenichen (Steinchen),
Kribbelte, Krabbelte,
Puff! Ab!

Caro 1906, 57, Nr. 24

Nr. 696

Mottèr, jäff mich ennè Pänning.	Mutter, gib mir einen Pfennig.
Wattwells du mött dä Pänning?	Was willst du mit dem Pfennig?
Noalè jällè, Noalè jällè.	Nadeln kaufen, Nadeln kaufen.
Watt wells du mött di Noalè?	Was willst du mit den Nadeln?
Säkk niè, Säkk niè.	Säcke nähen, Säcke nähen.
Watt wells du mött di Säkk duèn?	Was willst du mit den Säcken tun?
Vüèjèl fangè, Vüèjèl fangè.	Vögel fangen, Vögel fangen.
Watt wells du mött di Vüèjèl duèn?	Was willst du mit den Vögeln tun?
Enn di Pann broanè.	In der Pfanne braten.
Datt häss du joot jèroanè.	Das hast du gut geraten.
Een, twiè, dreei, du böss frei.	Eins, zwei, drei, du bist frei.

Dülken, Schmitz 1893, 66

Nr. 697

Eck en gej.	Ich und du,
Enn de decke Marej,	Und die dicke Marie,
Enn Jann van Lier,	Und Jann van Lier,
Dat sinn der vier.	Das sind vier.

Caro 1906, 57, Nr. 37, vgl. *Kleve,* Gahlings/Matenaar 1936, 37

Nr. 698   *Nr. 699*

Ich täll aan,	*Ich täll uut,*	Ich zähle (an) aus,
Onn du böss draan.	*On du bös druut.*	Und du bist (dran) draus.

mdl. *Grefrath* 1995   mdl. *Dülken* 1979

Solche kurzen Abzählreime waren überall bekannt:

Nr. 700

Ek têl üt,	Ich zähle aus,
En gej sid drüt.	Und du bist draus.
Ek têl âân,	Ich zähle an,
En gej sid drâân.	Und du bist dran.

Kleve, Gahlings/Matenaar 1936, 36

Nr. 701

Rommele, rommele, riss,	Rommele, rommele, riss,
Wie hät Schiss?	Wer hat Angst?
Decke, fätte Ongleman,	Der dicke, fette „Onglemann"
Den gud stenke kann.	Der gut stinken kann.

Kleve, Gahlings/Matenaar 1936, 36

Nr. 702

Schiddèwiddèwittschè ging zum Ladè,
Wôllt für fünf Pfennig Klümpchen (Bonbons) habè,
Kricht es nicht,
Schiddèwiddèwittschè ärgert sich,
Daß es rote Bäckchen kricht.

Mönchengladbach, Gierlichs RGB 6. 1901/02, 90

Nr. 703

Ett koèm ennè Jäkk,	Es kam ein Narr,
Dä hôtt ennè Wäkk,	Der hatte ein Weißbrot,
Dä koos dè nett vèrkoopè,	Der konnte das nicht verkaufen,
Doa schlooch ech ömm	Da schlug ich ihm

328

Mött di Pann vörr dè Vott.	Mit der Pfanne vor das Hinterteil.
Dä Jäkk, dä jing dou loopè.	Da lief der Jeck fort.

Mönchengladbach, Gierlichs RGB 1901/02, 90

Nr. 704

Eene, deene Bohneblatt,	
Unsre Küh' sind alle satt,	
Mädel hast' gemolken?	
Sieben Geiss und eine Kuh.	
Peter, schließ die Türe zu.	
Wirf den Schlüssel über'n Rhein,	*Schattenbild,*
Morgen soll's gut Wetter sein.	*Wandsbeck 1875*

Caro 1906, 57, Nr. 25

Nr. 705

Ennè Mann,	Ein Mann,
Dä nett schpièlè kann,	Der nicht spielen kann,
Dä mott jätt für datt Vöttschè hann.	Der muss etwas auf den Hintern haben.
Da rabbèlè ömm di Bättskès	Dann rappeln ihm die Batzen
enn di Bokks.	in der Hose.

Mönchengladbach, Gierlichs RGB 6.1901/02, 88

Nr. 706

Heei wörrd nett lang Kämmèlai	Hier werden keine langen
jèmäkk,	Umstände gemacht,
Onn duu moss ainfach sièn,	Und du musst einfach sein,
Mött deä krommè Tièn,	Mit der krummen Zehe,
Mött di braakè Schnuut*,	Mit dem breiten Maul,
Onn duu böss druut.	Und du bist draus.

* Mund, der aussieht wie eine Flachsbreche (Braak = Flachsbreche), mdl. *Viersen, Amern* 1974, s. Kommentar Nr. 706

Der folgende Vers aus *Amern* ist nicht übersetzbar. Er besteht, wie viele andere, aus rhythmisch aneinandergereihten Silben ohne Sinn und Inhalt.

Nr. 707

Rummè di buss,
Mummè di buss,
Issè, issè duu,
Kaffamänta muu!

mdl. *Amern* 1981

Aus Silben und Klängen zusammengesetzte Abzählverse:

Nr. 708

Eenè, beenè, dongkè, Fongkèn,
Raabè, schaabè, tippè, tappè
Käsè, Nappè, Ullè, Bullè,
Ipp, app, aus.
Du bist draus.

Grefrath und Umgebung, Norrenberg 1875, 107, Nr. 8 und 9

Nr. 709

Knochèln Deelès,
Knochèln Daalès
Sprich, was recht ist,
Und was inassen ist
Und in balmi und in bei.

Nr. 710

Eiwas, eiwas Eekôpp,
Töllèr, möllèr, Jakob,
Küttès, müttès,
Krômmschtarrt tii.

Beide *Grefrath* und Umgebung, Norrenberg 1875, 107, Nr. 10

Nr. 711

Eine, beine, Nuß,
Wer nicht ausrennt, muß!

Nr. 712

Ich täll uut
Mett dè Mull voll Kruut,
Mett dè Mull voll Schpäkk,
Onn du böss wäkk!

mdl. *Viersen* 1975, *Hinsbeck,* 1982

Nr. 713

Ich zähl' aus
Mit dem Mund voll Kraut,
Mit dem Mund voll Speck,
Und du bist weg!

mdl. *Viersen* 1981, *Boisheim* 1997

Nr. 714

Ich mangèl uut
Mett dè Mull voll Kruut,
Mett dè Mull voll Prengk,

Böss datt ètt schtengk.

mdl. *Hinsbeck* 1982

Ich zähle aus
Mit dem Mund voll Kraut,
Mit dem Mund voll
Buttermilchsuppe,
Bis dass es stinkt.

Nr. 715

Ich zähl aus,
Ein goldnes Haus,
Ein goldner Schuh,
Und raus bist du.

mdl. *Neuwerk* 1982, allgemein bekannt

Wetterfahne, Viersen

Nr. 716

Eene beenè muh,
Eene beenè Kuh
Eene beenè Esel,
Das bist du!

mdl. *Neuwerk* 1981

Schattenbild, Wandsbeck 1875

Nr. 717

Ich und mein Bruder wollen wetten,
Um zwei goldne Ketten,
Um eine Flasche Wein,
Ich oder du mußt sein.

Caro, 1906, 57, Nr. 27

Nr. 718

Eenè, meenè wapp.	Ene meene wapp.
Ich hau dich vörr di Mapp,	Ich schlag' dich ins Gesicht,
Ich hau dich vörr di Schnuut,	Ich schlag' auf dein Maul,
Onn du böss druut.	Und du bist raus.

mdl.1979 *Viersen, Born, Brüggen, Hinsbeck:* Z. 3: „… vör dèr Kluut" (Kopf)

Nr. 719 (I)

Angèlè, mangèlè,	Angele mangele
Mingèlè, mei, Dominei,	…
Häkkè bruud sônndèr Nuut,	…
Kookè Marällèn sônndèr Bällèn,	…
A bi bai, pôtts	…
Onn du böss aff.	

Viersen, Dülken, Süchteln, Grefrath, Norrenberg, 1874, 120, Nr. 3

Nr. 720 (II)

Angèlè, mangèlè,	Angele, mangele,
Mingèlè mai, Dominai,	Mingele mei, Dominei,
Häkkènbruèt tsôngèr Nuèt	Heckenbrot ohne Not
Ännèkè, Schpännèkè,	Äneke Spänchen,
Gich guch aff,	Gich guch ab,
Du böss draff.	Du bist ab.

Dülken und Umgebung, Norrenberg 1874, 120, Nr. 4

Nr. 721

Hakle, makle,
Mukle mei, Dominei,
Hexebroet, Sonderloet,
A. B. Boß
Kekfoß! (Frosch)

Straelen, Brückner/Cremer/Lennarz 1910, 360

Nr. 722

Pitter, Patter, Ickenstrick,
Sieben Katzen schlugen sich
In der dunklen Kammer
Mit 'nem blanken Hammer.
Eene kriegt 'nen harten Schlag,
Daß sie hinter der Türe lag.
Piff, paff, paff, ab!

Wetterfahne,
Viersen-Süchteln

Geldern und Umgebung, Schuhmacher, UH. 26. Jg., Nr. 3, 1938 unpag., vgl. Caro 1906, 56, Nr. 19, vgl. Norrenberg 1874, 121, Nr. 5

Immer wieder kann man erkennen, wie sich Motive überschneiden, Zeilenpaare wiederholt werden, in anderen Zusammenhängen auftauchen und auch von einem Ort zum anderen gewandert sind.

Nr. 723

Üppkè, düppkè, Reängèrtsüppkè (Regensüppchen).
Üppkè düppkè, draus.
Meine alte Schwiegermutter
Mit der dicken Faust,
Fünfzig Jahr im Himmel gewesen,
Kommt sie wieder raus.
Ist das nicht ein dummes Weib,
Daß sie nicht im Himmel bleibt?
Üppkè, düppkè, Reängèrtsüppkè.
Üppkè, düppkè, draus!

Aushängeschild

mdl. *Viersen* 1977

Nr. 724

Rolle, rolle, rott, mein Mann ist krank,
Rolle, rolle, rott, er liegt im Schrank,
Rolle, rolle, rott, die Fott versohlen,

Rolle, rolle, rott, den Doktor holen,
Rolle, rolle, rott, und du bist fott!

mdl. *Viersen* und *Born* 1974, vgl. *Kleve* Gahlings/Matenaar 1936, 76, s. Kommentar Nr. 724

Nr. 725

Hier, da stehen viele Knaben,
Wollen einen König haben,
Und sie zählen und sie wählen,
Nicht die Großen, weil sie stoßen;
Nicht die Kleinen, weil sie weinen.
Nein und ja, ja und nein,
König soll der Letzte sein.

Nr. 726

Amtmann Bär
Schickt mich her,
Ich sollte holen
Zwei Pistolen,
Eine für dich,
Eine für mich,
Ich bin ab,
Du noch nicht.

Caro 1906, 58, Nr. 43 *Geldern* und Umgebung, UH. 26. Jg. Nr. 3, 1938 unpag.

Man könnte sich vorstellen, dass der obige Abzählvers, der die „Königswahl" zu thematisieren scheint, besonders dann eingesetzt wurde, wenn von den Kindern „Schützenfest" gespielt wurde.

Nr. 727

Schib, schab, scheibele,	Schib, schab, scheibele,
Min Moder ös en Weibele,	Mein' Mutter ist ein Weibele,
Min Vader ös en Bronnenmaker,	Mein Vater ist ein Brunnenbauer,
Wenn hä kloppt, dann knackt et.	Wenn er klopft, dann knackt es.
Bem, bam, bom,	Bem, bam, bom,
Karlche dräj dech om,	Karlchen dreh dich um,
Hör, wat eck dech seggen well.	Hör, was ich dir sagen will.
Den Letzte mot dat Häske jagen,	Der Letzte muss das Häschen jagen,
Jagen över Stock on Steen.	Jagen über Stock und Stein.
Häske hät gawe Been,	Das Häschen hat gute Beine.
Husch, husch, husch,	…
Springt es über den Busch,	…
Springt übers Haus,	…
Du bist draus.	…

Caro 1906, 58, Nr. 44

Nr. 728

Haan sinnè Haan	Hahns (sein) Hahn
Schoat di Baan,	Schoss über die Bahn,
Jingè noa Heem	Ging er nach Haus',

333

Broak è Been,	Brach ein Bein,
Lait sich opp di Bangk,	Legte sich auf die Bank,
Woard heä krangk,	Wurde er krank,
Doa vroat hä Schpäkk,	Da fraß er Speck,
Du woart hä jäkk,	Da wurde er verrückt,
Du vroat heä Bruèt,	Da fraß er Brot,
Du woar heä duèt.	Da war er tot.

mdl. *Viersen* 1979, s. Kommentar Nr. 728

Wetterfahne, Viersen St. Remigius

Nr. 729

Fränzkè woll sech	Fränzchen wollte sich
È Möörkè schrôppè,	Ein Möhrchen schrappen,
Schniè sech ann dänn Dumm,	Schnitt sich in den Daumen,
Kreech ènn dekkè Prumm,	Bekam er einen geschwollenen Daumen,
Tièn wällè wè tällè	Zehn wollen wir zählen
Ônndèr oss Jèsöllè.	Unter uns Gesellen.
10, 20, 30, usw. 100 aus,	
Wer den letzten Schlag bekommt,	
Ist dran oder draus.	

Caro 1906, 58, Nr. 45

Nr. 730

Rôllè, rôllè rôtt,	Rolle, rolle, rott,
Ènn dikkè Fott,	Ein dicker Hintern,
Rôllè, rôllè, rôtt,	Rolle, rolle, rott,
Onn du böss fôtt!	Und du bist fort!

mdl. *Viersen, Neuwerk, Traar, Born, Brüggen* u.a. 1980

Nr. 731

Üppkè, düppkè,
Rüèbèschtübbkè
Üppkè düppkè
Knôll aaf!

mdl. *Waldniel* und *Neuwerk* 1981,
mdl. *Krefeld-Traar* 1981

Nr. 732

Öön, döön, dep*,
Ööne, dööne, dots*
Tine kante kep,
Tine tante Dobbelmann.
Öön, döön, dep!

* Sprachrelikte aus dem Französischen: un, deux, trois
(eins, zwei, drei), Gahlings/Matenaar 1936, 39

Nr. 733

Ön, dön, depp,
Den Hahn, den fegt di Kepp*,

Den Hahn, den fegt de Bukenekorn,

Ön, dön, depp!

Öön, döön, depp,
Der Hahn, der putzt die
Kleidertasche aus,
Der Hahn fegt das
Buchweizenkorn,
Ön, dön, depp!

* Kippe, f., veraltet für Kleidertasche, *Kleve* RWB IV, 506, vgl. Gahlings/Matenaar 1936, 39

Nr. 734

Ane, mane, minmeuj,
Tecke, tacke, tiene, teun,
Ee Frau, Knäch,
Ecke, wacke weäch!

Winnekendonk, Schumacher, UH. 12. Jg., Nr. 5, 1924, unpag.

Wetterfahne, Viersen Dülken

Nr. 735

Öen, döen Hahn,
Do bös draan.
Öen, döen, Muss,
Do bös druss.

Eins, zwei Hahn
Du bist dran.
Eins, zwei, Maus,
Du bist draus.

Caro 1906, 55, Nr. 6

Nr. 736

Öng, döng, däpp,
Finnè, Kannè, Knöpp,
Finnè, Kannè, Ollèmôôn,
Öng, döng, drus!

Eins, zwei, drei
„Finne", Kanne, Knöpf',
„Finne", Kanne, alter Mann,
Eins, zwei, raus!

mdl. *Amern, Traar* 1980, mdl. *Hinsbeck* 1981

Nr. 737

Knäbbèl enn di Bokks kreech
ènn Kengk,
Datt woar schtomm onn
schtikènblengk.
Hatt örr nôch jätt to säggè,
Dann wällè wörr ömm op di
Roästè läggè,

„Knebbel in die Hose" kriegt'
ein Kind,
Das war stumm und völlig blind.

Habt ihr noch was zu sagen,
Dann woll'n wir ihn auf den
Rost legen,

335

Wällèn wörr ömm broanè wi
ennè Föösch,
Komm heei Kammèraad,
Krichs du dä Jroat onn ich deä Föösch!

Wir woll'n es braten wie einen
Fisch,
Komm hierher, Kamerad,
Du kriegst die Gräte und ich
den Fisch!

Viersen und Umgebung, Norrenberg 1875, 107, Nr. 2

Nr. 738

Es geht ein Männchen über die Brück',
Hat ein Säckchen auf dem Rück'.
Schlägt es wider den Pfosten.
Pfosten kracht, Männchen lacht,
Dipp, dapp, du gehst ab!

*Apothekenschild,
Breyell*

Kevelaer und Umgebung, Schumacher UH. 12. Jg. Nr. 5, 1924, unpag., die ersten beiden Zeilen sind zugleich der Beginn eines Rätsels und eines Schoßliedchens, s. Kommentar Nr. 738

Nr. 739

Ètt öss dämm Hongk
Nett lang di Fott raseèrt.

Onn du böss!

Es wurde dem Hund
Nicht lange genug der Hintern
rasiert.
Und du bist!

mdl. *Mönchengladbach, Anrath* 1991

Nr. 740

Hên Aerm, schlot Därm,

Schlot Piepe, schlot Trommel,
Den Keiser sal komme,
Die Wêgge sin gôôr.
Wie het sej gebakke?
Jan Tekke, Jan Takke, Jan Tut,
Gej sin druut!

Dieser Arm schlug den Darm
(Fell?),
Schlug Pfeife, schlug Trommel,
Der Kaiser soll kommen,
Die Wecken sind gar.
Wer hat sie gebacken?
Jan Tecke, Jan Tacke, Jan Tut,
Du bist draus!

Kleve, Gahlings/Matenaar 1936, 36

Nr. 741

Ech hôtt ènns è Kengkè,
Datt joaf mech è Hängkè,
Dou satt ech mech ann dè Weech,

Dou joaf ètt ennè Kreech,

Ich hatte mal ein Kindchen,
Das gab mir ein Händchen,
Da setzte ich mich an die
Wiege/den Weg,
Da gab es einen Krieg,

Dou woar dè Kreech uut,	Da war der Krieg aus,
Dou hôtt ech ènn dekkè Schnuut.	Da hatte ich einen dicken Mund.

Mönchengladbach, Gierlichs RGB 1901/02, 317

Nr. 742

Ich ging mal auf das Feld,
Da spielten sie mit Geld,
Da fragt ich, ob ich mit könnt tun,
Da sagten sie: „O nein."
Da fragt ich noch einmal,
Da sagten sie: „O ja."
Da kam ein weißes Schimmelchen,
Das lief mir immer nach,
Bis unten an den Rhein,
Da schlug die Feuerflamme ein.
Fitte, fitte, Tante,
Fitte, fitte, bamm.

Caro 1906, 58, Nr. 42

Wetterfahne, Viersen

Nr. 743

Een, twiè,	Eins, zwei,
Küschkès Miès,	Küschkes Mies,
Dree, veèr,	Drei, vier,
È Jlaas Beèr,	Ein Glas Bier,
Fiif, seäs,	Fünf, sechs,
Allèrbeäs,	Allerbest,
Seven, aach,	Sieben, acht,
Ich nett maach,	Mag ich nicht,
Niijèn, teen,	Neun, zehn,
Öss nètt reen,	Ist nicht rein,
Ällèf, twällèf,	Elf, zwölf,
Küschkes Mies, dringk di Beèr sällf.	Küschkes Mies, trink dein Bier selbst.

Viersen, Dülken, Süchteln, Grefrath, Norrenberg 1875, 107, Nr. 7

Nr. 744

Eins, zwei, Polizei,
Drei, vier, Offizier,
Fünf, sechs, alte Hex,
Sieben, acht, gute Nacht,
Neun, zehn, laß mich gehen,
Elf, zwölf, kommen die Wölf.

Viersen, Dülken, Süchteln, Grefrath, Norrenberg 1875, 107, Nr. 3, s. Kommentar Nr. 744

337

Nr. 745

Eins, zwei, Polizei,
Drei, vier, Offizier,
Fünf, sechs, alte Hex,
Sieben, acht, gute Nacht,
Neun, zehn, laßt uns geh'n,
Elf, zwölf, kriegst' gegölf (gehauen).
Dreizehn, vierzehn, zerrissne Schürzen,
Fünfzehn, sechzehn, alte Hexen,
Siebzehn, achtzehn, nimm dich in acht,
Neunzehn, zwanzig, geht nach Danzig,
Um zu holen
Einen Brief
Nach Berlin.
Der soll holen
Drei Pistolen,
Ein(e) für mich, ein(e) für dich,
Ein(e) für Bruder Heinerich.

Caro 1906, 56, Nr. 16, s. Kommentar Nr. 745

Nr. 746

Hengèr dämm Böschkè,	Hinter dem Busch,
Dô sett è Möschkè,	Da sitzt ein Spätzchen,
Datt wellt schtärrvè,	Das will sterben,
Wä mött wellt ärrvè	Wer mit will erben,
Dä mott bètaalè.	Der muss bezahlen.
Een, twiè, dreei,	Eins, zwei, drei,
Onn du böss freei!	Und du bist frei!

Neuwerk, Mackes 1913, 136

Nr. 747

Michèls Moddèr hätt enn Blötsch	Michaels Mutter hat eine Beule
Enn de Kaffekannès Tuut.	In der Schnute der Kaffeekanne.
Een, twiè, dree, onn du böss druut.	Eins, zwei, drei und du bist draus.

mdl. Süchteln 1970

Nr. 748

Eins, zwei, drei,	
Rischè, raschè, rei,	
Rischè, raschè Plaudertasche,	
Eins zwei, drei.	

mdl. Viersen, Amern, Kaldenkirchen, vgl. mdl.
Neuwerk: „… Rische, rasche Kompanei,/ 1, 2, 3",
allgemein bekannt, s. Kommentar Nr. 748

338

Nr. 749

> *Eins, zwei, drei,*
> *In der Dechanei*
> *Steht ein Teller auf dem Tisch.*
> *Kommt die Katz und frißt den Fisch.*
> *Kommt der Jäger mit der Gabel,*
> *Schlägt die Katze auf den Schnabel.*
> *Schreit die Katz miaun,*
> *Wills nicht wieder taun.*

Winnekendonk, Schumacher UH. 26. Jg. Nr. 3, 1938, s. Kommentar Nr. 749

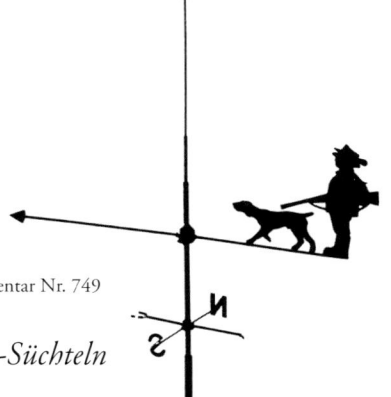

Wetterfahne, Viersen-Süchteln

Nr. 750

> *Eins, zwei, drei,*
> *Hickè, hackè, Heu,*
> *Hickè, hackè, Hühnèrkackè,*
> *Eins, zwei, drei!*

mdl. *Born, Anrath* 1979

Nr. 751

> *Eins, zwei, drei,*
> *Und du bist frei.*
> *Frei bist du noch lange nicht,*
> *Sag mir erst, wie alt du bist:*
> *Eins, zwei, drei, vier, fünf, sechs usw.*

mdl. *Boisheim* 2002

Nr. 752

> *Eins, zwei, drei,*
> *Und du bist frei.*
> *Wen wählst du dir*
> *Als allerliebsten Schatz herbei?*

mdl. *Boisheim* 2002

Nr. 753

> *Een, twiè, dreei,*
> *Wä schtengk heei?*
> *Ich jlööf, datt du datt böss!*

mdl. *Grefrath* 1995

> Eins, zwei, drei,
> Wer stinkt hier?
> Ich glaub', dass du das bist!

Nr. 754

> *Een, twee, drie,*
> *Tichelbäkkerej!*
> *Tichelbäkker, Pottebäkker,*
> *Een, twee, drie.*

Kleve, Gahlings/Matenaar 1936, 36

> Eins, zwei, drei,
> Ziegelbäckerei (Ziegelei)!
> Ziegelbäcker, Topfbäcker (Töpfer),
> Eins, zwei, drei.

Nr. 755

Eins, zwei, drei,
Pickepacke Mohrenbrot,
Sieben Kinder lagen tot
Unter einem Tische.
Fünf gebackene Fische.
Katz oder Maus,
Du bist raus!

Winnekendonk, Schumacher, UH. 12. Jg., Nr. 5, 1924 unpag.

Wetterfahne, Viersen-Dülken

Nr. 756

Een, twee, drij,
Uns Moder hit Marij,
On hit se nit Marij,
Dann hit se een, twee, drij.

Geldern, Meyers GHK 1961

Eins, zwei, drei,
Unsere Mutter heißt Marie,
Und heißt sie nicht Marie,
Dann heißt sie eins, zwei, drei.

Nr. 757

Auf dem Berge, Hottentotten,
Wohnen Leute, Hottentotten,
Diese Leute, Hottentotten,
Haben Kinder, Hottentotten,
Diese Kinder, Hottentotten,
Haben Puppen, Hottentotten,
Diese Puppen, Hottentotten,
Essen jeden Abend süßen Brei,
Eins, zwei, drei, und du bist frei.

Caro 1906, 57, Nr. 31

Nr. 758

Wivöll Hämmdèr häss dou aan?
Een.
Wivöll Knöppkès sennd do draan?
Twee.
Wivöll Mauè sennd do drenn?
Drai.
Wivöll Löökèr hätt datt Hämm?
Vièr.
Een, twee, drai, vièr!

Wieviel Hemden hast du an?
Eins.
Wieviel Knöpfchen sind da dran?
Zwei.
Wieviel Ärmel sind da drin?
Drei.
Wieviel Löcher hat das Hemd?
Vier.
Eins, zwei, drei, vier!

Krefeld, Die Heimat, Crefeld, Jg. 3, 1924

Nr. 759

Een, twiè, dreei, vièr,	Eins, zwei, drei, vier,
Opp datt Klavièr,	Auf dem Klavier,
Doa schteet è Jlaas Bièr.	Steht ein Glas Bier.
Wä doavon drengk,	Wer davon trinkt,
Dä schtengk.	Der stinkt.

Mönchengladbach, Gierlichs RGB 6. 1901/02, 317, in hochdeutscher Sprache bis heute in Gebrauch

Nr. 760

Eins, zwei, drei, vier,
In unserm Klavier,
Da sitzt eine Maus,
Und du mußt heraus.

Caro 1906, 56, Nr. 11

Nr. 761

Een, twiè dree, vaièr, fiif,	Eins, zwei, drei, vier, fünf,
Rook di Piif,	Rauch die Pfeife,
Rook sè uut,	Rauch sie aus,
Onn du böss druut.	Und du bist draus.

mdl. *Viersen* 1974, vgl. *Krefeld,* in: Die Heimat 1924, Jg. 3, Z. 2: „Schmook di Piif"

Nr. 762

Een, twiè, dree, vaièr, fiif,	Eins, zwei, drei, vier, fünf,
Mött di langè Piif,	Mit der langen Pfeif',
Mött di Braakèschnuut,	Mit dem großen Maul,*
Onn du böss druut.	Und du bist draus.

* Braak = Flachbreche, mdl. *Viersen* 1974

Nr. 763

Een, twiè, dreei, vièr, fiif,	Eins, zwei, drei, vier, fünf,
Jong, hôll dè Piif!	Junge, hol die Pfeife!
Knait, schtoèk sè aan!	Knecht, zünd' sie an!
Onn dou böss draan.	Und du bist dran.

Mönchengladbach, Gierlichs RGB 6. 1901/02, 317

Detail von Speku-
latiusbrett: Pfeife,
Privatbesitz

Nr. 764

Eins, zwei, drei, vier, fünf, sechs, sieben,
Wo bist du so lang geblieben?
In Berlin, in Stettin,
Wo die schönen Mädchen sinn.

Mädchen, das sind Zuckerengel,
Jungen, das sind Straßenbengel.
Mädchen tragen Myrtenkränze,
Jungen tragen Katzenschwänze.

mdl. *Waldniel, Amern, Dülken,* 1980

Nr. 765

Eins, zwei, drei, vier, fünf, sechs, sieben,
Wo ist meine Frau geblieben?
Auf der Straße Numero zehn,
Da steht ein Haus, da pupt die Maus,
Pupendeckel, Pupendeckel,
Du bist draus.

mdl. *Overhetfeld* 1981

Wetterfahne, Viersen-Dülken

Nr. 766

Eins, zwei, drei, vier, fünf, sechs, sieben,
Wo bist du so lang geblieben?
Auf der Landstraß, Nummer acht,
Hat der Storch ein Kind gebracht.
Wie soll es heißen?
König oder Kaiser?
Wer muß die Tücher waschen?
Ich oder du?
Du böss druut (Du bist draus).

mdl. *Neuwerk* 1980

Nr. 767

Eins, zwei, drei, … (bis *sieben*)
In der Straße Nummer sieben
Wackelt das Haus,
Piept die Maus,
Springt der Floh zum Fenster raus.

mdl. *Rumeln* 1982

Nr. 768

Eins, zwei, drei, vier, fünf, sechs, sieben,
Meine Mutter kochte Rüben,
Meine Mutter kochte Speck.

Ich nahm davon weg.
Da kam die Magd.
Die hat mich verklagt.
Da kam der Knecht.
Der gab mir kein Recht.
Da kam der Herr Pastor.
Der gab mir einen Klatsch vor das linke Ohr!

Caro 1906, 57, Nr. 36

Wetterfahne, Viersen-Dülken

Nr. 769

Eins, zwei, drei, vier, fünf, sechs, sieben,
Meine Mutter, die kocht Rüben,
Meine Mutter, die kocht Speck,
Eins, zwei, drei und du bist weg.

mdl. *Viersen* 1975, vgl. Caro 1906, 56, Nr. 13, heute noch in Gebrauch, s. Kommentar Nr. 769

Nr. 770

Een, twee, drie, vier, fif, ses, sööve,	Eins, zwei, drei vier, fünf, sechs, sieben,
Jan, minne Man, den wol't niet glööve.	Jan, mein Mann, der wollt's nicht glauben.
Hej kost frêête	Er konnt' fressen
Sööve Kanne Eêrte,	Sieben Kannen Erbsen,
Een Kuw en een Kalf,	Eine Kuh und ein Kalb,
Een kapot Pêêrd half.	Ein totes Pferd halb.

Kleve, Gahlings/Matenaar 1936, 36

Nr. 771

Eins, zwei, drei, vier, fünf, sechs, sieben, acht,
Die Kirche kracht,
Das Haus fällt ein,
Und du mußt sein.

Caro 1906, 56, Nr. 8, vgl. *Winnekendonk,* Schumacher UH., 26. Jg. Nr. 3 1938, unpag.

Nr. 772

Eene, deene Ditzelchen,
Meine Mutter kocht Schnitzelchen,
Da geh' ich dran und leck,
Da kommt sie mit dem Steck,
Da geh ich zu dem Knecht,

Der hat gesagt, 's wär recht,
Da geh ich zu der Magd,
Die hat mich ausgelacht,
Da geh ich zu der Maus,
Ich oder du bist aus.

Viersen und Umgebung, Norrenberg 1875, 107, Nr.1, vgl. UH., Jg. 26, Nr. 3, 198

Nr. 773

Drei, sechs, neune,
Im Hof steht eine Scheune.
Im Garten steht ein Hinterhaus.
Da schauen drei goldne Jungfern raus.
Die eine spinnt die Seide,
Die andere reibt die Kreide,
Die dritte schließt den Himmel auf.
Da schaut die Mutter Maria raus.

Wetterfahne, Schloß Dyck

Geldern und Umgebung, UH., 26. Jg. Nr. 3, 1938

Nr. 774

Min Vader liet	Mein Vater ließ
en alt Ratt beschloon.	ein altes Rad beschlagen.
Rot ös, bouvoel Nägel	Rate mal, wie viel Nägel
dat door tau goon?	darauf gehn!
Tien.	Zehn.
En, twee, dri, fijer, fif,	Eins, zwei, drei, vier, fünf
säs, seeve, aach, nege, tien.	… bis „zehn".

Caro 1906, 57 Nr. 28, vgl. *Geldern,* UH. 26. Jg., Nr. 3, 1938 unpag, s. Kommentar Nr. 774

Nr. 775

Zehn gebrannte Kaffeebohnen.
Wie viel Kinder sind geboren?
Ein Kind nannte eine Zahl, bis dahin wurde gezählt.

Caro 1906, 56, Nr. 12

Nr. 776

Een, eck broak et Been.	Eins, ich brach mir's Bein.
Twee, eck soat et anneen.	Zwei, ich fügt' es zusammen.
Drij, eck woar so blij.	Drei, ich war so froh.
Vier, eck gung te Bier.	Vier, ich ging zum Bier.
Fiff, eck schlug et Wivv.	Fünf, ich schlug die Frau.

Säß, eck trock et Määß.	Sechs, ich zog das Messer.
Söwe, eck woll't nij glöwe.	Sieben, ich wollt's nicht glauben.
Aach, eck hat dat gepaach.	Acht, ich hatte das gepachtet.
Neege, eck hat et gekreege.	Neun, ich hatte es bekommen.
Tien, eck hat et gesien.	Zehn, ich hatte es gesehen.
Elf, doar stond een Poeche met Self.	Elf, da stand Töpfchen mit Salbei.
Twälf, ätt ow Eike marr sälf.	Zwölf, iss dein Ei nur selbst.
Därtien, doar börde et Hoenche	Dreizehn, da hob das Hühnchen
èt Stärtge ob	das Schwänzchen hoch
Onn liet sich achterinn siehn.	Und ließ sich von hinten sehn.

Schravelen, Kevelaer, Gerrits, UH. Jg. 23, Nr. 9, 1935, unpag.

Nr. 777

Een, eck brook een Been.	Eins, ich brach mir's Bein.
Twee, eck sat et aaneen.	Zwei, ich fügte es aneinander.
Drij, eck wor so blij.	Drei, ich war so froh.
Vier, eck ging te Bier.	Vier, ich ging zum Bier.
Viff, een alt Wiff.	Fünf, ein altes Weib.
Sääß, eck trock et Määäß.	Sechs, ich zog das Messer.
Sööve, eck woll et nit glöve.	Sieben, ich wollt es nicht glauben.
Aach, eck häj et gepaach.	Acht, ich hätt es gepachtet.
Neege, eck häj eet gekreege.	Neun, ich hätt es bekommen.
Tien, eck hat et gesien.	Zehn, ich hatt es gesehn.
Elf, een Pöche met Self.	Elf, ein Töpfchen mit Salbei.
Twälf, dor flog een Schwälf.	Zwölf, da flog eine Schwalbe.
Derrtien, allgemeine.	Dreizehn, allgemeine.
Verrtien, Kapiteine.	Vierzehn, Kapitäne.
Fiftien, de Leutenant,	Fünfzehn, der Leutnant.
Säßtien, dä Schärrsant.	Sechszehn, der Sergeant.
Söventien, alle Färe.	Siebzehn, alle Federn.
Aachtien, een Pöche met Päre.	Achtzehn, ein Töpfchen mit Birnen.
Negentien, et blanke Schwärt.	Neunzehn, das blanke Schwert.
Twenteg, de Pott vertärt.	Zwanzig, den Topf verzehrt.

Geldern, UH. 25. Jg. Nr. 4, 1937, unpag.

Nr. 778

Sot en Düwken op dat Dak,	Saß ein Täubchen auf dem Dach,
Het seck bold kapot gelach,	Hat sich fast totgelacht,
Tin, twentig, detig, vetig, fiftig,	Zehn, zwanzig, dreißig, vierzig, fünfzig,

Sesstig, sewentig, achtig, negentig,
hondert.
sechzig, siebzig, achtzig neunzig,
hundert.

Du bist davon frei.

Hünxe, in: ZfVK 1906, 115, vgl. ebenso aus *Mülheim,* Klewer 1901, 99

Nr. 779

Dô sôtt ènn Düffkè opp datt Daak,   Da saß ein Täubchen auf dem
Dach,

Hatt sech bald kapott jèlaachd.   Hat sich fast totgelacht.
Öökèn, döökèn, hällp mech söökè.   Öken, döken, hilf mir suchen.
Ongèr di Eärt, dô lekk ennè Kärl.   Unter der Erde liegt ein Kerl.
Wällè wir ènns wäddè ömm ènn Blatt? Wollen wir mal um ein Blatt
wetten?

Fiifontwentich sinnd-èr datt.   Fünfundzwanzig sind es.
Teein, twentich, dörrtich, värrtsich.   Zehn, zwanzig, dreißig, vierzig.

Krefeld, Nolden 1912, 80, vgl. *Kleve,* Schönberner 1979, 51

Nr. 780

Ättèr di Düèr, dô litt ènn Klôkk*.   Hinter der Tür, da liegt eine Uhr.
Öss sè duèt off löeff (läff) sè nôch?   Ist sie tot oder lebt sie noch?
10, 20, 30, 40, 50, 60, 70, 80, 90, 100. 10, 20, 30, … 100.
Weä amm allèrlätts öss,   Wer am allerletzten ist,
Deä mott sièn!   Der muss sein!

* Klôkk = Uhr, Glocke, *Viersen, Dülken, Süchteln, Grefrath,* Norrenberg 1874, 120, Nr. 2

Nr. 781

Achter den Wal, door let eene Blok.   Hinter dem Wall liegt ein Block.
Hej es gestôôle oft let dôôr nog.   Er ist gestohlen oder liegt noch
dort.

Tien welle wej telle   Bis zehn wollen wir zählen
Onder ons Geselle: Unter uns Gesellen:
10, 20, 30, … 100   10, 20, 30, … 100
Blââst den Bur in die Boks,   Es bläst der Bauer in die Hose,
Dat et dondert   Dass es donnert
Op dat grüne Knollefeld.   Auf dem grünen Rübenfeld.
Knolle*, die die Buure,   Rüben, die den Bauern
Die Boks üt rolle.   Aus der Hose rollen.

 * Knolle = Rüben, *Kleve,* Gahlings/Matenaar 1936, 40

Eine besondere Weise des Abzählens:
Alle Kinder ballen die Fäuste. Das Kind, das abzählt, klopft mit der Faust alle anderen Fäuste ab, dabei spricht es:

Nr. 782

> *Ümmpkè, dümmpkè, Tsokkèrmijümmpkè,*
> *Aama, daama, domini,*
> *Ängèlsbruèt, tsongèr Nuèt,*
> *Ällè, pällè, puff, duèt.*

mdl. *Overhetfeld* 1989, s. Kommentar Nr. 782

Nr. 783

> *Eenè, seenè, saar,*
> *Räppkè, räppkè, knôll!*

mdl. *Viersen, Dülken, Süchteln* 1980, vgl. Norrenberg 1874, 120, Nr. 1

Nr. 784

> *Öppkè, döppkè, Röbbètsaal,*
> *Öppkè, döppkè, knôll!*

mdl. *Traar* 1980

Aushängeschild,
Tönisvorst

Nr. 785 Ommp off Paar – Gerade oder ungerade (I)

Auch hierbei geht es um die Ermittlung des „Anfängers" oder „Unterlegenen":
Die Hände wurden zu Fäusten geballt und auf dem Rücken gehalten. Dann zählte man laut: „Eins, zwei, drei!" und bei „drei" hob man eine Faust hoch, an der beliebig viele Finger aufgerichtet waren. Diese wurden von beiden Kontrahenten zusammengezählt. Wer „richtig" lag, „*Ommp*" (ungerade Zahl) oder „*Paar*" (gerade Zahl), hatte gewonnen.

Viersen, Nachlass Neef-Winz 1942, mdl. *Born* 1979, vgl. die Darstellung auf Brueghels „Kinderspielbild"

Nr. 786 Ommp off Paar (II)

Eine weitere Möglichkeit herauszufinden, wer beginnen durfte, war diese: Beide Spielpartner standen in einigem Abstand einander gegenüber. Abwechselnd setzte jeder einen Fuß präzise vor den anderen, bis beide aufeinander trafen. Derjenige, dessen „Füßchen" nicht mehr ausreichend Platz hatte, wenn er an den Fuß des anderen anstieß, hatte die Partie verloren.

mdl. *Viersen* 1972

1) Ulrich 1985, 742

Literatur

Brückner, Fr., E. Cremers, G. Lennarz u.a., Der Deutsche Niederrhein vom Erftgebiet bis zur Landesgrenze, Crefeld 1910 (Brückner/Cremer/Lennarz 1910)

Caro, Karl, Kinderspiele und Kinderlieder vom Niederrhein. In: Jahrbuch des Vereins für niederdeutsche Sprachforschung, 32. Jg. Bremen 1906 (Caro 1906)

Die Heimat, Krefeld 1924

Gahlings, Karl und Franz Matenaar, Lieder und Sprüche aus dem Leben und Brauchtum am Niederrhein, Kleve 1936 (Gahlings/Matenaar 1936)

GHK = Geldrischer Heimatkalender

Gierlichs, Hubert, Reime, welche von den Kindern beim Spielen gebraucht werden. In: Rheinische Geschichtsblätter, Bonn 1901/02 (Gierlichs RGB. 1901/02)

Klewer, Wilhelm, Aus dem Kinderleben. In: Festschrift zum … Rheinischen Provinzial-Lehrertag, Remscheid 1901 (Klewer 1901)

Mackes, Karl, Aus dem alten Neuwerk, Viersen 1913 (Mackes 1913)

Meyers, Fritz, „Heija, nina, Kinneke". Kinderreime aus vergangener Zeit. In: Geldrischer Heimatkalender 1961 (Meyers GHK 1961)

Neef-Winz, Agnes, Viersen Nachlass (Nachlass Neef-Winz 1942)

Norrenberg, Peter, Chronik der Stadt Dülken, Viersen 1874 (Norrenberg 1874)

Norrenberg, Peter, Geschichte der Herrlichkeit Grefrath, Viersen 1875 (Norrenberg 1875)

RGB = Rheinische Geschichtsblätter

Schmitz, Wilhelm, Die Mischmundart in den Kreisen Geldern (südl. Teil), Kempen, Erkelenz, Heinsberg, Geilenkirchen, Aachen, Gladbach, Krefeld, Neuss und Düsseldorf sowie mancherlei Volksthümliches aus der Gegend, Dülken 1893 (Schmitz 1893)

Schönberner, Egon, Onsen t'Hüs, Teil II, Kinderspiele am Niederrhein, Kleve-Materborn 1979 (Schönberner 1979)

Schumacher, Carl, Wie die Kinder spielen. In: Unsere Heimat. Beilage zur Niederrheinischen Landeszeitung. Zwanglose Blätter (Kreis Geldern), 12. Jg., Nr. 6, 1924 (Schumacher UH. 1924)

Ulrich, Michaela, Eene, meene, muh/raus bist du. Rituale und Freiräume im traditionellen Kinderspiel. In: Zeitschrift für Pädagogik, 31. Jg., 1985 (Ulrich 1985)

UH. = Unsere Heimat, Beilage zur Niederrheinischen Landeszeitung , Zwanglose Blätter, hg. von den Heimatvereinen des Kreises Geldern. 23. Jg. Nr. 9, 1935, 25. Jg. Nr. 4, 1937, 26. Jg. Nr. 3, 1938

ZfVk = Zeitschrift des Vereins für rheinische und westfälische Volkskunde 1906

Kreis- und Tanzlieder, Lieder und Singspiele

Herkunft und Entstehung der Kinderlieder werden aus verschiedenen Wurzeln erklärt und entsprechend werden sie auch unterschiedlich bezeichnet: „Kindervolkslied" und „Kinderkunstlied".

Das Kinderkunstlied hat einen einzelnen Verfasser, der das Lied eigens für Kinder (und den Gebrauch im Kindergarten) getextet, „komponiert" und den Inhalt der „Kindersphäre gut angepasst" hat. Dazu gehören z.B.: „Zeigt her eure Füße", „Häschen in der Grube", „Trete ein, du meine Rosa", „Und wer im Januar geboren ist", „Ein Männlein steht im Walde" u.a.m. „Rhythmus, Motivwahl, Wortwahl, Anknüpfung und Reihung sind hier in einer scheinbar ungewollten und scheinbar naiven Weise erstellt – und dabei richtig getroffen."[1]

Das Kindervolkslied kann seine Entstehung verschiedenen Quellen verdanken. Oftmals stand am Anfang eines Kindervolksliedes ein Erwachsenenkunstlied oder auch ein Erwachsenenvolkslied, wie z.B. „Mariechen saß auf einem Stein", „Guten Abend, Herr Spielmann" oder „Hänschen saß im Schornstein". Eine andere Möglichkeit ist, dass Erwachsenenspiellieder wie „Jammer, Jammer, über

Jammer"[2] (Trauer, Trauer über Trauer) oder „Hier ist grün, dort ist grün", die ursprünglich in höheren Gesellschaftskreisen gespielt wurden, als Vorlage dienten. Auch werden zuweilen Schlagertexte wie die Sambamelodie „Ay, ay, ay, Maria, Maria aus Bahia" von Kindern nachgesungen und umgetextet.[3]

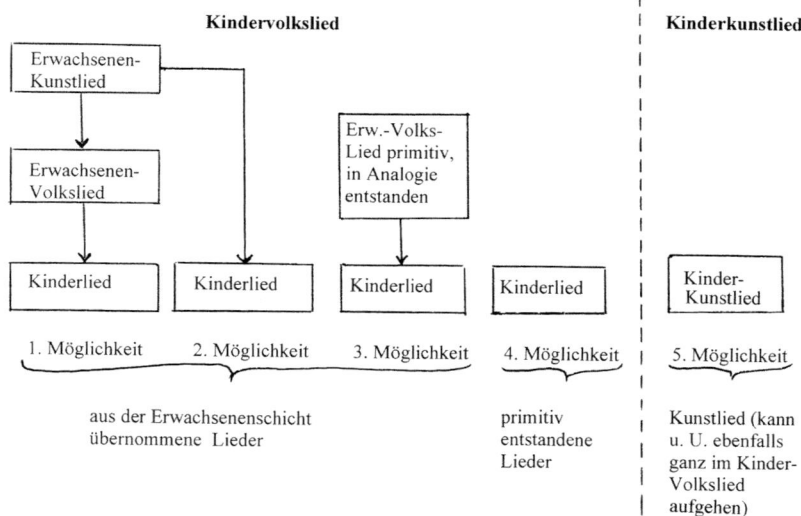

Überlieferungsschema von Volksliedern, Ruth Lorbe, Die Welt des Kinderliedes

Eine weitere Wurzel der Entstehung bilden nach Lorbe die „primitiv spontan entstandenen Kindervolkslieder".

„Alle unsere spontan entstandenen Kindervolkslieder stellen etwas völlig Einmaliges, Eigentümliches dar und liefern den Beweis dafür, daß die Kinderlieder nicht nur eine alte Tradition weiterführen und erhalten, sondern daß diesem alten Bestand auch ständig Neues zuwächst. So birgt das Kinderlied in sich gleichzeitig Tradition und neues ursprüngliches Leben. Bezeichnend ist, wie sehr die spontan entstandenen Kinderlieder untereinander über Sprach- und Kulturkreisgrenzen hinweg in ihren Grundzügen sich ähneln."[4]

Typisch für das Kinderlied ist, dass Motive aus dem Alltag aufgenommen, umgeformt und willkürlich, ja sprunghaft nebeneinander und aneinander gefügt werden. Kindliche Phantasie und Außenwelt werden vom kindlichen Gestaltungsvermögen so durchdrungen, dass die Grenzen untereinander nicht mehr zu ziehen sind. Das Kind geht so souverän mit der Wirklichkeit um, dass der Erwachsene dies nur als willkürlich und unlogisch empfinden kann.[5]

In den meisten Fällen ist es nicht möglich festzustellen, zu welcher Zeit und an welchem Ort bestimmte Spiele und Lieder entstanden sind. Vielmehr zeigt sich, wenn man die verschiedenen Spielsammlungen miteinander vergleicht, dass die Mehrzahl aller Spiele und Lieder sich nicht speziell lokalisieren lässt, da sie sich als Allgemeingut überall im deutschen Sprachraum in ihren Grundtypen und Varianten wiederfindet. Selbst regionale Dialektlieder und Spiele sind in jeweils anderen regionalen Dialekten verbreitet wie z.B. die ersten sechs bis acht Zeilen von *„Kruènèkraanè"* oder *„Kleen kleen Knuètèrjättchè"*. Unterschiedlich waren jedoch Sammlungen aus der Großstadt und solche vom Lande.[6]

Reigen-, Kreis- und Tanzspiele gehörten einst mit zu den bevorzugten Spielen der Mädchen, obwohl Jungen nicht vom Mitspiel ausgeschlossen waren. Das Besondere des Kreisspiels ist, dass schon die jüngsten Kinder (ab zwei, drei Jahren) von der Wirkung des chorischen Singens, vom Rhythmus der kollektiven Bewegung „angesteckt", ja mitgezogen werden und mitmachen können, bevor sie die genauen Regeln kennen und wissen, wie das Spiel mit verschiedenen Rollen abläuft. Durch die Gruppengröße ist das Kreisspiel offen und flexibel, was aber nicht heißt, dass es keine Ordnung und Regel gibt, wenn auch jüngere Kinder mit weniger Ausdauer zwischendrin ein- oder aussteigen können, ohne dass die anderen und der Fortgang des Spieles gestört werden. In einfacheren Spielliedern wie „Zeigt her eure Füße", *„Kruènèkranè, wettè Schwaanè"* oder „Häschen in der Grube" tun alle Kinder dasselbe. Es sind gewissermaßen „Sozialspiele" mit der Sprache und in der Sprache. In den etwas komplizierteren Kreisspielen findet bereits eine „Spielleitung" statt, d.h. einzelne Kinder aus der Spielgemeinschaft können verschiedene Tätigkeiten und Rollen übernehmen wie in „Katz und Maus", „Machet auf das Tor" oder „Liese saß im Sonnenschein auf der grünen Wiese", die durchaus schon bestimmte soziale Kompetenzen voraussetzen wie z.B. sich abwechseln, warten, bis man an die Reihe kommt, schweigen, alleine singen oder sprechen, ausscheiden müssen.[7] Bezeichnenderweise wurden in den Kanon der sog. Interaktionsspiele* für Erwachsene, die in den 70er und 80er Jahren plötzlich im Gefolge der neu aufgekommenen gruppendynamischen Übungen entwickelt wurden, eine Anzahl traditioneller Kreisspiele wie z.B. „Katz und Maus" oder „Blinzeln" aufgenommen.

Allerdings sind die Kreisspiele in unserer Zeit von der Straße und auch von den Schulhöfen und Spielplätzen weitgehend verschwunden. Heute werden sie den Kindern von Erwachsenen im Kindergarten vermittelt. Die Traditionskette für diese Spiele, die einst von einer Kindergeneration zur nächsten weitergegeben wurden, ist längst abgerissen. Grundschulkinder unserer Tage empfinden Kreisspiele als „Kindergartenkram", dem sie sich längst entwachsen fühlen.

* Interaktionsspiele dienen zum Kommunikationstraining von Erwachsenen.

1) Lorbe 1971, 136 2) vgl. Siemes/Philips 2001, Das Jammern, S. 122 3) vgl. Kapitel „Kapitulation und Nachkriegszeit" 4) Lorbe 1971, 141 5) Lorbe a.a.O. 144 6) vgl. Schier-Oberdorffer 1985 7) Ulrich 1985, 739

Literatur
Lorbe, Ruth, Die Welt des Kinderliedes – Dargestellt an Liedern und Reimen aus Nürnberg, Weinheim, Berlin, Basel 1971 (Lorbe 1971)

Siemes, Helena und Gerd Philips, Durch das Jahr. Feste und Bräuche am Niederrhein, Duisburg 2001 (Siemes/Philips 2001)
Schier-Oberdorffer, Uta, Hex im Keller. Ein überliefertes Kinderspiel im deutschen und englischen Sprachbereich, München 1985
Ulrich, Michaela (Schier-Oberdorffer 1985), „… eene, meene, muh/ raus bist du“. Rituale und Freiräume im traditionellen Kinderspiel. In: Zeitschrift für Pädagogik, 31. Jg. 1985 (Ulrich 1985)

Einfache Kreisspiele

In *Krefeld* hießen um 1870 alle einfachen Kreisspiele wie „Ringel, ringel Rose", „Häschen in der Grube" oder „Kruènèkranè, wettè Schwaanè" bei den jüngeren Kindern bezeichnenderweise „Kronèkranèspiele". Dabei war es egal, ob das Kreisspiel „Kruènèkraanè", „Die Blumenköhl", „Ringel, ringel Rose" oder „Häschen in der Grube" hieß. „Das Kind sagte in seiner Ausdrucksweise selten: dies oder jenes Ding dreht sich rund, sondern: dieses oder jenes Ding macht „Kronèkranè".[1]
Aus einer solch kindlichen „Definition" lässt sich die einstige Beliebtheit der Kreisspiele erschließen.
Am nördlichen und südlichen Niederrhein war das „Kruènèkranè-Spiellied" zu Hause und darüber hinaus wahrscheinlich eines der meist verbreitetsten, das im ganzen deutschsprachigen Raum gesungen wurde. Franz Heckmanns hat 1939 28 Versionen dieses Spielliedchens zusammengestellt.[2]
Die vermutlich älteste schriftliche Fassung der ersten fünf Zeilen dieses Liedchens wurde 1808 als „Abzählvers" in „Des Knaben Wunderhorn" veröffentlicht.[3]

Nr. 787 Ringela, ringela Rose

Rin - ge - la, rin - ge - la Ro - se, But - ter in die Do - se,

Schmalz in den Ka - sten, mor - gen woll'n wir fa - sten.

(schreien)
Ü - ber - mor -gen Lämm-lein schlach-ten. Das soll schrei -en: "Määh!"

Text und Melodie *Kaldenkirchen* 1979

Nr. 788

> *Rengela, rengela Rose*
> *Botter in dij Dose,*
> *Schmalt en dij Kaaste,*

Märge motte wej faaste,
Owermärge een Schöppke schlachte.
Dat sall rupe: „Mäh, mäh, mäh!"
Geldern, Meyers GHK 1961, 111, allgemein bekannt

Die Kinder gingen im Uhrzeigersinn singend im Kreis. Die letzte Zeile „Über-morgen ..." wechselte über in Sprechgesang. Bei „Määh!" setzten sich alle in die Hocke. Die Hände blieben zusammen und wurden hochgerissen.

Kamps-Hof, kreisspielende Kinder mit Vater, Privatbesitz Philips, Boisheim

Nr. 789 Ringel, ringel Reihe

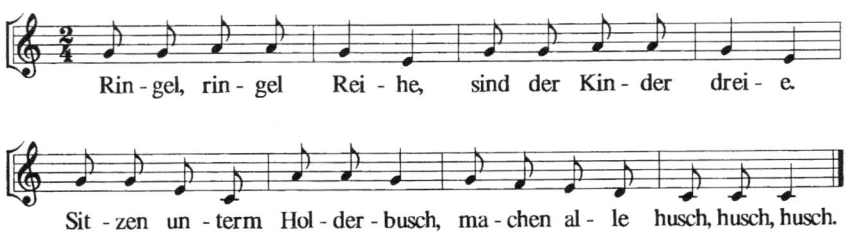

Die Kinder bildeten einen Kreis und hielten sich an den Händen. Bei der letz-ten Zeile gingen alle in die Hocke.

 Text und Melodie 1994 in *Viersen* aufgezeichnet, s. Kommentar Nr. 789

Nr. 790 Wijè, Wijè, Waijè

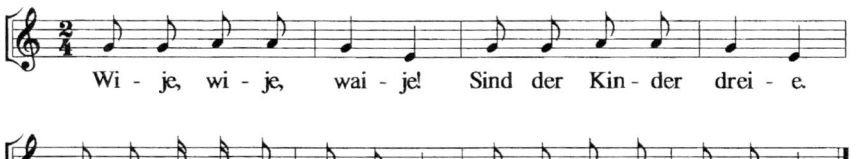

Wijè, Wijè, Waijè!/Sind der Kinder dreie./Sitzen unterm Holderstrauch,Rufen alle: Raus, raus, raus!
Es wurde wie „Ringel, ringel Reihe" gespielt.

Text und Melodie 1994 in *Viersen* aufgezeichnet

Die neuere Kinderliedforschung betont, dass die besonders im 19. Jh. vorherrschende Behauptung, im Kinderlied und -spiel seien mythologische Bezüge aus germanischer Vor- und Urzeit zu finden, keinerlei Nachweisen standhält. Nur in ganz wenigen Ausnahmefällen scheint dies der Fall zu sein. Dazu gehören nach Ruth Lorbe neben dem „Heile, heile Segen" und *„Heelè, heelè baatè"* auch das obige „Ringel, ringel Reihe". Diesem Liedchen soll ein alter Frühlingsreigen zu Grunde liegen, in dem von „Holdas Busch" die Rede ist. Gemeint ist die mythologische Gestalt der Göttin Holda, die zusammen mit Bertha die Schar „dämonischer Begleitwesen" anführt: die Perthen, die Huldren.[4] Doch der eigentliche Sinn ist verschwunden, denn „heute denkt keiner mehr an einen Reigen zu Ehren Holdas, wenn er das Lied hört. Wenn das Lied dennoch einer sehr alten Dichtungsepoche angehört und trotzdem von Kindern freudig weitergeführt wird, so ist das vor allem auf die rhythmische und klangliche Gestaltgebung zurückzuführen".[5]

Nr. 791

Viva Flöttschèn,	Viva Flötchen,
Schpreng enn' tt Pöttschèn,	Spring ins Töpfchen,
Schnii dänn Buèr enn Uur aff,	Schneid' dem Bauern ein Ohr ab,
Dänn hätt hä jätt tè vèrkuèpèn.	Dann hat er was zu verkaufen.
Ju! – Ju!	

Süchteln, Freudenberg 1888, 60

Nr. 792 Kruènèkraanè

Wahrscheinlich wurde es wie „Ringel, ringel Reihe" gespielt.

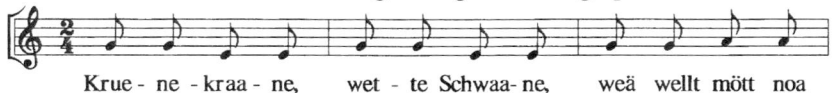

353

Kronenkraniche, weiße Schwäne,/Wer will mit nach England fahren?/England*
ist geschlossen,/Der Schlüssel ist zerbrochen./Wann sollen wir einen neuen bekommen?/Wenn das Körnchen (Getreide) reif ist,/Wenn die Mühle steif ist (stil-
le steht),/Wenn die Puppen (Garben) tanzen/Auf der leeren (flachen) Schanze
(Tenne).

* Manchmal auch „Holland", Text und Melodie *Viersen* 1980

In *Mönchengladbach* wurden zusätzlich die folgenden beiden Zeilen angehängt:

Das grüne Meerschiff* fliegt so sehr./Der Kranich fliegt noch mehr./Kruè, Kra,
Kruè, Kra!

* Es ist möglich, dass aus dem Wort Weär-chepp (Wetterschiff) das „Meèrschepp" („Meerschiff") geworden ist. Un-
ter Weärschepp verstand man weiße Wolkenstreifen von einem Horizont zum andern. Eine Wetterregel besagte: „Geht
der Wind mit dem Wetterschiff, so gibt es innerhalb 24 Stunden Regen; schneidet der Bodenwind das Wetterschiff,
gibt es gutes Wetter." (RWB IX, 466), s. Kommentar Nr. 792–796, Text und Melodie *Mönchengladbach* 1989

Alle Kinder hielten sich an den Händen und gingen während des Singens im
Kreis herum. Bei der letzten Zeile setzten sich alle in die Hocke. Dabei kam es
häufig vor, dass sie sich auf den Boden setzten oder fielen und viel Gelächter
entstand.

354

In *Lobberich* heißen deshalb die letzten beiden Zeilen nach „opp di leèrè Schonntsè":

> *Vivat Flöttschè, vivat Flöttschè,*
> *Da fallè wèr all opp ètt Föttschè!*

Wetterfahne, Kranenburg,
Foto Inge Breidenbach

Die ältere, schriftlich überlieferte Fassung, die ebenfalls gesungen wurde, stammt aus *Dülken:*

Nr. 793

Kruènè Kraanè, wengèlè Faanè,	Kronenkraniche, „wengèlè" Fahnen,
Weä well mött no Ängland* faarè,	Wer will mit nach England fahren?
Änglongk öss jèschloatèn,	England ist geschlossen,
Deä Schlüètèl öss jèbroakèn.	Der Schlüssel ist zerbrochen.
Wännè sollè wè ennè nöijè krijjèn?	Wann sollen wir einen neuen bekommen?
Wänn dott Köèrkè riip öss,	Wenn das Getreide reif ist,
Wänn dè Müölè schtiif öss,	Wenn die Mühle still steht,
Wänn di Jongfrauèn dônntsèn	Wenn die jungen Mädchen tanzen
Opp di döèrè Schônntsèn.	Auf den dürren Schanzen.
Wänn mi Vattèr miänè jeet,	Wenn mein Vater mähen geht,
Wänn mi Mottèr bengè jeet,	Wenn meine Mutter (Garben) bindet,
Wänn di Maad kruè jeet,	Wenn die Magd jätet,
Wänn dèr Knait bauè jeet,	Wenn der Knecht pflügt,
Wänn di Kindèr spièlèn jônnt.	Wenn die Kinder spielen geh'n.
Hupp, sind sie fort!	Hupp, sind sie fort!

* vgl. mdl. *Amern* 1981: anstatt „England" heißt es hier: „Holland", Norrenberg 1874, 120 Nr. 3, die Schreibweise wurde vereinfacht und der unsrigen angeglichen, s. Kommentar Nr. 792–796, Fiedler 1875, 103

Umfangreicher als alle anderen Fassungen und voll Poesie ist die folgende *Süchtelner* Version, die – wie die aus *Kleve* – im Gegensatz zu dem viel kürzeren Kreislied benutzt wurde, um eine lange Reihe zu bilden und die anderen Kinder aufzufordern, sich „anzuhängen":

Nr. 794

Kruènèkraanè, wettè Schwaanè,	Kronenkraniche, ihr weißen Schwäne,
Wä well mött noa Ängland faarèn?	Wer will mit nach England fahren?
Ängland öss jèschloatèn,	England ist geschlossen,
Dä Schlüètèl öss jèbroakèn.	Der Schlüssel ist zerbrochen.
Èll öss oapèn maar 'nènn engklè Mônnt,	Es ist nur einen einzigen Monat offen,
Woa dè Môrjènschteärè schloapè jônnt.	Wo die Morgensterne schlafen gehen.
Wänn èll Köèrkè riip öss,	Wenn das Getreide reif ist,
Wänn dè Müèlè schtiif öss,	Wenn die Mühle stille steht (voll ist),
Wänn dè Pöppkès dônntsèn	Wenn die Garben tanzen
Opp dè leäjè Schônntsèn.	Auf den leeren Schanzen.
Èll lekkt waal hongèrt Schtondèn wiit	Es liegt wohl hundert Stunden weit
Opp 'nenn Bärch vann kloarè Sellvèrkniit.	Auf einem Berg von klarer Silberkreide.
Dè Kruènèkraan wett doa Bèscheet.	Der Kranich kennt sich dort aus.
Datt jröönè Meèrschepp flüüt so sièr,	Das grüne Meerschiff fliegt so schnell,
Dä wettè Schwaan, dä flüüt noch mièr,	Der weiße Schwan fliegt noch schneller,
Waal hongèrt Schtonndèn onn sièvèn,	Wohl hundert Stunden und sieben,
Böss dè Flüüjèl afèrièvèn.	Bis die Flügel abgerieben sind.
Onn öss heä änndlich jlökklich doa,	Und ist er endlich glücklich dort,
Dann blösst hä sinn Höörkèn:	Dann bläst er sein Hörnchen:
„Kri, kra, kroa!"	„Kri, kra, kroa!"
Onn wells du mött, dann hoan dich aan	Und willst du mit, dann halt dich an
Dä Kruènèkraan, dä wettè Schwaan!	Den Kronenkranich, den weißen Schwan!

Süchteln, Freudenberg 1888, 55, Freudenberg übersetzt Z. 7-10: Wenn das Getreide reif ist,/Wenn die Mühle voll ist,/Wenn die Garben auf der Tenne tanzen, s. Kommentar Nr. 792–796

Freudenberg versieht das Gedicht mit der Überschrift „Kranichzug im Herbst". Die Herbstzeit erschließt er daraus, dass das Getreide reif ist. Wenn die Garben „auf der Tenne tanzen", bedeutet das möglicherweise im übertragenem Sinne: wenn die Garben auf der Tenne gedroschen werden.

Obwohl Freudenberg um die große Verbreitung des Liedes am ganzen Niederrhein wusste, glaubte er, dass es in *Süchteln* entstanden sei. Er begründete dies damit, dass die *Süchtelner* Fassung „ein zusammenhängendes (inhaltliches) Ganzes bilde", während die anderen lokalen Varianten „mangelhaft" seien und lediglich nur (lückenhaft) den „Hauptinhalt" wiedergäben. [6] Tatsache ist jedoch, dass die meisten Volkskinderliedchen in unzähligen Varianten sowohl regional als auch im gesamten deutschsprachigen Raum zu finden sind, ohne dass man eine genaue lokale Herkunft festlegen kann. Gerade aber die vermeintliche „Lückenhaftigkeit", die Freudenberg beklagt, ist ein untrügliches Merkmal des Kindervolksliedes.

Es ist bemerkenswert, dass in dem Zeitraum zwischen 1979 und 1990 bei meinen mündlichen Befragungen die Freudenberg'sche Fassung (von 1888) keinem der Befragten bekannt war, sehr wohl aber die kürzere, 1979 in *Viersen* und *Mönchengladbach* aufgezeichnete, die nahezu identisch ist mit der von Norrenberg 1874 in *Viersen* überlieferten.

Von allen Fassungen hat die *Klevische* die größte Ähnlichkeit mit der *Süchtelner*:

Nr. 795

Kruunekrââne, wette Schwââne,	Ihr Kraniche, ihr weißen Schwäne,
Wie wel met nôôr England fââre?	Wer will mit nach England fahren?
England es geschlôôte,	England ist geschlossen,
Den Schlôôtel es gebrôôke.	Der Schlüssel ist zerbrochen.
Et es maar eene Mond,	Es ist (dauert) nur ein(en) Monat,
Wän de Rok af es,	Wenn der Roggen gemäht ist,
Wän de Mööle vol es,	Wenn die Mühle gefüllt ist,
Wän de Gerve dantse	Wenn die Garben tanzen
Op de lêêge Schantse.	Auf den leeren Schanzen.
England let honderd Stonde wied,	England liegt hundert Stunden weit,
De Kruunekrââne weete u wied.	Die Kronenkraniche wissen wie weit.
En sin sej dan glökleg dôôr,	Und sind sie dann glücklich da,
Dan ruupe sej al: Kri, kra, krôôr!	Dann rufen sie alle: Kri, kra, kroor!
Welt gej met, dan hangt ow âân	Willst du mit, dann häng dich an
De Kruunekrâân, de wette Schwâân!	Den Kronenkranich, den weißen Schwan!

Kleve, Gahlings/Matenaar 1936, 41, s. Kommentar Nr. 792–796

Nr. 796

Kroonè, Kroonè, Wikkèlèfaanè,
Wer will mit nach England fahren?
England ist geschlossen,
Der Schlüssel ist zerbrochen.
Wir wollen wieder einen neuen machen,
Von Bein, von Stein,
Von allerhand leckeren Küh.

Text und Melodie *Viersen* 1993, s. Kommentar Nr. 792 bis Nr. 796

Die Kinder tanzen im Kreise herum. Bei dem letzten Wort „Küh" hocken sie nieder und strecken die Hände in die Höhe.
Wahrscheinlich handelt es sich um eine spätere „ersungene" Variante, möglicherweise aus Kindergarten oder Schule, worauf die hochdeutsche Fassung und der „logische" Text hinweisen. Dass das „Kronè, Kronè" sich ursprünglich von „Kruènèkraanè" herleitet, ist hier nicht mehr erkennbar.

Nr. 797

Moon, Moon, wo sall ech schtoon?	Mond, Mond, wo soll ich stehen?
Wo de sevvè Schtäänè schtônd.	Wo die sieben Sterne stehn.
Wo schtônd sè dann?	Wo stehn sie denn?
In Ängèland,	In England,
Wo dat Jlökkskè bemmèlèbammt,	Wo das Glöckchen bimmelt,
Bemmèlèbammèlbuusèn.	Bemmelèbammèlbuusén.

Es wurde wahrscheinlich ähnlich wie „Kruènèkraanè" gespielt. Bei der letzten Zeile hockten sich die Kinder nieder.

Uerdingen, Die Heimat, Krefeld 1930, Jg. 9, 168

Nr. 798 Die Blumenköhl

Die Blu-men-köhl, die Blu-men-köhl, das
sind die schön-sten Pflan-zen. Und wenn "Ma-ri-a" die
Hoch-zeit hält, dann woll'n wir sprin-gen und tan-zen. Vi-de-

ral - la - la, vi - de - ral - la - la, vi - de - ral - la - la - la - la!

2. Maria schlich wohl um das Haus,/Sie meint, sie wär verborgen,/Da kam der lustige Freier heraus/Und sagt ihr: Guten Morgen!/Viderallala, viderallala/Viderallalalala!

Die Kinder bildeten einen Kreis. In der Kreismitte befand sich „Maria". Sie tanzte während der ersten Strophe hüpfend im Kreis, der in entgegengesetzter Richtung um sie herum ging. Bei der zweiten Strophe ging sie außen um den Kreis herum, wählte sich einen „Freier", der ihr „Guten Morgen" sagte, und tanzte mit ihm und dem gesamten Kreis zu: „Viderallala".

Schattenbild, Wandsbeck 1875

Krefeld, Wansleben 1925, 64, die Melodie wurde aus Hoerburger/Segler 1961, 92 ergänzt, s. Kommentar Nr. 798

Nr. 799 Ting, tang Tellerlein

Ting, tang Tel - ler - lein, wer klopft an mei - ner Tür? Ein wun - der - schö - nes Mäg - de - lein,* das sprach zu mir: Ers -ter Stein, zwei -ter Stein, drit -ter Stein soll bei mir sein.** Eins, zwei, drei!

* oder: Engelein, ** oder: mit mir gehn

Die Kinder bewegten sich im Kreis, und ein Kind, das „Mägdelein", ging außen um den Kreis herum. Bei „Erster Stein, zweiter Stein, dritter Stein" schlug es jedes Mal ein Kind auf den Rücken. Das bei „dritter Stein" getroffene Kind musste dem „Mägdelein" folgen und das Spiel begann von neuem. Das dauerte so lange, bis sich der Kreis aufgelöst und sich eine lange Reihe gebildet hatte.

mdl. 2002 in *Boisheim* aufgezeichnet, s. Kommentar Nr. 799

Nr. 800 Grün, grün, grün sind alle meine Kleider

Grün, grün, grün sind al - le mei - ne Klei - der,

grün ist al - les, al - les, was ich hab. Da - rum lieb ich,

al - les, was so grün ist, weil mein Schatz ein Jä - ger, Jä - ger ist.

2. Weiß, weiß, weiß sind alle meine Kleider./Weiß, weiß, weiß ist alles, was ich hab./Darum lieb ich alles, was so weiß ist,/Weil mein Schatz ein Bäcker, Bäcker ist.

3. Blau, ja blau sind alle meine Kleider,/Blau, ja blau ist alles, was ich hab'./Darum lieb ich alles, was so blau ist,/Weil mein Schatz ein Matrose ist.

Schattenbild, Wandsbeck 1875

4. Schwarz, ja schwarz sind alle meine Kleider./Schwarz, ja schwarz ist alles, was ich hab'./Darum lieb ich alles, was so schwarz ist,/Weil mein Schatz ein Schornsteinfeger ist.

5. Bunt, ja bunt sind alle meine Kleider,/Bunt, ja bunt ist alles, was ich hab'./Darum lieb ich alles, was so bunt ist,/Weil mein Schatz ein Maler, Maler ist.

Wetterfahne, Kempen

Jöde notiert folgenden Spielvorgang: Die Kinder stellten sich im Kreise auf. Eins trat in die Mitte. Nach der Farbe seines Kleides richtete sich die Strophe, die im geschlossenen Kreise herumgehend gesungen wurde. Zum Schluss holte das Kind ein anderes herein an seine Stelle.

Text und Melodie *Viersen* 1995, Jöde o.J., 10, (und 4–40 Blau, blau, blau …), s. Kommentar Nr. 800

Nr. 801 Als ich einmal reiste (I)

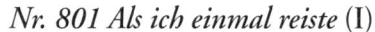

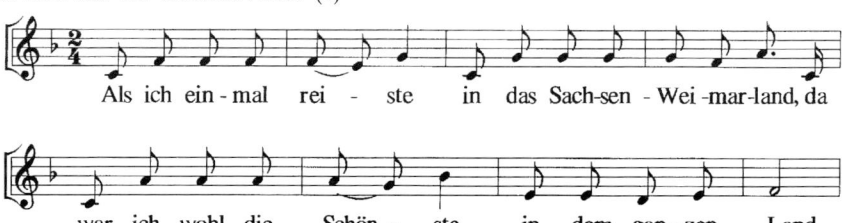

Als ich ein - mal rei - ste in das Sach-sen - Wei - mar-land, da

war ich wohl die Schön - ste in dem gan - zen Land.

Text und Melodie 1994 in *Viersen* aufgezeichnet, s. Kommentar Nr. 801–803

Nr. 802 Als ich einmal reiste (II)

2. Als wir wied'rum kommen, wo die Sachsenweiber sind,/Da hab' ich's vernommen, so wie die Weiber sind./Ridi, ridirullallalla, ridi, ridirullallalla./Da hab' ich's vernommen, so wie die Weiber sind.

Text und Melodie 1982 in *Overhetfeld* aufgezeichnet, s. Kommentar Nr. 801–803

Es gibt hierzu Spielbeschreibungen, allerdings zu der Textvariante: „Als ich einmal reiste, reist ich nach Jerusalem,/Da war ich die Kleinste in dem ganzen Land …", 2. „Herren und Damen standen schon vor meiner Tür,/Wollen mich beschauen,/Kleines Murmeltier …" und 3. „Murmeltier kann tanzen,/Tanzet gar so wunderschön,/ Murmeltier kann tanzen,/Tanzet gar so schön …".
Jöde 1913, 104, Nr. 113

Bei der ersten Strophe gingen die Kinder im Kreis herum, während eines in der Mitte stand. Während der dritten Strophe blieb der Kreis stehen; alle klatschten in die Hände und das in der Mitte stehende Kind tanzte auf der Stelle. Bei der zweiten bildeten die Kinder eine Gasse und eines ging zwischen ihnen auf und ab. Bei der 3. Strophe schlossen sich die beiden Reihen zum Kreis. Und während das „Murmeltier" auf der Stelle tanzte, hüpften die anderen herum.

Jöde Berlin 1913, 104, Nr. 113, s. Kommentar Nr. 801–803

Aus *Hünxe* bei *Wesel* gibt es einen weiteren Text:

Nr. 803 Als ich einmal reiste (III)

Als ich einmal reiste, da reist ich nach Jerusalem,
Da war ich die Kleinste im ganzen Land.

Herren und Damen standen draußen vor der Tür,
Wollten mich beschauen, ich armes Murmeltier.

Murmeltier muß wählen, wählen, wen es will:
Hast falsch gemacht, hast falsch gemacht, darum wirst du ausgelacht.

Sander ZfVK 9. Jg., 1906, 114, s. Kommentar Nr. 803

Nr. 804 Wir wolln den Zaun binden

1. Wir wolln den Zaun bin-den, so bin-den wir den Zaun, wie die "Ka-trin", so fein, soll der Zaun ge-bun-den sein.

2. Wir wolln den Zaun lösen,/So lösen wir den Zaun,/Wie die „Katrin", so fein,/Soll der Zaun gelöset sein.

Die Namen wurden entsprechend angepasst. Die Kinder gingen im Kreis. Bei „wie die Katrin …" nannte man der Reihe nach jedes Mal den Vornamen des betreffenden Kindes. Dieses verschränkte die Arme vor der Brust und fasste die Hände der beiden Nebenstehenden. Zum Schluss sah der Kreis „wie aus Weidengerten geflochten" aus. Danach löste er sich wieder auf, und man fasste sich wieder der Reihe nach an den Händen. Bei der Auflösung hieß der Text: „Wir wollen den Zaun lösen …"

Text 1978 in *Viersen* aufgezeichnet, s. Kommentar Nr. 804

Nr. 805 Zehntausend Mann

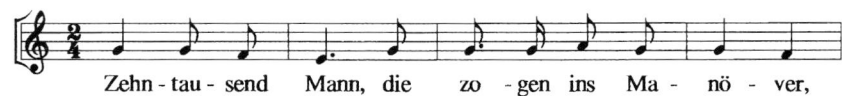

Zehn-tau-send Mann, die zo-gen ins Ma-nö-ver,

zehn - tau - send Mann, die zo - gen ins Ma - nö - ver.

Schrumm wid - de - wumm, deä Schtie - vel ess kromm, deä

Ab - satts hängt doe - neä - ve. Schrumm wid - de -

wumm, deä Schtie - vel, deä ess kromm!

2. Der Bauer hat 'ne wunderschöne Tochter,/Der Bauer hat 'ne wunderschöne Tochter./Schrumm widèbumm …
3. Der Hauptmann sprach: „Kann ich die Tochter haben? …"
4. Der Bauer sprach: „Was kannst du dafür geben? …"
5. Der Hauptmann sprach: „Drei Stiefel ohne Sohlen …"
6. Der Bauer sprach: „Dann kannst du sie nicht haben …"
7. Der Hauptmann sprach: „Ich will sie ja nicht haben! …"

In den 50er Jahren des 20. Jh.s wurde dieses Lied bei Wanderungen oder in der Jugendherberge von 13- bis 15jährigen Jugendlichen gesungen. Ursprünglich war es ein Spiellied, wie folgende Beschreibung aus dem Jahre 1929 belegt: „Die Spieler gehen zu Paaren im Kreise. Zwei Kinder stehen als Ritter (Hauptmann) und Bauer in der Mitte. Alle singen Gesätz 1 bis 3. In Gesätz 2 wenden sich alle nach innen und fallen auf die Knie. Gesätz 4 bis 11 werden abwechselnd von dem Reiter (Hauptmann) und dem Bauern vorgetragen, den Kehrreim … singen alle Kinder. Gesätz 12 („In unserm Land, da gibt es noch viel schönere") wird wieder von allen gesungen. Sie geben sich zum Kreis die Hand. Der Ritter (Hauptmann) verläßt den Bauern, der nun von den Kindern umtanzt wird."[7]

Text und Melodie 1978 in *Viersen* aufgezeichnet, s. Kommentar Nr. 805

Wetterfahne, Viersen-Süchteln

Nr. 806 Franz Drake (I)

Franz Dra-ke war ein gu-ter Mann. Er kam vor hun-dert
Jah-ren von Eng-land nach A - me-ri-ka auf ei-nem Schiff ge-
fah - ren. Ri - ra, hop-sas-sa, hei - ßa, vi-de-
ral-la – la. Das schö-ne Lied, das Lied von der Kar - tof - fel.

2. Franz Drake, ja, der gute Mann,/Er hatte nicht vergessen/Kartoffel für Euro-i-pa,/Die wir so gerne essen./Rira, hopsassa, heißa, viderallala./Das schöne Lied, das Lied von der Kartoffel.

3. Hat jemand sich die Hand verbrannt*/Und weiß sie nicht zu pflegen./Dann nehm' er nur Kartoffelschal',/Um auf die Hand zu legen./Rira, hopsassa, heißa, viderallala./Das schöne Lied, das Lied von der Kartoffel.

* Zu den altbewährten Hausmitteln gehörte, dass man bei Entzündungen ein Säckchen mit gekochten und gestampften Kartoffeln auf die entsprechende Stelle legte, s. Kommentar Nr. 806 und Nr. 807, Text und Melodie 1982 in *Overhetfeld* aufgezeichnet

Nr. 807 Franz Drake (II) (ein Studentenlied aus dem 19. Jh.)

Her - bei, her -bei zu mei - nem Sang, Hans Gör -gel, Mi - chel,
Franz Dra-ke hieß der bra - ve Mann, der vor zwei -hun-dert

Stof - fel, und singt mit mir das fro-he Lied, dem Stif - ter der Kar-
Jah - ren von Eng -land nach A - me - ri-ka als Ka - pi - tän ge-

1.
tof - fel!
2.
fah - ren. Hi - ha, hopp -sas - sa!

Val - la - dri, vi - tral - la - la! Von Eng - land nach A -

|1. |2.

me - ri - ka als Ka - pi - tän ge - fah - ren. -fah - ren.

Text und Melodie aus Böhme, F. M. „Volksthümliche Lieder der Deutschen im 18. und 19. Jahrhundert", Leipzig 1895, insgesamt 10 Strophen, s. Kommentar Nr. 806 und Nr. 807

Nr. 808 Nun öffnen wir das Taubenhaus

Nun öff - nen wir das Tau - ben - haus,
die Tau - ben flie - gen ein und aus.

Sie flie - gen ü - ber das wei - te Feld,
wo's ih - nen ja so gut ge - fällt.

Und keh - ren sie heim in sü - ßer Ruh', dann

schlie - ßen wir wie - der das Tau - ben - haus zu.

Zum Spiel gehörten zwei Kreise. Die Kinder des inneren Kreises waren die „Tauben". Die Kinder des äußeren Kreises bildeten das „Taubenhaus". Sie hielten sich an den Händen, hoben die Arme und bildeten Bögen. Der innere Kreis schlüpfte darunter heraus. Wenn die „Tauben" wieder hereingeflogen waren, ließen die Kinder des äußeren Kreises die Arme sinken. Dann war das „Taubenhaus" geschlossen.

Text und Melodie 1980 in *Neuwerk* aufgezeichnet

Nr. 809 Steinchen will verstecken

Stein-chen will ver-stek - ken in des Kin - des Hand. Wir

wol-len die Ma - ri - a nek - ken, die das Stein-chen f and.

Lie - be Ma - ri - a, komm her - ein, su - che den ver -

steck - ten Stein in des Kin - des Hand.

Ein Kind in der Mitte hatte in der geschlossenen Hand ein Steinchen. Die Mädchen, die im Kreis standen, hielten ihre Schürzen auf. Das Kind tauchte seine geschlossene Hand in jede Schürze, so dass möglichst niemand sehen konnte, in wessen Schürze es das Steinchen fallen ließ. Dabei sangen alle.

Wetterfahne,
Winnekendonk

Eine andere Spielregel:
Die Kinder standen im Kreis und hatten ein Steinchen (oder einen beliebigen Gegenstand) bei einem Kind versteckt. Alle zeigten die geschlossenen Hände vor. Ein Kind, das nicht gesehen haben durfte, wo das „Steinchen" versteckt war, wurde in den Kreis gerufen, während die Kinder sangen: „Liebe(r) … komm herein". Dieses Kind musste erraten, bei wem sich das „Steinchen" befand. Wenn es den Stein nicht gefunden hatte, durfte es noch einmal suchen. Wenn es ihn fand, musste dasjenige Kind seine Rolle übernehmen, bei dem der Stein versteckt gewesen war.

Text und Melodie 1982 in *Overhetfeld* aufgezeichnet, s. Kommentar Nr. 809

oder:

Nr. 810 Steinchen, Steinchen, du mußt wandern

Stein-chen, Stein-chen, du mußt wan -dern von dem ei - nen Ort zum an -dern.

Ist nicht hier, ist nicht da, ist nicht in A - me - ri - ka.

Text und Melodie 1981 in *Neuwerk* aufgezeichnet, mdl. *Viersen* 1980

Nr. 811 Taler, Taler, du mußt wandern

Ta - ler, Ta - ler, du mußt wan-dern von dem ei - nen Ort zum an - dern.

Bist nicht hier, bist nicht da, bist jetzt in A - me - ri - ka.

Es wurde ähnlich gespielt wie „Steinchen will verstecken" und „Steinchen Steinchen, du musst wandern." Die Kinder legten nacheinander die gefalteten Hände in die der Nachbarn und konnten so unbemerkt die Position des Steinchens verändern. Bei diesem Vorgang war dem suchenden Kind eine größere Möglichkeit gegeben, das Weitergeben des „Talers" festzustellen.

Text und Melodie 1995 in *Viersen* aufgezeichnet, s. Kommentar Nr. 811

1) Wansleben 1925, 64 2) Heckmanns 1939, 299-302 3) Wunderhorn 1977, 849 4) HDA VI, 1478 5) Lorbe, 1971, 122 ff und 123 6) Freudenberg 1888, 101 7) Wehrhan 1929, 275 Nr. 3348

Literatur

Anleitung Schattenbilder auszuschneiden, Wandsbeck 1875
Arnim, Achim von und Clemens von Brentano, Des Knaben Wunderhorn. Vollständige Ausgabe nach dem Text der Erstausgabe 1806/1808, Darmstatt 1977 (Wunderhorn 1977)
Bächtold-Stäubli, Hanns, Handwörterbuch des deutschen Aberglaubens. Bd. I–VIII, unter Mitwirkung von Eduard Hoffmann-Krayer, 1986, unveränderter Fotomechanischer Nachdruck von 1935, Berlin 1986 (HDA 1935)
Böhme, Franz Magnus, Volksthümliche Lieder der Deutschen im 18. und 19. Jahrhundert, Leipzig 1895 (Böhme 1895)
Die Heimat, Krefeld 1930 (Die Heimat 1930)
Freudenberg, Richard, Söitelsch Plott. Wörterverzeichnis und Dialektproben, Viersen 1888 (Freudenberg 1888)
Gahlings, Karl und Franz Matenaar, Lieder und Sprüche aus dem Leben und Brauchtum am Niederrhein, Kleve 1936 (Gahlings/Matenaar 1936)
GHK = Geldricher Heimatkalender
HDA = Handwörterbuch des deutschen Aberglaubens s. Bächtold-Stäubli
Heckmanns, Franz, In: Die Heimat, 18. Jg. 1939 (Heckmanns 1939)
Hoerburger, Felix und Helmut Segler, Hg. Klare, klare Seide, Überlieferte Kindertänze aus dem deutschen Sprachraum, Kassel und Basel, 1962 (Hoerburger/Segler 1962)
Jöde, Fritz, Spiel- und Ansingelieder für Haus, Kindergarten und Schule. Gesamtausgabe Wolfenbüttel o.J. (Jöde o.J.)
Jöde, Fritz, Hg. Ringel, Rangel, Rosen. 150 Singespiele und 100 Abzählreime nach mündlicher Überlieferung, Berlin 1913 (Jöde 1913)
Lorbe, Ruth, Die Welt des Kinderspiels, dargestellt an Liedern und Reimen aus Nürnberg. Weinheim, Berlin, Basel 1971 (Lorbe 1971)
Meyers, Fritz, „Heija, nina, Kinneke". Kinderreime aus vergangener Zeit. In: Geldrischer Heimatkalender 1961 (Meyers GHK 1961)
Norrenberg, Peter, Chronik der Stadt Dülken, Viersen 1874 (Norrenberg 1874)
Wansleben, Clara, Das erste Lebensjahrzehnt des Crefelder Kindes. In: Die Heimat, Crefeld 1925 (Wansleben 1925)
Wehrhan, Karl, Frankfurter Kinderleben in Sitte und Brauch, Kinderlied und Kinderspiel, Wiesbaden 1929 (Wehrhahn 1929)
Zurmühlen, Hans (Pseudonym für Peter Norrenberg), Des Dülkener Fiedlers Liederbuch, Viersen 1875 (Fiedler 1875)

Der nach außen gekehrte Kreis

Das folgende Kreisliedchen, von dem leider nur der Text erhalten ist, war besonders im Umkreis von *Geldern* und *Kleve* bekannt:

Nr. 812

Eck hey en gold gold Gäspelkè* gefonde.	Ich hab' ein gold goldenes Schnällchen gefunden.
Eck hej et op min Schüntjes gebonde.	Ich hab' es auf meine Schuhe gebunden.
Eck hej et seeve Johr gedraage.	Ich hab' es sieben Jahre getragen.
Die seeve Johr, die siin all öm.	Die sieben Jahre sind schon um.
N.N. dräjt sech öm.	N.N. (Name) dreht sich herum.

Die Kinder tanzten im Kreis. Das aufgerufene Kind drehte sich bei der letzten Zeile herum, bis der ganze Kreis der Kinder mit dem Gesicht nach außen stand.

* Gäspelke = Schuhschnalle, *Geldern,* Spee 1875, H. 2, 18, XXX, vgl. Samans UH., 20. Jg., Nr. 7, 1932 unpag., s. Kommentar Nr. 812

Schattenbild, Wandsbeck 1875

Nr. 813 Rote Kirschen

Ro - te Kir - schen eß ich gern, schwar - ze noch viel lie - ber.
In die Schu - le geh ich gern al - le Ta - ge wie - der.

Hei - ßa, Platz ge - macht für die jun - gen Da - men!

Sitzt der Kuk-kuck auf dem Dach, kommt der Re - gen, macht ihn naß.
Kommt der lie - be Son-nen-schein, macht ihn wie -der hübsch und fein.

Die - se Da - me soll es sein!

Text und Melodie 1989 in *Viersen* aufgezeichnet, s. Kommentar Nr. 813

Der folgende Text ist typisch für ein Kindervolkslied. Es gibt keinen logischen Zusammenhang. Jede Zeile steht für sich und hat inhaltlich weder mit der vorangegangenen noch mit der nachfolgenden etwas zu tun.

Nr. 814 Klöre mit de bounte Höre

Kläre mit den bunten Haaren/Kläre wollt' nicht aufstehn,/Wollte nicht nach hinten geh'n./Hinter der gold'nen Mauer,/Da wohnt des Königs Tochter. Abschlag, Abschlag!/Du sollst hintenan geh'n.

Die Kinder bildeten einen Kreis und fassten sich bei den Händen. Ein Kind, die „Kläre", sang die beiden Schlusszeilen und berührte gleichzeitig ein Kind aus dem Kreis, das ihm folgen musste. Das Spiel ging weiter, bis der ganze Kreis aufgelöst war und eine lange Reihe bildete.

Mühlheim a.d. Ruhr, Klewer 1901, 94, Melodie rekonstruiert nach Hoerburger/Segler 1962, Nr. 48, s. Kommentar Nr. 814

Nr. 815 Flaas sìènè

Flaas sie - ne, sie - ve Joar sennd ömm.

Flachs säen, Flachs säen,/Sieben Jahr sind um./„Margretchen" dreh dich herum!/Margret hat sich herumgedreht,/Das Hinterste nach vorn gekehrt./Flachs säen, Flachs säen,/Sieben Jahr sind um.

mdl. Text und Melodie *Viersen* 1994, s. Kommentar Nr. 815 und Nr. 816

Das aufgerufene Kind drehte sich bei der letzten Zeile herum, bis der ganze Kreis sich nach außen gekehrt hatte. Die „sieben Jahre" beziehen sich auf die Regel, dass der Flachs auf demselben Ackerboden nur alle sieben Jahre gesät werden durfte. Die Fassung aus dem benachbarten *Tegelen* in den Niederlanden zeigt, wie verbreitet und beliebt das Tanzliedchen war:

Nr. 816

Vlashäorke vlashäorke!	Flachshärchen, Flachshärchen!*
Zeve jaor zien öm.	Sieben Jahr sind um.
„Mientje" drejt zich öm.	„Mienchen" dreht sich um.
„Mientje" haet zich al ömjedrejd,	„Mienchen" hat sich umgedreht,
't Haet zich't echterste veur jedrejd;	Hat das Hinterste nach vorn gedreht;
Vlashäörke, vlashäorke!	Flachshärchen, Flachshärchen!
Zeven joar zien öm.	Sieben Jahr sind um.

* vlashäorke = Flachshaar, blondes Haar, Houx/Jacobs/Lücker 1968, 190, s. Kommentar Nr. 815 und Nr. 816

In einer anderen Version folgen die drei Zeilen:

> *N.N. hat sich herumgedreht.*
> *Sie (er) hat den ganzen Kreis verdreht.*
> *Eins, zwei, drei!*

Die Kinder gingen im Kreis. Bei „Und wer am allerjüngsten ist" drehte sich das mit Namen genannte Kind um, sodass es mit dem Rücken zur Kreismitte stand und mit den anderen rundging. Nacheinander drehten sich alle Kinder wie das erste nach außen. Das Spiel wurde so lange fortgesetzt, bis der ganze Kreis nach außen gedreht war.

mdl. *Viersen* 1994, vgl. Bruns 1884, Nr. 117, 34- 38, s. Kommentar Nr. 815 und Nr. 816

Wetterfahne, Kevelaer

Kinder und Sprache

Nr. 817 Wir treten auf die Kette (I)

Wir tre-ten auf die Ket-te, daß die Ket-te klingt. Wir

ha-ben ei-nen Vo-gel, der so lieb-lich singt. Der

Vo-gel, der heißt Nach-ti-gall. Er hat ge-sun-gen sie-ben Jahr.

Sie-ben Jahr sind um, Ma-ri-a dreht sich he-rum. Ma-

ri-a hat sich um-ge-dreht, hat den gan-zen Kreis ver-dreht. Wa-

rum denn, wa-rum denn? Sie ist ja viel zu dumm.

Text und Melodie 1981 in *Hinsbeck* aufgezeichnet, s. Kommentar 817 und Nr. 818

Nr. 818 Wir treten auf die Kette (II)

Wir tre-ten auf die Ket-te, daß die Ket-te klingt. Wer

ist das schö-ne Mäd-chen, das so schön hier singt?

Al-so klar wie ein Haar hat ge-lebt sie sie-ben Jahr. Die

An-na hat sich um-ge-dreht, hat den gan-zen Kreis ver-dreht.

371

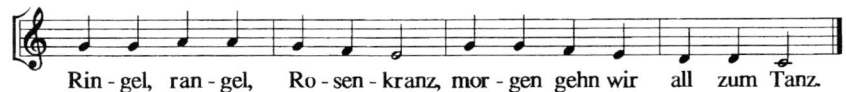

Rin - gel, ran - gel, Ro - sen - kranz, mor - gen gehn wir all zum Tanz.

Spielregel wie oben beschrieben, Text und Melodie 1989 in *Viersen* aufgezeichnet, s. Kommentar 817 und Nr. 818

Mit dem „Auf-die-Kette-Treten" könnte die Tätigkeit des Handwebers gemeint sein, der auf dem Webstuhl die Tretlatten *(Treänè)* tritt und dadurch die (Web-)Kette bewegt. Wenn die Fäden aneinander vorbeireiben, macht die „Kette" ein bestimmtes Geräusch, das, wenn die Fäden gut gespannt sind, sogar etwas „klingt". Die sieben Jahre, die der Vogel singt, stehen wie im Liedchen „Flaas sièné" im Zusammenhang mit den sieben Jahren, die ein Flachsacker zur Erholung benötigt, bis dasselbe Feld wieder mit Flachssamen eingesät werden darf.[1]

Eine ältere Deutung aus der Schweiz glaubt, das Motiv der „Kette" beziehe sich auf einen alten Frühlingsbrauch aus der Schweiz. „Zur Zeit des Frühlings schlingen die Kinder die Hohlstengel des Löwenzahns … zu einer ebenso langen Kette zusammen als der Kreis zum Ringelreihen groß werden soll. Diese Kette muss so im Spielkreis gehalten werden, dass sie während des Kindertanzes die Tanzfiguren des geschlossenen Ringes, bald nach außen, bald nach innen gewendet, und ebenso die eines geöffneten Ringes ungebrochen und unzerrissen mitbilden hilft. Derjenige Tänzer, in dessen Hand die Blumenkette während des Tanzes zerbricht, wird pfandpflichtig".[2] Auch Lorbe[3] schließt sich der Deutung von Rocholz an. Gegen diese Deutung spricht meines Erachtens einiges:

Erstens wären die Vorbereitungen mit Pflücken und Zusammenstecken des Löwenzahns vor dem eigentlichen Spiel für Kinder viel zu langwierig gewesen; es könnte allenfalls ein Gesellschaftsspiel für erwachsene junge Leute gewesen sein. Zweitens spricht das „Auf-die Kette-treten" viel eher für die Herkunft aus der weit verbreiteten Hausweberei, zumal sich auch die „Sieben" auf die Bestellung eines Flachsfeldes bezieht. Nicht zuletzt bestätigen die Vierzeiler „Flaas sièné" den Zusammenhang mit der Flachsgewinnung und dem Leineweben.[4]

1) mdl. Mitteilung des Textilingenieures Walter Tillmann aus *Viersen* 2) Rocholz 1857, 467 3) Lorbe 1971, 128 4) Schmitz 1913, 133 ff. vgl. Noever 1950 und Buchhorn 1897, 339, der in „einigen Orten" die folgenden Zeilen notierte: N.N. hat sich umgedreht,/Hat den ganzen Kreis verdreht./Warum denn? Warum denn?/Sie ist ja viel zu dumm!

Literatur
Bruns, Wilhelm, Illustriertes Kinderspielbuch, enthaltend 808 volkstümliche Lieder, Spiele, Reime, Sprüche, Verse, Rätsel, Düsseldorf, 2. 1884 (Bruns 1884)
Buchhorn, Josef, Das Kind in Glaube und Brauch der Völker. Kinderlieder und Kinderspiele am Niederrhein. In: Der Urquell, 1897 (Buchhorn 1897)
Die Heimat, Krefeld 1930 (Die Heimat 1930)

Hoerburger, Felix und Helmut Segler, Hg., Klare, klare Seide, Überlieferte Kindertänze aus dem deutschen Sprachraum, Kassel und Basel, 1962 (Hoerburger/Segler 1962)

Houx, J., A.M. Jacobs und P. P. Lücker, Tegels Dialekt, 1968 (Houx/Jacobs/Lücker 1968)

Klewer, Wilhelm, Aus dem Kinderleben. In: Festschrift zum rheinischen Provinzial = Lehrertag, Remscheid 1901 (Klewer 1901)

Lorbe, Ruth, Die Welt des Kinderspiels, dargestellt an Liedern und Reimen aus Nürnberg. Weinheim, Berlin, Basel 1971 (Lorbe 1971)

Noever, Johannes, Die alte Handweberei und Zugehöriges. M. Gladbach 1950 (Noever 1950)

Rocholz, Ernst Ludwig, Alemannisches Kinderlied und Kinderspiel aus der Schweiz, Leipzig 1857 (Rocholz 1857)

Samans, Ludwig, Sprichwörter, Redensarten und Liedchen von Vördese. In: Unsere Heimat, Beilage zur Westdeutschen Landes-Zeitung, 20. Jg., Nr. 7, unpag., 1932 (Samans, U. H. 1932)

Schmitz, Karl, Der Handwebstuhl in der Krefelder Mundart. In: ZfVK, 10. Jg. 1913 (Schmitz ZfVK 10. Jg. 1913)

Spee, Johannes, Volksthümliches vom Niederrhein. H I, Aus Leuth im Kreise Geldern, und Heft II, Köln 1875 (Spee 1875)

UH = Unsere Heimat

ZfVK = Zeitschrift des Vereins für rheinische und westfälische Volkskunde

Brückenspiele

Nr. 819 Machet auf das Tor

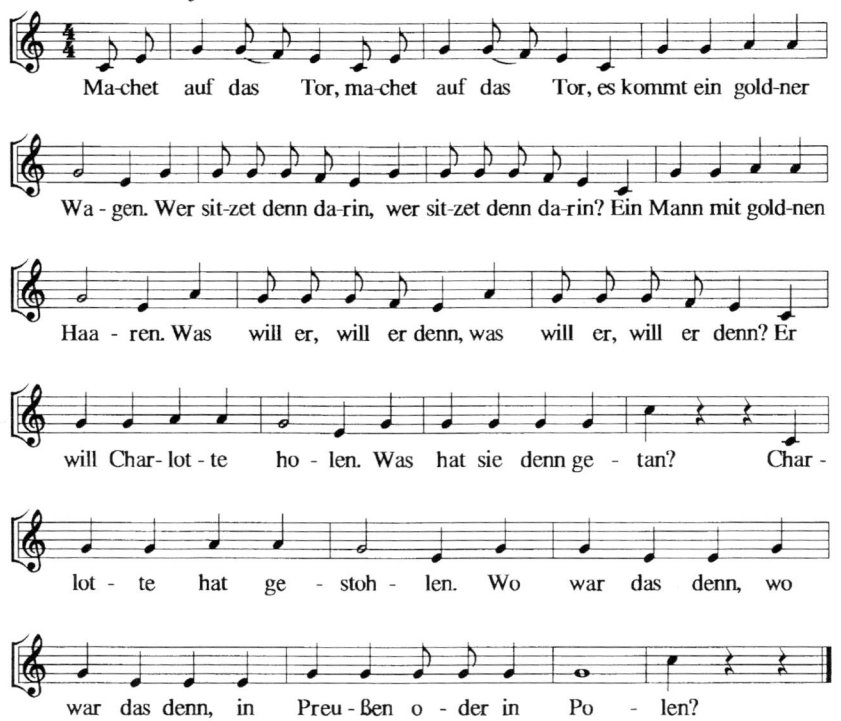

Zwei Kinder bildeten mit erhobenen Händen ein Tor. Die anderen zogen Hand in Hand hindurch. Wer beim letzten Wort „gestoh-len" oder „Po-len" unter

Aushängeschild Stadttor Süchteln

dem Tor war, wurde von den beiden Tormädchen gefangen, indem sie die Arme herunternahmen. Nun wurde die (der) Gefangene gefragt, ob er „Apfel" oder „Birne" wählte. Damit konnte er entscheiden, hinter wem (oder was) er stehen wollte. Die beiden „Torkinder" hatten vor Beginn des Spiels diese Deckworte und ihre Bedeutung untereinander ausgemacht. Mit der Wahl (Apfel oder Birne) hatte sich das gefangene Kind selbst – ohne es zu wissen – zum „Engelchen" (Apfel) oder „Teufelchen" (Birne) bestimmt. Nach und nach hatten alle Kinder der langen Reihe ihre Wahl getroffen und sich hinter eins der beiden Torkinder gestellt.

Erst wenn das letzte Kind durch das Tor geeilt und schließlich gefangen war, erfuhren alle, ob sie nun ein „Engelchen" oder „Teufelchen" waren. Die beiden „Torkinder" bildeten nun mit beiden Händen ein „Stühlchen" (vgl. *„Kremmerhänndche"*), auf das sich nacheinander jedes „Engelchen" setzen durfte und sanft hin und her geschaukelt wurde. Die „Torkinder" sangen dazu:

> *Die Engelchen werden geschaukelt, geschaukelt,*
> *In Abrahams Schoß!*
> (zuweilen als Abschluss: *Da geht die Kette los.*)

Die Teufelchen" wurden von den beiden Torkindern in die Mitte genommen und sehr unsanft hin und her gerüttelt.

Dabei sangen die beiden:

> *Die Teufelchen werden gerüttelt, geschüttelt,*
> *In die Hölle hinein!*
> (Oder: *gerumpelt, gepumpelt, zum Tore hinaus!*)

mdl. *Viersen* 1973

Das in Deutschland weit verbreitete Spiellied gehört – wie die beiden folgenden – zu den sogenannten „Brückenspielen". „Tor" und „Wagen" sind uralte Symbole. Geschmückte Totenwagen und Brautwagen gehörten einst zum Brauchtum. Die geöffnete Tür ist im Brauchtum für alles Ein- und Ausgehen von Bedeutung, so z.B. der Eintritt der Braut in das neue Heim und das Hinaustragen des Sarges. Tore und Türen gelten vor allem in religiösen Vorstellungen als Übergänge in eine andere Welt. Wegen dieser Motive kann man davon ausgehen, dass das Lied kein ursprüngliches Kinderlied war, wenn auch eine bestimmte Entstehungszeit nicht nachweisbar ist.

vgl. auch Lorbe 1971, 14, mdl. *Viersen* 1976, s. Kommentar Nr. 819

Nr. 820 Tömmermann, Tömmermann

Töm - mer - mann, Töm - mer - mann, maak di gold - ne Poort opp! Nun
kriech da - durch, nun kriech da - durch. Der Letz - te muß be - zah - len!

Zimmermann, Zimmermann,/Mach die gold'ne Tür auf!/Nun kriech dadurch, nun kriech dadurch./Der Letzte muß bezahlen!

Zwei Kinder reichten sich beide Hände, hoben sie hoch und bildeten ein Tor. Zuvor hatten sie sich ohne Mitwissen der anderen entweder als „goldenes Buch" oder „goldener Schlüssel" oder als „Appèl" oder „Biièr" (Birne) bezeichnet. Die übrigen Kinder reihten sich hintereinander und zogen singend durch das Tor. Der oder die letzte wurde festgehalten und gefragt: „Wat wellste lièvèr hävvè, Äppèl oder Biièrè?" – Was willst du lieber haben, Äpfel oder Birnen? Je nachdem, wie die Kinder sich entschieden, stellten sie sich hinter das betreffende Kind. Wenn keines mehr übrig blieb, wurden zwei Ketten gebildet. Ähnlich wie beim Tauziehen musste der erste der Reihe besonders stark sein, denn nun zogen beide Parteien in die entgegengesetzte Richtung. Wenn eine Partei gewonnen hatte, begann das Spiel von vorn.

Caro 1906, 73, Nr. 2, im Klevischen hieß das Spiel „Appele, pättele tutu", Melodie rekonstruiert von Gerd Philips

Nr. 821

Pannè schuèrè, Schottèlè wäschè,	Pfannen scheuern, Schüsseln waschen,
Tömmermôôn di Poart uut.	Zimmermann zum Tor hinaus (?).
Ruè Wiin, wettè Wiin,	Roter Wein, weißer Wein,
„Hannèkè" sall di Bruut siin.	Hannchen soll die Braut sein.

Zwei Kinder bildeten mit erhobenen Armen und Händen ein Tor. Alle anderen liefen Hand in Hand hintereinander singend hindurch. Wer beim letzten Wort von den beiden „Torhütern" gefangen wurde, war die „Braut" und musste bis zum Ende des Spiels ausscheiden. Wem es gelang zu entkommen, durfte sich wieder in die Reihe eingliedern und weiterspielen.

mdl. *Waldniel* 1981, s. Kommentar Nr. 821

Nr. 822 Dreimal, dreimal um das Tor

Drei-mal, drei-mal um das Tor, das Tor, das ist ge -schlos-sen. Wer
hat's ge-tan, wer hat's ge-tan? Dem Kö-nig sei-ne Toch-ter. Nun
kriech hin-durch, nun kriech hin-durch! Der letz-te soll be-zah-len.

Es wurde gespielt wie „Tömmermann, Tömmermann.“

Caro 1906, 74, Nr. 6d, Melodie rekonstruiert von Gerd Philips

Nr. 823

Herum den Baum, herum den Baum,
Mit Gold und Silber beschlagen.
Wer hatte das getan? Wer hatte das getan?
Dem König seine Tochter.
Wo kriegen wir sie denn? Wo kriegen wir sie denn?
Der letzte muß bezahlen.

Es wurde vermutlich ähnlich gespielt wie „Machet auf das Tor“ oder „Tömmermann, Tömmermann …“.

Hünxe, Sander ZfVK 3. Jg. 1906, 112, Nr. 10

Nr. 824

Appèl, Appèl, jolldè Biièr,	Apfel, Apfel, goldne Birne,
Mööl, maak dè Düür opp.	Müller, mach die Türe auf.

In raschem Tempo wurde das Lied von den Kindern gesungen, die sich in ziemlich langen Reihen zusammenschlossen. Zwei der Kinder, der „Apfelbaum“ und
der „Birnbaum“, bildeten mit erhobenen Armen ein Tor, durch das die übrigen
Kinder zogen. Das letzte Kind wurde festgehalten und von den beiden gefragt,
ob es einen Apfel oder eine Birne wünsche. Je nach der Antwort musste es sich
hinter den „Apfel-“oder den „Birnbaum“ stellen. Wenn alle Kinder gewählt hatten, fassten die beiden ersten Kinder (Apfel- und Birnbaum) die rechten Hände und versuchten durch Ziehen – wobei die anderen nachhalfen – die ihnen
gegenüber stehende Partei auf ihre Seite zu bringen. Wem dies gelang, der hatte gesiegt.

 Mönchengladbach, Lennarz ZfVK, 202, Nr. 4c 1908

Das folgende Spiel wurde vermutlich wie das vorhergehende gespielt:

Nr. 826

Wännè jeet di Vennschè Poart oèpè?	Wann geht das Vennsche Tor auf?
Morjè fröi ömm seèvèn Uurè.	Morgen früh um sieben Uhr.
Weä hait üch datt jèsait?	Wer hat euch das gesagt?
Deä Könneng fonn Prüèssè.	Der König von Preußen.
Nun loop doduèr,	Nun lauft dadurch!
Der Letzte mott bètaalè.	Der Letzte muss bezahlen.

Grefrath, Viersen, Dülken, Süchteln, Norrenberg 1875, 104, Nr. 14

Nr. 827

Ich wau jeär	Ich würde gern
Een Ämmèrkèn Waatèr pöttè.	Ein Eimerchen Wasser schöpfen.*
Wi vüèl dèrvüèr?	Wie viel (willst du) dafür?
Eenè jolldè Rengk.	Einen goldnen Ring.
Kruup tèrduèr	Kriech dadurch
Onn fall nett drenn.	Und fall nicht hinein.
Ennè Kottèndonns,	Ein Katzentanz,
Ennè Kôttèndonns,	Ein Katzentanz,
Ennè Kôttèndonns.	Ein Katzentanz.

Ein „Durchziehlied" (durch den Torbogen) nennt man es auch. Vielleicht wurde bei „Ennèn Kôttèndonns …" ein Kreis gebildet und rundgetanzt.

* pöttè = Wasser aus dem Brunnen schöpfen, *Grefrath, Viersen, Dülken, Süchteln,* Norrenberg 1875, 104, Nr. 9

Literatur

Caro, Karl, Kinderspiele und Kinderlieder vom Niederrhein. In: Jahrbuch des Vereins für niederdeutsche Sprachforschung, 32. Jg. Bremen 1906 (Caro 1906)
Lennarz, Maria, Kinderreime aus M. Gladbach. In: ZfVk 5. Jg. 1908, 200 (Lennarz 1908)
Lorbe, Ruth, Die Welt des Kinderspiels, dargestellt an Liedern und Reimen aus Nürnberg. Weinheim, Berlin, Basel 1971 (Lorbe 1971)
Norrenberg, Peter, Geschichte der Herrlichkeit Grefrath. Viersen 1875 (Norrenberg 1875)
Sander, Hermann, Kinderlieder und Kinderspiele. Gesammelt in Hünxe bei Wesel. In: ZfVk 9. Jg., 1906 (Sander ZfVk 1906)
ZfVk = Zeitschrift des Vereins für rheinische und westfälische Volkskunde

Brautwerbung – Reihenspiele

Die Kinder, meist Mädchen, standen in zwei Reihen einander gegenüber und gingen abwechselnd aufeinander zu, wieder zurück und sangen dabei je eine Strophe:

Nr. 828 Es reisen zwölf Pantöffelchen (I)

Es reisen zwölf Pan - töf - fel - chen, Pon - ti - us, mein Schnei-der-lein. Es rei -sen zwölf Pan - töf-fel-chen, Pon - ti - us, a - de.

2. Wohin wolln sie denn reisen, Pontius, mein Schneiderlein./Wohin wolln sie denn reisen, Pontius, ade.
3. Sie wolln die „Gertrud" holen, Pontius, mein Schneiderlein./Sie wolln die „Gertrud" holen, Pontius, ade (Text unvollständig).

Text und Melodie 1989 in *Viersen* aufgezeichnet

Nr. 829 Es reisen zwölf Pantöffelchen (II)

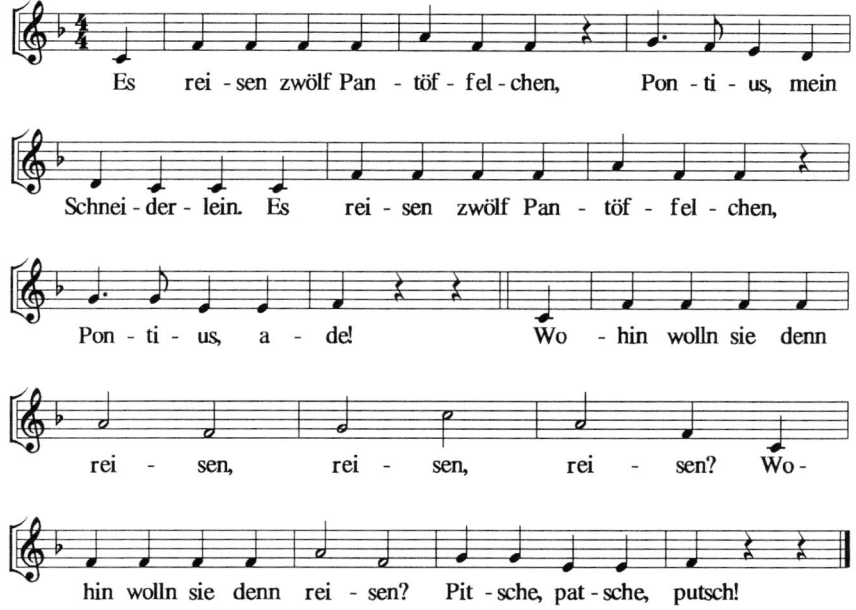

Es rei - sen zwölf Pan - töf - fel - chen, Pon - ti - us, mein Schnei - der - lein. Es rei - sen zwölf Pan - töf - fel - chen, Pon - ti - us, a - de! Wo - hin wolln sie denn rei - sen, rei - sen, rei - sen? Wo - hin wolln sie denn rei - sen? Pit - sche, pat - sche, putsch!

Refrain: Es reisen zwölf Pantöffelchen, Pontius, mein Schneiderlein.
Es reisen zwölf Pantöffelchen, Pontius ade!

Verse: 2. Nach Holland wolln sie reisen, reisen, reisen,/Nach Holland wolln sie
reisen, pitsche, patsche, putsch!
3. Wen wolln sie heiraten, heiraten, heiraten,/Wen wolln sie heiraten, pitsche,
patsche, putsch?

Text und Melodie 1992 in *Viersen* aufgezeichnet, s. Kommentar Nr. 828

Nr. 830 Es kommen die Herrn von Blankenstein

2. Was wolln die zwei aus Blankenstein, Pontius, mein Schneiderlein!/Was wolln
die zwei aus Blankenstein, Pontius atschöö!
3. Sie wolln die schönste Tochter haben, Pontius, mein Schneiderlein!
4. Welche Tochter wollt ihr dann? Pontius, mein Schneiderlein!
5. „Maria" wolln wir heiraten, Pontius, mein Schneiderlein!
6. Wie soll der Mann denn heißen? Pontius, mein Schneiderlein!
7. „Peter" soll er heißen, Pontius, mein Schneiderlein!
8. Wann soll die Hochzeit sein? Pontius, mein Schneiderlein!
9. Morgen soll die Hochzeit sein, Pontius, mein Schneiderlein!

Text und Melodie 1996 in *Viersen* aufgezeichnet, s. Kommentar Nr. 829

Die Kinder stellten sich in einer Reihe auf und hakten sich ein. Etwa fünf Meter weiter, der Reihe gegenüber, standen zwei Kinder, ebenfalls eingehakt. Die
beiden gingen auf die Reihe zu und wieder zurück und sangen dabei den ersten Vers. Jeweils bei „Pontius …" wurde ein Knicks gemacht. Dann ging die
lange Reihe auf die beiden in gleicher Weise zu und wieder zurück und antwortete mit dem zweiten Vers. Wieder, jeweils bei „Pontius …" wurde ein
Knicks gemacht, so ging es weiter bis zum Ende des Wechselspiels. Bei der
Strophe „Wie soll der Mann denn heißen?" wurde getuschelt und ein Jungen-
name genannt, der dem Mädchen gefiel, oder den es nicht leiden konnte, um

379

es zu ärgern. Zum Schluss konnte ein Kreis gebildet werden, in dessen Mitte die beiden genannten Kinder (Str. 5 und 7) als Brautpaar standen. Die anderen Kinder gingen Hand in Hand um sie herum und sangen dazu – meist triumphierend:

„Petersilie, Suppenkraut wächst in unserem Garten./Unsre Ria ist die Braut, soll nicht länger warten./Sprechgesang: Und was dann, und was dann?/Peter Müller ist ihr Mann!"

Text 1995 in *Osterath* aufgezeichnet

Nr. 831 Petersilie, Suppenkraut

Pe - ter - si - lie, Sup - pen-kraut wächst in uns -rem Gar - ten.
Un - sre Ri - a ist die Braut, soll nicht län -ger war - ten.

Ro - ter Wein, wei - ßer Wein. Mor-gen soll die Hoch-zeit sein.

1988 in *Boisheim* aufgezeichnet, s. Kommentar Nr. 831

Oft war es ein selbständiges Kreisspiel. Hier stand die „Braut" in der Mitte des Kreises, während die anderen im Kreis um sie herumgingen. Bei den Worten: „Soll nicht länger warten" nahm die „Braut" ein Kind aus dem Kreis zu sich und beide tanzten bis zum Schluss. Danach verließ die „Braut" den Kreis und das zweite Kind war die neue „Braut".

vgl. Bruns 1884, 37

Nr. 832 Vierzehn Englein fahren (I)
1. Vierzehn Englein fahren, fahren, fahren,
Vierzehn Englein fahren, pitsche, patsche, putsch!
2. Wohin wolln sie denn fahren …
Wohin wolln sie denn fahren …
3. Zu „Schmitz" wolln sie fahren …
4. Wen wolln sie heiraten …
5. „Maria" wolln sie heiraten …

Spielbeschreibung wie zu „Wo bist du denn gewesen ..." (s. Nr. 836)

Text und Melodie: *Viersen* 1970, s. Kommentar Nr. 832 und Nr. 834

Printenmodel, Privatbesitz

Nr. 833 Vierzehn Englein fahren (II)

Vier - zehn Eng - lein fah - ren, fah - ren, fah - ren.

Vier-zehn Eng - lein fah - ren, pit - sche, pat- sche, putsch!

2. Wohin wolln sie denn fahren …/Wohin wolln sie denn fahren …
3. Zu „Schmitz" wolln sie fahren …
4. Wen wolln sie heiraten …
5. „Maria" wolln sie heiraten …

Text und Melodie 1972 und 1992 in *Viersen* aufgezeichnet

Nr. 834 Vierzehn Englein fahren (III)

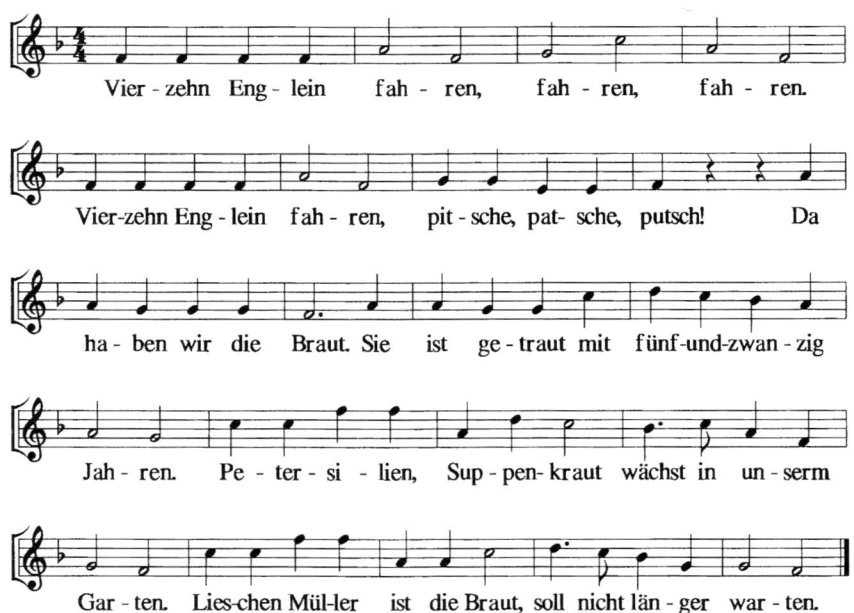

Vier - zehn Eng - lein fah - ren, fah - ren, fah - ren.

Vier-zehn Eng - lein fah - ren, pit - sche, pat- sche, putsch! Da

ha - ben wir die Braut. Sie ist ge - traut mit fünf-und-zwan - zig

Jah - ren. Pe - ter - si - lien, Sup - pen-kraut wächst in un - serm

Gar - ten. Lies-chen Mül-ler ist die Braut, soll nicht län - ger war - ten.

Sprechgesang: *Und was dann? Und was dann?/„Peter Meier" ist der Mann!*

1. Erste Reihe: *Vierzehn Englein fahren, fahren, fahren,/vierzehn Englein fahren, pitsche, patsche, putsch!*
2. Zweite Reihe: *Wohin wollt ihr denn fahren?*
3. Erste Reihe: *Zur Hochzeit wolln wir fahren …*
4. Zweite Reihe: *Wen wollt ihr heiraten?*

5. Erste Reihe: *„NN" wolln wir heiraten …*
Das genannte Kind drehte den andern den Rücken zu, schwang den rechten
und den linken Fuß abwechseln zur Seite und sang:
6. „NN": *Ihr seid (mir) viel zu schmutzig.*
Die erste Reihe machte dieselben Bewegungen und sang:
7. Erste Reihe: *Wir sind so rein, wie ihr seid.*
Alle im Kreis: *Da haben wir die Braut.*
Sie ist getraut mit fünfundzwanzig Jahren.
Roter Wein, weißer Wein,
Morgen soll die Hochzeit sein!

Die Kinder standen in zwei Reihen einander gegenüber und gingen abwechselnd aufeinander zu und wieder zurück. Die jeweiligen Strophen wurden als
Wechselgesang – Frage und Antwort – von den beiden Reihen gesungen. Das
in Strophe fünf genannte Kind trat aus der Reihe und kehrte der „gegnerischen" Reihe den Rücken, schwang abwechselnd den linken und den rechten
Fuß zur Seite und sang: „Ihr seid viel zu schmutzig." Zum Schluss vereinigten
sich beide Reihen zum Kreis, während die beiden genannten Kinder als „Brautpaar" in der Mitte standen oder saßen. Im Anschluss an „14 Englein fahren"
wurde aus den zwei Reihen ein Kreis gebildet. Die beiden im Spiel mit Namen genannten (meist nur das Mädchen, weil Jungen in der Regel nicht mit-
spielten) wurden in die Mitte genommen. Die Mädchen fassten sich an den
Händen und tanzten um die „Braut" herum, indem sie „Petersilie Suppenkraut …" sangen.

Text und Melodie 1989 in *Viersen* aufgezeichnet, s. Kommentar Nr. 832 und 834

Ähnlich wie das oben beschriebene Spiel wird auch das folgende mit zwei aufeinander zu- und voneinander wegschreitenden Reihen durchgeführt worden
sein:

Nr. 835

> *Es kamen zwei dicke Kartoffeln heran. Ade, ade, ade.*
> *Was wollen wir mit den Kartoffeln tun? Ade, ade, ade.*
> *Ist euer Vater nicht zu Haus? Ade, ade, ade.*
> *Was soll er denn zu Hause tun? Ade, ade, ade.*
> *Er soll ein kleines Brieflein schreiben. Ade, ade, ade.*
> *Was soll denn in dem Brieflein stehn? Ade, ade, ade.*
> *Daß (Name eines Mädchens) die Braut soll sein. Ade, ade, ade.*
> *Wer soll denn ihr Bräutigam sein? Ade, ade, ade.*
> *Das soll wohl (Name eines Jungen) sein. Ade, ade, ade.*
> *Jetzt haben wir die Braut,*

*Sie ist getraut
Mit 70 Jahr, mit 80 Jahr.
Sie heißt „Viktoria".*

Hünxe, Sander ZfVk 3. Jg., 1906, 112, Nr. 11

Fahnenstange, Dülken

Nr. 836 Wo bist du denn gewesen, mein ziegender Bock

Wo bist du denn ge - we - sen, mein zie -gen-der Bock? Mein zie - gen-der

Bock? In der Müh-le, in der Müh-le, mein gnä-dig-ster Herr, in der

Müh - le, in der Müh - le, mein gnä - dig - ster Herr.

2.Was hast du da getan, mein ziegender Bock?/Hab gestohlen, hab gestohlen, mein gnädigster Herr!

3.Was hast du denn gestohlen …?/Weizenmehl, Weizenmehl …!

4. Haben sie dich dabei getroffen …?/O ja, O ja …!

5. Hab'n sie dich denn auch geschlagen …?/O ja, O ja …!

6. Wie hab'n sie dich denn geschlagen …?/Mit'm Stock auf'm Kopp …!

7. Hast du denn auch geschrien …?/O ja, O ja …!

8. Wie hast du denn geschrien …?/Mäh, mäh …!

Im Abstand von ungefähr zehn Schritten standen die Spielerinnen in zwei Reihen einander gegenüber. Beim Singen der Fragen: „Wo bist du denn gewesen? …" schritt die erste Reihe vor, wieder zurück und verbeugte sich vor der zweiten Reihe. Bei der Antwort „In der Mühle, in der Mühle …" schritt die zweite Reihe auf die erste zu und wieder zurück, ebenfalls mit einer Verbeugung. Wechselnd gingen sie nun bis zur letzten Strophe in dieser Weise aufeinander zu und wieder zurück. Zum Schluss vereinigten sich beide Reihen zu einem Kreis und hüpften unter „Mecke mäh!" links herum und rechts herum.

1995 in *Viersen* aufgezeichnet, Klusen 1966, 10, vgl. Schlipköter 1910, 167, 7, s. Kommentar Nr. 836

Literatur

Bruns, Wilhelm, Illustriertes Kinderspielbuch. 808 Volkstümliche Spiele, Lieder, Sprüche, Verse, Rätsel. Düsseldorf 2. 1884 (Bruns 1884)

Jöde, Fritz, Ringel, Rangel, Rosen ... Leipzig, Bln. 1913

Klusen, Ernst, Das Mühlrad. Schriftenreihe des Landkreises Kempen-Krefeld. Hg. OKD Kempen 1966 (Klusen 1966)

Sander, Hermann, Kinderlieder und Kinderspiele. Gesammelt in Hünxe bei Wesel. In: ZfVk 9. Jg., 1906 (Sander ZfVk 1906)

Schlipköter, A., Was sollen wir spielen? 450 der beliebtesten Jugend-, Turn- und Volksspiele für Schule, Haus, Vereine und Gesellschaftskreise, Hamburg 1910 (Schlipköter 1910)

ZfVk = Zeitschrift des Vereins für rheinische und westfälische Volkskunde

Das Lied von den heiligen zwölf Zahlen

Nr. 837 Guter Freund, ich frage dich

In die mit Voltenklammern versehenen Takte werden die Wiederholungen eingefügt.

2. Guter Freund ... Bester Freund ... Ich frage dich das Zweite. Zwei Tafeln Moses. Einmal eins ...

3. Guter Freund ... Bester Freund ... Ich frage dich das Dritte. Drei Patriarchen./Zwei Tafeln Moses./Einmal eins ...

4. Guter Freund ... Bester Freund ... Ich frage dich das Vierte. Vier Evangelisten. Drei Patriarchen./Zwei Tafeln Moses./Einmal eins ...

5. Guter Freund ... Bester Freund ... Ich frage dich das Fünfte. Fünf Wunden Christi. Vier Evangelisten. Drei Patriarchen. Zwei Tafeln Moses. Einmal eins ...

6. Guter Freund ... Bester Freund ... Ich frage dich das Sechste. Sechs Krüge guten Wein. Schenkt der Herr zu Kanaa ein. Zu Kanaa in Galiläa.

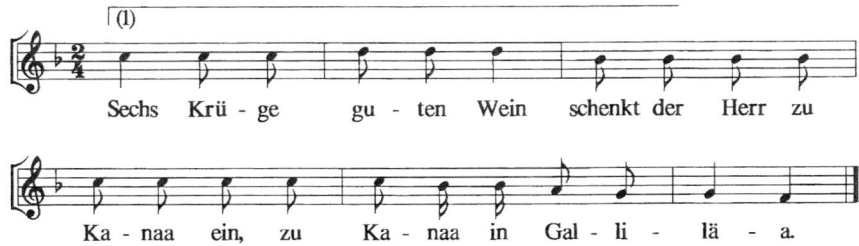

7. Guter Freund ... Bester Freund ... Ich frage dich das Siebte. Sieben Sakramente. Sechs Krüge guten Wein, schenkt der Herr zu Kanaa ein, zu Kanaa in Galiläa.

8. Guter Freund ... Bester Freund ... Ich frage dich das Achte. Acht Seligkeiten. Sieben Sakramente. Sechs Krüge guten Wein, schenkt ...

9. Guter Freund ... Bester Freund ... Ich frage dich das Neunte. Neun Chöre der Engel. Acht Seligkeiten. Sieben Sakramente. Sechs Krüge guten Wein, schenkt ...

10. Guter Freund ... Bester Freund ... Ich frage dich das Zehnte. Zehn Gebote Gottes. Neun Chöre der Engel. Acht Seligkeiten. Sieben Sakramente. Sechs Krüge guten Wein, schenkt ...

11. Guter Freund ... Bester Freund ... Ich frage dich das Elfte. Elftausend Jungfrauen. Zehn Gebote Gottes. Neun Chöre der Engel. Acht Seligkeiten. Sieben Sakramente. Sechs Krüge guten Wein, schenkt ...

12. Guter Freund ... Bester Freund ... Ich frage dich das Zwölfte. Und zwölf Apostel Christi. Einer hatte keinen guten Kern. Er verriet seinen Gott und Herrn. Elftausend Jungfrauen. Zehn Gebote Gottes. Neun Chöre der Engel. Acht Seligkeiten. Sieben Sakramente. Sechs Krüge guten Wein, schenkt ...

Das Lied wurde im Wechselchor gesungen. Die Kinder bildeten zwei einander gegenüberstehende Reihen. Die Fragen und Antworten wurden wechselnd von der einen oder anderen Reihe gesungen. Dabei ging die jeweils singende auf die andere Reihe zu und wieder rückwärts. Die Antwort-Reihe verbeugte sich bei jeder Strophe.

Text 1973 in *Viersen* aufgezeichnet, Melodie: Klusen 1966, 40/41, s. Kommentar Nr. 837

Das Lied war am Niederrhein bis in die 60er Jahre des vorigen Jahrhunderts als Kinderspiel weit bekannt, geriet dann aber in Vergessenheit.

vgl. Bruns 1884, Nr. 323, 143: Die Eingangsformel lautet hier: A: „Bruder, ich frage dich!" – B: „Und du frägst mich:" A: „Welches ist das erste?" ... usw. Der Text stimmt weitgehend mit den mdl. in *Neuwerk* 1981 und *Viersen* aufgezeichneten Fassungen überein. Allerdings ist von einem Reihenspiel nicht die Rede, vielmehr heißt es: „Zwei Kinder A. und B. unterhalten sich in folgender Weise: ...". Bruns war Rektor in Dabringhausen im Bergischen Land, nicht weit von *Köln* entfernt. Er beteuert im Vorwort, die veröffentlichten Lieder und Reime stammten ausschließlich „aus dem Munde seiner Schulkinder".

Nr. 838

Die folgende Fassung in Plattdeutsch ist aus *Breyell* überliefert, von der nicht sicher ist, ob sie original so gesungen und gespielt wurde oder ob der Herausgeber sie aus dem Hochdeutschen übersetzt hat.

1. *Jouè Fröngk, ech froach dech nou,*	Guter Freund, ich frag dich nun,
Watt säss dou mech nou datou,	Was sagst du mir nun dazu,

Ech froach dech nou, watt een es.	Ich frag dich nun, was eins ist
Eemoal een es Jôtt alleen,	Einmal eins ist Gott allein,
Deä doa schwäff, deä doa läff,	Der da schwebt, der da lebt
Emm Hemmèl onn opp Eärdè.	Im Himmel und auf Erden.

2. *Jouè Fröngk, ech froach dech nou,* Guter Freund, ich frag dich (nun),
   Watt säss dou mech nou datou, Was sagst du mir dazu?
   Ech froach dech nou, watt twiè es. Ich frage dich, was zwei ist.
   Twiè Taafèlè Moosès. Zwei Tafeln Moses.
   Eemoal een ... Einmal eins ...

3. *Jouè Fröngk ech froach dech nou,* Guter Freund, ich frag dich,
   Watt säss dou mech nou datou, Was sagst du mir dazu?
   Ech froach dech nou, watt dreei es. Ich frage dich, was drei ist.
   Dreei Patriarchè, twiè Taafèlè Moosès, Drei Patriarchen ...
   Eemoal een ... Einmal eins ...

4. *Jouè Fröngk, ech froach dech nou,*
   Watt säss dou mech datou,
   Ech froach dech nou, watt vaièr es.
   Vaièr Evangjèlistè, dreei Patriarchè, Vier Evangelisten ...
   Twiè Taafèlè Moosès
   Eemoal een ... Einmal eins ...

*Wetterfahne,
Viersen*

5. *Jouè Fröngk, ech froach dech nou,*
   Watt säss dou mech nou datou,
   Ech froach dech nou, watt fiif es.
   Fiif Jèbott tèr Kirrkè, vaièr Evangjèlistè, Fünf Gebote der Kirche ...
   Dreei Patriarchè, twiè Taafèle Moosès,
   Eemoal een ... Einmal eins ...

6. *Jouè Fröngk, ech froach dech nou,*
   Watt säss dou mech nou datou,
   Ech froach dech, watt sääs es.
   Sääs Krööch ruè Wiin, Sechs Krüge roten Weines ...
   Joaf dènn Heär enn Kaana fiin, Gab der Herr in Kanaa fein
   Kanaa enn Judäa, Schtättschè Kanaa in Judäa, Städtchen in
   enn Jaliläa. Galiläa.

Fiif Jèbott tèr Kirrkè, vaièr Evangjèlistè,
Dreei Patriarchè, twiè Taafèlè Moosès,
Eemoal een ...   Einmal eins ...

7. *Jouè Fröngk, ech froach dech nou,*
   Watt säss dou mech nou datou,
   Ech froach dech nou, watt seevèn es.
   Seevè Sakramäntè, sääs Krööch ruè Wiin,   Sieben Sakramente …
   Joaf dènn Heär enn Kaana fiin,
   Fiif Jèbott tèr Kirrkè, vaièr Evangjèlistè,
   Dreei Patriarchè, twiè Taafèlè Moosès,
   Eemoal een ...   Einmal eins ...

8. *Jouè Fröngk, ech froach dech nou,*
   Watt säss dou mech nou datou,
   Ech froach dech nou, watt aut es.
   Aut Sellichkeetè, seevè Sakramäntè,   Acht Seligkeiten …
   Sääs Krööch rouè Wiin,
   Joaf dènn Heär enn Kaana fiin,
   Fiif Jèbott tèr Kirrkè, vaièr Evangjèlistè,
   Dreei Patriarchè, twiè Taafèlè Moosès,
   Eemoal een ...   Einmal eins ...

9. *Jouè Fröngk, ech froach dech nou,*
   Watt säss dou mech nou datou,
   Ech froach dech nou, watt neejèn es.
   Neejèn Köör van Ängèlè,   Neun Chöre der Engel …
   Aut Sellichkeetè, seevè Sakramäntè,
   Sääs Krööch ruè Wiin
   Joaf dènn Heär enn Kaana fiin,
   Kaana en Judäa, Schtättschè en Jaliläa.
   Fiif Jèbott tèr Kirrkè, vaièr Evangjèlistè,
   Dreei Patriarchè, twiè Taafèlè Moosès,
   Eemoal een ...   Einmal eins ...

10. *Jouè Fröngk, ech froach dech nou,*
    Watt säss dou mech nou datou,
    Ech froach dech nou, watt tièn es.
    Tièn Jèbott van Jôtt,   Zehn Gebote Gottes …
    Neejè Köör möt Ängèlè,   Neun Chöre mit Engeln,
    Aut Sellichkeetè, seevè Sakramäntè,

Sääs Krööch ruè Wiin
Joaf dènn Heär enn Kaana fiin,
Kaana en Judäa, Schtättschè en Jaliläa,
Fiif Jèbott tèr Kirrkè, vaièr Evangjèlistè,
Dreei Patriarchè, twiè Taafèlè Moosès,
Eemoal een ...

Wetterfahne.
Viersen

Einmal eins ...

Küppers (1987), 93 ff, s. Kommentar Nr. = 838, in dieser Fassung fehlen die Strophen elf und zwölf: „Elftausend Jungfrauen" und „Zwölf Apostel Christi"

Nr. 839

Im *Klever Raum* bezeichnen Gahlings/Matenaar die von ihnen notierte Kurz-fassung „als Einprägungs- und Behaltereim für die religiösen Wahrheiten". Als Reihenspiel und Lied ist es allem Anschein nach dort wie bei Bruns (1884) ebenfalls nicht mehr bekannt.

Tien Geboode des Heere,	Zehn Gebote des Herrn,
Die motte wej leere.	Die müssen wir lernen.
Neege Kööre der Engel,	Neun Chöre der Engel,
Acht Saaligkeite,	Acht Seligkeiten,
Sööve Sakramente,	Sieben Sakramente,
Ses Krökke met rooje Win	Sechs Krüge mit rotem Wein
Schödde den Heer in Kaana in,	Schüttet der Herr in Kanaan ein,
Kaana in Galiläa,	Kanaa in Galiläa,
Städje in Judäa.	Städtchen in Judäa.
Fif Geboode van de hellege Kerk.	Fünf Gebote der heiligen Kirche.
Vier Evangeliste:	Vier Evangelisten:
Mathêus, Markus, Lukas en Johannes.	Matthäus, Markus, Lukas und Johannes.
Drie Patriarke:	Drei Patriarchen:
Abraham, Isak en Jakob.	Abraham, Isaak, Jakob.
Twee steenere Tââfels	Zwei steinerne Tafeln
Op den Berg van Sinai.	Auf dem Berge Sinai.
Eene God alleen,	Ein einziger Gott allein,
Eene Sâálegmââker vör ons alleen.	Ein Seligmacher für uns allein.

Kleve, Gahlings/Matenaar 1936, 139

Literatur

Bruns, Wilhelm, Illustriertes Kinderspielbuch enthaltend 808 volkstümliche Spiele, Reime, Sprüche, Verse, Rätsel, Düsseldorf 2. 1884 (Bruns 1884)
Gahlings, Karl und Franz Matenaar, Lieder und Sprüche aus dem Leben und Brauchtum am Niederrhein, Kleve 1936 (Gahlings/Matenaar 1936)
Küppers, Heinrich, Erinnerungen an „Alt Breyell". Viersen/Breyell o.J. [1987] (Küppers 1987)

Gesungene und gespielte Geschichten

Die Spiel- und Tanzlieder – auch die am Niederrhein gesungenen – sind keine regionalen Besonderheiten. Sie waren fast überall bekannt und wie die meisten Kinderliedchen und -verse im deutschsprachigen Raum weit verbreitet. Allerdings gibt es zahlreiche Text- und Melodievarianten. Das Spiel vom „Kleinen Mann" war um die Jahrhundertwende allerorten sehr beliebt. Es war allen Befragten bekannt und fehlt in fast keiner Spielesammlung.

Die nachfolgende Fassung vom „Kleinen Mann" aus „Des Dülkener Fiedlers Liederbuch" war wahrscheinlich eine in *Viersen* gesungene Version. Ernst Klusen bestätigt dies in seinem Kommentar (S. 131). An den drei Fassungen kann man ablesen, wie sich der Text eines Spielliedes im Laufe der Zeit und von Ort zu Ort verändert.

Bei den gespielten Geschichten wurden vor Spielbeginn die entsprechenden Rollen entweder frei oder durch Abzählen bestimmt.

Nr. 840 Es war einmal ein kleiner Mann (I)
(Textfassung aus „Des Dülkener Fiedlers Liederbuch" von 1875)

Es war einmal ein kleiner Mann, ha, juchhe,
Der eine große Frau wollt han, ha, juchhe.
Die Frau, die wollt ins Wirtshaus gahn …
Kleinmännlein wollte auch mitgahn …
Ach Männlein, bleib du hübsch zu Haus,
Geh hin und leck die Teller aus.
Und als die Frau nach Hause kam,
Saß Kleinmännlein da und spann.
Ach Männlein, wie viel hast du gesponnen?
Drei mal hab ich abgenommen.
Die Frau, die nahm den Besenstock
Und schlug Kleinmännlein auf den Kopf.
Kleinmännlein sprang ins Butterfaß,
Juckst du heraus, so kriegst du was.
Judiridirialla, ha juchhe, heirazassa, ha juchhe.

Deutscher Hausschatz,
Regensburg 1875

Fiedler 1875, 52, Nr. 70, vgl. *Hünxe*, Sander ZfVk 1906, 113, Nr. 11, s. Kommentar Nr. 840 bis Nr. 842

Nr. 841 Es war einmal ein kleiner Mann (II)
Es war einmal ein kleiner Mann, heijupheidi!
Eine große Frau, die wollt er han, hm, ha, hm.
Die Großfrau, die wollt tanzen gehen,

Der Kleinmann wollt gleich mit ihr gehen …
„Ach, Mann, bleib du nur zu Haus.
Wasch Schüsseln und die Teller aus!" …
Als Großfrau dann nach Hause kam,
Der Kleinmann ihr entgegenkam …
Ach, Mann, wieviel hast du gesponn?
Siebenmal hab ich angebunden …
„Ach Mann, du hast die Eier genascht.
Die Schalen liegen in der Asch'" …
Da nahm Großfrau die Ofenkrück.
Und schlug Kleinmann damit ins Genick …

Deutscher Hausschatz,
Regensburg 1875

mdl. *Boisheim* 1997, der Text wurde um 1960/70 in *Boisheim* gesungen und ist textlich – trotz der großen Zeitspanne, die zwischen Fiedler 1875 und 1970 liegt – noch sehr nahe an der Fassung von 1875, s. Kommentar Nr. 840 bis Nr. 842

Nr. 842 Es war einmal ein kleiner Mann (III)

Es wurden zwei Kreise gebildet: ein innerer kleinerer und ein äußerer größerer Kreis:

Es war ein - mal ein klei - ner Mann, hei - jup - hei - di! Der

nahm sich ei - ne gro - ße Frau, hm, ha, hm!

Der „kleine Mann" der im kleineren Kreis herumgeht, holt ein anderes Kind aus dem Kreis und nimmt „die Frau" an die Hand:

2. Die „Frau", die wollt' zur Kirmes (zum Tanze) gehen.
Zieht sich vor dem „Spiegel" Hut und Mantel an und geht in den äußeren Kreis.
3. Der „kleine Mann" wollt mit ihr gehen.
Er versucht, sich bei der „Frau" einzuhaken.
4. „Marschierst du dich nach Hause."
Sie weist ihn zurück in den inneren Kreis.
5. Und als die „Frau" nach Hause kam
Sie geht um den äußeren Kreis.
6. Da lag der „Mann" auf der Fensterbank.
„Mann" lehnt sich auf Arme und Hände der im inneren, kleineren Kreis stehenden Kinder.
7. Da nahm die „Frau" den Besenstiel.
Sie läuft aus dem Kreis und holt einen Stock (u.U. pantomimisch).

8. Und schlug dem Mann ein Loch in den Kopf.
Läuft in den inneren Kreis und schlägt ihn (pantomimisch) und bleibt im inneren Kreis.
9. Da lief der Mann zur Nachbarschaft.
„Mann" läuft in den äußeren Kreis zu einem beliebigen Kind.
10.„Meine Frau hat mich geschlagen!"
Sagt es mit Gesten.
11.Und als der Mann nach Hause kam.
Läuft zurück in den inneren Kreis.
12. „Jetzt wolln wir uns wieder vertragen!"
Beide fassten sich bei den Händen, umarmten sich und gliederten sich in den Kreis ein, wobei innerer und äußerer Kreis sich vereinigten und alle im Kreis herumtanzten.
Nach Aussage der Gewährsleute gestalteten sich die Strophen sieben und acht sehr dramatisch. Das Spiel „In Holland steht ein Haus" wurde laut Aussage der Gewährsleute ebenfalls mit zwei Kreisen, einem kleineren und einem größeren, gespielt.

Variante aus *Viersen,* gesungen um 1912/14. Sie weicht von der Dülkener Textfassung aus dem Fiedler (1875) beträchtlich ab, was vermuten lässt, dass Kinder die Erfinder der Strophen 9-12 waren. Text und Melodie *Viersen* 1975, *Hinsbeck, Neuwerk* 1980, vgl. Buchhorn 1897, 334, vgl. *Hüls,* Kleintitschen 1979, 93: hier fehlen die Motive „spinnen", „Teller auslecken" und „Butterfass". Die Textfassung aus *Hünxe* von 1906 ist fast identisch mit der aus dem Fiedler, vgl. Sander ZfVk 1906, 113, Nr. 14, anders ist hier: „Ich habe mir die Welt besehn,/Und hab die Schüsseln lassen stehn", s. Kommentar Nr. 840 bis Nr. 842

Nr. 843 Es ging ein Bäuerlein in die Stadt

3. Mit einem Stückchen Leinewand …
4. Guten Tag, guten Tag, mein Bäuerlein …
5. Was willst du mit der Leinewand? …
6. Da geh ich mit zum Schneiderlein …

7. Guten Tag, guten Tag, mein Schneiderlein …
8. Mach mir daraus ein Röckelein …
9. Am Sonntag muß es fertig sein …
10. Dann ging er zu Maritzebill …
11. Guten Tag, guten Tag, Maritzebill …
12. Wie steht mir denn mein Röckelein? …
13. Es steht dir gut und doch nicht fein …

Wetterfahne, Nettetal

14. Den Schneider soll der Kuckuck holen …

Die einzelnen Rollen wurden festgelegt und in jeder Strophe mit Gesten dargestellt, wie z.B. in „Es war einmal ein kleiner Mann" (Nr. 840 bis Nr. 842).

Text und Melodie *Viersen* 1974, in *Hünxe* lautet die letzte Strophe: „Wie steht ihm dieses Kittelein?/Das steht ihm wie ein Türkenschwein," vgl. Sander, ZfVk Jg. 3, 1906, 111, Nr. 6

Nr. 844 Ett jing ennè Buèr

Ett jing en-ne Buer dänn Bärich e-ropp. Kil-la, kil-la, hopp. Ett jing en-ne Buer dänn Bärich e-ropp. Kil-la, kil-la, hopp-sas-sa. Ett jing en-ne Buer dänn Bärich e-ropp. Kil-la, kil-la, hopp!

2. Er wollt' sich kaufen Leinewand. Killa, killa, hopp.
3. Was wollt' er mit der Leinewand? …
4. Er ging damit zum Schneiderlein …
5. „Mach mir daraus ein Röckelein" …
7. Und als er dann des Sonntags kam …
8. Da zog er dann das Röcklein an …
9. „Das Röcklein ist mir viel zu klein …
10. Du bist ein böses Schneiderlein" …

Die Kinder standen im Kreis. Der Inhalt jeder Strophe wurde mit Gesten dargestellt. Bei der ersten bis dritten Strophe trug das Kind, das den Bauern spielte, ein großes Taschentuch oder Tuch über Schulter und Rücken und ging

durch den Kreis. Bei Strophe vier ging der „Bauer" zu einem Kind, dem
„Schneiderlein", und beide begrüßten sich mit Handschlag. Bei Strophe fünf
führte das „Schneiderlein" pantomimisch die Nadel, während bei Strophe
acht der „Bauer" beim Schneiderlein das „Röckelein" anprobierte. Und bei
Strophe neun schlug das „Bäuerlein" mit einem Taschentuch auf das „Schneiderlein" ein.

Text und Melodie 1981 in *Hinsbeck* aufgezeichnet, s. Kommentar Nr. 844

Nr. 845 Schornsteinfeger ging spazier'n

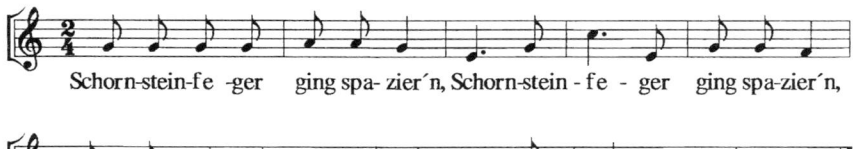

Schorn-stein-fe -ger ging spa- zier'n, Schorn-stein - fe - ger ging spa-zier'n,

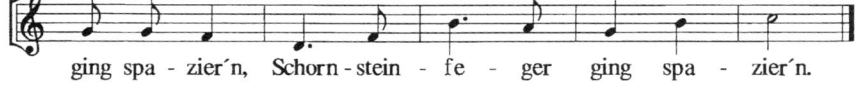

ging spa - zier'n, Schorn-stein - fe - ger ging spa - zier'n.

2. Kam er an ein schönes Haus...
3. Schaute dort ein Mädel raus...
4. „Mädel, willst du mit mir gehn?"
5. „Muß ich erst den Vater fragen."
6. „Vater, darf ich mit ihm gehn?"
7. „Nein, mein Kind, das darfst du nicht."
8. Mädel lief zur Tür hinaus.
9. Schornsteinfeger hinterher.
10. „Wann soll denn die Hochzeit sein?"
11. Kauften sich ein Zwillingspaar.
12. Und dazu ein Negerlein.
13. Feierten sie ihr Hochzeitsfest.

Schattenbild,
Wandsbeck 1875

Die Kinder bildeten einen geschlossenen Kreis. Die Kinder, die die Rollen von
„Vater" und „Mutter" spielten, standen am inneren Kreisrand einander gegenüber und bildeten mit erhobenen Armen ein Haus. Das „Mädel" stand dahinter und schaute heraus. Der „Schornsteinfeger" ging außen um den Kreis
herum. Bei Strophe zwei blieb er vor dem „Haus" stehen. Nachdem das „Mädel" und der „Schornsteinfeger" Hand in Hand fortgelaufen waren, folgten ab
Strophe zehn die im Kreis stehenden Kinder den beiden, sodass nur noch die
„Eltern" übrigblieben. Bei der letzten Strophe bildeten alle wieder einen Kreis.
Das „Brautpaar" tanzte im Kreisinneren. Der Kreis tanzte in die entgegengesetzte Richtung.

Text und Melodie 1982 in *Overhetfeld* aufgezeichnet, s. Kommentar Nr. 845

Nr. 846 Klein Anna von der Mühle

Klein An-na von der Müh- le saß ei-nes A-bends küh- le auf

ei - nem har - ten Stein, auf ei - nem har - ten Stein.

2. Kaum hat sie es vernommen,/Da ist ein Herr gekommen,/Ein Ritter jung und schön.

3. „Ach, Anna, hast du Eltern?"/„Nein, ich habe keine."/„Komm mit mir auf mein Schloß!

4. Da wirst du schön gekleidet/In Sammet und in Seide,/In Silber und in Gold.

5. In schönen Kleidern wirst du fahren/In einem goldnen Wagen,/Vier Pferde vorgespannt."

Wetterfahne, Dülken

„Anna" und der „Ritter" wurden vor Beginn durch Abzählen bestimmt. „Klein Anna" saß in der Kreismitte, während die anderen Kinder sich an den Händen hielten und im Kreis um „Anna" herumgingen. Bei der zweiten Strophe trat der „Ritter" in den Kreis und verbeugte sich vor „Anna". Er sang die vierte und fünfte Strophe, indem er mit Gesten auf das Schloss hinwies und auf die Kleider zeigte. In der letzten Strophe gingen beide als Paar Arm in Arm im Kreis umher.

Text und Melodie 1981 in *Neuwerk* aufgezeichnet, s. Kommentar Nr. 846 und Nr. 847

Nr. 847

    1. Die Anna saß auf einem Stein.

    (Wahrscheinlich fehlt die Strophe: *Und kämmte sich ihr goldnes Haar.*)

    2. Da fing sie an zu weinen.

    3. „Ach Anna, warum weinest du?"

    4. „Ich weine, weil ich sterben muß."

    5. Da kam der böse Fähnerich.

    6. Und stach die liebe Anna tot.

    7. Morgen früh wird sie begraben.

Es wurde gesungen zu der Melodie „Dornröschen war ein schönes Kind", mdl. *Neuwerk* 1981, s. Kommentar Nr. 846 und Nr. 847

Nr. 848 Dornröschen war ein schönes Kind

1. Dorn - rös - chen war ein schö - nes Kind, schö - nes Kind,

schö -nes Kind. Dorn - rös - chen war ein schö - nes Kind, schö - nes Kind.

1. Dornröschen war ein schönes Kind.
Dornröschen in der Kreismitte
2. Dornröschen nimm dich ja in acht.
Die Kinder warnen mit erhobenem Zeigefinger.
3. Da kam die böse Fee herein.
Die „Fee" tritt von außen in den Kreis.
4. „Dornröschen, schlafe hundert Jahr!"
Die „Fee" steht vor Dornröschen , hebt beide Hände über es und bewegt sie
hin und her. „Dornröschen" hockt sich langsam hin.
5. Da wuchs die Hecke riesengroß.
Die Kinder fassen sich an den Händen, heben sie hoch und treten eng im Kreis
zusammen.
6. Da kam der junge Königssohn.
Der „Königssohn" durchbricht von außen kommend den Kreis, die „Hecke",
mit beiden gefalteten Händen.
7. „Dornröschen wache wieder auf!"
Er hebt „Dornröschen" mit beiden Händen hoch.
8. Da feierten sie das Hochzeitsfest.
Alle hüpfen im Kreis um die beiden herum, die sich ebenfalls an den Händen
fassen und innen mittanzen.
Überall bekannt, s. Kommentar Nr. 848

Nr. 849 Zehn kleine Negerlein

Zehn klei - ne Ne - ger -lein, die fuh-ren mal ü - ber den Rhein. Da

ist das ei - ne hi - nein - ge - fal- len. Da wa-ren's nur noch neun.

2. Neun kleine Negerlein, die gingen mal auf die Jagd.
Da wurde das eine totgeschossen. Da waren's nur noch acht.
3. Acht kleine Negerlein, die aßen einmal Rüben.
Da hat das eine zuviel gegessen. Da waren's nur noch sieben.
4. Sieben kleine Negerlein, die gingen mal zu 'ner Hex'.
Da hat die Hex' eins aufgefressen. Da waren's nur noch sechs.
5. Sechs kleine Negerlein, die gingen mal durch die Sümpf'.
Da ist das eine steckengeblieben. Da waren's nur noch fünf.

6. Fünf kleine Negerlein, die tranken einmal Bier.
Da hat das eine zuviel getrunken. Da waren's nur noch vier.
7. Vier kleine Negerlein, die aßen einmal Brei.
Da hat das eine sich tot gegessen. Da waren's nur noch drei.
8. Drei kleine Negerlein probierten mal ein Ei.
Da ist das Ei steckengeblieben. Da waren's nur noch zwei.
9. Zwei kleine Negerlein, die fuhren mal nach Mainz.
Das eine ist nicht zurückgekommen. Da war es nur noch eins.
10. Ein kleines Negerlein, das fuhr mal mit der Kutsch.
Da ist es unten durchgerutscht. Da waren sie alle futsch.

Text und Melodie 1993 in *Viersen* aufgezeichnet, s. Kommentar Nr. 849

Nr. 850 Frau Nachtigall (Ein Vogel wollte Hochzeit halten …)

Eine alte Textfassung der „Vogelhochzeit" aus dem 19. Jh. überliefert Peter Norrenberg. Er notiert in einer Anmerkung:
„Auf einem alten Stück Papier aus der Mitte des 18. Jh.s (Archiv *Viersen*) fand ich folgendes Vogellied, offenbar ein Volkslied." Wenn man den Text der ersten Zeile wiederholt, kann man ihn zu der bekannten Melodie singen, also z.B.:
„Frau Nachtigall, Frau Nachtigall …".
1. Frau Nachtigall … Verkündet neue Mären (Kunde, Neuigkeiten).
2. An jenem Tag … Da soll die Hochzeit werden.
3. Die Drossel ist die Braut … Der Kuckuck ist der Bräutigam.
4. Die Finken … Die brachten der Braut zu trinken.
5. Die Gänse und die Enten … Die brachten der Braut
Presenten (Geschenke, Gaben).
6. Die Muschen und die Meisen (Spatzen) …
Die sangen das Kyrie eleisen (Herr erbarme dich).
7. Die Pfau mit ihrem langen Schwanz …
Die hielt der Braut den Vortanz.
8. Der schwarze Rabe war der Koch …
Das sieht man an den Federn noch.
9. Der grüne Specht … Der war des Jägers Meisterknecht.
10. Der Reiher fischet auf grünen Weiden … Da kam der
Star und nahm ihm ab sein Kleid.
11. Der Strauß, der floh durch's Haus … Und sagt: Man trinkt die Gläser aus.
12. Die Papagei, die lacht ein Ei (der Papagei, der legt ein Ei) … Das biß der Kuckuck gar entzwei.
13. Die Hup, die ließ einen Pup (der Wiedehopf) … Daß die Braut die Nase stup (daß die Braut die Nase hob).
14. Die Hennen und die Hahnen … Die sprungen all zusamen.

Schattenbild,
Wandsbeck 1875

Viersen und Umgebung, Norrenberg 1875, 102

Die zehnte Strophe zeigt rhythmische Ungereimtheiten. Weitere offensichtliche Aufzeichnungsfehler rhythmischer und metrischer Art müssen „zurecht" gesungen werden, z.B. in der 13. Strophe.

Nr. 851 Ein Vogel wollte Hochzeit machen

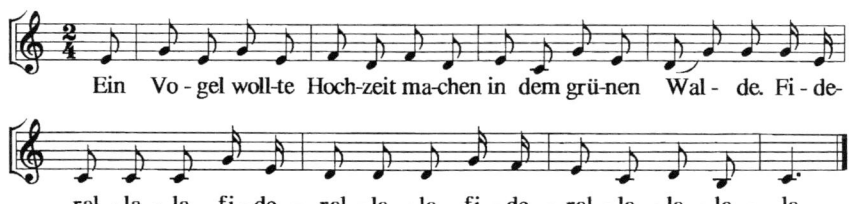

Die Lerche, die bringt die Braut zur Kerche.
Der Auerhahn, das ist der würd'ge Herr Kaplan.
Die Meise, die sang das Kyrieleise.
Die Gänse und die Anten*, das war'n die Musikanten.
Der Pfau mit seinem bunten Schwanz,
Tat mit der Braut den ersten Tanz.
Der Uhu, der macht die Fensterladen zu.
Die Eule, nahm Abschied mit Geheule.
Frau Kratzefuß, gab allen einen Abschiedskuß.

Wetterfahne, Dülken

* Enten. Das Lied wurde um 1946/47 häufig in den ersten Klassen der Volksschule
mit verteilten Rollen gespielt, mdl. 2002 in *Boisheim* aufgezeichnet, s. Kommentar Nr. 851

Nr. 852 Koch' Supp', du dumme Liese

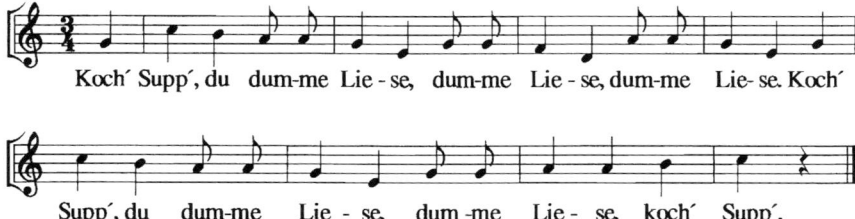

2. Worin denn, lieber Heinrich, lieber Heinrich, lieber Heinrich?
Worin denn, lieber Heinrich, lieber Heinrich, worin?
3. Im Topf, du dumme Liese …
4. Wenn der Topf aber ein Loch hat? …
5. Stopf's zu, du dumme Liese …
6. Womit denn, lieber Heinrich? …
7. Mit Stroh, du dumme Liese …

8. Wenn das Stroh aber zu lang ist? …
9. Schneid's ab, du dumme Liese …
10. Womit denn, lieber Heinrich? …
11. Mit dem Messer, dumme Liese …
12. Wenn das Messer aber zu stumpf ist? …
13. Dann schärf' es, dumme Liese …
14. Womit denn, lieber Heinrich? …
15. Hol' Wasser, dumme Liese …
16. Womit denn, lieber Heinrich? …
17. Mit dem Topf, du dumme Liese …
18. Wenn der Topf aber ein Loch hat? …
19. Laß es sein, du liebe Liese …

Die Kinder standen in zwei Reihen einander gegenüber, sangen und machten dabei folgende Bewegungen: Im Takte des Liedes schlugen sie an die Seite der Beine, klatschten in ihre Hände und darauf in die des gegenüber stehenden Mitspielers.

Text und Melodie 1995 in *Viersen* aufgezeichnet, Spielbeschreibung nach Wehrhan 1929, 229, Nr. 3197, s. Kommentar Nr. 852

Nr. 853 *Liese saß im Sonnenschein*

Lie - se saß im Son - nen - schein auf der grü - nen Wie - se.
Kam ein stol - zer Rei - ters - mann, neigt sich vor der Lie - se.

"Jung - frau lieb - lich, Jung - frau schön, tanz' mit mir ein we - nig!"

"Mag nicht tan - zen, dan - ke schön, wart' auf ei - nen Kö - nig!"

2. Sprengt der Reitersmann davon durch die grüne Wiese.
Kaufherr kommt mit stolzem Schritt, neigt sich vor der Liese:
„Jungfrau lieblich, …“
3. Und der Kaufherr geht davon durch die grüne Wiese.
Schneiderlein mit leichtem Schritt neigt sich vor der Liese:
„Jungfrau …“
4. Liese wartet Jahr auf Tag auf der grünen Wiese.
Doch kein König kommen mag, der da spricht zur Liese:

„Jungfrau lieblich, Jungfrau schön, tanz' mit mir ein wenig!"
Jeden sieht man weitergehn, niemals kommt ein König.
5. Kommt der Schweinehirt daher, Johann Christian Stoffel,
Hat nicht Schuh noch Strümpfe an, trägt nur Holzpantoffel.
„Lieber Stoffel, tanz mit mir auf der grünen Wiese!"
Und der Stoffel tanzt mit ihr, mit der dummen Liese.

Die „Liese" hockte sich in die Mitte des Kreises. „Reitersmann", „Kaufherr"
und „Schneiderlein" kamen jeweils aus dem Kreis, spielten und sangen vor der
„Liese" ihren Vers:"Jungfrau lieblich …" und „Liese" antwortete: „Mag nicht
…". Zum Schluss tanzte sie mit dem „Stoffel".

Text und Spielanleitung 1981 in *Viersen* aufgezeichnet, Melodie: Dillmann 1928, 30

Wetterfahne, Viersen

Literatur

Buchhorn, Josef, Das Kind in Glaube und Brauch der Völker. Kinderlieder und Kinderspiele am Niederrhein. In: Der Urquell, 1897 (Buchhorn 1897)

Dillmann, Josef und Annemarie Dillmann, Hg., Tanzspiele von der Wegscheide, Frankfurt/Main 1928 (Dillmann 1928)

Kleintitschen, Rosa, Ut den alden Tied, Hüls 1979 (Kleintitschen 1979)

Lewalter, Joh. und Georg Schläger, Deutsches Kinderlied ... in Kassel. Kassel 1911 (Lewalter/Schläger 1911)

Lorbe, Ruth, Die Welt des Kinderliedes. Dargestellt an Liedern und Reimen aus Nürnberg, Berlin, Basel 1971 (Lorbe 1971)

Meyer, Gertrud, Tanzspiele und Tanzlieder, Leipzig 4. 1911 (Meyer 1911)

Niederrheinischer Liederschatz, Erster Teil, Elberfeld o.J., (Ndrh.Liedschatz o.J.)

Norrenberg, Peter, Geschichte der Herrlichkeit Grefrath. Viersen, Dülken 1875 (Norrenberg 1875)

Sander, Hermann, Kinderlieder und Kinderspiele. Gesammelt in Hünxe bei Wesel. In: ZfVk 9. Jg., 1906 (Sander ZfVk 1906)

Stahl, Wilhelm, Volkskinderlieder aus Lübeck und Umgebung mit Melodien, Erläuterungen, Spielbeschreibungen. Lübeck, 2. verm. Aufl. 1925 (Stahl 1925)

Uhland, Ludwig, Alte hoch- und niederdeutsche Volkslieder, Bd. I–III, Stuttgart 1844–1866, Neudruck Hildesheim 1968 (Uhland I–III)

Wehrhan, Karl, Frankfurter Kinderleben in Sitte und Brauch, Kinderlied und Kinderspiel, Wiesbaden 1929 (Wehrhahn 1929)

ZfVk = Zeitschrift des Vereins für rheinische und westfälische Volkskunde

Zurmühlen, Hans, (Pseudonym P. Norrenberg) Des Dülkener Fiedlers Liederbuch. Viersen 1875 (Neuausgabe mit Singweisen von Ernst Klusen. Krefeld 1963 (Fiedler 1875)

Kreisspiele mit Paarbildung

Nr. 854 Schmetterling, du kleines Ding

Die Kinder standen im Kreis. Ein Kind in der Mitte durfte sich eine „Tänze-
rin" suchen. Beide Kinder fassten sich an den Händen und tanzten zu „Hei-
rassa ..." in der Kreismitte, während die anderen in der entgegengesetzten Richtung um die beiden herum tanzten.

Text und Melodie 1994 in *Viersen* aufgezeichnet

Nr. 855 Dieb, o Dieb

Die Kinder standen paarweise im Kreis, das Gesicht zur Kreismitte, ohne sich
an den Händen zu fassen. Ein Kind stand allein. Es tanzte in Sprungschritten
quer durch den Kreis auf ein beliebiges Paar zu, fasste eines dieser beiden Kin-

der bei der Hand und tanzte mit ihm an seinen Platz zurück. Das nunmehr allein stehende Kind suchte sich in entsprechender Weise seinen Partner.

Text und Melodie 1994 in *Viersen* aufgezeichnet, s. Kommentar Nr. 855

Wetterfahne, Dülken

Nr. 856 Einsam geh' ich hier

Ein-sam geh´ ich hier und su-che, su-che mei-nen lie-ben Freund.

Ei, da tref-fe ich ihn gar, der mir stets der lieb-ste war.
Willst du so wie einst mit mir dich zum Tan-ze dre-hen hier?

Tra-la-la-la, tra-la-la-la, tra-la-la-la-la-la, tra-la-la-la-la.

Es wurde ein Kreis gebildet. Die Kinder bildeten Paare nebeneinander. Bei der Zeile: „Ei, da treffe ich ihn gar …" drehten sich die Partner zueinander. Bei „Willst du so wie einst …" hakten sich die Paare unter und bei „Tralalala" tanzten sie umeinander herum. Man konnte auch zwei Kreise bilden, die sich gegeneinander bewegten. Bei „Ei, da treffe ich ihn gar" hielten die Kreise an. Wo die Kinder jeweils stehenblieben, fanden sie den „liebsten Freund". Bei „Willst du …" hakten sie sich unter und tanzten bei „Tralala".

Text und Melodie 1982 in *Overhetfeld* aufgezeichnet

Nr. 857 Der Kaiser von Rom (I)

Der Kai-ser von Rom, Na-po-li-um sein Sohn, er war ja viel zu

(fast Sprechgesang)

klein, um Kai-ser zu sein. Rück ein biß-chen,

rück ein biß-chen, blei-be stehn!

Text und Melodie 1992 in *Viersen* aufgezeichnet, zuweilen auch: „Rück ein bißchen weiter auf der Hühnerleiter, hier bleibe stehn", die 1970 befragte Generation sang nicht „Napolium", sondern „Napoleon", s. Kommentar Nr. 857 und Nr. 858

Nr. 858 Der Kaiser von Rom (II)

Der Kai - ser von Rom, Na - po - le - on sein Sohn, der
war noch viel zu klein, um Kai - ser zu
sein. Da stieg er im - mer wei - ter auf der Him - mels -
lei - ter und blieb dann stehn.

Die Kinder – meist Mädchen – standen in einer Reihe. Ein durch Auszählen bestimmtes Kind begann, indem es die Hände in die Hüften stützte und mit Seitgaloppschritten vor der Reihe tanzte, während die anderen sangen. Bei der Zeile: „Hier bleib ich stehn!" hielt es vor einem der Kinder an. Dabei wechselten die Rollen: Das Mädchen, das vorgetanzt hatte, gliederte sich dort wieder in die Reihe ein, während das, vor dem es stehen geblieben war, nun tanzen durfte. Das Liedchen wurde ebenfalls beim Seilchenspringen gesungen und diente auch zum Abzählen.

mdl. *Viersen* 1993, s. Kommentar Nr. 857und Nr. 858

Nr. 859 Der Sandmann ist da

Der Sand - mann ist da, der Sand - mann ist da! Er
hat so schö - nen wei - ßen Sand, ist al - len Leu - ten
wohl - be - kannt. Der Sand - mann ist da!

Die Kinder standen paarweise. Sie fassten sich an den Händen und bildeten eine Gasse. Das erste Paar begann und tanzte mit Seitgaloppschritten unter den Bogen durch, die von den anderen Kindern mit hochgehaltenen Armen gebildet wurden, und schloss sich am Ende beim letzten Paar wieder an. Alle anderen Paare folgten nacheinander. Das Lied wurde mehrere Male hintereinander gesungen und getanzt, sodass sich der „Standort" des Spielplatzes ständig veränderte. Der Sandmann kam noch bis um 1918 mit einer kleinen Karre durch die Straßen und verkaufte für wenige Pfennige in Eimerchen feinen Sand, der frisch auf den Boden der Stuben gestreut wurde. Außerdem scheuerte man mit dem Sand die Holzschuhe und die Tischplatten.

Text und Melodie *Viersen* 2002, s. Kommentar Nr. 859

Nr. 860 Der Onkel kommt

Wie „Der Sandmann ist da" wurde auch „Der Onkel kommt" gespielt. Es wurde beliebig oft wiederholt, bis die Gasse zuweilen von einem Ende des Schulhofes bis zum anderen Ende angekommen war:

Text und Melodie vgl. in Siemes/Philips 2001, 384 „Dä Maat erop" aus *Büderich* (Herzog-Albrecht-Marsch), mdl. *Hinsbeck* 1981, *Hüls,* Kleintitschen 1979, 93

Nr. 861 Dèr Schmett (I) – *Der Schmied*

Der Schmied, der Schmied,/Der nimmt sein Mädchen mit./Der Schmied, der Schmied,/Der nimmt sein Mädchen mit./Ein Schleier und ein Federhut,/Der

steht dem Mädchen allzu gut./Ein Schleier und ein Federhut,/Der steht dem Mädchen gut.

Text und Melodie *Amern, Boisheim* 1958, es wurde auch in Platt gesungen: Dä Schmett, dä Schmett,/Dä nömmt si Meädschè mött/Nè Schlaièr onn nè Feärèhoot/Schteet datt Meädschè joè so joot, mdl. *Viersen* 1973, s. Kommentar Nr. 861

Wetterfahne, Wankum

Nr. 862 Dèr Schmett (II)

Dä Schmett, dä Schmett,	Der Schmied, der Schmied,
Dä nömmt si Meätschè mött.	Der nimmt sein Mädchen mit.
Dä Schmett, dä Schmett,	Der Schmied, der Schmied,
Dä nömmt sin Meätschè mött.	Der nimmt sein Mädchen mit.
Wo maach dä Schmett su dekk	Wovon mag der Schmied so
van seèn?	dick sein?
Vann lautèr Beèr onn Branndèwiin.	Von lauter Bier und Branntwein.
Wo maach dä Schmett su dekk	Wovon mag der Schmied so
van seèn?	dick sein?
Vann lauter Branndèwiin.	Von lauter Branntwein.

mdl. *Grefrath* 1995

Man stellte sich paarweise zueinander auf und hielt sich an den Händen. Zum ersten Teil des Tanzes wurde ein Wechselhüpfer ausgeführt, d.h. man hüpfte in Gehstellung, also mit dem einen Fuß vor und mit dem anderen gleichzeitig zurück. Beim nächsten Hüpfer kam der andere Fuß nach vorne usw. Beim zweiten Teil wurde paarweise und untergehakt rundgetanzt. Dieses Tanzspiel ist typisch für die Übernahme eines Erwachsenentanzes durch Kinder. Überall am Niederrhein wurde dieser Volkstanz einst von Erwachsenen bei der Kirmes auf dem Tanzboden gespielt und gesungen, zuweilen war er sogar der Abschlusstanz, wie beispielsweise in *Amern*.

mdl. *Viersen* 1995, vgl. Heinrichs HHK 1958, 15/16, in *Kleve* sang man als Tanzreim (der Erwachsenen): „Den Schmet, den Schmet,/Den nemmt sin Mädje met./En wenn hej se niet kriege kann,/Dann hengt den Schmet die Leppe lang." RWB VII, 1471

Nr. 863 Wänn hee nè Pôtt mött Bonnè schteet (I) – Wenn hier ein Topf mit Bohnen steht

Wänn hee ne Pott mött Bon-ne schteet onn doe ne Pott mött Riis, dann
Ma - rii, Ma -rii, Ma - rutsch-tik-ka, Ma-rutsch-tik- ka Ma - rii. Ma-

lott ich Pott onn Bon - ne schtoen onn dannts mött min Ma - rii.
rii, Ma - rii, Ma -rutsch-tik - ka, Ma - rutsch-tik - ka Ma - rii.

Wenn hier ein Topf mit Bohnen steht/Und dort ein Topf mit Reis,/Dann lass ich Topf und Bohnen stehn/Und tanz mit meiner Marie./Marie, Marie, Maruschkaka/ Maruschkaka, Marie, usw.
oder: Marii, Marii Maruschkaka,/Maruschkaka Marii.

Onn wänn Marii nètt danntsè kann,	Und wenn Marie nicht tanzen kann,
Dann hätt sè krommè Been.	Dann hat sie krumme Beine.
Dann träkk sè langè Klaièr aan,	Dann zieht sie lange Kleider an,
Dann kann mann datt nètt sièn.	Dann kann man das nicht sehen.
Marii, Marii, Maruschkaka,	Marie, Marie, usw.
Maruschkaka Marii.	
Marii, Marii, Maruschkaka,	
Maruschkaka Marii.	

Text und Melodie 1974 in *Viersen* aufgezeichnet, s. Kommentar Nr. 863 und Nr. 864

Die Paare standen einander gegenüber im Kreis, eine Hand auf die Hüfte gestützt. Abwechselnd wurde der rechte Fuß vor (Hacke) und der linke zurück (Spitze) gesetzt. Dabei zeigte abwechselnd der jeweils rechte und linke Arm und Zeigefinger auf den imaginären „Bohnentopf". Am Ende der vierten Zeile („Marii") verlangsamte sich das Tempo: Die Paare hielten kurz an, klatschten einmal in die Hände, hakten sich entgegengesetzt unter und tanzten umeinander herum. Bei der Wiederholung von „Marii, Marii …" (Zeile sieben) wurde wieder kurz angehalten, einmal in die Hände geklatscht und in die entgegengesetzte Richtung umeinander herum getanzt.
mdl. *Viersen* 1974

Nr. 864 Wänn hee nè Pôtt mött Bonnè schteet (II)

Wänn hee ne Pott mett Bon - ne schteet onn doe ne Pott mett Bree,
dann lott ich Pott onn Bon - ne schtoen onn dannts mett minn Ma-rii.

Ma - rii, Ma - rii, Ma -rutsch-kak-ka, Ma - rii, Ma- rii, Ma - rutsch.

1. Wenn hier ein Topf mit Bohnen steht/Und dort ein Topf mit Brei,/Dann lass ich Topf und Bohnen stehn/Und tanz mit meiner Marie./Marii, Marii, Marutsch,/Marii, Marii, Marutschkaka,/Marii, Marii, Marutsch.

2. *Onn wänn Marii nètt danntsè kann,*   Und wenn Maria nicht tanzen kann,
Dann hatt sè krommè Been.   Dann hat sie krumme Bein'.
Dann träkk sè langè Klaièr aan,   Dann zieht sie lange Kleider an.
Dann kann mann datt nètt seen.   Dann kann man das nicht sehn.
Marii, Marii, Marutschkaka, Marii, Marii, … usw.
Marutschkaka, Marii, Marutsch.
Marii, Marii, Marutschkaka,
Marii, Marii, Marutsch.

Text und Melodie 1980 in *Neuwerk* aufgezeichnet, s. Kommentar Nr. 863 und Nr. 864, die textliche Fassung aus *Neuwerk* ist nahezu identisch mit der *Viersener* Fassung. Die Melodien sind jedoch unterschiedlich.

Nr. 865 *Hier ist Grün*

Das folgende Liedchen war ein typisches Erwachsenenvolkslied, vermutlich ein ursprüngliches Gesellschaftsspiel für Erwachsene, das zum Kinderlied wurde:

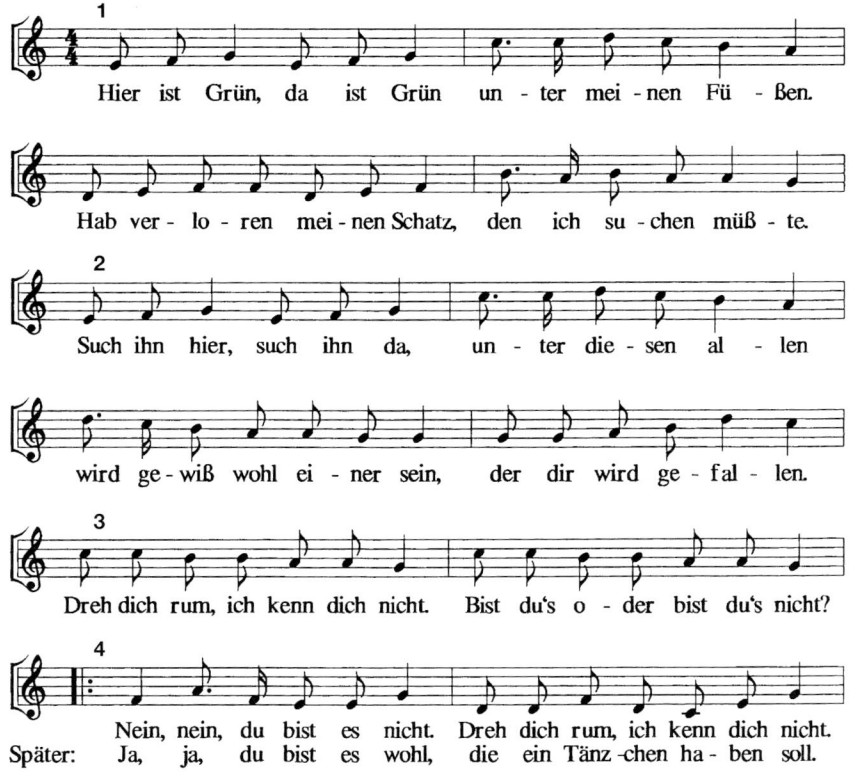

Nein, nein, du bist es nicht. Dreh dich rum, ich kenn dich nicht.
Ja, ja, du bist es wohl, die ein Tänz-chen ha-ben soll.

zu 1: Der Kreis geht links herum, ein Kind in der Mitte rechts herum.
zu 2: Das Kind in der Mitte bleibt vor einem Kind des Kreises stehen.
zu 3: Das Kind des Kreises dreht sich zweimal um sich selbst.
zu 4: Es schüttelt den Kopf oder macht eine ablehnende Handbewegung bzw. nickt später:

> *Ja, ja, du bist es wohl, die ein Tänzchen haben soll.*
> *Ja, ja, du bist es wohl, die ein Tänzchen haben soll.*

Sofort anschließend fassen sich beide Kinder kreuzweise bei den Händen. Der äußere Kreis hüpft links herum, das Paar rechts herum. Auf „Hei" machen alle eine halbe Drehung und hüpfen in die entgegengesetzte Richtung:

5 + 6 Sofort anschließend

Hei, hin-ter je-nen Ber-gen, sim-se-rim, sim-sim, da

tan-zen sie-ben Zwer-ge, sim-se-rim, sim-sim!

Spielanleitung nach Dillmann, Text und Melodie 1995 in *Osterath* aufgezeichnet, vgl. Dillmann (Tanzspiele) 1928, 14/15, s. Kommentar Nr. 865

Die folgende Spielbeschreibung ist die ältere und entspricht eher einem älteren Gesellschaftsspiel, das einst für Erwachsene bestimmt war. Hier ist das Motiv des Abweisens und der eigentlichen Auswahl noch enthalten. Die obige Fassung scheint eine „bereinigte" zu sein:

Die Kinder ziehen im Kreis, ein Kind steht in der Mitte. Alle singen
> *Hier und da ist Gras/Und Gras unter meinen Füßen.*
> *Hab verloren meinen Schatz,/Den werd ich suchen müssen.*

407

Das Kind in der Mitte:

> *Diese mit dem blauen (roten) Kleid/Kann mir sehr gefallen.*

Das aufgeforderte Kind ging zu dem, das es erwählt hatte. Dieses sang:

> *Dreh' dich herum, ich kenn dich nicht!/Bist du's oder bist du's nicht?*

Je nachdem, ob das erste Kind sich zufrieden gab oder es necken wollte, sang es:

> *Nein, ach nein, du bist es nicht./Scher dich hinaus, ich kenn dich nicht!*

Oder:

> *Ja, ach ja, du bist es wohl,/Komm zu mir und tanze!*

Je nachdem, wie das Kind sich entschied, begann das Spiel von neuem oder es setzte bei den Worten ein:

> *Dieses mit dem roten Kleid. … etc.*

Caro 1906, 73, Nr. 4

Nr. 866 Guten Tag, ihr lieben Leute

Gu - ten Tag, gu - ten Tag, ihr lie - ben Leu - te.
Bin der Herr von Mak-ken - stein, schenkt mir eu - re Toch - ter.
Die - se, die - se will ich nicht. Die - se muß ich ha - ben
mit dem ro - ten Kra - gen und dem grü - nen Schlips!

Ein Kind ging im Innenkreis entgegen der Kreisrichtung. Alle sangen dazu. Das Mädchen, vor dem der „Herr von Mackenstein" am Ende des Liedes stehen blieb, war die auserwählte „Tochter". Begrüßung und Rollentausch.

Text und Melodie 1994 in *Boisheim* aufgezeichnet

Nr. 867 Es regnet auf der Brücke

Es reg - net auf der Brük - ke, und ich wer -de naß.
Ich hab noch was ver - ges - sen, und ich weiß nicht was.

Komm her, mein Kind, komm her, mein Kind, und sieh, was hier ver-
wei- let. Ja, ja frei-lich, wo ich bin, da bleib ich.
Bleib ich, wo ich bin, a - dieu, a - dieu, mein Kind!

Im Kreis: Ein Kind stellte sich vor ein anderes. Alle – oder nur beide – sangen: „Es regnet auf der Brücke." Bei „Komm her!" gingen sie aufeinander zu, umfassten sich, tanzten in der Runde und sangen weiter. Bei „Adieu" blieben sie stehen, machten eine Verbeugung voreinander, gingen ein paar Schritte rückwärts.

Melodie rekonstruiert von Gerd Philips, s. Kommentar Nr. 867

Schmiedeeiserenes Gitter, Kempen

Nr. 868 Da stehn zwei draußen vor der Tür

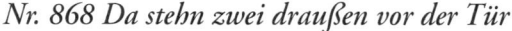

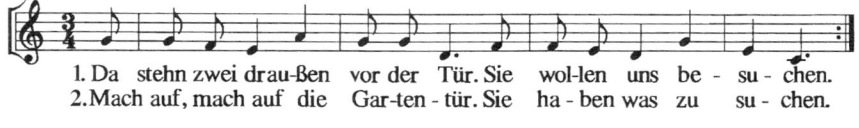

1. Da stehn zwei drau-ßen vor der Tür. Sie wol-len uns be - su - chen.
2. Mach auf, mach auf die Gar-ten - tür. Sie ha - ben was zu su - chen.

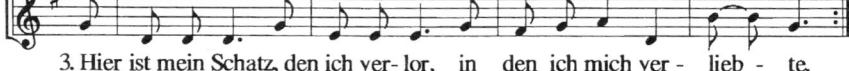

3. Hier ist mein Schatz, den ich ver-lor, in den ich mich ver - lieb - te.
4. So rei-che mir die ei - ne Hand, die an -dre auch zum Un-ter- pfand.
5. Und heu-te woll'n wir lu - stig sein. Im Gar-ten stehn zwei Blü- me-lein.

Alle standen im Kreis bis auf ein Kind, das draußen blieb. Bei der zweiten Strophe hoben zwei Kinder die Arme hoch, bildeten ein Tor und ließen das Kind in die Kreismitte, das in die entgegengesetzte Richtung an allen vorbeiging. Bei der dritten Strophe blieb es vor einem Kind aus dem Kreis stehen und kniete vor ihm nieder. Der ausgewählte „Schatz" reichte ihm bei der vierten Strophe zuerst die rechte, dann die linke Hand und zog es hoch. Nun hüpften beide im Kreis herum und der Kreis in die entgegengesetzte Richtung. Das Spiel begann von vorn, indem „der Schatz" nun außerhalb des Kreises sein durfte und hereingelassen wurde.

Text und Melodie 1994 in *Viersen* aufgezeichnet, s. Kommentar Nr. 868

Nr. 869 Jammer, Jammer über Jammer

Jam - mer, Jam-mer, ü - ber Jam - mer, hab´ ver-lo - ren mei -nen Schatz.

Will mal se - hen, will mal se - hen, ob ich ihn wohl fin - den kann.

1974 in *Viersen* aufgezeichnet, vgl Fischbach/van der Giese 1880, 57, Nr. 51, vgl. *Köln* Werner 1961, 69 und 139, Werner bezeichnet es als „Reigentanzlied", das in Köln und „vielen anderen Orten" auf Fastnachtsbällen sehr beliebt war, vgl. Trauer, Trauer über Trauer, s. Kommentar Nr. 868

Nr. 870 Trauer, Trauer

Trauer, Trauer, über Trauer,
Hab verloren meinen Ring.
Will mal, will mal, will mal sehen,
Ob ich ihn nicht finden kann.

Hierbei ging das durch Abzählen bestimmte Kind suchend im Kreis umher und hockte sich auf die Erde, um den fiktiven Ring auf dem Boden zu finden.

Freude, Freude, über Freude,
Hab gefunden meinen Ring.

Das Kind stand auf und zeigte den „Ring" (irgendeinen kleinen beliebigen Gegenstand wie z.B. Knopf oder Glasscherbe) mit erhobener Hand den anderen Kindern im Kreis.

Will mal, will mal, will mal sehen,
Ob ich ihn verschenken kann.

Bei den Worten der letzten zwei Zeilen ging das Mädchen am Kreis entlang und suchte eine Mitspielerin aus, der es den vorgestellten Ring gab, wodurch das Spiel von Neuem begann.

mdl. *Viersen* 1980, vgl. Werner 1961, 69 u. 139, s. Kommentar Nr. 868

Literatur

Caro, Karl, Kinderspiele und Kinderlieder vom Niederrhein. In: Jahrbuch des Vereins für niederdeutsche Sprachforschung, Bremen, 32. Jg.,1906. (Caro 1906)

Dillmann, Josef und Annemarie Dillmann, Tanzspiele von der Wegscheide: Frankfurt M. 1928 (Dillmann 1928)

Fischbach, P. J. und J. van der Giese, Dürener Volksthum, Hg. von H. J. Werners, Düren 1880, (Fischbach/van der Giese 1880)

Kleintitschen Rosa, Ut den alden Tid. Krefeld-Hüls 1979 (Kleintitschen 1979)

Siemes, Helena und Gerd Philips, Rheinische Spiele, Reime und Lieder (Aachen und Umgebung), Aachen 1995 (Siemes/Philips 1995)

Siemes, Helena und Gerd Philips, Durch das Jahr. Feste und Bräuche am Niederrhein. Duisburg 2001 (Siemes/Philips 2001)

Wehrhan, Karl, Frankfurter Kinderleben in Sitte und Brauch, Kinderlied und Kinderspiel. Wiesbaden 1929 (Wehrhan 1929)

Spiele mit pantomimischen Bewegungen

Nr. 871 Adam hatte sieben Söhne (I) – Mit Varianten

Text und Melodie 1978 in *Viersen* aufgezeichnet, s. Kommentar Nr. 871 bis Nr. 873

1. Spielmöglichkeit
Die Kinder gingen singend im Kreis herum und „Adam" stand in der Mitte.
Am Schluss des Liedes („Sie machten alle so wie ich") führte er eine Stellung
oder Bewegung, Grimasse oder Gebärde vor, die von allen anderen nachgemacht
werden musste, wobei er so lange weitermachen durfte, bis ihm nichts mehr
einfiel.

2. Spielmöglichkeit
Man konnte das Spiel auch im Haus spielen, wobei alle auf Stühlen im Kreis
saßen. Dann mussten diejenigen, die die Bewegungen nicht korrekt nach-
machten, ein Pfand abgeben und dann selbst in die Mitte gehen. Das Spiel
konnte auch dahingehend abgewandelt werden, dass niemand lachen durfte,
wenn „Adam" etwas Komisches vormachte. Wer trotzdem lachte, musste ebenfalls ein Pfand abgeben.

Text und Melodie 1978 in *Viersen* aufgezeichnet, vgl. Bruns 1884, 42/43, Nr. 125, s. Kommentar Nr. 871 bis Nr. 873

Nr. 872 Adam hatte sieben Söhne (II) – Als Kreisspiel
> *Adam hatte sieben Söhne,*
> *Sieben Söhn' hatt' Adam.*
> *Sie aßen nichts, sie tranken nichts,*
> *Sie taten alle so:*
>
> *1. Mit dem Köpfchen nick, nick, nick,*
> *2. Mit den Fingerchen tipp, tipp, tipp,*
> *3. Mit den Händchen klatsch, klatsch, klatsch,*
> *4. Mit den Füßchen patsch, patsch, patsch.*

Die Kinder gingen im Kreis umher und sangen. Bei „Mit dem Köpfchen nick,
nick …" blieben sie stehen und nickten dreimal mit den Köpfen. Bei der zwei-

ten Strophe tippten sie dreimal mit den Fingern an die Stirn, bei der dritten klatschten sie in die Hände und bei der vierten stampften sie mit den Füßen. Es handelt sich um ein sehr altes Tanz- und Pantomimenspiel, das ursprünglich ein Gesellschaftsspiel für Erwachsene war, verbunden mit dem Abgeben und Auslösen eines Pfandes,

mdl. *Dülken* 1986, Caro 1906, 74/75, Nr. 8; vgl. Böhme 1897, 494/95, Nr. 237, s. Kommentar Nr. 871 bis Nr. 873

Nr. 873 Abraham (oder Adam) hatte sieben Söhne (III)

Abraham (Adam) hatte sieben Söhne,
Sieben Söhn' hatt' Abraham (Adam).
Sie aßen nicht, sie tranken nicht,
Sie taten alle so wie ich:

Dabei wurden Bewegungen mit wachsendem Schwierigkeitsgrad durchgeführt: heben eines und dann beider Arme und dann eines Beines, Knien auf einem Bein, dann auf beiden Beinen, Stützen des Kopfes in die rechte Hand usf. Wer eine schwierige Stellung oder Bewegung nicht richtig nachmachen konnte, musste einPfand abgeben.

mdl. *Neuwerk* und *Viersen* 1981, weit verbreitet, s. Kommentar Nr. 871 bis Nr. 873

Nr. 874 Es kamen drei Weise aus dem Morgenland
– auch „Stummes Handwerk" genannt

Die erste Gruppe sprach:
Hier kommen drei Weisen aus dem Morgenland,
Sie sind schwarz von der Sonne gebrannt.
Dann sagte die zweite Gruppe:
Wo sind sie denn von dannen?
Darauf wieder die erste Gruppe:
Von Sichsen und Sachsen,
Wo die schönen Mädchen auf den Bäumen wachsen.
Hätt ich dran gedacht,
So hätte ich eins mitgebracht.
Nun die zweite Gruppe:
Könnt ihr auch ein Handwerk?
Wiederum die erste Gruppe:
Ja.
Zum Schluss die zweite Gruppe:
Dann macht mal eins!

Die erste Gruppe begann, indem drei Mitspieler nacheinander ein Handwerk vorspielten, mit den dazugehörigen typischen Handbewegungen und

Gesten, die sie sich zuvor ausgedacht hatten. Errieten die Zuschauer das betreffende Handwerk, so wurde gewechselt und die Zuschauer durften nun vorspielen, andernfalls wurde so lange weitergemacht, bis das richtige erraten worden war.

Mdl. *Neuwerk, Viersen, Dülken, Süchteln, Grefrath* 1980, vgl. Variante bei Frischbier 1869, 18: „Wir kommen aus dem Mohrenland,/Die Sonne hat uns schwarz gebrannt./Wir sind die edlen Mohren/Und haben schwarze Ohren. – Was für ein Handwerk habt ihr? – Ein recht schönes. – Zeigt's mal! Wurde das betreffende Handwerk nicht erraten, so zogen sich die Handwerker mit der Angabe zurück: ‚Unser ehrliches Handwerk ist' z.B. ‚Maurer' und führten ein neues vor. Wurde es erraten, so flohen die ‚Handwerker' und wurden von den übrigen verfolgt. Wer ergriffen wurde, trat seine Stelle dem Sieger ab", s. Kommentar Nr. 874

Nr. 875 Häppèla vengk mött Jänntè

Die Kinder standen in zwei Reihen einander gegenüber. Bei dem Ruf „*Häppèla vengk mött Jänntè!*" stellte die Reihe, die beginnen durfte, entweder bestimmte Figuren pantomimisch dar oder machte Bewegungen wie Springen, Hüpfen usw. vor. Die andere Seite musste alles genau wiederholen. Wer nicht aufgepasst hatte und einen Fehler machte, schied aus.

mdl. *Viersen* 1986

Nr. 876 Fijuurèschmiitè – Figuren werfen

Zwei Kinder fassten sich an den Händen. Nun warf eines das andere mit Schwung von sich weg. Die Position, in der das „geworfene" Kind zum Stehen oder Liegen kam, musste genau beibehalten werden. Dabei konnten nicht nur groteske Stellungen eingenommen, sondern auch groteske Fratzen geschnitten werden.

mdl. *Viersen, Dülken* 1979, *Neuwerk* 1981

Nr. 877 Auf dem Berge Sinai

Das folgende Spiel ist insofern interessant, als es die klassische Rollenverteilung in der Gesellschaft um die Jahrhundertwende bis weit ins 20. Jh. spiegelt. Wie in dem Spiel „Wollt ihr wissen, wie der Bauer?" wurden in den einzelnen Strophen die entsprechenden Bewegungen nachgeahmt.

> 1. *Auf dem Berge Sinai, da wohnen viele Mädchen:*
> *Püppchen tragen, Püppchen tragen,*
> *Das tun die Mädchen.*
> 2. *Auf dem Berge Sinai, da wohnen viele Knaben:*
> *Peitschen knallen, Peitschen knallen,*
> *Das tun die Knaben.*
> 3. *Auf dem Berge Sinai, da wohnen viele Mütter:*
> *Kinder wiegen, Kinder wiegen,*
> *Das tun die Mütter.*

4. Auf dem Berge Sinai, da wohnen viele Männer:
Schnäpschen trinken, Schnäpschen trinken,
Das tun die Männer.
5. Auf dem Berge Sinai, da wohnen viele Damen:
Tänzchen drehen, Tänzchen drehen,
Das tun die Damen.

mdl. *Viersen* 1974, ebenfalls *Aachen*

Nr. 878 Hans Michel, der wohnt auf der Lämmer-, Lämmerstraß'

Hans Mi - chel, der wohnt auf der Läm-mer-, Läm-mer-straß', auf der Läm - mer-, Läm -mer -straß', kann ma – chen, was er will, kann ma - chen, was er will. Er macht sich ei - ne Gei – ge, Vi - o - li -ne, Vi - o -li - ne macht die Gei - ge. Vi - o -, Vi - o - li - ne, Vi - o -, Vi - o -li - ne, Vi - o -, Vi - o -li - ne eins, zwei, drei.

2. Hans Michel, der wohnt …
Er macht sich eine Flöte.
Timpoline, timpoline macht die Flöte.
Violine, Violine macht die Geige.
3. Er macht sich eine Trommel.
Trommderomm, trommderomm macht die Trommel …
4. Er macht sich eine Schelle.
Tingeling, tingeling macht die Schelle …

5. Er macht sich eine Uhr.
Ticketacke, ticketacke macht die Uhr ...

Nacheinander wird jedes neu dazugekommene Instrument in jeder Strophe aufgezählt: Violine, Flöte, Geige, Trommel, Schelle, Uhr usw.
Die Spieler bildeten singend einen Kreis, der sich links herum bewegte. In der Mitte stand ein Kind, das die für die einzelnen Instrumente nötigen Bewegungen vormachte. Die anderen Kinder ahmten das nach, wobei beliebig viele Strophen dazuerfunden werden konnten.

Text und Melodie der Strophen eins bis drei 1995 in *Viersen* aufgezeichnet, die Strophen vier und fünf ergänzt aus Frey Mädchenspiele, Stuttg. 1933, 48, s. Kommentar Nr. 878

Wetterfahne,
ev. Kirche Viersen

Nr. 879 *Wollt ihr wissen, wie der Bauer*

Wollt ihr wis - sen, wie der Bau - er, wollt ihr wis - sen, wie der
Bau - er sei - nen Ha - fer aus - sät? Seht so, so tut der
Bau - er, seht so, so tut der Bau - er, wenn er Ha - fer aus - sät.

2. ... wenn er Hafer abmäht.
3. ... wenn er Schnaps austrinkt.
4. ... wenn er sein Geld bezahlt.
5. ... wenn aus dem Wirtshaus er kommt.
6. ... wenn sein Weibchen er schlägt.

mdl. *Viersen* und *Boisheim* 2002 aufgezeichnet, vgl. *Hünxe,* Sander ZfVk, 1906, 10, in ganz Deutschland bekannt, s. Kommentar Nr. 879

Nr. 880 *Morgens früh um sechse kam die alte Hexe*

Mor - gens früh um sech - se kam die al - te He - xe.

Mach - te ei - ne Frat - ze wie ´ne al - te Kat - ze.

Rums, vi - de-rums, vi - de - ral - lal - la. Rums, vi -de-rums, vi - de - ral - lal - la.

Mach-te ei - ne Frat - ze wie ´ne al - te Kat - ze.

2. Kam der Onkel Fritze mit der Zipfelmütze./Steckt sich ein Zigärrchen an und marschiert nach Hause dann./Rums, viderums, viderallalla …
3. Kam das Mädchen aus dem Lande mit der weißen Schürze an./Machte eine Rutschpartie wie noch nie./Rums, viderums, viderallalla …

Wahrscheinlich pantomimisch gespielt, die Hexe z.B. bestimmte den „Onkel Fritze“, der „Onkel Fritze“ wiederum das „Mädchen aus dem Lande“, Text und Melodie 1995 in *Viersen* aufgezeichnet

Nr. 881 Guten Abend, Herr Spielmann

Gu - ten A - bend, Herr Spiel-mann, wie geht es denn noch mit der

klei - nen Vi - o - li - ne, mit der gro -ßen Schrumm-Schrumm?

2. Es rasselt der Kessel, es klingelt der Topf./Es klappern die Löffel, es poltert der Napf.
3. Trallallallallallallallallallallallalla,/Trallallallallallallallallallallallalla.

Ein oder zwei Kinder hatten je zwei Topfdeckel, die aneinander geschlagen wurden; eins hatte eine Klingel (Triangel oder Schlüssel), weitere zwei Holzlöffel und andere einen umgedrehten Kochtopf mit Holzlöffeln. Diese „Instrumente“ wurden der Reihe nach einzeln so gespielt, wie in der Abfolge des Liedes vorgegeben. Beim „Trallallallallallallallallallallalla“ wurden alle Instrumente zusammen eingesetzt.

Text und Melodie 1995 in *Viersen* aufgezeichnet, s. Kommentar Nr. 881

Literatur

Böhme, Franz Magnus, Deutsches Kinderlied und Kinderspiel, Volksüberlieferungen aus allen Landen deutscher Zunge, Leipzig 1897 (Böhme 1897)
Caro, Karl, Kinderspiele und Kinderlieder vom Niederrhein. In: Jahrbuch des Vereins für niederdeutsche Sprachforschung, 32. Jg. Bremen 1906 (Caro 1906)
Frey, Thilde, Hg. Mädchenspiele. Schriftenreihe für kath. Jugend- und Kinderarbeit, Heft 2, Stuttgart 1933 (Frey 1933)

Hoerburger, Felix und Helmut Segler, Klare, klare Seide. Überlieferte Kindertänze aus dem deutschen Sprachraum, Kassel und Basel 1962 (Hoerburger/ Segler 1962)
Nolden, Hans, Alt Crefeld, Crefeld 1912 (Nolden 1912)
Sander, Hermann, Kinderlieder und Kinderspiele, gesammelt in Hünxe bei Wesel. In: Zeitschrift des Vereins für rheinische und westfälische Volkskunde, 3. Jg. 1906 (Sander, ZfVk 1906)
ZfVk = Zeitschrift des Vereins für rheinische und westfälische Volkskunde

Fliehen und gefangen werden

„Unheimliche" Spiele

„In unserer Kultur besteht die Neigung, besonders wenn es um Kinder geht, so zu tun, als existiere die dunkle Seite des Menschen nicht." Angst vor der Dunkelheit, vor unheimlichen Gestalten, dem Bösen, vor Einsamkeit, Verlassenwerden, Tod, dies alles sind existenzielle Ängste, die zum menschlichen Dasein gehören.[1] Dem Urbedürfnis nach der Bewältigung von Ängsten kommen nicht nur Märchen, sondern auch bestimmte Spiele entgegen, die von Kindern immer wieder gespielt werden. Typisch für die folgenden Spiele ist, dass sie in einer bestimmten kindlichen Entwicklungsphase, der Vorpubertät, wie die Märchen eine wichtige Funktion für das innerseelische Geschehen bei Kindern haben. Es sind solche Spiele, in denen eine unheimliche Gestalt als Personifikation von etwas „Übermächtigem" agiert. Bei den Fangspielen sind es Dialoge zwischen den Kindern und einem unheimlichen oder dräuenden Wesen, die Spannung aufbauen und Angst einflößen. Durch ständigen Rollentausch und Verwandlung im Spiel erhält das Kind jedoch die Möglichkeit, den anderen seinerseits Angst einzuflößen, während es selbst in dieser Rolle seine eigene Angst bewältigen kann. Auf diesen wichtigen innerseelischen Vorgang haben schon früh Bruno Bettelheim sowie die Kinderpsychologinnen Charlotte Bühler und Josefine Biltz hingewiesen.[2] „Mitten im Spiel geschieht etwas sehr Bemerkenswertes: Der Plumpsack wird im Augenblick, da er sein Opfer holt, selbst zum erleidenden Subjekt der Plumpsackaffäre. Blitzschnell wendet sich die Situation: Der Hase wird zum Jäger, der Jäger zum Hasen."[3] Damit nimmt das Kind sein Schicksal hin und erlangt zugleich Macht über andere. „Es wird selber zum Plumpsack, der nun andere Kinder ‚zeichnet'."[4] Durch die Wiederholung des Spieles wird das unheimliche Wesen immer wieder „provoziert", während sich gleichzeitig eine „Minderung des Affekts einstellt" und die Furcht geringer wird.[5] Insofern ist das „Plumpsackspiel" mehr als ein bloßes Fangspiel, bei dem es auf schnelles Reagieren und rasches Laufen ankommt.

In den folgenden Spielen ist es ein „unheimliches Wesen", das im Rücken der Kinder agiert, das sie nicht sehen und dessen Handlung sie nicht sofort erkennen können. Kinder suchen folglich gewissermaßen das Unheimliche, das sie anzieht und dem sie sich immer wieder neu aussetzen und stellen wollen. Hier – wie bei allen anderen Spielen – wurde anfangs durch einen Abzählvers festgelegt, wer mit dem Fangen, dem „Abschlagen" der anderen beginnen sollte. Es hieß: „Du bist!" In den häufig wild bewegten Spielvorgängen gab es auch Ruhepunkte, das „Mal", den „Pôtt". Es waren meist Kreise, die vor Spielbeginn auf dem Boden markiert wurden. Wer darin Zuflucht suchte, durfte nicht abgeschlagen werden. Hier konnte man verschnaufen. An dieser Stelle sind Spiele zusammengestellt, in denen unbenennbare Ängste in unheimlichen Wesen personifiziert bzw. in unheimlichen Dialogen verbalisiert wurden.

Im Kreis

Nr. 882 Plumpsack (I) – *Mit Varianten*
     Kinder, Kinder dreht euch nicht herum

Erste Variante: Ein Kreis wurde gebildet. Ein durch Abzählen ermitteltes Kind ging außen um den Kreis herum. Wer sich umdrehte oder lachte, bekam einen Schlag auf den Rücken. Das Kind, das um den Kreis herumging, ließ irgendwo hinter einem der Mitspieler (möglichst unbemerkt) ein zusammengeknotetes Taschentuch oder Tuch fallen, was von dem betreffenden Kind möglichst schnell entdeckt werden musste. Dieses hatte nun die Aufgabe, blitzschnell zu reagieren, das Tuch aufzuheben und damit um den Kreis herum hinter dem bisherigen „Plumpsack" herzujagen, um ihn mit dem Tuch auf dem Buckel abzuschlagen, bevor er die gerade entstandene Kreislücke wieder erreichte. Wenn der Fänger es nicht schaffte, den „Plumpsack" rechtzeitig abzuschlagen, musste er diesen ablösen.
Zweite Variante: In älterer Zeit war die Bezeichnung für denjenigen, der um den Kreis herumging, „der Fuchs". Er musste einem der Kinder, die alle die Hände auf den Rücken hielten, den „Plumpsack" heimlich in die Hand geben.

Dieses schlug nun damit sofort auf den rechten Nachbarn ein und jagte ihn um den Kreis herum, bis beide wieder an ihre Plätze zurückkamen. Der Gejagte löste den Jäger nun als „Fuchs" ab.

Variante 1 1980 in *Viersen* aufgezeichnet, Variante 2 vgl. Böhme 1897, 556, Nr. 366, vgl. Strackerjan Oldenburg 1851, 26 f., überall in der Umgebung bekannt, s. Kommentar Nr. 882

Nr. 883 *Plumpsack* (II)

Aus der Umgebung von *Kleve/Geldern* stammt die mundartliche Fassung des „Plompsack" aus dem Jahre 1904/08, die nicht gesungen, sondern gesprochen wurde und die ähnlich ist wie die von Böhme und Strackerjan überlieferte:

Die Kinder standen im Kreis, ohne sich umsehen zu dürfen, und hielten die Hände auf dem Rücken. Ein zuvor ausgewähltes Kind ging mit dem Plumpsack (einem großen Taschentuch) um den Kreis herum und sprach:

Kiek dech niet öm,	Sieh dich nicht um,
De Plompsack geht heröm!	Der Plumpsack geht herum!
Et Hennecke wol leggen.	Das Hühnchen wollte legen.
Ick dörf ou nicks seggen.	Ich darf euch nichts sagen.

Hatte eins der Kinder die Hände nicht auf dem Rücken, so sagte es: „*Fleesch op den Deesch!*" – Fleisch auf den Tisch. Dabei schlug es dem betreffenden Kind mit dem Taschentuch auf den Rücken. Wenn es einige Male um den Kreis gegangen war, gab es einem beliebigen Mitspieler den Plumpsack in die Hand und rief: „*Plompsack los, den öm hätt!*" – Plumpsack los (d.h. wegrennen), wer ihn hat! Das Kind schlug damit nun seinen Nachbarn zur Rechten, der

einige Male rund um den Kreis laufen musste, wobei es ihm nachlief und mit dem Plumpsack schlug, sofern es ihn erreichte. Das Spiel wurde wiederholt, indem das Kind, das zuletzt den Plumpsack bekommen hatte, weiter um den Kreis ging.

Caro 1906, 77, Nr. 16

Nr. 884 *Roojen Hahn* (I)

Dieselbe Spielregel wie bei Nr. 882 galt auch für ein Spiel aus der *Klever* Gegend:

Roojen Hâân,	Roter Hahn,
Wââter en Füür,	Wasser und Feuer,
Drääjt ow niet öm,	Dreht euch nicht um,
Den Plumssak get öm.	Der Plumpsack geht um.

Kleve, Gahlings/Matenaar 1936, 42, ohne Melodie

Mit dem „Roten Hahn" ist seit alters her das Feuer gemeint, nicht das gezähmte Herdfeuer, sondern der Brand, der Häuser und Höfe vernichtet.

Nr. 885 Rojen Hahn (II)

Die Kinder standen im Kreis, jeweils etwa zwei Schritte voneinander entfernt. Jedes Kind stand in einem viereckigen Häuschen. Nach dem Abzählen ging das ausgeloste Kind mit einem Ball außen um den Kreis herum und sang:

Rojen Hahn,	Roter Hahn,
Wat hed gej an?	Was hast du an?
Twee paar Strämp	Zwei paar Strümpf
En twee paar Schuhn.	Und zwei paar Schuh.
Dat hed den rojen Hahn vandun.	Das hat der rote Hahn nötig.

Dabei legte es den Ball hinter einen der Mitspieler, möglichst so, dass das nicht gleich bemerkt wurde. Sobald das andere Kind den Ball jedoch erblickte, hob es ihn auf und rannte hinter dem „roten Hahn" her, um ihn mit dem Ball abzutreffen. Erreichte der „Hahn" aber vor dem Jäger dessen Platz, ohne getroffen zu werden, so lief er weiter, während das andere Kind ausscheiden musste. Wurde der „rote Hahn" jedoch getroffen, schied er selbst aus und der Jäger trat an seine Stelle. Das Spiel ging so weiter, bis nur noch ein Kind übrig war. Mit diesem ging der „roje Hahn" weg und versteckte den Ball, den die anderen nun suchen mussten; wer den Ball fand, durfte der neue „rote Hahn" sein.

Wetterfahne, Dülken

Caro 1906, 64, Nr. 11

Nr. 886 Ist die schwarze Köchin da

Ein Kind: Ist die schwar-ze Kö-chin da? Alle: Nein, nein, nein! Ein Kind: Drei-mal muß sie rum - mar- schiern, das vier-te Mal den Kopf ver - liern, das fünf - te Mal "komm mit".

Die Kinder standen im Kreis. Niemand durfte sich umsehen. „Die schwarze Köchin" ging außen um den Kreis herum. Bei „Komm mit!" schlug sie einem

Kind im Kreis auf Rücken oder Schulter, fasste es an der Hand und zog es mit. In der zweiten Runde um den Kreis schlug die „Köchin" ein weiteres Kind ab und so fort, bis sich der ganze Kreis aufgelöst hatte und alle an der Kette hingen.

Text und Melodie *Viersen* 1989, s. Kommentar Nr. 886

Bei Böhme vollzieht sich der Spielvorgang wie folgt: Der erste Teil „Ist die schwarze Köchin da?" wird von dem Kind gesungen, das um den Kreis herumgeht. Alle anderen antworten mit dem Schrei: „Nein, nein, nein!" Bei „Komm mit!" ergreift die „Köchin" eins der im Kreis stehenden Kinder an der Hand; dieses fasst sie am Rock und stellt sich hinter sie. So geht das Umziehen mit Singen und Entführen der Kinder fort, bis zuletzt nur noch ein Mädchen vom alten Kreis übrig bleibt. Dieses steht still, hält die Hände vors Gesicht und wird vom neuen Kreis umhüpft, der es mit dem Sprechgesang neckt: „Da steht sie ja, da steht sie ja. Da steht die schwarze Köchin da! Zisch, zisch, zisch!"

Böhme (Dt. Kinderlied) 1897, 507

Frage und Antwort – Flucht

Nr. 887 Wer fürchtet sich vor dem schwarzen Mann

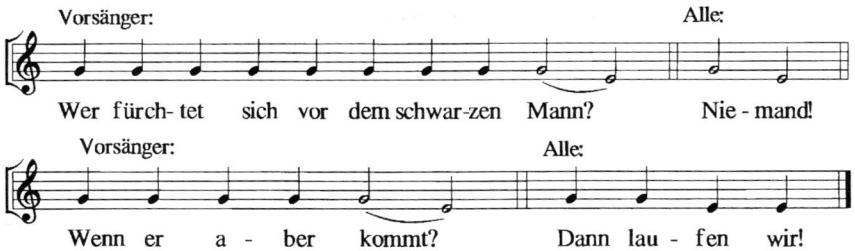

Ein Kind wurde durch Abzählen zum „schwarzen Mann" bestimmt. Er stand in einem verabredeten, begrenzten Abstand von den anderen Kindern, die entweder an einer Mauer oder hinter einem begrenzenden „Strich" standen. Nach dem „Dann laufen wir!" rannten sie auf der Stelle los und versuchten, am „schwarzen Mann" vorbeizukommen und die andere Seite zu erreichen, ohne von ihm erwischt zu werden. Das Kind, das gefangen wurde, musste anschließend dem „schwarzen Mann" beim Fangen helfen. Wenn die rettende Gegenseite erreicht war, wiederholte sich das Spiel so lange, bis alle Kinder abgeschlagen waren. Der oder die Letzte musste der neue „schwarze Mann" sein.

1974 in *Viersen* und *Dülken,* 1981 in *Neuwerk* aufgezeichnet, weit verbreitet

Das Spiel ist sehr alt und wird in vielen Spielsammlungen des 19. Jh.s beschrieben. „Der schwarze Mann wird hier von den Kindern selbst als Kinderschreck gebraucht, ein Zeichen, daß er seine ursprüngliche schreckende Wirkung verloren hat."[6] Dennoch bleibt es nicht aus, dass Kinder in einem bestimmten Alter bei diesem Spiel nicht nur Spannung, sondern immer auch ein unterschwelliges Gruseln verspürten. Bei den Nachforschungen, woher die Gestalt des „schwarzen Mannes" in Brauchtum und Geschichte stammt, erwägt Ruth Lorbe, der schwarze Mann stehe vielleicht mit den Totentänzen der Pestzeit in Verbindung. Denn seine Figur ist in einem Spruch zu finden, der zur bildlichen Darstellung eines Totentanzes gehört:

Owê, liebe muoter mîn!	O weh, meine liebe Mutter!
Ein swarzer man ziuht mich dâ hin.	Ein schwarzer Mann zieht mich fort.
Wie wiltu mich alsô verlân?	Warum willst du mich verlassen?
Muoz ich tanzen, und kann nicht gân.	Ich muss tanzen, und kann nicht (mit dir) gehen.

Der schwarze Mann, der die bösen Kinder holt, erinnert ihres Erachtens aber auch an den Teufel.[7] Es mag sein, dass solche Bezüge (wie der zum Totentanz) lokal begrenzt entstanden sind. Dennoch gehört der „schwarze Mann" in die Reihe der unheimlichen Wesen wie „Plumpsack", „Hexe", „roter Hahn", „schwarze Köchin", „Fuchs", „Wolf", „Mörder" und andere Gruselwesen, die ihren Ursprung in unbenennbaren Ängsten haben.

Wetterfahne, Maria Laach
Foto: G. Bohnen

Nr. 888 Häkks, Häkks, watt lütt ètt so schuèn?
Vor einer Reihe von anderen Kindern stand die „Hexe". Sowohl sie als auch die gegenüber stehenden Kinder befanden sich hinter einem markierten Grenzstrich.
Die Kinder und die „Hexe" riefen abwechselnd, zuerst die Kinder:

Häkks, Häkks, watt schlöpps-tè su lang?	Hex, Hex warum schläfst du so lange?
Wi laat ess-ètt?	Wie spät ist es?
Twälf Uèr!	Zwölf Uhr!
Watt lütt ètt suè schuèn?	Warum läutet es so schön?
È Kengk ess jèschtôrèvè!	Ein Kind ist gestorben!
Weä hätt datt jèdoèn?	Wer hat das getan?
Duu!!	Du!!

Die Spielregel war ähnlich wie beim „Schwarzen Mann". Die Kinder liefen nach dem langgezogenen „Duuu!" schreiend weg, um die rettende andere Seite zu erreichen, während die Hexe ein Kind fangen musste. Dieses war dann die

„Hexe". Oder aber alle Kinder, die von der „Hexe" gefangen wurden, gehörten zu ihr und spielten auf der Seite der „Hexe" so lange mit, bis auch alle anderen Kinder „gefangen" waren.

mdl. *Born* 1970, *Grefrath* 1995, s. Kommentar Nr. 888

Nr. 889 Häkks, Häkks, wi laat ess èt?

Es wurde genau so gespielt wie die Version aus *Born* und *Grefrath* (Nr. 888). Wieder fingen die Kinder an:

Häkks, Häkks, wi laat ess èt?	Hex', Hex' wie spät ist es?
Twällèf Uèr!	Zwölf Uhr!
Watt häss-dè doa?	Was hast du da?
È Mätts.	Ein Messer.
Watt dees-dè mött datt Mätts?	Was tust du mit dem Messer?
Dich dèr Halls affschniijè.	Dir den Hals abschneiden.

mdl. *Viersen* 1993

Die Spinnerin

Nr. 890 Fräuken, Fräuken, wat spennt gei so flieteg?

Ein Kind wurde zur „Spinnerin" bestimmt; es saß auf der Erde und spann pantomimisch. Die übrigen Kinder kamen der Reihe nach zu ihm und fragten:

Fräuken, Fräuken, wat spennt gei so flieteg?	Fräuchen, Fräuchen, was spinnt ihr so fleißig?

Darauf die Spinnerin:

Ek spenn minne Mann enne goldne Knaup.	Ich spinne für meinen Mann einen goldnen Knopf.

Nun ging es weiter im Wechselgesang:

Wo es aue Mann?	Wo ist euer Mann?
Op de Hühnerhoord.	Auf der Hühnerstange (im Hühnerstall)
Wat düht hei do?	Was macht er da?
Tückskes fuhren.	Die Hühnchen füttern.
Dörf ek ens kieke gohn?	Darf ich mal gucken gehen?
Nä! Nä! Gei jagt se mich!	Nein, nein, ihr verjagt sie mir!
Loot mech mar ens.	Lasst mich nur einmal.
Ek hebb de ganze Schlepp voll Hawer.	Ich habe die ganze Schürze voll mit Hafer.

Die Kinder hoben dabei die Schürze hoch, als ob sie den Hafer zeigen wollten. Darauf sagte die Spinnerin:

Da gott mar ens.	Dann geht nur.
Gei möt se ever niet jagen!	Ihr dürft sie aber nicht verjagen!

423

Die Kinder liefen zu einer bestimmten Stelle und machten: „Ksch! ksch!" als ob sie die „Küken" vor sich hertrieben. Dann kamen sie alle zurück und sangen einige Male:

Abomelam, Abomelam! (wie der Ton eines Glockenläutens)
Darauf wieder die Spinnerin:

Wat bedüt dat Lüen?	Was bedeutet das Läuten?

Die Kinder nun und weiter im Wechselgesang:

Aue Mann es doot!	Euer Mann ist tot!
Wä het dat gedohn?	Wer hat das getan?
Ek, ek, ek!	Ich, ich, ich!

Nun flohen die Kinder und die Spinnerin verfolgte sie, um eines zu fangen. Wer gefangen wurde, musste die neue „Spinnerin" sein.

Moers, Firmenich I, 397/98 f.

Detail Spekulatiusbrett

Nr. 891 Vuès onn Hännè – Fuchs und Hühner

„Kind" und „Fuchs" im Wechselgesang, zuerst das Kind:

Vuès, Vuès, watt mäkks-sè doa?	Fuchs, Fuchs, was machst du da?
È Lökkskè.	Ein kleines Loch.
Watt dees-dè enn datt Lökkskè?	Was tust du in das Loch?
Schtrüè onn Hoot.	Stroh und Holz.
Watt dees-dè doamött?	Was machst du damit?
È Vüèrkè maakè.	Ein Feuerchen anzünden.
Watt dees-dè mött datt Vüèrkè?	Was machst du mit dem Feuer?
Doa broèn ich mich ènn Hänn.	Daran brat' ich mir ein Huhn.
Fônn wämm kriss-tè di Hänn?	Von wem bekommst du das Huhn?
Fônn dech!!	Von dir!!

Ein Kind, der „Fuchs", saß auf der Erde und grub mit einem Stöckchen ein Loch. Ein anderes Kind stellte die Fragen. Hinter ihm stand die Reihe der anderen Mitspieler, die sich an den Schultern festhielten. Wenn der Fuchs *„Fônn dech!"* rief, stürzte er sich auf die Kinder, um ein „Huhn" zu fangen. Jedes gefangene „Huhn" musste ihm jagen helfen und erst, wenn das letzte Kind gefangen worden war, endete das Spiel, worauf das letzte „Huhn" der nächste „Fuchs" wurde.

mdl. *Viersen* 1972, s. Kommentar Nr. 891

Glucke und Mörder

*Nr. 892 Kiekskes vangen of Vierke – stoken
         – Küken fangen oder Feuerchen stochen*
Ähnlich lautete auch der Dialog im Niederländischen zwischen „*Kloek*"
(Glucke) und „*Moordenaar*" (Mörder), wenn auch die Spielregel erweitert wurde. Der „Mörder" (oder auch Geflügelhändler) machte mit einem Stöckchen
eine kleine Grube in der Erde. Die „Glucke" stand mit ausgebreiteten Armen
vor den Küken, die hinter ihr eine Kette bildeten.
Die „*Kloek*" begann, dann weiter im Wechselgesang:

Wat doe-de met dat hout?	Was machst du mit dem Holz?
Vierken stoken.	Ein Feuerchen machen.
Wat doe-de met da vierken?	Was machst du mit dem Feuerchen?
Water koken!	Wasser kochen!
Wat doe-de met da water?	Was machst du mit dem Wasser?
Op de slijpsteen gieten.	Auf den Schleifstein gießen.
Wat doe-de met die slijpsteen?	Was machst du mit dem Schleifstein?
t'Meske wetten.	Das Messerchen wetzen.
Wat doe-de met da mesken?	Was machst du mit dem Messerchen?
Kiekskes dooddoen!	Küken töten!

Der „Mörder" bemühte sich nun, mit seinem Stöckchen die „Küken" zu
berühren. Alle, die er berührt hatte, gehörten ihm. Sie mussten sich nun an einer Mauer auf die Erde setzen und ihre Strümpfe verstecken. Die „Glucke" begann zu schreien und musste deren Farbe erraten. Riet sie richtig, gehörte das
Kind ihr. Riet sie falsch, so gehörte es dem „Mörder". An einer Grenzlinie stellten sich nun die Geretteten hinter ihre „Glucke", die anderen ihnen gegenüber
hinter den „Mörder". Beide Gruppen bildeten Hand in Hand zwei Ketten und
die ersten beiden jeder Partei versuchten, ihr Gegenüber über die Linie zu ziehen. Wurden die „Mörder" über den Strich gezogen, waren die Glucke und ihre Kinder Sieger und umgekehrt.
de Cock/Teirlinck I., 1902, 218/19

Nr. 893 Der Fuchs im Weingarten
Zuerst die Kinder, dann der Fuchs und weiter im Wechselgesang:
> *Fuchs, was tust du in meinem Weingarten?*
> *Trauben pflücken.*
> *Wer hat das befohlen?*
> *Der König von Polen.*
> *Wer hat dir das geheißen?*
> *Der König von Preußen.*

425

Wenn dann der Jäger kommt?
Dann lauf ich fort.

Mönchengladbach und Umgebung, Gierlichs RGB 1901/02, es wurde vermutlich genau so gespielt wie „Wer fürchtet sich vor dem Schwarzen Mann?"

Lämmlein und Wolf

Nr. 894 Alle meine Lämmlein (oder Hillegänschen) kommt nach Haus …
„Mutter" und „Lämmchen" im Wechselgesang, erst die „Mutter":

Alle meine Lämmlein, kommt nach Haus!
Wir können nicht!
Warum denn nicht?
Der Wolf ist da.
Was will er denn?
Lämmleinfleisch!
Was will er denn?
Lämmleinblut.
Alle meine Lämmlein kommt herbei!

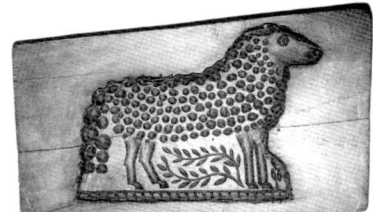

Printenmodel, Privatbesitz

Text und Melodie *Overhetfeld* 1980 und *Viersen* 1989, vgl. Caro 1906, 66, Nr. 13, s. Kommentar Nr. 894 und Nr. 895

„Mutter" und „Lämmlein" standen in einigem Abstand einander gegenüber, die „Lämmlein" in einer Reihe. In der Mitte dazwischen lauerte der „Wolf". Die „Mutter" rief die „Lämmlein", die ihr antworteten. Nach der letzten Zeile „Alle meine Lämmlein, kommt herbei!" liefen die „Lämmlein" los, um die rettende andere Seite zu erreichen. Der „Wolf" nutzte diese Gelegenheit, eins der „Lämmlein" zu fangen. Das gefangene „Lämmlein" schied aus.
Andernorts mussten die gefangenen „Lämmlein" anschließend dem „Wolf" beim Fangen helfen. Das Spiel dauerte so lange bis das letzte „Lämmlein" gefangen war, das nun „Wolf" wurde. Es war auch möglich, dass das gefangene „Lämmlein" sofort die Rolle des Wolfes einnahm. Bei diesem Spiel mit all seinen Varianten handelt es sich um ein sehr altes und in ganz Deutschland weit verbreitetes Kinderspiel.

Text und Melodie *Overhetfeld* 1980 und *Viersen* 1989, vgl. Caro 1906, 66, Nr. 13

Nr. 895 Kinderchen, Kinderchen, kommt herbei!
– Hillegänschen kommt nach Haus!
Es ist eine Variante von „Wolf und Lämmlein". An diesem Spiel konnten beliebig viele Kinder (mindestens jedoch sechs) jeden Alters teilnehmen. Ein älteres Mädchen war die „Großmutter". Ein kräftiger Junge der „Wolf". Die Mitspieler stellten sich in einer Reihe auf. Der „Wolf" hielt sich hinter einem Baum

sonst irgendwo versteckt. Die „Großmutter" stand etwas von der Gruppe entfernt und rief:

> *Kinderchen, Kinderchen, kommt herbei!"*

Nun die Kinder und dann im Wechselgesang:

> *Wir können nicht.*
> *Warum denn nicht?*
> *Der Wolf ist da.*
> *Was will er denn?*
> *Steinchen suchen.*
> *Was will er mit dem Steinchen?*
> *Messer schleifen.*
> *Was will er mit dem Messer?*
> *Hals abschneiden.*
> *Kinderchen, Kinderchen, kommt nach Haus!*

Die „Kinder" liefen nun alle schnell zur „Großmutter". Der „Wolf" kam aus
seinem Versteck hervor und versuchte, eines der „Kinder" zu fangen, und wenn
das gelang, nahm er es mit. Alle „Kinder", die er fing, mussten ihm nun beim
Fangen helfen, und das Spiel war erst zu Ende, wenn alle „Kinder" gefangen
waren.

mdl. *Neuwerk* 1980, hier war es nicht die „Großmutter", sondern die „Mutter", identisch mit Caro 1906, 66/67
Nr. 13, s. Kommentar Nr. 894 und Nr. 895

Der Wolf

Nr. 896 Ich mööt so jeär na dè Kirmès joan
Im Sprechgesang:

Ich mööt so jeär na dè Kirmès joan	Ich möchte so gerne zur Kirmes gehen
Onn binn so bang förr deä Wolèf:	Und habe solche Angst vor dem Wolf:
Umm een Uèr komm-tè nett,	Um ein Uhr kommt er nicht,
Umm twiè Uèr komm-tè nett,	Um zwei Uhr kommt er nicht,
Umm dree Uèr komm-tè nett,	Um drei Uhr kommt er nicht,
Umm vaièr Uèr komm-tè nett,	Um vier Uhr kommt er nicht,
Umm fiif Uèr komm-tè nett,	Um fünf Uhr kommt er nicht,
Umm sääs Uèr komm-tè nett,	Um sechs Uhr kommt er nicht,
Umm seevèn Uèr komm-tè nett,	Um sieben Uhr kommt er nicht,
Um aach Uèr komm-tè nett,	Um acht Uhr kommt er nicht,
Umm nièjèn Uèr komm-tè nett,	Um neun Uhr kommt er nicht,
Umm tièn Uèr komm-tè nett,	Um zehn Uhr kommt er nicht,

427

> *Umm ällèf Uèr komm-tè nett,*   Um elf Uhr kommt er nicht,
> *Umm twällèf Uèr komm-tè!*   Um zwölf Uhr kommt er!

Während die Kinder bis zwölf zählten, versteckten sie sich. Erst bei „*twällèf*" (zwölf) durfte der „Wolf" die weglaufenden Kinder fangen.

mdl. *Neuwerk, Krefeld* 1980, mdl. *Boisheim* 1995

Der Kerl

Nr. 897 Wörr wullè na di Döllkèr Scholl joèn
– Wir wollen zur Dülkener Schule gehn

Wörr wul - le na di Döll - ker Scholl joen; doe soet en - ne Käll. Doe soet en - ne Käll. Beim er - sten Ma - le kam er nicht, beim zwei - ten Ma - le (drängend) auch nicht. Beim drit - ten Mal, da kam er!

Ein Kind versteckte sich und die anderen mussten es suchen, wobei sie dieses Lied sangen und so lange zählten, bis sie es gefunden hatten.

mdl. *Boisheim* 1995, mdl. *Neuwerk, Krefeld* 1980

Das alte, graue Männchen

Nr. 898 Wä wellt mött nô Keävèlè joan

Wä wellt mött no Keä-ve-le joan onn hoe -le enn Piif Te - bokk? Do koam enn oot jriis Männ - ken, datt schtook oss enn dä Sokk.

Wer will mit nach Kevelaer geh'n/Und eine Pfeife Tabak holen?/Da kam ein altes, graues Männchen,/Das steckte uns in den Sack.

Text und Melodie 1995 in *Grefrath* aufgezeichnet, ohne Spielbeschreibung

De grise Käl – Der graue Kerl

Nr. 899 Wej wollen es gêêrn noor Keeveler gôôn

Wej wollen es gêêrn noor Kêêveler gôôn	Wir möchten mal gern nach Kevelaer geh'n
En hââle een Piepke Tabak.	Und ein Pfeifchen Tabak holen.
En wän den griese Kêêrl dan kömt,	Und wenn der graue Mann dann kommt,
Den stopt ons in den Sak.	Der steckt uns in den Sack.
Een Üür – hej kömt nog niet,	Ein Uhr – er kommt noch nicht,
Twee Üür – hej kömt nog niet,	Zwei Uhr – er kommt noch nicht,
Drie Üür – hej kömt nog niet,	Drei Uhr – er kommt noch nicht,
Vier Üür – hej k – ö – m – t !	Vier Uhr – er k – o – mm – t!

Ein Mädchen versteckte sich. Die anderen bildeten Arm in Arm eine Reihe und sangen dazu den Text. Bei der letzten Zeile liefen alle schreiend zum eingezeichneten Mal. Wer gefangen wurde, musste beim nächsten Spiel der *„griese Kêêrl"* sein oder mitfangen. Der *„griese Kêêrl"* wurde auch „Schwarzer Kerl" genannt. Das Spiel konnte verlängert – und die Spannung gesteigert – werden, wenn die Mädchen bis zwölf Uhr zählten.

Kleve und Umgebung, Gahlings/Matenaar 1936, 42, vgl. Schönberner 1979, 75: „Ließ der ‚griese Kerl' zu lange auf sich warten, forderten ihn die Spielgefährten zum Herauskommen auf mit den Worten: ‚twälf Üür, hej k – ö – m – t!!!' "

Nr. 900 Wele wej es gau no Kevele gohn

Die Kinder zogen in einer breiten Reihe über die Straße bis an eine Ecke, wo sich eines von ihnen verborgen hatte. Sie riefen dabei im Sprechgesang:

Wele wej es gau no Kevele gohn	Wir wolln mal rasch nach Kevelaer gehn
On hale Piptabak,	Und Pfeifentabak holen.
On wenn de grise Käl ons kregt,	Und wenn der graue Kerl uns kriegt,
Dä steckt ons in de Sack.	Der steckt uns in den Sack.
Öm en Ür nit, öm twe Ür nit,	Um ein Uhr nicht, um zwei Uhr nicht,
Öm dri Ür nit – usw. …	Um drei Uhr nicht – usw. …
Öm twelf Ür well.	Um zwölf Uhr ja.

Wenn die Kinder bis „*twelf Ür*" gesungen hatten, waren sie in der Regel schon an der Straßenecke vorbei. Sofort kam das Kind, das sich versteckt hatte, hinter der Ecke hervor und versuchte eines der Kinder zu fangen, während alle anderen an den Straßenanfang zurückliefen. Die Gefangenen nahm der „graue Kerl" mit hinter die Ecke und das Spiel wurde fortgesetzt, bis alle gefangen waren.

Caro 1906, 65, Nr. 9

Nr. 901 Zigeunerin und Mutter

„Zigeunerin" und „Mutter" im Wechselgesang; die „Zigeunerin" begann:

> *Klopf, klopf, klopf!*
> *Wer ist da?*
> *Zigeunerin.*
> *Was wollen Sie?*
> *Ich möchte schöne Spitzen verkaufen. Darf ich eintreten?*
> *Ich kann nicht aufmachen.*
> *Warum denn nicht?*
> *Ich hab' meine Stube mit weißem Sand gestreut.*
> *Ich hab' doch weiße Schuhe an!*
> *Dann komm doch rein!*

mdl. *Viersen* 1978, ohne Spielbeschreibung

Man könnte sich vorstellen, dass das Spiel wie folgt verlief: Die Mutter ließ die „Zigeunerin" über einen markierten Strich ins „Haus" treten, wobei im selben Augenblick die hinter ihr stehenden „Kinder" flohen, um nicht von der Zigeunerin gefasst zu werden. Wer gefangen wurde, gehörte anschließend zu ihrer Partei und musste mitfangen.

Wetterfahne,
Kempen St. Hubert

Der Engel mit dem goldenen Stab

Nr. 902 Tupp, tupp, Bella – Blumen erraten

„Engel" und „Teufel" wurden durch Abzählen ermittelt. Die übrigen Kinder saßen in einem Halbkreis und jedes wählte eine Blume oder eine Farbe (nach Böhme), die geheimgehalten und nur dem Spielaufseher anvertraut wurde. Der Engel trat nun in den Halbkreis und sagte:

Tupp, tupp, Bella!	Klopf, klopf, Bella!

Die anderen Kinder fragten:

Weä ess doa?	Wer ist da?

Darauf der Engel:

Dänn Ängèl mött de jolldè Schtaaf.	Der Engel mit dem goldenen Stab.

Kinder:

Watt wellt heä dann?	Was will er denn?

Engel:

Èn Duuschèndschuèn*.	Ein Tausendschön.

Der Spielaufseher fragte: „Welche Blume?" und der „Engel" musste irgendeine nennen. Wenn keine der verabredeten Blumen vorhanden war, hieß es: „Ist nicht da." und der Engel ging weg. Hatte er die Blume aber erraten, nahm er das betreffende Kind mit. Nun trat der Teufel auf. Man fragte ihn ebenfalls: „*Weä ess doa?*" und der Teufel antwortete: „*Dänn Düüvèl mött dè Meesjôffèl. –* Der Teufel mit der Mistgabel".

„So treten beide abwechselnd auf, bis sie alle „Blumen" erraten haben, was oft sehr lange dauert. Das Ganze ist ein Wettstreit zwischen Engel und Teufel, wer mehr Seelen bekomme."

* oder eine andere Blume, Versuch einer Rekonstruktion des Spiels nach Böhme 1897, 636, Nr. 532, von dem lediglich der Dialog in *Grefrath* überliefert wurde, *mdl. Grefrath* 1995, ohne Spielbeschreibung, s. Kommentar Nr. 902

Nr. 903 Häkks, Häkks, Tinntèkläkks

Häkks, Häkks, Tinntèkläkks,	Hex, Hex, Tintenklex,
Ich schtonn opp dinnè jolldè Bärrich!	Ich steh auf deinem goldnen Berg!

Die Kinder standen auf einer Anhöhe – sofern vorhanden – sonst in einer zuvor abgemachten Entfernung von der „Hexe". Sie sangen „*Häkks, Häkks, Tinntèkläkks …* "und liefen nach dem letzten Wort los. Die „Hexe" musste die weglaufenden Kinder einfangen und in einen Kreis einsperren. Das Spiel war erst zu Ende, wenn alle gefangen waren, und das letzte Kind durfte die neue „Hexe" sein.
mdl. *Neuwerk* 1981

Nr. 904 Bärrichjôtt, ich binn opp dinnè jolldnè Bärrsch (Variante) – Berggott, ich bin auf deinem goldnen Berg

Ein Kind stand in der Mitte der anderen Kinder auf einem Hügelchen und rief: „*Bärrichjôtt, ich binn opp dinnè jolldnè Bärrsch!*" Während die anderen wegliefen, musste dasjenige, das gerufen hatte, eines der anderen Kinder fangen, das die Rolle als nächstes übernehmen sollte.
mdl. *Krefeld - Traar* 1981

Klingelmännchen

Nr. 905 Schällèmännkès – Klingelmännchen

In gewisser Weise gehört auch „*Schällèmännkès*" zu den Laufspielen, denn den Beteiligten war dabei oft nicht ganz geheuer und man ging das Risiko ein, von

431

*Wetterfahne „Mer-
kur", Mülheim*

den gefoppten Erwachsenen erwischt zu werden. Vor allem wenn es im Herbst dämmerte, wurden die Kinder
zuweilen von einer abenteuerlichen Lust gepackt, die
Erwachsenen zu necken, sie *„fòrr ètt Läppkè tè halldè"* –
zum Narren zu halten.

„Beliebtestes Vergnügen war, die Menschheit als *„Schel-
lemännkes"* zu necken. Ganze Straßenzüge wurden so
mobil gemacht. Das waren möglichst die Straßen der
Innenstadt, wo das Klingeltabellarium die Mobilisie-
rung vieler versprach. Doch es gab auch besonders reiz-
volle Haustüren, die nämlich der vornehmen Bürger-
häuser, an denen noch ein Zugknopf betätigt werden
mußte. Wenn dies ein wenig vehement geschah, schep-
perte es durch die ganz in Dunkelheit gehüllte Straße, was zwar recht melodisch
klingen, aber auch die Nachbarn zu früh auf den Plan rufen konnte. Das hieß,
die Beine in die Hand nehmen ...".

Um 1930 in *Viersen,* Abrahams 1990, 34

Wer also in der Gruppe am mutigsten war und besonders schnell laufen konnte, klingelte an einer Haustür und suchte sofort mit allen anderen schleunigst
das Weite, um nicht erkannt oder gar erwischt zu werden. Einige waren dabei
besonders „erfinderisch": Sie spitzten mit einem Messer ein Streichholz an und
steckten es zwischen Klingelknopf und Klingelfassung. Das verursachte ein
„Dauerläuten". Wenn die genervte Hausfrau das Streichholz entfernte, war der
Kindertrupp längst über alle Berge.
Manchmal legten sich Erwachsene, die besonders häufig von solchen Streichen
betroffen waren, nach Einbruch der Dämmerung auf die Lauer. Sie setzten sich
auf einen Stuhl drinnen hinter der Haustür und warteten geduldig, bis es klingelte. Sofort rissen sie dann die Haustür auf, um wenigstens die Täter zu erkennen. In einem solchen Fall wurde die Angelegenheit dem Lehrer anvertraut,
der mit der Hand oder dem Stock, je nach Schwere des Deliktes, rückwirkend
und vorbeugend zugleich die Strafe vollzog. Zuweilen gelang es, ein
„Schällèmännkèn" auf frischer Tat zu ertappen. Der Ärmste war in der Regel der
Langsamste, meist ein unschuldiger jüngerer Mitläufer. Den züchtigte der ver-
ärgerte Hausbesitzer auf eine manchmal sehr drakonisch Weise. Dennoch war
es besser, zu Hause nichts davon zu erzählen, denn dann bezog der bereits „Vor-
bestrafte" vom Vater ein zweites Mal Prügel oder erhielt „Stubenarrest".

mdl. *Süchteln, Dülken, Boisheim* 1994, nahezu überall bekannt

1) Bettelheim 1977, 13 ff 2) Bühler/Biltz 1971, 111 3) ebd. 4) a.a.O., 113, 5) a.a.O. , 115 6) und 7) Lorbe
1971, 127

Literatur

Abrahams, Josef, Aus dem alten Rintgen. Geschichten um den Viersener Neumarkt. Hg. Peter Abrahams, Viersen 1990 (Abrahams 1990)

Biltz, Josephine, Märchengeschehen und Reifungsvorgänge unter tiefenpsychologischem Gesichtspunkt. In: Bühler, Charlotte und Josephine Biltz, Das Märchen und die Phantasie des Kindes. Mit einer Einführung von Hildegard Hetzer. München, 3. 1971, (Bühler/Biltz 1971)

Bettelheim, Bruno, Kinder brauchen Märchen. Stuttgart 1977 (Bettelheim 1977)

Böhme, Franz Magnus, Deutsches Kinderlied und Kinderspiel, Leipzig 1897 (Böhme 1897)

Caro, Karl, Kinderspiele und Kinderlieder vom Niederrhein. In: Jahrbuch des Vereins für niederdeutsche Sprachforschung, 32. Jg. Bremen 1906 (Caro 1906)

Cock, A. de und Is. Teirlinck, Kinderspel & Kinderlust in Zuid-Nederland, Bd. I – VIII, Gent 1902-1908 (de Cock/Teirlinck I)

Firmenich, Matthias, Germaniens Völkerstimmen, Bd. I-III, Neudruck der Ausgabe Berlin 1843-1867, Osnabrück 1969 (Firmenich I)

Gahlings, Karl und Franz Matenaar, Lieder und Sprüche aus dem Leben und Brauchtum am Niederrhein. Kleve 1936 (Gahlings/Matenaar 1936)

Gierlichs, Hubert, Spiellieder. Rheinische Geschichtsblätter 1901/02 (Gierlichs RGB 1901/02)

Lorbe, Ruth, Die Welt des Kinderspiels, dargestellt an Liedern und Reimen aus Nürnberg. Weinheim, Berlin, Basel, 1971 (Lorbe 1971)

Schlipköter, A., Was sollen wir spielen? 450 der beliebtesten Jugend- ,Turn- und Volksspiele für Schule, Haus, Vereine und Gesellschaftskreise. Hamburg, 10. 1925 (Schlipköter 1925)

Schönberner, Egon, Onsen t'Hüs, Teil II, Kinderspiele am Niederrhein, Kleve-Materborn 1979 (Schönberner 1979)

Strackerjan, Ludwig, Aus dem Kinderleben. Spiele, Reime, Rätsel. Oldenburg 1851 (Strackerjan 1851)

Verstecken und gefunden werden

Nr. 906 Eckepienau

Durch Abzählen wurde ein Junge zum „Läufer" bestimmt. Die übrigen Mitspieler suchten die nächste Ecke zu gewinnen, wo sie von dem „Läufer", der noch auf seinem alten Platz stand, nicht gesehen werden konnten. Auf den Ruf der Mitspieler „Halua!" verließ der „Läufer" seinen Platz und suchte einen Jungen an der Ecke zu Gesicht zu bekommen. Er rief ihn beim Namen und lief zum Abzählplatz, wo er „ankleckte", an die Wand schlug und den Namen desjenigen rief, den er gesehen hatte. Die anderen Mitspieler kamen nun herbei und „kleckten sich selbst an". Wer zuletzt ankam, war „Läufer" beim nächsten Spiel.

Caro 1906, 67, Nr. 16

Variante:

Auch in *Krefeld* hieß das Versteckspiel „Pinau". Wer durch Abzählen bestimmt worden war, stellte sich mit den Händen vor dem Gesicht an eine Häuserwand und musste warten, bis die anderen sich versteckt hatten und „Pinau" riefen. Nun erst durfte er suchen. Derjenige, den er zuerst gefunden hatte, musste nun seinerseits suchen.

Krefeld Nolden 1912, 99 und Kleintitschen 1979, 83, in *Hüls* nannte man das Versteckspiel: „Pinau hällè"

Nr. 907 Eekèltèr Nuu – Ein Versteck- und Anschlagspiel

Derjenige, der durch Abzählen bestimmt war, musste die anderen suchen. Nach Vereinbarung zählte er mit bedeckten Augen laut bis zu einer bestimmten Zahl und durfte während dieser Zeit weder blinzeln noch Ausschau halten, wohin die anderen liefen. Auf das Kommando „Kommen!" durfte er mit der Suche beginnen. Sein Ausgangspunkt war zugleich der „Anschlagort" – wenn er jemanden gefunden oder gesehen hatte, rief er den betreffenden Namen und lief sofort dorthin zurück, um ihn anzuschlagen. Gelang ihm das, schied der andere aus dem Spiel aus. Es sei denn, er war schneller und konnte sich eher anschlagen; dann blieb er „frei" und spielte weiter mit.

Beim „*Müsskè verbärjè*" war die Spielregel ähnlich, allerdings war derjenige, der zuerst gefunden wurde, automatisch der nächste Sucher.

mdl. *Viersen* 1975, *Dülken, Born, Brüggen, Waldniel* 1981

Nr. 908 Äkkskè luèrè – Um die Ecke lauern

Man wählte ein Gebäude aus, ein Haus, einen Schuppen oder eine Scheune. Ein Kind stand an einem vereinbarten Platz und lauerte um die Ecke, um eines von den denen, die sich versteckt hatten, zu erwischen (also jemanden zu fangen oder beim Namen zu nennen, so er oder sie zu sehen war). Wer gesehen oder gefangen worden war, musste beim nächsten Spiel suchen.

mdl. *Viersen* 1971, vgl. Caro 1906, 64, Nr. 3

Nr. 909 Eins, zwei, drei, vier Eckstein

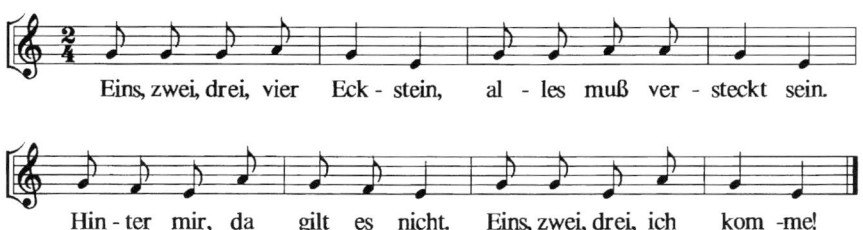

Während das Verschen von einem durch Abzählen bestimmten Kind mit bedeckten Augen gesungen wurde, liefen alle anderen weg und versteckten sich. Der Vers konnte beliebig oft wiederholt werden, damit alle ausreichend Zeit hatten, sich zu verbergen. Beim letzten Mal hieß es:„ Eins, zwei, drei – ich komme!" Erst jetzt durften die anderen gesucht werden.

Text und Melodie 1981 in *Neuwerk* und in *Krefeld-Traar* aufgezeichnet, mdl. *Dülken, Süchteln, Born* 1980, überall bekannt

Nr. 910

Ittchen, dittchen, Silberquittchen,
Ittchen, dittchen draus,

Eine alte Schwiegermutter
Mit der dicken Faust.
Öl, Essig, saure Tonerde, Spritz!

Es wurde ähnlich wie „Eins, zwei, drei, vier Eckstein" gespielt. Derjenige, der den Vers sagte, zählte anschließend bis zehn. Er stand so, dass er die anderen nicht sehen konnte, entweder mit dem Gesicht an einem Baum oder mit zugehaltenen Augen. Erst wenn es „Kommen!" hieß, durfte er sich umdrehen und hinterherlaufen, bis er jemanden erblickte. Sobald er dessen Namen laut gerufen hatte, musste dieser schnell zum markierten Ort zurücklaufen und sich „anschlagen", bevor der „Sucher" ihn erreicht hatte. Der letzte lief dem Sucher entgegen und übernahm die Rolle.

mdl. *Waldniel* 1981

Literatur
Caro, Karl, Kinderspiele und Kinderlieder vom Niederrhein. In: Jahrbuch des Vereins für niederdeutsche Sprachforschung, 32. Jg. Bremen 1906 (Caro 1906)
Kleintitschen, Rosa, Ut den alden Tied, Hüls 1979 (Kleintitschen 1979)
Nolden, Hans, Alt Crefeld, Crefeld 1912 (Nolden 1912)

Vergleichbare Dialoge, die bildhaft eine unheimliche Bedrohung steigern, kommen in verschiedenen Bereichen der Volksüberlieferung vor, z.B. in Märchen und Sagen: fliehen, sich verstecken, ertappt und gefangen werden, suchen, bedohen und beschützen. Diese Themen ziehen sich wie ein roter Faden durch viele Dialoge in Spielen, bei denen man etwas riskiert und die gern in der Dämmerung gespielt werden. Sie befriedigen einerseits – siehe oben – das Bedürfnis der Kinder nach dem Gruseln, helfen aber auch, damit verbundene latente Ängste zu bewältigen. Freie wie rhythmisch gebundene Bewegungen, komische und ernste Rollenspiele, Ansagen von Aggressionen und Emotionen in ritualisierten Formen wurden früher durch die Vielfalt der Spiele ermöglicht.

Die untergegangenen Gemeinschaftsspiele haben zudem in hohem Maße zur sozialen und verbalen Kommunikation beigetragen. Durch das gemeinsame Singen der Spiellieder und vorgeschriebenen Spieldialoge wurde die kindliche Sprache trainiert, gefestigt und ständig erweitert. Zugleich wurden Elemente sozialer Übereinkunft spielerisch erfahren, wozu u.a. „Herrschen" und „Unterordnen" sowie Gewinnen und Verlieren zählen. Es ist bezeichnend, dass man bestimmte alte Kinderspiele wie z.B. „Katz und Maus", „Hänschen piep mal" oder „Blinzeln" in den 70er Jahren des 20. Jhs. in den Kanon der Interaktionsspiele aufnahm, die bis heute im Zusammenhang mit gruppendynamischen Übungen beim Kommunikationstraining eingesetzt werden.

Nr. 911 Ist die Maus zu Haus?

Erst spricht die „Katze", dann der Kreis der Mitspieler und so weiter im Wechselgesang:

> *Ist die Maus zu Haus?*
> *Die Maus steht gerade auf.*
> *Ist die Maus zu Haus?*
> *Sie frühstückt gerade.*
> *Ist die Maus zu Haus?*
> *Sie trinkt Kaffee.*
> *Ist die Maus zu Haus?*
> *Der Kreis erfindet weitere Tätigkeiten der „Maus" am Morgen.*
> *Ist die Maus zu Haus?*
> *Die Maus geht gerade aus.*

Wetterfahne, Viersen

Es wurde genau so gespielt wie „Katz und Maus", vgl. die unten stehende Spielbeschreibung, mdl. *Viersen* 1995

Nr. 912 Katz und Maus

Vor Beginn des Spiels wurden „Katze" und „Maus" ermittelt. Die Spielgruppe hielt sich fest an den Händen und bildete einen Kreis. An einer Stelle wurde ein „Loch", also eine Lücke, gelassen. Die „Maus" blieb im Kreis, die „Katze" außerhalb des Kreises. Wenn auf ein Zeichen hin die „Mäusejagd" begann, versuchte die „Katze", in den Kreis einzudringen, um die „Maus" zu fangen. Die „Katze" durfte lediglich durch das „Loch" in den Kreis hinein und hinaus. Wenn es ihr gelungen war, nach innen vorzudringen, half der Kreis der „Maus" durch Hochheben der Arme, aus dem Kreis zu entfliehen. Versuchte die „Katze", anderswo in den Kreis einzudringen, so konnten die Mitspieler die Arme senken und ihr das Eindringen verwehren. Es war auch erlaubt, die „Katze" hin und wieder mit erhobenen Armen nach innen zu lassen. Gelang es der „Katze", die „Maus" durch Abschlagen zu fangen, wurden zwei neue Katz-und-Maus-Spieler bestimmt.

mdl. *Viersen* 1995, vgl. Strackerjan 1851, 25

Nr. 913 Mötterkè darf ich mött na dè Kirrèk joan?
– Mütterchen, darf ich mit zur Kirche gehn?

Zuerst die Kinder, dann das „Mötterkè", dann weiter im Wechselgesang:

Mötterkè, dorf ich mött na dè Kirrèk joan?	Mütterchen, darf ich mit zur Kirche gehen?
Joa, Kengk. Häss-dè och è wett Hämmbkè aan?	Ja, Kind. Hast du auch ein weißes Hemdchen an?
Joa, Mötterkè!	Ja, Mütterchen!
Mett è schuèn Schpettskè draan?	Mit einem schönen Spitzchen daran?
Joa, Mötterkè.	Ja, Mütterchen.

Kanns-dè braaf beänè?	Kannst du auch brav beten?
Joa, Möttèrkè.	Ja, Mütterchen!
Dann kommt Kengèr! Ävvèl	Dann kommt, Kinder! Aber
nett fuèrtsè!	nicht furzen!

Das „*Möttèrkè*" hatte manchmal ein Stöckchen in der Hand. Während des Spielens knieten alle Kinder mit gefalteten Händen auf der Erde. Bei der letzten Zeile machte ein Kind entsprechende „unanständige Geräusche", während alle anderen wegliefen und das „*Möttèrkè*" versuchte, jemanden zu fangen. Der oder die Gefangene war dann das „*Möttèrkè*" und musste die Fragen stellen.

mdl. *Viersen* 1970

Nr. 914 Hellijè Apolloonija

Ein Kind wurde wie üblich durch Abzählen zum „Fangen" bestimmt. Die anderen Kinder blieben hinter einem Strich stehen. Der „Fänger" rief eine Zeile, die von allen anderen im Chor nachgesprochen werden musste:
Erst der „Fänger", dann die anderen und weiter im Wechselgesang:

Hellijè Apollonija!	Heilige Apollonia!
Hellijè Apollonija!	Heilige Apollonia!
Ich habb sonn ärrjè Tangpiin.	Ich hab so große Zahnschmerzen.
Ich habb sonn ärrjè Tangpiin.	Ich hab so große Zahnschmerzen.
Ich kann kenn Kööèrschkès mièr biitè.	Ich kann keine Brotkrusten mehr beißen.
Ich kann kenn Kööèrschkès mièr biitè.	Ich kann keine Brotkrusten mehr beißen.

Als Überraschung folgte, was der „Fänger" nun sagte:

Dann biit inn ennè Hongksküètèl!	Dann beiß' in einen Hundeküttel!

Beim letzten Satz liefen die Kinder schreiend weg und versuchten, auf die andere Seite hinter den rettenden Strich zu gelangen. Wer gefangen wurde, schied aus oder musste dem Fänger helfen.

mdl. *Viersen* 1975, zur Hl. Apollonia vgl. Siemes/Philips 2001, 82

Nr. 915 Mutter darf ich? (I)

Ein Kind stellte sich mit dem Gesicht gegen eine Mauer oder an einem markierten Strich mit dem Rücken zu den anderen und hielt sich die Augen zu. Die anderen Kinder stellten sich mit dem Rücken gegen eine gegenüberliegende Wand, so dass sie die „Mutter" sehen konnten. Nacheinander fragte nun jedes einzelne Kind:
„Mutter darf ich? – Wieviel Schritt?"
Die „Mutter" hatte zu bestimmen, wieviel Schritte jeder Mitspielende machen durfte. Während das Kind, das gefragt hatte, die ihm zugemessenen Schritte nach vorn machte, sah sich die „Mutter" plötzlich um. Das Kind blieb sofort

437

unbeweglich stehen. Hatte die „Mutter" es nicht in der Bewegung ertappen können, durfte es stehenbleiben. Andernfalls musste es eine bestimmte Anzahl Schritte zurückgehen. Das Kind, das auf diese Weise zuerst die „Mutter" an der Mauer oder am Strich erreichte, durfte selbst die nächste „Mutter" sein.

mdl. *Viersen* 1974, vgl. Caro 1906, 69, Nr. 24

Nr. 916 Mutter darf ich? (II)

Die Kinder stellten sich in einer Reihe auf. Ihnen gegenüber, in einem zuvor verabredeten Abstand hinter einem gezogenen Strich, stand die „Mutter". Die Kinder riefen einzeln nacheinander: „Mutter darf ich?" Die „Mutter" gab an, wie viele ganze oder halbe Schritte, oder *Haanèpüètschès* (Hahnenfüßchen), das betreffende Kind vorwärts gehen durfte, z.B. drei große oder drei kleine oder nur halbe Schritte. Wer große Schritte zugestanden bekam, versuchte natürlich, mit möglichst weiten Schritten (manchmal Sprüngen) vorwärts zu kommen. Wer als Letzter übrig blieb, wurde die nächste „Mutter". Zuweilen richtete sich die Zuteilung der Schritte durch diese, nicht ganz fair, nach Sympathie oder Antipathie. Der Ausgang des Spiels war dem entsprechend – stand es doch letztlich in ihrem Belieben, wer für die nächste Runde ausersehen war.

mdl. *Dülken, Viersen, Neuwerk, Krefeld, Mönchengladbach* 1974 und 1994

Nr. 917 Mössè vèrkoopè – Vögel verkaufen

Die Kinder stellten sich in einer Reihe auf. Drei von ihnen, durch Abzählen ermittelt, traten vor. Eines war der „Besitzer der Vögel", das andere ein „Engel", das dritte der „Teufel". „Teufel" und „Engel" entfernten sich, bis der „Besitzer der Vögel" jedem Kind einen Vogelnamen gegeben hatte. Danach trat der Engel hinzu, klopfte dem Verkäufer auf den Rücken und sagte:

Klopp, klopp ou Dör!	Klopf, klopf an der Tür!

Darauf der „Besitzer":

Wi es an de Dör?	Wer ist an der Tür?

Der Engel wieder:

Den Engel.	Der Engel.

Dann trat der Engel vor und fragte:

Heje enne schwarte Mell?	Haben Sie eine schwarze Amsel?

Wetterfahne, Issum

So ging es mit verschiedensten Vogelnamen weiter. Der „Verkäufer" sagte so lange: „Habe ich nicht", bis der Engel einen Namen erraten hatte, und der Betreffende vortreten musste. Nachdem der „Engel" dem „Verkäufer" so viele Schläge in die Hand gegeben hatte, wie dieser Geld für den „Vogel" forderte, lief dieser zu einem bestimmten Punkt, verfolgt vom „Engel". Wurde er vorher eingeholt, galt er als gefangen und wurde vom „Engel" an einem von diesem bestimmten Ort „festgesetzt". Gelang ihm die Flucht, durfte er an seinen Platz zurückkehren. Nun kam der „Teufel", um einen „Vogel" zu kaufen. Das Ganze wiederholte sich, bis alle „Vögel" verkauft waren. Am Schluss stand die Kraftprobe: Die von „Teufel" und „Engel" gefangenen „Vögel" stellten sich hintereinander, verhakten ihre Hände und bezogen in zwei Reihen zu beiden Seiten eines gezogenen Striches einander gegenüber Stellung. Wurden die „Engel" über den Strich gezogen, wurden sie zu „Teufeln", und umgekehrt.

Caro 1906, 66, Nr. 11, vgl. Strackerjan 1851, 20: „Vogel flieg aus!", vgl. Bruns 1884, 71, Nr. 171

Nr. 918 Vügel gelle oder Vogel flieg aus! – Vögelverkaufen

Ausgewählt wurden ein „Vogelhändler"und ein „Käufer". Der „Vogelhändler" stellte die Mitspieler der Reihe nach auf. Diese gaben sich nun (oder bekamen sie) Vogelnamen: Spatz, Drossel, Rotkehlchen, Meise usw. (kein Name durfte zweimal vorkommen). Das „Mal" des „Käufers" befand sich etwa 20 Schritte von den Spielern entfernt. Wenn der „Vogelhändler" mit der Verteilung der Vogelnamen fertig war, gab er dem „Käufer" ein Zeichen, dass er nun kommen durfte, um die Vögel zu erraten. In etwa sechs Schritt Entfernung voneinander entspann sich folgendes Wechselgespräch; der Käufer begann:

Hast du Vögel zu verkaufen?
Ja, welchen willst du?
Hast du einen Zeisig?   *Schattenbild,*
Nein.   *Wandsbeck 1875*
Vielleicht ein Rotkehlchen?
Ja, es kostet fünf Mark.

Nun musste dieser „Vogel" so schnell wie möglich zum „Mal" des „Käufers" und zurück laufen. Der „Käufer" zahlte zuerst den Preis (in diesem Fall also mit fünf Schlägen auf die ausgestreckte Hand). Doch durfte der „Preis" nicht über über zehn Schläge hinausgehen. Nach dem „Bezahlen" versuchte er den „Vogel" zu fangen; „Vogel" wie „Käufer" mussten das Mal des „Käufers" berühren. Gelang es dem „Käufer" nicht, den „Vogel" zu fangen, so durfte dieser zum „Händler" zurück und erhielt einen neuen Namen. Das Spiel war erst zu Ende, wenn der „Käufer" alle „Vögel" gefangen hatte.

Caro 1906, 66, Nr. 12, vgl. Wehrhan 1908, 192, Nr. 42, s. Kommentar Nr. 918

Nr. 919 Wieviel Uhr ist es?

Beliebig viele Kinder konnten mitspielen, Jungen wie Mädchen. Die „Uhr" wurde durch Abzählen bestimmt und blieb nun in einer bestimmten Entfer-

439

nung von den anderen stehen. Ein weiteres Kind kam zu ihr und fragte leise: „Wieviel Uhr ist es?" Die „Uhr" nannte eine beliebige Zeit, z.B. „halb fünf". Das Kind kehrte zu den anderen zurück und fragte der Reihe nach: „Wieviel Uhr ist es?" Wenn eins der mitspielenden Kinder die richtige Zeit erraten hatte, musste es so schnell wie möglich weglaufen, da es sonst von dem fragenden Kind mit einem großen verknoteten Taschentuch Schläge bekam. Dann ging es selbst zur „Uhr" und fragte nach einer neuen Zeit.
Caro 1906, 65, Nr. 8

Nr. 920 Klökkskè, wu laat? – Ührchen, wie spät ist es?
Die Kinder stellten sich in eine Reihe an eine Wand. Zwei dachten sich eine Zeit aus, z.B. „halb zwölf". Dasjenige von beiden, das ein Taschentuch mit einem Knoten in der Hand hielt, ging an der Reihe vorbei und fragte:

> Klökkskè, wu laat?   Ührchen, wie spät ist es?

Dabei gab es an, ob die Stunde ganz oder halb oder nur zum vierten Teil geraten werden sollte und sagte:

> Ganzè Ürè (oder „halfè"   Ganze Stunden, halbe Stunden
> bzw. „verdèl Ürè")   oder viertel Stunden.

Das Kind, das richtig riet, musste bis zu einem bestimmten Ort (etwa einem Baum) rennen. Dabei wurde es von dem „Frager" verfolgt, der versuchte, es mit dem Taschentuch abzuschlagen, bis es an seinen Platz zurückgekehrt war. Sodann bekam der zweite des „Frage-Teams" den „Schläger"; das Kind, das richtig geraten hatte, begleitete ihn, während dasjenige, das zuerst gefragt hatte, seinen Platz einnahm. So setzte sich das Spiel fort.
Caro 1906, 65, Nr. 10

Literatur
Bruns, Wilhelm, Illustriertes Kinderspielbuch. Düsseldorf 2. 1884 (Bruns 1884)
Caro, Karl, Kinderspiele und Kinderlieder vom Niederrhein. In: Jahrbuch des Vereins für niederdeutsche Sprachforschung, 32. Jg. Bremen 1906 (Caro 1906)
Siemes, Helena und Gerd Philips, Durch das Jahr. Feste und Bräuche am Niederrhein, Duisburg 2001 (Siemes/Philips 2001)
Strackerjan, Ludwig, Aus dem Kinderleben. Spiele, Reime, Rätsel, Oldenburg 1851 (Strackerjan 1851)
Wehrhan, Karl, Kinderspiele aus Lippe. In: ZfVk, 5, Jg. 1908 (Wehrhan 1908)

Suchen, Finden, Verstecken

Nr. 921 Blinde Kuh
Ursprünglich war „Blinde Kuh" ein Spiel unter Erwachsen. „Seine Beliebtheit ist sicherlich vor allem dadurch zu erklären, daß es der gegenseitigen, vom Spielverlauf ‚vorgeschriebenen' körperlichen Berührung Vorschub leistete[1]." Von Mozart und seiner Schwester Nannerl weiß man z.B., dass neben Brett-, Kar-

440

ten- und Pfänderspielen „Blinde Kuh" zum festen Repertoire der bürgerlichen Gesellschaft gehörte, ob bei Festlichkeiten oder bei Besuchen im fürstbischöflichen Salzburg. [2]

Nach dem Abzählen, wer „blinde Kuh" sein sollte, wurde ein Kreis gebildet. Der „blinden Kuh" wurden die Augen verbunden. Ein/e Mitspieler/in führte die „blinde Kuh" in die Mitte und so lange im Kreis herum, bis sie die Orientierung verloren hatte, und sagte dabei: *„Blendè Koh, ick lei dech"* (Blinde Kuh, ich leite dich). Danach wurde die „blinde Kuh" losgelassen, während der Kreis sich auflöste und die Mitspieler um sie herumgingen und sie neckten. Wenn die „blinde Kuh" jemanden festhalten konnte, mussten alle anderen stehen bleiben:

Die blinde Kuh sprach, dann die Mitspieler und so fort im Wechsel:

Ich ruuk, ich ruuk.	Ich rieche, ich rieche.
Watt rükksd-è dänn?	Was riechst du denn?
Menschèfleesch!	Menschenfleisch
Weä öss ètt dänn?	Wer ist es denn?

Die „blinde Kuh" nannte einen ihr wahrscheinlichen Namen. Hatte sie richtig geraten, wurde der oder die Betreffende die nächste „blinde Kuh". Hatte sie sich aber geirrt, musste sie weiterraten, bis sie Erfolg hatte und abgelöst wurde.

Caro 1906, 75, Nr. 11, vgl. Bruns 1884, 62, Nr. 150: „Blinde Maus" oder „Bleng Krohn"

Nach dem Zweiten Weltkrieg spielte man „Blinde Kuh" meist bei Kindernamens- oder -geburtstagen im geschlossenen Raum, allerdings kannte man die bei Caro überlieferten Fragen und Antworten meist nicht mehr. Während die „blinde Kuh" jemanden zu fangen suchte, zogen und zupften die Mitspieler an ihr, ohne ihr weh zu tun. Wer erwischt und erkannt wurde, nahm ihre Stelle ein.

Blinde Kuh, Kästchen aus dem 19. Jh., Birkenrinde geschnitzt, Privatbesitz

mdl. *Viersen* 1970, s. Kommentar Nr. 921

Die unheimlichen Worte „Ich rieche, rieche, Menschenfleisch" erinnern an das Grimmsche Märchen vom Teufel mit den drei goldenen Haaren.

Die Griechen kannten ein ähnliches Spiel. Nachdem einem Kind die Augen verbunden worden waren, führte man es herum, damit es die Orientierung verlor. Nun sagte es: „Die eherne Fliege jage ich." Die Mitspieler antworteten: „Du wirst sie jagen, aber nicht bekommen." Danach schlugen sie es so lange mit Le-

Blinde Kuh, Conrad Meyer 1657

derriemen, bis es einen von ihnen gefangen hatte. Das Spiel hieß in der Antike „Bronzefliege" oder „eherne Fliege".[3]

Nr. 922 Jakob, wo bist du? oder Schmuddèl und Jakob

Es ist ein ähnliches Spiel wie „Blinde Kuh". Zwei Kinder, „Schmuddèl" und „Jakob", standen mit verbundenen Augen im Kreis der Mitspieler. „Schmuddèl" versuchte, „Jakob" zu fangen. Er rief: „Jakob, wo bist du?" „Jakob" antwortete (möglichst leise, damit nicht sofort erkennbar war, wo er sich gerade befand): „Hier". Sofort lief „Schmuddèl" in die vermutete Richtung, um ihn zu fangen; wieder und wieder fragte er deshalb: „Jakob, wo bist du?" Der versuchte, ihn möglichst lange über seinen Standort zu täuschen, indem er z.B. die Hände zu einem Trichter formte und in die andere Richtung sprach. Lief einer der beiden aus dem Kreis heraus, riefen und warnten die anderen: „Schmuddèl" oder „Jakob, du brennst dich!" und er wurde wieder in den Kreis zurückdirigiert. Fing „Schmuddèl" den „Jakob", so wählten die beiden zwei neue Spieler.
Caro 1906, 76, Nr. 14

Das Spiel wurde nach dem Zweiten Weltkrieg bis in die 50er Jahre hinein in *Viersen* gespielt, war allerdings unter dem Namen „Jakob, wo bist du?" bekannt.
mdl. *Viersen* 1970

1) Endrei 1988, 102 2) Bauer 2003, 197 3) vergl. Hills 1957, 22, N. 27 und vgl. Fittà 1998, 24 vgl. de Cock/Teirlinck I, 118-23

Literatur
Bauer, Günther, G. Mozart, Glück, Spiel und Leidenschaft, Bad Honnef 2003 (Bauer 2003)
Bruns, Wilhelm, Illustriertes Kinderspielbuch, Düsseldorf 1984 (Bruns 1884)
Endrei, Walter, Spiele und Unterhaltung im alten Europa, Hanau 1988 (Endrei 1988)
Caro, Karl, Kinderspiele und Kinderlieder vom Niederrhein. In: Jahrbuch des Vereins für niederdeutsche Sprachforschung, 32. Jg. Bremen 1906 (Caro 1906)
de Cock/Teirlinck Kinderspel & Kinderlust in Zuid-Nederland, Bd. I–VIII, Gent 1902–1908
Fittà, Marco, Spiel und Spielzeug in der Antike. Unterhaltung und Vergnügen im Altertum. Aus dem Italienischen übersetzt von Cornelia Homann. (Wissenschaftliche Buchgesellschaft Darmstadt) 1. Stuttgart 1998 (Fittà 1998)
Hills, Jeanette, Das Kinderspielbild von Pieter Brueghel d. Ä. (1560), Wien 1957, (Hills 1957)
Strackerjan, Ludwig, Aus dem Kinderleben. Spiele, Reime Rätsel, Oldenburg 1851 (Strackerjan 1851)

Nachlaufen und Gefangenwerden

Nr. 923 Englisch Nachlaufen (I)

Alle Mitspielenden liefen herum. Der „Fänger" versuchte denjenigen, den er abschlug, an einer ungewöhnlichen Stelle zu treffen, z.B. unten am Bein. Dann musste der so Abgeschlagene beim Laufen und Fangen seine Hand dahin halten, wo er getroffen worden war.

mdl. *Viersen* 1994

Nr. 924 Englisch Nachlaufen (II)

Zwei Kinder stellten sich einander gegenüber und gaben sich die rechten oder linken Hände, die ganz fest gehalten werden mussten, und liefen dann seitlich gegeneinander im Kreis. Dadurch entstand eine schwingende Bewegung, die zu Schwindel führen konnte. Dieses Spiel konnte auch als „Wettbewerb" gespielt werden.

mdl. *Viersen* 1994

Nr. 925 Müsskè fangè – Mäuschen fangen

Zwei Parteien bildeten zwei Reihen und standen einander in einem Abstand von ungefähr 20 Metern gegenüber. In der Mitte lag ein Stock. Auf diesem lag ein zusammengeknotetes Taschentuch, das „*Müsskè*". Die jeweils ersten der Reihe liefen auf ein Zeichen in die Mitte. Eine/r versuchte, das „Müsskè" zu fangen, ohne dass es dem anderen gelang, ihn daraufhin mit dem Stock abzuschlagen. Wenn der „Müsskès-Fänger" Glück hatte, konnte er seinen Gegner mit in die eigene Reihe nehmen. Andernfalls musste er selbst die gegnerische Reihe vergrößern. Das Spiel war zu Ende, wenn eine der Parteien aufgelöst war.

mdl. *Krefeld-Traar* 1981

Nr. 926 Hier sitz ich und spiel ich

Hier sitz' ich und spiel' ich. Wenn die Maus kommt, dann lauf' ich.

Die Kinder saßen im Schneidersitz auf der Erde und bildeten einen Kreis. Eins war die „Maus". Während gesungen wurde, ging die „Maus" im Innenkreis an den Kindern vorbei. Am Ende des Liedes versuchte die „Maus", das vor ihr sitzende Kind zu fangen. Dieses sprang schnell auf und versuchte zu entkommen. Es musste um den ganzen Kreis laufen, bis es wieder an seinem Platz angelangt war. War es schneller als die „Maus", hatte es gewonnen, wenn nicht, musste es die nächste „Maus" sein.

Text und Melodie 1981 in *Neuwerk* aufgezeichnet

Nr. 927 Kättskè opp ètt Stübbkè – Kätzchen auf der Hausschwelle
Beliebig viele Kinder konnten mitmachen. Spielplatz war der Bürgersteig vor einem Haus, genannt „die Stubb"*. Ein Kind war das „Kätzchen". Es stand auf dem Bürgersteig und musste den Mitspieler, der sein Reich betrat, abschlagen. Gelang ihm das, so wurde der Abgeschlagene das neue „Kätzchen". Diente ein Hügel als Spielplatz, so lautete der Zuruf: „Ich bin auf deinem goldenen Berg!"
* Außentreppe aus Stein, Türschwelle *(Kleve)*, Caro 1906, 68, Nr. 18

Nr. 928 Straßenmännchen

Ein bestimmter Teil des Bürgersteigs wurde als Spielfeld abgegrenzt. Eines der Kinder wurde durch Abzählen zum „Straßenmännchen" gewählt. Es hatte seinen Platz auf dem abgegrenzten Teil der Straße und durfte diesen Raum nicht verlassen. Die übrigen Mitspieler liefen nun auf das Gebiet des Straßenmännchens und sangen dabei: „Straßenmännchen, Straßenmännchen, ich bin auf deiner Straße!" Das „Straßenmännchen" versuchte, einen der Spieler abzuschlagen. Gelang ihm dies, war es frei und der, den es erwischt hatte, war das neue „Straßenmännchen".
Caro 1906, 68/69, Nr. 23

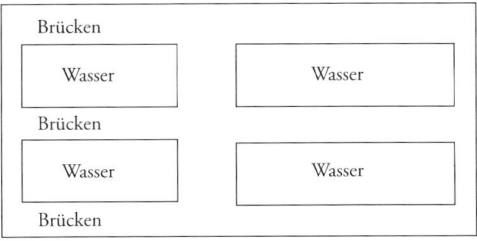

Brökkèloopè – Watèrluèpè,
Caro 1906

Nr. 929 Brökkèloopè – Watèrluèpè – Brückenlaufen – Wasserlaufen
Für dieses Spiel wählten die Spieler einen möglichst rechteckigen Platz. Dieser wurde durch Striche auf der Erde eingeteilt in „Brücken" und „Wasser". Nachdem einer durch Abzählen zum Nachlaufen bestimmt worden war, begann das Spiel. Jeder Spieler musste darauf achten, dass er die „Brücken" nicht verließ und ins Wasser trat, andernfalls galt er als geschlagen. Den einmal angefangenen Weg musste der Spieler bis zur nächsten Ecke vollenden. Dort konnte er einen anderen Weg einschlagen. Dagegen durfte der durch das Auszählen bestimmte „Läufer" seinen Lauf innerhalb der Brücken ändern. Das Spiel wurde weitergespielt wie das gewöhnliche Nachlaufen.

Caro 1906, 67, Nr. 15

Nr. 930 Hömplènbuur oder Hengkèlè Bôtt
    – Hinkender Bauer oder Hinkender Bote

Ein Kind wurde zum „*Hömplenbuur*" gewählt und in den so genannten „Kessel" (das Mal) getrieben, wo es vor Verfolgung sicher war. Der „Hömplènbuur" durfte nur hüpfend sein Reich verlassen und musste ansagen, dass er loslief. Er und alle anderen Spieler hatten ein geknotetes Taschentuch in der Hand. Traf der „Hömplenbuur" damit einen Mitspieler, so suchte er, wie auch derjenige, den er abgeschlagen hatte, möglichst schnell den „Kessel" wieder zu erreichen, um sich vor den „Schlägen" der anderen zu schützen. Außerdem musste er wieder in den „Kessel" zurück, wenn er, anstatt zu hüpfen, normal gelaufen war oder wenn er sein Herauskommen nicht angemeldet hatte. Fing er mehrere Kinder, waren sie seine „Gesellen", die er nach Belieben ausschickte, indem er rief:

Hömplènbuur schekkt twiè Jesällèn uut.	Der hinkende Bauer schickt zwei Gesellen aus.

oder:

Hömplènbuur schekkt sinn	Der humpelnde Bauer schickt
Jèsällèn uut,	seine Gesellen aus,
hä kömmt nitènoè.	er kommt hinterher.

Natürlich mussten auch die „Gesellen" hüpfen und durften nicht laufen. Wenn alle eingefangen waren, wurde der letzte der neue „*Hömplènbuur*".
Caro 1906, 68, Nr. 22

In der Antike gab es ein ähnliches Spiel: Auch hier ging es darum, auf einem Bein hüpfend jemanden zu erhaschen. „Die Griechen nannten es „Spiel vom Kranich" oder „Empusa", abgeleitet aus dem Namen eines Geistes im Gefolge der Göttin Hekate, der auf einem Bein hüpfte, da sein anderer Fuß aus Bronze war. Es war ein Gruppenspiel, bei dem ein mit einem Stock ausgestattetes Kind den Spielgefährten nachlaufen musste: Wenn es dem Verfolger gelang, einen der Verfolgten mit seinem Stock zu berühren, so wurde dieser seinerseits zu Empusa bzw. zum „Kranich".
Fittà 1998, 26

Nr. 931 Pôtt schtiif maakè – Den Topf „steif" machen

Dieses Spiel wurde meist als Pausenspiel von Jungen gespielt. Der Spielführer zog vor einer Mauer einen Kreis, den „*Pôtt*", den Topf. Anschließend lief er über den Schulhof, sammelte Kinder, indem er sie „*antitschte*", d.h. abschlug. Die abgeschlagenen Kinder mussten ihm als Gefangene folgen und im „*Pôtt*" bleiben. Sie durften jedoch mit einem Fuß über die Grenzlinie des „*Pôtts*" hinaus und einem anderen Mitspieler, der noch nicht abgeschlagen war, die Hand reichen. Hierdurch wurde der Gefangene „erlöst" und war wieder frei, während der Spielführer weiter über den Schulhof lief, um mehr Kinder zu fangen. Wenn

445

er zurück kam, waren also die Gefangenen oft alle aus dem „Pôtt" erlöst. Es gab jedoch die Möglichkeit, dass der Anführer des Spiels einen zweiten Jungen bat, ihm beim Fangen zu helfen. Dann war es fast unmöglich, jemanden aus dem „Pôtt" zu befreien und das Spiel konnte schneller beendet werden, spätestens jedoch mit dem Ende der Unterrichtspause.

mdl. *Overhetfeld* 1980

Nr. 932 Kättè loopè – Ketten laufen oder Schlange ziehen

Auch dies war ein Pausenspiel. Ein Kind begann zu laufen und fing ein anderes, das es nun an der Hand nehmen musste. Beide liefen so „gekettet" weiter und fingen durch Abschlagen ein drittes usw. So wurde die Kette immer länger, bis sie sich u.U. über den ganzen Schulhof zog. Die letzten in der Kette gerieten ganz schön „ins Schleudern" und mussten sich gegenseitig gut festhalten, um nicht hinzufallen.

mdl *Overhetfeld* 1980

Nr. 933 Kätt – Kette

Zwei Parteien wurden gebildet. Die Hälfte der spielenden Kinder bildete Hand in Hand eine Kette und gingen auf die andere Hälfte zu. Diese suchten durch Zurufen: „*Kätt, Kätt*" die Kette zu sprengen. Gelang es ihnen, so wurden die „Gesprengten zu ihrem Platz geprügelt".

Krefeld, Nolden 1912, 99

Nr. 934 Der Kaiser hat sein Reich verlor'n

Der Kai - ser hat sein Reich ver - lor´n!

Ein Kind stand der Reihe der übrigen gegenüber und rief: „Der Kaiser hat sein Reich verlor'n!" Sofort wechselten alle Kinder die Seiten. Der „Kaiser" musste versuchen, eines der heranstürmenden Kinder zu fangen. Das Kind, das er gefangen hatte, war nun sein Bundesgenosse und musste mit ihm zusammen die anderen fangen. Wer als letzter übrig blieb, war im nächsten Spiel der neue „Kaiser".

Text und Melodie in *Viersen* und *Mönchengladbach* 1994 aufgezeichnet

Deutscher Hausschatz, Regensburg 1875

Nr. 935 Der Kaiser schickt seine Soldaten aus

Der Kai - ser schickt sei - ne Sol - da - ten aus.

Er schickt Hein - rich!

Es wurde meist von Jungen gespielt, wobei es rauh und wenig zimperlich zuging. Wieder wurden zwei Mannschaften gebildet. Die erste Gruppe bildete einen Riegel, eine Mauer, indem sie sich fest an den Händen hielt. Die Gegenpartei rief:

Der Kaiser schickt seine Soldaten aus ... Er schickt Heinrich!

Der aufgerufene Junge lief gegen die Mauer der anderen und versuchte, diese gewaltsam mit zusammengefalteten Händen zu durchbrechen. Gelang ihm das nicht, so musste er in der Gefangenschaft der Gegenpartei bleiben. Hatte er jedoch Erfolg, so wurde derjenige, der nicht fest genug gehalten und bei dem sich die Mauer geöffnet hatte, Gefangener des „Ausgeschickten" und durfte bis zum Schluss nicht mehr mitspielen. Aus diesem Grund war es schon beim Aufstellen der Mannschaften wichtig, die stärksten und größten Jungen in die Mannschaft zu wählen.

mdl. *Krefeld-Traar* 1980

Wetterfahne, Viersen-Süchteln

Variante:

In *Neersen* hakte man sich mit den Armen unter, was die Möglichkeit erschwerte, die „Mauer" zu durchbrechen. Bei diesem Spiel entstand oft heftiger Streit, weil niemand zugeben wollte, dass er es gewesen war, der die Kette losgelassen hatte, und folglich auch nicht „Gefangener" sein wollte.

mdl. *Neersen* 1980

Nr. 936 Langk affneämè – Land abnehmen
     oder: Deutschland erklärt den Krieg gegen ...

In den 30er Jahren und nach dem Zweiten Weltkrieg war das „Land abnehmen" besonders beliebt und wurde bis in die 70er Jahre hinein auf fast allen Schulhöfen gespielt.

Auf gewachsenem Boden zog man mit einem Astholz oder mit dem Absatz einen großen Kreis. Vom Mittelpunkt des Kreises aus wurde er in so viele Seg-

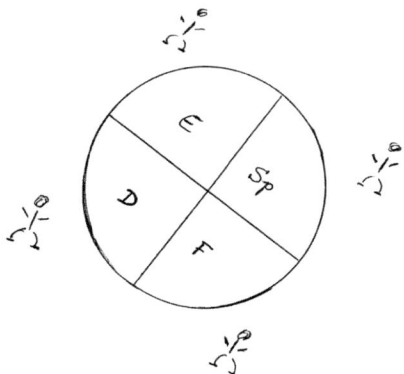

mente aufgeteilt wie Mitspieler vorhanden waren. Jeder Mitspieler erhielt einen Abschnitt zugeteilt und den Namen des Landes, das er von nun an repräsentierte, z. B. „Deutschland", „Frankreich", „England", „Spanien" usw. Damit es bei der Wahl der Ländernamen keinen Streit gab, wurde abgezählt, wer zuerst wählen durfte. Anschließend wurden die Anfangsbuchstaben der verteilten Länder in die entsprechenden Felder geritzt.

Land abnehmen,
Zeichnung, E. Steinhorst

Die Spieler standen außen an der Grenze ihrer Länder, zwei bis drei Meter von der Peripherie des Kreises entfernt. Durch erneutes Abzählen wurde ausgelost, wer beginnen durfte. Der, den das Los getroffen hatte, rief z. B.: *„Deutschland erklärt den Krieg gegen … Frankreich!"* Dabei wurde nach dem „gegen" die Nennung des „Feindes" etwas hinausgezögert, da alle sprungbereit warteten, um wegzulaufen. Das Kind, das „Frankreich" repräsentierte, musste schleunigst in „sein Land" rennen und von dort „Halt!" rufen, wonach sich niemand mehr von der Stelle bewegen durfte. Nun versuchte der „Rufer", mit drei Schritten einen anderen Mitspieler abzuschlagen. Gelang ihm dies, durfte er vom Land des Abgeschlagenen einen Fuß breit oder einen Fuß lang – meist an der Peripherie des Kreises – für sich abmessen. Wenn ein „Land" (Mitspieler) aufgerufen worden, vom „Rufer" aber nicht erwischt worden war, durfte er nun seinerseits mit einer neuen „Kriegserklärung" das Spiel fortsetzen. Das Spiel endete, wenn alle Flächen an der Kreisperipherie vergeben waren.
mdl. *Krefeld-Traar* 1981, *Viersen, Born* 1978, *Dülken, Osterath* 1990, vgl. Hüttenes 1996, 137 f

Nr. 937 Aièr kläuè – Eier stehlen

Man bildete zwei Parteien mit der gleichen Anzahl von Mitspielern. Sie stellten sich an der „Grenze", einem zuvor gezogenen Strich, auf. In gleicher Entfernung vom Strich hatte jede Partei einen Kreis, in dem sich die „Eier" (Steine) befanden. Jeder Spieler einer Partei suchte die „Eier" der anderen zu „stehlen", ohne abgeschlagen zu werden. Wurde er dennoch erwischt und abgeschlagen, musste er als Gefangener am Kreis des Gegners, dem „Nest", bleiben, es sei denn, er konnte durch Anschlag eines Spielers seiner Partei erlöst werden. Der allerdings durfte sich vorher auch nicht erwischen lassen. Die Partei, deren „Nest" zuerst leer wurde, hatte verloren.

Caro 1906, 67, Nr. 17

Nr. 938 Kreislaufen

Die Kinder standen kreisförmig in einer Doppelreihe mit seitlichem Abstand zu zweit hintereinander. Ein Mitspieler lief als „Fänger", ein zweiter als „Gejagter" außen um den Kreis herum. Wenn das gejagte Kind ermüdet war, stellte es sich von hinten hinter ein Paar. Sofort musste das innen zum Kreis stehende Kind reagieren und weglaufen. Wurde es vom „Fänger" erjagt, übernahm es dessen Rolle, ansonsten musste dieser weitermachen

mdl. *Viersen* 1994

Nr. 939 Bömmkè, Bömmkè, vonneen aff
Bömmkè, Bömmkè wässèl dich – Bäumchen, Bäumchen verwechsel dich

Früher waren die Schulhöfe weder gepflastert noch geteert. Auf natürlichem Boden wuchsen auf jedem Schulhof Bäume. Sie spendeten nicht nur Schatten, sondern boten auch während des ganzen Jahres den Kindern vielfältige Spielmöglichkeiten. Ein beliebtes Spiel auf dem Schulhof war „Bäumchen, verwechsel dich".

Bömmkè, Bömmkè, vonneen aff,	Bäumchen, Bäumchen, auseinander,
Weä nett loopè kann,	Wer nicht laufen kann,
Dämm schnii ich di dekkè Been aff!	Dem schneide ich die dicken Beine ab!

Die Kinder zählten ab, wer der erste Fänger sein musste. Die anderen suchten sich einen Baum aus und stellten sich mit dem Rücken davor. Nur der „Fänger" hatte keinen. Er rief im Sington: *„Bömmkè, Bömmkè, voneen aff…"* Nun mussten alle ihre Bäume verlassen und einen anderen frei gewordenen suchen. Wer übrig blieb, war der neue „Fänger" und versuchte seinerseits, einen frei werdenden Baum zu finden. Es war wichtig, den richtigen Augenblick abzupassen, schnell zu reagieren und erst dann loszulaufen, wenn der „Fänger" einen anderen Mitspieler im Auge hatte. Damit ging man allerdings das Risiko ein, dass plötzlich kein Baum mehr zu haben war. Es mussten übrigens nicht unbedingt Bäume sein – Gartenpfähle, Telegraphenstangen oder Pfeiler von einem Tor taten es auch.

Bäumchen wechsel dich, 1952

Das Spiel gehörte (wie viele andere) schon im Mittelalter zu den vielfältigen Belustigungen der höheren Gesellschaftsschichten; es war also ursprünglich ein Erwachsenenspiel.

Lex MA VII, Sp. 2110, mdl. *Viersen* 1970, überall am Niederrhein bekannt

Nr. 940 Brüderchen hilf

Alle beteiligten Kinder bildeten zu zweit „Paare"; eines blieb ohne Partner und war „Fänger". Nach einiger Zeit trennten sich die Paare auf Kommando, damit der „Fänger" die Chance hatte, jemanden zu erwischen. Wenn beim „Trennen" vereinzelte Kinder in Gefahr gerieten, gefangen zu werden, riefen sie „*Brüderchen hilf!*", denn nur als Paar waren sie vor dem Fänger in Sicherheit. Konnte der „Fänger" einen der beiden „Brüder" abschlagen, übernahm derjenige, den er erwischt hatte, seinen Part. Das andere „Brüderchen" und der ehemalige „Fänger" bildeten ein neues Paar.

mdl. *Viersen* 1994, vgl. Schönberner 1979, 69

Nr. 941 Bôkkschprengè – Bockspringen, Wanderbock

Das „Bockspringen" oder der „Wanderbock" ist sehr alt und war bereits in der Antike bekannt. Eine Anzahl Kinder stand, mit gebeugten Knien und gebeugtem Oberkörper einer hinter dem anderen, wobei sie die Hände auf die Oberschenkel stützten. Die oder der Letzte nahm Anlauf, stütze sich mit beiden Händen auf den Rücken des gebückten Vordermanns, grätschte zur gleichen Zeit die Beine und sprang über ihn. Nach einem entsprechenden Abstand blieb er stehen und nahm dieselbe Haltung ein wie derjenige, den er gerade übersprungen hatte. Ein dritter sprang nun wiederum über beide usw., so dass eine lange Reihe entstand. Das Bockspringen wurde im Laufe der Zeit zu einer beliebten Übung im Turnunterricht.

Überall bekannt, vgl. Siemes/Philips 1995, 197, Nr. 289, Fittà 1998, 37

Nr. 942 Bôkk, Bôkk, wivüèl Höörès? – Bock, Bock, wieviel Hörner?

Die Spieler bestimmten den „Bock" durch Abzählen und der beugte nun seinen Rücken. Er stand an einer Mauer und stützte sich mit den flachen Händen ab, damit er einen festen Halt hatte. Einer der Mitspieler sprang auf den Rücken des Bocks und hielt dabei einige Finger seiner Hand hoch in die Luft. Allerdings sollte der „Bock" das möglichst nicht sehen. Dabei rief der „Reiter": *„Bôkk, Bôkk, wivüèl Höörès?"* – Bock, Bock, wieviel Hörner? Wenn der „Bock" nicht die richtige Anzahl der hochgehaltenen Finger erriet, durfte der nächste Spieler auf seinen Rücken springen, so lange, bis ihm die richtige Antwort gelang. Der letzte Springer übernahm dann seine Rolle.

Caro 1906, 69, Nr. 1

Das Spiel hatte in Europa verschiedene Namen, wie z.B. „Das lange Roß" oder „Lange Brücke". Im Mittelalter soll es laut Endrei ein beliebtes volkstümliches Spiel gewesen sein, das z.B. im Jahre 1556 von der Gefolgschaft des französischen Admirals Coligny bei der Unterzeichnung eines Waffenstillstandsvertrages in Brüssel zum Zeitvertreib gespielt wurde! Auf Brueghels Kinderspielbild von 1560 sieht man in der rechten unteren Ecke fünf Jungen, die „Das lange Roß" spielen. Zwei Jungen stehen in gebückter Haltung und halten sich an den Hüften. Einer weiterer sitzt auf einem niedrigen Mäuerchen und hält den Kopf des ersten in seinem Schoß. Zwei Jungen sitzen auf den Rücken der beiden, die den „Bock" bilden. Der letzte zeigt mit den Fingern der erhobenen Hand die zu erratende Zahl. Hält „das lange Roß" die Last der Jungen nicht aus und bricht zusammen, so muss es von den gleichen Spielern noch einmal aufgebaut werden. Hält es jedoch bei den Sprüngen stand, so werden die Rollen getauscht.

„Bock, wieviele Hörner?"
Detail Peter Brueghel,
„Kinderspielbild" 1566

Endrei 1988, 102, vgl. de Cock/Teirlinck I, 294 Gent 1902, hier hatte es den Namen „Ezelke springen", mit weiteren Varianten

Nr. 943 Strich-Bock

Zur Vorbereitung des Spiels warf jeder Spieler einen Stein in die Richtung einer zuvor gezogenen Begrenzung, dem „Strich". Der, dessen Stein am weitesten von

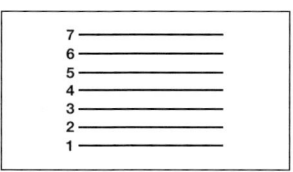

dem Strich („*Aan*" – Anfang) lag, wurde „Bock". Anschließend wurden eine Reihe paralleler Linien auf die Erde gezeichnet (siehe Abb.). Sie waren ungefähr zehn Zentimeter voneinander entfernt. Der „Bock" trat nun auf den zweiten Strich und beugte seinen Rücken. Die anderen Spieler sprangen über den Bock und zwar so, dass sie den ersten Strich, den „Aan" mit ihren Füßen, zumindest aber mit einem Absatz berührten. Gelang dies allen Mitspielern, so rückte der Bock einen Strich weiter. Dies wurde so lange fortgesetzt, bis ein Spieler nicht mehr von dem *„Aan"* abspringen konnte und neuer „Bock" wurde.

Strich-Bock, Caro 1906

Caro 1906, 69, Nr. 3

Nr. 944 Bockspringen (Mauerbock)

Bockspringen, de Cock/Teirlinck

Bockspringen, Niederländische Kachel, 17. Jh., Privatbesitz Dr. Eugen Gerritz, Krefeld

Es wurde ausschließlich von Jungen gespielt, die zwei Gruppen bildeten. Die erste Gruppe, die den „Bock" bildete, musste *„aanhôônè"* – anhalten. Die zweite Gruppe, die „Reiter", durfte springen. Einer aus der ersten Gruppe stellte sich mit dem Rücken gegen eine Mauer und legte die Hände ineinander, während ein zweiter Junge sich bückte und seinen Kopf in die Hände des ersten legte. Nun schlossen sich die übrigen Jungen der ersten Gruppe an: Sie bückten sich und zogen den Kopf ein, wobei jeder seine Arme um die Hüften des Vorgängers legte.

Anschließend sprangen die Jungen der zweiten Gruppe einer nach dem andern auf die Rücken derjenigen, die den „Bock" bildeten. Dabei versuchten sie, möglichst weit nach vorn zu springen, damit noch genügend Platz für die Nachkommenden blieb. Sobald sie saßen, mussten sie drei Mal in die Hände klatschen. Manchmal brach der „Bock" unter der Wucht eines besonders kraftvollen Sprunges zusammen und alle landeten in einem Knäuel auf der Erde.

Hielt der „Bock" aber nach dreimaligem Klatschen der Wucht des Ansturms stand, wurden die Rollen getauscht. Die „Springer" oder „Reiter" mussten nun den „Bock" bilden und die anderen durften springen.

mdl. *Born, Brüggen, Süchteln* 1979, mdl. *Aachen* 1980, vgl. VDZ *Viersen* Nr. 75, 29. 03. 1929, vgl. Hills 1957, 18/19, Nr. 21, vgl. für *Süchteln,* vgl. Kuhlen 1982, 20, vgl. Siemes/Philips 1995, 196, Nr. 288, vgl. Hills 1957, 18 ff, in den Niederlanden hieß das Spiel „Ezelke springen".

Nr. 945 Hahnenkampf

Je zwei Jungen standen sich in einem Abstand von ungefähr zehn Schritten gegenüber. Sie kreuzten die Arme über der Brust und durften nur auf einem Bein und seitlich aufeinander zuhüpfen. Jeder versuchte durch Anrempeln mit Achsel oder Schulter den anderen aus dem Gleichgewicht zu bringen. Wer zuerst den zweiten Fuß auf die Erde setzte, hatte den Kampf verloren.

mdl. *Dülken* 1985

Nr. 946 Richter und Dieb

Es war ein sehr altes und rauhes Jungenspiel, an dem mindestens sechs Spieler teilnahmen. Auf Papierstreifen wurden folgende Rollen geschrieben: Kaiser, Richter, Scharfrichter, Zeuge, Bauer, Dieb. Die Briefchen wurden zusammengefaltet und von einem Jungen in die Höhe geworfen und jeder suchte ein Briefchen zu ergattern. Derjenige, auf dessen Zettel „Dieb" stand, ergriff sofort die Flucht. Der „Dieb" wurde von dem „Zeugen" und dem „Bauern" verfolgt, eingefangen und vor den „Richter" gebracht. Der „Bauer" klagte ihn wegen irgendeiner Tat an, während der „Zeuge" die Anklage des „Bauern" bestätigte. Daraufhin wurde der „Dieb" zu zehn bis zwanzig Faustschlägen verurteilt. Er konnte aber auch beim „Kaiser" um Gnade bitten. Erließ der „Kaiser" ihm die Strafe, so wurde er freigesprochen. War dies nicht der Fall, führte der „Scharfrichter" die Strafe aus.

Caro 1906, 67, Nr. 14

Literatur

Caro, Karl, Kinderspiele und Kinderlieder vom Niederrhein. In: Jahrbuch des Vereins für niederdeutsche Sprachforschung, 32. Jg. Bremen 1906 (Caro 1906)

Cock, A. de und Is. Teirlinck, Kinderspel & Kinderlust in Zuid-Nederland, Bd. I–VIII Gent 1902–1908 (de Cock/Teirlinck I und VIII)

Fittà, Marco, Spiel und Spielzeug in der Antike. Unterhaltung und Vergnügen im Altertum. Aus dem Italienischen übersetzt von Cornelia Homann. (Wissenschaftliche Buchgesellschaft Darmstadt) 1. Stuttgart 1998 (Fittà 1998)

Endrei, Walter, Spiele und Unterhaltung im alten Europa, Hanau 1988 (Endrei 1988)

Hills, Jeanette, Das Kinderspielbild von Pieter Brueghel d.Ä. (1560), Wien 1957, (Hills 1957)

Hüttenes, Heinz, Kinderspiele der dreißiger Jahre. In: Die Heimat. Krefelder Jahrbuch, Jg. 67, 1996 (Hüttenes 1996)

Lexikon des Mittelalters, Bd. I–IX, München, Zürich 1980-1998 (Lex MA VII)

Kuhlen, Wilhelm, Erinnerungen an Alt-Süchteln, Süchteln 2. 1982 (Kuhlen 1982)

Meyer, Conrad, di Kinderspiele (1657), Hg. von Conrad Ulrich, Zürich 1970 (Conrad Meyer 1657)

Nolden, Hans, Alt Crefeld, Crefeld 1912 (Nolden 1912)

Siemes, Helena und Gerd Philips, Rheinische Spiele, Reime und Lieder, Aachen und Umgebung, Aachen 1995 (Siemes/Philips 1995)

VDZ= Vereinigte Dreistädte-Zeitung, Viersen, vom 29.03.1929 (VDZ 1929)

Schönberner, Egon, Onsen t'Hüs, Teil II, Kinderspiele am Niederrhein, Kleve-Materborn 1979 (Schönberner 1979)

Geschicklichkeitsspiele

Von Köllschè, Knikkèr, Klikkèr, Knekkèrt und Bussèls – Murmelspiele

Murmelspiele gehören zu den mannigfaltigen Geschicklichkeitsspielen. Kennzeichnend für alle Murmelspiele ist die Vielfalt von einfachen bis zu kompliziertesten Regeln. Wie alle Geschicklichkeitsspiele setzen auch sie viel Übung voraus. „Die Bindung an die Spielregel wird frei übernommen und kann nicht erzwungen werden … Hält ein Spieler … sich nicht an die Regeln des auf Zufall … und Geschicklichkeit abgestellten Spiels, dann hebt er das Spiel auf."[1] Diese grundlegende Regel wurde früh gelernt. Die älteren Kinder nahmen an den schwierigeren Murmelspielen teil, während den kleineren noch die Feinmotorik, die Konzentrationsfähigkeit, das Begreifen der immer komplizierteren Regeln und die „unendliche" Ausdauer fehlte. Wie die meisten anderen alten Spiele ist das Murmelspiel heute fast überall untergegangen, da die Voraussetzungen für seine Durchführung zunehmend fehlen wie z.B. nicht asphaltierte Schulhöfe, Straßen und Plätze. Außerdem haben Video und Computer die alten Gemeinschaftsspiele weitgehend abgelöst.

Oft kann man feststellen, dass früher Gesellschaftsspiele der Erwachsenen im Laufe der Zeit zu Kinderspielen wurden wie z.B. „Blinde Kuh", „Verstecken", „Bäumchen verwechsel dich", „Katz und Maus", „Stelzen", „Reifen", „Kreisel" u.a. Aber es gibt mittlerweile eine gegenläufige Bewegung. So vieles war anfänglich für die Kinder gedacht, wurde dann aber von Erwachsenen regelrecht okkupiert, so auch das Murmelspiel. Und so konnte man 2003 im Internet folgende exotisch anmutende Mitteilung lesen: „70. Murmelweltmeisterschaft in Crawley (GB) …. Sachsen (D) gegen Angelsachsen (GB) hieß es dann in der entscheidenden Phase des Turniers, und die Sachsen konnten die 70. Weltmeisterschaft des Jahres 2002 für sich gewinnen."[2]

Nun sind es die Erwachsenen, die ein Kinderspiel für sich wiederentdeckt haben, die sich vom Reiz des Murmelspiels gefangen nehmen lassen und es neu zu beleben scheinen. Kaum ein Spiel hat einst so sehr die Gemüter der Kinder bewegt wie das Spiel mit den Murmeln, das sich – wie auch andere Geschicklichkeitsspiele – durch eine Vielzahl von Varianten auszeichnet. Es handelt sich dabei um ältestes menschliches Spielkulturgut, das auch bei fast allen Naturvölkern anzutreffen ist.[3] Von griechischen und römischen Kindern wissen wir, dass sie mit Kugeln oder Nüssen nach ähnlichen Regeln wie beim Murmelspiel spielten.[4]

Ein zeitgenössischer Bericht aus Hüls um die Jahrhundertwende vermittelt ein wenig die Stimmung, die beim „Köllschen" herrschte:

Murmelspiel, Niederländische Kachel, 17. Jh., Privatbesitz Dr. Eugen Gerritz, Krefeld

„Wenn im Frühjahr, die Zeit des ‚Köllschèn' begann, hatten die Mütter zu keiner Jahreszeit so dreckige Jacken, Hosen, Kappen und Schürzen in Ordnung zu bringen wie ‚in dänn Köllschèntiid'. Jedes Kind, ob Junge oder Mädchen, ‚köllschte'. Alle trugen einen Beutel um den Hals, in dem der Reichtum aufbewahrt wurde. Manche Jungen besaßen 300 bis 400 Stück. Auf neue Köllschè legte man keinen besonderen Wert. Zwar bestellte man sich beim Nikolaus eine Menge davon, aber man nahm sie nicht gleich zum Spielen mit. Sie mußten zuerst unansehnlich werden. Neue Köllschen kosteten 4 Stück einen Pfennig, während die alten von den großen Jungen je 10 Stück für einen Pfennig feilgeboten wurden. Außer den ‚Köllschèn' hatte jedes Kind auch einen ‚jlaasèrnèn' (gläsernen) Bussèl', auch ‚Eierbômm' genannt. Die großen Jungen besaßen noch einen ‚Bussèl' aus Stahl und zum ‚Fuutèln' (betrügen, mogeln) den ‚Zirtsch', einen erbsgroßen Köllsch … Um diesen gab es zuweilen viel Zank und Streit: Meist spielten die größeren Jungen mit den kleineren, wenn sie selbst den Beutel leer hatten. Mit ihrem ‚Zirtsch', fuutelten' (mogelten) sie so, daß die kleineren Kinder schon nach einer Stunde weinend heimliefen, weil jetzt deren Beutel gähnend leer geworden war. Zwar hieß es beim Spiel: ‚Fuutele beföngk sich' (mogeln rächt sich), aber die Großen machten sich nichts draus."[5]

„Köllschè" waren aus Ton gebrannte Kügelchen, die einen Durchmesser von 10 bis 12 mm hatten. Sie wurden in Ölfarbe getaucht und gefärbt, grün, blau, braun, rosé, gelb, rot oder silbrig. Je nach Region, Stadt oder Dorf hießen sie *Köllschè* (Viersen), *Knikkèr* (Viersen, Kleve), *Knekkèr, Möpps, Dötts, Mörmèls, Merwèlè* oder *Bussèls* (Krefeld/Hüls).[6] Anstatt mit „*Tonknikkèrn*" konnte man

455

auch mit kleinen Glas- oder Bleikugeln spielen. „*Drummèl*" oder „*Drommèlè*" waren größer als die normalen „*Köllschè*" und meist aus Glas. Ihr Durchmesser betrug ungefähr 20 mm, folglich waren sie teurer und hatten beim Tausch einen höheren Wert. Außerdem gab es Kugeln aus Stahl, Marmor oder bunt gemusterte Glaskugeln. Knicker aus Stahl, die man aus Kugellagern gewann, nannte man im *Klever* Raum „*eenèn Bômm*". Ein größerer Knicker aus marmoriertem Glas war „*eenèn Teks*".[6]

È „*Küllkè*" oder „*Küss*" hieß die kreisförmige Vertiefung in der Erde. Der Durchmesser betrug 6 bis 8 cm. Die Mitte war drei bis vier Zentimeter tief. Das „*Küllkè*" oder der „*Pôtt*" bildete den Mittelpunkt eines Wurf- oder Rollspiels.

Unter „*Schiivèlè*" verstand man, wenn man den „*Knikkèr*" mit dem Zeigefinger fortbewegte. Man durfte aber nur einmal ansetzen und den *Knikkèr* nicht in die Hand nehmen. Wenn man mit einem *Knikkèr* einen anderen anstieß, nannte man das „*pekkè*". „*Ènn Schpann*" – eine Spanne (vom Daumen bis zum Zeigefinger) war das beim „*Klikkèrspiel*" geltende Maß: *Schpann vaièr, dreei, twiè onn een Schpann*.[7]

Mit Murmeln spielten Jungen und Mädchen gleichermaßen: „*Köllschè*", „*Schtukkè*", „*Knippè*", „*Liimèrè*" usw.

Zuerst wurde mit dem „*Blöttsch*" – dem Holzschuh, später mit dem Absatz ein „*Küllkèn*" (ein Loch) ausgehoben. Vom „*Küllkèn*" aus wurden zwei bis drei Schritte abgemessen und in dieser Entfernung ein Strich gezogen. Alle Teilnehmer nahmen dahinter Aufstellung. Es wurde mit drei, vier, fünf oder mehr *Köllschè* gespielt. Alle *Köllschè* wurden sorgsam im „*Köllschèbüll*", einem von der Mutter genähten Leinensäckchen, aufbewahrt. In der Regel spielte man zu zweit. Es konnten aber auch mehrere Kinder am Spiel teilnehmen. Normalerweise zielte man mit dem „*Köllsch*" in das „*Küllkèn*". Allerdings konnte man den Abstand vom Strich auch weiter bemessen, wenn das Spiel länger dauern sollte. Wem es in der ersten Runde gelang, die meisten „*Köllschè*" in das „*Küllkèn*" zu werfen, der durfte wieder als erster anfangen. Nun wurde nur noch mit dem Zeigefinger „*jèschiivèlt*", d.h. man nahm keinen „*Köllsch*" mehr vom Boden weg. Beim „*Schiivèlè*" durfte man die „*Köllschè*", die in der Nähe lagen, „anschießen", also „*pekkè*" (picken). Wenn das gelang, wurden beide „*Köllschè*" in das „*Küllkèn*" gelegt. Solange es einem Spieler gelang, hintereinander seine „*Köllschè*" in das „*Küllkèn*" zu werfen, durfte er weiterspielen. Erst wenn es ihm nicht mehr glückte, war ein anderer an der Reihe. Wer das Glück hatte, den letzten „*Köllsch*" in das „*Küllkèn*" zu schubsen, der hatte alle Knicker, d.h. den ganzen „*Pôtt*" gewonnen. Um die verlorenen „*Köllschè*" wieder zurückzubekommen, riskierte der Verlierer es meist, im nächsten Spiel um den doppelten Einsatz zu spielen.

Eine kleine „Katastrophe" war es, wenn man alle Murmeln im Spiel verloren hatte, was im folgenden Knickergebet zum Ausdruck kommt:

Nr. 947 Knickergebet

Onsen Vader, denn in Hemmel sett,	Vater unser, der du im Himmel sitzt,
Ek bön all minne Kneckers quitt,	Ich hab' alle meine Knicker verloren,
Ek häbb kenn Geld, öm nejje de kopen,	Ich hab' kein Geld, um neue zu kaufen,
Nou mott ek märr ohne Kneckers lopen.	Nun muss ich wohl ohne Knicker laufen.

Wesel, Neuköther JKW 2003, 51

Zuweilen waren es recht kuriose Blüten, die das *„Köllschèfiibèr",* das Murmel-fieber, um die Wende zum 20. Jh. trieb:
Willi und Franz, zwei Nachbarjungen, so wird aus *Hüls* berichtet, spielten sehr zum Leidwesen ihrer Mütter mit einer Leidenschaft, die sie Zeit, Schul-arbeiten und kleinere Verrichtungen in Haus und Keller völlig vergessen ließen. Oft wurde geschimpft: *„Ekk schmiit ôll dinn Köllschè in dänn Oavè!"* – Ich werfe alle deine Knicker in den Ofen! Eines Tages hatte Willi Pech beim Stucken. Franz gewann Willis 300 *Köllschèn.* Auf alle Fälle hingen sie nicht, wie jeden Abend, an seinem Bettpfosten im *„Büül".* Am nächsten Morgen, es war noch sehr früh, rief Franzens Vater Willis Vater an die Haustür. Er stell-te die nicht alltägliche Frage: *„Watt maakè dinn Küükès?"* – Was machen dei-ne Küken? *„Di settè beij dè Klukk enn dè Wääschküèk".* – Die sitzen bei der Glucke in der Waschküche. *„Wetts-dè datt sièkèr?"* – Weißt du das sicher? *„Ja, nou komm dôch mött kiikè!"* – Ja, nun komm doch mit gucken. Erstaunte Au-gen von Willis Vater. Eine aufgeregt kakelnde Glucke flog den beiden Män-nern entgegen, von den Küken keine Spur. Der Nachbar lachte lauthals und sagte: *„Dinn vatiin Küükès loopè beij mech duèr dè Wuèschküèk."* – Deine 14 Küken laufen bei mir durch die Wurstküche. Willi hatte mit Franz gehandelt, seine 300 Köllschèn zurückerhalten und dafür die 14 Küken an Franz „ver-kauft". Schnell wurden die Übeltäter aus den Betten geholt. *Köllschèn* und Küken wechselten wiederum den Besitzer. Mit viel Mühe wurden die 14 gel-ben Vögelchen eingefangen, und mit ein paar Ohrfeigen und einem Tag Haus-arbeit ohne Spiel sühnten die beiden Buben den Einkauf und den Verkauf von 14 *„Kükkskès".*

Hüls, Kleintitschen 1979, 82

Nr. 948 Schpännschè

Zwei bis fünf Spieler nahmen daran teil. Von einer Haus- oder Scheunenwand oder von einer Haus- oder Stallstufe aus wurde von den Mitspielern ein Knicker bis zu einem zuvor gezogenen Strich geworfen, wobei jedes Kind genau darauf achtete, wo sein „*Köllsch*" lag. Gewonnen hatte der, dessen „*Köllsch*" dem Strich am nächsten lag. Er bekam alle anderen „*Köllschè*".

mdl. *Hüls* 1980, vgl. Kleintitschen 1979, 82, vgl. im *Klever* Raum, Schönberner 1979, 168

Nr. 949 Noaschmiitè oder Bussèlè – Nachwerfen (I)

Um 1900 spielte man in *Hüls* mit dem „*Bussèl*" folgendermaßen: Zuerst wurde der Gewinn ausgehandelt. „*Wivüèl maakè we-ij?*" – Wieviel machen wir (aus)? hieß es. Die kleineren Kinder warfen auf zwei Meter, die älteren auf drei bis vier Meter. Traf einer der Mitspieler den *Bussèl* eines anderen, so musste der „Getroffene" (je nach Absprache) mit zwei bis zehn Murmeln bezahlen.

Hüls, Kleintitschen 1979, 81

Nr. 950 Pekkè, Noèhaak – Packen, Treffen (II)

Es wurde um 1912/14 in *Krefeld* mit dickeren, bunten Glaskugeln – „*Jlaasdrummèlè*", „*Mörmèls*" gespielt. Dieses Spiel war besonders beliebt bei Mädchen und Jungen, wenn sie unterwegs waren: auf dem Schulweg, auf dem Weg zu einem Freund oder einer Freundin, über die ganze Straße hinweg.

Vor dem Spiel wurde abgemacht, wie weit man werfen durfte. Wer zu weit warf, z.B. mehr als die vereinbarten drei Schritte, musste einen „*Köllsch*" oder „*Drummèl*" – je nach vorheriger Absprache – an den anderen abgeben. Im Gehen warf man seinen „*Drummèl*" vor sich hin. Jedes Kind, das mitspielte, versuchte, mit seinem „*Drummèl*" den des anderen zu „*pekkèn*" (treffen). Wem dies gelang, wer also einen fremden „*Drummèl*" „*jèpekk*" oder „*jèpakk*" hatte, durfte ihn behalten.

mdl. *Viersen* 1979; mdl. *Traar* 1981, bei Caro 1906, 60, Nr. 7 wird es auch: „Noaschmiitè" (Nachwerfen) genannt

Nr. 951 Aansättè – Ansetzen

Es wurde mehr von Mädchen als von Jungen gespielt. Abwechselnd „setzte jede der beiden Spielerinnen gegen die Mauer an", d.h. jedes Mädchen warf abwechselnd einen Knicker gegen eine Mauer, so dass dieser auf der Erde zwischen den Steinen liegen blieb. Traf nun ein „angesetzter Knicker" beim Zurückschnellen einen der auf der Erde liegenden, so erhielt die betreffende Spielerin alle Knicker, die auf der Erde lagen, wenn die Mitspieler vorher bestimmt hatten: „*Oppraapès*" (aufheben), ansonsten nur eine festgelegte Anzahl.

Caro 1906, 60, Nr. 9

Nr. 952 Variante

Bei einem Spiel zwischen zwei oder drei Spielern „*kneppste*" einer eine Anzahl Knicker gegen eine Wand oder einen Stein, so dass sie abprallten und liegen blieben; traf nun einer der folgenden Spieler beim Zurückschnellen seines

Klickers einen der daliegenden Klicker, so hatte er alle gewonnen; dabei hieß es in *Kranenburg*:

Sess was hess,	Sechs war „hess",
Söwe woll niet glöwe,	Sieben wollt's nicht glauben,
Acht hat sej gepacht,	Acht hat sie gepacht',
Nege hat sej gekrege,	Neun hat sie bekommen,
Tiehn hat sej gesiehn,	Zehn hat sie gesehn,
Elf en Bottje met Silwer,	Elf, ein Knöchlein mit (aus) Silber,
Twelf en golde Schwälf.	Zwölf, eine goldne Schwalbe.

Kranenburg, RWB IV, 955/56

In *Mönchengladbach* kannte man die Variante: *„käller knitsche".* Der erste Spieler warf einen *„Knecker"* gegen eine Wand. Dann versuchte er mit einem zweiten den ersten zu erreichen. Das gelang, wenn beide *„Knecker"* nicht weiter als eine Handspanne voneinander entfernt liegen blieben. War dies nicht der Fall, versuchte ein zweiter Spieler, das mit einem weiteren *„Knecker"* zu erreichen. Der Gewinner erhielt alle *„Knecker".*

Vgl. Noever 2003, 142

Nr. 953 Wäkkskè

Hierbei wurde mit Glas-, Eisen- oder Bleikugeln gespielt, die mindestens dreimal so dick waren wie Knicker aus Ton. Sie hießen – wie schon erwähnt – *„Drummèl".* Der Gewinn waren Knicker. Meist wurde zu zweit gespielt, obwohl auch mehr Spieler teilnehmen konnten. Bei *„Wäkkskè"* wurden Landwirtschaftswege bevorzugt, weil die Kugeln dort besonders gut rollen konnten, ähnlich wie auf Schulhöfen und in Gassen, die früher weder gepflastert noch geteert waren.

Zu Beginn warf der erste Spieler seinen *„Drummèl"* weit vor sich her. Der zweite Spieler versuchte mit seinem *„Drummèl"* den anderen *„tè pekkè"* – zu picken. Wenn er den *„Drummèl"* nicht „packte", war der dritte Spieler dran. Wurde der erste *„Drummel" „jèpikkt",* so kostete das den ersten Werfer vier Knicker. Wenn ein Spieler sehr gut warf und nahe an die anderen *„Drummèl"* herankam, wurde abgemessen, ob es reiche, zwei *„Drummèl"* zu gewinnen. Das Maß war „eine Spanne", also vier Finger, zwei Finger, ein Finger. Dabei bedeutete eine Spanne: die rechte Hand auf dem Boden bis zum äußersten ausgestreckt, daran angelegt zwei Finger der rechten Hand (Zeigefinger und Mittelfinger) und noch den Zeigefinger der linken Hand angelegt. Eine Normalspanne war ungefähr 24 Zentimeter lang. Wer die größten Hände hatte, war natürlich deutlich im Vorteil. Hatte das Maß gereicht, gewann dieser Spieler zwei Knicker. Reichte das Maß aber nicht, dann hatte der Gegenspieler oder der Vierte im Bunde es leicht, den anderen „*Drummèl*" zu „*pikkèn*", da der Abstand lediglich 40 bis 50 Zentimeter betrug. Wer gewonnen hatte, fing wieder an. Es wurde von vorne begonnen, wenn „*jèpikkt*" worden war.

mdl. *Viersen* 1978 (ca. um 1913-1916), vgl. Schlipköter 1925, 224

Nr. 954 Höppkèschiitèn – Häufchenschießen

Ein Spieler übernahm das Spiel. Er setzte vier seiner Knicker übereinander zu einem „*Höppkè*", einem „Häufchen" zusammen. Die übrigen Mitspieler stellten sich in einer Entfernung von ungefähr drei Metern auf und versuchten aus dem Stand mit ihrem Knicker das „Häufchen" zu treffen; sie „*hakkèn opp dètt Höppkèn*". Die Knicker, die das Ziel nicht trafen, erhielt der Junge, dem das „Häufchen" gehörte. Wer aber das „Häufchen" traf, der hatte es gewonnen.

Caro 1906, 61, Nr. 13, vgl. Hills 1957, 34, Nr. 42, auch in der Antike kannte man das „Häufchenwerfen" mit Nüssen, vgl. Fittà 1998, 10/11

„Höppkèschiitèn", Detail P. Brueghel, „Kinderspielbild" 1560

Ein ähnliches Spiel wurde auch mit aufeinander gelegten Nüssen gespielt.

Nr. 955 Brettkèsschiitèn (I) – Brettchenschießen mit Varianten

Wie beim „Häufchenschießen" übernahm auch hier einer die Spielführung. Er hatte ein Brettchen mit mehreren Einschnitten, über denen die Zahlen, meist von eins bis sechs, eingezeichnet waren. Die Löcher mit den höheren Zahlen wurden immer kleiner. Insgesamt war ein solches Brettchen ungefähr 40 cm lang und 10 cm hoch.

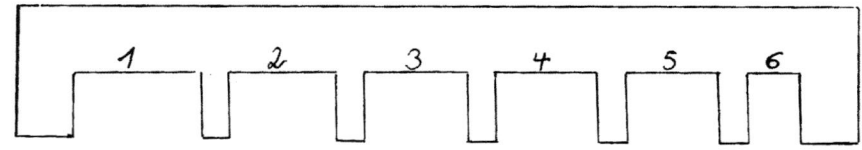

Brettchen schießen (I), Zeichnung nach J. Abrahams von E. Steinhorst

Der Besitzer des Brettchens stellte sich etwa zwei Meter entfernt von den Mitspielern auf, indem er das Brettchen auf die Erde stellte. Die Mitspieler schossen nun darauf. Gelang es z.B. einem Mitspieler, einen Knicker durch die fünfte Öffnung zu schießen, so musste der Besitzer des Brettchens demjenigen fünf Knicker abtreten. Alle Knicker jedoch, die ihr Ziel nicht trafen, gingen in seinen Besitz über. Brettchenbesitzer, die die meisten Nummern hatten, hatten logischerweise den größten Zulauf.

Caro 1906, 61, Nr. 14

Nr. 956 Zielwerfen oder Brettchenschießen (II)

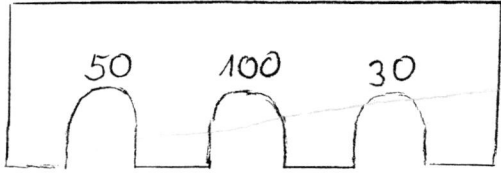

Das Zielwerfen oder Brettchenschießen setzte hervorragende Feinmotorik und Treffsicherheit voraus. Ein Kartondeckel wurde an der Kantenseite mit halbrunden oder eckigen Ausschnitten versehen. Nach dem Abzählen warfen die Teilnehmer der Reihe nach ihre Knicker gegen die

Brettchenschießen (II), Zeichnung nach J. Abrahams von E. Steinhorst

Lochwand. Die erzielten „Tore" mit unterschiedlicher Punktzahl wurden addiert und notiert. Gewinner war natürlich der, der die meisten Punkte ergattert hatte.

Viersen, Nachlass Josef Abrahams 1980

Nr. 957 Schtukkè (I) – Stauchen, Stoßen (mit Varianten)

Zwei bis drei Teilnehmer machten wie immer zuerst mit dem „Klommp", dem Holzschuh, und später mit dem Schuhabsatz ein „Küllkèn". Da früher jeder Junge eine Kappe trug, wurde der letzte lose Staub mit der „Kapp" aus dem „Küllkèn" entfernt. Nun hielt jeder eine zuvor abgemachte Anzahl „Köllschè" in der Hand und stieß, also „schtukktè" sie ruckartig von oben aus der hohlen Hand und mit einer schnellen Bewegung in das „Küllkèn". Die dabei herausgesprungenen „Köllschè" gehörten demjenigen, der geworfen hatte.

Niederländische Kachel, Privatbesitz Dr. Eugen Gerritz, Krefeld

mdl. *Viersen* 1978

Nr. 958 Schtukkè (II)

In *Krefeld* machte man wie üblich ein Loch in die Erde. Von den drei oder vier Mitspielern bekam jeder zwei Knicker auf die Hand, die in das Loch „jèschtukkt" wurden. Blieb eine ungerade Zahl im Loch liegen, so hatte der erste Spieler gewonnen und erhielt alle im Loch liegenden Knicker.

mdl. *Krefeld-Traar* 1981

Nr. 959 Schtukkè (III)

Zwei Kinder spielten abwechselnd. Jeder nahm zehn „*Köllschè*" in die Hand und ordnete sie auf dem Handteller zu je dreien nebeneinander, wobei der zehnte Knicker ans obere Ende zu liegen kam. Nun musste der Spieler sie vorsichtig ins Loch gleiten lassen. Er „*mettschtè*", so hieß das. Wenn alle zehn „*Köllschè*" zugleich ins „*Küllkèn*" schossen, hatte der Spieler verloren, ebenso wenn zwei, vier oder sechs („*paar*", also eine gerade Zahl) daneben liegen blieben. Ergab sich jedoch eine ungerade Zahl (*„ommp"*), gewann dieser Spieler den ganzen Einsatz. „Die Geschicklichkeit des Spielers bestand darin zu versuchen, die ersten drei ‚*Köllschèn*' durch Aufstoßen auf die Kante des ‚*Küllkèns*' draußen zu lassen. Viele zeigten darin ein großartiges Können. Bei diesem Spiel traten die ‚*Fuutlèr*', die Mogler, mit ihrem ‚*Zirtsch*' auf", der kleinen Eisenkugel. „Vorher mußte man sich gut die ‚*Köllschèn*' in der Innenhand des Gegners ansehen, denn besaß er einen ‚*Zirtsch*', sprang dieser als letzter und kleinster Köllsch sofort wieder aus dem ‚*Küllkèn*' heraus, und der mit dem ‚*Zirtsch*' war der Gewinner."

Hüls, Kleintitschen 1979, 81/82 vgl. *Kleve* Schönberner 1979, 169 und ähnlich Caro 1906, 8

Nr. 960 Schtukkè (IV)

Es wurde zu zweit gespielt. Zuerst wurde die obligate „*Kull*" gemacht. Ein Spieler erhielt von seinem Partner vier „*Köllschè*" und gab ebenfalls vier von seinen eigenen dazu. Die acht „*Köllschè*" legte er zu einem „*Kranz*" in seine leicht gebogene rechte Hand und ließ die acht Knicker möglichst geschlossen in die „*Kull*" gleiten. Sprang nur einer heraus, so hieß es „*Ippkè*" und er hatte gewonnen. Gelang ihm das nicht, so hatte er verloren und das hieß „*Môttsch*".

Süchteln, Kuhlen 1984, 21

Nr. 961 Krängkskè hälle

In *Hüls* wurde jedes Spiel „*jèhellt*", ein Ausdruck, der schon in den 50er Jahren nicht mehr bekannt war. Zwei Spieler stellten je zehn *Köllschè* im Kreis auf. „Mit einem ‚*jlaasèrnèn*' (gläsernen) Köllsch zielte man über den Daumen auf die zwanzig, um sie aus dem Kreis herauszuholen. Wenn man nichts traf, spielte der Nachbar weiter."

Hüls, Kleintitschen 1979, 82

Nr. 962 Liimèrè – Limmern

Beim „*Liimèrè*" spielten nur zwei Kinder. Jedes Kind setzte eine zuvor abgemachte Anzahl von „*Köllschè*" ein. Der erste Spieler versuchte, mit den ersten drei Fingern diese ins „*Küllkèn*" zu werfen. Der Wurf musste ziemlich hart sein, damit sie möglichst weit wieder aus dem Loch herausspritzten. Nun musste der Gegner die um das Loch herumliegenden „*Köllschè*" mit einem Finger langsam hineinschieben. Verpasste er aber das Loch, war der andere wieder an der Reihe und durfte „schieben". Wem es gelang, den letzten „*Kölsch*" in das „*Küllkèn*" zu schieben, bekam alle Murmeln, die im „*Küll-kèn*" lagen.

mdl. *Dülken* 1979, das Wort „Limmern" bedeutete in *Süchteln* zögern, also langsam werfen, rollen lassen, im Gegensatz zu „mucken", was „zu rasch" hieß; bei dem Spiel wurde erst im zweitem Teil „gelimmèrt", also die Spielsteine langsam ins Loch „geschoben", Limmerè onn Mukkè jellt nett, RWB V, 475, vgl. Freudenberg 1888, 17

Nr. 963 Trämmpèln

Wenn bei einer Befragung zum Thema „*Köllschèn*" das Spiel „*Trämmpèln*" zur Sprache kam, wurden alle männlichen Gewährsleute aufgeregt und redeten lauthals durcheinander. Die Begeisterung über dieses Jungenspiel aus Kindertagen klang bei den Männern immer noch nach. „*Trämmpèln*" wurde meist nur von Jungen gespielt, und zwar mit dem dickeren „*Dômmèl*".
Die einfachste Regel war: Auf einem Stein lagen Geldstücke mit der Zahl nach oben, nach denen mit Klickern geworfen wurde. Kam ein Geldstück beim Herunterfallen von dem Stein mit der Bildseite (Adlerseite) nach oben zu liegen, so hatte der Werfer es gewonnen.

RWB VIII, 475

Nr. 964 Trämmpèln (I), mit Varianten

In der Mitte des Spielfeldes lag ein Stein mit glatter Oberfläche (eine Fliese oder etwas Ähnliches). Dieser hieß „*Trämmpèlpöttchèn*". Jeder Mitspieler legte einen Pfennig darauf, und zwar mit der Ziffer nach oben. In einiger Entfernung vom „*Trämmpèlpöttchèn*" war der begrenzende Strich, hinter dem die Mitspieler sich aufstellten. Nach dem Abzählen, wer beginnen durfte, versuchte jeder, seinen „*Dômmèl*" in die Nähe des „*Trämmpèlpöttchèns*" zu werfen. Derjenige, dessen „*Dômmèl*" diesem am nächsten zu liegen kam, sagte: „*Ekk habb den Hekk!*" und er begann das Spiel. Nun warf er als erster seinen „*Dômmèl*" an irgendeine Stelle des Platzes, idealerweise in die Nähe des Trämpelpöttchens, aber so, dass der „*Dômmèl*" möglichst von den anderen nicht getroffen werden konnte. Gelang das dem zweiten Spieler aber doch, musste der erste Spieler ausscheiden. Typisch für dieses Spiel war, dass man zu Beginn nicht zielen, sondern sich irgendeinen Platz wählen und dorthin werfen musste. War der erste wieder an der Reihe, so konnte er auch auf einen der Mitspieler werfen. Gelang es ihm, alle „*Dômmèls*" der Mitspieler zu treffen, so hatte er gewonnen. Er konnte aber auch, falls er mit den Fingerspitzen das „*Pöttchèn*" noch berühren konnte, an dieses herantreten und auf die Münzen werfen. Gelang es ihm, eine Münze so zu treffen, dass sie vom Stein fiel und mit der Adlerseite nach oben zu liegen kam, so war das Spiel aus. Gelang es ihm jedoch, drei Pfennige „umzuträmmpèln" (umzuwerfen), dann musste der folgende Spieler auch auf seine „*Dômmèl*"zielen. Traf er, so musste der Getroffene ausscheiden und die Pfennige wieder einsetzen. Wer auf das Geld warf, konnte es auch folgendermaßen machen: Er zielte auf die Münzen und versuchte, zugleich in die Nähe eines anderen „*Dômmel*" zu kommen. Wenn die Münzen umfielen, durfte er noch einmal werfen. Da er nun näher bei dem anderen lag, konnte er den leichter treffen. Dies nannte man „*Enträmmpèln*". Das ganze Spiel war also darauf ausgerichtet, den Gegner zu treffen oder die Pfennigstücke umzuwerfen.

Caro 1906, 59, Nr. 5, vermutlich aus dem *Kempener* Raum

Nr. 965 Trämmpèln (II)

Zwei bis vier Spieler konnten beim „*Trämmpeln*"beteiligt sein. Bei diesem Murmelspiel wurde – wie schon gesagt – mit den etwas dickeren Knickern, den „*Drômmèlèn*"gespielt. Zuerst zog man einen Strich. In einem vereinbarten Abstand davon legte man einen Pflasterstein mit einer möglichst glatten Oberfläche. Darauf platzierte jeder Mitspieler eine Ein- oder Zweipfennigmünze, je nach Absprache auch zuweilen ein Fünfpfennigstück. Die Münze lag mit der Zahl nach oben. Wer beim ersten Wurf mit seinem „*Drômmèl*", „*Dommel*" oder „*Schött*"* dem Pflasterstein am nächsten kam, durfte als erster beginnen und werfen. Nun musste auf die Münze „*jèträmmpèlt*" werden, d.h. das Geldstück musste so getroffen werden, dass es auf „Adler" oder „Krone" zu liegen kam, durfte aber nicht vom Stein herunterfallen. Wem dies gelang, der hatte die Münze gewonnen. Fiel das betreffenden Geldstück aber vom Stein herunter, so war es verloren.

* in *Süchteln* hieß der Knicker, mit dem auf die Münze geworfen wurde, „Schött" vgl. Kuhlen 1982, 21, mdl. *Dülken* 1978

Im Umkreis von *Viersen,* an Schwalm und Nette war das „*Trämmpèln*"ein außerordentlich beliebtes Spiel, dem sich nicht nur ältere Schüler, sondern auch heranwachsende Jugendliche intensiv, fast leidenschaftlich widmeten. Das Spiel dauerte an Sonntagen oft bis zum Einbruch der Dunkelheit.

Auf welche Weise traditionelle Spiele sich verändern und Varianten ausbilden und wie Spielregeln einfacher oder komplizierter werden, lässt sich am Beispiel des „*Trämmpèlns*" gut zeigen. Der Dülkener Spielbeschreibung von 1978 sind im Folgenden detaillierte Beschreibungen recht komplizierter Regeln aus den Jahren 1906 und 1934 gegenübergestellt:

Auf einen freien Platz wurde eine Schieferplatte oder ein harter Ziegelstein gelegt. Die Schieferplatte war deshalb beliebt, weil sie hart und glatt war. Allerdings hatte man selten eine solche zur Verfügung. Die Schieferplatte oder der Ziegelstein waren der „Pôtt". Von den drei bis fünf Mitspielern musste jeder einen Pfennig auf den „Pôtt" legen. Dies nannte man „Aufsetzen". Es war das Ziel eines jeden Mitspielers, möglichst alle „aufgesetzten" Pfennige zu gewinnen. Das Geldstück, das mit der Vorderseite nach oben lag, nannte man „Krütz" (Kreuz, vielleicht auch Kreuzer?), die Rückseite hieß „Bläkk" oder „Kruèn". Wer mit seinem „Dômmèl" ein Geldstück traf, hatte es gewonnen. In der Folge durfte er so lange weiterspielen, wie es ihm gelang, die anderen Pfennige umzuwerfen. Wie kam man aber an den „Pôtt" heran?

Zu Beginn des Spiels begaben sich alle Spieler an den „Pôtt". Einige Meter vom „Trämmpèlpôtt" entfernt wurde ein Strich auf der Erde gezogen. Das war der „Aan", der Antritt oder Anfang. Nacheinander warfen alle vom „Pôtt" aus ihren „Dômmèl" an den „Aan" heran. Derjenige, der seinen „Dômmèl" dem „Aan" am nächsten platzieren konnte, durfte beginnen. Es folgte der, der dem „Aan" am zweitnächsten gekommen war usw. Der erste begab sich natürlich mit seinem „Dômmèl" möglichst in die Nähe des „Pôtts". Wenn er Glück hatte, dann blieb sein „Dômmèl" dort liegen, bis alle angespielt hatten. Gelang es einem der anderen Spieler, ihn „kaputt" zu machen, d.h. traf der zweite oder dritte Spieler den „Dômmèl" des ersten Spielers, so schied dieser für den weiteren Verlauf des Spieles aus. Der zweite Spieler machte sich nun ebenfalls an den „Pôtt" heran. Wenn ihn nicht dasselbe Schicksal ereilte, so versuchte er, wenn alle „angeworfen" hatten, entweder die aufgelegten Geldstücke umzuwerfen, oder aber er machte einen von den anderen „kaputt", der damit ebenfalls in den vorläufigen „Ruhestand" treten musste. Man konnte auch „enträmmpèln"; meist setzte der Betreffende, der dies vorhatte, zwei Geldstücke aufeinander, wenn er an der Reihe war. Setzte er noch ein drittes oder viertes Geldstück dazu, so war die Aussicht, dass wenigstens e i n e s auf der Rückseite zu liegen kam, entsprechend größer. Dieser Wurf wurde so oft ausgeführt, dass der „Dômmèl" in die Nähe des gegnerischen zu liegen kam. Wer wenigstens e i n Geldstück umgeworfen hatte, durfte weiterspielen, den Gegner „erledigen" und sich wieder in die Nähe des „Pôtts" begeben. Wenn er kein Pfennigstück umwarf, hatte er verloren; dann wurde er „kaputt" gemacht. Falls er schon etwas vom „Pôtt" gewonnen hatte, musste er seinen Gewinn an den Spieler abtreten, der ihn „getötet" hatte.

Jeder Spieler hatte die Chance, sich dadurch zu retten, dass er seine Kugel hinter einem Stein oder an einem anderen Ort verbarg, so dass er sich in einem „bombensicheren Unterstand" befand. Dieses Recht musste er sich aber durch den Ruf „Alles mich!" erwerben. Wenn einer seiner Gegner das im Falle einer Wiederholung verhindern wollte, musste er schnell „Niks dich!" verkünden.

Man kannte auch einen „Freiplatz". Der hieß „Über" und sollte bedeuten: „Über den Aan". Machte jemand hiervon Gebrauch, so musste er, wenn die Reihe an ihm war, wieder vom „Aan" aus anspielen.

Besondere Regeln konnten ebenfalls vereinbart werden. So etwa: „*Lüèmèrè jöllt nett!*" Das bedeutete: Man durfte den „*Dômmèl*" nicht die ganze Strecke über die Erde rollen lassen, vielmehr sollte man ihn möglichst dort auftreffen lassen, wo der gegnerische „*Dômmèl*" lag. Zu Beginn vereinbarte man auch, ob „*Schtupp*" oder „*Schraiè*" – Schritte – gespielt wurde. „*Schtupp*" war der Fall, wenn der Spieler beim Werfen des „*Dômmèl*" mit geschlossenen Füßen stand. Machte er dabei einen „Ausfall" mit dem rechten Fuß, so nannte man dies „*schraiè*" – schreiten oder auch „*jradschèn*". Letzteres war das üblichere Verfahren. Auch unterschied man, „*fann ongè*" und „*fann boavè*" – von unten bzw. von oben. Hielt man ihn hoch, hieß das „*fann boavè*". Bei diesem Trämmpelspiel konnte man nicht viel verlieren. Es musste schon einer eine Pechsträhne haben, wenn er einmal 15 Pfennig einbüßte. Insgesamt war es ein ruhiges Spiel, obwohl die Unterhaltung dabei sehr lebhaft war. Allerdings ging bei etwas unvorsichtigem Spielen auch schon mal eine Fensterscheibe zu Bruch. Meist wurde aber an Plätzen gespielt, wo diese Gefahr gar nicht bestand. Zuschauer gab es beim „*Trämmpèln*" nicht; sie hätten nur im Weg gestanden. Erst gegen Abend gingen die Spieler auseinander, um sich am darauf folgenden Sonntag wieder zu einem neuen Spiel zu treffen.

Viersen 1934, VDZ vom 6.01.1934

Nr. 966 Perrk, Perrksè schiitèn*

Jeder Spieler (dieses Spiel wurde meistens von Jungen gespielt) setzte gleich viele „*Köllschè*" bzw. „*Mörmèls*" ein, die in einen Kreis gelegt wurden. Von einem Strich oder Mal aus (ungefähr drei Meter) begann das Spiel. Wer zuerst „*aan*", also „anfangen", gesagt hatte, begann. Der zweite sagte „*miis*", der dritte „*dritt*" usw. Nun wurden die eingesetzten Knicker aus dem Kreis herausgeschossen. Traf einer den Knicker eines anderen, *(„den Köllsch tetschèn")*, so schied der Getroffene aus und musste die Knicker abgeben, die er vorher aus dem „*Perk*" herausgeschossen hatte. Gab es nur zwei Spieler, so war das Spiel damit schon beendet. Der Gewinner erhielt die im „*Perrk*" gebliebenen Knicker.

* Perrk hieß die auf den Erdboden geritzte Figur, ein Kreis oder Viereck oder Striche für das Einsetzen der Knicker, die aus dem „Perèk" herausgeschossen wurden, RWB VI, 707 *(Kempen, Krefeld, Mörs Mönchengladbach, Viersen, Heinsberg)*, in *Winnekendonk* z.B. hieß auch das einzelne Hüpfkästchen „Perk", Caro 1906, 58, Nr. 2, ähnlich mdl. *Krefeld-Traar* 1980

Nr. 967 Ommp off Paar – Gerade-Ungerade

„*Ommp off paar*", Gerade-Ungerade, war ein uraltes Glücksspiel, das nicht nur mit Murmeln, sondern auch mit Stecknadeln, Kirschkernen oder anderen kleinen Gegenständen gespielt wurde. Das Spiel mit der Münze, bei dem es ganz ähnlich um „Zahl" oder „Kopf" ging, oder das mit zwei ungleich langen Halmen (und später Streichhölzern), von dem sich die Redewendung „den Kürzeren ziehen" ableitet, gehört ebenfalls zu diesen Glücksspielen. Solchen Spielen

466

schrieb man z.B. im Mittelalter einen magischen Ursprung zu, so dass ihr Ausgang oft als Gottesurteil gewertet wurde.[8]

Zwei Kinder waren dabei beteiligt. Eins hielt in der geschlossenen Hand einige Knicker und fragte: *„Ommp off Paar?"* Entschied sich das andere Kind für *„Ommp"* (also eine ungerade Zahl wie eins, drei, fünf usw.), so hatte es die *„Köllsché"* des anderen Spielers dann gewonnen, wenn dieser tatsächlich eine ungerade Anzahl von Knickern in der Hand hatte. Wenn es aber falsch, also *„Paar"*, geraten hatte, musste es die Anzahl Knicker an den Gegner abtreten, die dieser in der Hand hielt.

mdl. *Viersen* 1979, vgl. Caro 1906, 58 f, Nr. 3

Redensarten – von Köllsché und Knikkèrt

Mött dämm habb ich all enn dè Renn jèknippt.

Mit ihm habe ich schon im Rinnstein Knicker gespielt, d.h. wir kennen uns von Kindheit an und sind miteinander vertraut.

mdl. *Viersen* 1970

Den loop doher, äs wenn hei ennè Knikkèr in dè Fott hei.

Er läuft so, als wenn er einen Knicker im Hinterteil hätte, d.h. er hat einen steifen Gang.

Moers/Neukirchen RWB IV, 936

Datt sennd joa dè rennstè Knekkèr.

Sagte man im übertragenen Sinn für verkümmerte, kleine Kartoffeln, Früchte oder Erbsen, die nicht weich genug gekocht waren.

mdl. *Viersen* 1970; vgl auch RWB IV, 936

1) Jünger 1959, 79 2) In: Dorenburg-Post. Nachrichtenblatt des Museumsvereins Dorenburg. e.V. Nr. 26 (2003) unpag. 3) Mathys 1975, 5 4) Fittà 1998, 10/11 5) Kleintitschen 1979, 80/81 6) Schönberner 1979, 166 7) mdl. *Viersen* 1979 8) Lex MA VII, 2109

Literatur

Abrahams, Josef, Viersen, (Nachlass Josef Abrahams) 1980

Caro, Karl, Kinderspiele und Kinderlieder vom Niederrhein. In: Jahrbuch des Vereins für niederdeutsche Sprachforschung, 32. Jg. Bremen 1906 (Caro 1906)

Fittà, Marco, Spiel und Spielzeug in der Antike. Unterhaltung und Vergnügen im Altertum. Aus dem Italienischen übersetzt von Cornelia Homann. (Wissenschaftliche Buchgesellschaft Darmstadt) 1. Stuttgart 1998 (Fittà 1998)

Freudenberg, Richard, Soitelsch Plott, Viersen 1888 (Freudenberg 1888)

Hills, Jeanette, Das Kinderspielbild von Pieter Brueghel d. Ä. (1560), Wien 1957 (Hills 1957)

JKW = Jahrbuch Kreis Wesel

Jünger, Friedrich Georg, Die Spiele, München 1959 (Jünger 1959)

Kleintitschen, Rosa, Ut den alden Tied, Hüls 1979 (Kleintitschen 1979)

Küppers, Heinrich, Erinnerungen an „Alt Breyell". o. O. und o. J. (1987), (Küppers 1987)

Kuhlen, Wilhelm, Erinnerungen an Alt-Süchteln, Süchteln 1982 (Kuhlen 1982)

Lausberg, Helmut und Robert Möller, Rheinischer Wortatlas, Bonn 2000 (Lausberg/Möller 2000)

Lexikon des Mittelalters, Bd. I–X, München, Zürich, Stuttgart, Weimar 1980-1999 (LexMA)

Mathys, F. K., Im Freien gespielt. Kleine Historie des Kinderspiels, Basel 1975 (Mathys 1975)

Müller Josef, Hg., Rheinisches Wörterbuch, Bd. I–IX, Berlin, Bonn 1928–1971 (RWB IV, V und VIII)

Neuköther, Karl, Spielen bei uns im Dorf. Jahrbuch Kreis Wesel 2003 (Neuköther JKW 2003)

Noever, Johannes, Mönchengladbacher Mundartwörterbuch. Bearbeitet von Michael Walter und Kurt P. Gietzen, Hg. Heimat- und Geschichtsverein Mönchengladbach e. V., Mönchengladbach 2003 (Noever 2003)

RWB = Rheinisches Wörterbuch

Schönberner, Egon, Onsen t'Hüs, Teil II, Kinderspiele am Niederrhein, Kleve-Materborn 1979 (Schönberner 1979)

Schlipköter, A., Was sollen wir spielen? 450 der beliebtesten Jugend-, Turn- und Volksspiele … Hamburg 1925 (Schlipköter 1925)

VDZ = Vereinigte Dreistädte-Zeitung Viersen vom 6. 01. 1934 (VDZ)

Münzenwerfen

Spiele mit Geldmünzen wurden in der Regel nur von älteren Jungen gespielt.

Nr. 968 Pänningskè ömmschiitè – Pfennige umschießen

Auf dem Erdboden wurden in einer Linie Pfennigstücke aufgestellt, die dann mit einem Knicker umgeschossen werden mussten. Der glückliche Spieler, dem ein Treffer so gelang, dass das Geldstück umfiel, gewann es.

Nr. 969 Flaakèn *

Ähnlich wie beim „*Trämmpeln*" wurde meist mit einer Kupfermünze, einer Ein- oder Zwei-Pfennig-Münze gespielt. Der eine Spieler gab dem anderen zu dessen Münze eine gleichwertige in die Hand. Der schüttelte die Münzen in seinen hohlen, aneinandergelegten Händen, und sein Gegenüber musste raten, was oben lag: „*Flaak off Kruèn?*" – Zahl oder Krone? Hatte er richtig geraten, gehörte ihm das Geld.
Es gab noch eine weitere Variante: Eine Geldmünze wurde in die Höhe geworfen, nachdem einer der beiden Spieler zuvor die Wappen- oder Zahlseite als nach oben fallend festgelegt hatte. Traf seine „Vorhersage" zu, blieb die Münze in seinem Besitz, andernfalls hatte der Partner sie gewonnen.

* Flaakes of Teekès = die Kopf- oder Bildseite einer Münze (Teekès = Adlerseite), RWB II, 515

Nr. 970 Strekkskè schmiitè – Gegen den Strich werfen

Einer der Beteiligten zog einen dünnen Strich auf der Erde. Die Spieler stellten sich in einer Entfernung von ein bis zwei Metern davon auf. Der erste warf ein Pfennigstück in die Richtung des Striches. Die anderen taten es ihm nach. Derjenige, der mit seinem Geldstück dem Strich am nächsten kam, kassierte alle anderen Geldstücke, die dort lagen.

Nr. 971 Müèrkèklättschè – Gegen die Mauer „klatschen"

Ein Spieler warf ein Geldstück gegen eine Mauer. Ein zweiter tat dasselbe. Lagen die beiden Pfennigstücke in so kurzer Entfernung voneinander, dass man
mit ausgespannter Hand beide berühren konnte, so hatte der zweite Spieler sie
gewonnen. Traf das nicht zu, so kam der erste wieder an die Reihe und so fort,
bis die erforderliche Nähe erreicht war. Es handelt sich um ein Spiel, das auch
auf Brueghels Kinderspielbild zu sehen ist.

Viersen 1934, VDZ 6. 01. 1934, vgl. Böhme 1897, 602, Nr. 463: „Anschlagen oder Anplätzen", vgl. de Cock/Teir-
linck V, 121: „Tikkèlèn mee censen", Hills 1957, 50, Nr. 66

Nr. 972 Ongèr leäjè – „Unter legen"

Ein Spieler legte eines oder mehrere Pfennigstücke in einem kurzen Abstand
zueinander auf den Boden und setzte den Fuß darauf, so dass der Mitspieler sie
nicht sehen konnte. Dieselbe Anzahl Geldstücke legte nun dieser neben den
Fuß des ersten. Die Münzen, die nun in bezug auf Vorder- oder Rückseite
gleichartig lagen, bekam er, die anderen gehörten dem ersten.

Viersen 1934, VDZ vom 6. 01. 1934

Nr. 973 Ongèr dè Fut – Unter dem Fuß

Einer legte ein Geldstück unter seinen Fuß. Der zweite warf seine Münze so
durch die Luft, dass sie auf die Erde fiel. Lag bei beiden „Adler" bzw. „Zeichen"
oder Zahl zuoberst, so hatte der zweite gewonnen, im anderen Fall der erste.

Caro 1906, 60, Nr. 12

Literatur

Böhme, Franz Magnus, Deutsches Kinderlied und Kinderspiel, Volksüberlieferungen aus allen Landen deutscher Zun-
ge, Leipzig 1897 (Böhme 1897)
Caro, Karl, Kinderspiele und Kinderlieder vom Niederrhein. In: Jahrbuch des Vereins für niederdeutsche Sprachfor-
schung, 32. Jg. Bremen 1906 (Caro 1906)
de Cock, A. und Is. Teirlinck, Kinderspel & Kinderlust in Zuid-Nederland, Bd. I–VIII, Gent 1902–1908 (de
Cock/Teirlinck V)
Hills, Jeanette, Das Kinderspielbild von Pieter Brueghel d.Ä. (1560), Wien 1957 (Hills 1957)
RWB = Rheinisches Wörterbuch, Hg. Josef Müller Bd. I–IX, Bonn, Berlin 19028–1971 (RWB V)
VDZ = Vereinigte Dreistädte-Zeitung, Viersen, (VDZ) vom 6.01.1934

Knöchelspiele

Nr. 974 Bickeln, Beggèlè – Knöchelchen- oder Fangsteinchenspiel

In den Kreisen *Viersen* und *Krefeld* war dieses spezifische Mädchenspiel in den
70er Jahren bereits so gut wie vergessen. Ältere Gewährsleute der Jahrgänge
1885–1910 erinnerten sich nur noch vage an die Bezeichnung des Spiels
„*Beggèlè*", konnten jedoch keinerlei nähere Angaben zu den Regeln oder zum
Spielverlauf machen.

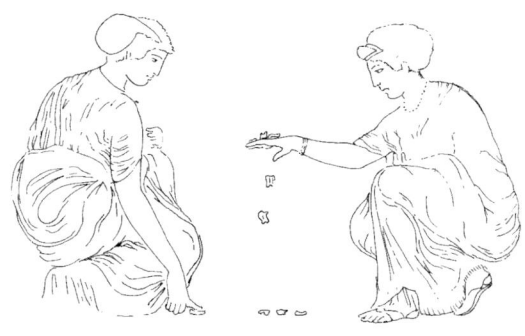

Dieses uralte Spiel, das wahrscheinlich sogar vorgeschichtlichen Ursprungs ist,[1] wurde sowohl von ägyptischen, griechischen als auch römischen Mädchen gespielt. Auf griechischen Vasen, Wandgemälden und römischen Reliefs findet man das Spiel mit den Knöchlein häufig abgebildet.[2] Sie waren in der Antike so häufig gebrauchte und verbreitete

Römische Mädchen beim Knöchelspiel

Spielmittel, dass sie in den verschiedensten Materialien nachgebildet wurden – aus Gold, Elfenbein, Bronze, Marmor und Terrakotta.[3] Vom Mittelalter bis ins 19. Jh. hinein war das Knöchleinspiel in ganz Europa bekannt.

Zur Zeit Pieter Brueghels war es weit verbreitet und ungemein beliebt. Es gab viele Varianten dieses Spiels, das hohe Ansprüche an die Schnelligkeit und Geschicklichkeit der Spielerinnen stellte. Es verlangte große Ausdauer, Geduld und ein Höchstmaß an Konzentration.

Erste Variante

Gespielt wurde mit ausgekochten würfelförmigen, kleinen Knöchelchen der Kniegelenke von Schafen, Ziegen, Schweinen oder Rindern. Waren sie von Rindern, hatte das Spiel die Bezeichnung *„coten"* oder *„met coten spelen";* waren es Knöchlein von Schafen, Ziegen oder Schweinen, hieß es *„hilten", „bickelen"* oder *„beggelen".*[4]

Es wurde in der Regel von zwei oder vier Mädchen gespielt. Spielort war der *„Dörpel"* oder *„Dölper",* die unterste Stufe der Hausschwelle. Es konnte auch auf einem Tisch, auf der Straße oder auf dem Bürgersteig gespielt werden. Das Ziel des Spieles war, eine mehr oder weniger komplizierte Reihe von Bewegungen mit den vier kleinen Knöchelchen auszuführen, während man zur gleichen Zeit einen kleinen Ball oder dicken Knicker *(Bussèl)* in die Höhe warf. Wenn eine Spielerin einen Fehler in der genau vorgeschriebenen Reihenfolge machte – und dazu gehörte sogar das Berühren eines der anderen Steine, der nicht zu dieser bestimmten Zeit aufgenommen werden sollte –, musste sie aufhören und ihre Mitspielerin begann mit der Reihenfolge. Wenn das zweite Mädchen einen Fehler machte, konnte die erste ihr Spiel wieder an dem Punkt aufnehmen, an dem sie hatte aufhören müssen. Das Mädchen, das alle vorgeschriebenen Bewegungen zuerst ausgeführt hatte, war die Gewinnerin.[5]

In der Spielsammlung des Lehrerseminars Kempen aus dem Jahre 1906 wird das *„Bickeln"* „ein beliebtes Ballspiel bei den Mädchen" genannt. „Das Spiel wird an einem Tisch ausgeführt. Dazu sind vier solcher Bickeln (Gelenkknöchlein) notwendig. Diese werden auf den Tisch geworfen und zwar regellos. Dann wird von dem Mädchen, das an der Reihe ist, der Ball mit leichtem Nachdruck auf den Tisch geworfen. Er wird natürlich wieder in die Höhe fliegen, er *‚steutzt'.* Während der Ball sich noch in der Luft befindet, muß das Mädchen den ersten Bickel mit derselben Hand, mit der es den Ball geworfen hat, auf die Seite, wo die Vertiefung *(Küllèkèn)* ist, zu bringen versuchen. Gelingt es ihm, so bringt es die andern Bickel in der-

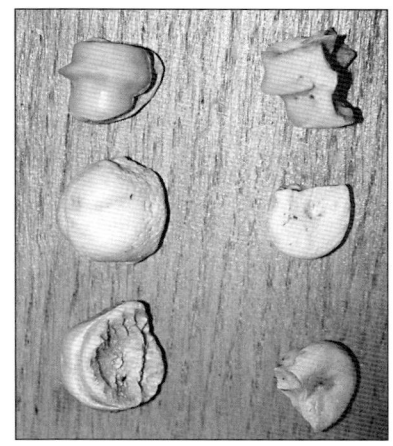

Knochen vom Kniegelenk eines Schafes

selben Weise auf dieselbe Seite. Man sagt: *‚De Bickel leggen op dat Külleken.'* – Die Bickel liegen auf der Vertiefung. Dasselbe wiederholt sich, jedoch mit der Veränderung, daß die Knöchelchen auf den Rücken, wo die Erhöhung *(Röggen* – Rücken) ist, zu liegen kommen. Man sagt dann: *‚De Bickel leggen op den Röggen.'* – Die Bickel liegen auf dem Rücken. Dann folgt dasselbe, aber so, daß die Bickel auf der schmalen Hochseite stehen. *‚De Bickel stohn.'* Damit ist der erste Teil zu Ende. Beim zweiten Teil müssen sofort zwei Bickel statt eines Bickels gewendet werden. Beim dritten Teil müssen sofort drei und beim vierten Teil immer vier Bickel sofort gewendet werden. Auch bei diesem Spiel kann der Erfindungsgeist der Mitspielerinnen tätig sein, indem verschiedene Stellungen und Kombinationen vorgenommen werden. Wer zuerst aus ist, hat gewonnen."[6]

Zweite Variante

Die vier Flächen hatten unterschiedliche Formen und Namen. Kurzgefasst galt laut RWB folgende Spielregel: Vier *„Beggèlè"* oder *„Bikkèl"* wurden für die verschiedenen Spieldurchgänge benötigt: 1. Die *„Beggèl"* wurden der Reihe nach aufgehoben, bis sie alle vier in der Hand waren. 2. Alle *„Beggèl"* wurden so gedreht, dass die Lochseiten nach oben standen. 3. Nun wurden sie so gedreht, dass ihre Bauchseiten nach oben zeigten. Und 4. Es wurde in gleicher Weise mit den anderen Seiten verfahren.

Meist wurde auch ein Ball in die Höhe geworfen, und in dieser Zeit mussten die *„Beggèl"* in die vorgeschriebene Lage gebracht werden. Die einzelnen Spielgänge wurden auch nach den Würfelseiten benannt. Während ein *„Beggèl"* in die Höhe geworfen wurde, sang das Kind:

Nr. 975

    Floobi, tsoobi, kweèr,   Flobi, zobi, quer,
    Een Beggèl darneèr.   Ein Beggel nieder.

Kaldenkirchen RWB I, 676

Waren alle Gänge durch, dann sagte man:

Nr. 976

    Alle vièr glickè,   Alle vier zugleich,
    Dormet geet et Spöl schtrickè.   Damit geht das Spiel voran.

Xanten RWB I, 676

Zwei Mädchen beim „Beggeln", Detail P. Brueghels „Kinderspielbild" 1560

Dritte Variante

Aus *Krefeld-Fischeln* sind aus dem Jahr 1923 die mundartlichen Bezeichnungen für die vorgeschriebenen Lagen der Knöchel überliefert worden: War das Loch oben, so lag der Knochen *„Lökkskè"* (Löchlein), *„Küll"*, (Küllchen) war die Vertiefung, anderswo auch *„Müldèr"*. Zeigte die entgegengesetzte, gewölbte Seite nach oben, sagte man *„Bükkskè"* (Bäuchlein) oder *„Blöttèr"*. Stand der Knochen aufrecht, so hieß es *„Obhöis"* oder *„Ständer"*. Beim Spiel wurde ein Ball hochgeworfen. Während der in der Luft schwebte, galt es, schnell mit den Fingern die Beggele umzulegen, so dass alle vier erst *„Lökkskè"*, dann *„Bükkskè"* und zuletzt *„Obhöis"* standen. Dann wurde der Ball wieder hochgeworfen und die Spielerin musste mit einem Griff die vier *„Beggèlè"* ergreifen. Fiel beim Umsetzen oder Greifen ein Knöchelchen um, so war die nächste Spielerin an der Reihe.[7]

Vierte Variante

In der Umgebung von *Kleve* trugen die *„Bickel"* folgende Namen: *„Göter"*, *„Strip"*, *„Blötter"*, *„Plöneke"*, *„Stern"*, *„Stöhnder"*, *„Külder"*, *„Gat"* und *„Bücker"*.[8] Die Knöchelchen von Ziegen und Schafen wurden hier auch *„Helte"* oder *„Hilte"* genannt. Die Kinder erbettelten sie sich beim Metzger oder „bei Gastwirten, die Schweinefüßchen anboten. Die Knöchelchen wurden zusammen mit den Ostereiern braun gefärbt."[9] „Die Beginnerin nimmt den ,Helter' (ein besonders großer Knicker), wirft ihn

ein bis zwei Meter empor, gleichzeitig muß sie mit der linken Hand die Knöchelchen auf den Boden oder auf den Tisch werfen. Nachdem der Ball den Boden berührt hat und wieder in die Höhe schnellt, wird er während des Hochschnellens von der Spielerin ergriffen. Während er wieder hochschnellt, werden mit der linken Hand einzeln nacheinander alle Knöchelchen, unter jedesmaligem Werfen und Fangen mit der rechten Hand, auf ein und dieselbe Seite gelegt. Die obere Schmalseite des Knöchelchens hieß ‚Stonder‘ oder ‚Stönder (Goöt)‘… Die Breitseite hieß ‚Külder‘ oder ‚Külleke‘, die untere Schmalseite hieß ‚Blöder‘, ‚Pokkel‘ (oder ‚Blötter‘) … Gezählt wurde dann dabei: Stonder 1, 2, 3, 4, Külder 1, 2, 3, 4, Blödder 1, 2, 3, 4. Der nächste Spielgang wurde mit ‚Kloppes‘ oder ‚Schrieves‘ gemacht …“[10]

1) Hills 1957, 5/6 2) Fittà 1998. 16-18 3) Fittà a.a.O., 14/15 4) Hills a.a.O., 6 5) Caro 1906, 72/73, Nr. 6 (wahrscheinlich aus *Kleve*) 6) Caro 1906 7) Die Heimat, Crefeld, 2. Jg., 1923, 70, vgl. auch Rheinischer Jahrweiser 1947 (für den Feierabend am heimischen Herd), 80; In den Niederlanden hieß es: de Cock/Teirlinck III, 148- 185: „Bikkelen of Pikkelen“; im niederländischen *Limburg* hießen sie „bikele“ in: Kats, J.C.P., Remunjs Waordenbook, *Roermond* 1885, 337 8) RWB I, 675 9) Noever 2003, 37 10) Schönberner 1979, 131

Literatur
Caro, Karl, Kinderspiele und Kinderlieder vom Niederrhein. In: Jahrbuch des Vereins für niederdeutsche Sprachforschung, 32. Jg. Bremen 1906, (Caro 1906)
de Cock, A. und Is. Teirlinck, Is., Kinderspel & Kinderlust in Zuid Nederland, Bd. I–VIII, Gent 1902–1908 (de Cock/Teirlinck III)
Die Heimat, Crefeld 1923 (Die Heimat 1923 und 1940)
Fittà, Marco, Spiel und Spielzeug in der Antike. Unterhaltung und Vergnügen im Altertum. Aus dem Italienischen übersetzt von Cornelia Homann (Wissenschaftliche Buchgesellschaft Darmstadt) 1. Stuttgart 1998 (Fittà 1998)
Hills, Jeannette, Das Kinderspielbild von Pieter Brueghel d.Ä. (1566), Wien 1957 (Hills 1957)
Müller Josef, Hg., Rheinisches Wörterbuch, Bd. I–IX, Berlin, Bonn 1971 (RWB I)
Noever, Johannes, Mönchengladbacher Mundartwörterbuch. Hg. Michael Walter und Kurt P. Gietzen, Mönchengladbach 2003 (Noever 2003)
Rheinischer Jahrweiser (für den Feierabend am heimischen Herd), 1947
RWB = Rheinisches Wörterbuch, hg. Josef Müller, Bd. I-IX, Bonn, Berlin 1928–1971
Schönberner, Egon, Onsen t'Hüs, Kinderspiele am Niederrhein, Kleve-Materborn 1979 (Schönberner 1979)

Messerwerfen

Nr. 977 Mättskèschmiitè – Messerwerfen
„Mättskèschmiitè“ (Messerwerfen) oder „Fillèkèschteäkè“ (Feilchenstecken) war ein ausgesprochenes Jungenspiel, das nicht weniger Geschicklichkeit und Ausdauer erforderte als das Spiel mit den Knickern oder Knöchelchen. Es wurde besonders gern in der Sommerzeit gespielt. Man benötigte im allgemeinen einen Sandhaufen, der angeklopft werden musste, damit das Messer stehen bleiben konnte. Das Messer war „gültig“ geworfen, wenn die Messerspitze senkrecht im Sand steckte und der Knauf so weit senkrecht stand, dass noch eine Faust darunter passte. Landete das Messer umgekehrt im Sand, so war es – wie es in *Uerdingen* hieß – „Vöttschè“ und zog Strafe nach sich. Zur Regel gehörte,

473

Junge mit Messer im Mund,
Detail P. Brueghels
„Kinderspielbild", 1560

dass eine Anzahl Figuren geworfen werden musste. Zunächst wurde mit der rechten, dann mit der linken Hand geworfen. „Die schwierigste Aufgabe war *„Mülleke"* (Mund). Dabei wurde die Spitze des Messers in den Mund genommen und musste dann nach einem geschickten Salto im Sand stecken bleiben.

Wer am schlechtesten abgeschnitten hatte, musste in *Uerdingen „Schtäkkske frääte"* – Stöckchen fressen. Ein Hölzchen wurde durch je einen Schlag der anderen Mitspieler in den Sandhaufen getrieben und der Verlierer musste es mit den Zähnen herausholen. Dass die anderen dabei manchmal kräftig nachhalfen, erhöhte nur die Freude am Spiel. [1]

Wer einen Fehler machte, musste von vorn anfangen oder dort weitermachen, wo er „abgekommen" war. Die Teilnehmer, deren Anzahl nicht festgelegt war, überboten sich zuweilen mit geradezu „artistischen" Leistungen. Der Verlierer musste manchmal auch das bis zum Schaftende in lockerer Erde vergrabene Messer mit Mund und Zähnen herausholen. Dabei blies man zuerst den lockeren Sand weg und versuchte, die Zähne anzusetzen. Wer einen Fehlwurf machte, schied aus. Wer zuerst alle vorgeschriebenen Würfe schaffte, war der Gewinner.

mdl. *Oedt* 1988

Nr. 978 Beispiel für eine Figuren-Reihenfolge

1. Hängke (Hand):
Von ausgestreckter Innenhand Messerspitze in Richtung Finger hochwerfen.
2. Rökkske (Rücken):
Vom Handrücken aus die Messerspitze Richtung Finger hochwerfen.
3. Fengerke (Finger):
Die Spitze vom Einzelfinger hochwerfen.
4. Füsske (Faust):
Auf der geschlossenen Faust die Fingerspitzen oben seitlich zum Spitzenstand überschlagen.
5. Mit Daumen und Zeigefinger die Spitze anfassen und auf den Boden schleudern.
6. Mit der Messerspitze von verschiedenen Körperteilen abschleudern; die Bewegung wird von der Hand am Schaft ausgelöst.
7. Das Messer wie eine Glocke zwischen Daumen und Zeigefinger schwingen und auf den Boden fallen lassen.

vgl. Caro 1906, 71, Nr. 5

Nr. 979 Mättskèschteäkè – Messerstecken

Das Messer musste auf eine vorher verabredete Weise in einem in die Erde geritzten Kreis zum Stecken gebracht werden. Die Richtung der Messerklinge wurde zu beiden Seiten einer Sehne verlängert, die dann die Grenze des eroberten Abschnitts angab. Wer den größten Teil des Kreises für sich beanspruchen konnte, hatte gewonnen. Zuvor wurde verabredet, ob auf dem Rücken der Hand oder mit der flachen Hand usw. geworfen wurde. In *Viersen* wurde dieses Spiel mit einer Feile gespielt, bei der der Griff fehlte. Man nannte es „*Fillkè*".

mdl. *Viersen* 1978, vgl. *Süchteln,* Kuhlen 1982, 20

Nr. 980 Langk affneämè (I) – Land abnehmen

Es wurde mit zwei Spielern gespielt. Man benötigte dafür ebenen, festen Boden, am besten Lehmboden. Jeder Spieler brauchte ein Taschen-, Küchen- oder ausrangiertes Brotmesser. Zuerst wurden die Spielfelder auf der Erde markiert und genau abgemessen. Jedes Feld hatte maximal die Größe einer Tischplatte und beide Felder besaßen eine gemeinsame Grenze. Mit einer Münze – meist einem Zweipfennigstück – wurde ausgelost, wer sich als erster sein Feld aussuchen durfte. Dieser begann auch mit dem ersten Wurf. Er musste sich in sein „Land" stellen und von dort mit dem Messer in das andere Feld werfen. Bedingung war – wie bei allen anderen Messerspielen –, dass das Messer mit der Spitze in der Erde stecken blieb. So wie die Messerspitze es vorgab, konnte das Land des Gegenspielers geteilt werden. Wer im Nachteil war, durfte sich wünschen, was er behalten wollte. Bevor die ursprüngliche Grenzlinie ausgewischt wurde, musste der „Eroberer" dreimal mit seinem Messer in das gewonnene Land „*picken*", zum Zeichen, dass es nun ihm gehörte. Fiel das Messer dabei jedoch flach auf den Boden, musste er den nächsten Wurf dem Gegner überlassen. Dieser hatte so nun die Chance, sein verlorenes Land wieder zurückzuerobern. Wer warf, musste in seinem Land genug Platz haben, um stehen zu können, selbst wenn er nur noch so viel besaß, um gerade noch auf einem Fuß darin Halt zu finden. Wenn ein Partner nichts mehr besaß, hatte er verloren und das Spiel begann von vorn.

mdl. *Oedt* 1989

Nr. 981 Langk affneämè (II) – Land abnehmen

„*Langk affneämè*" war ein Spiel zu zweit. Zwei Rechtecke mit einer gemeinsamen Mittellinie wurden in den Sand geritzt. Jedem der beiden Kontrahenten gehörte ein Feld. Beide trachteten danach, sich aus dem Feld des Gegners ein Stück herauszunehmen, indem sie das Messer mit der Spitze hineinwarfen. Die Verlängerung der Klinge nach vorn und hinten wurde als neue Grenze eingeritzt, das gewonnene Stück mit dem Besitz des Werfers vereinigt. Das ging so lange, bis einer der beiden ,*kucks*' war, also sein Land verloren hatte.

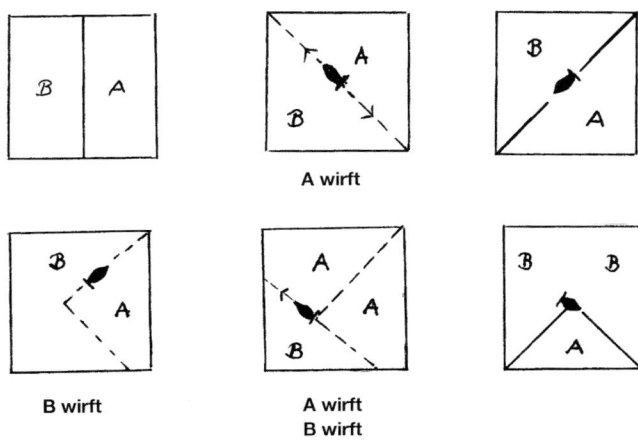

A wirft

B wirft

A wirft
B wirft

Zeichnung „Langk affneämè" nach J. Abrahams von E. Steinhorst

Wenn dann die Abendglocken läuteten, wurde das (heimlich entführte) Küchenmesser mal schnell an ‚*dè Bokks affjèputtst*' (an der Hose abgeputzt) und heimlich wieder in ‚*dè Träkk*' (die Schublade) gemogelt. Gelegentlich konnte Oma die Sandkrümel am Küchenmesser nicht deuten und – würde sie noch leben – wäre sie heute noch darüber im Unklaren."

Viersen Abrahams 1990, 39, ebenso mdl. *Viersen* 1978

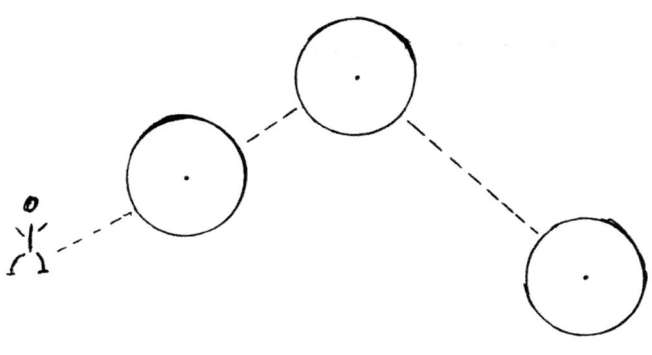

Zeichnung „Kreise werfen", nach J. Abrahams von E. Steinhorst

Nr. 982 Kreise werfen

Der erste Spieler warf mit dem Messer oder dem „*Fillkè*" (also einer Feile ohne Holzgriff) auf einen möglichst weit entfernten Punkt. Er zog nun einen Kreis und warf ein zweites Mal, wieder möglichst weit. Das Messer oder die Feile musste steckenbleiben. Dann stellte er sich in den Kreis und warf ein drittes Mal, nochmals möglichst weit. Auch um diesen Punkt wurde ein Kreis gezogen. Wenn Feile oder Messer nicht mehr in der Erde stecken blieben und umfielen, war der nächste Spieler dran. Der war in einer viel schwierigeren Situation, da er jetzt die vorgegebenen Kreise treffen musste. Das Spiel konnte unendlich lange gespielt werden. Derjenige, der am weitesten geworfen hatte oder dem es gelungen war, in die Kreise zu treffen, gewann. Je nachdem, wie lange sich das Spiel hinzog, war der Erdboden zum Schluss so gelockert, dass es immer schwieriger wurde, Messer oder Feile zum Steckenbleiben zu bringen.

 mdl. *Viersen* 1979

Scherzfrage

Woröm hat Adam en den Appel gebete? – Hen hatt gen Mets.
Warum hat Adam in den Apfel gebissen? – Er hatte kein Messer.

Geldern, RWB V

Redensarten

Do sett ek ken alt Mets tegen. – Ich setze kein altes Messer dagegen, d.h.: Ich ver-
wette nichts, es ist mit Sicherheit so.

Moers RWB V, 1103

Me mott niet te gau met et Mets in't Ferke sette. – Man soll nicht zu schnell mit
dem Messer im Schwein sitzen, d.h.: man soll nichts übereilen.

Ett Mätts nett enn' t Färkè schteäke loate. – Das Messer nicht im Schwein stecken
lassen, d.h.: Man soll eine Arbeit zu Ende führen.

mdl. *Viersen* 1971

Volksglaube

Fällt einem Familienmitglied das Messer beim Schneiden aus der Hand, so
kommt Besuch.

Allgemein, RWB V, 1108

Fällt das Messer jemandem aus der Hand und bleibt in der Erde stecken, so gibt
es Streit, ebenso wenn das Messer mit der scharfen Seite nach oben auf dem
Tisch liegen bleibt.

mdl. *Viersen* 1970, allg. RWB V, 1108

1) Die Heimat, Krefeld 1940, 100

Literatur
Abrahams, Josef, Viersen, Nachlass 1980 (Nachlass Josef Abrahams)
Abrahams Josef, Aus dem alten Rintgen. Geschichten rund um den Neumarkt. Hg. Peter Abrahams, Viersen 1990
(Abrahams 1990)
Kuhlen, Wilhelm, Erinnerungen an Alt-Süchteln, Süchteln 2. 1982 (Kuhlen 1982)
Westdeutsche Zeitung, 20. 01. 1935, zitiert in: Die Heimat, Krefeld 1940, 100

Sellkèschprengè – Seilchenspringen

Mehrheitlich waren es Mädchen, die allein, zu zweit oder zu dritt das Seilchen
schlugen. Man konnte von rechts und von links hineinspringen, mit beiden
Füßen, nur auf dem rechten Bein oder auf dem linken Bein hüpfen. Geschicklichkeit und Schnelligkeit bewies dasjenige Mädchen, das durch das ge-
schwungene Seilchen von einer Seite zur anderen laufen konnte, ohne von diesem berührt zu werden. Wer auf das Seil trat, schied aus und musste das Seilchen
schlagen. Fehlte eine Mitspielerin, so „befestigte man das Seilende an dem

477

Ring, der die Wirbel der Außenblenden am Fenster hielt", [1] oder man befestigte das Seil an einem Baum. Wenn jedoch ein größeres und längeres Seil oder eine längere Kordel es zuließ, dass mehrere Kinder gleichzeitig mitmachen konnten, beteiligten sich auch Jungen daran. Meist wurde von denen, die das Seilchen schwangen, und denen, die zuschauten, ein Lied gesungen.

Nr. 983 Salat, Salat

Sa - lat, Sa - lat, mei - ne Mut - ter kocht Sa - lat im
Ja - nu - ar, im Fe - bru - ar, im März, A - pril,
Mai, Ju - ni, Ju - li, Au - gust, Sep-
tem - ber, Ok - to - ber, No - vem - ber, De - zem - ber.

mdl. *Viersen* 1976

Zunächst konnten alle gleichzeitig mitspringen. In dem Monat, in dem sie geboren waren, mussten die betreffenden Kinder „aussteigen", d.h. sie durften nicht mehr „mitspringen". Im „Dezember" waren dann also alle ausgeschieden. Anstatt der Monatsnamen konnten auch die Wochentage aufgesagt werden.

mdl. *Viersen* 1970

Wetterfahne, Lobberich

Nr. 984 Essig, saure Tonerde
Im Rufton:
„*Essig, saure Toon-eerde, Spritt!*"
Bei „Spritt" wurde der Tonfall angehoben und das Seil so schnell wie möglich geschlagen. Die unterstrichenen Silben zeigen den Schlagrhythmus des Seilchens an.

mdl. *Viersen* 1974

Nr. 985 Henriette

Hen-ri - et - te, gold-ne Ket-te, gold-ner Schuh. Wie alt bist du?

 Wer gerade im Seilchen sprang, konnte so oft springen, wie seine Lebensjahre zählten. Trat er aber vorher auf das Seil, war er „ab" und musste sich wieder in der Schlange anstellen oder das Seilchen schlagen, wenn nur drei Kinder beteiligt waren.

mdl. *Viersen* 1970, vgl. Wehrhan 1929, 342, Nr. 3731, vgl. Fischer 1994, 123, Nr. 965

Nr. 986 Auf einem Gummiberg

Auf ei - nem Gum-mi-, Gum-mi - berg, da saß ein

Gum - mi-, Gum - mi - zwerg. Der aß sein

Gum -mi-, Gum -mi - brot und aß sich gum - mi-, gum -mi - tot.

Der Reim vom Gummizwerg auf dem Gummiberg ist alt. Er war und ist heute noch immer weit verbreitet.

Text und Melodie 1994 in *Boisheim* aufgezeichnet, vgl. Fischer 1994, 125, Nr. 295 und 296, vgl. Grober-Glück 1967, 94, Nr. 13 a–13 c

Nr. 987 Wo scheint denn der Mond

Wo scheint denn der Mond, wo geht er auf? Er

scheint al - le Ta - ge ü - ber Hel - muts Haus. Da -

rin - nen wohnt ein Mäd - chen, Er - na wird's ge - nannt.

Hat sich ver-lobt mit Hel-mut an der Hand.

Hel-mut hat ge-schrie-ben: "Ich lie-be dich so sehr. Ich

lie-be kei-ne an-dre als dich nur im-mer mehr." Und

hin-ter ih-rem Haus, da steht ein Hol-der-busch, da

ga-ben sich die bei-den den er-sten Kuß.

Oder es folgte ein Zusatz nach der 6. Zeile:

Nr. 988

> *„Erna" saß am Fenster:*
> *„Helmut", komm herein!*
> *Ich will dir was erzählen*
> *Von Köln am Rhein.*

Dann folgte:

Nr. 989

> *In Köln am Rhein,*
> *Da war es fein,*
> *Und hinter einem Busch*
> *Gab's den ersten Hochzeitskuß.*

Text und Melodie 1974 in *Viersen* aufgezeichnet

Deutscher Hausschatz,
Regensburg 1875

Seilchenspringen, Niederländische
Kachel, 17. Jh., Privatbesitz
Dr. Eugen Gerritz

Nr. 990 Teddybär, Teddybär

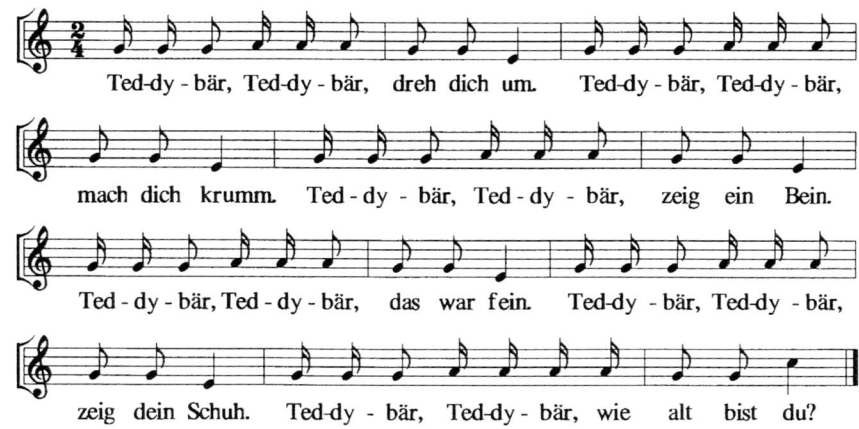

Ted-dy - bär, Ted-dy - bär, dreh dich um. Ted-dy - bär, Ted-dy - bär,

mach dich krumm. Ted - dy - bär, Ted - dy - bär, zeig ein Bein.

Ted - dy - bär, Ted - dy - bär, das war fein. Ted-dy - bär, Ted-dy - bär,

zeig dein Schuh. Ted-dy - bär, Ted-dy - bär, wie alt bist du?

Bei jeder Zeile musste die Springerin die entsprechende Aufforderung ausführen – sich umdrehen, eine Verbeugung machen, mit einem Bein springen, die Schuhe zeigen und zum Schluss so viele Sprünge machen, wie sie an Jahren alt war.

Text und Melodie *Möchengladbach* und *Viersen* 1994, vgl. Siemes/Philips 1995, 158, Aachener Fassung, vgl. Fischer 1994, 124 f, s. Kommentar 990

Seilchenspringen auf dem Schulhof, 1983

Nr. 991 Eins, zwei, drei, ann dè Wand vorbei

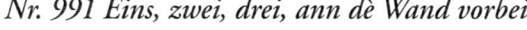

Eins, zwei, drei, ann de Wand vor - bei, ann de

Frau, ann de Mä - del, ann de Wand vor - bei. Eins, zwei, drei!

Text und Melodie 1995 in *Osterath* aufgezeichnet

Nr. 992 Schifflein, segle weiter

Schiff-lein, seg - le wei - ter, bis der Mast-baum bricht.
Gott ist dein Be - glei - ter, er ver - gißt dich nicht.

In al - len Stür - men, in al - ler Not

bist du un - ser Ret - ter, du gu - ter Gott!

Hierbei wurde das Seil entsprechend der getragenen Melodie sehr langsam geschlagen.

mdl. *Neuwerk* 1980 und *Overhetfeld,* Melodie zur dritten und vierten Zeile nach dem Original, s. Kommentar Nr. 992

Wetterfahne, Süchteln

1) Kleintitschen 1979, 85

Literatur
Deutscher Hausschatz in Wort und Bild, Regensburg 1875
Fischer, Helmut, Kinderreime im Ruhrgebiet, Köln 1994 (Fischer 1994)
Grober-Glück, Gerda, Kinderreime und -lieder in Bonn 1967. In: Jahrbuch für Volksliedforschung, Berlin 16. Jg. 1971(Grober-Glück 1971)
Kleintitschen, Rosa, Ut den alden Tied, Hüls 1979 (Kleintitschen 1979)
Peesch, Reinhard, Das Berliner Kinderspiel der Gegenwart, Berlin 1957 (Veröff. d. Inst. f. dt. Volkskunde Bd. 14)
Siemes, Helena und Gerd Philips, Rheinische Spiele, Reime und Lieder, Aachen und Umgebung, Aachen 1995 (Siemes/Philips 1995)
Wehrhan, Karl, Frankfurter Kinderleben in Sitte und Brauch, Kinderlied und Kinderspiel, Wiesbaden 1929 (Wehrhahn 1929)

Höppèpärm, Höppèkääskè, Perkhinken, Hengkèlè – Hüpfkästchen, Hinkeln

Über die Hüpfkästchenspiele und ihre Herkunft gibt es interessante Theorien.[1] So glaubten Forscher z.B., sie seien „kultischen Ursprungs". Insbesondere das „Himmel-und-Hölle-Spiel" wie auch die „Schnecke" seien magischer Herkunft. Diese beiden Spiele werden mit den Labyrinthen der Antike und den Mosaiklabyrinthen auf den Fußböden romanischer Kirchen in Verbindung gebracht.[2] Manchmal sind sie dort Symbole des menschlichen Irrens oder sie verweisen auf die Überheblichkeit des Menschen, wie es das Beispiel von Dädalus und Ikarus aus der Antike zeigt.[3] Abgesehen davon war das Hüpfspiel als Kinderspiel in ganz Europa verbreitet.

Insbesondere die wissenschaftliche Untersuchungen von Jan de Vries haben ergeben, dass sich bestimmte Formen der Spielfelder in England, in den Niederlanden und Deutschland sehr ähnlich sind und vermuten lassen, dass es zwischen den drei Ländern Beziehungen gegeben hat, „die das Vorkommen in derselben Form erklären können.[4]" Erstaunlicherweise ist das Hüpfspiel auf dem Spielbild von Brueghel aber nicht dargestellt.

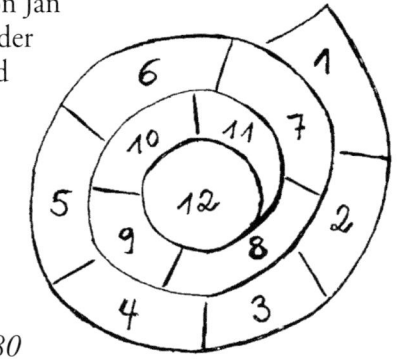

„Schneckenhaus", Nachlass Josef Abrahams,
Viersen 1980

De Vries' detaillierte Abhandlung von 1957 über das Hüpfspiel speziell in den Niederlanden erläutert zur kultischen Bedeutung von Labyrinthen in der Antike, dass im „Schneckenhaus" gewöhnlich ohne Stein gehüpft wurde. Die Windungen der Spirale erschwerten das Hüpfen. Es wurde zuerst bis zum Mittelpunkt gehüpft. Dort durfte man auf beiden Beinen stehen bleiben, um dann wieder zurück zum Ausgang zu hüpfen. Beim zweiten Mal durfte dabei nicht gesprochen und beim dritten Mal nicht gelacht werden. Gelang das, durfte man seinen Namen in eines der Felder schreiben, das der nächste Spieler dann überspringen musste. Je mehr Felder auf diese Weise blockiert wurden, um so schwieriger wurde natürlich die Ausführung.[5] Der Kreis, der am Ende einer Figur gezeichnet war, hatte manchmal einen Namen – „Tod oder Himmel". Wenn der Kreis zweigeteilt war, hießen die Fächer „Himmel" und „Hölle", „Leben" und „Tod". Im katholischen Teil der Niederlande (Südlimburg) wurde noch der Name „Fegefeuer" hinzugefügt. Das Spiel hatte laut de Vries einen tieferen Inhalt, der aber den Kindern nicht bewusst war: „Vom Eingang schreitet man durch die Figur bis zum Tode und kehrt dann wieder auf dem Rückwege zum Leben zurück. Drastischer drücken die zwei Teile des Endbogens diesen Gedanken aus; in dem Augenblick, wo der Spieler zurückkehrt, geht er aus dem Kreis des Todes in jenen des Lebens über; die Anfangslinie ist also der Todesweg, die Rückkehr der Weg des Lebens."[6] Selbst die erstaunlichen Bedingungen, unter denen gehüpft werden musste, nämlich ohne zu lachen und zu sprechen, könnten laut de Vries „noch eine blasse Erinnerung an die einstige feierliche Begehung des kultischen Tanzes sein."[7] Auch die Bezeichnungen „Paradiesspiel" „Himmelshuppen" und „Tempelhupfen"[8] erinnern an den Grundriss von Kirchen, speziell den der Basiliken.

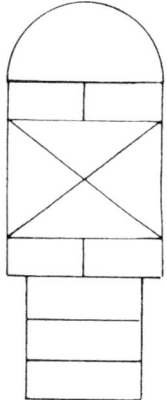

Zeichnung de Vries, 1957

483

Hüpfkästchen, Niederländische Kachel, 17. Jh., Privatbesitz Dr. Eugen Gerritz, Krefeld

Das Kästchenhüpfen war ein bei Mädchen beliebtes Frühjahrs- und Sommerspiel. Die Spielfelder wurden mit einem Stöckchen in den Erdboden geritzt.

Kleintitschen aus *Hüls* beschreibt, wie wichtig es war, ein geeignetes *Hengkèlschärf,* einen Hüpfstein, zu organisieren: „Mit Sorgen dachten die Eltern an den schnellen Verschleiß der ‚*Klompèn*‘ (Holzschuhe), wenn die Hinkelspiele begannen. Die mutigsten Mädchen suchten den Platzmeister T. im Baugeschäft auf. ‚*Uèmè Jöen, jeäf mech en Hengkèlschärf.*‘ – Onkel Jöen, gib mir ein Hinkelsteinchen! In den neueren Häusern hatten die Leute an den Pumpen Plättchen, die im Muster angelegt waren. Je vier Plättchen endeten in der Mitte bei einem noch kleineren Plättchen. Durch den Transport und andere Einflüsse hatte manches Steinchen einen Schaden erlitten. Diese legte der Meister für die ‚*Dière*‘ (Mädchen) beiseite.“[9]

5	6
4	7
3	8
2	9
1	10

„Päkkskès“, Nachlass von J. Abrahams

Ein solches „*Schärf*“ (Scherbe) war gewissermaßen „komfortabel“. Brauchbar waren aber auch ein flacher Stein oder ein Stückchen von einem Tonblumentopf. Zur Vorbereitung des Spiels gehörten neben der sorgfältigen Auswahl des Hüpfsteinchens die Suche nach einem geeigneten Platz und die Markierung des Spielfeldes. Dort, wo eine ebene Bodenfläche war, wurde auf gewachsener Erde mit einem Astholz, einem Stöckchen oder mit dem Absatz das Spielfeld mit den Kästchen eingeritzt. Als später wegen des zunehmenden Verkehrs immer häufiger auf dem Bürgersteig gespielt werden musste, wurden die Spielfelder mit einem Stückchen Kreide aufgezeichnet.

Ein langes oder längliches Rechteck wurde mit zehn oder zwölf möglichst gleich großen Kästchen ausgestattet, die von unten nach oben bis fünf und sechs und zurück von sechs und sieben bis zehn und zwölf nummeriert waren. Ein Halbkreis darüber, der „Himmel“ oder die „Hölle“, schloss das Rechteck ab. Je nach der Anordnung der einzelnen Felder ergaben sich unterschiedliche Spiele. Es galt, den Stein oder das „*Schärf*“ auf einem Fuß hüpfend von einem „Häuschen“ ins andere zu stoßen bzw. zu schieben.

Es kam im wesentlichen darauf an, keine der Feldbegrenzungen (den „Strich")
zu betreten und alle Felder in der vorgeschriebenen Reihenfolge durchzuhüp-
fen. Dies galt auch für *„dat Schärrf"*. Das *„Schtengkè"* (Steinchen) oder die
„Schärrf" durfte ebenfalls nicht auf dem „Strich" landen.

Nr. 993 Höppèpärm mött Päkkskès – Hüpfkästchen mit Päckchen

Das einfachste Hüpfspiel war dieses:
Der Spielstein, *„datt Schärrf"*, oder ein flacher Stein, *„Heppèschtengkè"* genannt,
wurde vorsichtig in das erste Feld geworfen. Auf einem Bein hüpfend musste
die Spielerin den Stein mit dem Fuß von einem „Häuschen" ins andere schieben. Dabei durfte der Stein auf keinem Grenzstrich liegen bleiben. Ebenso wenig durfte man mit beiden Füßen auf den Boden aufkommen. Wer auch nur
einen dieser Fehler machte, der war „ab" und wieder an den Anfang zurückge-
worfen. Die Scherbe wurde der Reihe nach durch alle Felder geworfen. Dazu
hatte man drei Würfe frei.

Natürlich gab es viele mögliche Regeln:
• Man warf zuerst *„dat Schärrf"* oder einen flachen Stein in das aufgezeichnete
  Feld. Das von ihm getroffene Kästchen musste übersprungen und der Stein
  aufgehoben und zurückgebracht werden.
• Das Hüpfkästchen wurde ganz durchgehüpft, wobei die Linien nicht berührt
  werden durften.
• Den Stein trug man dabei auf dem Handrücken mit und er durfte natürlich
  nicht herunterfallen.
• Man musste den Stein mit einem Fuß vor sich herschieben oder transportierte
  ihn auf einem Fuß oder auf dem Kopf oder was auch immer den Spielerinnen an Möglichkeiten einfiel.

mdl. *Viersen* 1972, vgl. Nachlass Josef Abrahams 1980, vgl. RWB III, 1007

In *Krefeld* galt um 1912 folgende Regel: Zuerst wurden zwei Felder auf die Erde gezeichnet, dann ein Kreuzfeld, genannt „die Box". Auf jeder Seite waren
zwei Felder angefügt sowie ein Feld als „Himmel" und eines als „Hölle". In das
erste Feld wurde ein *„Schärf"* gelegt. Die erste Spielerin (oder der erste Spieler,
denn manchmal spielten auch Jungen mit) musste auf einem Bein hüpfend das
„Schärf" von einem Feld zum anderen stoßen. Wenn man fehlerlos durch alle
Felder gehüpft war, durfte man auf zwei Beinen stehen und das *„Schärf"* so weit
abstoßen wie man konnte. Dann lief man rückwärts, bis der nächste Spieler einen eingeholt hatte. Dieser musste jedoch zuvor das *„Schärf"* gesucht und in
das Feld „Himmel" gelegt haben. Zu guter Letzt trug er den Gewinner Huckepack bis zu dem *„Hengkèlschärf"*.

Krefeld, Nolden 1912, 98

Nr. 994 *Himmel und Hölle* (I)

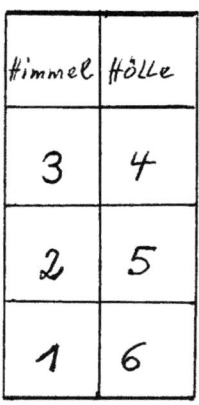

Zuerst versuchten die Spielerinnen ein Steinchen in den oberen Teil des Kastens, den „Himmel", zu werfen. Wer seine Scherbe ins Ziel brachte, durfte beginnen. Trafen mehrere Spielerinnen den „Himmel", so wurde das Ganze noch einmal versucht oder man zählte ab. Wer anfing, begann unten und warf seine Scherbe ins erste Feld. Dann hüpfte man mit beiden Beinen hinein, hob das „Hüpfsteinchen" auf, drehte sich um, warf es zurück zur „Hölle" und hüpfte zum Ausganspunkt zurück. Anschließend warf man es in das zweite Feld, hüpfte ins erste, dann ins zweite, drehte sich um und warf das „Steinchen" zurück wie zuvor. Dies musste mit allen Feldern wiederholt werden, bis die Spielerin beim achten Feld ankam. Vorher durfte sie beide Füße in das siebte und das achte Feld stellen und sich ausruhen, musste aber anschließend ins achte hüpfen und von dort das „*Höppèschtengkè*" zurückwerfen. Danach ging es weiter durch neun, zehn und elf wie zuvor. Das zwölfte Spielfeld war ein weiterer Ruheplatz. Von hier aus hüpfte die Spielerin in den „Himmel" und warf den „Stein" wieder zurück zur „Hölle". Wenn sie diesen Durchgang fehlerlos schaffte, begann sie wieder von vorn. Diesmal hüpfte sie jedoch nur auf dem rechten Bein. Nachdem sie den „Himmel" in der bereits beschriebenen Reihenfolge erreicht hatte, wurde der ganze Durchgang auf dem linken Bein wiederholt. Wenn die Spielerin das „Hüpfsteinchen" von der „Hölle" aus in ein falsches Feld warf oder das Steinchen auf einer Linie liegen blieb, wurde sie von der nächsten abgelöst. Sie musste auch dann ausscheiden, wenn sie beide Füße gleichzeitig in zwei Felder stellte, in denen man sich nicht ausruhen durfte oder aber wenn sie mit dem Stein nicht in die „Hölle" traf.

mdl. *Viersen* 1989

Nr. 995 *Himmel und Hölle* (II)

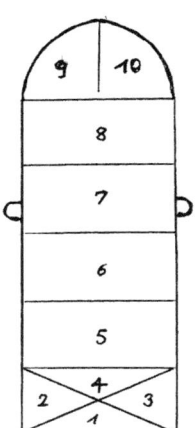

Der Spielstein wurde in das erste Feld geworfen. Eines der Mädchen hüpfte ihm nach und stieß ihn mit der Fußspitze durch die Kästchen eins bis vier und von dort in die „Hölle", das siebte Feld. Nun folgten mit gespreizten Beinen Kreuzsprünge in die Felder fünf – sechs, vier – sieben, fünf – sechs, sieben – vier und sechs – fünf. Wenn man dann auf einem Bein den Stein ins „Paradies" befördert hatte, durfte man hier ausruhen. Anschließend musste der Stein auf die gleiche Art und Weise zurück zum Ausgang geschoben werden.

Viersen, Nachlass Josef Abrahams 1980, vgl. bei Böhme 1897, 599, Nr. 451 „Das Paradiesspiel"

Nr. 996 Himmel und Hölle (III)

Das in den Boden geritzte Rechteck mit zehn Feldern war dreieinhalb bis vier Meter lang und zwei Meter breit. Die einzelnen Felder nannte man „*Perk*". Jede Spielerin hatte einen flachen Stein oder eine Scherbe. Die erste warf ihren Stein ins erste Feld, hüpfte auf einem Fuß hinein und stieß mit demselben Fuß (!) ihre Scherbe aus dem ersten „*Perk*" hinaus. Nun wurde ins zweite Feld geworfen, die Scherbe hüpfend wieder ins erste Feld und dann hinausgestoßen. So setzte sich das Werfen, Hinken und Stoßen bis zur letzten Nummer fort. Sprang das Mädchen vom vierten Feld aus zurück, so konnte es je ein Bein ins zweite und dritte setzen. In den beiden Bögen, die an den Seiten des siebten Feldes angebracht waren, konnte die Spielerin auf beiden Füßen stehend ausruhen. Das neunte Feld war die Hölle, das zehnte der Himmel. Die Kunst bestand darin, die Scherbe genau in

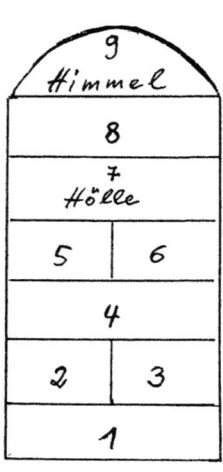

Alle Zeichnungen nach Schuhmacher, 1924

das nächstfolgende Feld zu werfen. Sie durfte nicht auf einem Grenzstrich liegen bleiben. Geschah dies oder verlor die Spielerin beim „Stoßen" das Gleichgewicht, so dass sie mit dem anderen Fuß auftreten musste, hatte sie verloren und musste der folgenden Platz machen.

Winnekendonk, Schumacher UH., 12. Jg. Nr. 5, 1924 unpag.

1) Mathys 1975, 14-16 2) LexMA VII, 2108 3) ebd. 4) de Vries 1957, 49 5) de Vries a.a.O., 46 6) ebd. 7) de Vries a.a.O., 83 8) in Österreich: vgl. Böhme 1897, 599, Nr. 451 9) Kleintitschen 1979, 85

Literatur
Abrahams, Josef, Nachlass, Viersen 1980 (Nachlass Josef Abrahams)
Böhme, Franz Magnus, Deutsches Kinderlied und Kinderspiel, Volksüberlieferungen aus allen Landen deutscher Zunge, Leipzig 1897 (Böhme 1897)
Kleintitschen, Rosa, Ut den alden Tied, Hüls 1979 (Kleintitschen 1979)
Lexikon des Mittelalters, München, Zürich, Stuttgart, Weimar Bd. I–IX 1980–1999 (LexMA VII)
Mathys, F. K., Im Freien gespielt. Kleine Historie des Kinderspiels, Basel 1975, (Mathys 1975)
Müller, Josef, Hg., Rheinisches Wörterbuch, Bd. I–IX, Bonn, Berlin, 1928–1971 (RWB III)
Nolden, Hans, Alt Crefeld, Crefeld 1912 (Nolden 1912)
RWB = Rheinisches Wörterbuch (s. Josef Müller)
Schmacher, Carl, Wie die Kinder spielen. In: UH., 12. Jg. 1924 unpag.
de Vries, Jan, Untersuchung über das Hüpfspiel. Kinderspiel – Kulttanz, Helsinki 1957, FFC Communications No. 173 (De Vries 1957)
UH = Unsere Heimat, Zwanglose Blätter des Vereins für Heimatschutz in Kevelaer. Beilage zur Niederrheinischen Landeszeitung 1924

Stelzen – Reifen – Dôpp

Nr. 997 Blechbüchsenlaufen

In Zeiten, in denen Spielzeug nicht viel oder am besten gar nichts kosten durfte, weil das Geld sehr knapp war, dienten zwei leere Blechsbüchsen sozusagen
als „Vorform" des Stelzenlaufens.

Man suchte nach zwei gleich großen, stabilen Konservendosen. Bei jeder der
beiden Blechbüchsen wurde an zwei Seiten ein Loch gebohrt und anschließend
eine gleich lange Kordel durch beide Löcher gezogen. Nach vollbrachtem Werk
stand man schließlich mit den Füßen auf den Konservendosen und dirigierte
den Blechbüchsenuntersatz durch den jeweiligen Kordelzug mit den Händen.
Zuweilen nahm man auch Holzklötze in etwa derselben Höhe, sofern man sie
bekommen konnte. Um die Kordel anzubringen, bohrte man entweder ein Loch
in das Holz oder befestigte die Kordel mit Hilfe von „*Krämmpkès*" (Haken) oder
„*Schlööpè*" (Schleifen).

mdl. *Viersen*, 1970, *Oedt*, 1990

Nr. 998 Opp Schtälltè loopè – Stelzenlaufen

Stelzenlaufen, Kreisel- und Reifentreiben, Seilspringen, den „Windvogel" auflassen und „Blinde Kuh" lassen sich ursprünglich für das Mittelalter als Frei-
zeitbeschäftigung und -belustigung für Erwachsene der gehobenen Gesellschaft
nachweisen.

Erst im Laufe der Zeit wurden sie zu Kinderspielen. Am Beispiel des Stelzenlaufens ist dies gut zu beobachten.

Stelzenlaufen – Geschichtliches

In Frankreich hatte das Stelzenlaufen eine alte Tradition – dafür gibt es in der
Geschichte einige schöne Beispiele: Als die Stadt *Namur* an die habsburgischen
Niederlande fiel, versprach der Gouverneur von Namur dem einziehenden Erzherzog von Österreich, ihn mit Truppen zu
empfangen, die weder zu Fuß noch zu Pferde ein Kampfspiel ausführen würden: Er
meinte damit einen Kampf auf Stelzen. Dieses Stelzenturnier rief eine so große Begeisterung hervor, dass der Erzherzog zum Dank
für das ungewöhnliche Schauspiel die Stadt
von der Biersteuer befreite. [1]

Niederländische Kachel mit zwei
Stelzenläufern, 17. Jh., Privatbesitz
Dr. Eugen Gerritz, Krefeld

In Südfrankreich, in der Landschaft des südfranzösischen Departements *Landes,* nutzten die dortigen Schafhirten den Vorteil der hohen Stelzen, um in sumpfigem Gelände einen besseren Überblick über ihre Herde und bessere Sicht zu haben. [2] Außerdem halfen die Stelzen, sumpfiges Gelände trockenen Fußes zu überqueren, „aber auch mit Leichtigkeit über Hecken, Gemäuer, Gebüsche und Wassergräben setzen zu können". Und selbst Briefträger, so heißt es, hätten in den morastigen und weglosen Gegenden des Departements Landes ihre Aufgabe nicht erfüllen können, wenn sie sich nicht der Stelzen bedient hätten, um rasch ans Ziel zu kommen. [3] Im Jahre 1891 sorgte ein französischer Bäcker für eine Sensation, als er den Weg von Paris nach Moskau in 58 Tagen auf Stelzen zurücklegte. [4] Noch heute sind in vielen Fest- und Karnevalszügen belgische und holländische (erwachsene!) Stelzenläufer in schwindelnder Höhe zu bewundern.

Kinder imitieren gern und oft das, was Erwachsene tun. Folglich haben sie die erwachsenen Stelzenläufer sehr bewundert und ihnen in diesem Geschicklichkeitssport nachgeeifert. Dass das Stelzenlaufen auch für Kinder früherer Zeiten eine wichtige Rolle spielte, zeigen die Darstellungen auf dem Kinderspielbild bei Brueghel und auf holländischen Kacheln des 17. Jh.s. Stelzen waren für Kinder aus einfachen Familien meist unerschwinglich, da sie beim Schreiner bestellt werden mussten. Allerdings konnte ein geschicktes Familienmitglied oder ein freundlicher Nachbar sie in der passenden Höhe selbst anfertigen. Zuweilen kann man auch heute noch Stelzenpaare in Holzspielzeuggeschäften kaufen.

*Stelzenlaufen lernen
– der erste Versuch ist schwierig,
Spiel auf dem Schulhof, 1985*

Aller Anfang ist schwer bei Geschicklichkeitsspielen. So erlernt man am besten das Gehen auf Stelzen, indem man sich mit dem Rücken gegen eine Mauer oder Wand lehnt, dann auf die Stelzen klettert und von da aus Schritt für Schritt ein Bein vor das andere setzt. Dabei darf man aber nicht vergessen, dass eine Hand nach der anderen jeweils ein „Stelzenbein" für jeden Schritt hochziehen muss. Eine besondere Kunst war es übrigens, auf einem Bein zu hüpfen und die nicht benötigte Stelze wie ein Gewehr über die Schulter zu legen. So übten und lernten die Kinder spielend, das Gleichgewicht zu halten.

mdl. *Viersen* 1976

Redensarten

Für grote Firdag geht de Düwel op Stelte. – Vor großen Feiertagen geht der Teufel auf Stelzen, d.h. es ist Unruhe, Unfrieden im Haus.
<small>*Rees* RWB VIII, 627</small>

De Düwel geht ömmer op Stelte. – Der Teufel geht immer auf Stelzen, d.h. Hindernisse treten gerade dann auf, wenn man sie nicht gebrauchen kann.
<small>*Rees* RWB VIII, 627</small>

De Kuh geit op Stelte. – Die Kuh geht auf Stelzen, d.h. die Sache läuft verkehrt, der Ausgang ist unsicher.
<small>*Moers,* RWB VIII, 627</small>

Dä jeet, als wänn häè è paar Schtälltè inn dè Fott jèschteäkè hai. – Er geht, als wenn er ein paar Stelzen im Gesäß stecken hätte, d.h. er geht steif.
<small>*St. Hubert* RWB VIII, 627</small>

1) Mathys 1975, 21 2) Mathys a.a.O., 20 f. 3) ebd. 4) vgl. Endrei 1988

Literatur

Endrei, Walter, Spiele und Unterhaltung im alten Europa, Hanau 1988 (Endrei 1988)
Hills, Jeanette, Das Kinderspielbild von Pieter Brueghel d.Ä. (1560), Wien 1957 (Hills 1957)
Lexikon des Mittelalters, Bd. I–IX, Zürich, München 1980–1999 (LexMA VII)
Mathys, F. K., Im Freien gespielt. Kleine Historie des Kinderspiels, Basel 1975 (Mathys 1975)
Müller, Josef, Hg. Rheinisches Wörterbuch, Bd. I–IX, Bonn, Berlin 1928–1972 (RWB VIII)
RWB = Rheinisches Wörterbuch s. Müller, Josef

Nr. 999 Reepèschlaarè, Reepèdriivè, Rangk luèpè – Reifenschlagen, Reifentreiben

Auch Reifentreiben und Spiele mit dem Kreisel *(„Reepèschlaarè", „Reepè", „Dôppè")* gehören „zu den ältesten Spielen und waren schon in archaischer Zeit weit verbreitet.[1]" Griechische und römische Kinder und auch die Kinder des 16. Jh.s kannten sowohl das Reifenschlagen als auch das Spielen mit dem Kreisel. De Cock und Teirlinck überliefern, dass in den südlichen Niederlanden oft Wettbewerbe im Reifenschlagen abgehalten wurden. Bei diesen Wettkämpfen kam es darauf an, wer seinen Reifen am schnellsten und am ausdauerndsten treiben konnte, und zwar einen sehr schmalen Pfad entlang. Hierbei wurden Münzen „von geringem Wert" ausgegeben. Die

Reifenschlagen, Niederländische Kachel, Privatbesitz (Replik)

Preise befestigte man häufig an der Innenseite des Reifens, so dass sie Zeugnis für den Stolz und die Geschicklichkeit ihres Besitzers ablegen konnten.[2]

Als es noch die Handwerke des Fassmachers, des Böttchers und des Wagners gab, holten Kinder sich bei ihnen ausgediente Holzreifen von alten Bierfässern oder Eisenreifen von alten Wagenrädern. In *Hüls* nannte man das Spielen mit Reifen von alten Fässern und Sauerkrauttonnen *„Bôngkschmekkè"* – Bandtreiben. Die weder sehr dicken noch besonders stabilen Fassreifen erstand man beim Küfermeister. Doch leider wurden die Ringe schnell zum Ei und schlingerten. Mit einem stabilen Reifen aber legten Jungen oft weite Wege zurück, während sie dieselbe Strecke für eine häusliche Besorgung wohl nur unter Murren auf sich genommen hätten.[3]

Am schönsten waren die vom Schmied hergestellten Reifen aus Rundstahl, die man mit einem S-förmig gebogenen dünnen Rundeisen führen und vor sich herschieben konnte. Ganz tüchtige *„Schmecker"* besaßen einen Stab aus Eisen, dessen Ende wie ein S geformt war. Durch Leiten des Reifens hatten sie immer Kontakt und konnten Figuren laufen. Wer so geschickt den Reifen treiben konnte, wurde angestaunt wie heute unsere „Stars auf dem Eis".

Kleintitschen 1979, 83

Nach dem Zweiten Weltkrieg benutzte man ausgediente Fahrradfelgen, die man auf Schutthaufen fand; später holte man sie sich beim Fahrradhändler. Wenn noch die Speichen und die Achse im Rad waren, mussten sie mit einer Kneifzange herausgelöst werden. Um den Reifen zu treiben, brauchte man einen handlichen kurzen Stock, ein Astholz oder einen zersägten Besenstiel. Der Reifen wurde mit dem Stock so angetrieben und geführt, dass er vor dem Kind in flottem Tempo herlief und nicht zu langsam wurde.

Junge, der mit einer ausgemusterten Fahrradfelge „Reifen spielt", ohne ihn mit einem Stock anzutreiben, Privatbesitz, 1985

Gleich zu Anfang musste darauf geachtet werden, dass man dem Reifen mit der linken Hand genug Schwung gab. Man durfte mit dem Stock nicht auf den Reifen „schlagen", sondern er musste von hinten nach vorn angedrückt, d.h. wirklich angetrieben werden. Auch war es wichtig zu verhindern, dass der Reifen ins Schlingern geriet, denn das konnte leicht passieren, wenn der Schwung nicht ausreichte. Er musste im Gleichgewicht bleiben und zügig weiterrollen. Wenn man dies herausgefunden hatte, lernte man schnell, wie man ihn genau dorthin lenken konnte, wohin man ihn haben wollte: nach rechts, nach links, geradeaus, im Kreis oder im Slalom. Der Untergrund war früher ausschließlich gewachsene Erde oder die gepflasterte Straße. Oft führten Jungen auf längeren Wegen, wie z.B. zur Schule, ihren Reifen sehr geschickt mit. Draußen an einer Mauer oder an der Schulwand wurde er abgestellt und auf dem Heimweg wieder bis zu Hause getrieben.[4]

Wollte man heute dieses Spiel „reaktivieren", was einige Schulen in den 80er Jahren des 20. Jh.s versuchten, so ist auch gepflasterter, gekachelter oder geteerter Untergrund zum Treiben der Reifen tauglich – moderne Schulhöfe und Pausenhallen wären dafür durchaus geeignet.

Sowohl das Spiel mit dem „Dôpp" (Kreisel) als auch das Reifenschlagen und Stelzenlaufen erfordern beim Erlernen nicht nur Geduld und Ausdauer, sondern trainieren auch das Gleichgewicht, die Geschicklichkeit und die Schnelligkeit beim Laufen und ganz allgemein die körperliche Beweglichkeit.

1) Fittà 1998, 76-82 Hills 1957, 16 2) de Cock/Teirlinck V, 217, vgl. Hills 1957, 16/ 63 3) Kleintitschen 1979, 83 4) mdl. *Viersen* 1974

Literatur
De Cock, Teirlinck, Kinderspel & Kinderlust in Zuid-Nederland. Bd. I–VIII, Gent 1902–1908 (de Cock/Teirlinck V)
Fittà, Marco, Spiel und Spielzeug in der Antike. Unterhaltung und Vergnügen im Altertum. Aus dem Italienischen übersetzt von Cornelia Homann. (Wissenschaftliche Buchgesellschaft Darmstadt) 1.Stuttgart 1990 (Fittà 1998)
Hills, Jeanette, Das Kinderspiel von Pieter Brueghel d.Ä., Wien 1979 (Hills 1979)
Kleintitschen, Rosa, Ut den alden Tied, Hüls 1979 (Kleintitschen 1979)

Nr. 1000 Dôppschmekkè, Dôppschlaarè, Pitschèndôpptreiben, Tollen – Mit dem Kreisel spielen

Anders als das Stelzenlaufen war das „Dôppen", das Spiel mit dem hölzernen Kreisel („Dôpp", „Jeesèldôpp", „Pitschèndôpp" usw.), jahrhundertelang ein in allen europäischen Kulturen bekanntes Kinderspielzeug.[1] Die Erfindung des Kreisels soll mit dem Spinnen zusammenhängen. „Wenn der Spindelschaft brach, kreiste nämlich die Spitze mit dem Wirtel (dem Schwungring der sich auf dem Fußboden drehenden Spindel) noch lange auf der ebenen Fläche und ließ sich mit den Fingerspitzen weiter zum Drehen bringen. Damit war die Urform des Kreisels geschaffen."[2] Ähnlich wie beim Stelzenlaufen und Reifenschlagen wurde mit dem „Dôpp" Kreisel im Frühjahr gespielt, wenn der Erdboden trocken war. Es bedurfte intensiver Übung und Ausdauer, um das Spiel zu erlernen und zu beherrschen.

Solange es noch Drechselwerkstätten gab, wurden die Kreisel vom ortsansässigen Drechsler aus Holz hergestellt. Der „Dôpp", an dessen Spitze ein Metallstift oder Nagel eingelassen war, war kegelförmig, wodurch er schneller lief.

Der Boden durfte weder nass noch aufgeweicht sein, denn bis in die späten 50er Jahre des 20. Jh.s war er selten durch eine Asphaltdecke, Pflasterung oder Plattierung (z.B. auf den Schulhöfen) versiegelt. Bei feuchtem Wetter wurde die Kordel der Peitsche, der „Schmeck" oder „Jeesèl", mit der der „Dôpp" angetrieben wurde, nass. Mit einer nassen Peitsche jedoch ließ sich der Kreisel nur schwer oder gar nicht treiben. Je geschickter man nach und nach das Spiel beherrschte, um so besser gelang es, den „Dôpp" auch auf gewachsenem Boden tanzen zu lassen und anzutreiben.

Doppschlagen, Niederländische Kachel, 17. Jh., Privatbesitz Dr. Eugen Gerritz, Krefeld

Die Peitsche bestand aus einem ungefähr einen Meter langen geraden Stock, an dessen Ende eine dünne Schnur oder Kordel befestigt war. Da sie beim intensiven Spiel mit dem Kreisel ausfransen konnte, machte man bei Bedarf an ihrem Ende immer wieder einen kleinen Knoten. Die Peitschenschnur wurde im Uhrzeigersinn von unten nach oben auf die Rillen des kegelförmigen Kreisels gewickelt. Mit der linken Hand setzte man ihn auf den Boden und hielt ihn nur kurz fest oder man stellte ihn unter den Fuß, während man im gleichen Augenblick mit der rechten Hand den Stock kräftig anzog. Dadurch drehte er sich so schnell auf der Spitze, dass er zum Tanzen kam. Durch ständige Peitschenschläge wurde er so lange wie möglich in Bewegung gehalten und in die gewünschte Richtung getrieben.

Wer besonders geschickt war, drehte früher den „Dôpp" oder „Jeesèldôpp" mit Daumen und Mittelfinger so kräftig an, dass er auf den Boden sprang und genau so zum Drehen kam, als hätte man ihn mit der aufgedrehten Kordel abgezogen. Die Besten konnten ihn fünf bis zehn Meter weit „schmekkèn", also peitschen, und liefen mit dem Kreisel weite Strecken, ohne dass der Kreisel auch nur einmal umfiel und zum Stehen kam. Um 1900 waren sie bei Gesprächen zu Hause und auf dem Schulhof nicht weniger in aller Munde als heute berühmte Sportler.[3]

Viele Kinder hatten nicht das Geld, um sich einen ‚Dôpp' für fünf oder zehn Pfennig beim Drechsler zu kaufen; sie besorgten sich eine „Bobine", eine größere Garnspule. „Die Bobine wurde halbiert, in die Öffnung steckte man ‚ennè Kruènèschtäkk' und darin noch ein Nägelchen. Diese ‚Dôpp' waren sehr leicht und sprangen gegen die Fensterscheiben. Man nannte sie deshalb ‚Ruutè-

schprönger' – Fensterspringer. Manche Scheibe ging zu Bruch. Aber die Übeltäter waren schnell verschwunden.“ [4] Heute findet man Kreisel zuweilen noch in
Holzspielzeugläden oder auf Handwerkermärkten.

*Doppspielen, um 1835 in
Düsseldorf, Bayerisches
Nationalmuseum München*

Auch in den Reimen von Abzählversen tauchte der „*Dôpp*“ auf:

Nr. 1001

Onè, donè, Döppkè,	Eins, zwei, Kreiselchen,
Pòrzèllinè Köppkè,	Porzellanköpfchen,
Mann en Frauè,	Mann und Frau,
Wej gohn trauè,	Wir gehen trauen,*
En gej goht weg!	Und du gehst weg!

* heiraten, *Emmerich*, RWB I, 1407

Nr. 1002

Öppkè, Döppkè, Rübèzahl,	*Junge mit Kreisel,*
Öppkè, Döppkè, Knôll!	*1983, Privatbesitz*

Friemershausen, RWB I, 1407

Redensarten

Zahlreiche Redensarten und Vergleiche, die sich auf den
„*Dôpp*“ beziehen, zeigen, wie allgegenwärtig auch noch für
Erwachsene das Spiel mit dem Kreisel in ihrer Erinnerung
geblieben war:

Datt jing dich (oder: *datt löppt*) *wi è Döppkè.* – Es lief wie ein Kreisel, sagt man,
wenn man ausdrücken will, dass eine Sache oder ein Vorgang schnell, prob-
lemlos und gut abgewickelt wurde.

494   mdl. *Viersen* 1970, vgl. RWB I, 1406

Ièmes dèr Dôpp aansättè. – Jemanden den Kreisel ansetzen, d.h jemanden bedrängen, jemandem eine unangenehme Wahrheit sagen.

mdl. *Viersen* 1973, *Kempen,* RWB I, 1405

Watt nöttst mich ènn Schmekk, wänn ich kennè Dôpp habb? – Was nutzt mir eine Peitsche, wenn ich keinen Kreisel habe, d.h. was nützt mir ein Teil, wenn mir der andere fehlt.

RWB I, 1406

Hä löppt wi enn jèjeesèltè Katt. – Er rennt wie eine Katze, die man mit der Peitsche für den Kreisel geschlagen hat, d.h. äußerst schnell.

mdl. *Viersen,* 1972, *Dülken, Breyell,* überall bekannt

Deä öss fonn dèr Dôpp aaf. – Der ist vom „Kreisel" weg, d.h. der ist verrückt.

Dülken, RWB I, 1406

Den mäckt von Eier Döpp. – Er macht aus Eiern Kreisel, d.h. er verschwendet alles.

Kleve RWB I, 1405

Döpp maakè. – Kreisel machen, d.h. Geld draufmachen, verschwenden.

Kempen RWB I 1405

Hej kröppt in den Dôpp. – Er kriecht in den Kreisel, d.h. er zieht sich feige zurück.

Rees-Ringenberg RWB I, 1405

He es nett üt den Dôpp gèkropè. – Er ist nicht aus dem Kreisel gekrochen, d.h. er ist noch nicht trocken hinter den Ohren.

Xanten RWB I, 1405

Iddèr well sinnèn Dôpp driwè. – Jeder will seinen Kreisel treiben, d.h. eigensinnig nach seiner Vorstellung und seinem Kopf handeln.

Xanten RWB I, 1405

He wett dèr Dôpp dè schmekkè. – Er versteht es, den Kreisel zu treiben, d.h. er versteht sich auf seinen Vorteil, er redet nach dem Munde.

RWB I, 1405

1) vgl. Mathys 1975, 12/13 Hills 1957, 42 2) Endrei 1988, 154 3) Kleintitschen 1979, 83 4) ebd.

Literatur
Cock, A. de und Is. Teirlinck, Kinderspel & Kinderlust in Zuid-Nederland, Bd.I–VIII, Gent 1902–1908 (de Cock/Teirlinck V)
Endrei, Walter, Spiele und Unterhaltung im alten Europa, Hanau 1988 (Endrei 1988)
Fittà, Marco, Spiel und Spielzeug in der Antike. Unterhaltung und Vergnügen im Altertum. Aus dem Italienischen übersetzt von Cornelia Homann. (Wissenschaftliche Buchgesellschaft Darmstadt), Stuttgart 1998 (Fittà 1998)
Hills, Jeannette, Das Kinderspielbild von Pieter Brueghel d.Ä. (1560), Wien 1957 (Hills 1957)
Kleintitschen, Rosa, Ut den alden Tied, Hüls 1979 (Kleintitschen 1979)
LexMA = Lexikon des Mittelalters, Bd. I–X, München 1970-1999, (LexMA VII)
Mathys, F. K., Im Freien gespielt. Kleine Historie des Kinderspiels, Basel 1975 (Mathys 1975)
Müller, Josef, Rheinisches Wörterbuch, Bd. I–IX, Bonn, Berlin 1928-1971 (RWB I, VIII)
RWB = Rheinisches Wörterbuch

Ballè – Ballspielen

Ballspiele erforderten große Geschicklichkeit. Einige waren eine Domäne der Mädchen, andere wurden von Jungen bevorzugt; Jünger sagte 1959 dazu: „Das Spiel mit dem Ball erfordert eine eigene Gesetzlichkeit der Bewegung. Der Ball soll gefangen werden. Sodann soll er auf eine bestimmte Weise gefangen werden, nach dem Abprall von einer Mauer etwa, oder indem er zweimal vom Boden emporgehüpft ist usw. Indem das Geschick, mit dem Ball umzugehen, bei dem Kinde wächst, werden die Widerstände von ihm fortwährend vermehrt. Das Spiel wird dadurch schwieriger und kunstvoller. Es wird bald zu einem Spiel, das nicht alle Kinder spielen können ... Kleinere Kinder werden daher einem Spiel fernbleiben, dessen Widerstände sie nicht beherrschen; schlechte Spieler werden von den besseren ausgeschieden."

Jünger 1959, 3

Wenn man keinen Ball besaß, wurden alle erdenklichen Ballspiele mit einer aufgeblasenen Schweins- oder Kalbsblase oder mit selbstgemachten Stoffbällen durchgeführt.

Der „Fußball" ist keiner von den „professionellen" Bällen, mit denen Kinder heute spielen. Kinderfußball 1926, Abdruck mit Erlaubnis der Galerie Wilde, Köln

Nr. 1003 Königsball
Eine Spielerin, die nach dem Abzählen die erste sein durfte, stand in einer zuvor bestimmten Entfernung vor den übrigen Mitspielerinnen, die sich hinter einer gezogenen Linie aufstellten. Sie warf in möglichst weitem und hohem Bogen den Ball ihren Mitspielerinnen zu. Wer den Ball aus der Luft auffing, durfte nach vorn gehen und ihn den anderen zuwerfen.

mdl. *Born, Dülken, Viersen* 1979

Schweinsblase, Kupferstich J. Luyken, Amsterdam 1772

Nr. 1004 Namen rufen

Der Ball wurde an die Wand geworfen. Diejenige, deren Namen gerufen wurde, musste ihn fangen, bevor er auf der Erde aufprallte.

mdl. *Dülken, Neuwerk, Traar* 1981

Nr. 1005 Namen raten – „Wie heißt eine Stadt mit B?"

Die Kinder standen in einer Reihe nebeneinander mit dem Rücken vor einer Mauer oder Hauswand. Ein Junge oder Mädchen wurde durch Abzählen bestimmt, als erste oder erster Fragen zu stellen. Gefragt wurde nach einer Stadt, einer Blume, einem Land, Fluss oder diversen Namen, die z.B. mit dem Buchstaben ‚B' anfangen sollten. Zur gleichen Zeit warf der Fragende dem ersten Kind in der Reihe einen Ball zu, den es auffangen und, indem es die Antwort sagte, schnell zurückwerfen musste. Konnte das angesprochene Kind keinen entsprechenden Namen nennen oder musste es zu lange überlegen, so hieß es: „Weiter!" und der nächste in der Reihe bekam seine Chance. Wenn niemand den richtigen Namen erriet, nannte der oder die Fragende den zweiten Buchstaben des gesuchten Wortes. Wer die Antwort wusste, durfte anschließend die Fragen stellen.

mdl. *Viersen, Dülken* 1975, vgl. Zentzis JKW 1995, 129

Nr. 1006 Kaiser, König …

> *Kaiser, König,*
> *Doktor, Pastor,*
> *Edelmann, Bedelmann,*
> *Lumpenmajor* (oder auch: Soldat).

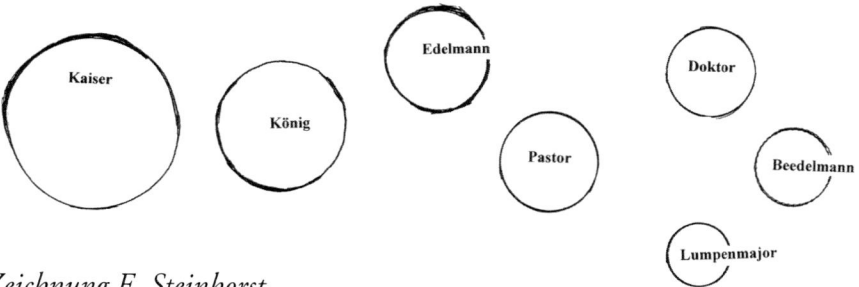

Zeichnung E. Steinhorst

Das Spiel wurde vorwiegend von Mädchen gespielt. Je nachdem, wie viele Spielerinnen da waren, wurde durch Abzählen eine Rangfolge gebildet. Danach wurden Kreise auf den Boden gezeichnet, die gemäß der Rangfolge immer kleiner wurden. Jeder wurde von einer Mitspielerin besetzt. Der „Kaiser" erhielt zuerst den Ball und warf ihn an eine beliebige Mitspielerin weiter. Fing diejenige den ihr zugeworfenen Ball, so war sie an der Reihe und warf ihn weiter. Wenn die nächste Spielerin den Ball nicht auffing, musste sie hinter ihm herlaufen, um ihn zu bekommen. Da sie jetzt ihren Kreis verließ, konnten die anderen, die einen niedrigeren Rang innehatten, versuchen, den frei gewordenen Kreis zu besetzen. Diejenige, der das als erster gelang, durfte darin bleiben. Auch die anderen versuchten, einen höheren Rang zu erreichen.

mdl. *Neuwerk* 1980

Nr. 1007 *Achter die Gardin stieht en Pöttsche met Win*
Der Ball wurde gegen eine Wand geworfen. Wer ihn auffing, konnte weiterspielen, indem er einen Spruch aufsagte, wobei er die Bewegungen machte, die in der jeweiligen Zeile genannt wurden:

Achter die Gardin stieht en	Hinter der Gardine steht ein
Pöttsche met Win.	Töpfchen mit Wein.
Ek wasch min Händsches drin,	Ich wasch meine Händchen drin,
Ek drög se al wer af,	Ich trockne sie wieder ab,
Ek fall in min Graf,	Ich fall in mein Grab,
Ek stohn all wer op,	Ich steh wieder auf,
Ek bestell die Koppelemente	Ich bestell die Komplimente
An die Frau von Fente	an die Frau von Fente
Van die Frau van Wickermann,	von der Frau Wickermann,
Die alsue gut danze kann.	die so gut tanzen kann.

Nieukerk RWB I, 419

Nr. 1008 *Lutter, Butter, Stutz*
Ein Kind gewann durch Abzählen als erstes den Ball, während drei weitere in einem bestimmten Abstand einen Kreis um den Ballbesitzer bildeten. Jedes erhielt einen Namen: „Lutter", „Butter" und „Stutz". Das Kind, dessen Namen aufgerufen wurde, musste den hochgeworfenen Ball fangen. Dabei konnte es passieren, dass der Fänger vorzeitig weggelaufen war und den Ball deshalb nicht mehr zu fassen bekam – dann musste er das Kind in der Mitte ablösen. Ansonsten ging das Spiel weiter.

mdl. *Neuwerk* 1980

Nr. 1009 *Balla, Balla, sag mir doch*
„Balla, Balla, sag mir doch,/ Wieviel Jahre leb ich noch?"
Der Ball wurde hochgeworfen und musste aufgefangen werden, bevor er die Erde berührte – ein „Orakel": Die Anzahl der gelungenen Würfe bestimmte die der Lebensjahre.

mdl. *Neuwerk* 1981

Nr. 1010 Mauerball, (Still-)Stand oder Stutz

Ein Mädchen oder Junge warf den Ball an eine Mauer und rief den Namen eines anderen Kindes, das den Ball fangen musste, während die anderen davonliefen. Fing das gerufene Kind den Ball, so warf es ihn weiter, indem es den Namen eines dritten Mitspielers rief. Fing dieser den Ball nicht, so schnappte das zweite Kind ihn schnell wieder, rief „Halt!" und versuchte, jemanden abzutreffen. Warf es dreimal daneben, musste es ausscheiden. Wurde jemand dreimal getroffen, schied er ebenfalls aus.

Caro 1906, 62, Nr. 5

Nr. 1011 Die Zehnerprobe

Wer bei den Mädchen die Zehnerprobe bestand, wurde bewundert und hatte sozusagen „die höheren Weihen". Das Spiel erforderte höchste Konzentration, Wendigkeit und viel Geschick, wenn man alle zehn Übungen ohne Fehler bewältigen wollte.

Der Ball wurde gegen eine Hauswand oder Mauer geworfen und durfte beim Zurückprallen nicht den Boden berühren. Die Reihenfolge war nicht festgelegt. Man begann aber meist mit weniger schwierigen Übungen. Die Spielerin musste:

zehnmal mit der Hand auf dem Handrücken	*„Händchen"*
neunmal mit beiden Händen oder mit gefalteten Händen	*„Doppelhändchen"*
achtmal mit der Faust	*„Fäustchen"*
siebenmal mit dem Unterarm	*„Ärmchen"*
sechsmal mit dem Rücken	*„Rüksskè"*
fünfmal mit dem Kopf	*„Köppkè"*
viermal mit der Brust	*„Brösskè"*
dreimal mit dem Knie	*„Kniikè"*
zweimal um den Rücken herum unter dem Arm hindurch und	
einmal mit beiden Händen hinter den Rücken gefasst den Ball über den Kopf an die Wand werfen.	

mdl. *Overhetfeld* 1980, *Neuwerk* 1981, s. Kommentar Nr. 1011

Nr. 1012 Hipp

In einem Viereck standen an den Ecken sowie drinnen je vier Jungen. Der Ball wurde zuerst von einer Ecke zur anderen geworfen. Derjenige, der den Ball aber auf die im Viereck stehenden Spieler werfen wollte, musste „Hipp!" rufen. Diese riefen darauf „Gass!", der Getroffene nahm den Ball und versuchte einen der „Eckensteher", die vorher allerdings Fersengeld gegeben hatten, zu treffen. Wollte einer von diesen auf seinem Platz stehen bleiben, so rief er: „Kugel!", durfte sich dann aber bis zum Wurf nicht mehr rühren. Wurde einer der „Eckensteher" getroffen, so waren sie von der Ecke „ab" und die anderen stellten sich an ihre Plätze.

Caro 1906, 61, Nr. 3, vgl. *Hüls,* Kleintitschen 1979, 85

Nr. 1013 *Küllèkes-rôllè – (in die) Küllchen rollen*

Etwa fünf Kinder konnten an diesem Spiel teilnehmen. Zuerst zog man einen Strich. Dahinter wurden mit dem Absatz fünf „*Küllchen"* in gleichem Abstand gemacht. Jedem Kind gehörte eines dieser Löcher.

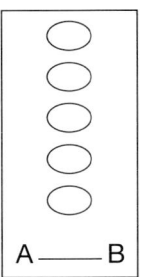

Küllèkes rôllè, Caro 1906,
Zeichnung E. Steinhorst

Die Kinder stellten sich hinter den „Strich" und versuchten den Ball in irgend eines der Löcher zu rollen. Gelang das und blieb der Ball liegen, so musste der, dem das Loch gehörte, den Ball schnell herausnehmen und in die Luft werfen, während alle anderen fortliefen. Schaffte er es nun, einen der „Flüchtlinge" abzutreffen, so musste der ausscheiden, traf der „Werfer" aber nicht, so schied er selbst aus.

Caro 1906, 61, Nr. 1

Nr. 1014 *Pärrtjèskattsè*

Es wird als „Spiel halbwüchsiger Jungen" beschrieben. Je zwei saßen als „Pferd" und „Reiter" aufeinander, ein Paar in der Mitte, die anderen Paare im Kreis um sie herum. Die Reiter warfen einander den Ball zu. Fing einer den Ball nicht, so sprang er schnell ab. Der untere Spieler, das „*Pärtjè"*, versuchte jetzt, mit dem Ball möglichst schnell einen anderen „Reiter" abzutreffen. Gelang das, durfte das „*Pärtjè"* anschließend „Reiter" sein.

Rees, van der Veen 1922, 207, in *Viersen* als „Reiter-Ball" bekannt

Nr. 1015 *Kappèballèn – Käppkè schmittè, Luusè*
– (in die) Mütze werfen, lausen

Dieses Jungenspiel war in *Heinsberg, Krefeld, Kempen, Rees* und *Emmerich* außerordentlich beliebt. Die Spieler legten ihre Kappen* an die Wand, und zwar so, dass der Deckel der Mütze zuunterst lag. Derjenige, dessen Mütze vorn war und der deshalb den Anfang machte, warf mit einem Ball nach den Kappen. Traf er in eine hinein, so ergriff deren Besitzer rasch den Ball und rief „Halt!" oder „Stand!", während alle anderen davonrannten. Dabei versuchte er, einen seiner Mitspieler abzutreffen. Gelang dies, so bekam der Getroffene einen Stein, eine „Laus", in die Mütze. Traf er ihn nicht, so bekam er selbst eine. Hatte ein Mitspieler drei oder so viele Steine angesammelt, wie vor Spielbeginn verabredet worden war, musste er aufhören. Das Spiel ging so lange, bis alle eine bestimmte

Anzahl von „Läusen" in der Mütze hatten. Der zuerst Ausgeschiedene musste sich nun gebückt an die Wand stellen und der nach ihm Ausgeschiedene hatte das Recht, dreimal aus einer bestimmten Entfernung auf ihn zu werfen. Das ging so weiter bis zum Letzten. Manchmal wurde bei Fehlwürfen auch die betreffende Mütze an das Ende der Reihe gelegt.

* die „Kappe" war eine mit Schirm und Dach (Deckel) versehene, aus Tuch hergestellte steife Kopfbedeckung, die nicht wie eine Mütze aus Wolle gestrickt war; die Bezeichnungen „Kappe" und „Mütze" wurden später gleichwertig gebraucht, vgl. RWB IV, 153/54, Caro 1906, 62, Nr. 4b, vgl. Schönberner 1979, 141: „Käppkes- oder Küllekesrööle", vgl. für *Rees* und *Emmerich* van der Veen, Rees 1922, 207, vgl. RWB IV, 157

Da im Sommer keine Mützen getragen wurden, ersetzte man sie in dieser Jahreszeit durch kleine Löcher in der Erde (die schon bekannten „*Küllkès*"). Allerdings blieb der Ball in den Löchern nicht so gut liegen wie in den Mützen und rollte häufig wieder heraus. Man durfte dann erst weglaufen, wenn der Ball nicht mehr rollte und liegen blieb.

mdl. *Krefeld-Traar 1981, Mühlausen, Oedt, Kempen 1989*, vgl. Böhme 1897, 609, Nr. 478 „Mützen oder Kappenball", vgl. für *Rees* u. *Emmerich:* van Veen o.J., 207, *Kamp-Lintfort,* Zentzis JKW 1995, 129

Nr. 1016 Himmel und Hölle
In der Regel wurde es nur von Jungen gespielt. In einer bestimmten Entfernung wurden zwei Plätze, „Himmel" und „Hölle", durch Striche kenntlich gemacht. Einer der Jungen war in der „Hölle", alle übrigen im „Himmel". In der Mitte zwischen beiden Parteien lag ein Stein. Einer der Jungen aus dem „Himmel" schlug einen Ball mit einem Stock zur anderen Seite hinüber, lief gleich darauf zu dem Stein, den er mit dem Stock berühren musste und rasch wieder zurück zu seinem Standort. Unterdessen nahm der, der in der „Hölle" war, den Ball auf und zielte mit diesem auf den Schläger. Traf er ihn, so musste dieser zu ihm in die „Hölle" kommen. Gelang es ihm sogar, den Ball aufzufangen, bevor der die Erde berührte, so musste der Schläger an seine Stelle treten. Das Spiel wurde so lange gespielt, bis alle Jungen – bis auf einen letzten – in der „Hölle" waren, dann wurde diese zum „Himmel" und umgekehrt.

Caro 1906, 63, Nr. 10

Nr. 1017 Palandèrè, Palandèr spele – Ball schlagen
Es wurden zwei Spielfelder aufgezeichnet. Ein Teil der Mitspieler war im „Himmel", ein anderer Teil in der „Hölle". Die im „Himmel" schlugen den Ball, die in der „Hölle" fingen ihn auf und versuchten, den Werfer, der in der „Hölle" an einen Stein klopfte, mit dem Ball abzutreffen. Gelang dies, so wurde er in die „Hölle" gebracht. Derjenige, der allein im „Himmel" zurückblieb, kam anschließend allein in die „Hölle" und das Spiel begann von neuem.

Caro 1906, 61, Nr. 2, im Umkreis von *Geldern* nannte man dieses Spiel „Plackballe" – von Plack – Platz, vgl. *Kempen* RWB VI, 468

Nr. 1018 „Schlagkatze" – Schlagball mit Einschenker

In der Umgebung von *Rees* gab es ein bei Jungen sehr beliebtes Spiel. Interessant an der folgenden Beschreibung ist vor allem, welch komplizierte Regeln es gab, um vor dem eigentlichen Spielbeginn herauszufinden, wer von den beiden Spielführern als erster eine Mannschaft zusammenstellen durfte.

Der eine warf dem anderen ein Schlagholz zu, das dieser auffangen musste. Beide legten nun ihre Hände „Hand über Hand" an den Stock und wer das letzte Stück vom Schlagholz mit der Hand bedecken konnte, durfte sich als erster seine Mannschaft aussuchen. Wem das nur noch mit den Fingerspitzen gelang, der musste meistens das Schlagholz dreimal um den Kopf heben, ohne es fallen zu lassen, um so das Recht des „Zuerstwählens" zu erwerben. Es war auch möglich, dass der andere Spielführer aus fünf Schritt Entfernung dreimal nach dem Holz werfen durfte. War es ihm hierbei nicht aus den Fingern geglitten, so durfte er zuerst seine Mannschaft zusammenstellen und das Spiel konnte beginnen, nachdem wiederum durch Zuwerfen des Schlagholzes auf gleiche Art festgestellt worden war, welche Partei den „Schlag" hatte.

Rees, van der Veen, 1922, 207

Nr. 1019 *Allè Ballè Kullè*

Etwa fünf oder sechs Jungen gruben jeweils eine „*Kull*", eine Vertiefung in die Erde, die so beschaffen sein musste, dass eine Faust hineinpasste. Nun stellte sich der erste der Spieler auf einen vier Schritt entfernten Strich und rollte einen Gummiball vorsichtig über den Boden, so dass er in eines der Löcher hineinkullerte. Der Junge, dem das Loch gehörte, setzte den Fuß darauf und rief: „*Allè Ballè Kullè!*" Die anderen erwiderten: „*Schmeks, Schmaks, Schmullè!*" „*Kouklè Kaud* (auch Kautaback)?" fragte er, worauf die anderen riefen: „*Welche Haud?*" (Andernorts hieß es: „*Habakuck, schnick, schnack, schnuck*"; in noch anderen Gegenden hießen Ruf und Gegenruf: „*Schnuddel*" – „*Konvernant*" – „*In wem sin Hand?*" – „*In Tei* (Theodor oder ein anderer Name)!" Dann nannte der, dessen „*Kull*" getroffen worden war, einen anderen Mitspieler, vielleicht aber auch seinen eigenen Namen. Der Genannte ergriff den Ball und versuchte vom Strich aus, einen der anderen, die natürlich nach allen Seiten auseinander stoben, mit dem Ball abzutreffen. Gelang ihm das, musste der Getroffene seine „*Kull*" mit Sand zudecken. Gelang es ihm nicht, so schied er selbst aus und musste seine „*Kull*" bedecken. Das Spiel ging so weiter, bis einer als Sieger übrig blieb.

Caro 1906, 64, Nr. 12

Zeichnung, E. Steinhorst nach Caro

Nr. 1020 Das Tuurèluurèspiel oder auch Küsseboal

Beliebig viele Kinder konnten mitmachen. Nun wurden in einer Linie Löcher gegraben, für jeden Mitspieler eines sowie ein zusätzliches, das *„Tuurèluurè"*. Etwa drei bis vier Schritte vor der ersten *„Kull"* wurde ein Strich, der Ansatz-strich, gezogen. Von hier aus versuchte jeder, den Ball in die „Kull" eines seiner Gegner zu rollen. Gelang das einem Mitspieler, so sprang der Besitzer der ge-troffenen *„Kull"* sofort hinzu und griff nach dem Ball, um von seinem Loch aus einen der anderen, die sich inzwischen aus dem Staub gemacht hatten, zu tref-fen. Gelang das nicht, so bekam er *„enn Schtengkèn enn dè Kull"* (ein Steinchen ins Loch). Erwischte er jemanden, so musste der Getroffene von seinem Loch aus einen anderen „abwerfen" und bekam bei einem Fehlwurf der Regel ent-sprechend „ein Steinchen ins Loch".

Das Spiel setzte sich so fort, bis der erste Spieler eine vorher festgelegte Anzahl von Steinchen angesammelt hatte. Nun musste er sich mit dem Rücken zu den anderen an eine Mauer stellen und jeder warf ihm *„fiif opp dä Pukkèl mött dä Bôôl"* – mit dem Ball fünfmal auf den Rücken. Traf einer jedoch beispielsweise dreimal daneben, so durfte der „Schuldige" ihm drei Würfe „zurückgeben". Und warf einer den Ball in das *„Tuurèluurè"*, so riefen alle *„Tuurèluurè!"* und je-der stellte sich mit dem Rücken zu seiner *„Kull"* auf. Dann legte derjenige, dem dieser Wurf gelungen war, den Ball einem anderen in seine *„Kull"*, rief dessen Namen und alle rannten davon. Der Genannte griff sich den Ball und musste seinerseits einen der anderen treffen oder er bekam ebenfalls *„ènn Schtengkèn enn dè Kull"*.

Caro 1906, 63, Nr. 9, vgl. RWB VIII, 1481

Literatur

Böhme, Franz Magnus, Deutsches Kinderlied und Kinderspiel, Volksüberlieferungen aus allen Landen deutscher Zun-ge, Leipzig 1897 (Böhme 1897)

Caro, Karl, Kinderspiele und Kinderlieder vom Niederrhein. In: Jahrbuch des Vereins für niederdeutsche Sprachfor-schung, 32. Jg., Bremen 1906 (Caro 1906)

Jünger, Friedrich Georg, Die Spiele, München 1959 (Jünger 1959)

Kleintitschen, Rosa, Ut den alden Tied, Hüls 1979 (Kleintitschen 1979)

Küppers, Heinrich, Erinnerungen an „Alt Breyell", Viersen/Breyell o. J. (Küppers 1987)

Kuhlen, Wilhelm, Erinnerungen an Alt-Süchteln, Süchteln 2. 1982 (Kuhlen 1982)

Müller Josef, Hg., Rheinisches Wörterbuch, Bd. I–IX, Berlin, Bonn 1928–1971 (RWB IV, VI und VIII)

RWB = Rheinisches Wörterbuch (s. Müller)

Schönberner, Egon, Onsen t'Hüs, Teil II, Kinderspiele am Niederrhein, Kleve-Materborn 1979 (Schönberner 1979,

van der Veen, Schönheiten am Niederrhein. Rees und der Rhein von Wesel bis Emmerich und von Xanten bis Kle-ve. Land und Leute aus alter und neuer Zeit, Rees 1922 (van der Veen 1922)

Zentzis, Kurt, Vom Hinkelstein und Böllering. In: Jahrbuch Kreis Wesel, 1995 (JKW 1995)

„Gefährliche Spiele"

Spiele mit massiven Holzkugeln

Die nachfolgenden Spiele mit Holzkugeln und schweren Pflaster- oder Ziegelsteinen nehmen insofern eine Sonderstellung ein, als sie in ihrer Zeit von den Erwachsenen nicht wirklich gern gesehen wurden – sie waren gefährlich und Unfälle kamen offensichtlich häufig vor. Diese Spiele gerieten relativ schnell in Vergessenheit und wurden nach dem Zweiten Weltkrieg kaum noch gespielt, was aber sicherlich weniger mit der ablehnenden Haltung der Erwachsenen zusammenhängt als vielmehr mit der Tatsache, dass nach 1948 das Kopfsteinpflaster sehr bald glatten Asphaltstraßen wich und auch durch insgesamt veränderte Umweltbedingungen die Voraussetzungen fehlten (wie für andere Spiele auch).

Diese Spiele sind eine besondere Art von „Ballspielen", bei denen schwere Holzkugeln oder Holzklötze mit festen Knüppeln geschlagen wurden. Sie wurden ausschließlich von halbwüchsigen männlichen Jugendlichen gespielt.

Nr. 1021 „Sauschlagen", „Sautreiben"

„Dè Sou schlaarè" (die Sau schlagen oder treiben) war ein Ballspiel, das laut Josef Müller in Inhalt und Form die Treibjagd nachahmte, eine Übertragung des ernsten Geschäfts der Kesseljagd ins Kinderspiel. Es hieß in *Breyell* „dè Sou schloèn" oder „de Sou klôppè" und in *Viersen* (nach den „Kullèn" benannt) auch „Kullèmullè".

Als „Sau" diente „ein Holzklötzchen, ein Stein, ein Faßspund oder eine Kuhklaue … Der Stock, mit dem die Sau geschlagen wurde, hieß in *Krefeld ,Driifknöppèl'* und endete unten in einer Verdickung. Mit dem Stock wurde ein größeres Loch, die ,Kull' gegraben, in das die ,Sau' getrieben werden sollte … Um diese mittlere ,Kull' wurden von den mitspielenden Jungen kleinere Löcher angelegt, eins weniger als Mitspieler vorhanden waren. Anschließend wurde der ,Sauhüter' oder ,Treiber' bestimmt. Der Treiber versuchte, die Sau in den Stall (Kull oder Kessel) zu treiben, während die anderen dies zu verhindern suchten, indem sie die ,Sau' möglichst weit wegschlugen. Dabei entfernten sich die Spieler häufig sehr weit von ihren ,Löchern'. Dies war aber eine Gelegenheit für den Treiber, eins davon zu besetzen, worauf der frühere Besitzer nun ,Treiber' sein mußte."

Müller ZfVK 1918, 14

Das Spiel wurde von heranwachsenden Jungen gespielt. Dabei gab es während des Hin- und Herjagens manche derben Stöße und Püffe und eben auch gefährliche Verletzungen, weil das Spiel „in Roheit ausartete" und der Knüppel im Spieleifer nicht selten Schienbeine oder Köpfe traf.

Müller ZfVK, 1918, 114, vgl. hierzu: Böhme 1897, 612, Nr. 483: „Sauball, Treibball, Lochball, Mohrentreiben …"

Nr. 1022 Geet häuèn – Ziege hüten

Obwohl die Bezeichnung „*Geet häuèn*" lautet, handelt es sich hierbei m.E. um eine Variante des Sauspiels. Um 1880 war das Spiel in die Kritik der Erwachsenen geraten und wurde als „roh" und „Spiel für Erwachsene" bezeichnet. Es heißt, dass es „so roh betrieben (wurde), daß erhebliche Verletzungen der Mitspieler die unangenehme Folge waren. Als vor ca. drei Dezennien (ca. um 1880 d.V.) die Ausgelassenheit unter den Burschen verschwand, da ging auch dieses recht plumpe Spiel ein." Auch „*Jeet höiè*" wurde im Umkreis von Kempen mit einer schweren Holzkugel gespielt und stimmt in den Grundregeln mit denen des „Sautreibens" überein.

Wegen häufiger „und erheblicher Verletzungen mit unangenehmen Folgen" suchten besorgte Erwachsene das „*Geet häuèn*" möglichst zu unterbinden. Plönes (1906/07) beschreibt es als „roh" und „recht plump" und als ein „Spiel für erwachsene Burschen", die sich durch „Ausgelassenheit" hervorgetan hätten. Diese negative Einschätzung wird fast zur gleichen Zeit von Müller (1908) geteilt, wenn er ausdrücklich bemerkt, dass „derbe Püffe und Stöße", „erhebliche Verletzungen" sowie das Ausarten in Roheit nicht ausgeblieben seien. Um das Jahr 1880 geriet das Spiel schließlich „aus der Mode". Was bei der Beschreibung von Plönes besonders erstaunt, ist seine Bemerkung, dass „*Geet häuèn*" nur „an Palmsonntag" und „Ostern" gespielt worden sei, wovon aber bei Müller keine Rede ist.

Nr. 1023 Küschkè driivè – Schweinchen treiben

„*Küschkè driivè*" ist eine eher harmlose Variante des alten „Sauspiels", das noch um 1940/42 in *Krefeld-Traar* gespielt wurde.

Für das Spiel, benötigte man einen kleinen Ball. In der Nachbarschaft von *Krefeld-Traar,* auf dem Egelsberg, befand sich ein Golfplatz. Von dort organisierten die Jungen zuweilen einen „daneben geschlagenen" Golfball, den man mit Vorliebe für dieses Spiel benutzte, obwohl es auch mit einem anderen kleinen Ball gespielt werden konnte.

mdl. *Krefeld-Traar* 1980

Der Krefelder Gewährsmann (Jahrgang 1933) berichtete, dass sein Onkel (Jahrgang 1903) ihm   *Kupferstich J. Luyken, 1772*

und seinen Freunden das Spiel beigebracht habe. In *Viersen* hieß es nach der Aussage eines Gewährsmannes der älteren Generation (Jahrgang 1896) „*Kullèmullè*" (vgl. Müller 1910, 114). Es wurde ähnlich gespielt wie das „Sautreiben". Er erinnerte sich nicht mehr an den genauen Ablauf des Spiels, aber an die kleineren „*Kullè*" sowie die große „*Kull*" in der Mitte und dass mit „dicken Knüppeln" und einem Stein, einer leeren Konservendose oder einem Holzklotz gespielt wurde.

mdl. *Viersen* 1970

Spiele mit schweren Pflaster- oder Ziegelsteinen

Nr. 1024 Buèr, pass opp, Buèr off – Bauer pass auf oder Buèr dè Plumm affschmiitè – Dem Bauern die Mütze abwerfen

Etwa fünf halbwüchsige Jungen konnten sich sich an dem Spiel beteiligen. Jeder Spieler legte einen dicken Stein an eine bestimmte Stelle. Der durch Abzählen bestimmte „*Buèr*" legte seinen Stein auf zwei andere und stellte sich in der Nähe davon auf. Einer der anderen begann aus einer verabredeten Entfernung, die durch einen Strich markiert war, mit seinem Stein den kleinen Steinhaufen umzuwerfen. Dabei sagte er: „*Buèr, pass opp!*" – Bauer, pass auf! Wenn es ihm gelungen war, den kleinen Steinhaufen auseinanderzuwerfen, musste der „*Buèr*" die Steine möglichst rasch wieder aufeinandersetzen. Denn in der Zwischenzeit lief derjenige, der geworfen hatte, zu seinem eigenen Stein und berührte ihn rasch mit seinem Fuß. Sobald er über die Grenze war, konnte er nämlich vom „*Buèr*", nachdem der es geschafft hatte, seine Steine wieder aufzustellen, abgeschlagen werden. Hatte er seinen Stein aber schnell genug berührt, konnte der Bauer ihm nichts mehr anhaben. War er eventuell sogar „gut in der Zeit", packte er seinen Stein mit beiden Händen und rannte fort. Das ging aber nur während der Zeitspanne, die der „*Buèr*" benötigte, um seine Steine wieder aufeinanderzustapeln. Oder er wartete so lange, bis ein zweiter Spieler mit seinem Stein den Steinhaufen umwarf. Eigentlich konnte jeder, der nach seinem Wurf den Stein mit der Hand berührte, vom „*Buèr*" verfolgt werden. Allerdings verkniff der sich oft eine weitere Verfolgung, da er ständig befürchten musste, dass, während er hinter einem Spitzbuben her war, ein anderer schon wieder seinen nun unbewachten Steinhaufen umwarf. Fing er aber einen, so wurden die Rollen getauscht und der Gefangene wurde der „*Buèr*". Der ehemalige „*Buèr*" nahm seinen Stein vom Haufen, klopfte dann dreimal darauf und machte sich schnell aus dem Staub, denn da er den Stein mit der Hand berührt hatte, lief er Gefahr, von dem neuen „*Buèr*" sofort wieder abgeschlagen zu werden.

Caro 1906, 70, Nr. 1

Nr. 1025 Buèr schmiitè, Buèr kailè – Bauernwerfen

An der folgenden Beschreibung kann man ablesen, wie sich ehemals komplizierte Spielregeln im Laufe von ungefähr 30 bis 40 Jahren vereinfacht haben. Drei bis sechs Jungen nahmen an diesem Spiel teil. Wie bei fast allen Spielen jener Zeit wurde auf gewachsenem Boden gespielt. Feldbrand-, Pflaster- oder

Ziegelsteine wurden zu einer Pyramide aufeinandergesetzt. Letztere zerbrachen jedoch leicht. Daher war es wichtig, dass jeder Teilnehmer seinen eigenen erprobten Wurfstein mitbrachte, meist einen kleinen Pflasterstein, den „König". Es wurde abgezählt, wer als erster seinen „König" auf die Pyramide setzten durfte. Dieser war auch der erste „Bewacher" der Pyramide und musste ungefähr ein bis zwei Meter davon entfernt stehen bleiben und aufpassen. Die übrigen Jungen zielten der Reihe nach mit ihren „Königen" auf die Spitze der Pyramide, um den obersten Stein abzuwerfen. Gelang das, so musste der „Bewacher" so rasch wie möglich einen der geworfenen Steine vom Boden aufheben und damit die Spitze wieder herstellen. Während dieser Zeit mussten die anderen ihre „Könige" wieder zurückholen. Wessen Stein nun zuoberst lag, war der neue „Bewacher". Wenn jedoch die Pyramide ganz und gar zusammengebrochen war, galt es nicht. Sie wurde neu aufgebaut und es wurde wieder der Reihe nach geworfen.
Niemand, so wurde immer wieder bestätigt, wollte absichtlich den „Bewacher" treffen, aber nicht jeder Mitspieler war treffsicher und so musste der „Aufpasser" sich mehr als einmal durch einen Sprung vor einem heransausenden Stein in Sicherheit bringen. Sieger gab es keine. Das Spiel wurde beendet, wenn es dunkel wurde oder die Abendglocke läutete.

mdl. *Oedt und Süchteln* 1989, vgl. Strackerjan 1851, 31: „Kaak", vgl. Kuhlen 1982, 20, vgl. VDZ Viersen Nr. 75, 29.03.1929, vgl Böhme 1897, 520, Nr. 493 „Der Kaak (Wurfspiel mit Steinen), Variante aus Krefeld, Die Heimat, 1923, Jg. 2, 159 „Ennem Buèr pass op." vgl. Natzke 1940, 100, Natzke bezeichnet es als „neueres Spiel", s. Kommentar Nr. 1025

Nr. 1026 Jeet höijè – Ziege hüten

Mit dem *„Geet häuèn"* hat dieses Spiel nur den Namen gemeinsam. Der Spielvorgang ist dagegen *„Ennèm Buèr pass opp"* sehr ähnlich. Auch hier waren ausschließlich Jungen beteiligt. In einem Abstand von ungefähr vier Metern wurde ein Strich gezogen und ein blauer Pflasterstein, *„ènn Flasstèrmüüt"*, auf die Erde gelegt. Jeder Mitspieler hatte ebenfalls einen Pflasterstein in der Hand. Diesen musste er, wenn er an der Reihe war, auf den ersten *„Flasstèrmüüt"* legen; dann stellte er sich an die Seite. Der nächste Spieler musste vom Strich aus mit seinem Stein den obersten herunterwerfen. Traf er und der Stein fiel, musste der Besitzer des Steins rasch herzu springen, seinen Stein wieder aufnehmen und auf die anderen setzen, bevor ihn der nächste erreichte, sonst hatte der seine Chance, der am „Strich" stand.

mdl. *Born, Brüggen* 1980

Literatur

Böhme, Franz Magnus, Deutsches Kinderlied und Kinderspiel, Volksüberlieferungen aus allen Landen deutscher Zunge, Leipzig 1897 (Böhme 1897)
Caro, Karl, Kinderspiele und Kinderlieder vom Niederrhein. In: Jahrbuch des Vereins für niederdeutsche Sprachforschung, 32. Jg., Bremen 1906 (Caro 1906)
Die Heimat, Crefeld 1923 (Die Heimat 1923)
Kuhlen, Wilhelm, Erinnerungen an Alt-Süchteln, Süchteln 2. 1982 (Kuhlen 1982)

Mielke, Heinz Peter, Das Sautreiben. Niederrheinisches Freilichtmuseum Grefrath, Kreis Viersen. Hg.: Museums-verein Dorenburg e.V., 1984

Müller, Josef, Das Sauspiel in den Rheinlanden. In ZfVk 15. Jg. 1918

Natzke, Heinz, Wenn die Sonne lockt. Uerdinger Kinderspiele in alter und neuer Zeit. In: Die Heimat, Jg. 19, 1940 (Natzke 1940)

Plönes, Heinz, Einige Sitten und Gebräuche in den Kreisen Geldern und Kempen (Niederrhein) In: ZfVk Jg. 7, 1910

Strackerjan, Ludwig, Aus dem Kinderleben. Spiele, Reime, Rätsel, Oldenburg 1851 (Strackerjan 1851)

Vereinigte Dreistädte-Zeitung, Viersen, vom 29.03.1929 (VDZ 1929)

ZfVk = Zeitschrift des Vereins für rheinische und westfälische Volkskunde

Gesellschaftsspiele

Spiele im Haus, in der Familie

Brettspiele wie „Mensch-ärgere-dich-nicht", Mühle, Halma, das Gänsespiel, Kartenspiele, Schwarzer Peter oder Quartette wurden im Winter häufig im Kreis der Familie gespielt. Sie interessieren hier nur am Rande. Viele „Kinderspiele" waren, wie an früherer Stelle schon erwähnt, ursprünglich „Gesellschaftsspiele" unter Erwachsenen der gehobenen Gesellschaft, mit denen diese sich die Zeit vertrieben (wie z.B. Blinde Kuh, Schinkenklopfen und Topfschlagen sowie alle Pfänderspiele).

Vgl. Endrei 1988

Nr. 1027 Die Reise nach Jerusalem

Die „Reise nach Jerusalem" war sowohl bei Kindern als auch noch bei Jugendlichen im Tanzstundenalter der 50er Jahre ein beliebtes Spiel, das im Zimmer stattfand: Die Zahl der Stühle war um einen geringer als die der Mitspielenden. Die Stühle wurden im Kreis oder Lehne an Lehne aufgestellt. Man sang entweder ein Lied oder ließ, sofern möglich, eine Platte laufen, zu deren Melodie alle (bis auf den Spielführer) um die Stühle herumgingen oder -liefen. Wenn der Spielführer in die Hände klatschte, hörten Singen bzw. Musik abrupt auf und jeder versuchte, sich blitzschnell auf einen freien Stuhl zu setzten. Wer keinen erwischte, schied aus und nahm einen Stuhl weg. Die beiden letzten, die übrig blieben, lieferten sich einen temperamentvollen Wettstreit um den letzten Stuhl, um Sieger und damit neuer Spielführer zu werden. Es war natürlich verboten, hinter oder unter jemandem den Stuhl wegzuziehen – das konnte zu bösen Unfällen führen.

mdl. *Viersen* 1970, vgl. Böhme 1897, 674

Nr. 1028 Hänschen, piep mal

Das Spiel wurde in die Sammlung von Interaktionsspielen für Erwachsene aufgenommen. Ganz ähnlich wie mit der „Reise nach Jerusalem" verhält es sich

mit „Hänschen, piep mal".* Es ist ein Kinderspiel, das im Zimmer gespielt wurde, aber in den 1950er Jahren auch von Jugendlichen im Tanzstundenalter wegen des Körperkontaktes gern gespielt wurde. Alle Mitspieler saßen in einem
Stuhlkreis. Einem Spieler oder einer Spielerin wurden die Augen verbunden.
Nachdem das „Opfer" einige Male herumgedreht worden war, damit die Orientierung verloren ging, tastete es sich im Kreis soweit vor, bis der Schoß eines
Mitspielers erreicht war und es sagen konnte: „Hänschen, piep mal!" Dieser
musste nun mit einem „Piep" antworten und versuchen, seine Stimme so zu
verstellen, dass er von dem „Blinden" nicht erkannt werden konnte. Wem das
nicht gelang oder wer dabei an seinem Gelächter erkannt wurde, dem wurden
als nächstem die Augen verbunden. Wer sehr raffiniert war, merkte sich zuvor,
wer welche Kleidung trug, um ihn daran erkennen zu können.

* Vergl. Interaktionsspiele, Interaktionstraining, Beiheft zu „Der Spielkreis", Nr. 4, 1973, 24. Jg., Hg. Landesarbeits-
gemeinschaft für Spiel und Amateurtheater im Land NRW, Recklinghausen, mdl. *Viersen* 1970, weit verbreitet

Nr. 1029

    Im Keller ist es dunkel.
    Wer mag wohl in dem Keller sein,
    Wo keine liebe Sonne scheint?
    Im Keller ist es dunkel.
oder: *Annemarie – Kuckuck!*

Ein Stuhlkreis wurde gebildet. Ein Kind stand mitten im Kreis. Es hielt sich die
Augen zu oder bekam sie mit einem Tuch verbunden. Wenn die Kinder die vierte Zeile sangen, musste es blindlings rückwärts hüpfen und sich bei demjenigen
Kind auf den Schoß setzen, bei dem es angekommen war. Dieses ging als nächstes in die Mitte und das Spiel begann von vorn.

Spielbeschreibung mdl. aus *Neuwerk* 1981, Text 1982 in *Overhetfeld* aufgezeichnet, die vierte Zeile lautet in *Neuwerk:*
Annemarie – Kuckuck!

Nr. 1030 Schengkèklôppè – Schinkenklopfen

Es konnte drinnen wie draußen gespielt
werden. Ein Kind bekam die Augen verbunden und beugte seinen Oberkörper
nach vorn wie beim Bockspringen. Die anderen durften es mit der flachen Hand solange auf das Hinterteil schlagen (!), bis das
Opfer erriet, wer gerade *„jèklôppt"* hatte.
Wer erraten wurde, der musste seinerseits
mit verbundenen Augen weiterraten.

mdl. *Viersen* 1974, überall bekannt

Schinkenklopfen, Conrad Meyer,
Die Kinderspiele, 1657

Nr. 1031 *Eck kenn en Deng – Ich kenne ein Ding*

Es wurde von Jungen und Mädchen im Winter gespielt und ist heute noch bekannt.

Zuerst wurde verabredet, ob sich die Gegenstände im Zimmer oder auch außerhalb befinden durften. Ein Kind sagte: *„Eck kenn en Deng, dat met ‚O‘ anfängt"* (Ich kenne ein Ding, das mit „O" anfängt). Riet ein Kind einen Gegenstand mit „O", der sich in der Nähe des zu erratenden Gegenstandes befand, so sagte das erste Kind vielleicht *„heet"* (heiß) oder *„dou verbrennst dich jo"* (du verbrennst dich ja), um damit die Nähe des zu erratenden Gegenstandes anzudeuten; sonst sagte es: *„kôlt"* (kalt). Wenn ein Kind den richtigen Gegenstand, z.B. „Ofen", erraten hatte, wurden die Rollen gewechselt und es konnte eine neue Aufgabe stellen.

Caro 1906, Nr. 7, 72

Nr. 1032 *Stökkskèn söökèn oder Stökkskèn versteäken*
– Stöckchen suchen oder verstecken

Ein ähnliches Spiel war das „Stöckchen suchen". Alle Spieler mussten sich bis auf einen entfernen. Dieser versteckte ein Holzstöckchen oder einen anderen Gegenstand im Zimmer. Wenn er *„nau"* (jetzt) rief, kamen die anderen herein, um den Gegenstand zu suchen. Wer ihn fand, durfte ihn anschließend verstecken. Auch bei diesem Spiel *„half"* derjenige, der wusste, wo der Gegenstand war, mit Zurufen wie *„heet"* oder *„kôlt"*.

Caro 1906, Nr. 8, 72

Nr. 1033 *Vreätè – Fressen – (Nehmen)*

Man benutzte ein normales Kartenspiel. Jeder Spieler bekam vier Karten; die restlichen wurden verdeckt in die Mitte gelegt. Der Kartengeber deckte die erste Karte auf und die anderen mussten nun der Reihe nach „bedienen", d.h. entweder die gleiche Farbe oder das gleiche Bild ablegen (z.B. auf den Herz-Buben entweder einen anderen Buben oder jede andere Herzkarte). Wer nicht bedienen konnte, musste so lange Karten aus der Mitte nehmen, also *„Kaartè freätè"* (Karten fressen), bis er eine passende Karte zog. Wer als erster keine eigenen Karten mehr besaß, hatte gewonnen. Spieler, die noch Karten hatten, mussten sich nacheinander bäuchlings auf den Tisch legen, damit an ihnen das Schlussritual vollzogen werden konnte. Der Gewinner deckte die Karten der Deliquenten auf und zu jeder Karte gab es einen Spruch, den alle Mitspieler mitsprachen – bei den Ausführungen halfen sie natürlich gerne kräftig mit.

Bei „Ass" musste man mit der Hand auf den Po klopfen und zwar rhythmisch. Dazu sagte man den Vers:

Räng, täng, tènnôss,
Watt puppt datt Rôss?   Was … das Pferd?

Beim „König" strich man über den Kopf und sprach:

Königs braavè Knait.   Königs braver Knecht.

Bei der „Dame" zog man am Haaransatz und sagte:

Fiis ann-èt Hööèrkè.   Schmutzig am Härchen.

Beim „Bauer" schlug man auch auf den Po und sprach:

Ennè Buèr Tèbôkk,   Ein Bauer Tabak,
Ennè leäjè Sokk,   Ein leerer Sack,
Enn dekkè Piif dèrtau.   Eine dicke Pfeife dazu.

Bei der „Zehn" schlug man ebenfalls auf den Po und sagte:

Tièn, tièn, Tänng.   Zehn, zehn, Zähne.
Di Bokks, di mott èt missjällè.   Die Hose muss dafür herhalten.

Die übrigen Karten fanden (glücklicherweise?) keine Berücksichtigung.

mdl. *Boisheim* 1995

Nr. 1034 Kiinkaartè

Es wurde meist an Winterabenden von Müttern und Kindern gespielt. Nachdem Spielkarten mit den Zahlen eins bis sechs auf den Tisch gelegt worden waren, wurde gewürfelt. Für die geworfene Zahl musste man einen Hornknopf (Hosenknopf) auf die entsprechende Karte legen, wobei die Zahl zugedeckt wurde. Wer die höchsten *„Nümmèrkès"* (Zahlen) hatte, war der Gewinner. Als Preis gewann man entweder ein paar Nüsse, *„of è Jlaasschärfkè"* (ein Glasscherbchen) oder einen Pfennig.

mdl. *Dülken* 1980

Nr. 1035 Richter, Richter, ich verklage dich

Noch ein Winterspiel für vier Personen. Man schnitt vier Blättchen Papier zurecht; auf das erste schrieb man „Bürgermeister", auf das zweite „Dieb", auf das dritte „Kläger" und auf das vierte „Richter". Die Blättchen wurden zusammengefaltet und auf den Tisch geworfen. Wenn jeder ein Blättchen gezogen hatte, sagte der, auf dessen Zettel „Kläger" stand:

„Richter, Richter, ich verklage dich!"
Darauf fragte der Richter:
„Warum verklagst du mich?"
„Der Dieb hat all mein Geld gestohlen."
„Wer ist der Dieb?"

Einer der anderen Mitspieler wurde vom „Kläger" beschuldigt. Darauf fragte der „Richter":

511

„Wieviel Schläge soll er haben?"
„Zwanzig derbe."
Wenn der „Richter" den richtigen „Dieb" gefunden hatte, musste der „Bürgermeister" diesem die genannten Schläge geben. Hatte der „Kläger" aber auf den
falschen getippt (z.B. den „Bürgermeister" als „Dieb" angesehen), so erhielt er selbst von ihm 20 Schläge.

Caro 1906, Nr. 3, 70/71

Nr. 1036 Pôtt schlaarè – Topfschlagen

Man nahm einen Blumentopf oder einen alten ausgedienten Kochtopf und legte einen Pfennig oder irgendeine Kleinigkeit darunter. Das war der Preis für den, der den
Topf traf und zerschlug. Derjenige, auf den das Los gefallen war, bekam die Augen verbunden, wurde dreimal im
Kreis herumgedreht und bekam einen Stock in die Hand.
Mit diesem musste er versuchen, auf den Topf zu schlagen. Es war jedoch verboten, damit auf dem Boden nach
Topfschlagen um   dem Topf zu tasten. Drei Schläge waren erlaubt und alle
1850, Berlin,   Mitspieler versuchten der Reihe nach, den Topf zu tref-
Bayrisches Natio-   fen. Wem es gelang, ihn zu zerschlagen, erhielt den Preis.
nalmuseum,
München   mdl. *Viersen* 1970. überall bekannt, vgl. *Krefeld,* Nolden 1912, 101, vgl. Böhme 1897,
                      632, Nr. 521, vgl. Hills 1957, Nr. 35

Nr. 1037 Ein Spiel zum Zeichnen

*Enn ènn jruètè Schtatt wuènèt enns ennè Mönsch. Deä wull enn
ènn Dorrèp Mellik hoalè.*
In einer großen Stadt wohnte einst ein Mann. Der wollte in
einem Dorf Milch holen.

Wi deä an dènn erschtèn Buèr koam, haar deä kenn Mellik.
Als er zum ersten Bauern kam, hatte der keine Milch.

Deä twedè Buèr haar och kenn Mellik.
Der zweite Bauer hatte auch keine Milch.

Och deä dreddè Buèr haar kenn Mellik.
Auch der dritte Bauer hatte keine Milch.

Beei dèn vaièrdèn Buèr, doa kreech heäe è Pöttschè Mellik.
Bei dem vierten, da bekam er ein Töpfchen Milch.

Dou mooch heä ennèn huèrèn Bärrich èropp onn ruttschèt uut.
Da musste er auf einen hohen Berg und rutschte aus.

Nou mooch heä jônnts wiit joan onn koam ann twiè huèrè Bärr-jè. Doa koam ömm ennè Mönsch teängè onn sôôch: „Dou böss è Värrikè."
Nun musste er ganz weit gehen und kam an zwei hohe Berge. Da kam ihm ein Mann entgegen und sagte: „Du bist ein Schwein!"

*Zeichnung
E. Steinhorst*

mdl. *Overhetfeld* 1980

Pfänderspiele

Wie alle anderen Gesellschaftsspiele, so wurden auch die Pfänderspiele von Groß und Klein vornehmlich an Winterabenden gespielt. Bis vor dem Zweiten Weltkrieg noch noch sorgten sie besonders auf Hochzeitsfeiern für Vergnügen und Unterhaltung der Gäste.

Nr. 1038 Eck sin èn Frau uut Pommèrland
– Ich bin eine Frau aus Pommerland

Ein Mitspieler begann: *„Eck sin èn Frau uut Pommèrland, minè ganzè Krôm es af-gèbrannt. Mot gej Melk hebbè?"* – Ich bin eine Frau aus Pommerland, mein ganzer Laden ist abgebrannt. Musst du Milch haben?". Die Gegenfrage lautete: *„Wat vön höje dann?"* – Von welcher Art? Die „Frau aus Pommerland" fragte nun: *„Sütè, surè, gèhotèldè en gèbrodèldè?"* – Süße, saure, aufbewahrte (Buttermilch) und ge-kochte? Darauf wurde bei ihr etwas Entsprechendes bestellt, worauf sie antwortete: *„Märjè frug, wênn dên Hahn kräjt, komm eck dat Gäld holè."* – Morgen früh, wenn der Hahn kräht, komme ich das Geld holen. Nachdem die Reihe auf diese Weise bei den Mitspielern durchgegangen war, fing die „Frau" wieder beim Ersten an, um das Geld zu holen. Nun hatte der „Käufer" allerlei Einwände gegen die Güte der Milch. Verstieß er gegen die Spielregeln – er durfte weder „ja" noch „nein" sagen, lachen oder weinen, so musste er ein Pfand geben.
Caro 1906, Nr. 4, 71

Nr. 1039 Scheäl Jüppkè ess duèt – Das schielende Jüppchen ist tot
„Scheäl Jüppkè" wurde von Erwachsenen und Kindern gemeinsam gespielt, insbesondere in der Weihnachtszeit, wenn man sich gegenseitig besuchte. Alle saßen am Tisch; einer sprach vor:

Scheäl Jüppkè èss duet.	Das schielende Jüppchen ist tot.
Watt haat heä dann?	Was hatte er denn?
Haat ennè laamè Vengèr.	Er hatte einen lahmen Finger.

Dabei wurde mit dem rechten Finger auf den Tisch geklopft.

Haat twiè laamè Vengèr. Er hatte zwei lahme Finger.

Alle klopften mit zwei Fingern auf den Tisch.

Haat ennè laamè Puèt. Er hatte einen lahmen Fuß.

Alle stampften mit dem rechten Fuß.

Haat twiè laamè Püèt. Er hatte zwei lahme Füße.

Der linke Fuß wurde dazugenommen.

Haat è scheef Köppkè. Er hatte ein schiefes Köpfchen.

Alle bewegten den Kopf nach rechts und links.

Haat ènn scheef Mull. Er hatte einen schiefen Mund.

Alle verzogen den Mund.

Haat è laam Föttschè. Er hatte ein lahmes Hinterteil.

Alle standen auf und bewegten das Hinterteil.

Haat è Püggèlkè. Er hatte ein Pückelchen.

Alle zogen die rechte oder linke Schulter hoch.

Weitere schwierige Aufgaben konnten dazu erfunden werden. Wer sich hierbei vertat und mit der Koordination der verschiedenen Bewegungen nicht zurechtkam, musste ein Pfand abgeben.

mdl. *Hüls, Brüggen* 1980, in *Neuwerk* 1980 hieß der Anfang „Hunnès ess krangk".

Nr. 1040 *Wörr rüèrè mött dä Vengèr enn dä Môstèrtpôtt* – *Wir rühren mit dem Finger im Senftopf*

Alle saßen am Tisch und sprachen gemeinsam: *„Wörr rüèrè mött dä Vengèr enn dä Môstèrtpôtt".* Dabei „rührten" alle mit dem Zeigefinger auf dem Tisch herum. Das Wort *„pôtt"* durfte jedoch nicht ausgesprochen werden. Der Satz *„Wörr rüèrè …"* wurde möglichst schnell (im Rufton) gesungen, damit sich jemand aus der Runde versprach. Der- oder diejenige, dem oder der das Wort *„… pôtt"* herausrutschte, musste ein Pfand abgeben und schied aus.

mdl. *Viersen* 1978

Nr. 1041 *Heei ess dä Schlüètèl fann dè Haavèrkiss* – *Hier ist der Schlüssel von der Haferkiste*

Heei is dä Schlüètèl fann	Hier ist der Schlüssel der
dè Haavèrkiss.	Haferkiste.
Woa datt Peärd druut vroat.	Woraus das Pferd fraß.
Woa dä Buuèr dropp soat.	Worauf der Bauer saß.
Dä enn Kapp opp hoat.	Der eine Kappe aufhatte,
Dä ennè Knöppèl druèch.	Der einen Stock/Knüppel trug.
Onn dommöt ennè Haas	Und damit einen Hasen
Hengèr dänn Küèl jooch … usw.	Hinter den Grünkohl jagte … usw.

Der „Schlüssel" wurde von jedem Mitspieler angenommen und weitergereicht. Dabei musste Zeile für Zeile wiederholt und um die nächste verlängert werden. Wer sich versprach, hatte ein Pfand abzugeben. Weitere Sätze wurden stets frei dazu erfunden.

mdl. *Hüls* 1980 und *Overhetfeld*

Nr. 1042

Stommè, stommè, deekè,	Stomme, stomme, deekè
Niit lachen on niit lôôtè spreekè,	Nicht lachen und nicht sprechen lassen,
Die Tänt niit lôôtè blenkè,	Die Zähne nicht blinken lassen (zeigen),
Niit puupèn on niit stengkè.	Nicht pupen und nicht stinken.

Wer den Text nicht richtig hersagen konnte oder stockte, der musste ein Pfand abgeben.

Geldern, Spee 1875 H. 2, 17

Nr. 1043 Ech kniip dech enn in ett Bäkkskè, onn du lachs nett – Ich kneif dich in die Wange und du lachst nicht

In der Spielrunde, die immer mit mehreren Kindern (manchmal auch mit Erwachsenen) gespielt wurde, hatte sich einer der Mitspieler heimlich zwei Finger an der Innenseite der Ofentür mit Ruß geschwärzt. Wenn alle um den Tisch herum saßen, wurde als Regel festgelegt, dass niemand während des Spiels reden oder lachen durfte. Wer es dennoch tat, musste ein Pfand abgeben. Der Spieler mit den rußgeschwärzten Fingern begann und sagte zu einem der anderen: *„Ech kniip dech enn ett Bäkkskè, onn du lachs nett."* – Ich kneif dich in die Wange und du lachst nicht, wobei er er seinem Gegenüber sanft in die Wange kniff. Dieser hatte also, ohne es zu ahnen, einen schwarzen Fleck im Gesicht, wiederholte den Satz und kniff seinerseits dem Nachbarn zur Rechten in die Wange. Wenn die ganze Runde beendet war, begann der Erste wieder: *„Ech kniip dech …"* Es folgten die andere Wange, Kinn, Stirn, Ohren usw. Irgendwann war das Gesicht des zweiten in der Runde so grotesk geschwärzt (meist ohne dass er davon wusste), dass es auf die Dauer kaum jemandem gelang, sich während des Anschwärzens das Lachen zu verbeißen.

Die abgegebenen Pfänder wurden zum Schluss folgendermaßen ausgelöst: Einer wurde bestimmt, der entweder die Augen verbunden bekam, mit dem Gesicht zur Wand oder in der Ecke stand, damit er nicht sehen konnte, wessen Pfand gerade verhandelt wurde. Oder es bückte sich einer zur Wand und ein zweiter Mitspieler rubbelte mit der Faust auf seinem Rücken auf und ab, hielt in der anderen eines der Pfänder und sprach einen bestimmten Spruch (s.u.). Bei den beiden letzten Zeilen *„Watt soll deä duèn, dämm datt Pannd toojèhüèrt?"*

– Was soll der tun, dem dieses Pfand gehört? – hob der zweite eines der Pfänder
hoch. Der erste bestimmte, was der Besitzer für seine „Erlösung" tun musste.

mdl. *Viersen* 1970, weit verbreitet, vgl. Küppers 1987, 109

Nr. 1044

Rubbèldidubb,	Rubbeldidubb,
Di Kau, di pupp,	Die Kuh, die puppt,
Datt Peärd, datt schtengkt	Das Pferd, das stinkt
Na Eärpèlsprengk.	Nach Kartoffelsuppe.
Watt soll deä duèn,	Was soll der tun,
Dämm datt Pannd toojèhüèrt?	Dem dieses Pfand gehört?

mdl. *Viersen* 1970, vgl. Küppers 1987, 109

Der Gewinner durfte (oder musste, je nachdem) sich zum Abschluss mit aus-
gestreckten Armen an die Wand stellen und bekam von dem, der verloren hatte, einen Kuss, wenn er rief:

Nr. 1045

Ich häng ann èt Krüttskè,	Ich hänge am Kreuzchen,
Weä mech leev hätt,	Wer mich lieb hat,
Jöfft mech è Büttskè!	Gibt mir ein Küsschen.

Möglich war auch folgendes Ende des Spiels. Erst wenn einer der Mitspieler
sich bereit fand, den Rufenden zu küssen, war er erlöst. Dieser Aufgabe, im Spiel
jemanden zu küssen, entledigte man sich natürlich stets unter lautem Hallo und
Gelächter der Mitspieler.

mdl. *Viersen* und *Born* 1979

Literatur

Böhme, Franz Magnus, Deutsches Kinderlied und Kinderspiel, Volksüberlieferungen aus allen Landen deutscher Zunge, Leipzig 1897 (Böhme 1897)
Caro, Karl, Kinderspiele und Kinderlieder vom Niederrhein. In: Jahrbuch des Vereins für niederdeutsche Sprachfor-
schung, 32. Jg., Bremen 1906 (Caro 1906)
Gierlichs, Hubert, Reime, welche von den Kindern beim Spielen gebraucht werden. In: Rheinische Geschichtsblät-
ter (Zeitschrift für Geschichte, Sprache und Altertümer des Mittel- und Niederrheins) Jg. 6, Bonn 1901/02 (Gier-
lichs RGB 1901/02)
Hills, Jeanette, Pieter Bruegel. Kinderspiele 1560, Wien 1957, (Hills 1957)
Küppers, Heinrich, Erinnerungen an „Alt-Breyell", (Breyell) o.J. [1987] (Küppers 1987)
Nolden, H., Alt Crefeld, Crefeld 1912 (Nolden 1912)
RGB = Zeitschrift für Geschichte, Sprache und Altertümer des Mittel- und Niederrhein
Spee, Johannes, Volksthümliches vom Niederrhein. H I, Aus Leuth im Kreise Geldern, und H. II, Köln 1875 (Spee
1875)

Teil III – Der Ernst des Lebens

Schulzeit – Eintritt ins Leben

Mit dem Eintritt in die Schule endete die frühe Kindheit, das sog. „Hätschel-alter", und das „Lernalter" begann. Das 19. Jh. bezeichnet Weber-Kellermann als das „Jahrhundert der artigen Kinder", die nach den streng eingehaltenen Normen und Werten der damaligen Zeit erzogen waren, die ihnen Schule und Elternhaus vermittelten.[1] Zwar waren die Unterschiede zwischen den Lebens-umständen innerhalb der verschiedenen sozialen Schichten (Bürger, Handwer-ker, Bauern, Arbeiter) erheblich, doch die Familienstrukturen waren in einem Punkte einander sehr ähnlich: Alle waren patriarchalisch-hierarchisch organi-siert und verlangten autoritär vom Kind „Gehorsam und Folgsamkeit als wich-tigstes Verhalten".[2] Genau so war auch die öffentliche Institution Schule struk-turiert.

Nach 1968 änderten sich in der Bundesrepublik mit ungeheurem Tempo Poli-tik, Gesellschaft und deren Werte und Normen. Davon ist insbesondere die Schule betroffen. Es sei lediglich das Stichwort „antiautoritäre Erziehung" ge-nannt und auf die Folgen der Reformen von damals für die Situation in den Schulen von heute verwiesen. Schon in den späten 50er Jahren und insbeson-dere nach 1968 hat die Schule in einem Umfang Veränderungen erfahren, wie sie sich sonst selbst über Jahrhunderte hinweg nicht ereigneten: von der Dorf-schule zum Schulzentrum, vom Klassenlehrer zum Fachlehrer, vom Schulgeld zur Lernmittelfreiheit, von der Heimat- zur Sachkunde, vom Rechnen zur Ma-thematik, von der Schiefertafel zu Arbeitsblättern und Medienpaketen.[3] Es geht an dieser Stelle nicht um Schulgeschichte; vielmehr werden wenige Aspekte her-ausgestellt, die schlaglichtartig beleuchten, was uns heute fremd geworden ist. Es sind Gesichtspunkte, an die sich die Generation der um 1900 bis 1940 Ge-borenen noch erinnert und von denen sie berichten kann.

So z.B. ist die Frage der Kleidung, die die Kinder früher in der Schule trugen, heute kein wirkliches Problem mehr. Seit den 1970er Jahren sind Jeans zu ei-ner internationalen Einheitsmode für Lehrer, Eltern, Stadt- und Landkinder ge-worden, während in früheren Zeiten Bürgerkinder, die eine höhere Schule be-suchten, anders und besser gekleidet waren als Landkinder oder gar Arbeiterkinder. Während Gymnasiasten als Zeichen ihres Status' (aber auch ih-rer verlängerten Kindheit, die bis zum 18. Lebensjahr währte) bis zur letzten Klasse kurze Hosen und die Mädchen weiße Söckchen trugen, gingen Hand-werker- oder Arbeiterkinder mit 14 Jahren schon in die Lehrzeit oder die Fa-brik, also in die Berufsausbildung oder direkt ganz in die Arbeitswelt ein.

Der Eintritt in die Schule war damals und ist bis heute ein neuer Abschnitt im Leben eines jeden Kindes, und er ist mit einem neuen Status verbunden. Der

Bericht eines Zeitzeugen zeigt, dass z.B. eine ärmere Familie mit sechs Kindern, in der die Mutter früh gestorben war, sich finanziell kaum in der Lage sah, das Kind zum Schulbeginn mit ordentlicher neuer Kleidung auszustatten:

„Es wurde nicht lange überlegt. Großvater hatte noch eine alte wenig getragene Hose. Davon wurde ‚dè Liffkès-Bokks‘* gemacht und das ‚Jöppkèn‘. Das wurde in der Stadt gekauft mit einem Schillerkragen und vorne mit Knopf. Schuhe waren zu teuer, wir liefen ausschließlich auf Klompèn (Holzschuhe). Wir fühlten uns jedoch „stiif-staats“. Die ‚Liffkès-Bokks‘ (die Leibchen-Hose) und das ‚Jöppkèn‘ (die Jacke) wurden zu Hause sofort wieder ausgezogen und eine andere Hose und Joppe angelegt. Zu Hause hatten wir Kinder ein paar Schluppen an, meist von der Mutter selbst genäht, damit lief man im Haus herum …“. [4]

Für Mädchen galten die Schulschürzen als besonders signifikantes Kleidungsstück für den Besuch der Schule. [5] Noch 1947/50 gehörte es zu den Aufgaben des Handarbeitsunterrichts in der Höheren Schule, Flicken einzusetzen, Knöpfe anzunähen, Strümpfe zu stricken und eine Schürze mit Hohlsaum zu handarbeiten. [6] Sobald die Kinder aus der Schule zurück nach Hause kamen, mussten die Mädchen sowohl Kleid als auch Schürze für das Haus und das Spiel auf der Straße wechseln und die Jungen – wie bereits gesagt – entsprechend andere Hosen und Joppen anziehen. Die nur für die Schule bestimmten Kleidungsstücke wurden also auf diese Weise „geschont“, denn alle Kinder mussten zu Hause helfen und hatten Pflichten und Arbeiten zu verrichten.

* Leibchenhose für kleine Kinder

1) Weber-Kellermann 1993, 30 2) Weber-Kellermann 1993, 34 3) Schiffler/Winkeler 1999, 153 4) mdl. *Viersen* 1989 5) Weber-Kellermann 1989, 132 6) mdl. *Viersen* 1970

Literatur
Schiffler, Horst und Rolf Winkeler, Tausend Jahre Schule, Stuttgart, Zürich 6, 1999 (Schiffler/Winkeler 1999)
Weber-Kellermann, Ingeborg, Die Kindheit. Kleidung und Wohnen, Arbeit und Spiel. Eine Kulturgeschichte, Frankfurt, M. 1989 (Weber-Kellermann 1989)
Weber-Kellermann, Ingeborg, Die Geschichte der Kindheit und ihre soziokulturelle Bedeutung. In: Spielwelten der Kinder an Rhein und Maas. Begleitband und Katalog. Hg. Landschaftsverband Rheinland/Amt für rheinische Landeskunde, Bonn 1993 (Weber-Kellermann 1993)

Das erste Schuljahr

Die Regulative für die Elementar- bzw. Volksschule – das, was wir heute als Ministerialerlasse bezeichnen würden – enthielten als Ziele des schulischen Wissens folgende Inhalte: „… fraglose kirchliche Gläubigkeit, Liebe zum Herrscherhaus und einige Kenntnisse für das praktische Leben“. [1] Das, was die Kinder in der Elementarschule des 19. Jh.s lernten, deckt sich mit dem, was Clara Wansleben über die Schule um 1860/70 berichtet. Dieses Wissen „ging den Kindern in Fleisch und Blut über. Wohl keiner hat es zu bereuen gehabt, daß sein Bildungsgang sich auf der gediegenen Grundlage des damaligen Volksschulunterrichts aufbaute."[2]

„Schönschreibübung" von Maria Löckertz 1882, „Morgenstund hat Gold im Mund" und „Rede wenig, aber wahr", Privatbesitz Margarete Löckertz-Günther, Waldniel

Während Schönschreiben heute mehr oder weniger als unwürdiger Zwang für die Schüler verachtet und in NRW im Jahre 2003 über Sinn und Un-Sinn einer guten Handschrift diskutiert wird, gehörte früher die Handschrift zum Ausdruck der Persönlichkeit, an der man auch einen gewissen Bildungsstand glaubte ablesen zu können. Auch heute noch ist eine gute und leserliche Handschrift ein wichtiges Kommunikationsmittel.
Wie Clara Wansfeld berichtet, wurden zum Schönschreiben in der Schule des ausgehenden 19. Jh.s Gänsekiele mit Stahlfedern ausgeteilt. Sie wurden nach der Arbeit wieder an den am Ende der Bank Sitzenden zurückgegeben, wo der Lehrer die Büschel einsammelte. Einem Jungen soll es es einmal eingefallen sein, die Federhalter auseinander zu spreizen, damit der Lehrer sich darin steche. Der aber durchschaute die Absicht, gab dem Jungen eine kräftige Ohrfeige und nahm dann erst die Federn in die Hand.[3]

Das Schuljahr begann zu Ostern, nicht wie seit 1966 im Herbst. Es gab nur einmal im Jahr, und zwar zu Ostern, ein Zeugnis, das zum Abschluss der Schulzeit in einem fest gebundenen Heft enthalten war und die ganze Schullaufbahn dokumentierte. Solche Zeugnishefte gab es für die Volksschule noch bis ungefähr 1968. Im Jahre 1903 wurden die Eltern auf der ersten Seite des Zeugnisheftes in einem Vorwort angesprochen, in welchem ihnen ihre erzieherischen Pflichten gegenüber den Kindern vor Augen geführt wurden, wobei man ihnen zusagte, dass die Schule ihnen bei ihrer Erziehungsaufgabe „zu Hülfe" komme. Mit anderen Worten: Hier wird bereits an ein Zusammenwirken von Schule und Elternhaus appelliert.

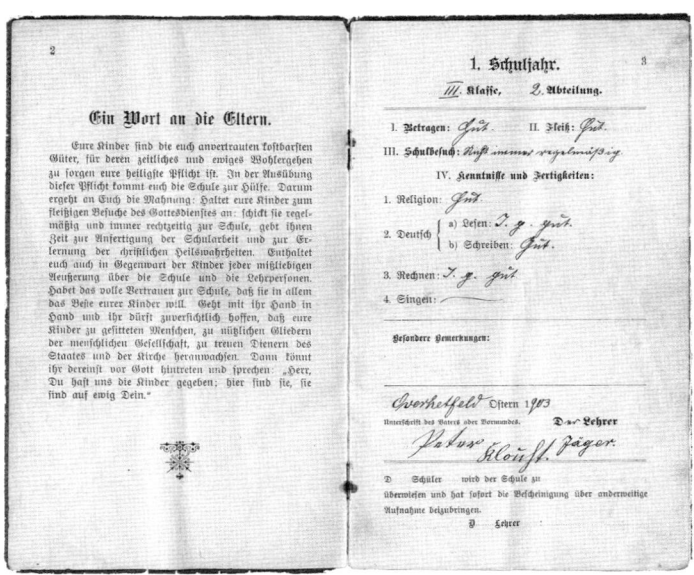

„Ein Wort an die Eltern" und erstes Zeugnis der Schülerin Anna Kloudt, Overhetfeld 1902

Ein Wort an die Eltern.
Eure Kinder sind die euch anvertrauten kostbarsten Güter, für deren zeitliches und ewiges Wohlergehen zu sorgen eure heiligste Pflicht ist. In der Ausübung dieser Pflicht kommt euch die Schule zu Hülfe. Darum ergeht an Euch die Mahnung: Haltet eure Kinder zum fleißigen Besuch des Gottesdienstes an, schickt sie regelmäßig und immer rechtzeitig zur Schule, gebt ihnen Zeit zur Anfertigung der Schularbeit und zur Erlernung der christlichen Heilswahrheiten. Enthaltet euch auch in Gegenwart der Kinder jeder mißliebigen Aeußerung über die Schule und die Lehrpersonen. Habet das volle Vertrauen zur Schule, daß sie in allem das Beste eurer Kinder will. Geht mit ihr Hand in Hand und ihr dürft zuversichtlich hoffen, daß eure Kinder zu gesitteten Menschen, zu nützlichen Gliedern der menschlichen Gesellschaft, zu treuen Dienern des Staates und der Kirche heranwachsen. Dann könnt ihr dereinst vor Gott hintreten und sprechen: „Herr, Du hast uns Kinder die gegeben: hier sind sie, sie sind auf ewig Dein."

*„Zur Beherzigung der Ent-
lassenen" und Zeugnis der
Schülerin Anna Kloudt,
8. Schuljahr 1909,
Privatbesitz Margarete
Löckertz-Günther, Waldniel*

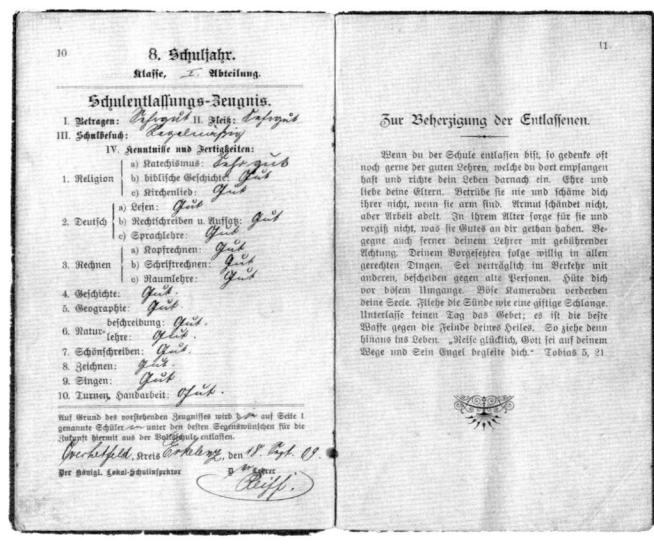

*„Zur Beherzigung
der Entlassenen.
Wenn du der Schule entlassen
bist, so gedenke oft noch gerne
der guten Lehren, welche du
dort empfangen hast und
richte dein Leben darnach
ein. Ehre und liebe deine Eltern. Betrübe sie nie und schä-
me dich ihrer nicht, wenn sie arm sind. Armut schändet nicht, aber Arbeit
adelt. In ihrem Alter sorge für sie und vergiß nicht, was sie Gutes an dir getan
haben. Begegne auch ferner deinem Lehrer mit gebührender Achtung. Deinem
Vorgesetzten folge willig in allen gerechten Dingen. Sei verträglich im Verkehr
mit anderen, bescheiden gegen alle Personen. Hüte dich vor bösem Umgange.
Böse Kameraden verderben deine Seele. Fliehe die Sünde wie eine giftige Schlange. Unterlasse keinen Tag das Gebet; es ist die beste Waffe gegen die Feinde dei-
nes Heiles. So ziehe denn hinaus ins Leben. Reise glücklich, Gott sei auf deinem Wege und ‚Sein Engel begleite dich.' Tobias 5, 21"*

Sowohl das Vorwort an die Eltern als auch das Nachwort an die ins Leben entlassenen Schüler fassten zusammen: Die Schule bestärkte, was im Elternhaus von
klein auf erlernt wurde. Elternhaus und Schule stützten und ergänzten einander.
Es werden dieselben Erziehungsziele deutlich, die auch als Grundlage der Kin-
dererziehung in der Familie angestrebt wurden: Pflichterfüllung, Gehorsam,
Fleiß, Frömmigkeit, Vaterlandsliebe, Respekt und Achtung vor den Erwachsenen, Dankbarkeit und Fürsorge für die alten Eltern, Bescheidenheit und Gehorsam gegenüber den zukünftigen Vorgesetzten in allen „gerechten Dingen".
Für die Schul- wie für die Lehrzeit und das spätere Leben galt:

Nr. 1046

Leer wat, dann köj wat,	Lern was, dann kannst du was.
Stähl wat, dann häj wat*,	Stiehl was, dann hast du was,
En laet Ider et Sinnege.	Und lass jedem das Seine.

* eine Verstärkung des Lernens: Sieh anderen die Kunst ab, *Kleve* und *Rees, NGF* 1879, 40

In der Schule hatte man sauber gewaschen und ordentlich gekämmt zu erscheinen. 1942 überprüften Lehrerin oder Lehrer, ob die Kinder mit gewaschenen Händen und sauberen Fingernägeln in die Schule kamen und ein sauberes Taschentuch, Tafelschwämmchen samt Tafelläppchen und gespitzte Schiefergriffel hatten.[4] Die Schürze, die die Mädchen zur Schule umbanden, wurde zwei oder drei Tage von vorne und zwei weitere Tage von der Rückseite getragen, bevor eine frisch gewaschene getragen werden durfte.[5] Man muss dabei bedenken, dass es noch keine Waschmaschinen gab und der Waschtag früher eine äußerst strapaziöse Großaktion für die Hausfrauen war.

Waschtag 1930, Willy Maywald, Kleve, mit Erlaubnis des Vereins für Heimatpflege Viersen

Um die Wende zum 20. Jh. gab es weder Schultasche noch Tornister. Schiefertafel, Lesebuch, Katechismus sowie Griffeldose wurden mit einem Riemen zusammengebunden unter dem Arm oder in einem von der Mutter genähten Leinenbeutel getragen.[6] Die Jahre nach dem Ersten Weltkrieg waren Jahre voller Hunger und Armut. Die Schultornister oder -taschen, soweit sie dem Erstklässler nicht von Vorgängern vererbt worden waren, bestanden aus „Ledertuch", dicker, braun gestrichener Pappe.[7] Der Brauch der Schultüte am ersten Schultag hatte sich im späten 19. Jh., von Mitteldeutschland kommend, ausgebreitet und erfüllte eine Art „Trostfunktion".[8] Am Niederrhein war eine Schultüte in den 30er und 40er Jahren

Mädchen mit Schultüte am ersten Schultag 1942, Privatbesitz Irmgard Reichel, Viersen

des 20. Jh.s nur sporadisch verbreitet. Dies hing nach mündlichen Aussagen der befragten Personen mit der unterschiedlichen sozialen Lage der Elternhäuser zusammen.

Es war auf dem Land selbstverständlich, dass jeder Schultag mit dem Besuch der Schulmesse begann. Man stelle sich die Stunden vor dem Beginn der Schule in einer Familie mit vielen Kindern um 1920 folgendermaßen vor:

„Wir waren zu Hause eine große Kinderschar. Nach dem ersten Weltkrieg hatten unsere Eltern beträchtliche Sorgen und Nöte, uns groß zu kriegen. Gut kann ich mich daran erinnern, was morgens bei uns los war, bevor wir sechs Kinder aus dem Haus waren. Jeden Morgen mußten wir mit Holzschuhen zur Messe. Wir gingen nüchtern zur Kirche.

Wir wohnten nicht weit von der Kirche entfernt. Bis die Schule begann, hatten wir noch ein Viertelstündchen Zeit. Im Galopp eilten wir daher nach Hause. Mutter hatte inzwischen das Morgenbrot (Frühstück) fertig gemacht. Es gab für uns alle ein Pfanne Bratkartoffel mit Zwiebelsoße. Die Kartoffel waren vom Vortag übrig geblieben. Die Pfanne wurde mitten in der Küche auf einen umgestülpten Eimer gesetzt, jeder bekam eine Gabel, womit sich jeder seinen Anteil selbst abteilte. Wir setzten uns im Hückchen darumherum und aßen drauflos. Dazu gab es noch eine Schnitte Schwarzbrot mit Möhrenkraut und Quark *(Klätsch-kiès)*. Brötchen mit Butter und Marmelade oder eine Scheibe Wurst lern-

Erstklässler 1936, auf seiner Schiefertafel die Aufschrift „Mein erstes Schuljahr", Privatbesitz, Viersen

ten wir erst kennen, wenn wir zur Erstkommunion gingen. (Damals fand diese erst statt, wenn wir 11 oder 12 Jahre alt waren.) Wenn die Pfanne sich allmählich leerte, stibitzten wir Älteren uns von den Jüngeren noch rasch zusätzlich eine Gabel voll Bratkartoffeln. Es war unbeschreiblich: der eine weinte und der andere bekam einen Schlag mit der Gabel auf seine Finger. Für die Zehn-Uhr-Pause bekamen wir ein Butterbrot mit Möhrenkraut und Klätschkiès mit, das in einem Zeitungspapier eingepackt war."[9]

Selbst während der Nazizeit und bis in die 1960er Jahre hinein fanden einmal in der Woche für Oberschüler (Gymnasium und Lyzeum) eine katholische Schulmesse und eine evangelische Andacht statt, die von allen Schülern und Lehrern besucht wurden. Auf dem Rückweg von der Kirche zur Schule gingen die katholischen Schüler und Schülerinnen in Klassen geordnet in einer langen Schlange über die Straße, die unteren Klassen paarweise, wobei sie von den jeweiligen Lehrpersonen begleitet wurden.

Wie das Bild Seite 525 zeigt, wurde der erste Schultag als besonderer Tag durch ein Foto festgehalten, auf dem der Erstklässler sich mit dem neuen Tornister präsentierte. Nur die dazugestellte Schiefertafel, auf der während der ersten zwei Jahre mit dem Schiefergriffel geschrieben wurde, kennzeichnet die besondere Situation des ersten Schultages. Die Erstklässler wurden im Volksmund „I-Döttskès"* oder „I-Männèkès" genannt. Erst in den 1950er Jahren nach dem Zweiten Weltkrieg, in der sogenannten Wirtschaftswunderzeit, wurden die Schultüte sowie ein repräsentatives Foto für die meisten Elternhäuser finanziell erschwinglich. Wenn die Familie arm war –, und das waren in dieser Zeit sehr viele Familien – konnte sie die Kosten für einen solchen „Luxus" nicht aufbringen. In ländlichen Gegenden setzte sich die Schultüte ohnehin erst später durch als in den Städten.[10] Man erkennt auf dem Foto außerdem, dass der Tornister (die Bezeichnung „Schulranzen" stammt aus Süddeutschland und war am Niederrhein nicht üblich) eine bis über die ganze Tasche reichende Klappe hatte. Diese Form des Tornisters war von den 1930er Jahren bis in die 1950er Jahre hinein ausschließlich Jungen vorbehalten, während für Mädchen die Klappe nur bis zur Hälfte über den Tornister hinwegreichte. „Der Erstklässler bekam je nach Möglichkeiten der Eltern einen Schultornister aus leichterem oder stärkerem Leder. Ein solcher Tornister hielt gut ein Dutzend Jahre. In der Volksschulzeit trug der Schüler den Tornister auf dem Rücken. Riß einmal ein Riemen oder fehlte eine Schnalle, dann reparierte der Sattler den Schaden. Nach Beendigung der Schulzeit entfernte der Sattler die Tragriemen, und stattdessen bekam der Tornister einen Tragegriff. Der überwiegende Teil aller Schüler be-

Bildchen, die man bekam, wenn man zehn Fleißkärtchen vorweisen konnte.

gann nach dem Volksschulabschluß eine Lehre. In die veränderte Schultasche packte der Lehrling später sein Frühstück und eventuell sein Mittagsbrot, auch kleinere Werkzeuge. Nach Beendigung der Lehrzeit diente der alte Tornister dem Gesellen noch viele Jahre für die gleichen Zwecke. Nicht zuletzt wurde der Tornister im Winter, wenn Schnee lag, auf dem Nachhauseweg als Schlittenersatz benutzt. Wo es ein kleines Hügelchen oder eine Steigung gab, schob man ihn einfach unter seine ‚Vier Buchstaben‘ und rutschte damit hinab."[11]

Auf Fleiß und Ordnung wurde sehr geachtet. Beides wurde in der sogenannten „Kopfnote" neben „Betragen" besonders herausgestellt. Wie im Alltag, so galt auch hier der Grundsatz: Ohne Fleiß kein Preis. Besonders fleißig und sorgsam erledigte Hausaufgaben sowie Aufmerksamkeit und Mitarbeit im Unterricht wurden in den ersten vier Schuljahren mit „Fleißkärtchen" belohnt. Das waren kleine weiße Kärtchen, etwas größer als eine Visitenkarte, mit der Aufschrift „Für Fleiß". Hatte ein Schüler zehn solcher „Fleißkärtchen" beisammen, bekam er vom Lehrer als zusätzliche Anerkennung ein Bildchen geschenkt. Das konnte ein Heiligenbildchen, ein Tierbildchen oder ein Bildchen mit einem Kindervers sein. Sie wurden von den Kindern mit besonderem Eifer gesammelt.

* „Döttskèn", Dôtts ist der Punkt auf dem „i".

Dass der erste Schultag, an dem ein Elternteil das Kind begleitetete, etwas ganz Besonderes im Leben eines Kindes war, drücken die folgenden Liedchen aus:

Nr. 1047

Text und Melodie 1980 in *Neuwerk* aufgezeichnet, nach der Melodie: Ein Männlein steht im Walde, s. Kommentar Nr. 1047

Das ABC wurde spielerisch mit dem Kinderalpabet eingeübt.
Nr. 1048
  Abraham Bat Christus
  Der Engel Fuhr Gen Himmel

In Kalter Luft
Mit Neun Ochsen.
Peter Quer Rief Seinen Töchtern
Und Vielen Weibern Fix Y und Z.

mdl. *Viersen* 1979, s. Kommentar Nr. 1048

Pädagogische Absichten lassen sich in diesem Liedchen wie auch im folgenden nicht verleugnen:

Nr. 1049

mdl. *Viersen* 1974, gesungen zu der Melodie: „Ich hab mich ergeben mit Herz und mit Sinn …", s. Kommentar Nr. 1049

Nr. 1050

mdl. Text und Melodie *Viersen* 1972, *Hinsbeck, Krefeld, Neersen, Overhetfeld* 1981 (Melodie: „Die Tiroler sind lustig" oder „Kommt ein Vogel geflogen"), s. Kommentar Nr. 1050

1) Blankertz 1982, 163 2) Wansleben 1925, 67 3) Otten KKL 1993, 178 4) mdl. Viersen 1989 5) mdl. Viersen 1990 6) mdl. Viersen 1974 7) Schneider KKL 1992, 178 8) Weber-Kellermann 1989, 133 9) mündlich und schriftlich aus Heinsberg 10) Heckmanns 1930, 159 Föhles, GHK 1993, 218 ff, 223 11) Siemes 1994, 23

Literatur

Blankertz, Herbig, Die Geschichte der Pädagogik. Von der Aufklärung bis zur Gegenwart. Wetzlar 1982 (Blankertz 1982)

Föhles, Maria, Kindheit in der Vogtei von 1900-1950. In: Geldrischer Heimatkalender 1993 (Föhles GHK 1993)

GHK = Geldrischer Heimatkalender

Heckmanns, Franz, Alt-Uerdinger Brauch. In: Die Heimat, Krefeld, 1930 (Heckmanns 1930)

KKL = Kalender für das Klever Land

NGF = Niederrheinischer Geschichtsfreund 1879

Otten, P. Sigisbert, Im Dorf Hanselaer die Nummer 1. Jugenderinnerungen aus dem vorigen Jahrhundert. In: Kalender für das Klever Land 1993 (Otten KKL 1993)

Schneider, Maria, Der Apfel mit den goldenen Stielchen. Jugenderinnerungen aus Hanselaer (1918–1926): In Kalender für das Klever Land 1992 (Schneider KKL 1992)

Siemes, Hans Willi, Das war so. (Erinnerungen) Hösbach 1994, Maschinendruck (Siemes 1994)
Wansleben, Clara, Das erste Lebensjahrzehnt des Crefelder Kindes. In: Die Heimat 1925 (Wansleben 1925)
Weber-Kellermann, Ingeborg, Die Kindheit. Kleidung und Wohnen, Arbeit und Spiel. Eine Kulturgeschichte. Frankfurt, M. 1989 (Weber-Kellermann 1989)

Schuldisziplin

Gehorsam und artiges Verhalten lernte das Kind bereits in der der Familie (vgl. „Erziehung in Merksätzen"). Beides wurde auch in der Schule verlangt: Gehorsam, Disziplin und Pünktlichkeit waren unabdingbare Pflicht. Lehrer hatten es mit bis zu 60, manchmal sogar 80 Schülern in einem Klassenraum schwer, sich durchzusetzen; das gelang meist nur mit äußerster Strenge.

Einen Einblick in das von Ingeborg Weber-Kellermann so bezeichnete „Jahrhundert des artigen Kindes" gewährt Clara Wansleben für die Jahre um 1860 bis 1870 und bis zum Ende des Ersten Weltkrieges in ihrem Bericht aus *Krefeld:* „Jede Schule (gemeint sind die ersten vier Jahre der Elementarschule) war in zwei Jahrgänge eingeteilt. Die Jungen saßen vorn, die Mädchen in den hinteren Bänken. Wer brav war, kam einen (Platz) herauf, wer nicht taugte, einen herunter (nach hinten). Was (die Kinder) in der Elementarschule lernten, ging ihnen in Fleisch und Blut über. Der Schatz an biblischen Geschichten, Gesangbuchliedern und Sprüchen saß für ein langes Leben fest und sicher im Gedächtnis. Lesen, Schönschreiben und Singen wurden eifrig geübt und im Rechnen oft Erstaunliches geleistet …"

50 Jungen in einer Schulklasse, Viersen 1908, Privatbesitz

Die Zucht in der Schule war militärisch streng und der Lehrer selbstverständlich ein Vorgesetzter, zu dem die Kinder mit Ehrfurcht aufschauten. Alles ging wie am Schnürchen. Mussten z.B. die Schiefertafeln, die unter dem Pult lagen, benutzt werden, so rief der Lehrer: „Tafeln vor: eins!" Bei „eins" fassten die Kinder ihre Tafel an, bei „zwei" hoben sie die Tafel über das Pult und bei „drei" klappten alle ihre Tafel mit einem Schlag auf. Wer nachhinkte, wurde nicht nur vom Lehrer gerügt, sondern auch von den Mitschülern ausgelacht. „Wer etwas zu sagen

527

Jungen und Mädchen in einer Schulklasse, Kalkar 1926, Privatbesitz J. Boßmann, Kalkar

hatte, hob den Finger: ,Was willst du?' – ,Herr Lehrer, de Baakes nimmt mich immer de Jriffel ab!' – ,Es heißt „mir"!' – ‚ Herr Lehrer, die Plänkskes stößt mir immer!' – ,Es heißt „mich"!' – ,Herr Lehrer, darf ich abtreten?' (zum WC) – ,Kannst gehn!' – ,Herr Lehrer, die Schwarz hat Ungeziefer!' – ,So geh mit ihr vor die Türe und mache es weg!' – ,Herr Lehrer, die Schmitz hat uns „Volk" geschimpft!' – ,Volk ist kein Schimpfwort!', sagte darauf der … Lehrer."[1]

Bis in die 70er Jahre des 20. Jh.s war der Frontalunterricht die Regel. Disziplinarische Schwierigkeiten gab es zu allen Zeiten. Aber damals war die Zusammenarbeit von Eltern und Lehrern bei der Erziehung der jungen Menschen entscheidend. Sie war aber auch einfacher, weil die allgemeinen Wertvorstellungen klarer als in der heutigen pluralistischen Gesellschaft definiert und allgemein verbindlich waren. Wichtig war vor allem, dass die Autorität der Lehrer auch in der Öffentlichkeit geachtet wurde (siehe Zeugnisvorwort). Schwierigkeiten hinsichtlich der Unterrichtsdisziplin traten erst ab den späten 70er, dann zunehmend in den 80er und 90er Jahren des 20. Jh.s auf.

1) Wansleben 1925, 67–69

Literatur
Brezinka, Wolfgang, Erziehung und Kulturrevolution, Die Pädagogik der Neuen Linken, München, Basel, 2. 1976
Wansleben, Clara, Das erste Lebensjahrzehnt des Crefelder Kindes. In: Die Heimat, Crefeld 1925 (Wansleben 1925)

Die Strick- oder Nähschule

Um die Jahrhundertwende zum 20. Jh. gab es in vielen Dörfern Strick- oder Handarbeitsschulen, die von den schulpflichtigen Mädchen an Nachmittagen oder am Abend besucht wurden. Meist kamen sie in der Schule oder in einem Privathaus zusammen. Die Lehrerinnen waren im Handarbeiten erfahrene

Frauen; zuweilen unterrichtete eine Witwe, die Frau oder eine Verwandte des Lehrers. Die Handarbeitsschulen hatten ursprünglich die Aufgabe, in Verbindung mit der Schule lebenspraktische Fähigkeiten zu vermitteln. [1] Aus *Geldern* – hier nannte man sie *„de Breyschol"* (breye = stricken) – gibt ein lebendiger Bericht aus dem Jahre 1928 wieder, wie es in der Handarbeitsschule zuging:

„Noch sehe ich die drei Gestalten, wie sie an ihrer bestimmten Stelle saßen. Stinne, die eigentliche Unternehmerin der Handarbeitsschule, thronte als Hauptperson in dem langen Hinterraum zwischen den beiden Fenstern auf einem hohen *Sproatèstuul* (Sprossenstuhl); sie konnte von da aus durch ihre große Brille das Ganze beobachten und übersehen. Gritje, viel jünger als Stinne, war ziemlich lustig und beweglich; sie ging mehr ab und zu, mußte sich auch um den Haushalt kümmern, da Moder Buschmann schon ziemlich alt und gebrechlich war. Diese saß oben links in einem Sessel und übernahm die Überwachung, wenn Stinne mal fort war. Rechts und links an den Wänden stan-

Beim Handarbeitsunterricht im Irmgardis-Pensionat Süchteln 1924, Privatbesitz Peter Brendt, Viersen

den Bänke und Stühle für die großen und kleinen Schülerinnen. Etwas erhöht, an der Wand, saßen die älteren Mädchen und stufenweise nach vorn die jüngeren … Um uns die Art und Weise des Strickens einzuprägen, lehrte man es uns folgendermaßen:

Instäke, ömschloan,	Einstecken, umschlagen,
Döör loate piep,	Durchlassen,
Af loate goan.	Ablassen.

Die Schulstunden dauerten meistens von 4 1/2 – 6 Uhr, an schulfreien Nachmittagen begannen sie um 2 Uhr. Wer zu spät kam, mußte zwei Pfg. Strafe zahlen; das Geld wurde nachher zu einem Ausflug verwendet. Ebenso mußte die, welche redete, wenn ‚Stellstond!' (Schweigestunde) geboten war, Strafe zahlen. Zuweilen war das Geschnatter nämlich sehr groß, und wenn plötzlich von der Mitte her das Wort ‚Stellstond!' ertönte, konnten viele es sich doch nicht versagen, ihr unterbrochenes Geschwätz heimlich zu Ende zu führen, so daß im Laufe des Jahres trotz des kleinen Strafgeldes der Ausflug dadurch ermöglicht wurde; reichte der Betrag nicht aus, so mußte jede so und so viel Pfennig mitbringen. Man bekam in den Stunden meistens ein bestimmtes Pensum auf, je nach Können ‚*drij bis twälf Nöttjes*‘ (drei bis zwölf Nähte), die man mit bunten Wollfäden ‚*en Tekskes*‘ bezeichnete. Ich weiß, daß ich es oft nicht fertig brachte, und je mehr ich mich aus der bedrückenden Stube nach Hause sehnte, desto weniger wollte es mir gelingen, bis sich zuweilen eine der Größeren, hinter mir Sitzenden, erbarmte und mir heimlich in Geschwindigkeit die Aufgabe fertig machen half. Beseligt und erlöst hörte ich dann: ‚*Du kanns no Hüs goan.*‘ Denn es war damals nicht wie heute, wo gebildete Personen in hellen, luftigen Räumen oder gar im Freien den Kindern die nötigen Fähigkeiten beibringen.

Doch das Schönste, worauf wir uns wochenlang freuten, war der Sommerausflug ‚*nô dè Panoawè*‘. Dieser war ein schöner Bauernhof, etwa eine Viertelstunde von der Stadt (Geldern) zwischen Wiesen und Baumgärten gelegen. Mit Stinne und Gritje zogen wir in langer Reihe singend zum Issumer Tor hinaus:

> ‚*Bumms valdira, die Welt ist wunderschön.*
> *Und wär’ die Welt nicht wunderschön,*
> *Könnten wir nicht spazierne geh’n.*
> *Bumms valdira, die Welt ist wunderschön!*‘

Wie herrlich fanden wir es, wenn wir da draußen auf dem Bongèrt herum spielen durften; später gab’s an langen Tischen vor dem Hause ‚*Bottèrrammè mèt Melk*‘ (Butterbrote mit Milch), und hinterher wieder allerlei Spiele: ‚*Räuber än Schandärèm*‘ (Räuber und Polizist), ‚*Jurèk*‘ (Gurke), ‚*Sackloapè*‘ (Sacklaufen), ‚*Vèrstôppèlè*‘, ‚*Krenk*‘. Ehe wir aufbrachen, gab es dann noch ‚*Rissèpapp mèt brunnè Zukkèr än Kaneel bèstreut*‘ (Reisbrei mit braunem Zucker und Zimt bestreut), ein Götteressen für uns Kinder. Dann zogen wir müde und befriedigt von dem Genossenen singend heimwärts.“[2]

Das Fach Handarbeit für Mädchen gab es sogar an den damaligen Höheren Schulen bis 1955 bzw. 1964 von der Sexta bis zur Quarta (Klassen 5 bis 7). Neben dem gymnasialen Zweig der Höheren Mädchenschulen, den Neusprachlichen Gymnasien, in denen Englisch (neun Jahre), Französisch (sechs Jahre) und Latein (sechs Jahre mit dem Abschluss des Großen Latinums) unterrichtet wurden, gab es nach 1947 auch noch die Frauenoberschulen, an denen bis zum Abitur, dem sogenannten „Pudding-Abitur“, Kochen, Ernährungs- und Haushaltslehre unterrichtet wurden.

1) Schiffler/Winkeler 1999, 114 2) UH. 1928

Literatur
Anonym, De Breijschol. In: UH. = Unsere Heimat, Zwanglose Blätter, hg. von den Heimatvereinen des Kreises Geldern. Beilage zur Niederrheinischen Landeszeitung, 16. Jg., Nr. 9, 1928 (UH 1928)
Schiffler, Horst und Rolf Winkeler, Tausend Jahre Schule, Eine Kulturgeschichte des Lernens in Bildern. Stuttgart, Zürich 6. 1999 (Schiffler/Winkeler 1999)

Schulfeste im 19. Jahrhundert

Kaisers Geburtstag

Ein feierlicher Höhepunkt im Schulleben war der Geburtstag des Königs bzw. des Kaisers nach der Kaiserproklamation von 1871. Eine ungewöhnliche Geburtstagsfeier erlebten die Kinder von *Kapellen* im Jahre 1897. Aus der Schulgeschichte von *Kapellen* (in der Nähe von *Geldern*):
„Am Geburtstag des Kaisers Wilhelm I. am 22. März 1897 waren alle Schulkinder der Bürgermeisterei auf besonderen Wunsch der Frau Gräfin eingeladen worden. Punkt ein Uhr erfolgte der Abmarsch aus dem Dorfe mit Gesang. Gegen halb drei Uhr zogen die Kinder mit Gesang vor das Schloß (Haag), wo die Gräfin selbst die Kinder in Empfang nahm. Letztere wurden in den Saal geführt, erholten sich dort durch eine Tasse Schokolade, ein belegtes großes Butterbrot und eine Apfelsine von den Strapazen des Wegs und veranstalteten dann unter Anleitung der Lehrer auf dem Schloßhof allerlei Spiele und Belustigungen. Die Frau Gräfin nahm mit lebhafter Freude an den Spielen der Kinder teil; … auch noch andere Damen halfen getreulich beim Spiel. So wurde der Schloßplatz bald der Tummelplatz fröhlicher und munterer Kinder. Auch ein paar muntere Liedchen trugen nicht wenig zur Erhöhung der Freude bei.
Gegen 4 1/2 Uhr bekamen die Kinder nochmals eine Stärkung für den Rückweg, bestehend in einem Glase Wein[1] und einem Butterbrot. Gegen 5 1/2 Uhr erfolgte dann der Rückmarsch zum Dorfe, wo die Eltern schon mit Neugierde ihre Kinder erwarteten. Viele waren bis zum Ausgange des Ortes dem Zuge entgegengeeilt. Mit Gesang ging's darauf die Langestraße herauf bis zum Ende, dann wieder zurück und durch das Städtchen bis zum Lindenbaum auf dem Markte, wo die Kinder nach Absingung der Volkshymne entlassen wurden."[2]
In den *Krefelder* Schulen gab es, wie im ganzen Deutschen Reich, Feiern zum Geburtstag des Monarchen: „An diesem Tag war das Klassenzimmer mit Grün geschmückt, das Bild des Kaisers mit Blumen bekränzt. Die Kinder durften (um 1860/1870) ihre jüngeren Geschwister mitbringen, damit auch sie die festliche Schule und den schönen Gesang bewundern konnten. Die Ansprache des Lehrers war kurz und dem Auffassungsvermögen der Kinder möglichst angepaßt. Dazu kam bei den Kindern das schöne, erhabene Gefühl, die Sonntagskleider anzuhaben. Die Wirkung auf die Gemüter war derart, daß diese einfachen Feiern einen bleibenden Eindruck hinterließen."[3] Prinzipiell waren diese Geburtstagsfeiern um 1860 bis 1918 nicht viel anders als hier beschrieben.
Die Gewährsleute der Jahrgänge 1896 bis 1908 erinnerten sich sehr lebhaft an die Schulfeiern: Alle Schüler kamen in Sonntagskleidern zur Schule, die Mädchen trugen große schwarz-weiß-rote Schleifen im Haar, „Propeller" genannt. Sie waren nicht teuer und konnten in den Kolonialwarengeschäften gekauft werden.[4]

Die guten Schüler waren mit Stolz erfüllt, wenn sie in der Feier vaterländische Gedichte aufsagen durften. In *Rheurdt* wurden zu Kaisers Geburtstag am 27. Januar 1908 und 1909 in den Klassen kleine Festspiele aufgeführt, woran Mitglieder des Schulvorstandes und der Gemeindevertretung teilnahmen – „eine Schulprüfung" und „Huldigung der Monate".[5] In *Niedermörmter* ritten die Schulkinder mit Steckenpferden auf der Bühne und trommelten zu dem Vers:
„Tromm, tromm, tromm, die tromm,/Wer mitmarschieren will, der komm!"[6]
Den Gesang der Kinder begleiteten der Lehrer oder die Lehrerin meistens auf der Geige. Da das Geigenspielen zur allgemeinen Lehrerausbildung gehörte, beherrschte fast jeder Lehrer das Instrument so weit, dass er seine Schüler beim Singen darauf begleiten konnte. Zum Repertoire der gesungenen Lieder gehörten die Kaiserhymne, „Der Kaiser ist ein lieber Mann", und das Preußenlied.

Nr. 1051 Heil dir im Siegerkranz

mdl. *Viersen* 1974, Melodie: Frankreich 17. Jh., dort wird sie Jean Baptiste Lully zugeschrieben, 1743 von Henry Carey in England übernommen, Text nach Heinrich Harries 1790, Englische Nationalhymne „God save our glorious Queen", von 1871 bis 1918 Hymne des Deutschen Reiches, hier: die erste von insgesamt fünf Strophen

Nr. 1052 Der Kaiser ist ein lieber Mann

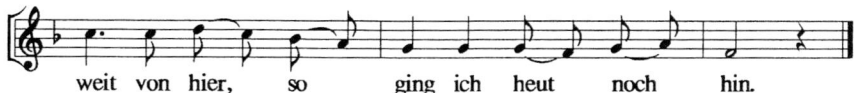

weit von hier, so ging ich heut noch hin.

Und was ich bei dem Kaiser wollt?/Ich gäb ihm meine Hand,/Brächt ihm den schönsten Blumenstrauß,/Den ich im Garten fand.

mdl. 1975, überall bekannt, Melodie: Üb immer Treu und Redlichkeit (Melodie aus der Zauberflöte von Wolfgang Amadeus Mozart von 1791 – Ein Mädchen oder Weibchen wünscht Papageno sich), s. Kommentar Nr. 1052

Nr. 1053 Ich bin ein Preuße!

Ich bin ein Preu-ße! Kennt ihr mei-ne Far-ben? Die Fah-ne

weht mir weiß und schwarz vor-an; daß für die

Frei-heit mei-ne Vä-ter star-ben, das deu-ten,

merkt es, mei-ne Far-ben an. Nie werd' ich bang ver-

za-gen, wie je-ne will ich's wa-gen. Sei's trü-ber

Tag, sei's hei-trer Son-nen-schein: Ich bin ein Preu-ße, will ein Preu-ße sein!

Text von Bernhard Thiersch, 1830, M. August Heinrich Neithardt 1832, erste von insgesamt fünf Strophen, s. Kommentar Nr. 1053. Der Inhalt der Lieder Nr. 1051 bis Nr. 1053 war für die damaligen Schüler ein selbstverständlicher Ausdruck der Verehrung gegenüber dem Haus der Hohenzollern – erst später sollte sich zeigen, wie unheilvoll das, was die Texte transportierten, in Wirklichkeit war, s. Kommentar Nr. 1053.

Die Einweihung einer neuen Schule

In den Volksschulen waren um die Wende zum 20. Jh. oft zwei bis vier Jahrgangsstufen in einem oder zwei Klassenräumen zusammengefasst. Dorfschulen, die es auch noch in den 50er und 60er Jahren des 20. Jh.s gab, waren sogar oft einklassig, und der Lehrer hatte Jungen und Mädchen aller acht Schuljahrgänge gleichzeitig zu unterrichten. Diese Unterrichtsform hieß „Simultanunterricht". Während einige Gruppen in Stillarbeit unterschiedliche,

533

Volksschule Schultheißenhof, bei der Einweihung eines Erweiterungsbaus 1927, Privatbesitz, Viersen

schriftliche Aufgaben zu bearbeiten hatten, wurde eine andere Gruppe vom Lehrer mündlich unterrichtet. Zu Beginn des 20. Jh.s wurden viele Schulen wegen der wachsenden Schülerzahlen zu klein, so dass neu gebaut oder angebaut werden musste.

Schulszene nach alten Motiven, Niederrheinische Kachel 20. Jh., Privatbesitz

In *St. Hubert* wurde 1907 aus solchen Gründen eine neue Schule gebaut. Es war ein für die damalige Zeit sehr fortschrittlicher Bau mit vier Klassenräumen und einer Wohnung für den Lehrer. Das Gebäude war von einem mit Linden bepflanzten Platz umgeben, der für die körperliche Bewegung und das Spiel vorgesehen war. Die Einweihung des Schulgebäudes war ein großes Ereignis. Der Zeitgenosse und Lehrer Hermann Kleintitschen beschreibt es folgendermaßen:

„Die Feier begann mit einem feierlichen ‚ministrierten‘ (d.h. mit mehreren Geistlichen und vielen Messdienern) Hochamt in der Pfarrkirche, an der alle Lehrer und Lehrerinnen teilnahmen. Nach Beendigung des Gottesdienstes zogen die Schüler unter Führung der Lehrpersonen prozessionsweise zum neuen Schulgebäude. Der Prozession hatte sich auch der hochwürdige Pfarrklerus angeschlossen. Im Schulgebäude hatten sich mittlerweile die Bürgermeisterei-Vertretung unter Führung des comm. Bürgermeisters … und die Mitglieder des Schulvorstandes eingefunden. Nachdem die Schulkinder in dem untern Korridore und auf der breiten Aufgangstreppe Aufstellung genommen hatten, wurde zur Einleitung der Feier das Lied ‚Alles meinem Gott zu Ehren' gesungen. – Nunmehr nahmen Pfarrer und Ortsschulinspektor unter Assistenz der beiden Kapläne die kirchliche Einsegnung nach dem vorgeschriebenen Ritus vor. Darauf hielt der Pfarrer eine zu Herzen gehende Ansprache, in der er zunächst die Gemeinde zu dem herrlichen Schulgebäude beglückwünschte, das zwar unter großen Opfern der Gemeinde, aber ohne jeden Unfall vollendet worden sei. Unter Zugrundelegung des Textes des Rituales richtete er sodann herzliche Worte an die Lehrenden und Lernenden, die in diesem ‚Hause ein und ausgehen'."

Nach dem Absingen der dreistimmigen Motette „Preis und Anbetung" durch die Knaben der Oberklasse ergriff der communale Bürgermeister das Wort, um die Wichtigkeit der Schule als Bildungs- und Erziehungsanstalt darzulegen. Seine wohlgesetzte Rede ließ der Bürgermeister in ein Hoch auf Se. Majestät den Kaiser als den hochherzigen Förderer der Schule ausklingen. Mit dem Absingen der Nationalhymne endete die schöne Feier, die auf alle einen erhebenden Eindruck gemacht hatte". [7]

1) zu ein „Glas Wein" für Schüler, vgl, S. 667 Nr. 1066 2) Schumacher UH. 1935, Nr. 6 3) Wansleben 1925 4) mdl. Viersen 1970 5) Mäschig GHK 1998, 174 6) Nix KKL 2000, 176 7) Kleintitschen 1913, 84/85

Literatur

Fonk, Genno, Altbier im Alltag. Biergeschichte vom Niederrhein, Duisburg 1999 (Fonk 1999)

GHK = Geldrischer Heimatkalender

Kleintitschen, Hermann, Geschichte von St. Hubert. Nach meist unveröffentlichten Quellen bearbeitet. Kempen, Rheinl. 1913 (Kleintitschen 1913)

KKL = Kalender für das Klever Land

Mäschig, Theo, Kaiserverehrung und patriotische Gedenkfeiern. In: Geldrischer Heimatkalender 1998 (Mäschig 1998)

Nix, Leo, Kinheitserinnerungen aus der Zeit vor, während und nach dem 1. Weltkrieg. In: Kalender für das Klever Land 2000, 176 (Nix KKL 2000, 176)

Schumacher, Carl, Zur Schulgeschichte von Capellen von 1510 bis 1914. In: Unsere Heimat, (Kreis Geldern) 23. Jg., Nr. 6, 1935, unpag. (Schumacher UH. 1935)

Siemes, Helena und Gerd Philips, Durch das Jahr. Feste und Bräuche am Niederrhein, Duisburg 2001 (Siemes/Philips 2001)

UH = Unsere Heimat, Beilage

Wansleben, Clara, Das erste Lebensjahrzehnt des Crefelder Kindes vor 60–70 Jahren. In: Die Heimat 4. Jg. 1925 (Wansleben 1925)

Zender, Matthias, Mummereien im Rheinland. Aus: Volkskunde. Fakten und Analysen. Festschrift für Leopold Schmidt zum 60. Geburtstag, Wien 1972. In: Matthias Zender, Gestalt und Wandel. Aufsätze zur rheinisch-westfälischen Volkskunde und Kulturraumforschung. Hg. H. L. Cox und G. Wiegelmann, Bonn 1977 (Zender 1977)

Der Neujahrsbrief

Jedes Jahr kam der aufregende Tag, an dem der Neujahrsbrief an die Eltern und Großeltern geschrieben werden musste. Der folgende Bericht stammt aus dem Jahre 1924 und trifft für das letzte Drittel des 19. Jh.s und bis ungefähr 1925 zu. „Jeder brachte vier Pfennige mit zur Schule und erhielt dafür einen sauberen Briefbogen nebst Umschlag und ein neues Schreibfederchen in seinem Halter. Zitternd vor Angst, den schönen Bogen zu verklexen, saßen die Kinder davor, und der Lehrer diktierte: Teure Eltern! Schon wieder ist ein Jahr vergangen … Vom Inhalt dieses Neujahrsbriefes begriffen die Kinder nichts, die darin hochtönenden Versprechungen waren ihnen unverständlich … Die Eltern freuten sich darüber und natürlich wurde er auch in der Verwandtschaft kritisch betrachtet, ob die Schrift sich vom letzten Jahr an gebessert habe … Ist die schreckliche Briefschreiberei vorüber, dann folgt etwas ganz Wunderherrliches. Der Lehrer bringt einen Stoß dünner Büchelchen in grell-bunten Einbänden und verteilt diese sogenannten Neujahrsbüchelchen unter die erwartungsvolle Kinderschar … Schon auf dem Nachhauseweg wurde gelesen. Ergreifende Geschichten und spaßige Gedichte, Rätsel, Märchen, alles stand in dem Büchlein, theilweise durch bescheidene Holzschnitte erläutert. Dazu der glatte, farbige Umschlag, der immer wieder befühlt und besehen wurde. Es war herrlich und wohl wert, daß dafür jedes Kind dem Herrn Lehrer ein Geldstück als Neujahrsgeschenk brachte." Es überrascht, dass nicht die Kinder für ihre Mühe belohnt wurden, sondern der Lehrer von jedem Kind für das „Neujahrsbüchelchen" ein Geldstück erhielt.

Wansleben 1924, 69

Neujahrsbrief von ca. 1929:

Liebe Großmutter
Meine allerbesten Glückwünsche sende ich Dir zum neuen Jahr mit diesen Zeilen. Der liebe Gott nehme Dich in seinen gnädigen Schutz und Schirm und halte alles von Dir fern, was Dich betrüben und Dir Kummer verursachen könnte. Er schenke Dir einen schönen ruhigen Lebensabend voll Licht und Sonnenschein; kein Unglück möge die Heiterkeit deiner Seele trüben, und Zufriedenheit möge Dir in reichem Maße beschieden sein. Mir aber bringe das neue Jahr die Fortdauer Deiner Liebe, die mich so sehr beglückt, und das freundliche Wohlwollen, mit dem Du meine Schritte begleitest. Mit diesem Wunsch grüßt Dich, geliebte Großmutter, vieltausendmal Dein treuer dankbarer Enkel Hans

Der Neujahrsbrief ist nicht mehr in der Altdeutschen Schrift, sondern in der von 1915 bis 1941 eingeführten Sütterlinschrift, der sogenannten „Deutschen Schreibschrift", verfasst.

In der Pause, auf dem Schulhof

Neben der Beschreibung von Spielen, die die Kinder in der Mitte des 19. Jh.s in der Pause auf dem Schulhof spielten, heißt es bei Wansleben aus *Krefeld:* „Sobald die Pause kam und die Kinder auf dem Hofe (Schulhof) waren, wurde über die hergefallen, die während der Stunde beim Lehrer antrugen (petzten). ‚Klappei! Klappei!' oder ‚Petzei!' wurden sie angeschrien, oder es wurde ihnen heimlich ein rotes Läppchen ans Kleid geheftet". Schließlich sang der Chor der Rache:

Nr. 1054

Klappaikè woll nô dè Möölèm joôn,	Petzei wollte zur Mühle gehen,*
Hatt sonn Noot tu käkkè.	Hatte solche Not zu kacken.
Käkkt langs dè Häkkè.	Kackt an der Hecke entlang.
Koam ènn Frou onn plökkt ènn Blatt.	Kam eine Frau und pflückt ein Blatt.
Pfui Doivèl, watt schtinkt datt!	Pfui Teufel! Wie das stinkt!

* aanklappè = verpetzen, *Krefeld,* Wansleben 1925, 68, s. Kommentar Nr. 1054

Das „Anklappen" (Petzen) war ein beständiges Thema, über das Schüler sich ärgerten, und wofür sie sich mit Spottgesängen an dem Betreffenden rächten. Wer die Schule schwänzte, dem wurde von Mitschülern zuweilen angedroht, es der Lehrerin zu hinterbringen, wie die folgenden Verse belegen. Noch zu Beginn des 20. Jh.s und noch bis in die 50er Jahre wurde der Übeltäter hiermit verspottet:

Nr. 1055 Ri-ra-rusch

Ri - ra - rusch, du häss dich lanngs di Schuel je-schtrie-ke. Datt sägg ich vüer Frol-lein Busch.

Du hast dich an der Schule vorbeigedrückt./Das sag' ich Fräulein Busch.

mdl. Text und Melodie: *Viersen* 1970 und 1995, auch *Traar* 1981

Nr. 1056

Du bess ennè Aap, du bess ennè Aap.	Du bist ein Affe, du bist ein Affe.
Du häss di Schollarbeit nôch	Du hast die Schularbeit noch
nett jèmaat.	nicht gemacht.
Höttst du di Schollarbeit jèmaat,	Hättest du die Schularbeit
	gemacht,
Hött dich dä Lehrer nikks jèsaat.	Hätte dir der Lehrer nichts gesagt.
Du bess ennè Aap, du bess ennè Aap.	Du bist ein Affe, du bist ein Affe.
Du häss di Schollarbeit nôch	Du hast die Schularbeit noch
nett jèmaat.	nicht gemacht.

mdl. *Neuwerk* 1980, vgl. Noever 2003, 24, er bezeichnet es als „Fastnachtslied mit Sprechmelodie … das Lied wurde immer wiederholt", Z. 3 u. 4: Höt der Lehrer mech jät jesaat/ dann höt ech-se jemaat, s. Kommentar Nr. 1056

Nach einem Morgen, der den Schülern langes Stillsitzen abgefordert hatte, stürmten die Kinder ins Freie und das Ende des Unterrichts wurde mit lautem Jubel und kritischen Bemerkungen begrüßt.

Nr. 1057 Hurra, die Schule ist aus

Hur - ra, die Schu -le ist aus. Nun lau-fen wir nach Haus. Das
Fräu -lein hat so - e - ben uns gar nichts auf -ge - ge - ben. Denn
das ist sehr ge -scheit, und wir sind hoch-er - freut. Drum kön-nen wir nach
Her-zens-lust uns bal - gen heut´. In der Schul´, da muß man ma-chen
Knick-se, und da - bei be-kommt man auch noch Wich-se. In die
Schu - le geh´ ich gar nicht gern. Und ist das Fräu-lein noch so gut, ich
blei - be lie - ber fern. Das Schön-ste ist um zehn, wenn auf den Hof wir

538

geh'n. Da kommt die But - ter - bem-mel so rich-tig in die Klem-mel. Und

tönt das Sin - ge - nal hin - ein ins Schul - lo - kal, dann

heißt es: Gra - de - sit - zen, ganz pri - mi - al!

Wichse bekommen = Prügel beziehen, Butterbemmel = Brotschnitte mit Auf-strich (von „Bemme", ostmitteldeutsch), Klemmel = Klemme, dem Endungs-reim angepasst, Singenal = Signal, kindlich nachgesprochen, primial = prima, kindlich nachgesprochen, Text und Melodie 1981 in *Neuwerk* aufgezeichnet

„Die Schule ist aus", Alte u. Neue Welt
– Illustrierte Katholische Monatsschrift 1871

Die Freude über den Beginn der Ferien wurde auf dem Nachhauseweg laut herausgeschrien:

Nr. 1058 *Wörr habbè Feriè*

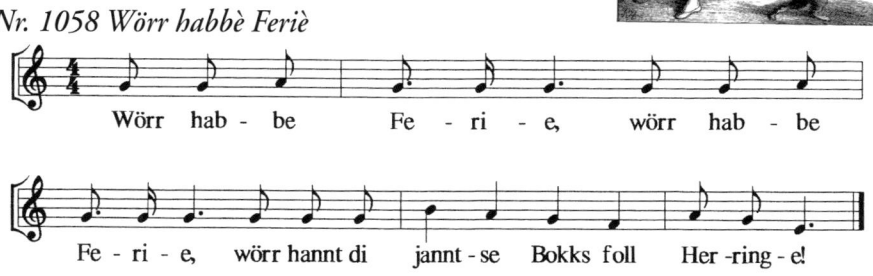

Wörr hab - be Fe - ri - e, wörr hab - be

Fe - ri - e, wörr hannt di jannt - se Bokks foll Her -ring - e!

Wir haben Ferien, wir haben Ferien,/Wir haben die ganze Hose voll Heringe!

Text und Melodie 1994 in *Viersen* aufgezeichnet, weit verbreitet, s. Kommentar Nr. 1058

In *Schravelen* bei *Kevelaer* hakten sich die Mädchen zu Beginn der Herbstferi-en unter, zogen über den Schulhof und sangen vermutlich in der rheinischen Leierliedformel:

Nr. 1059 *Van Dag es de letzde Dag*

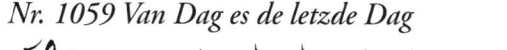

Van Dag es de letz -de Dag, mor -ge gonn wej rei - se. Wej

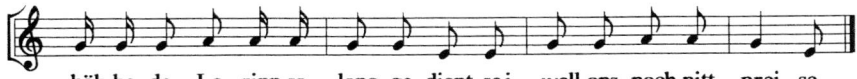

häb-be de Le - rinn so lang ge -dient, sej well ons noch nitt prei - se.

Heute ist der letzte Tag,/Morgen verreisen wir./Wir haben der Lehrerin so lange gedient,/Sie will uns noch nicht (einmal)loben.

Rekonstruktion der Melodie Gerd Philips

Nr. 1060 Vandaag

Het is vandaag de leste dag,　　　Heute ist der letzte Tag,
Dat ik hier zit te schrijven.　　　Dass ich hier sitz' und schreibe.
Ik zeg den meester goejen dag　　Ich sag' dem Lehrer guten Tag
Voor al sijn slaan en kijven.　　　Für all sein Schlagen und Keifen.

Vgl. aus den Niederlanden de Cock/Teirlinck VII, 184 „Der letzte Schultag"

Das folgende Liedchen ist eine Rekonstruktion nach einer unvollständigen Fassung aus *Grefrath,* deren Melodie jedoch aufgezeichnet werden konnte und als Vorlage diente; der Grefrather Text lautet:

Nr. 1061

Wä welt möt nô Keävèlè joan on hoèlè èn Piif Tèbôkk? … Dô koam èn ôôt jriis Männkèn, dat schtook os en dä Sôkk.
Wer will mit nach Kevelaer gehn und eine Pfeife Tabak holen? … Da kam ein altes graues Männchen, das steckte uns in den Sack.

Nr. 1062 Welle wej eß noo Käwele goon

Wel - le wej eß noo Kä -we - le goon aenn haa-le een Piep Ta - bak. Wej roo - ke nitt, wej schmoo-ke nitt, wej häw-we noch Geld satt. Aenn wänn de schwar-te Kähl eß kömmt, so steck - te ons in de Sack.

Wollen wir einmal nach Kevelaer gehen/Und eine Pfeife Tabak holen./Wir rauchen nicht, wir schmauchen nicht,/Wir haben noch Geld genug./Und wenn der schwarze Kerl mal kommt,/Dann steckt er uns in den Sack.

Rekonstruktion der Melodie Gerd Philips
Schravelen, Gerrits, UH., Nr. 7, 1932

Der Schulweg

Der bis in die 1960er Jahre meist längere oder sogar lange Schulweg, auf dem sich Jungen und Mädchen trafen und je nach Freundschaftsgrad zu zweit oder in Grüppchen gingen, nahm auf dem Hinweg zur Schule naturgemäß weniger Zeit in Anspruch als auf dem Rückweg. Die Schulwege waren in ländlichen Gegenden – wenn eine weiterführende Schule in der Stadt (wie z.B. von *Uedem* aus nach *Xanten* oder mit dem Fahrrad von *Amern* nach *Viersen* ins Gymnasium) besucht wurde – zuweilen über zehn Kilometer weit. Von *Uedem* aus ging man z.B. entweder zu Fuß, fuhr mit dem Rad oder mit der Boxteler Bahn.[1] Der Schul- bzw. Heimweg konnte für Schüler zuweilen auch recht abenteuerlich und gefährlich werden:

Etwa acht Schüler und Schülerinnen aus *Obermörmter,* die in *Rees* auf der anderen Rheinseite das Gymnasium und Lyzeum besuchten, standen eines Tages nach Schulschluss, von dichtem Nebel überrascht, am Rheinufer und konnten nicht nach Hause zurückkehren, weil der Schifffahrtsverkehr wegen der Sichtbehinderung eingestellt worden war. Leichtsinnig wurde kurzerhand beschlossen, mit dem „eisernen Nachen" die Rheinüberfahrt ohne Fährleute zu wagen. Wie üblich ruderten die Schüler rheinaufwärts am Ufer entlang bis zum Mühlenturm, einem noch schwach sichtbaren Orientierungspunkt. „Dann gings hinein ins Ungewisse. Nach ein paar Ruderschlägen sahen wir nur noch Wasser ringsum. Nichts ließ die Richtung ahnen, die wir einschlagen mußten. Doch ein guter Engel war mit uns. Nach langer Fahrt tauchte das andere Ufer aus dem Nebel auf. Wir waren bis zur Salmfischerei abgetrieben worden. Erleichtert ruderten wir wieder rheinaufwärts bis zur Anlegestelle der Ponte, wo wir den Eisenkahn sicherten. Es war noch einmal gut gegangen."[2]

Das, was die Kinder der heutigen Zeit in den Städten heute kaum noch erfahren, ist der Faktor „Zeit", da die „modernen" Kinder in der Regel von ihren Müttern oder Vätern mit dem Auto bis vor die Schule gefahren und auch dort wieder abgeholt werden. Damals musste sich ein Schüler auf dem Hinweg zur Schule meist beeilen, um pünktlich zum Unterrichtsbeginn im Klassenraum anwesend zu sein, während er sich auf dem Nachhauseweg das „leisten" konnte, was man heute als „Bummeln" bezeichnen würde.

Auf dem Hin- und Rückweg zur Schule vollzog sich zudem eine ständige Kommunikation zwischen den Kindern: Es wurden Freundschaften geschlossen und vertieft durch den Austausch von gemeinsam Erlebtem und Erfahrenem. Aber auch Abneigungen und Gegnerschaften trug man aus. Meist wurde zudem auf dem Nachhauseweg gespielt: Man zog Stecknadeln, tauschte Glanzbildchen oder Briefmarken, lief mit dem Reifen, der draußen vor der Schule abgestellt worden war, spielte im Gehen mit Knickern *(Stucke),* warf sich im Laufen einen Ball zu, sang oder schrie gemeinsam Spottverse und balancierte über

Stangen, Steine und Mäuerchen. Die Kinder hatten dabei viel körperliche Bewegung.

Das blieb so bis zu den 1950er und 1960er Jahren. Ein Bericht aus *Viersen* bestätigt dies aus der Erinnerung eines damals zehnjährigen Jungen für die Jahre 1930–42: „... alle Schüler gingen ohne Begleitung zur Schule. Der Schulweg konnte einige Kilometer lang sein. Die Schüler gingen meistens in Gruppen, machten natürlich auf dem Schulweg oft Unsinn oder bummelten. Der Schulweg war für mich weder beschwerlich noch langweilig. Ich kann mich noch gut an folgendes erinnern: Unsere Schule befand sich auf einer leichten Anhöhe. Die Straße war schlecht befestigt, und bei Regen schoß das Wasser durch einen primitiven Rinnstein, wenig unterbrochen durch einen Gulli. In dem Rinnsal ließen wir Papierschiffchen um die Wette schwimmen. Oft kamen wir nicht nur zu spät, sondern auch klatschnaß nach Hause." [3] Zuweilen wurde auch zerstörerischer Unfug getrieben. Die Telegraphentöpfchen aus Porzellan dienten in ländlicher Umgebung, wo man den Blicken der Erwachsenen entzogen war, auf dem Nachhauseweg oft als Ziele für Schüsse mit der selbstgemachten Schleuder, der *„Flitsch"* oder *„Jiip"*. Sieger war, wem es gelang, die meisten zu treffen. [4]

Die anfängliche Begeisterung für die Schule – das ist heutzutage nicht viel anders – nahm im Laufe der Schulzeit bei den meisten Kindern ab, und sie freuten sich, wenn der Unterricht einmal ausfiel.

Der folgende Vers ist ein schadenfroher Spottvers auf die Lehrerin. Er ist nur dann richtig zu verstehen, wenn man weiß, dass Lehrerinnen bis 1918 nicht heiraten durften, es sei denn, sie gaben ihre Lehrtätigkeit beim Eintritt in den Ehestand auf. Am ganzen Niederrhein war das Spottliedchen verbreitet:

Nr. 1063 Eenè, meenè muulè

Ee - ne, mee - ne, muu - le, wir ha - ben kei - ne Schu - le. Wa - rum denn nicht, wa - rum denn nicht? Frol - lein Mül - ler hat ein Kind je - kricht.

mdl. *Born* 1979, *Amern, Neersen, Neuwerk, Overhetfeld* 1982, s. Kommentar 1063

1) Zobel-Mühlhoff KKL 1997, 166 2) Nix KKL 2000, 176 3) Siemes 1994, 23 4) mdl. *Viersen* und *Dülken* 1974

Literatur

Cock, de und Is. Teirlinck, Kinderspel & Kinderlust in Zuid-Nederland, Bd. I–VIII, Gent 1902–1908 (de Cock/Teirlinck VIII, 1908)

Gerrits, UH., Nr. 7, 1932

KKL = Kalender für das Klever Land

Nix, Leo, Kindheitserinnerungen aus der Zeit vor, während und nach dem 1. Weltkrieg. In: Kalender für das Klever Land 2000, 176 (Nix KKL 2000, 176)

Siemes, Hans Willi, Das war so. (Erinnerungen) Hösbach 1994, Maschinendruck (Siemes 1994)

Noever, Joh., Mönchengladbacher Mundartwörterbuch; Mönchengladbach 2000

Unsere Heimat, Zwanglose Blätter, hg. von den Heimatvereinen des Kreises Geldern. Beilage zur Niederrheinischen Landeszeitung, 20. Jg., Nr. 7, 1932, unpag. (UH. 1932)

Wansleben, Clara, Das erste Lebensjahrzehnt des Crefelder Kindes vor 60–70 Jahren. In: Die Heimat 4. Jg. 1925 (Wansleben 1925)

Zobel-Mühlhoff, Hildegard, Der Lokführer meinte es gut. In Kalender für das Klever Land 1997 (Zobel-Mühlhoff KKL 1997)

Turnunterricht

Turn- und Sportunterricht kannte man in der Mitte des 19. Jh.s noch wenig, allenfalls in den Gymnasien. Zunächst waren Mädchen meist davon ausgeschlossen. Ab 1810 hatte Ludwig Jahn in Deutschland mit seiner Turnbewegung begonnen. Zur Ergänzung des Turnens verlangte er das „Turnspiel". Alles, was zur Leibesübung für Jung und Alt brauchbar schien, fasste er zu einem System zusammen. Neben altklassischen Spielen nahm er auch deutsche Kinderspiele auf und funktionierte sie für seine pädagogischen Zwecke um.[1] Zur Lehrerfortbildung wurden Ende des 19. Jh.s Kurse im Jugendspiel eingerichtet und 1891 wurde ein „Zentralausschuß zur Förderung der Jugend und Volksspiele" in Deutschland gegründet.

Die Befürwortung des Turnunterrichts in den Schulen wurde sowohl in der Kaiserzeit, während des Ersten Weltkrieges als auch im Dritten Reich besonders vom Militär unterstützt, das darin ei-

Turnunterricht für Mädchen um 1900, Archiv des Heimatvereins Mönchengladbach-Giesenkirchen

nen Beitrag zur Wehrertüchtigung sah. Unabhängig davon hatten aufmerksame Pädagogen, angeregt durch die Bemühungen von Ludwig Jahn, schon früh im 19. Jh. den natürlichen kindlichen Bewegungsdrang erkannt und beobach-

543

tet, wie die Schulkinder dieses Bedürfnis in vielen Bewegungsspielen auf dem Schulhof und nach dem Unterricht auslebten. Auf Grund dessen begannen Pädagogen und Lehrer die Spiele der Kinder zu beobachten und aufzuschreiben, um sie in der Schule u.a. auch gezielt für die Gesundheits- und Sozialerziehung einsetzen zu können. In der Folge entstanden zahlreiche Spielesammlungen. Hervorgehoben sei nur A. Schlipköters Sammlung: „Was sollen wir spielen? 460 der beliebtesten Jugend- ‚Turn- und Volksspiele für Schule, Haus, Vereine und Gesellschaftskreise". Die Spielesammlung von Schlipköter muss für die damalige Zeit ein „Renner" gewesen sein, da nach der ersten Auflage von 1910 fünfzehn Jahre später noch eine 10. Auflage (52. bis 56. Tausend) folgte. Dessen pädagogische Tendenz ist besonders deutlich im Vorwort zu erkennen. [2] Es heißt dort u.a.: „Im Spiel lernt man Umgang mit Menschen ... Aus dem Spiel erwächst die Liebe zur Arbeit ... Das Spiel begünstigt die freie Entwicklung der im Kinde verborgenen Geisteskräfte ... das Spiel ... stärkt und hebt die körperliche Gesundheit". Und schließlich: „Das zunehmende Interesse des Volkes für das Spiel (fördert) die Wohlfahrt des Landes".

Auch das Erziehungskonzept für Mädchen in den Höheren Töchterschulen führte noch während des Ersten Weltkrieges den Turnunterricht ein. Was hatte man sich darunter vorzustellen?
Im Ersten Weltkrieg wurden alle Schüler für irgendwelche Aktivitäten im sozialen Bereich eingesetzt. Dies traf z.B. auch für die Schülerinnen des *Viersener* Lyzeums zu: „Als der erste Weltkrieg ausbrach, verwendeten wir fast mehr Zeit auf für verwundete Soldaten als für das eigentliche Lernen. So sangen wir u.a. immer wieder in den verschiedensten Lazaretten neu einstudierte vaterländische Lieder. Das Tollste für uns prüde erzogene Mädchen war etwas völlig Neues: Es wurde uns eines Tages mitgeteilt, daß wir fortan in Turnhosen und im Sweater vor den Soldaten turnen würden. Und es dauerte auch nicht lange, da standen wir in der Schule vor einem Haufen dunkelblauer Turnhosen aus scheußlich pieksendem Wirkstoff. Es waren weit geschnittene Pumphosen, deren halblange Beine unter den Knien durch ein enges, mit einem Knopf verschließbares Bündchen hochgehalten wurden. Der Sweater war aus heutiger Sicht ebenfalls ein unmögliches Kleidungsstück. Auch er war blau, allerdings mit weißen Streifen. In diesem Aufzug, so ‚emanzipiert' er uns auch erscheinen ließ, fühlten wir uns allesamt ziemlich unglücklich. Bei unsern Turnübungen hantierten wir – auch das war neu und mußte erst eingeübt werden – mit Keulen und Holzstäben." [3]
So muss man es für fortschrittlich erachten, wenn um 1916–1920 im *Viersener* Lyzeum (zuvor „Höhere Töchterschule") alle Schülerinnen zu täglichen Turnübungen auf dem Schulhof zuammengerufen wurden: „Kann man sich heute vorstellen, daß mehr als 170 Schülerinnen beim Pausenzeichen innerhalb von zwei Minuten, jede an ihrem bestimmten Platz, auf dem Schulhof bereitstehen

zur täglichen Turnübung!? Fällig waren je zehn Rumpfbeugen, je zehn Rumpf-
kreise, zwei mal zehn Atemübungen (Bauchatmen und Brustatmen), zehn Knie-
beugen, zwei mal zehn Arm- und Beinübungen u.a." [4]
Schon 15 Jahre später (1934) hatte der Turnunterricht für Mädchen ein etwas
anderes Gesicht: „Es (war) eine Wonne, mit selbstausgedachten Bewegungen
zur Musik diagonal durch die Turnhalle zu schreiten, zu schweben und zu hüpfen – Vorstufe der Selbsterfahrung? Unser jugendlicher Bewegungsdrang war
ungebrochen, und der Motivation ‚mens sana in corpore sano' bedurfte es
nicht." [5]

Prügeleien und Rangeleien

Auch Clara Wansleben hatte in der Mitte des 19. Jh.s die Beobachtung gemacht,
dass Bewegungsspiele für den Bewegungsdrang von jüngeren und älteren Kindern sehr wichtig sind. „Die Elementarschule hatte keinen Turnunterricht. Und
das Wörtchen ‚Sport' … war gänzlich unbekannt. Wollten sich die Jungen körperlich betätigen, so sprangen sie Bock, spielten Räuber oder verhauten einander. Es wurde ungemein viel und selbstverständlich gehauen und gekämpft, aber
ohne Haß und Zorn, mehr aus Betätigungsdrang … Trotz Beulen und Schrammen saßen die Kämpfer (anschließend) friedlich beisammen, verzehrten ihre
Butterbrote und baten den, der die dickste *‚Fumm'* (Butterbrot) oder gar einen
Apfel hatte: ‚Laß mich mal beißen!' " [6]
Keilereien waren bis weit ins 20. Jh. üblich. Sie wurden nicht nur auf dem Schulhof, sondern besonders häufig auf dem Nachhauseweg ausgetragen, wenn zwei
miteinander konkurrierende Jungengruppen aus verschiedenen Sektionen
(Stadtteilen), Straßen oder Dörfern aufeinander trafen oder auch einander gezielt auflauerten. Die Balgereien wurden gewöhnlich mit der Aufforderung eingeleitet: *„Reem aff (fonn dè Bokks)! Klommp uut!"* (Den Riemen [von der Hose]
ab! Holzschuhe aus!) Mit diesen „Waffen", Hosenriemen und Holzschuhen,
verprügelte man sich gegenseitig „lustvoll". [7] Offensichtlich waren solche
„Kämpfe" auch ein Ventil, womit die Jungen ihren „Kraftüberfluss" und ihre
Aggressionen loswerden konnten; außerden trugen sie dem natürlichen Bewegungsdrang Rechnung.
Die damaligen Rangeleien unterscheiden sich jedoch deutlich von der heutigen
Aggressivität, d.h. Gewaltbereitschaft und Gewalttätigkeit der Kinder und Jugendlichen im 21. Jh. „Aggression wird in der Regel als Verhalten definiert, das
darauf abzielt, dem anderen Schmerz oder Schaden zuzufügen … Gruppenge-
walttätigkeit wird definiert als Aktivität, die keinen anderen Nutzen bringt, als
das dadurch verurrsachte Vergnügen … Spielkriege und Kämpfe (dagegen)
sind nicht aggressiv, falls man dem anderen nicht wirklich Schaden zufügen
will, was jedoch nicht zum Charakter des Spiels gehört." [8] Oft endeten solche

Keilereien friedlich, wie auch aus *Krefeld* berichtet wird. Sich prügeln bzw. raufen, gehörte in den Augen von Erwachsenen offensichtlich zum Repertoire des Kinderspiels, insbesondere der Jungen.

Prügeleien unter diesen haben eine alte „Tradition": Auf dem Spielbild von Pieter Brueghel von 1560 sieht man hinten auf der Straße neben dem Haus zwei sich prügelnde Jungen, die sich auf der Erde wälzen. Eine Frau versucht, den Kampf zu beenden, indem sie die beiden Jungen aus dem Fenster mit einem Eimer Wasser überschüttet.[9] Selbst Luther hat sich zu diesem Thema geäußert. Er sagte: „Meine Meinung ist, daß man die Knaben am Tag eine oder zwei Stunden zur Schule gehen lasse … Bringen sie doch sonst wohl zehnmal so viel Zeit zu mit ,Keulichen' (Kölsche/Knicker) schießen, Ballspielen, Laufen und Rammeln"[10] (rangeln, sich balgen und prügeln).

Zwei raufende Jungen, Niederländische Kachel aus dem 17. Jh., Privatbesitz Dr. Eugen Gerritz, Krefeld

Die obige Darstellung aus den Niederlanden auf einer Delfter Kachel aus dem 17. Jh., auf der zwei Jungen miteinander rangeln, bestätigt das. Zerbrach einmal eine Fensterscheibe durch Steinewerfen, so zeigten sich Erwachsene trotz der für notwendig befundenen Strafe insgeheim oft „tolerant", zumindest dann, wenn der eigene Sohn der Verursacher war. Man muss annehmen, daß die Väter sogar in gewisser Weise stolz darauf waren, lautete doch ein Spruch:

Nr. 1064

Ennè Hongk, deä nett bitt,	Ein Hund, der nicht beißt,
Ennè Jong, deä nett schmitt,	Ein Junge, der nicht (mit Steinen) wirft,
Di dööijè bai nett.	Die taugen beide nicht.

mdl. *Viersen* 1980

1) Böhme 1897, 10/11 2) Schlipköter 1925 3) Granderath 1994, 99 4) Stationen 1979, 31 5) Stationen 1979, 36 6) Wansleben 1925, 68 7) mdl. *Viersen* 1978 8) Virtanen 1987, 183 9) vgl. Hills 1957, 49–50 10) Hills 1957, 50; Böhme 1897, 425, 18

Literatur

Böhme, Franz Magnus, Deutsches Kinderlied und Kinderspiel, Volksüberlieferungen aus allen Landen deutscher Zunge, Leipzig 1897 (Böhme 1897)

Granderath, Hildegard, Wie ich als Kind meine Heimatstadt Viersen erlebte. Hg. Verein für Heimatpflege e.V. Viersen, Viersen 1994 (Granderath 1994)

Hills, Jeanette, Das Kinderspielbuch von Pieter Brueghel d. Ä. (1560), Wien 1957 (Hills 1957)

Schlipköter, A., Was sollen wir spielen? 450 der beliebtesten Jugend-, Turn- und Volksspiele für Schule, Haus, Vereine und Gesellschaftskreise 10, Hamburg 1925 (Schlipköter 1925)

Stationen, Eine Sammlung von Texten über Entstehen und schulisches Leben des Mädchengymnasiums Viersen. Hg. vom Städtischen Mädchengymnasium Viersen mit Unterstützung des Vereins der Freunde und Förderer des Städtischen Mädchengymnasiums Viersen 1979 (Stationen 1979)

Virtanen, Lea, Aggression und Kindertradition. In: Kinderkultur. 25. Deutscher Volkskundekongreß in Bremen vom 7. bis 12. Oktober 1985 (Virtanen 1985)

Wansleben, Clara, Das erste Lebensjahrzehnt des Crefelder Kindes vor 60–70 Jahren. In: Die Heimat, Crefeld 4. Jg. 1925 (Wansleben 1925)

Der Schulspaziergang oder Schulausflug

Der jährliche Schulausflug war eine Errungenschaft der Schulpädagogik des 20. Jh.s und galt bei den Schülern als ein schulischer Höhepunkt. Ziel der Schulwanderung war meist ein Bauernhof mit Wirtschaft oder ein Ausflugslokal in der näheren Umgebung, dessen Attraktion für die damalige Zeit manchmal „exotische" Tiere waren wie z.B. ein Pfau, ein paar Zierhühner oder hin und wieder ein Affe. In Viersen gab es z.B. ein Ausflugslokal namens Schlömer, das einen Affen besaß, der allgemein als „Schlömer Minko" beliebt und bekannt war. Meist gab es in den Ausflugslokalen einen Rundlauf, eine Schaukel oder eine Rutschbahn.

Bei schönem Wetter kam es vor, dass die Schüler den Lehrer um einen Spaziergang baten. Dann sangen sie z.B. dieses umgetextete Lied, dessen Melodie allgemein bekannt war:

Nr. 1065 Die Luft ist so blau

Die Luft ist so blau und das Tal ist so grün. Wir
bit- ten den Herrn Leh -rer, spa - zie -ren zu gehn, wir
bit- ten den Herrn Leh -rer, spa - zie -ren zu gehn.

Text und Melodie 1993 in *Viersen* aufgezeichnet, s. Kommentar Nr. 1065

Die Begeisterung für alles Militärische in der Preußenzeit (um 1900) kommt auch bei einem Schulausflug in *Süchteln* zum Ausdruck: „Erst in der letzten

Stunde der Vormittagsklasse wurde der Ausflug bekannt gegeben. Punkt zwei Uhr traten die Schüler auf dem Schulhofe an … Viele der Jungens hatten sich einen Papierhut angefertigt, der einem Admiralshut nicht unähnlich sah. Um die Hüfte war eine Papierschärpe geschlungen und an der linken Seite hing der hölzerne Säbel mit der aus buntem Papier angefertigten Troddel. Nicht selten kam es vor, daß zu dieser ‚Uniform‘ der Holzschuh den Kommißstiefel ersetzen mußte, denn *„Sonnèsschuèn“* – Sonntagsschuhe (Lederschuhe) an den Werktagen zu tragen, galt bei allen kleinen Leuten als etwas ganz Außergwöhnliches … Aus den uniformierten Schülern wurde dann eine ‚Korporalschaft‘ gebildet, der Fahnenträger, der meist an einem *„Sprielensteck“* (Faulbaumrindenstock) ein Taschentuch gebunden hatte, setzte sich an die Spitze des Zuges, dahinter mit drei Metern Abstand der Tambour, dem der Landwehr-Unterstützungsverein die Trommel an solchen Festtagen in entgegenkommender Weise geliehen hatte. Sodann folgten die Soldaten mit den Papierhüten und Holzsäbeln und zum Schluß die anderen ‚Grienlächer‘, an ihrer Seite der Lehrer mit dem Spazierstock. Der ‚Klassenprengel‘, die Zuchtrute, trat an solchen Ausflugstagen natürlich nicht in Aktion … Im Gleichschritt ging es dann dem Ausflugslokal zu.“ [1]

In *Kleve* wanderte man in den 30er Jahren des 20. Jh.s an einem Nachmittag zum Johanna-Sebus-Denkmal nach *Wardhausen* oder zum Waldschlösschen nach *Donsbrüggen.* [2] Ein Tagesausflug zum *Wylermeer* oder *Eltenberg* war in der damaligen Zeit ein besonderes Ereignis. Proviant für unterwegs nahmen die Schüler selbstverständlich mit: Butterbrote und eine Flasche „Zitsch“, die mit etwas Himbeersirup, gemischt mit Leitungswasser, gefüllt war. Oder man trank für wenige Pfennige ein „Apfelröschen“.

Beim Wandern wurden Frühlings-, Sommer- oder vaterländische Marschlieder gesungen. Bei den Jungen war folgendes Liedchen besonders beliebt:

Nr. 1066 *Hinaus in die Ferne*

schlaach ich   opp   di   Naas,   bess   datt   se   bloot.

… mit einem Butterbrot mit Speck,/Die ess ich so gerne,/Die nimmt mir keiner weg./Und wer das tut,/Dem schlag ich vor das Maul,/Dem schlag ich auf
die Nase,/Bis dass sie blut'.

Text und Melodie 1976 in *Viersen, Osterath* und *Büderich* aufgezeichnet, weit verbreitet, Parodie auf das „Hinaus in
die Ferne mit lautem Hörnerklang" des A. Methfessel, s. Kommentar Nr. 1066

Körperliche Schulstrafen

Gehorsam und Folgsamkeit waren neben Ordnung und Fleiß die wichtigsten
Tugenden, die Kinder vorzuweisen hatten. Der Lehrer war wie der Familienvater, der pater familias, eine Autoritätsperson. Wurden die in der Schule ge-
forderten Verhaltensregeln nicht eingehalten, gab es für die Schüler, wie auch
für die heranwachsenden Kinder in den Familien, regelrechte „Prügelrituale"
(vgl. „Gehorsamkeit"). Wie bereits erwähnt, waren die Lehrer mit einer Anzahl
von 60 bis 80 Schülern in einem Klassenraum manchmal überfordert und konnten sich besonders bei Jungen häufig nur mit harten Strafen gegen überbor-
dende Disziplinlosigkeiten zur Wehr setzen. In den meisten Fällen standen die
Eltern jedoch auf der Seite der Lehrer.
„Was uns heute an Dokumenten über das Strafen in der Schule (besonders aus
dem 19. Jh., d. V.) entsetzt, ist die Grausamkeit, mit der bis vor wenigen Jahrzehnten die Schüler körperlich gezüchtigt wurden. Der Einfallsreichtum von
sadistischen oder nur verzweifelten Lehrern und solchen, die es einfach nicht
besser wussten, war fast unvorstellbar. Die Palette der Körperstrafen reichte vom
Züchtigen mit Ruten, Riemen, Peitschen und Stöcken auf das entblößte Gesäß über stundenlanges Stehen oder Eingeschlossensein bis zum Knien auf Drei-
kanthölzern und Erbsen." [3] Noch bis in die 1950er und 1960er Jahre waren Prü-
gelstrafen an der Tagesordnung. In den 1970er Jahren wurden sie endgültig
verboten. Der Riedstock war das „Marterinstrument", das nicht nur wirkliche
Missetäter, sondern oft auch vorschnell Unschuldige zu spüren bekamen. Bei-
nahe alle Lehrer und Lehrerinnen hatten ein *„Kavitschkèn"* (Riedstöckchen) und
benutzten dieses auch kräftig.
Neben schriftlichen Quellen aus der Literatur und mündlichen Berichten geben auch Spottliedchen davon Zeugnis. Viele Gewährspersonen sagten aus, dass
die von Strafe betroffenen Schüler – meist Jungen – sich vorsorglich einen
Deckel aus Pappe zwischen Hose und Unterhose schoben, um die Hiebe zu mil-
dern. Doch meist hatte der Lehrer kein Erbarmen, zog dem Delinquenten die
Hose herunter, entfernte das den Schmerz dämmende Objekt, legte den Schüler

549

über die Bank und schlug so hart, dass der Betroffene mit blauen Striemen am Gesäß noch lange die körperlichen Schmerzen spürte. Eine Redensart aus *Moers* bestätigt diese übliche Strafe: *„Do steck wat drachtèr', sät dè Schuèllehrèr, do schlug hej dè Jong op Pappdeckèl"* (Dahinter steckt was, sagt der Lehrer, dann schlug er den Jungen auf Pappdeckel). [4] Es heißt auch: *„Dän häb eck in èt Klawittschè"* (Den habe ich sicher im „Schwitzkasten"). [5] Von den Eltern kam selten Widerspruch oder Hilfe. Meist hieß es: „Der Lehrer hat immer Recht." [6] Ein Lehrer in *Viersen* hatte z.B. folgende sadistische Gewohnheit: Er befahl den Schülern, sie sollten alle die Hände auf die Bank legen. Anschließend stieg er selbst auf die Bänke und trat insbesondere den schwachen und unliebsamen Schülern auf die Hände. Zusätzlich stieß er ihnen mit seinen spitzen Schuhen in den Rücken. [7] Ein anderer Lehrer pflegte im Winter als Strafe Schüler ohne Schuhe nur mit Socken an den Füßen auf dem geheizten Kanonenofen „tanzen" zu lassen. [8]

Schüler, der eine Ohrfeige erhält, Jörg Ritzel, Köln 1928

Spottliedchen wie die folgenden halfen wahrscheinlich manchem bestraften Schüler, durch das despektierliche Absingen der Verse seinen Schulfrust loszuwerden. Sie belegen außerdem, dass die Prügelstrafe durchaus noch bis nach dem Zweiten Weltkrieg üblich war.

Nr. 1067

Kömmt dè Liirèr enn dè Scholl,	Kommt der Lehrer in die Schule,
Sätzt hä sech opp singèm Schtool,	Setzt er sich auf seinen Stuhl,
Nömmt dä langè Klöppèl enn	Nimmt den langen Knüppel in
dè Hangk,	die Hand,
Schläät di Jongè övvèr dä Schtrang.	Schlägt die Jungen auf den Rücken.
Leevè Liirèr, ech donn èt nett mi,	Lieber Lehrer, ich tu es nicht mehr,
Ech donn èt so Lävè Jottsdaach	Ich tue es bei Lebzeiten nicht
neit mi,	mehr,
Lustich, lustich, trallèrallala,	Lustig, lustig, trallerallala,
Hüüt hätt ossè Liirèr Naamèsdaach.	Heute hat unser Lehrer
	Namenstag.

Nr. 1068 Acht Jahre haben wir gesessen

Acht Jah - re ha - ben wir ge - ses - sen, ge-
Die Hie - be ha - ben wir ge - fres - sen, ge-

ses - sen auf ei - ner höl - zern Schul - bank.
fres - sen. Das Zeug - nis ha - ben wir ver - brannt.

mdl. Text und Melodie 1981 in *Kaldenkirchen* aufgezeichnet

Nr. 1069

Aach Joàr hannd wörr Acht Jahre haben wir
Enn dè Schuèl jèseätè, In der Schule gesessen,
Hätt-èr Liièrèr oss dè Bokks jèmeätè. Hat der Lehrer uns die Hose
          „gemessen".

Hätt-è oss jèhauè, Hat er uns gehauen,
Häut-è oss neet miièr. (Jetzt) Verhaut er uns nicht mehr.
Häut-è maar di angèrè. (Soll) er nur die anderen schlagen.
Datt deet oss joè neet wiiè. Das tut uns ja nicht weh.

mdl. *Viersen* 1975

In *Kleve* und Umgebung hieß es, wenn ein Schüler mit dem Riedstock gestraft worden war:
Drikkes, schmiek et Kwitschke ook lekker? – Heinrich, schmeckte das Stöckchen auch gut?

Oder auch:

Nr. 1070

Hes-lip-lip, Hes-lip-lip,
Klits, klats, klandere Klitsch, klatsch, klandere
Van den eenen Bats op den andere. Von einem Batzen auf den anderen.

Gahlings/Matenaar 1936, 33

Andere, harmlosere Beispiele zeigen, welch unbeschränkte Verfügungsgewalt der Lehrer über seine Schüler hatte und wie einige sie missbrauchten. Eine Gewährsperson (Jg. 1903) berichtete, dass die Jungen der oberen Klasse der Volksschule regelmäßig den Garten des Lehrers umgraben, Blumenerde sieben, die Blumenkästen im Frühjahr neu bepflanzen und Futter für seine Kaninchen su-

551

chen mussten. Dies galt als eine „besondere Ehre", auf die die Schüler zuweilen stolz waren und wofür sie sogar schulische Vergünstigungen vom Lehrer erhielten.[9] Auch in den Gymnasien gab es in den 1940er Jahren Lehrer, denen man Sadismus nachsagte. Besonders während der Zeit des Dritten Reiches konnte ein Lehrer mit solchen Neigungen Strafen bzw. Quälereien ersinnen, gegen die niemand Protest erheben konnte, weil er Mitglied der NSDAP war. Gefürchtet war z.B. ein Lehrer am *Viersener* Gymnasium. „Er war ein Sadist und ließ uns das besonders beim Turnunterricht spüren. Ein schwächlicher Schüler kam beim Felgaufschwung nicht ganz über die Turnstange. Er tat so, als wollte er ihm durch Ziehen an der Turnhose helfen. Er zog aber die Turnhose herunter und klatschte ihn mit der Hand auf den nackten Hintern. Einen anderen Schüler, ebenfalls körperlich schwach, quälte er an der Sprossenwand, bis er herunterfiel und danach wochenlang krank war und einen Dauerschaden davontrug. Da er ein Nazi war, riskierte niemand von den Eltern, gegen ihn vorzugehen."[10]

1) Kuhlen 1982, 13 ff 2) Hohstadt, KKL 1995, 150, daneben gab es offensichtlich auch schon den ausschließlich lehrhaften Besuch eines landwirtschaftlichen Gutes, der einer Jungenklasse aus *Geldern* informative Einblicke in die Viehzucht vermitteln sollte, vgl. Bühren GHK 1995, 35 3) Schiffler/Winkeler 1999, 131 4) RWB, 183, vgl. Dittgen, JKW 1995, 73–76 5) UH., 23. Jg. Nr. 5, 1935 6) mdl. *Viersen* 1984 7) mdl. *Viersen* 1972 8) mdl. *Viersen* 1985 9) mdl. *Viersen* 1980 10) Siemes H.W. 1994, 25

Literatur
Anonym, Redensarten aus der Vogtei, In: UH., 23. Jg. Nr. 5, 1935 (UH. 23. Jg. Nr. 5 1935)
Bühren, Josef, Ein Schulausflug nach Schloß Haag im Jahre 1929. In: Geldrischer Heimatkalender 1995 (Bühren GHK 1995)
Die Heimat, Crefeld 1922, (Die Heimat 1922)
Dittgen, Willi, Der Stock als „Hülfslehrer". Vom Prügeln in Hünxe, Dinslaken und anderswo. In: Jahrbuch Kreis Wesel (Dittgen JKW 1995)
Gahlings, Karl und Franz Matenaar, Lieder und Sprüche aus dem Leben und Brauchtum am Niederrhein, Kleve 1936 (Gahlings/Matenaar 1936)
GHK = Geldrischer Heimatkalender
Hohstadt, Siegfried, Klassenwanderung durch den verschneiten Tiergartenwald. Eine Schulgeschichte aus den dreißiger Jahren. In: Kalender für das Klever Land 1997 (Hohstadt, KKL 1997)
JKW = Jahrbuch des Kreises Wesel
KKL= Kalender für das Klever Land
Kuhlen, Wilhelm, Hg., Erinnerungen an Alt-Süchteln, Süchteln 2. 1982 (Kuhlen 1982)
Müller Josef, Hg., Rheinisches Wörterbuch, Bd. I–IX, Bonn, Berlin,1928–1971 (RWB)
Noever, Johannes, Mönchengladbacher Mundartwörterbuch. Hg. Michael Walter und Kurt P. Gietzen, Mönchengladbach 2003 (Noever 2003)
Ritzel, Jörg, Der lachende Rhein, Köln 1928
RWB = Rheinisches Wörterbuch, Hg. Josef Müller
Schiffler, Horst und Rolf Winkeler, Tausend Jahre Schule, Eine Kulturgeschichte des Lernens in Bildern, Stuttgart, Zürich 6. 1999 (Schiffler/Winkler 1999)
Siemes, Hans Willi, Das war so. (Erinnerungen) Hösbach 1994, Maschinendruck (Siemes H.W. 1994)
UH = Unsere Heimat. Zwanglose Blätter des Vereins für Heimatschutz in Kevelaer. Beilage zur Niederreinischen Landeszeitung

Kinderarbeit und häusliche Pflichten

Geschwister hüten

Das Leben der Kinder im 19. Jh. und im ersten Viertel des 20. Jh.s war meist genau so wenig sorgenfrei wie das ihrer Eltern. Das Leben der Arbeiter, wie z.B. das der Weber, war hart, denn ihr Verdienst war um die Jahrhundertwende äußerst gering. Wenn der Familienvater das zu Hause gewebte Leinen beim Fabrikanten ablieferte, wartete die ganze Familie auf die Rückkehr des Vaters und auf das schwer verdiente Geld und hoffte, dass das Leinen angenommen und nicht zu wenig dafür bezahlt worden war. Deshalb hieß es: *„Kengèr bätt üch! Vaddèr jeet lièvèrè."* – Kinder betet! Vater liefert (das Leinen) ab. Nicht selten kam es vor, dass der sauer verdiente Lohn sogleich in Alkohol umgesetzt wurde. In vielen Familien, besonders in bäuerlichen,

Heinrich Zille, Kinder der Straße, 1908

wurde die Hilfe der Kinder in der Landwirtschaft benötigt. In den kinderreichen Familien hatte jeder seine Aufgabe und musste mithelfen. Nicht immer konnten Kinder „kindgemäß" leben und hatten aus vielen Gründen wenig oder gar keine freie Zeit, um mit Gleichaltrigen zu spielen. Man erinnere sich nur an die sozialkritischen Zeichnungen von Heinrich Zille aus dem kaiserlichen Berlin der Jahrhundertwende. Wenn ältere Menschen für eine Befragung zusammenkamen, um über ihre Kindheit zu erzählen, hieß es nicht selten: „Zum Spielen hatte ich keine Zeit. Ich war das älteste von acht Kindern; ich mußte die jüngsten Geschwister betreuen und zudem tüchtig im Haushalt mitarbeiten." [1]
Genau diese Situation schildert ein Wiegenliedchen aus dem 19. Jh., dessen Inhalt die „Klage" eines älteren Geschwisters ist, das auf das jüngste Geschwisterchen aufpassen muss, das noch in der Wiege liegt. Es wurde in einer hochdeutschen Fassung 1980 in *Overhetfeld* und in einer Mundartfassung 1996 mit Melodie in *Grefrath* aufgezeichnet. Die folgende Fassung aus *Grefrath* wurde mit Melodie überliefert:

Nr. 1071 Haia Niina Kinnèkè, Modèr schlöppt

Hai - a   Nii - na   Kin - ne - ke,   Mod - der schlöppt bee
Trin - ni - ke.   Watt deet se   doe?   Se schpennt Schopps-

553

hoer. Ich wullt, datt Mod-der wärr te Huus wüer. Wänn

an - ge - re Ken - ger schpie - le jonnt, dann

mott ich ann de Weech blii - ve schtoen. Di Weech, di mäkk wal

krik - kel - di - krokk. Schloep, du klee - ne Puup - sokk!

Heia Nina Kindchen,/Mutter schläft bei Kathrinchen./Was tut die dort?/Sie spinnt Schafshaar./Ich wünschte,/Dass Mutter wieder zu Hause wäre./Wenn andere Kinder spielen gehn,/Dann muss ich an der Wiege stehn./Die Wiege, die macht krickeldikock. … /Schlaf, du kleines Scheißerlein!

Text und Melodie 1996 in *Grefrath* aufgezeichnet

Die zweite Aufzeichnung aus *Overhetfeld* aus dem Jahre 1980 wurde vermutlich ebenfalls in der rheinischen Leiermelodie mit sinkender Melodie in der vierten Zeile gesungen. Sie ist ein traditionelles vierzeiliges Liedchen:

Nr. 1072

Wänn angèrè Kengèr schpièlè jônnt,   Wenn andere Kinder spielen gehen,
Dann mott ich ann dèr Weejèn schtoan. Dann muss ich an der Wiege stehen.

Di Wièjè, di sätt krekk, krekk krokk.   Die Wiege, die sagt kreck, kreck, krock.

Schloap, du kleenèn Dräkksôkk!   Schlaf, du kleiner Dreckspatz!

mdl. *Elmpt,* 1980 in *Overhetfeld* aufgezeichnet, die Mutter stammt aus Elmpt, nachgefragt am 3. Februar 2002, letzte Zeile: so-so-la-la-so-mi ohne Auftakt

Aber auch Jungen mussten die Kleinkinder hüten, wenn keine weiblichen älteren Geschwister da waren. So schreibt der ehemaliger Fabrikweber Reimes aus *Lobberich* (Jahrgang 1873) in seinen Erinnerungen: „Sowie ich etwas herangewachsen war, mußte ich mit in den Dienst des Erwerbs. Ich bekam meine kleinen Geschwister aufgehalst und wurde für einen stetig wachsenden Teil von

Hausarbeiten angelernt. Ununterbrochen ließ meine Mutter derweilen die Spulmaschine surren. Wie verfluchte ich da das Kinderkriegen und die ewige Kinderbewahrerei! … Das jeweilige Kleinste wurde mir in Kissen auf mein Schubkärrchen gepackt, und dann schob ich los damit.

Zwei Jungen im Spiel mit einer Schubkarre: Niederländische Kachel, 17. Jh., Privatbesitz Dr. Eugen Gerritz, Krefeld

Hatte die Ausfahrt mir lange genug gedauert, lenkte ich wieder heimwärts. Aber so leichten Kaufes war ich nicht entlassen. Unzählige Male hab ich mit einem Kindchen auf dem Arm unsere Stube durchmessen, immer mit dem Gedanken: ‚Ob sie (die Mutter) es mir nicht abnehmen wird?' Schließlich stellte ich mir ein Pensum: noch fünfundzwanzigmal auf und ab! Fünfundzwanzigmal gingen vorbei, und meine Mutter an der Spulmaschine vertröstete mich. Noch fünfundzwanzigmal! … Bis die Arme mir lahm und lahmer wurden und ich das Kindchen andauernd so herzhaft kniff, daß sein Schreien kein Ende mehr nahm und meine Mutter es wohl oder übel nehmen mußte.“ [2]

Ein dem Schubkärrchen ähnliches „Spielobjekt“ und bei Kindern ebenso beliebt war der „Bollerwagen“, am Niederrhein auch „Bolderwagen“ genannt. Als Spielzeug für Kinder wurde er in entsprechend kleinen Ausfertigungen hergestellt. Im Alltag war der Bollerwagen – ähn-

Kinder mit Bollerwagen, das Kleinste wird gefahren, 1954, Privatbesitz Lankes, Overhetfeld

lich wie die Schubkarre für den Garten – ein unverzichtbares Transportmittel für jeden Haushalt. Man beförderte damit alles, was nicht mit den Händen getragen werden konnte: Kleinmöbel, Koffer, Kisten, Kohlen, Kartoffeln, Futter für die Hühner und Gänse, Grünfutter für Kaninchen und Ziegen – und oftmals wurde auch das jüngste Kind darin gefahren.

Agnes Neef-Winz aus *Viersen* berichtet von ihrer familiären Situation um 1897: „Bei uns zu Hause gingen von acht Kindern ein halbes Jahr lang fünf Geschwister zur gleichen Zeit in die Schule. In unserer Familie zählten wir die Monate und die Tage, bis ich aus der Schule kommen könnte. Es ließ sich machen, daß ich schon vorzeitig mit nicht ganz dreizehneinhalb Jahren aus der Schule entlassen wurde, um etwas Geld mitzuverdienen."[3] In besonderen Fällen, nämlich wenn die schulischen Leistungen besonders gut waren und die Familie darauf bestand, dass das Kind vorzeitig entlassen wurde, war dies im Einvernehmen zwischen Schule und Eltern möglich.

Kinderarbeit am Webstuhl und in der Fabrik

In der Regel gehörten die Weber zu den Ärmsten der Armen. 1879 beschreibt Alphons Thun, ein Wirtschaftwissenschaftler, die Zustände in den Weberorten: „Die Weber mit zwei bis vier unerwachsenen Kindern gerathen in Schulden und müssen regelmäßig die Armenpflege in Anspruch nehmen. Erst wenn zwei bis drei Kinder am Webstuhl sitzen, können die Schulden getilgt werden und Ersparnisse gemacht werden: wenn dann die Familie oder die Geschwister zusammenbleiben und eine ordentliche Wirtschaft führen, so ist das die Periode, wo ein Eigenthum erspart werden kann. Es springt in die Augen, wie wichtig es für die Eltern ist, ihre Kinder so früh als möglich zum Verdienst zu bringen, denn lange bleiben sie nicht bei ihnen … Mit der Geburt der Kinder werden die Eltern arm, mit ihrem Heranwachsen reich, mit ihrer Verheirathung verfallen sie wieder der Dürftigkeit."[4]

Im 19.Jh. begann oftmals schon für vierjährige Kinder aus Weber- oder Arbeiterfamilien ein mühseliger Arbeitsalltag, der für ihre physische und psychische Gesundheit schlimme Folgen hatte. 1871 berichtet der *Viersener* Arzt Dr. Alois Schmitz: „Sind die Kinder der Weber vier Jahre alt, so werden sie häufig schon an das Spulrad gesetzt, und besuchen sie später die Schule, so werden sie nach der Schulzeit wieder mit Spulen beschäftigt. Das Sitzen, verbunden mit der fortwährenden Bewegung des einen Armes, bringt Congestionen nach Herz, Brust und Kopf und nicht selten Scoliose hervor. Sind sie endlich mit dem 14. Jahre aus der Schule entlassen, so treten sie sofort in das Gewerbe ein und werden auf den Webstuhl gesetzt ohne Rücksicht darauf, ob diese Beschäftigung sich für ihren Körper eignet. Daß dadurch die naturgemäße Entwicklung des Körpers gehemmt, gleichzeitig die geistige Kraft und Frische erstickt, und schon früh der Grund für die verschiedensten Krankheiten gelegt wird, bedarf keiner weiteren Auseinandersetzung. Viel seltener werden die Kinder, und meist nur aus der untersten Volksklasse, für den Fabrikdienst bestimmt, der ungleich eher zur Verkrüppelung und zum Siechtum des Körpers, wie auch zur Entsittlichung durch das Zusammensein mit rohen, meist fremden, erwachsenen Arbeitern führt. Wo jugendliche Arbeiter in den Fabriken zu regelmäßiger Beschäftigung herangezogen werden, arbeiten sie im Alter von 12 Jahren an von Morgens 6 bis 12 Uhr Mittags, dann von 1 bis 4 Uhr Nachmittags und besuchen von 5 bis 8 Uhr die Fabrikschule … Jugendliche Arbeiter werden außerdem mit Spulen, Haspeln, Kammschlagen beschäftigt."[5] Wenn Rosa Kleintitschen betont, dass die Freizeit der Kinder in *Hüls* um die Jahrhundertwende nur knapp bemessen gewesen sei, so klingt dies sehr beschönigend, wenn sie anschließend deren Tagesablauf skizziert: Denn die Mädchen mussten von morgens 6.30 Uhr bis 7.15 Uhr, von 12.00 bis 12.30 Uhr und von 16.30 bis 20.30 Uhr an der Spulmaschine stehen, egal „ob sie das erste oder das letzte Schuljahr besuchten … Die Jungen, die als ‚Raddreher' arbeiteten, hatten die gleiche Arbeitszeit wie die Mädchen. Besser standen sich die Jungen, die als Spülchenmacher ihre Pfennige verdienten. Sie mußten von der großen Bobine die kleinen Spülchen aufspulen, damit die Weber einen Tag ohne Aufenthalt arbeiten konnten. Erst 1903 kam das Kinderschutzgesetz, und kein Kind

Junge Mädchen beim Melken einer Kuh auf der Weide. Beide sind mit Kittelschürzen, derber Arbeitsjacke und Holzschuhen an den Füßen der Arbeit entsprechend zweckmäßig gekleidet und sitzen auf Melkschemeln.

Die Pferde gehörten im Gegensatz zu Kühen, Schweinen, Federvieh usw. zum Aufgabenbereich der Männer – aus Haltung und Miene der Jungen sprechen Stolz und Selbstbewusstsein.

557

durfte nach der Schulzeit so ausgenutzt werden wie bisher. Aber Zeit zum Spielen fanden die Kinder auch damals wenig." [6] Ihre Mithilfe nicht nur in der Arbeiterschicht, sondern grundsätzlich in allen Familien mit vielen Kindern und insbesondere auf dem Land, war für die Bewältigung des familiären Alltags und die Existenzsicherung wichtig, ja zwingend notwendig. [7]

In bäuerlichen Familien waren es z.B. die jungen Mädchen, die die zwei bis fünf Kühe der kleinen landwirtschaftlichen Betriebe täglich zu melken hatten.

Die folgenden Verse belegen, welche häuslichen Pflichten von Kindern wahrgenommen wurden:

Nr. 1073

Liièrer, lôtt dè Schuèl uutjoan,	Lehrer, lass die Schule zu Ende gehen,
Öt sennd all twällèf Uuèrèn!	Es ist schon zwölf Uhr!
Di Jongèn moddèn Waatèr draarè,	Die Jungen müssen Wasser tragen,
Di Mäddschès moddèn schuurèn:	Die Mädchen müssen scheuern (putzen):
Schuurst du nett, dann blengk ètt nett.	Scheuerst du nicht, dann blinkt es nicht,
Dann kömmt och dinnè Vraièr nett.	Dann kommt auch dein Freier nicht.

Viersen, Dülken, Grefrath, Norrenberg 1875, 105, vgl. Bruns 1885, 176, Nr. 399, s. Kommentar Nr. 1073

Nr. 1074

Meester, lot die Schol üt gôôn,	Lehrer, lass die Schule ausgehen,
Et es al elf Üüre.	Es ist schon elf Uhr.
Ek mot die Pap nog rüüre.	Ich muss den Brei noch rühren.
Dat Kind mot ek nog wiege.	Das Kind muss ich noch wiegen.
Vââder wel min schlôôn.	Vater will mich schlagen.
En ek heb nog noots kwââds gedôôn!	Und ich habe noch nichts Böses getan!

Kleve, Gahlings/Matenaar 1936, 32/33

Nr. 1075

Schöttlè waschèn,	Schüsseln waschen,
Pannè schuurèn,	Pfannen scheuern,
Datt sall duurèn	Das wird dauern
Bös negèn Uurèn.	Bis neun Uhr.
Kar – kar – fitsch!	Kar – kar – fitsch!

Kettwig, Flothmann 1926, 72

Nr. 1076

> *Besen, Besen feil,*
> *Wer kauft schöne Besen?*
> *Muß ich doch im ganzen Wald,*
> *Ob es warm ist oder kalt,*
> *Sie zusammenlesen, sie zusammenlesen.*

Kettwig, Flothmann 1926, 79

Nr. 1077

Drüttschèn, Drüttschèn,	Gertrud, Gertrud,
däkk dèn Döösch	deck den Tisch
Möt dôtt selvèrè Laakèn.	Mit dem silbernen Tuch.
Morjèn kômmèn di Heärèn,	Morgen kommen die Herren,
Di wällèn sich losstich maakèn.	Die wollen es lustig haben.

Viersen, Dülken, Süchteln, Norrenberg 1875, 105

Das Verschieben einer Pflicht auf den anderen Tag mit der Ausrede: „Das werde ich morgen tun", war verpönt. Dann hieß es:

> *Morgen, morgen, nur nicht heute,*
> *Sagen all die faulen Leute.*

mdl., überall am Niederrhein bekannt

„Ohne Fleiß kein Preis!" hieß es ständig, denn „Fleiß" gehörte mit zu den damaligen Erziehungszielen. Was auch immer an Pflichten für die Kinder anstand, sie mussten mit Sorgfalt erfüllt werden. *„Vuulè Schweet es flott jèreet."* – Fauler Schweiß ist schnell fertig – hieß es von demjenigen, der beim Erledigen einer Arbeit schnell über Schweiß klagte und dem man Faulheit unterstellte.[8]

1) mdl. *Viersen* 1976 2) Bers 1978, 30 3) Neef-Winz, Die Heimat, 1941, 348 4) Weinforth 1993, 280 f 5) Schmitz 1871, 95; vgl hierzu: Leo Peters, Kinderarbeit im Kreise Kempen im 19. Jahrhundert. In HKV 1985, 95-104 6) Kleintitschen 1979, 80 7) Weber-Kellermann 1989, 94 ff; vgl. Wolfgang Löhr, Mönchengladbach im19./20. Jahrhundert, 54-57, In: Loca Desiderata. Mönchengladbacher Stadtgeschichte. Bd. 3.1 Hg. W. Löhr. Köln 2003 8) mdl. *Viersen*

Literatur

Bers, Günter, Hg., Arbeiterjugend im Rheinland. Erinnerung von Wilhelm Reimes und Peter Trimborn, Wentorf b. Hamburg 1978 (Die Arbeiterbewegung im Rheinland. Eine Schriftenreihe hg. von G. Bers und M. Klöcker Nr. 8) (Bers 1978)

Bruns, Wilhelm, Illustriertes Kinderspielbuch. 2. Auflage, Düsseldorf 1884 (Bruns 1884)

Flothmann, Fritz, Die Kinder, sie hören es gerne. In: Kettwig in Geschichte und Sage. Bd. 2, Kettwig 1926 (Flothmann 1926)

Gahlings, Karl und Franz Matenaar, Lieder und Sprüche aus dem Leben und Brauchtum am Niederrhein, Kleve 1936. (Gahlings/Matenaar 1936)

HKV = Heimatbuch des Kreises Viersen, 1985

Kleintitschen, Rosa, Ut den alden Tied, Hüls 1979 (Kleintitschen 1979)

Löhr, Wolfgang, Mönchengladbach im 19./20 Jahrhundert. In: Loca Desiderata. Mönchengladbacher Stadtgeschichte. Bd. 3. Hg: W. Löhr, Köln 2003

Neef-Winz, Agnes, Jeld verdeene. In: Die Heimat, Krefeld 1941, Nachlass Viersen (Neef-Winz 1941, 1954)

Noever, Johannes, Mönchengladbacher Mundartwörterbuch. Bearbeitet von Michael Walter und Kurt P. Gietzen, Hg. Heimat- und Geschichtsverein Mönchengladbach e. V,, Mönchengladbach 2003 (Noever 2003)

Norrenberg, Peter, Geschichte der Herrlichkeit Grefrath, Viersen 1875. (Norrenberg 1875)

Peters, Leo, Kinderarbeit im Kreise Kempen im 19. Jahrhundert. In: HKV 1985, 95–106

Schmitz, Alois, Medicinische Topographie des Schwalm- und Nette- und des Niers-Gebietes, insbesondere der Stadt und Gemeinde Viersen, Viersen 1871 (Schmitz 1871)

Weinforth, Friedhelm, Campunni-Kempen. Geschichte einer niederrheinischen Stadt, Viersen (Weinforth 1993), Weber-Kellermann, Ingeborg, Die Kindheit. Eine Kulturgeschichte, Frankf. M. 1989 (Weber-Kellermann 1989)

Feldarbeit und Kartoffelernte

Am ganzen Niederrhein waren die Kinder der Bauern und Nachbarn während der Erntezeit mit eingespannt: Sie halfen bei der Waldbeerernte, auf dem Feld bei der Kartoffel- und Rübenernte, bei der Getreide- und Tabakernte. Beim Getreideschnitt halfen sie die Garben binden [1] und beim Heutrocknen das Heu

mit der Heugabel wenden. Beim Dreschen reichten sie die Garben mit an. Gerade die Hilfe bei der Ernte empfanden die meisten Kinder eher als ein spielerisches Tun denn als lästige Pflicht.

Kinder reichen von der Schlagkarre aus Getreidegarben auf die Dreschmaschine, Overhetfeld 1943, Privatbesitz H. J. Bongartz, Overhetfeld

Kaffeepause bei der Kartoffelernte, um 1941, Winnekendonk, Privatbesitz Franz-Josef Drißen, Kevelaer-Winnekendonk.

Nicht ohne Grund hießen die Herbstferien bis in die 80er und noch bis in die 90er Jahre des 20. Jh.s im Volksmund am Niederrhein „Kartoffelferien". Fast alle Kinder waren mit Eifer dabei, und wenn sie aus der Nachbarschaft kamen, freuten sie sich auf das gemeinsame Zusammensein bei der Feldarbeit und erwarteten mit besonderer Freude die Kaffeepause. Erfah-

rungsgemäß schmeckten „Muckefuck"
(Malzkaffee) und Butterbrote an der
frischen Luft besonders gut.

mdl. *Viersen* 1970

*Noch einmal Kaffeepause bei der
Kartoffelernte mit einer Gruppe von
jüngeren Frauen und Kindern, um
1938, Overhetfeld, Privatbesitz
Josef Bongartz, Overhetfeld.*

Mit der sog. „Kartoffelhexe", die meist von zwei Pferden gezogen wurde, wurden in den 1950er Jahren in *Winnekendonk* und *Wemb* die Kartoffeln aus der Erde geschleudert *(jèdöbbt)* und wie überall in zwei Reihen auf das Land gestreut. Anschließend las man sie mit den Händen auf. In jeder Reihe arbeitete mindestens eine Person: Mägde, Frauen aus dem Dorf, Tagelöhner und Kinder krochen zu zweit auf den Knien durch die Reihen und warfen die Kartoffeln in große Körbe – *„Mangè"* genannt – die, wenn sie gefüllt waren, meist von einem kräftigen Mann auf die Karre gehoben und entleert wurden.

*Bei der Feldarbeit: Kartoffellesen in
Winnekendonk-Achterhoek um 1941,
Privatbesitz Franz-Josef Drißen,
Winnekendonk*

In der Umgebung von Kevelaer, in *Winnekendonk,* gab es zum Abschluss der Kartoffelernte einen beliebten Brauch. Man suchte eine möglichst dicke Kartoffel mit vielen Köpfen, so krumm wie nur möglich, *„de kromme Eäerpel"* genannt. Man steckte diese auf einen Stock und verzierte sie mit einigen Blumen, wildwachsenden Kräutern und Kartoffelstroh. *„De kromme Eärpel"* wurde von einem Jungen, dem alle folgten, vom Felde ins Haus zum Bauern oder zu dessen Frau getragen; dabei sagte man folgende Verse auf:

Nr. 1078

Hier es den krommen Eärpel	Hier ist die krumme Kartoffel
van et Land,	vom Land,
Hän eß gewaaße in Lehm änn Sand.	Sie ist gewachsen in Lehm und Sand.
Den Eärpel eß wat kromm,	Die Kartoffel ist etwas krumm,

Onn eck sinn wat domm.	Und ich bin was dumm.
Aevel hät dem Bur	Hat der Bauer aber
Wat mehr Verstand,	Etwas mehr Verstand,
Kömmt 'e met de Fläß Fusel	Kommt er mit der Schnapsflasche
In de Hand.	In der Hand.

mdl. Winnekendonk 2002, vgl. Drißen, Winnekendonk 1982, vgl. RWB II, 156

Nach einer solchen nicht zu überhörenden Aufforderung erhielten die Erwachsenen ein paar klare Schnäpse, die Jungen und Mädchen Äpfel und Birnen. [2] An diesen Brauch, der ebenfalls in *Wemb* bis 1950 üblich war, erinnerte sich 2001 eine Gewährsperson. Hier wich der Brauch ein wenig von dem 1929/30 in *Winnekendonk* üblichen ab: Es wurde die dickste Kartoffel auf die beiden mittleren Zinken einer vierzinkigen Gabel gesteckt, während die beiden äußeren mit meist welkem Kartoffellaub und Feldkräutern „geschmückt" wurden. In der Regel trug der jüngste Knecht diese nach Hause zur Bäuerin und sagte dabei den Spruch:

Nr. 1079

Dat es den decksten Äerpel	Dies ist die dickste
van et Land,	Kartoffel vom Land,
Gewassen tössen Quecken on Sand.	Gewachsen zwischen Quicken und Sand.
Hej es wäll en beche kromm,	Sie ist wohl ein bisschen krumm,
On eck sin ok en bechen domm,	Und ich bin auch ein bißchen dumm,
Mär Frauw, häd gej mehr Verstand,	Aber Frau, wenn Sie mehr Verstand haben,
Dann nemmt de Fläß met den Fussel	Dann nehmen Sie die Schnapsflasche
In de Hand.	In die Hand.

„Den Abschluß der Kartoffelernte bildete das gemeinsame Abendessen, bei dem Reibekuchen mit Rübenkraut oder Apfelmus und ‚*Self-Melk*' (heiße Milch mit eingelegten Salbeiblättern) gereicht wurden." [3]

Ein Rätsel aus *Kleve* beinhaltet dieselbe Bitte um „Entlohnung", wie der vorstehende Spruch aus *Winnekendonk* es formuliert:

Nr. 1080

Hier es enen alde, grise Mann,	Hier ist ein alter, grauer Mann,
Den niet goon of stoon mer kann,	Der weder stehen noch gehen kann,

Hej het so lang gefrüt in de Erd,

Roje, roje, wat den begeerd?

Matenaar KKL 1987, 193, aus dem Nachlass

Er hat so lange in der Erde gefruchtet,
Rate nur, rate nur, was er begehrt?

1) Gebauer-Berlinghof 1998, 182 2) Gerrits, Die Heimat, Krefeld 1929, 183, Gerrits, Die Heimat, Krefeld 1930, 19
3) mdl. u. schriftl. Mitteilung von F.J. Drißen, *Winnekendonk* 2001

Literatur
Gebauer-Berlinghof, Annette, Frauenleben auf den Höfen des Lanker Raumes. In: Peter Dohms, Landleben und Brauch. Alltagsgeschichte im Gebiet des früheren Amtes Lank, im Auftrag des Heimatkreises Lank e. V., Meerbusch 1998 (Gebauer-Berlinghof 1998)
Drißen, Franz-Josef, Hg. 700 Jahre Winnekendonk 1282–1982 (Winnekendonk 1982)
Gerrits, Griche, Das Gesinde auf niederrheinischen Bauernhöfen im vorigen Jahrhundert. In: Die Heimat, Krefeld 1929, 183 und 1930, 19. Neudruck in: Drißen, Franz-Josef, Hg. 700 Jahre Winnekendonk 1282–1982 (Winnekendonk 1982)

Waldbeerernte

Im Juli und August kam die Zeit der reifen Beeren: Brombeeren, Holunderbeeren und Waldbeeren zu sammeln war eine Tätigkeit, die Kinder meist gern verrichteten, zumal dann, wenn es wie im Kreis *Kleve* für die Waldbeerernte besondere Schulferien gab. Die Beeren wurden von der Hausfrau zu Marmelade und Saft verarbeitet, aber auch für den Winter in Gläser eingekocht. Pfannekuchen mit Waldbeeren waren als Mittagessen besonders begehrt. Die schwarzen Beeren wurden aber auch in großen Mengen verkauft und trugen manchen Groschen und manche Mark ein. Für die Anwohner des *Reichswaldes* war die Waldbeerernte seit Generationen eine einträgliche Nebeneinnahme.

*Waldbeerkamm,
Zeichnung E. Steinhorst*

Im Jahre 1915 wurde in *Pfalzdorf* ein „Waldbeersammelverwertungsverein" gegründet. Hierzu erhielten die Pfalzdorfer Volksschüler der oberen vier Jahrgänge 1915 vom 23. Juni bis zum 20. Juli 28 Tage Waldbeerferien. Bereits 1885 waren laut dem „Clevischen Amtsblatt" vom 12. Mai für einige Orte verschieden lange Ferientage vorgesehen: Für *Hau, Uedemerbruch* und *Wyler* waren es acht Tage, für *Materborn, Kehrum* und *Kessel* drei Wochen; *Kranenburg, Fasselt, Grafwegen* und *Nütterden* erhielten sogar vier Wochen. Die im *Reichswald* geernteten Beeren lieferte man anschließend an einer Sammelstelle in *Pfalzdorf* ab. Die Beeren

563

wurden dort gewogen, notiert, verpackt und sofort an den Verband Niederrheinischer Obst- und Gartenbau-Vereine in *Straelen* geschickt und öffentlich
versteigert. Solche Sammelstellen gab es in allen Anrainerdörfern des Reichswaldes. Wie einträglich die Waldbeerernte war, ist an den abgelieferten Pfun-
den im Jahre 1916 abzulesen – es waren 14.077 Pfund!

vgl. Brauer KKL 2004, 187/88

Besonders konstruierte Strauchkämme waren bei der Waldbeerernte eine große
Hilfe. Der Waldbeerkamm ist mit einem Holzgriff versehen; man „kämmt" da-
mit die am Boden wachsenden Waldbeersträucher. Während die Blätter durch
die „Zähne" hindurchgleiten, bleiben die reifen Waldbeeren im Inneren des
Kammes hängen. Sie werden in das auf dem Rücken am Hosenriemen befestigte
Körbchen geschüttet und gesammelt.
Wenn ein Kind eine Stelle im Wald mit besonders vielen Beeren gefunden hat-
te, rief es laut:

Pungk, pungk, pungk,	Pungk, pungk, pungk
Vree mi Nöös!	mein Nest ist frei (für mich)!

mdl. *Viersen* 1978, vgl. Nachlass Neef-Winz, in: VDZ vom 8. 8. 1939 „Laterna Magika"

Oder kurz: *„Vreei öss mi Nöös!"* – das bedeutete, dass kein anderer an dieser Stelle pflücken durfte. Sie war für den reserviert, der sie zuerst entdeckt hatte; für
alle anderen blieb dann diese Stelle tabu: *„Höttè* verpait, öss minne Bait**!"* –
Mein „Bereich" ist verpachtet!

* Ecke, Platz, Bereich, **Bait bedeutet: Hundehütte, aber auch Bett, RWB VI, 1944, 447

Nr. 1081

Wallbèrè saat	Waldbeeren in Mengen
Schtôpp datt Jaat.	Verstopfen (den After).
Hässt-èr jenn jènnoch,	Hast du nicht genug,
Dann plökk-èr dich saat*.	Dann pflück dir reichlich.
Minnè Buuk öss foll.	Mein Bauch ist voll.
Minnè Kruuk öss foll.	Mein Krug ist voll.
Wä wellt mött noa Heem joan?	Wer will mit nach Hause gehn?
Ech nett, du nett, onn vörr	Ich nicht, du nicht, und wir
allèmoalè nett.	alle nicht.
Heeij schtônnd-èr, doa schtônnd-èr,	Hier stehen welche, dort stehen welche,
Wôllbèrè saat schtöpp dat Jaat**.	Viele Waldbeeren schließen den After.

564   * genug, in Mengen, ** man bekommt davon Verstopfung, mdl. *Dülken* 1979, s. Kommentar Nr. 1081

Nr. 1082

Wormtèr saat,	Waldbeeren in Mengen,
Et jeet no de Haat.	Es geht zur Haardt.*
Minne Buuk öss voll,	Mein Bauch ist voll,
Minne Kruuk öss voll,	Mein Krug ist voll,
Wä net mött no heem well joèn,	Wer nicht mit nach Haus will gehn,
Dä kritt ooch jaar jee Jeetèvleesch.	Der kriegt gar kein Ziegenfleisch.
Heem joèn, heem joèn,	Nach Haus' gehn, nach Haus' gehn,
Datt donn ich nett.	Das tu ich nicht!

Mönchengladbach, Noever Mundartwörterbuch 2003, 326, vgl. HKE 13. Jg. 1964, 154: Minne Buk ess voll, minn Kruk ess voll./ Wä jeet mett mech noa heem?/Ech jonn mett noa heem./Heem op, heem op, hövt die Jeet de Been op!

Nr. 1083

Wallbêêse met Hööp,	Waldbeeren in Mengen (Haufen)
Denger as Knööp,	Dinger wie Knöpfe,
Denger as een Hüs,	Dinger wie ein Haus,
Dan sin wej gauw thüs,	Dann sind wir rasch zu Haus',
En so klein as en Lüs.	Und so klein wie eine Laus.
Dann sin wej gen Müs,	Dann sind wir keine Mäuse,
As Knuste,	Sie sind wie ein Knäuel,
Wi se in't Halgatt krigst,	Wenn jemand sie in die Speiseröhre bekommt,
Mot huste,	Der muss husten,
En et (est) gej völ dorvan,	Und isst du (zu) viel davon,
Dann moj lope ührelang.	Dann musst du stundenlang (zum WC) laufen.

Kleve, RWB IX, 212, vgl. Gahlings/Matenaar 1936, 131

Ein Spielliedchen aus *Krefeld* thematisiert ebenfalls das Waldbeerpflücken und verbindet es mit dem Thema Heirat:

Nr. 1084

Wôrbèlèschtrükkskè,	Waldbeersträuchlein,
Wôrbèlèschtrükkskè,	Waldbeersträuchlein,
Wäst waal ongèr dè Ärdèn.	Wächst unter der Erde.
Ech häbb jèsout, ech häbb jèsout	Ich habe gesucht, ich habe gesucht
On häbb èt neit jèfongè.	Und habe es nicht gefunden.
Wänn dè Mättschès fraiè jônnt,	Wenn die Mädchen freien gehen,
Dann sennd sè wi dè Roosè.	Dann sind sie wie die Rosen.
Maar wänn sè enns jèhiirôt sennd,	Aber wenn sie einmal verheiratet sind,

Dann sennd sè wi dè Doosè*.	Dann sind sie wie die Dosen.
Wänn dè Jongès fraiè jônnt,	Wenn die Jungen freien gehn,
Dann sennd sè wi dè Heärè (Ängèlè).	Dann sind sie wie Herren (Engel).
Maar, wänn sè enns jèhiirôtt sennd,	Wenn sie einmal verheiratet sind,
Dann sennd sè wi dè Beärè (Bängèlè).	Dann sind sie wie die Bären (Bengel).

* oder Knosèlè = alte schmutzige Weiber (!), *Krefeld,* Röttsches 1875, 53, vgl. RWB IX, 213

Häusliche Arbeiten

Zu den mannigfaltigen kindlichen Pflichten gehörte: Holz oder Kohlen hereinholen, den Ofen anzünden, Kaffee kochen, den Frühstückstisch decken, spülen, die Stube kehren, Tisch und die Holzschuhe mit Sand weiß scheuern, später Schuhe putzen, Kupfer und Messing putzen, Blumen tränken, Staub wischen, Grünfutter für die Tiere holen, die Tiere füttern, den Stall ausmisten und mit frischer Streu versehen (meist hatte man eine oder zwei Ziegen, Hühner, Gänse, Kaninchen und Katzen), bei der Gartenarbeit helfen, Unkraut jäten, graben, Einkaufsgänge machen zu Bäcker, Milchmann u.a. Keinem Kind wäre es jemals eingefallen, für diese Tätigkeiten von den Eltern ein „Entgelt" zu erwarten, denn das Einkommen in den Familien war viel zu gering.

Es war selbstverständlich, dass die Kinder, meist Mädchen, beim täglichen Kartoffelschälen und Gemüseputzen helfen mussten, wenn man bedenkt, wie viele Personen in einer Großfamilie zu Tisch saßen: Eltern, Großeltern, eine oder zwei unverheiratete Tanten oder Onkel und fünf bis zehn Kinder. Das konnten leicht um die 20 Personen sein!

Damit es bei den Hausarbeiten nicht zu langweilig wurde, entstanden Verschen in vielen Varianten, die während der Arbeit skandierend aufgesagt oder gesungen wurden, wie z.B. beim Kartoffelschälen.

Kartoffelschälen

Nr. 1085

Ött öss jätt enn dè Wällt,	Ach, was ist es nur in der Welt,
Wänn Maritsèbell Eärpèl schällt.	Wenn Maria-Sibylle Kartoffel schält.
Schällt sè sè tè dekk,	Schält sie sie zu dick,
Dann jrommt dè Vrau,	Dann murrt die Frau,
Schällt sè sè tè dönn,	Schält sie sie zu dünn,
Dann schtött dè Kou.	Dann stößt die Kuh.

Viersen 1954, Nachlass Neef-Winz, mdl. *Viersen* 1976, vgl. RWB II, 156

Nr. 1086

Ech well üch jätt vèrtällè	Ich will euch etwas erzählen
Fônn dè au Schtüütè Bällè,	von der alten Sibylla Stüte,
Di no dè Lüü jeng,	Die zu den Leuten ging,
Eärpèl schällè.	Um Kartoffel zu schälen.
Ôch, sätt sè, watt öss ött maar	Och!, sagt sie, was ist es nur
Enn dè Wällt,	In der Welt,
Wänn mann Eärpèl schällt.	Wenn man Kartoffel schält.
Schällt mann sè tè dekk,	Schält man sie zu dick,
Dann knuurè dè Lüü,	Beschweren sich die Leute
Schällt mann sè tè dönn,	Schält man sie zu dünn,
Dann brommè dè Küü.	Dann brummen die Kühe.
Onn mäkk mann nôch	Und macht man noch
Jätt vüèl domm Dengèr,	Etwas viel dumme Dinge,
Dann schnitt mann sech	Dann schneidet man sich
Och nôch enn dèr Fengèr.	Auch noch in den Finger.
Nä, nä, sätt sè, watt öss ött maar	Nein, nein, sagt sie, was ist es nur
En dè Wällt,	In der Welt,
Wänn mann Eärpèl schällt!	Wenn man Kartoffel schält!

mdl. *Viersen* 1972

Nr. 1087

Watt ess jätt in dè Wällt,	Was ist es nur in der Welt,
Wänn mann Eärpèl schällt	Wenn man Kartoffel schält
Onn mött dè Fott in èt Waatèr fällt!	Und mit dem Hinterteil ins Wasser fällt!

mdl. *Dülken* 1976

Nr. 1088

Et es wat en de Weld,	Es ist was in der Welt,
Wän män Ärpel schelt.	Wenn man Kartoffel schält.
Dan schnejt man sig in de Fenger,	Dann schneidet man sich in den Finger,
Dan get men nôôr Frau Denger,	Dann geht man zur Frau Dinger,
Een Läpke öm de Fenger.	Ein Läppchen um den Finger.

Kleve, Gahlings/Matenaar 1936, 47

Nr. 1089

Aal Tuutè Bellè*	Die alte Sibylle Tuute
Jing na Kauèrtz Eärpèl schällè.	Ging zu Kauertz, um Kartoffel zu schälen.

567

Schnièt sè sech inn dänn Dumm,   Schnitt sie sich in den Daumen,
Krièch sè enn dekkè Prumm.   Bekam sie eine dicke Pflaume.

* Rosa Kleintitschen berichtet, es habe in *Hüls* um 1862 eine Wirtschaft namens Kauertz gegeben. An Sonntagen seien ständig so viele Gäste dort gewesen, dass man eine zusätzliche Hilfe im Haus nötig gehabt habe, die u.a. auch beim Kartoffelschälen geholfen habe. Dies sei die „ahl Tute Bella" gewesen, von der die *Hülser* noch 100 Jahre später gesprochen hätten. In *Viersen* war dies nicht bekannt, mdl. *Hüls, Breyell, Viersen* 1979, vgl. Kleintitschen 1979, 91, Hülser Heimatblätter, H. 8, 1961, 12

Nr. 1090

Ich well dich jätt vèrtällè   Ich will dir was erzählen
Van ôôè Tuutèbällè.   Von der alten Sibylle Tuute.
Di jing nô Bongèrsch Äèrpèl schällè.   Die ging zu Bongartz Kartoffel schälen.

Di schnejèt sich enn dänn Dumm,   Sie schnitt sich in den Daumen,
Datt joof enn dekkè Prumm.   Das gab eine dicke Pflaume.
Di schnejèt sich enn dä Vengèr,   Sie schnitt sich in den Finger,
Datt joof ennè Sôkk vôll Kengèr.   Das gab einen Sack voll Kinder.

mdl. *Grefrath* 1995

Bohnenfittschen – Bohnen schnibbeln, kleinschneiden

Wenn im Sommer Bohnen im Steintopf eingemacht wurden, mussten sie zuerst in kleine Stückchen geschnitten werden *(fittschen, schnibbeln).* Meist hal

fen dabei alle Kinder und alle weiblichen Erwachsenen aus der Familie. Der Bohneneintopf musste neben dem Weißkraut, dem Kappes, für den ganzen Winter reichen. Entsprechend groß waren auch die graublauen Steintöpfe.

Kinder beim Bohnenfittschen mit einem Mühlchen (einer technischen Errungenschaft dieser Zeit) und mit dem Küchenmesser, um 1937, Privatbesitz Theo Königs, Brüggen

Nr. 1091

Fittschè, fittschè, Bônnèfittschè,   Fittschen, fittschen, Bohnen-fittschen,
Ich donn dich jätt mött Waatèr jittschè   Ich bespritze dich etwas mit Wasser

Mött di jruètè Schpööt　　　Mit der großen Gießkanne
Opp di näkkè Fööt.　　　Auf die nackten Füße.

mdl. *Viersen, Süchteln, Breyell* 1978

Literatur

Brauer, Theodor, Waldbeerernte im Reichswald. In: Kalender für das Klever Land 2004 (Brauer KKL 2004)

Gahlings, Karl und Franz Matenaar, Lieder und Sprüche aus dem Leben und Brauchtum am Niederrhein, Kleve 1936 (Gahlings/Matenaar 1936)

HKE = Heimatkalender der Erkelenzer Lande 13. Jg. 1964

Kleintitschen, Rosa, Ut den alden Tied, Hüls 1979 (Kleintitschen 1979)

Müller, Josef, Hg., Rheinisches Wörterbuch, Bd. I–IX, Bonn, Berlin 1971 (RWB VI, IX)

Neef-Winz, Agnes, Viersen, Nachlass 1950

Norrenberg, Peter, Geschichte der Herrlichkeit Grefrath, Viersen, Dülken 1875 (Norrenberg 1875)

Röttsches, Heinrich, Die Krefelder Mundart … nebst einem Anhang: Sprichwörter und Volkslieder, Halle 1875 (Röttsches 1875)

Schmitz, Alois, Medizinische Topographie des Schwalm- und Nette- und eines Theiles des Niersgebietes, insbesondere der Gemeinde Viersen, Viersen 1871 (Schmitz 1871)

VDZ = Vereinigte Dreistädte-Zeitung, Viersen, vom 8.8.1939 (VDZ 1939)

Weber-Kellermann, Ingeborg, Die Kindheit. Kleidung und Wohnen, Arbeit und Spiel. Eine Kulturgeschichte, Frankfurt, M. 1989 (Weber-Kellermann 1989)

Weinforth, Friedhelm, Geschichte von Sankt Hubert, St. Hubert 1997 (Weinforth 1997)

Soziale Gegensätze

Hatte die Volksschule die Kinder aller Gesellschaftsschichten, also der Arbeiter, Bauern, Handwerker, Bürgerlichen und Reichen, noch vereint, kristallisierte sich der soziale Gegensatz zwischen den Kindern dann heraus, wenn die besser gestellten Eltern ihre Kinder auf eine weiterführende Schule schickten – entweder ins Gymnasium oder in die Höhere Töchterschule. Diese Gegensätze, die in den Schulformen sichtbar wurden, trennten auch die Gesellschaftsschichten.

Besonders die Schülerinnen der Höheren Töchterschulen (Lyzeum) mussten sich wegen ihrer von den Volksschülern so empfundenen Arroganz und Hochnäsigkeit gefallen lassen, dass diese sie mit Spott bedachten.[1] Ähnlich wie die Jungen, die ein Gymnasium besuchten, trugen auch sie gleichsam als „Standesabzeichen" eine Schülermütze. Diese war allerdings nicht farbig, sondern einheitlich schwarz und ohne Schirm.

Schülerinnen des Viersener Lyzeums mit Schülermützen beim Schulausflug, um 1937, Privatbesitz, Viersen

569

Der Rand dieser Tellermütze war steif wie bei einer Marinemütze. Lediglich die farbigen Litzen um diesen Rand herum gaben an, in welcher Klassenstufe die Trägerin war. [2]

Nach der Schule, auf dem Nachhauseweg, ging es nicht immer friedlich zu. Die Volksschüler ärgerten die Mädchen von der Oberschule:

Nr. 1092

> *Die Mädchen von der Oberschul',*
> *Die bilden sich was ein.*
> *Sie haben tausend Bücherlein*
> *Und schauen nicht hinein.*

mdl. *Amern* 1981, überall bekannt, s. Kommentar Nr. 1092

Nr. 1093

> *Die Töchterkes, die Töchterkes,*
> *Die bilden sich was ein:*
> *Sie haben Spitzenhöschen an*
> *Und stinken wie ein Schwein!*
> *(oder: Und scheißen doch hinein.)*
> *Den Kneifer auf der Nase,*
> *Die Bücher unterm Arm,*
> *Und wenn sie das nicht haben,*
> *Dann sind sie bettelarm.*

mdl. *Dülken* 1978, *Neuwerk* 1981, auch in *Aachen,* s. Kommentar Nr. 1093

Schülerinnen der „Höheren Töchterschule" 1934, Privatbesitz

Auch die Gymnasiasten trugen bunte Schülermützen, die um 1872 nach dem Vorbild der Studentenverbindungen aufgekommen waren. Es waren farbige Mützen mit einem schwarzen Schirm. Die Farben wechselten von Schule zu Schule. In *Marburg* trugen die Sextaner blaue Schirmmützen mit weiß-blauen Streifen, die Quintaner blaue mit goldenen Streifen, Quartaner orange mit blauen Streifen, Untertertianer grüne mit weißen Streifen, Obertertianer grüne mit roten Streifen, Untersekundaner rote mit silbernen Streifen, Obersekunda schwarze mit goldenen Streifen, die Unterprima weiße mit blauen Streifen, Oberprima weiß mit blauen Streifen und Silberlitze; diese Mütze war aus Samt. [3] Die Rangordnung der bunten Mützen, von der obersten Klasse, der Oberprima, bis nach unten zur Sexta, zeigte in der Öffentlichkeit nicht nur an, wer am Schuljahresende in die nächst höhere Klasse gestiegen, sondern auch, wer sitzen geblieben war. „Die Schülermützen waren das äußerste an Zeichensetzung für unsoziales Verhalten, das eine Gesellschaft ihren Kindern mitgeben konnte. Als die Nazis diese Unsitte verboten und z.B. in Marburg die Schülermützen öffentlich verbrannten, begeisterten sie mit dieser pseudosozialistischen Tat viele

Jugendliche, die noch nicht durchschauten, dass der geschmähten Klassengesellschaft eine tödliche Rassengesellschaft folgen sollte."[4]
Wie sehr die Gegensätze zwischen der Mehrzahl der Volksschüler und den im Verhältnis wenigen privilegierten Schülern der Höheren Schulen zu Animositäten führten, belegen auch hier die Spottverse. Wenn die Gymnasiasten mit ihren bunten Mützen über die Straße gingen, riefen die Volksschüler:

> *Welche Enten legen keine Eier?*
> *Die Stud – Enten!*

mdl. *Neuwerk* 1981

In *Kalkar* wurden die Schüler der „Städtischen Rektoratschule" (zu der Mädchen 1925 nicht zugelassen waren) von den übrigen Schülern mit dem Spottvers gehänselt:

Nr. 1094

> *Alle Rektoratschüler*   *Sie haben kurze Hosen*
> *Bilden sich was ein,*   *Und können kein Latein!*

Puyn o. J. 68

Nr. 1095 Die Gladbacher Studenten*

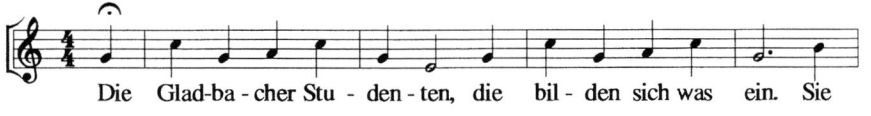

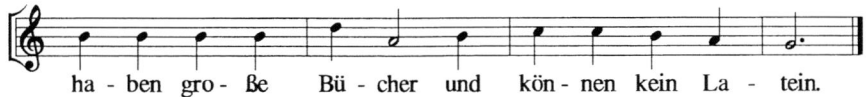

Die Brille auf der Nase,/Die Bücher unterm Arm./Und wenn sie das nicht haben,/Dann sind sie bettelarm.

* Gymnasiasten wurden als Studenten bezeichnet, Text und Melodie 1981 in *Niederkrüchten* aufgezeichnet, ebenfalls 1981 in *Neuwerk*

Kleidung der Mädchen aus bürgerlichen Familien (1908–1914)

Die sozialen Unterschiede zeigten sich auch in der Kleidung. Die der Mädchen aus gehobenen bürgerlichen Schichten um 1906–1914 sei hier beschrieben, da sie sich von der Kleidung der weniger begüterten Schichten besonders deutlich abhob: Die Unterwäsche der Mädchen „bestand aus feinem Linon oder Makko … Dazumal waren die Hemdchen noch recht umfangreiche und kompakte Wäschestücke. Hals und Ärmelausschnitte waren (bei den Damen wie

571

bei den Mädchen) mit Festonspitzen umrandet. Festons waren maschinengestrickte Spitzengewebe, die als Volants eingekräuselt, den unterschiedlichsten Wäschestücken angenäht waren. Die Breite und Länge eines Hemdes waren so, daß man stets ein gut Teil des Hemdes in der Hose verschwinden lassen mußte. Die Zeit der offenen, hinten senkrecht mit einem Schlitz versehenen Unterhosen (,Schnellpisser' im Volk genannt, d.V.) war gerade vorbei. Das Vorderteil schloß mit einem festen Bündchen ab, das an seinem rechten und linken Ende mit je einem Leinenbändchen versehen war. Mit diesem Bändchen wurde die Hose hinten festgebunden. Das Hinterteil indessen bestand aus einem festen Hosenlatz, dessen Bündchen oben zwei Knopflöcher besaß. Am Bündchen des Vorderteils war nämlich an jeder Seite noch ein Knopf angenäht. An diese konnte man das betreffende Knopfloch des Hosenlatzes anknüpfen und somit die Hose hinten schließen. Die Beinöffnungen waren mit einem Bord eingefaßt, das wie bei den Hemden mit Feston-Volants versehen war. Über die Hose zog man einen sogenannten Halbunterrock an, der ebenfalls mit Bändern um die Taille festgebunden war. Anstatt der Untertaille oder des Korsetts bei Damen trugen Mädchen ein Leibchen."[5] Als Kleider trugen Mädchen aus sogenannten „besseren" Familien vielfach Matrosenkleider in Weiß oder Blau nach dem Vorbild der kaiserlichen Familie. Auch die Trägerschürze gehörte zur Mädchenbekleidung. Zu Hause wurden meist Ärmelschürzen übergezogen. Ohne Phantasie kann man ermessen, welch einen Aufwand solche Stoffmassen für die Große Wäsche bedeuteten. Im Sommer trugen die Mädchen weiße oder bunte Söckchen und „ab September lange gewirkte Strümpfe in Schwarz oder Braun, die oben mit einem Strumpfband festgehalten wurden." Die Schuhe waren aus „Chevreauleder, Boxkalf oder Lackleder, die geschnürt oder geknöpft wurden. Außerdem gab es hohe Schuhe oder Halbschuhe. Letztere waren meist aus Lackleder. Bei regnerischem oder Schneewetter zog man sogenannte Überschuhe aus gepreßtem Gummi über die Lederschuhe."[6] Also nicht nur die bunten Schülermützen der „Damen" machten die sozialen Gegensätze sichtbar.

Lernschwache Schüler wurden unbarmherzig ausgelacht und verspottet:

Nr. 1096 Ia, Esel

Text und Melodie 1980 in *Viersen, Kaldenkirchen, Lobberich, Neersen, Krefeld* und *Grefrath* aufgezeichnet

Jungen und Mädchen

Aber auch Jungen und Mädchen ärgerten sich in der Familie, auf der Straße und in der Schule gegenseitig mit Spottversen, die die damalige Rollenzuweisung deutlich zeigen. Die Jungen z.B. spotteten wenig freundlich:

Nr. 1097

Die Knaben tragen Hosen   *Die Mädchen tragen Unterröck*
Und riechen wie die Rosen.   *Und stinken wie die Ziegenböck!*

mdl. *Neuwerk* 1981, *Amern*

Wenn sich eine Gruppe Mädchen, z.B. in *Hüls,* in Sicherheit fühlte und keine Jungen in der Nähe waren, die sie hätten verprügeln können, sangen sie:

Nr. 1098

Müèlè, Müèlè, maalè,	Mühle, Mühle, mahle,
Di Di-èrè kôsstèn ennèn Daalèr,	Die Mädchen kosten einen Taler,
Di Jongès kôsstèn ennèn Duvèndräkk,	Die Jungen kosten einen Taubendreck,
Hai, watt sinnd di Jongès jäkk!	Ei, wie sind die Jungen blöd!

Mit diesem Liedchen neckten sich auch innerhalb der Familie die Geschwister.

Hüls Kleintitschen 1979, 80, s. Kommentar Nr. 1098

Nr. 1099

Mäddschès onn Jongès hannt	Mädchen und Jungen haben
Bokksè aan	Hosen an,
Mètt hengè onn vüèrè è Düèrkè draan.	Mit hinten und vorne ein Türchen dran.*
Onn ömm di Jongès tè ärrjèrè,	Und um die Jungen zu ärgern,
Hannt wèrr è Schpetskè draan.	Haben wir ein Spitzchen dran.

* Düèrkè oder auch Kläppkè = Kläppchen, Hosenklappe, *Neuwerk* 1980

Nr. 1100

Ha, ha, fitsch!	
De Jonges höbben en Pitsch.	Die Jungen haben eine Peitsche.
De De'rnes höbben Poppelappen.	Die Mädchen haben Puppenlappen.
Moder bruck se nit de flappen.	Mutter braucht sie nicht zu strafen.
Ha, ha, fitsch!	

Moers und Umgebung, Krach 1924, 80, Klewer 1901, 94, Z. 1–3, weit verbreitet

Bauernsöhne

Auch Bauernkinder, die erfolglos ein Gymnasium besuchten, wurden schadenfroh verspottet, wie eine kleine Anekdote zeigt, in der die lateinische Sprache parodiert wird. Um die höhere Bildung zu erwerben, hatte ein Bauernjunge ohne schulischen Erfolg ein Internat besucht. Der Junge war aber faul gewesen, besonders seine Leistungen in Latein blieben mangelhaft. Als er nun wieder nach Hause zurückkehrte, imitierte und „latinisierte" der erboste Bauer die Sprache seines erfolglosen Sprösslings:

Nr. 1101

Nimm die Gablinus in die Handus	Nimm die Mistgabel in die Hand
Und schmeiß den Mistus	Und wirf den Mist
Auf die Karrinus!	Auf die Karre!

Nr. 1102

Nimm die Gabelatus fein	*Von nun an sprech ich auch Latein*
Und fahr mir Mistus wieder!	*Und schone meine Glieder.*

mdl. *Viersen, Amern* 1978 und 1997

Schon im 19. Jh. wusste man durchaus die Vorzüge einer akademischen Bildung zu schätzen und spottete daher:

Nr. 1103

Liièrsch dou dorrschèn onn wannèn*,	Lernst du dreschen und wannen,
Drengks dou uut Schemmels-Kannen,	Trinkst du aus schimmligen Kannen,
Liièrsch dou Latiin,	Lernst du Latein,
Dann drengks dou Wiin.	Dann trinkst du Wein.

* das Getreide von Unkrautsamen und Kaff reinigen, *Leuth,* Spee 1875, I, 22, Nr. 8

Nr. 1104

Liièr Latiin,	Lern Latein,
Dann drengks du Wiin.	Dann trinkst du Wein.
Wänn du datt lötts,	Wenn du das lässt,
Dann modds du wirrkè,	Dann musst du arbeiten,
Datt du schwetts.	Dass du schwitzt.

Krefeld-Linn, Wansleben 1925, 71

Es kommt vor – damals wie heute –, dass Kinder, die eine höhere Bildung als ihre Eltern haben, arrogant werden und sich ihres einfachen Elternhauses schämen. Das drückt folgender Satz aus:

Wänn dè Kengèr Latiin liièrè,   Wenn Kinder Latein lernen,
Dann mööjè sè kennè suure Kôppès mièr.   Dann mögen sie kein Sauerkraut
                                         mehr.

1) mdl. *Viersen, Neuwerk* 1975 2) mdl. *Viersen* 1999 3) Granderath 1994, 27 und 35 4) Weber-Kellermann 1989, 134–139 5) Granderath ebd. 6) Granderath ebd.

Literatur
Cock, A. de und Is. Teirlinck, Kinderspel & Kinderlust in Zuid-Nederland, Bd. I–VIII, Gent 1902–1908 (de Cock/Teirlinck I-VIII)
Granderath, Hildegard, Wie ich als Kind meine Heimatstadt Viersen erlebte. Hg. Verein für Heimatpflege e.V. Viersen, Viersen 1994 (Granderath 1994)
Kleintitschen, Rosa, Ut den alden Tied, Hüls 1979 (Kleintitschen 1979)
Klewer, Wilh., Aus dem Kinderleben, In: Festschrift zum … Rheinischen Provinzial-Lehrertag, Remscheid 1901 (Klewer 1901)
Krach, Gottfried, Min Modersprok, Die Mundart in der ehemaligen Grafschaft Moers, Moers 2. 1924 (Krach 1924)
Puyn, Alois, Calcar, Du kleine Stadt am Niederrhein. Bilder von Anno dazumal, 1868–1945 (Puyn o.J.)
Spee, Johannes, Volksthümliches vom Niederrhein. H I, Aus Leuth im Kreise Geldern, und H. II, Köln 1875 (Spee 1875)
Wansleben, Clara, Das erste Lebensjahrzehnt des Crefelder Kindes. In: Die Heimat, Krefeld 1925 (Wansleben 1925)
Weber-Kellermann, Ingeborg, Die Kindheit. Kleidung und Wohnen, Arbeit und Spiel. Eine Kulturgeschichte, Frankfurt/M. 1989 (Weber-Kellermann 1989)

Konfessionelle Gegensätze

Auch noch nach dem Zweiten Weltkrieg waren Katholiken und Protestanten einander nicht besonders gewogen. Ein Grund dafür mag der unter Bismarck geführte „Kulturkampf" gegen die katholische Kirche und die Bevölkerung des Rheinlandes gewesen sein, den die Menschen noch nicht vergessen hatten. Nach der Schule, die man nach Konfessionen getrennt besuchte, verspotteten sich die Schüler gegenseitig. Die katholischen Schüler fingen die evangelischen nach Schulschluss ab und ärgerten sie mit ihren Spottversen. Wo die evangelischen Schüler die Mehrheit hatten, z.B. in Norddeutschland, war es umgekehrt. Nicht selten kam es dabei zu Prügeleien, wie Gewährsleute berichteten.[1] In *Krefeld* und *Krefeld-Traar* lautete der Schmähruf:

Nr. 1105
    Martin Luther,
    Scheiß in dè Butter!

mdl. *Hinsbeck* 1981

Nr. 1106
    Martin Luther
    Schmiert die Butter
    Immer nur mit Hundfutter.

Traar 1981

Nr. 1107
    Efanjellischè Rattè   Evangelische Ratten
    Hängè ann dè Lattè,   Hängen an den Latten,

| *Hängè ann dè Wôllkè,* | Hängen an den Wolken, |
| *Weèrdè vôm Düüvèl jèmôllkè!* | Werden vom Teufel gemolken! |

mdl. *Traar* 1981

Nr. 1108

Verberjèr Rattè	Verberger Ratten
Hängè ann dè Lattè,	Hängen an den Latten,
Hängè ann dè Wôllkè,	Hängen an den Wolken,
Werdè vôm Düüvèl jèmôllkè!	Werden vom Teufel gemolken!

mdl. *Traar* 1981

In *Verberg*, einem Vorort von Krefeld, der zur einst reformierten Grafschaft Moers gehörte, wohnten besonders viele evangelische Christen. In *Krefeld* nannte man die Protestanten *„Calvinschè"*, *„Kapällschè"* oder *„Kalviner"* (aus Kapellen) oder die *„Jraafschaftèr"* (die aus der oben genannten vorwiegend protestantischen Grafschaft *Moers* stammten). In *Viersen, Krefeld* und anderen Orten nannte man die Protestanten *„di Blauè"* oder *„die Jöösè"* (die Geusen).

Nr. 1109

Efanjellischè Rôtt,	Evangelische Ratte,
Inn Bottèr jèbrôtt,	In Butter gebraten,
Mött Tsokkèr jerüüèrt,	Mit Zucker gerührt,
Tsumm Daivèl jèfüèrt.	Zum Teufel geführt.

mdl. *Viersen, Kaldenkirchen* 1970

In *Dülken* und in *Kaldenkirchen* lautete der Spottruf:

Nr. 1110

Efangjellischè Rôtt,	Evangelische Ratte,
Inn Bottèr jèbrôtt,	In Butter gebraten,
Mött Sôôt jèkneet,	Mit Salz geknetet,
Enn ètt Feechfüèr jèfeecht.	Ins Fegefeuer gefegt.

mdl. *Dülken, Kaldenkirchen* 1978

Eine Gewährsperson aus *Viersen* berichtete zu dem vorausgegangenen Vers: Der evangelische Pastor aus *Viersen* habe sich einmal beim katholischen Pfarrer von St. Josef über ein Kind beschwert, das diesen Vers gerufen habe. Der überall als sehr sanftmütig und gütig bekannte Dechant Dr. Heggen soll darüber so erzürnt gewesen sein, dass er – was ansonsten niemals vorgekommen sei – dem Kind spontan eine saftige Ohrfeige verabreicht habe. [2] Nach dem Ersten Weltkrieg sagte eine kalvinistische Frau aus *Moers-Kaldenhausen* zu ihrer Tochter, die großen Wert auf ihr Äußeres legte: *„Motts-dè dech denn aanduèn wi ènn Katto-lischè? Du süss dôch uut wi ennè Papajai.“* – Musst du dich denn anziehen wie eine Katholische? Du siehst doch aus wie ein Papagei! In Kleve sagte jemand, der ausdrücken wollte „Du bist nicht ganz gescheit!“: „Du bist wohl katho-lisch!“ [3] Die Evangelischen revanchierten sich mit einem Spottvers, der die Mut-tergottes sowie das für die Protestanten fremdartige Knien der Katholiken in der Kirche verlachte:

Nr. 1111

Heilige Marie,	Heilige Maria,
Fall op de Knie,	Fall auf die Knie,
Fall op de Fott,	Fall auf das Gesäß,
Dor geihsse kapot,	Dann stirbst du (gehst du kaputt),
Fall op en Arsch,	Fall auf den Arsch,
Dor krisse Kurasch,	Dann bekommst du Mut,
Fall op de Kunt,	Fall auf das Hinterteil,
Dor bisse wer gesunt.	Dann bist du wieder gesund.

Wesel RWB V, 862

Nr. 1112

Maria popeia, katholikalia,
Katholikatum,
Maria es dumm!

Grevenbroich RWB V, 865

Eine kleine Geschichte aus *Walsum* aus dem Jahre 1898 veranschaulicht die Aus-wirkungen des konfessionellen Gegensatzes auf Kinder: „Am 1. April 1898 be-gann für mich mit dem ersten Schultag der Ernst des Lebens … Am Morgen dieses bedeutsamen Tages wollte ich partout meinen Jugendgespielen, des Nach-barn Sohn Heinrich, abholen, der gleichaltrig mit mir war. Da wurde mir be-deutet, daß das nicht gehe, Heinrich müsse in eine andere Schule. Seine Eltern waren nämlich evangelisch, was mir bis dahin nicht aufgefallen war. Nun aber erkannte ich, daß es zweierlei Menschen auf der Welt gab: Evangelische und Katholische. Diese Erkenntnis wurde am gleichen Tag meinem Freunde Hein-rich zuteil. Sie wirkte sich vorübergehend etwas nachteilig auf unsere Freund-schaft aus. Ich begrüßte ihn, den Andersgläubigen, als wir uns nachmittags tra-fen, mit dem alten niederrheinischen Schimpfwort für Evangelische: ‚Du geusen Bock!‘ Das hatte ich am ersten Schultag schon gelernt. Aber auch er hatte sein Wissen schon erweitert und antwortete prompt: ‚Du papsten Deckkopp!‘ Als-dann zogen wir jeder einen Holzschuh aus – Holzschuhe sind nicht allein ge-sunde Gehwerkzeuge, sondern zugleich auch tadellose Nahkampfmittel – und

577

kämpften für unsern heiligen Glauben – jeder für seinen, bis die Nasen bluteten."[4]

Jüdische Schüler besuchten um die Jahrhundertwende 1899/1900 und bis zu ihrer Verfolgung im Dritten Reich selbstverständlich das Gymnasium und andere höhere Schulen. Wie aus *Kleve* berichtet wird, mussten sie beim Eintritt ins dortige Gymnasium über sich ergehen lassen, „daß sie bei der Aufnahme von ihren Mitschülern ‚getauft' wurden, indem ihnen an der auf dem Schulhof stehenden Pumpe reichlich Wasser in den Nacken gepumpt wurde. Damit waren sie aber als vollberechtigte Mitschüler aufgenommen und anerkannt."[5]

1) mdl. *Viersen, Krefeld* 1981 2) mdl. *Viersen* 1985 3) Die Heimat, Krefeld, Jg. 41, 1970, 61 4) Klövekorn, KKL 1968, 108 5) Sack KKL 1981, 93

Erstkommunion

Der Tag der Erstkommunion, d.h. der „Weiße Sonntag", der erste Sonntag nach Ostern, war stets ein Höhepunkt im Leben eines Kindes. Der Weiße Sonntag (dominica in albis depositis) wurde nach den in der Osternacht Neugetauften benannt, die ihre weißen Taufkleider bis zum ersten Sonntag nach Ostern trugen und sie dann erst ablegten. Von daher wurde es (erst im 20. Jh.) Tradition, dass die Mädchen an diesem Tag weiße Kleider tragen. In der Erstkommunionmesse erneuern die Kinder das durch die Paten bei der Taufe einst abgegebene Taufgelöbnis selber.

„Kommunionglöcklein", Wochenschrift der Erstkommunikanten. Nr. 1, 1924

Erst im 17. und 18. Jh. wurde es Brauch, am Weißen Sonntag die Erstkommunion der Kinder zu begehen.[1] Vor 1920 waren sie in der Regel 11 oder 12 Jahre alt.[2] *„Aafkommè"* (abkommen) nannte man das Ereignis in *Dülken,* im Umkreis von *Krefeld* und in der Umgebung von *Geldern.* Durch diese Bezeichnung wurde zugleich die neue Distanz von der Kindheit deutlich, die sich auch in der Kleidung der Kommunionkinder aus den Jahren 1900 bis 1920 ausdrückte.

*Erstkommuni-
kant, der den
obligatorischen
steifen Hut in der
Hand hält, 1915,
Privatbesitz,
Viersen*

*Foto rechts:
Kommunionpaar,
1914, Privatbesitz
Getrud Krücke-
manns, Boisheim*

Mindestens sechs Monate vor dem großen Tag, wenn der vorbereitende Beicht-
und Kommunionunterricht (mindestens zwei Mal in der Woche) vom Pastor
oder Kaplan erteilt wurde, fanden sich je zwei befreundete Jungen oder
Mädchen zu einem sogenannten „Kommunionpaar" zusammen. In der Messe
wurden die Jungen und Mädchen bis nach dem Ersten Weltkrieg bankweise
von sogenannten „Führengeln", Mädchen in meist langen weißen Kleidern, die
große brennende Kerzen trugen, zum Altar geführt. Jungen wie Mädchen waren dunkel und meist in Schwarz gekleidet wie kleine Erwachsene.
Die Jungen trugen (ebenfalls bis um 1920) dunkle Anzüge mit dreiviertel langen Hosen, im Knopfloch einen kleinen grünen Zweig. Zum Entsetzen aller
Jungen gehörten zum Festanzug lange, schwarze Strümpfe, ein weißes Hemd
mit steifem Kragen und dazu ein schwarzer steifer Hut, wie auch erwachsene
Männer ihn trugen. Die Mädchen unterschieden sich (bis um 1920) in der Kleidung ebenfalls wenig von den erwachsenen jungen Mädchen und jungen Frau-
en. In dreiviertellangem schwarzem Kleid mit einem Myrtensträußchen und
einem weißen Kränzchen – zuweilen mit einem weißen Schleier geschmückt,
erschienen sie wie kleine Bräute. Insgesamt boten sie ein aus heutiger Sicht
tristes Bild. Erst nach dem Ersten Weltkrieg, etwa seit 1928, setzte sich mit der
Frühkommunion der Kinder ab neun Jahren (Papst Pius X. 1910) auch die Kin-
dermode der weißen Kleider für die Mädchen und der kurzen (knielangen) Hosen bzw. dunkelblauen Matrosenanzüge für die Jungen durch.
Den Wandel in der Kleidung von 1900 bis 1939/1944 zeigen die folgenden
Aufnahmen aus den Jahren 1939 und 1944.

links: Erstkommunikantin 1944 mit dem vererbten Kreuz der Urgroßmutter, Privatbesitz, Viersen

rechts: Erstkommunikant 1939

Der Weg vom Pastorat oder Pfarrsaal zur Kirche war mit weiß-gelben oder rot-weißen Fähnchen geschmückt. Der Turm der Kirche wurde – wie auch heute noch – mit der gelb-weißen Kirchenfahne geflaggt. Lehrer und Geistlichkeit geleiteten die Kinder zur Kirche, die Glocken wurden zur besonderen Feier des Tages nicht wie sonst geläutet, sondern feierlich gebeiert.

Jedes Kind erhielt vom Pfarrer ein Erinnerungsbild mit Namen und Datum. Im Kriegsjahr 1944 war es eine Druckgraphik von Albrecht Dürer mit der bekannten Darstellung des hl. Christophorus. Der Spruch, der in der Zeit des Nationalsozialismus bedeutungsvoll war und auf dessen Legende sich die Predigt an diesem Tag bezog, endete mit einem Appell an die Standhaftigkeit der jungen Christen: „,Christophorus, du trägst auf deinen Schultern den, der die ganze Welt erschaffen.' Christusträger bist auch du heute geworden. Bleibe es!"

mdl. *Viersen* 1980

Die Geschenke waren damals sehr bescheiden: Die Mädchen erhielten häufig von der Patin oder Großmutter ein goldenes Kettchen mit einem goldenen Kreuz, das in der Familie weitervererbt wurde. Hortensien *(„Aafkommblommè")* oder „Metzgerpalmen" (weil sie sich in den kühlen Schaufenstern der Metzgereien sehr lange frisch hielten) waren die obligatorischen „Kommunionblumen", die man schenkte, ein Buch, meist ein Gebetbuch, einen Rosenkranz etc. Eine Ausnahme bildete das Geschenk des Paten, das bei den Jungen von einem Gebetbuch mit Goldschnitt bis zu einer goldenen Uhr reichen konnte. [3]

Der Kommunionunterricht wird in unseren Tagen schon seit den 1970er Jahren nicht mehr vom Pfarrer oder Kaplan erteilt, sondern von den Müttern der Kinder, die sich mit Hilfe von Unterrichtsmaterialien kundig machen müssen. Wegen der verschiedenen Gruppeneinteilungen wird heute in vielen Pfarreien schon von Ostern an bis Christi Himmelfahrt und Fronleichnam die Erstkommunion auf verschiedene Sonntage verteilt. Die Tradition des Weißen Sonntags als Tag der Erstkommunion wird damit nicht mehr strikt eingehalten.

Inzwischen wird kaum noch in der eigenen Wohnung, im Kreis der Familie gefeiert: Man reserviert mindestens zwei Jahre vorher für den Weißen Sonntag entsprechend viele Plätze in einem Restaurant. Trotz verschiedener Versuche in zahlreichen Pfarreien, für diesen Feiertag eine einheitlich schlichte weiße Albe für alle Kinder zur Verfügung zu stellen, um dadurch den enormen finanziellen Aufwand für modische weiße Kleider oder dunkelblaue Anzüge und den damit oft verbundenen Wettstreit „Wer ist die oder der Schönste" zu vermeiden, hat sich diese Idee generell nicht durchsetzen können.

Konfirmation

Die Konfirmation der evangelischen Kinder mit dem ersten Abendmahlsgang fand früher in einem fortgeschritteneren Alter, nämlich mit 13 oder 14 Jahren, statt und bedeutete um die Jahrhundertwende zum 20. Jh. einen entscheidenden Einschnitt in ihrem Leben, nämlich das Ende der Kindheit. Für die meisten

Konfirmanden vor dem Kirchenportal im Jahre 1959, Privatbesitz, Viersen

Arbeiterkinder und Kinder aus Familien der mittleren Bürgerschicht begann übergangslos der Arbeitsalltag in der Fabrik oder eine Lehrlingsausbildung. Der vorbereitende „Katechumenenunterricht" vor der „Einsegnung" dauerte zwei Jahre. Am Ende des Konfirmandenunterrichtes fand eine Prüfung durch den Pfarrer vor Eltern, Paten, dem Presbyterium und der ganzen Gemeinde statt. Der eigentliche traditionelle Tag der Konfirmation wurde am Niederrhein ebenfalls um Ostern herum, am letzten Sonntag vor Ostern, dem „Palmsonntag" oder „Palmarum", gefeiert. [4] „Vermutlich hängt beides (Abendmahlsgang und Konfirmation) weniger mit dem theologischen Gehalt der Osterfeier als mit bestimmten Gegebenheiten des bürgerlichen Jahres und des damaligen Bildungswesens zusammen (Schulpflicht, Schulkatechese und Schulabschluß usw.). [5] Am Karfreitag folgte die Abendmahlsfeier. Heute findet die Konfirmation in vielen Gemeinden nicht mehr am Palmsonntag statt, sondern die Feier verteilt sich auf mehrere Konfirmandengruppen an beliebigen Sonntagen ab dem 4. Mai (in *Viersen*). Die Mädchen trugen früher dunkle Kleider und die Jungen einen schwarzen oder dunkelblauen Anzug mit langen Hosen, Schlips oder Fliege." [6]

Jeder Konfirmand erhielt vom Pfarrer einen speziell für ihn ausgesuchten Bibelspruch, mit Namen und Datum, der ihn durch das ganze Leben begleiten sollte. Die zweijährige Vorbereitungszeit mit dem Katechumenen- und Konfirmandenunterricht ist geblieben. Neu dazugekommen ist eine „Konfirmandenfreizeit", ein Wochenende z.B. mit dem Thema „Abendmahl". In dieser „Freizeit" nehmen die Konfirmanden zum ersten Mal am Abendmahl teil. Am Tag der Konfirmation stellen sich die Jugendlichen in einem Gottesdienst der Gemeinde vor, was z.B auch unkonventionell und spielerisch ablaufen kann je nach dem Konzept des Pfarrers. Wurde der Konfirmationsspruch früher individuell für jedes Kind vom Pfarrer ausgesucht, so bestimmen heute die Konfirmanden selber ihren Bibelspruch. Auch die ehemals vorgeschriebene dunkle Kleidung ist einer allgemein festlichen gewichen. Die äußere Feier im Kreis von Familie und Freunden sowie die Geschenke sind heute nicht selten sowohl für katholische Kommunionkinder als auch für evangelische Konfirmanden dem Zeitgeist entsprechend häufig das „Wichtigste", wobei die Geschenke oft aus „Briefumschlägen mit einem nicht unbeträchtlichen Geldschein" bestehen. [7]

1) Bieritz 1987, 129/30 2) Weber-Kellermann 1996, 283 3) Meyers 1985, 98 ff. 4) mdl. *Viersen* 2003 5) Bieritz 1987, 130 6) Pastoors 1993, 231ff 7) mdl. *Viersen* 2003

Literatur

Bieritz, K.-H., Das Kirchenjahr. Feste, Gedenk- und Feiertage in Geschichte und Gegenwart, München 1987 (Bieritz 1987)

Franken, René, Joseph Dunkel, Kaplan an St. Cornelius Dülken 1935-1938. Katholische Jugendarbeit mit Hindernissen. In: HKV 1998

Die Heimat, Krefeld 1970 (Die Heimat 1970)

HKV = Heimatbuch des Kreises Viersen

Klövekorn, Alfons, Mein erster Schultag. Auch ein Beitrag zur Schulfrage. In: Kalender für das Klever Land 1968 (Klövekorn, KKL 1968)

KKL = Kalender für das Klever Land, 1969

Meyers, Fritz, Das niederrheinische Jahr, Duisburg 2. 1985 (Meyers 1985)

Müller Josef, Hg., Rheinisches Wörterbuch, Bd. I–IX, Bonn, Berlin, 1971 (RWB V)

Pastoors, Ruth, Eine evangelische Kindheit in der Vogtei. In: GHK = Geldrischer Heimatkalender 1993 (Pastoors GHK 1993)

RWB = Rheinisches Wörterbuch, s. Müller, Josef

Sack, Heinrich, „Wo sind sie geblieben?" Jugenderinnerungen an Klever Juden. In Kalender für das Klever Land 1981 (Sack KKL 1981)

RWB = Rheinisches Wörterbuch s. Müller, Josef, Weber-Kellermann, Ingeborg, hg. Die Familie. Eine Kulturgeschichte der Familie. 1996 (Weber-Kellermann 1996)

Teil IV – Nonsens und Absurdes

Nonsensverse

Die folgenden Verse und Liedchen waren in den 1950er Jahren nach dem Zweiten Weltkrieg besonders bei Schülern und Jugendlichen im Alter von 13 bis 15 Jahren beliebt.

Nr. 1113

Allah ist groß, Allah ist mächtig,
Er hat 'nen Bauch von dreimetersechzig.

mdl. *Viersen* 1974, vgl Rühmkorf 1969, 56, 47: … Allah ist mächtig./Wenner auf den Stuhl steigt,/Ist er Einmetersechzig, s. Kommentar Nr. 1113

Nr. 1114

„Uff, uff", sprach Winnetou,
Legte seinen Bauch in Falten
Und verschwand am Horizont.

mdl. *Viersen* 1975, vgl. Rühmkorf 1969, 79, 6, letzte Zeile: … Und steckte ihn in die Tasche

Nr. 1115

Ich liebe dich wie Apfelmus,
So zärtlich wie Spinat.
Mein Herz schlägt wie ein Pferdefuß,
Wenn ich dich seh, du Aas!

mdl. *Viersen* 1972

Nr. 1116

Kind der Liebe, holder Engel,
Vielgeliebtes Trampeltier!
Augen hast du wie Korallen,
Alle Ochsen gleichen dir.

mdl. *Viersen* 1974, mdl. *Viersen* 1975, auch: Holder Engel, süßer Bengel …

Nr. 1117

„Ach, laß mich schmusen

An deinem Busen",
Sprach sie unter Tränen,
Denn sie hatte känen.
„Und den ich gestern hatte,
Der war nur aus Watte.
Und jeden Tag ein neuer,
Das ist zu teuer."

mdl. *Viersen* 1975, vgl. ähnlich Rühmkorf 1969, 79

Nr. 1118

Dunkel war's, der Mond
schien helle,
Alle Leute schliefen schon,
Als ein Auto blitzesschnelle
Langsam um die Ecke bog.
Drinnen saßen stehend Leute,
Schweigend im Gespräch vertieft.
Als ein totgeschoss'ner Hase
Langsam um die Ecke lief.

mdl. *Viersen* 1974, s. Kommentar Nr. 1118

Nr. 1119

Otto Mess,
mit zwei Ess,
Mit zwei OO, hat 'nen Floh,
Weiß nicht wo, am Popo.
Will ihn kriegen, geht er fliegen.
Will sich kratzen an dem Batzen.

mdl. *Viersen* 1978, *Hinsbeck* 1981

Nr. 1120

Hasenbraten ist ein schönes Essen.
Ich selbst habe ihn noch nie gegessen.
Aber meines Vaters Bruders Freund,
Der hat mal neben einem gesessen,
Der hatte einen Freund. Und dessen Freund,
Und hat ihn sehen Hasenbraten essen.

mdl. *Viersen* 1970, vgl. Frömmel 1900, 2. H., 48, Nr. 250

Zur Melodie des gleichnamigen Wanderliedes sang man:

Nr. 1121

Wem Gott will rechte Gunst erweisen,
Den läßt er in die Knackwurst beißen,
Den schickt er in die Wurstfabrik.
Und wünscht ihm guten Appetit.

mdl. *Viersen* 1972, vgl. Rühmkorf 1969, 109

Nr. 1122 In Bayern gibt es Sauerkraut

In Bay-ern gibt es Sau-er-kraut, die Welt ist ku-gel-rund. Es
sah ein Knab ein Rös-lein stehn von hun-dert-acht-zig Pfund. Und
wenn du glaubst, du hättst ihn schon, den güld-nen A-bend-stern, dann
hau ich dich mett de Pann opp deä Kopp. Das ist der Tag des Herrn!

Nr. 1123 Ein Hund lief in die Küche (I)

1. Ein Hund lief in die Kü-che und stahl dem Koch ein Ei. Da
2. Da ka-men al - le Hun-de und gru-ben ihm ein Grab und

D.C.

nahm der Koch den Löf-fel und schlug den Hund zu Brei.
setz - ten ihm ein Grab-mal, wo - rauf ge-schrie-ben stand.

mdl. 1972, nach der Melodie: Mein Hut, der hat drei Ecken, vgl. Rühmkorf 1969, 100, vgl. Bornemann 1981, 70, Nr. 327 Z. 7 u. 8: „… und bissen ihm die Eier/Mit ihren Zähnen ab"

Aus diesem Kettenlied hat sich in den 1950er Jahren in *Viersen* in geselliger Runde des Kirchenchores St. Notburga eine im Stile der „wilden Vespern" variierte Parodie entwickelt, die von Kindern und Jugendlichen aufgegriffen wurde. Ihnen war Litaneigesang im Wechselchor aufgrund regelmäßiger sonntäglicher Andachtsbesuche bestens bekannt.

Nr. 1124 Ein Hund lief in die Küche (II)

Ein Hund lief in die Kü-che, in die Kü-che, in den Kel-ler,

in den Kel-ler, in die Spei-se-kam - mer,

in die Spei-se-kam - mer. Und stahl dem Koch ei-ne Blut-wurst,

ei - ne Blut-wurst, ei - ne Mett-wurst, ei - ne Mett-wurst,

ei - ne Zer-ve-lat - wurst, ei - ne Zer-ve-lat - wurst.

Da nahm der Koch ei - nen Löf - fel, ei - nen Löf - fel,

ei - nen Knüp-pel, ei - nen Knüp-pel, ei - nen Schne-schaum-

schlä - ger, ei - nen Schnee - schaum-

schlä - ger. Und hieb dem Hund den Kopf ab,

den Kopf ab, den Schwanz ab, den Schwanz ab,

und schlitz - te ihm den Bauch auf,

und schlitz - te ihm den Bauch auf.

Da ka - men vie - le Hun-de, vie - le Hun-de, vie - le Möp-se,

vie - le Möp-se, ei - ne end-los lan - ge Rei-he Bern-har -di - ner,

ei - ne end - los lan - ge Rei - he Bern -har - di - ner.

Sie setz - ten ihm ein Grab - mal, ein Grab-mal, ein Denk-mal,

ein Denk - mal, ein Mau - so - lä - um,

ein Mau-so - lä - um. Da - rauf, da stand ge - schrie-ben,

ge - schrie - ben, ge - krit - zelt, ge - krit - zelt,

ein - gra - vie - ret, ein - gra - vie - ret:

Nr. 1125

> *Mama, die spielt die Flöte, Violin' der Herr Papa.*
> *Die Tante die Trompete, Posaun' die Großmama.*
> *Und meine Schwester Jette, die spielt die Klarinette,*
> *Und ich zum größten Spaß den dicken Kontrabaß.*
> *Hei, sitta, sitta, trallalla, sitta, sitta, trallalla,*
> *Sitta, sitta, trallalla, sitta, sitta, schrumm.*
> *Wir sind 'ne lustige Familie, ein musikalisches Genie.*
> *Wir spielen täglich ohne Noten die allerschönste Harmonie.*
> *Mama, die spielt die Flöte …*

Text 1995 in *Osterath* und in *Viersen* (ohne Refrain) aufgezeichnet

Nr. 1126

> *Drei Chinesen mit dem Kontrabaß*
> *Saßen auf der Straße und erzählten sich was.*
> *Kam die Polizei, sagt: Was ist denn das?*
> *Drei Chinesen mit dem Kontrabaß.*

Alle Strophen wurden nun nacheinander mit den Vokalen e, i, o, u, ä, ö, ü usw. gesungen.

mdl. *Viersen,* überall bekannt, s. Kommentar Nr. 1126

Nr. 1127 Auf der grünen Wiese

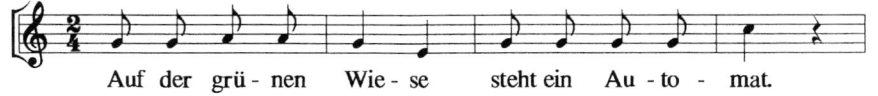

Bei „Zieh' mal dran" zogen sich die Mädchen an den Zöpfen.

In *Viersen* wurde aufgezeichnet:
Auf der grünen Wiese hab' ich sie gefragt,/Ob sie mich wohl liebe./„Ja", hat sie gesagt.

Text und Melodie 1974 *Viersen,* es ist der Originaltext des Schlagers, vgl. Rühmkorf 1969, 124, 17a: Auf der grünen Wiese/Hab ich sie gefragt/Ob sie mich mal ließe/Ja hat sie gesagt, s. Kommentar Nr. 1127

Verdrehung von klassischen Texten

„Goethe spielt Flöte,/Schiller spielt Triller" oder „Die Ibiche des Kranikus" – an solchen Kalauern hatten Generationen von Schülern der Höheren Schule, 587 die in der Quarta und Untertertia die langen Goethe- und Schiller-Balladen auswendig lernen mussten, ihre ungetrübte Freude.

Nr. 1128 Friedrich von Schiller: Der Taucher

„Fälschung"	„Original"
Wer wagt es Knappersmann oder Ritt,	*Wer wagt es Rittersmann oder Knapp*
Zu schlauchen in diesen Tund?	*Zu tauchen in diesen Schlund?*

Oder die ganze Ballade wurde auf einen Satz reduziert:
> *Kluck, kluck, weg war er.*

mdl. *Viersen* 1970

Nr. 1129 Friedrich von Schiller: Der Ring des Polykrates

„Fälschung"	„Original"
Er stand auf seines Daches Zinnen	*Er stand auf seines Daches Zinnen*
Und schaute mit vergnügten Sinnen	*Und schaute mit vergnügten Sinnen*
Auf zehn belegte Brötchen hin:	*Auf das beherrschte Samos hin.*
„Dies alles", sprach er zu Ägyptens König.	*Dies alles ist mir untertänig,*
„Dies alles ist mir viel zu wenig,	*Begann er zu Ägyptens König,*
Gesteh', daß ich ein Vielfraß bin!"	*Gestehe, daß ich glücklich bin.*

mdl. *Viersen* 1973, vgl. Rühmkorf 1969, 113: Er saß auf einem Sack voll Linsen,/Und schaute mit vernügtem Grinsen …

Nr. 1130 Friedrich von Schiller: Die Bürgschaft
> *„Was willst du mit dem Dolche? Sprich!"*
> *„Eärpelschällè*! Verstehst du nicht?!"*
> *(oder: … Mehr will ich nicht!)*

* Kartoffeln schälen …, mdl. *Viersen* 1972

Nr. 1131 Friedrich von Schiller: Die Glocke

Lôch enn dè Erdè,	Loch in die Erde,
Brôngksè drinn,	Bronze hinein,
Jlôckè fertig,	Glocke fertig,
Bimm, bimm, bimm.	Bimm, bimm, bimm.

mdl. *Boisheim* 2002, vgl. Rühmkorf 1969, 113

Nr. 1132 Johann Wolfgang von Goethe: Der Fischer

„Fälschung"	„Original"
Ein Fischer saß am Meeresstrand	*Das Wasser rauscht, das Wasser schwoll*
Und hatt' 'ne Angel in der Hand.	*Ein Fischer saß daran.*

Er wollte angeln einen Barsch.   Sah nach dem Angel ruhevoll,
Das Wasser ging ihm bis zum … Knie. Kühl bis ans Herz hinan.

mdl. *Viersen* 1970, vgl. Rühmkorf 1969, 72

Goethe und
Fritz von Stein

Nr. 1133 Thoedor Fontane: Archibald Douglas
Die Schüler gaben der Ballade den Titel: *Die Ballade vom schmutzigen Hemd.*

> *Ich hab es getragen sieben Jahr,*
> *Und ich kann es nicht tragen mehr.*
> *Wo immer die Welt am schönsten war,*
> *Da war sie öd und leer.*

mdl. *Viersen* 1975

Opern

Schüler der Höheren Schule dichteten mit Vorliebe Lieder der Klassik wie der Unterhaltungs- und Schlagermusik um, und legten den Leitmotiven von Ouvertüren oder Sinfonien kurze, ulkige Texte unter, die auch als „Merkmelodien" dienten.

Nr. 1134 Richard Wagner: Tannhäuser
> *Der Graf, das Schaf,*
> *Ist in die Grube gefallen …*

mdl. *Viersen* 1975, vgl. Rühmkorf 1969, 121

Nr. 1135 George Bizet: Carmen
> *Auf in den Kampf, die Schwiegermutter naht.*
> *Siegesgewiß, klappert ihr Gebiß …*

mdl. *Viersen* 1974, vgl.Rühmkorf 1969, 121

Nr. 1136 Friedrich von Flotow: Martha
> *Martha, Martha, du entschwandest,*
> *Und mit dir mein Portemonnaie.*

mdl. *Viersen* 1975

Sinfonien

Nr. 1137 Franz Schubert: Die „Unvollendete"
(h-moll-Symphonie, das Leitmotiv)
> *Ida, wo jeestè hin,*
> *Wo kommstè her,*
> *Wann kommstè wieda?*

mdl. *Viersen* 1975, vgl. Rühmkorf 1969, 122

Nr. 1138 Ludwig van Beethoven, 3. Symphonie, die „Eroika"
> *Der Dollar rollt! Der Dollar rollt!*
> *Lasset uns Devisen sammeln.*

mdl. *Viersen* 1975

Schlager

Nr. 1139
> *Rosmunda,*
> *Schenk mir dein Sparkassenbuch,*
> *Rosmunda,*
> *Zehntausend Mark sind genug.*

mdl. *Viersen* 1975, vgl. Rühmkorf 1969, 123

Nr. 1140
> *In Hannover an der Leine,*   *Haarmann hat auch ein' Gehilfen.*
> *Rote Gasse Nummer acht*   *Franz heißt dieser junge Mann.*
> *Wohnt der Massenmörder Haarmann,*   *Und der lockte mit Behagen*
> *Der die Leute umgebracht.*   *Viele junge Männer an.*
> *(oder: Der aus Kindern Blutwurst macht.)*
>
> *Aus den Augen macht er Sülze,*   *Warte, warte nur ein Weilchen,*
> *Aus dem Hintern macht er Speck,*   *Dann kommt Haarman auch zu dir.*
> *Aus dem Darm, da macht er Würste,*   *Mit dem kleinen Hackebeilchen*
> *Und den Rest, den schmeißt er weg.*   *Macht er Hackefleisch aus dir.*

mdl. *Viersen* 1974, mdl. *Boisheim,* 2002, vgl. Rühmkorf 1969, 80, Kommentar Nr. 1140, Fritz Haarmann war ein Massenmörder, der 1925 zum Tode verurteilt und hingerichtet wurde.

Nr. 1141
> *Auf einer endlos langen Chaussee,*
> *Da stand bei Regen und Schnee*
> *Ein kleiner DKW.*

Der hatte Panne, Motor defekt,
Der Benzintank war leck,
Und der Auspuff war voll Dreck.
Und der Besitzer stand dabei und war am Weinen
Über seinen kleinen,
Geliebten DKW, fupp, fupp, fupp, fupp!

Nach der Melodie: In einer kleinen Konditorei, da saßen wir zwei, mdl. *Viersen* 1974

Nr. 1141

In einer kleinen Konditorei,
Da saßen wir zwei
Und fraßen für drei.

mdl. *Viersen* 1970

Literatur

Bornemann, Ernest, Wir machen keinen langen Mist. 614 Kinderverse gesammelt in Deutschland, Österreich u. der Schweiz in den Jahrzehnten 1960–1980, Frankfurt 1981

Fischer, Helmut, Kinderreime im Ruhrgebiet, Köln 1994

Frömmel, Otto, Kinder-Reime, Lieder und Spiele, H. u. Z., Leipzig 1899–1900

Lorbe, Ruth, Die Welt des Kinderliedes. Dargestellt an Liedern u. Reimen aus Nürnberg, Berlin, Basel 1971

Richter, L., Der Berliner Gassenhauer. Darstellung, Dokumente, Sammlung, Leipzig 1969

Teil V – Skatologisches

Unflätige und verbotene Verse und Lieder

Zur Kindheit und Jugend gehörten auch die sogenannten „unanständigen" Tabuverse, d.h. solche Verse, die den Erwachsenen nicht zu Ohren kommen durften. Dazu zählten in gewisser Weise auch die Parodien auf kirchliche Lieder. Diese schienen um so begeisterter gesungen und ausgesprochen zu werden, je „mehr sich die Kinder des Verbots auf familiärer Alltagsebene bewußt sind."[1] Selbst der niederländische Maler Pieter Brueghel hat im 16. Jh. auf seinem Spielbild nicht darauf verzichtet, zwei Fäkalszenen darzustellen: Ein kleines Mädchen verrichtet im Hintergrund des Bildes unter Arkaden, unter denen andere Kinder mit dem Kreisel spielen, öffentlich sein Bedürfnis. Ist es nur das oder gehört es zum Spiel, was in Günter Grass' Novelle „Katz und Maus" von Jungen demonstriert und von Gewährsleuten als *„Küllkèspischè"* bezeichnet wird? Zudem heißt eine Redensart, die betonen will, wie lange bekannt und wie sehr vertraut man miteinander ist: *„Wörr habbè tèsaamè in ee Küllkè jèpischt."* – Wir haben zusammen in das gleiche Loch gepinkelt. Bei dem zweiten Beispiel auf Brueghels Spielbild rührt im Vordergrund ein kleines Mädchen unübersehbar mit einem Stöckchen in einem Kothaufen herum. Daraus lässt sich schließen, dass Brueghel schon im 16. Jh. beobachtet hat, dass Skatologisches, also Unappetitliches aus dem Fäkalbereich, immer schon Bestandteil des kindlichen Spiels war. Selbst die Sammlung des aus Leuth stammenden Studienrates Johannes Spee von 1875 und die 1905 von Meyer-Markau gesammelten Verse waren nicht ganz frei von skatologischen Reimen.

Oft waren es Lehrer, die im 19. Jh. aufschrieben, was sie von den Schulkindern erlauschten, und entsprechenden Volkskundlern, Germanisten oder Sammlern zuschickten oder aber selber als Sammlung herausgaben: Verse, Lieder, Spiele. Doch in den Sammlungen von Kinderreimen und -liedern, die im 19. Jh. und im ersten Drittel des 20. Jh.s entstanden, wurden solch unflätige, grobe Fäkalverse nicht aufgenommen. F. M. Böhme, der wohl die umfangreichste und bestdokumentierte Sammlung von Kinderspielen und -liedern im 19. Jh. zusammengetragen hat, betont im Vorwort, dass „das Gemeine und Schmutzige, das leider zuweilen in den Kindermund gelangt sei, in seine Sammlung nicht aufgenommen" worden sei.[2] Zwei Jahre später, 1899, legt auch Colmar Schumann im Vorwort seiner Sammlung von Kinderliedern und Versen aus Lübeck Wert darauf zu betonen, dass er alles „ausgemerzt" habe, was nicht als echt volkstümlich gelten könne, wie z.B. „gassenhauerartige, wertlose Reimereien, absichtlich häßliche Entstellungen älterer Sachen, auch Lieder im engeren Sinne, sofern sie nicht eigenartig verändert sind. Derbes läßt sich von der Volksdichtung nicht trennen, doch Unsittliches kennt sie nicht."[3] Karl Wehrhan folgt

1929 im Wesentlichen diesem Konzept, wenn er auch einräumt, dass vieles in seiner Sammlung[4] aus der Welt der Erwachsenen stamme und von den Kindern aufgeschnappt worden sei. „Schmutziges und Zotiges" habe jedoch auch er weggelassen, da es sich bei solchen Versen nicht um kindliche Überlieferungen handele, zumal Kinder meist nicht verständen, was sie übernommen hätten und sängen: „Derbheiten", wie sie in den Kleinkinderversen häufig vorkämen, seien beim Kind nicht immer zugleich auch „Rohheiten". „Die Sprache des Kindes ist natürlich und bezeichnet deshalb natürliche Dinge in natürlicher, wenn auch derber Weise, die für das Kind nichts von Häßlichkeit an sich hat."[5] In die großen Sammlungen wurden folglich nur „gesäuberte", d.h. ausgewählte „anständige" Verse und Liedchen aufgenommen. Der Blick der Sammler und Herausgeber war lange Zeit auf ein eindimensionales Bild vom Kind gerichtet, das sich in einer „heilen Welt" brav und freundlich zum Erwachsenen entwickelt.[6] Die Volkskunde begann sich erst in den 80er Jahren des 20. Jh.s für die „ungepflegte Kinderkultur" und die bis dahin „ausgeblendeten Bereiche" zu interessieren.[7]

„Küllkè pischè", Peter Brueghel d.Ä.

Peter Rühmkorf gab 1967 seine „Literatur aus dem Untergrund" mit dem Titel „Über das Volksvermögen" heraus. Sein Ziel war es, mit dem Bild der angeblich so „sauberen" und idyllisch-harmonischen Kinder- und Jugendwelt und deren Versen aufzuräumen und zu beweisen, wie Kinder und Jugendliche sich schon vor der Studentenrevolution (1968) gegen die Autorität der Erwachsenen sowie gegen bestimmte gesellschaftliche Tabus und Verhaltensregeln (Sexualität, Scham etc.) abgegrenzt und davon emanzipiert hatten. Es wurde besonders gelobt, dass kindliche und jugendliche Aggressionen und Spannungen hier ein Ventil fanden. Wer die Rühmkorf-Sammlung zur Hand nimmt, erkennt schnell, dass auch diese „Auswahl" gezielt einseitig ist und Rühmkorf genau das tut, was er den Sammlern der Vergangenheit vorwirft, nämlich einseitig auszuwählen. Die dreibändige Sammlung von Ernest Bornemann „Studien zur Befreiung des Kindes"[8] könnte den Leser glauben machen, Kinder hätten ausschließlich Freude und Interesse an sexuellen und skatologischen Phantasien. Beide, Rühmkorf wie Bornemann, wurden von der 68er Studentengeneration wegen dieser „Ehrlichkeit und Offenheit" hoch gerühmt und gepriesen.

Hermann Bausinger hält dem entgegen, dass die Sammlungen von Rühmkorf und Bornemann insgesamt nur etwa 6 % des im Umlauf befindlichenVersgutes ausmachten.[9] Man solle folglich dieses Phänomen nicht verabsolutieren. Psychologen stellten fest, freche Spottverse, respektlose Persiflagen, Fäkal- und Sexualverse hätten eine kathartische Funktion für die Psyche heranwachsender Jungen und Mädchen. Das Verbotene und Tabuisierte gehöre zum Reifeprozess des Erwachsenwerdens. Auch Weber-Kellermann kritisiert den Anspruch von Rühmkorf und Bornemann, solche Tabuverse absolut zu setzen. „Es scheint … ziemlich sinnlos, solche kindlichen Fäkal- und Sexualpoesien isoliert zu bündeln als Beweise frühkindlicher Sexualität. Sieht man sie jedoch im Zusammenhang mit dem Straßenspiel, so werden sie zu strukturellen Zeichen einer kindlichen Gegenwelt gegen die Erwachsenen, in der deren Verbote nicht gelten und andere Dinge Spaß machen als die erlaubten familiären Verhaltensweisen."[10]

Auffällig war bei meiner Befragung von Gewährsleuten der Geburtsjahrgänge von 1886 bis ca. 1918 in den 1970er und 1980er Jahren, wie sehr die lang zurückliegende Erziehung noch weiterwirkte, wenn die um die Jahrhundertwende Geborenen nicht besonders gern, aber unter Kichern und Lachen derbe und unflätige Verse nannten. Allerdings waren es vorwiegend Fäkalverse und weniger Sexualverse, wie sie seit den 1970er Jahren anzutreffen sind. Als ich 1995 mit Studenten der Katholischen Fachhochschule für Sozialwesen am Rande von Aachen in drei Grundschulen eine Befragung nach sogenannten „unanständigen" Versen durchführte, waren die Kinder der dritten und vierten Schuljahre dazu nur unter der Voraussetzung bereit, dass die Lehrerin nicht zugegen war. Überraschend war ferner, dass nicht wenige angaben, solche tabuisierten Verse, meist waren es Sexualverse, vor ihren Eltern im Computer „versteckt" zu haben.

Die folgenden Verse stammen nicht von Kindern unserer Zeit, sondern wurden bei Erwachsenen der Jahrgänge 1918 bis 1938 in den Jahren 1970 bis um 1987 aufgezeichnet. Sie beweisen, dass es auch vor der Sammlung von Rühmkorf durchaus „Unflätiges" in Vers und Lied gab, was aber nur selten oder gar nicht aufgezeichnet wurde.

1) Weber-Kellermann 1989, 254 2) Böhme 1897, XX 3) Schumann 1899, XV 4) Wehrhan 1929, VII 5) Wehrhan 1929, ebd. 6) Fischer 1988, 118 7) Bausinger 1985, 12 8) Bornemann 1973/76 9) Bausinger 1985, 17 10) Weber-Kellermann 1989, 254

Nr. 1143 Ein Jäger aus Kurpfalz (I)

Ein Jä-ger aus Kur-pfalz, der rei-tet durch den Hüh-ner-stall onn

schött enn Hänn ka - pott, jraad med - den enn di Vott.

Ein Jäger aus Kurpfalz,//Der reitet durch den Hühnerstall/Und schießt ein Huhn tot,/Grad mitten in die Fott.

Text und Melodie 1981 in *Overhetfeld* aufgezeichnet

Nr. 1144 Ein Jäger aus Kurpfalz (II)

> *Ein Jäger aus Kurpfalz,*
> *Der reitet durch den Hühnerscheiß*
> *Und bricht dabei den Hals …*

mdl. *Traar* 1981

Nr. 1145

> *Ri-ra-runkel,*
> *Enn Hännèfott ess dunkel* (ein Hühnerpopo ist dunkel).
> *Wie kann es da auch helle sein?*
> *Da scheint ja nie die Sonne rein.*

mdl. *Traar* 1981

Nr. 1146

> *Ich hatt enn Katts jèbroanè*   Ich hatte eine Katze gebraten
> *Mött Peäpèr onn mött Sallt.*   Mit Pfeffer und mit Salz.
> *Doa woll ich enns drenn Biitè,*   Da wollte ich einmal drin beißen,
> *Doa feng sè ann tè driitè.*   Da fing sie an zu scheißen.
> *Leb wohl, du schöner Wald.*

Gesungen zur Melodie: Ich hatt einen Kameraden, mdl. *Neuwerk* 1981, älteren Generationen bekannt, Jg. 1909

Nr. 1147

> *Wie kommt Kuhscheiße aufs Dach?*
> *Kuh hat sich auf Schwanz geschissen,*
> *Und mit Schwung hinaufgeschmissen.*

mdl. *Viersen* 1975, älteren Generationen (1900–1910) bekannt, vgl. Rühmkorf 1969, 66

Nr. 1148

> *Friederich der Große spricht:*
> *„Laute Fürze stinken nicht.*
> *Doch die auf leisen Sohlen schleichen,*
> *Denen mußt du weichen.“*
> *(oder: Stinken, daß man fort muß weichen.)*

mdl. *Born, Viersen* 1979, vgl. Rühmkorf 1969, 55

Nr. 1149

Karl der Große
Scheißt in die Hose,

Pippin der Kleine
Macht sie wieder reine.

mdl. *Dülken, Lobberich, Hinsbeck,* s. Kommentar Nr. 1149

Nr. 1150 Und scheint die Sonne so warm

Und scheint die Son - ne so warm, dann nehm ich Pa-

pier un - term Arm. Und scheint die Son - ne so

heiß, dann geh ich ins Grü - ne. Und...

Text und Melodie *Viersen* 1975, weit verbreitet, vgl. Rühmkorf 1969, 100

Nr. 1151

Amaaliè, kômm èrunntèr fonn di Kaffeeplanntaasch;
Da sitzt ein kleiner Junge und krabbelt sich ... (von vorne)

mdl. *Boisheim* 2003

Nr. 1152

Zwischen zwei Bergen, da brummt ein Bär.
Wenn er herauskommt, dann stinkt es sehr.

Oder: Wenn man ihn kitzelt,/ dann brummt er noch mehr, mdl. *Hinsbeck* 1980 (ältere Generation)

Nr. 1153

Heini hätt ènnè Wurm jèpuppt,
Jeff öm maar dè Hännè.
Hännè kriijè Schtriit doadröm,

Jäèf öm maar noch ènnè.

Heini hat einen Wurm gepuppt,
Gib ihn nur den Hühnern.
Die Hühner bekommen
deswegen Streit,
Gib ihm nur noch einen.

mdl. *Viersen* 1979 (ältere Generation)

Nr. 1154

Niipè naapè, Küètèlè raapè,
Ich met dè Häng, on du met dè Täng.

Niipè naapè, Köttel aufheben,
Ich mit den Händen, du mit
den Zähnen.

mdl. *Dülken* 1982 (ältere Generation)

Nr. 1155

Jôtt sai Dangk,	Gott sei Dank,
Sätt Frau Blangk,	Sagt Frau Blank,
Noom dèr Pischpôtt	Nahm den Nachttopf
Onn rännt domött vörr dè Wang.	Und rannte damit vor die Wand.
Datt joèf ennè Jèschtangk	Das gab einen Gestank
Fônn heei bis nô Langk.	Von hier bis nach Lank.
Da wortè all dè Lüü fonn krangk.	Davon wurden alle Leute krank.

mdl. *Büderich* 1995, ältere Generation, s. Kommentar Nr. 1155

Nr. 1156

Di ôô Vrau Klengè	Die alte Frau Klingen
Schmitt deä Pischpott vör di Blengè,	Wirft den Nachttopf gegen die Fensterläden,
Jing nô hengè on feng aan dè sengè.	Ging nach hinten und fing an zu singen.

Brüggen-Lüttelbracht 1978, ältere Genertion

Nr. 1157

Ri-ra-ritt,	
Do sett er ein' on dritt,	Da sitzt jemand und kackt,
Hätt all lang gesäte	Hat schon lange gesessen
Onn wätt ett garnit quitt.	Und wird es gar nicht los.

Duisburg Meyer-Markau 1905, 186

Nr. 1158

Jössès, Kengèr,	Mein Gott, Kinder
Puup ann dèr Vengèr.	Kot am Finger.
Affèläkk, joot jèschmäkk.	Abgeleckt, gut geschmeckt.

mdl. *Born, Brüggen, Neuwerk, Viersen* 1979, ältere Generation

Nr. 1159

(Gespräch zwischen Mutter und Sohn vor dem Zubettgehen)

Pittèrkè piss, af ech klätts di!	Peterchen mach Pipi, oder ich schlage dich!
Ach Moodèr, ech häbb kennè Piss.	Ach Mutter, ich „ muss" nicht.
Piss aff neet Piss!	Ob du „kannst" oder nicht! (sinngemäß)
Ech sall dech vèrdäkkstèn Hongk	Ich werde dir eigensinnigen Hund beibringen,
liirèn saikèn:	Pipi zu machen.

597

Marsch opp dänn Üülès!   Marsch auf den Nachttopf!

mdl. *Viersen* 1978 (ältere Generation)

Nr. 1160

Ach, wüèr ich doch enn Bottèrblomm   Ach, wär ich doch eine Butterblume

Onn schtüng enn't jröönè Jraas,   Und ständ im grünen Gras,
Dann küèmè all die Jöngèlscher   Dann kämen alle Jüngelchen
Onn pissètè mich naat.   Und pissten mich nass.

mdl. *Viersen* 1977, ältere Generation, s. Kommentar Nr. 1160

Nr. 1161

Harry Piel* saß am Nil,
Pischt im Nil.
Mia May** saß dabei
Und beschaut die Schweinerei.

* Schauspieler, ** Schauspielerin, mdl. 1979 *Dülken, Viersen,* s. Kommentar Nr. 1161

Nr. 1162

Rote Kirschen eß ich gern,
Schwarze noch viel lieber.
Als ich zu Mariechen ging,
Da sang sie schöne Lieder.
„Mariechen, hast du's Bett gemacht?"
„Ach nein, ich habs vergessen,
Ich habe doch die ganze Nacht
Bei meinem Freund gesessen."
Roter Wein, weißer Wein,
Morgen soll die Hochzeit sein.

mdl. *Viersen* 1970

Schattenbild,
Regensburg 1875

Nr. 1163

Datt ess doch ken Dengè,   Das ist doch keine Sache,
Mett dè Fott tè sengè   Mit dem Hintern zu singen
Onn kennè Tuèn èruut tè brengè.   Und keinen Ton herauszu-
    bringen.

mdl. *Krefeld-Traar* 1980

Nr. 1164

Hässdè Duèrsch,   Hast du Durst,
Dann jangk noè Frau Huèrsch!   Dann geh' zu Frau Hurst!

Di hätt è Höngkè,	Die hat ein Hündchen,
Datt pisch onn pupp dich ènn	Das pisst und puppt dir ins
ett Möngkè.	Mündchen.

mdl. *Neuwerk, Viersen, Krefeld* 1980, Variante aus *Born:* Hässè Hongér,/Jees-dè maar na Fongèr./Wänn Fongèr nikks hätt,/Jees dè maar na Fiitè,/Fiitè hätt è Höngkè,/Datt pisch onn puppt dich inn ett Möngkè.

Nr. 1165

Puppè ess enn jruètè Nuét.	Puppen (kacken) ist eine große Not.
Weä nett puppè kann, jeet duèt.	Wer nicht puppen kann, stirbt.
Puppè moddè ooch di Nônnè,	Puppen müssen auch die Nonnen,
Nônne puppè enn dè Tônnè.	Nonnen puppen in die Tonnen.
Puppè moddè ooch dè Buurè,	Puppen müssen auch die Bauern,
Buurè puppè enn dè Vuèrè.	Bauern puppen in die Furchen.
Puppè moddè ooch dè Daamè	Puppen müssen auch die Damen,
Daame puppè all tèsaamè.	Damen puppen alle zusammen.
Puppè moddè ooch dè Kengèr,	Puppen müssen auch die Kinder,
Kengèr puppè enn ett Dengè.	Kinder puppen in die Sachen.
Puppè moddè ooch dè Heärè,	Puppen müssen auch die (hohen) Herren.
Puppè kann mann nett änntbeäre.	Puppen kann man nicht entbehren.

mdl. *Neuwerk* 1981, in *Viersen, Dülken* und *Breyell* hieß es: Driitè ess enn jruètè Nuèt … usw. Die letzten beiden Zeilen: Mää (Mägde), di driitè inn dè Schtall,/Kleenè Kengèr üevèrall (kleine Kinder überall) 1980, weit verbreitet (ältere Generation), s. Kommentar Nr. 1165

Nr. 1166

(Spruch an der Wand einer Schultoilette 1912)

Hier in diesen Hallen,
Wo kein Vöglein singt,
Läßt der Mensch was fallen,
Was abscheulich stinkt.

mdl. *Viersen* 1976 (ältere Generation)

Nr. 1167

Wettsdè watt?	Weißt du was?
Die Kau schitt platt.	Die Kuh scheißt platt (flach).
Westtdè woèduèr?	Weißt du wodurch?
Duèr di jröönè Muér.	Durch die grüne Möhre.

mdl. *Brüggen* 1980 (ältere Generation)

Nr. 1168

Salam alaikumm,
Wänn ich vörrbaikumm,
Maak nett, datt ich dich
Ann di Kai kumm!

Salam aleikum,
Wenn ich vorbeikomme,
Gib acht, dass ich dir nicht
An das Hinterteil komme.

mdl. *Viersen* 1978, oder: Hau ich dich vörr di Kai kumm! mdl. *Brüggen* 1980 (ältere Generation)

Nr. 1169

Du liebes Fräulein Backhaus,
Wo geht es hier zum Kackhaus?
Ich kann dem Drang nicht widerstehn.
Ich muß mal kacken gehn.
Gehen se links rum,
Gehen se rechts rum,
Dann wieder gradeaus,
Dann kacken sie sich aus.

mdl. 1995 *Osterath, Meerbusch,* es wurde auch gesungen (ältere Generation)

Nr. 1170

Wellstè enns jèmüütlich kakkè?
Hallt dè Häng maar ann dè Bakkè.

Sätt dè Knüèkèl opp dè Knii,
Dann kanns-dè kakké wi noch nii.

Willst du mal gemütlich kacken?
Halt' nur die Hände an den
Backen.
Setz die Ellenbogen auf die Knie,
Dann kannst du kacken wie
noch nie.

mdl. *Hinsbeck, Breyell, Kaldenkirchen* 1980 (ältere Generation)

Literatur

Bausinger, Hermann Kultur für Kinder – Kultur der Kinder. In: Kinderkultur, 25. Deutscher Volkskundekongreß in Bremen, 7.–12. Okt., Bremen 1985 (Bausinger 1985)

Böhme, Franz Magnus, Deutsches Kinderlied und Kinderspiel, Volksüberlieferungen aus allen Landen deutscher Zunge, Leipzig 1897 (Böhme 1897)

Bornemann, Ernest, Unsere Kinder im Spiegel ihrer Lieder, Reime, Verse und Rätsel, Olten und Freiburg/Brsg., 1973. Studien zur Befreiung des Kindes. Bd. 1

Bornemann, Ernest, Die Umwelt des Kindes im Spiegel ihrer verbotenen Lieder, Reime, Verse und Rätsel, Olten und Freiburg/Brsg. 1974, Studien zur Befreiung des Kindes Bd. 2

Bornemann, Ernest, Die Welt der Erwachsenen in den verbotenen Reimen deutschsprachiger Stadtkinder, Olten und Freibunrg 1976. Studien zur Befreiung des Kindes Bd. 3

Bornemann, Ernest, Wir machen keinen langen Mist ... 614 Kinderverse gesammelt in Deutschland, Österreich und der Schweiz, Frankfurt/M. 1989 (Bornemann 1989)

Fischer, Helmut Die Erzählpraxis des Kindes, Rätsel, Scherzfrage und Witz im kindlichen Erzählen. In: Jugendbuch-Magazin, 38, 1988 (Fischer 1988)

Fischer, Helmut, Kinderreime im Ruhrgebiet, Reime, Lieder, Spiellieder, Rätsel, Scherzfragen und Witze, Köln 2. 1994 (Fischer 1994)

Frömmel, Otto, Kinder-Reime, Lieder und Spiele, I. und II., Leipzig 1899–1900 (Frömmel 1900)

Meyer-Markau, W., Duisburger Kinderlieder, In: Festschrift zu der vom 12.–14. 6. 1905 abgehaltenen Hauptverammlung des Allgemeinen deutschen Sprachvereins, Duisburg 1905 (Meyer-Markau 1905)

Rühmkorf, Peter, Über das Volksvermögen. Exkurse in den literarischen Untergrund, Reinbek b. Hamburg 1969 (Rühmkorf 1969)

Schumann, Colmar, Volks- und Kinderreime aus Lübeck und Umgegend, Beiträge zur Volkskunde, Lübeck 1899 (Schumann 1899)

Spee, Johannes, Volksthümliches vom Niederrhein. Heft I, Aus Leuth im Kreise Geldern, und Heft II, Köln 1875 (Spee 1875)

Weber-Kellermann, Ingeborg, Die Kindheit. Kleidung und Wohnen, Arbeit und Spiel. Eine Kulturgeschichte, Frankfurt, M. 1989 (Weber-Kellermann 1989)

Wehrhan, Karl, Frankfurter Kinderleben in Sitte und Brauch, Kinderlied und Kinderspiel, Wiesbaden 1929 (Wehrhahn 1929)

Zirkler, Albert, Neue Kinderreime und Kinderlieder aus der Großstadt. In: Mitteldeutsche Blätter für Volkskunde 7. 1932 (Zirkler 1932)

Teil VI – Kinder und Jugendliche in Kriegszeiten

Der Erste Weltkrieg (1914 – 1918)

Als im August 1914 der Erste Weltkrieg ausbrach, begleitete die Bevölkerung den Auszug der zum Militär eingezogenen jungen Männer in Dörfern und Städten am Straßenrand mit Jubel und Gesang. An diesem überschwenglich fröhlichen Treiben nahmen auch die Kinder teil, indem sie neben den noch in Zivil gekleideten Soldaten winkend herliefen. Die allgemeine Begeisterung hielt im ersten Kriegsjahr noch an. Wenn dann ein älterer Bruder aus der Familie auf Heimaturlaub nach Hause kam, gab es keine größere Freude für eine viel jüngere Schwester, als sich mit ihm an der Seite in der Ausgehuniform auf der Straße zu zeigen.

Der Stolz z.B. auf einen brüderlichen Garde-Ulan war ohnegleichen. Der hier im Bild abgebildete junge Soldat war zur Zeit der Aufnahme gerade erst 18 Jahre alt. Er hatte sich bei Kriegsausbruch sofort als Freiwilliger gemeldet, was in der Familie zunächst zu einem Drama führte, denn sein Vater wollte ihn nicht ziehen lassen. Zur Zeit des Kriegsausbruchs war er nämlich noch 17 Jahre alt. Um den Vater zu erweichen, warf er sich diesem vor die Füße und bat kniefällig um seine Zustimmung.

mdl. *Viersen* 1970

Junger Garde-Ulan in Wachuniform 1914,
Privatbesitz, Viersen

Doch der schreckliche Fortgang des Krieges stürzte auch die Bevölkerung in große Not und von Jubel war keine Rede mehr.

Die Schulchronik aus *Sevelen* 1914–1918 beschreibt, wie die Situation wohl überall war:

„Am 2. August wurden die Schulen überall geschlossen, doch am 15. August der Unterricht wieder aufgenommen. Wegen der dringenden Erntearbeiten und der darauffolgenden Herbstbestellung hatten infolge Leutemangels die beiden Oberklassen bis zum 15. November frei. Wie überall, so setzte auch an unserer Schule ein großer Eifer im Einsammeln von Goldgeld und Sparpfennigen ein. In hervorragender Weise wurde die Liebestätigkeit des Roten Kreuzes und Vaterländischen Frauenvereins unterstützt. Gummi, Metalle, Eicheln und alles

Mögliche, was für die Zwecke Verwendung hatte, wurde gesammelt und verkauft. Von dem Erlös und von den Sparpfennigen sind Liebespakete angefertigt und den heimischen Soldaten im Felde zugeschickt worden. Manch schöner Brief und Karte zeigte, welche Freude ihnen dadurch in der Heimat bereitet war. Fleißige Mädchenhände regten sich, für den kommenden Winter den tapferen Kriegern warme Kopf- und Kniewärmer, gute Leibbinden und warme Socken zu stricken. Aus weißem Linnen zupfte man Charpin* (franz. la charpie – gezupfte Leinwand, Scharpie) für die Verwundeten. Später wurden Kleidungsstücke usw. gesammelt.

Durch die lange Kriegsdauer und Blockierung … trat allmählich in allem Notwendigen Knappheit, Mangel und unausbleibliche Teuerung ein. Bei glühendem Sonnenbrand zogen die Schulkinder mit ihren Lehrern und Lehrerinnen über die Stoppelfelder zum Ähreneinsammeln. Diese wurden bei einem Landwirt gedroschen und so ein Tröpfchen für die Volksernährung gewonnen. Der Erlös von dem verkauften Getreide wurde wiederum zum Besten der Krieger verwendet. Zum Zwecke der Ölgewinnung sind Bucheckern gesammelt worden … Sehr schlimm für die Bevölkerung wurde im Winter 1917 der große Kohlemangel … Die Weihnachtsferien dauerten aus diesem Grunde bis zum 15. Januar 1917. Noch einmal

Kleiderkammer, Privatbesitz G. Maritzen

erging an die Schulen eine große Anweisung, im Juni 1918 Laub zu sammeln. Wie Heuschrecken fielen die flinken Händchen der Knaben und Mädchen über die Ästchen und Zweige her, um das Laub abzustreifen und in Säcke zu füllen. Mit der Karre wurde es nach *Nieukerk* zur Darre gefahren. Dort sollte es getrocknet und später als Pferdefutter verwandt werden. Der Krieg mit allen seinen Leiden und Greueln nahm endlich im November 1918 ein Ende. An den Schulen hatte der Unterricht infolge der Zeitverhältnisse, Revolution und nachher Besetzung mit vielen Schwierigkeiten zu kämpfen. Die Erziehung der Kinder, spez. betreffend Autorität, weil die männliche Hand zu Hause fehlte, hatte im Krieg schwer Einbuße gelitten."[1]

Aus *Mönchengladbach* und *Viersen* erinnern sich noch lebende Zeitzeugen, dass auch sie während der Unterrichtszeit weiße Unterwäsche aus Baumwolle oder Leinen zu Charpie* in Streifen gerissen hätten. Ihre Eltern wurden damals aufgefordert, getragene Unterwäsche gewaschen zur Schule zu geben. Mit den Fingern zogen die Schüler Kette und Schußfäden heraus. Die Schule gab das „Scharpie" an Sammelstellen weiter. Von dort wurde es an die französische Front verschickt und beim Anlegen von Wundverbänden benutzt.

* Bei der Wiedergabe aus der vermutlich in (alt)deutscher Schrift verfassten Chronik hat sich bei der Übertragung offensichtlich ein Fehler eingeschlichen, und zwar bei dem Wort „Charpin". Es muss heißen „Charpie". Hier wurden wahrscheinlich die sehr ähnlichen Buchstaben n und e verwechselt, bzw. das „e" wurde für ein „n" gehalten. „Scharpie, das bekannte, noch jetzt in Drogerien geführte Verbandsmittel zum Aufsaugen von Wund- und Geschwürabsonderungen, wurde früher durch Zerrupfen alter Leinwand gewonnen, sog. Deutsche Sch.(arpie), Linteum carptum germanicum, ist aber jetzt meist durch ein feines, wolliges Baumwollgewebe, English Lint, Linteum carptum anglicum, verdrängt worden."²

mdl. *Viersen, Mönchengladbach* 2002

Die Hungersnot während und nach dem Ersten Weltkrieg war groß. Steckrüben und Brennesselgemüse wurden selbst in ländlichen Gegenden nicht der „Delikatesse" oder des Kalorienreichtums wegen gekocht und gegessen, sondern aus erfinderischer Not. Hamsterfahrten und Plünderungen waren an der Tagesordnung. Damit die Felder von der hungernden Bevölkerung nicht geplündert wurden, hatte man ältere Männer als sogenannte „Feldjäger" abgeordnet, die nachts die bestellten Felder bewachten.³ Oft rotteten sich in den Städten wie z.B. in Krefeld aus Hunger Arbeitslose zusammen, plünderten die Markthalle und auf ihrem Zug durch die Stadt auch viele Geschäfte.⁴ In diesem Zusammenhang ist vielleicht folgendes Sprüchlein zu verstehen:

Nr. 1171

    Wer auf Gott vertraut
    Und im Sommer Kappes klaut,
    Hat im Winter Sauerkraut.

mdl. *Amern* 1980, *Born, Brüggen, Dülken, Kaldenkirchen, Krefeld, Neuwerk, Overhetfeld, Waldniel*

Zuweilen hieß es auch „... und in Kempen Kappes klaut." Im Kempener Land wurde besonders viel Weißkohl angebaut, woraus sich der Spottname „Kappes-Kempen" erklärt. Während des Krieges hieß es, wenn man auf dem Feld (aus Hunger) etwas stahl:

Nr. 1172

Kengèr bätt üch!	Kinder betet!
Vaddèr jeet schteälè!	Vater geht stehlen (d.h., um Nahrungsmittel für die Familie zu „organisieren").

   mdl. *Kaldenkirchen, Krefeld, Neuwerk, Viersen* 1981

Oder:

> *Kengèr, vangt an tè beänè!*   Kinder, fangt an zu beten!
> *Papa jeet schteälè.*   Papa geht stehlen.

mdl. *Born, Brüggen* 1981

„Wegen der mangelhaften Ernährung im Ersten Weltkrieg und in den langen Jahren danach wurde in der Schule täglich zwangsweise ein Löffel Lebertran verabreicht, echtes, stinkendes Walfischöl, das die Kinder mit zugehaltener Nase herunterwürgten. Es stellte oft die einzige Tagesration an Fett und Vitaminen dar. Kinder, die während der Essensvorbereitungen zu Hause waren, bekamen beim Gemüseputzen etwas ab: die Strünke von Kohlköpfen, eine Möhre, ein paar Erbsenschoten mit Inhalt, eine Gabel rohes Sauerkraut.“ [5]

Schulspeisung um 1919 in der Südschule Dülken – bei trockenem Wetter fand die Essensausgabe auf dem Schulhof der Volksschule statt, die vom Lehrer (mit dem runden Strohhut im Vordergrund) beaufsichtigt wurde, Stadtarchiv Viersen

Im Herbst/Winter 1919 wurde verkürzter Unterricht angeordnet, weil die Klassenräume gar nicht oder nur eingeschränkt geheizt werden konnten. Von 1919 bis 1921 verteilte man in den Schulen eine warme Mahlzeit an die Kinder. Finanziert wurde die Schulspeisung von amerikanischen Quäkern. Damit Kinder keine doppelten Portionen abholten, erhielt in *Viersen* jedes Kind eine Nummer. Wenn jemand fehlte, konnte ein anderes Kind als Ersatz dessen Ration bekommen. Jede Mahlzeit kostete 25 Pfennige, der gesamte Betrag musste am Ende der Woche bezahlt werden. „Bei dicker Speise sind zwei volle Löffel je Portion, bei dünner Speise drei weniger volle Löffel zu geben … Außerdem ist dafür zu sorgen, daß die volle Portionszahl auch wirklich verteilt wird. Karten streichen, Anwesenheitslisten führen … auch von Ersatzkindern wird für eine vollständige Mahlzeit (Suppe mit Brötchen) die Gebühr zu erheben sein.“ [6]

Auch von privater Seite wurde versucht, die Not zu lindern. So lud z.B. die Unternehmerin und Kunstsammlerin Helene Kröller-Müller, Tochter eines deutschen Industriellen aus Düsseldorf, zwölf elfjährige, unterernährte Mädchen aus Düsseldorf für mehrere Wochen zu sich ein in ihre Villa nach Scheveningen (NL), damit sie sich dort erholen und wieder zu Kräften kommen konnten. [7]

Elfjährige Mädchen aus Düsseldorf erholen sich 1919 auf Einladung von Frau Helene Kröller-Müller am Strand von Scheveningen; in Positur gestellt schwenken sie fröhlich die Milchgläser

Die Düsseldorfer Mädchen vor dem Sommerhaus der Familie Kröller-Müller, beide Fotos Privatbesitz Inge Breidenbach, Viersen

1) Linßen UH 1928, Nr. 2 2) Merck 1996, 391 3) mdl. *Viersen* 1970 4) Otten 1995, 9 5) Otten 1995,9 6) Vgl. Boeckers/Hesse 2001, 93 7) mdl. *Süchteln* 2002

Literatur
Boeckers, Elisabeth, Heinz und Margret Hesse, Schulisches aus der Zeit von Ende 1918 bis 1926. In: Die Belgier in Viersen 1918–1926, Viersen 2001, Stadtgeschichtlicher Arbeitskreis und Stadtarchiv Viersen (Boeckers/Hesse 2001)
Linßen, Joh., Die Schule zu Seveln. Aus: Unsere Heimat, Beilage zur Niederrheinischen Landeszeitung, 16. Jg., Nr. 2, 1928 unpag. (Linßen, UH 1928)
Merck's Warenlexikon für Handel, Industrie und Gewerbe, Hg. A. Beytien und E. Dreßler, 7. völlig neu bearbeitete Aufl. 1920. Nachdruck der Ausgabe von 1920, Recklinghausen 1996 (Merck 1996)
Otten, Klaus, Hg., Krefelder Küchenlieder, Krefeld 1995 (1995)
UH = Unsere Heimat. Beilage zu Niederrheinischen Landeszeitung 1928

Das Dritte Reich und der Zweite Weltkrieg (1933 – 1945)

Die Auflösung der jüdischen Schulen und Schicksale jüdischer Kinder

Für jüdische Schüler kamen schon früh nach der Machtergreifung Hitlers besonders schlimme Zeiten. Dr. Heymann, ein emigrierter Jude, der seine Kindheit und Jugend in *Emmerich* verbracht hat und 1937 nach Palästina auswanderte, erinnert sich: „Ich selbst kam Ostern 1934 zu Herrn Lilienfeld in die (jüdische) Schule, die damals neun Schüler zählte. 1936 wurde unsere Schule aufgelöst. Wir Jungens kamen auf die Brinkschule, die Mädchen wurden der Wallschule zugewiesen. Wie Sie sehen, kamen wir auf katholische Schulen. Die Umschulung zur evangelischen Schule war gar nicht diskutabel, da dort ein Lehrer schon damals ein Nazi war, der immer im braunen Hemd herumlief, auch als dies in *Emmerich* noch nicht üblich war. An den Namen des Klassenlehrers kann ich mich leider nicht mehr erinnern. Er behandelte mich sehr anständig. Bis etwa Anfang 1936 war in der Schule von aktivem Antisemitismus nichts zu spüren. Dann änderte es sich langsam … Ein jüngerer, neu hinzugekommener Lehrer trug öfter ein braunes Hemd. Als der Klassenlehrer einmal krank war, ließ mich sein Stellvertreter einen Absatz aus einem Artikel in einer Jugendzeitschrift vorlesen, in dem stand, daß die Juden und Marxisten daran schuld wären, daß Deutschland den Krieg (1914–1918) verloren hätte. Den Ausdruck Marxist hatte ich noch nie gehört, und ich nehme an, meine Mitschüler auch nicht. Aber jeder wußte, daß ich Jude war, also Schuld am verlorenen Krieg hatte … Meine Laufbahn auf der Brinkschule nahm Anfang 1937 ein ziemlich abruptes Ende. Ich erklärte meinem Vater, daß ich einen Aufsatz: ‚Was wünsche ich meinem Führer zum Geburtstag‘ nicht schreiben könne. Mein Vater gab mir recht, und der verständnisvolle (Arzt) Dr. Heitemayer bescheinigte, daß ich krank sei.“ [1]

Ein Augenzeuge berichtet über die schrecklichen Vorgänge 1938 in der „Reichspogromnacht“ im *Dinslakener* Waisenhaus“:
„… 9.30 Uhr! Starkes Schellen an der Haustüre. Ich öffnete. In diesem Augenblick stürmten etwa 50 Männer – viele den Kragen ihres Mantels oder Jacketts hochgeschlagen – in das (Waisen-)Haus. Glücklicherweise begaben sie sich erst in den leeren Speisesaal, um dort mit einer fast wissenschaftlichen Gründlichkeit das Zerstörungswerk zu beginnen. Furchtbare Angstschreie der Kinder hallten durch das Gebäude. Ich rief mit überlauter Stimme: ‚Kinder, geht sofort mit mir auf die Straße!‘ Diese Anordnung war natürlich gegen den Befehl der Gestapo. Doch ich dachte, auf der Straße ist die Gefahr um Nuancen kleiner als im Hause. Die Kinder kamen sofort eine kleine Hintertreppe heruntergestürmt; die meisten ohne Hut und Mantel, trotz des kalten und nas-

607

sen Wetters. Ich lief mit ihnen bis zur nächsten Straßenkreuzung, wo sich das Rathaus befand. Dort wollte ich mich in den Schutz der Polizei begeben. Etwa zehn Polizisten waren hier stationiert, Anlaß genug für ein schaulustiges Publikum, auf etwa kommende Sensationen zu warten. Sie kamen auch gleich, indem mir der Hauptwachtmeister der Schutzpolizei, Freihahn, entgegenschrie: ‚Die Juden bekommen von uns keinen Schutz. Machen Sie, daß Sie mit Ihren Kindern weiterkommen!' Freihahn trieb uns nach einer Seitenstraße ab, in der Richtung zur Garten-(Rück-)Seite des Waisenhauses. Da ich Freihahn den Schlüssel zum Gartentor nicht geben konnte, zog er sein Seitengewehr. In diesem Augenblick erklärte ich ihm: ‚Schlagen Sie mich und die Kinder doch tot, dann ist der Fall erledigt!' Wir wurden dann auf die Wiese des Waisenhauses getrieben mit der Anweisung, unter keinen Umständen die Stelle zu verlassen. Von hier aus konnte man nun beobachten, wie vor den Augen der Polizei das Inventar des Waisenhauses systematisch zerstört wurde …" [2]

1) Schüürman KKL 1991, 51 2) Herz HKW 1988, 131–132

Literatur
Herz, Sophon, Kristallnacht im Dinslakener Waisenhaus. In: Heimatkalender Kreis Wesel 1988 (Herz HKW 1988)
Schüürman, Herbert, Als Schilder erschienen: „Juden nicht erwünscht". Zwischen Hitlers Machtergreifung und „Reichskristallnacht" in Emmerich: Kalender für das Klever Land 1991 (Schüürman KKL 1991)

Kriegsspiele

Als 1939 der Zweite Weltkrieg ausbrach, jubelte die Bevölkerung nicht wie 1918. Hitlers systematisch aufgebauter Spitzelstaat einer Diktatur seit der Machtergreifung von 1933, die Judenverfolgung und der Kampf gegen Kirchen und Glaubensgemeinschaften hatte große Teile der Bevölkerung verängstigt.
Mit Kinderaugen sah die politische Situation im Alltag eher interessant als gefährlich aus. Im zweiten Kriegsjahr 1940, bevor die deutsche Wehrmacht infolge des Westfeldzuges durch Holland und Belgien marschierte, waren in jedem Haushalt nahe der holländischen Grenze Soldaten zur „Einquartierung" untergebracht. In dem ländlichen Dorf *Tenholt,* zwischen Linnich und Erkelenz, befand sich ein „Pferdedepot" der Wehrmacht, eine Sammelstelle, wo alle Bauern und Pferdebesitzer ihre Tiere für den Krieg abgeben mussten, die dort registriert und versorgt wurden. Von den Schrecken des Krieges spürten Kinder wenig und kannten noch keine Bomben- und Tieffliegerangriffe. So waren die Soldaten im Dorf etwas ungewohnt Neues und Spannendes. Für Jungen war dies ein Anlass, das nachzuspielen, was sie täglich mit eigenen Augen bewundernd beobachten konnten.

Auf dem väterlichen Bauernhof in Tenholt ahmen neunjährige Jungen 1940 im Spiel das Antreten und Melden einer Soldatenkompanie nach. Als „Soldaten" sind sie durch ihre weißen Papierhelme zu erkennen, Privatbesitz Therese Frauenrath, Mönchengladbach.

Der Betrachter sieht im Innenhof des Bauerngehöftes einen ganzen „Zug" von „Pferden" und „Wagen": Zwei Jungen spielen unter einer Decke das an der Spitze gehende „Pferd".

Jungvolk und Hitlerjugend

Vor dem und während des Zweiten Weltkrieges war die Erziehung der gesamten Jugend während der Schulzeit von der Ideologie des Nationalsozialismus geprägt. Die Kreuze wurden in den Klassenräumen durch Hitlerbilder ersetzt. Bei der Einschulung lernten die I-Dötze des ersten Schuljahres zuerst den Hitlergruß, mit dem morgens der Unterricht begann. Jedes Jahr, wenn die Schule nach den Sommerferien wieder anfing, mussten alle Schüler vom 1. bis zum 8. Schuljahr klassenweise und geordnet auf dem Schulhof antreten, wobei das Horst-Wessel-Lied und das Deutschlandlied gesungen wurden. Erst danach begann der Unterricht (mdl. *Viersen* 2002). Alle Schulbücher, besonders die Geschichts-, Erdkunde-, Biologie- und Lesebücher waren von der Ideologie der Nationalsozialisten durchdrungen und dienten der politischen Erziehung.
Um die NS-Ideologie im Denken und Fühlen der Kinder und Jugendlichen fest zu verankern, wurden die Jugendorganisationen des Dritten Reiches, die Hitler-Jugend (HJ) und der Bund deutscher Mädel (BDM), organisatorisch engstens mit der Schule verbunden.

609

„Nach Beendigung des vierten Schuljahres (1940) kam ich zwangsweise (mit zehn Jahren) zum ‚Jungvolk‘ (Pimpfe). Die Organisation des ‚Jungvolks‘ war mit den Schulbezirken gekoppelt. Zu den Volksschülern, die in der großen Überzahl waren, kamen die Oberschüler, Mittelschüler und Protestanten, die eine eigene Volksschule hatten, aber in der Minderheit waren. Jede Schulklasse ergab einen ‚Jungzug‘, die obersten Schulklassen ein ‚Fähnlein‘. Die ‚Führer‘ waren zumeist ältere Oberschüler. Mittwochs und samstags hatten wir etwa drei Stunden ‚Dienst‘. Die Teilnahme hieran war Pflicht. Zum ‚Dienst‘ mußte man eine Uniform tragen … Treffpunkt war normalerweise der Platz vor der Schule. Bei schlechtem Wetter und im Winter konnte man leicht den ‚Dienst‘ in die Schulaula verlegen. Da wurde gesungen, vorgelesen und Ähnliches. Aber es gab auch Wehrkunde und politische Dinge. Wenn ich mich an Einzelheiten hierüber nicht erinnern kann, dann wohl deshalb, weil das für Kinder und Jugendliche langweilig war. Einen großen Teil des ‚Dienstes‘ verbrachten wir mit Antreten in Reih und Glied wie beim Militär, Marschieren und dabei Marschlieder singen. Es gab auch Sport und Gymnastik, ‚Körpererziehung‘ genannt. Ab und zu fand auch ein Fußballspiel gegen ein anderes Fähnlein statt. Alle trugen dabei schwarze Turnhosen. Die eine Mannschaft spielte im Braunhemd (gehörte zur Uniform des ‚Jungvolks‘), die andere im weißen Unterhemd, das damals sowieso jeder trug. Auch Geländespiele waren sehr beliebt. Hier wurden die Fehden zwischen verschiedenen Schulen ausgetragen. Man verprügelte sich gegenseitig, aber es war nie brutal … Die Zeit beim ‚Jungvolk‘ war oberflächlich gesehen harmlos. Wegen der Infiltration nationalsozialistischen Gedankenguts aber sehr gefährlich … Nach Beendigung der Volksschule oder mit 14 Jahren kamen alle Jungen in die ‚Hitler-Jugend‘ … Für Mädchen gab es parallele Organisationen, die ‚Jungmädel‘ und den BDM, ‚Bund deutscher Mädel‘“.[1] Auf große Fahrt gehen, Zeltlagerromatik und Lagerfeuer, Spiel und Sport, Heimabende mit Singen, Musizieren, Basteln und Laienspiel, durch solch attraktive Angebote gelang es, die meisten Kinder und Jugendlichen begeistert mitmachen zu lassen. Für Sonderlinge, Einzelgänger oder oppositionsfreudige junge Menschen gab es in dieser Gleichschaltung keinen Platz. Bei der Übernahme der Vierzehnjährigen in HJ und BDM, der „Verpflichtung der Jugend", mussten alle Jungen und Mädchen ein Versprechen ablegen:

„Ich gelobe, dem Führer Adolf Hitler treu und selbstlos in der Hitler-Jugend zu dienen. Ich gelobe, mich allzeit einzusetzen für die Einigkeit und Kameradschaft der Deutschen Jugend. Ich gelobe, Gehorsam dem Reichjugendführer und allen Führern der HJ. Ich gelobe bei unserer heiligen Fahne, daß ich immer versuchen will, ihrer würdig zu sein. So wahr mir Gott helfe".*

HJ-Lager in Sevelen bei Geldern, Privatbesitz Josef Boßmann, Kalkar

* R. Sautter, Hitler-Jugend, Das Erlebnis einer großen Kameradschaft. Hg. mit Genehmigung der Reichsjugendführung von Gustav Memmiger, München 1942, 131

„Gehorsam" war das oberste Gebot von Hitlerjungen und BDM-Mädchen, deshalb musste es bei der Erfüllung der feierlich versprochenen „Verpflichtungen" häufig zu Konflikten zwischen Elternhaus, Kirche und den Ansprüchen des diktatorischen Staates kommen. Wie schon erwähnt, war die Gesellschaft im 19. und 20. Jh. patriarchalisch ausgerichtet. In ihr hatte der Vater das Sagen. Im Nationalsozialismus herrschte in der Männerdiktatur der von der NS-Ideologie durchdrungene diktatorische Führerstaat vor, dem sich alle zu unterwerfen hatten. Hier gab es auch für den Familienvorstand letztendlich kein Recht auf persönliche Entscheidungsfreiheit, alles hatte sich der Ideologie und dem Staat zu fügen. Wehe dem, der es wagte, sich öffentlich zu widersetzen. Er musste mit drakonischen Strafen rechnen, wie es Beispiele auch bei Jugendlichen zeigen. Wer z.B. mehrmals unentschuldigt fehlte, wurde vom „Bannführer" streng verwarnt. Das war noch das Harmloseste. Josef Boßmann aus *Kalkar* erinnert sich heute noch besonders an die Samstagnachmittage, die – ähnlich wie die Sonntage – regelmäßig von der HJ verplant wurden, um die Jungen daran zu hindern, an der Sonntagsmesse oder Samstagsbeichte teilzunehmen: „Um 14.30 Uhr war Beichte angesetzt, wozu wir von unseren Eltern auch angehalten wurden. Zur gleichen Zeit wurde der HJ-Dienst auf dem Kirchplatz angesetzt. So gab es immer Gewissenskonflikte, Ärger und Streit, mal mit dem Pastor, mal mit der HJ-Führung." [2] In einigen Fällen hatten Väter den Mut, dem HJ-Führer die Stirn zu bieten und den väterlichen Gehorsam vor den verordneten staatlichen zu setzen. Ein Familienvater wagte es z.B., sich dem HJ-Führer entschieden entgegenzustellen, als dieser verlangte, seine Söhne sollten am Sonntagmorgen zum HJ-Dienst antreten: „Am Sonntag gehen meine Söhne zuerst in die Messe, und dann können sie meinetwegen zu Ihnen kommen! Basta!" Erstaunlicherweise wurde die entschiedene Haltung des Vaters von dem verblüfften HJ-Führer akzeptiert.

mdl. *Viersen* 2003

Doch viele HJ- Mitglieder waren weder harmlos noch unpolitisch, wie der Bericht es für das Jungvolk schildert. Entscheidend war die persönliche Einstellung der HJ- oder BDM-Führer und -Führerinnen und besonders die politische Einstellung des Elternhauses. Ideologisierte, fanatische Jugendliche der HJ waren z.B. zugegen und mitbeteiligt, als am 9. November 1938 in der Reichspogromnacht die öffentliche Hatz auf alle Juden begann. In *Kleve* war ein damals 18-jähriges Mädchen Augenzeugin: „Ich war gegen Mittag zum Einkaufen … in (einer Bäckerei). Ich war gerade fertig, als eine andere Kundin hereinkam und sagte: ‚Ich geh jetzt zum Judenhaus!' Ich verstand sie nicht und ging raus. Aber was war nur los bei dem Gonsenheimer Haus? Mehrere SA-Leute standen in Uniform im Kreis um das Haus, während die größeren Jungens aus der HJ, alle in Uniform, Leiterwagen voll großer Steine neben sich stehend, diese nun alle gegen Fenster und Türen warfen. Von innen versuchten die Bewohner noch schnell, die Rolladen zuzuziehen; doch wurden auch diese demoliert, und die Jungens riefen: ‚Juden raus! Juden raus!' Ich glaubte meinen Augen nicht zu trauen. Gerade, als ich an diesem Haus vorbeikam, ging die Türe los und der alte Herr Gonsenheimer kam heraus und rief: ‚Kinder und Frauen sind doch hier im Haus, bitte …' Weiter kam er nicht mehr. Er war von mehreren Steinen am Kopf getroffen, und man zog ihn stark blutend von innen wieder ins Haus. Die Tür schloß sich, und alles vor dem Haus verzog sich …" [3]

Wenn die Gruppen der Hitlerjugend in geschlossener Formation mit ihren Hakenkreuzwimpeln und unter Trommelschlägen durch die Stadt marschierten, mussten alle, die des Weges kamen oder am Straßenrand standen und zuschauten – auch kleinere Jungen– mit erhobener Hand den Hitlergruß entbieten. Blieb dieser Hitlergruß aus kindlicher Vergesslichkeit oder Gedankenlosigkeit aus, so war rasch ein Schlägerkommando zur Stelle und verprügelte unbarmherzig auch neun-, zehn- oder elfjährige Jungen. In einem Fall wurde der oberste HJ-Führer in *Viersen* wegen eines solch kindlichen „Vergehens" beim Direktor der Städtischen Oberschule vorstellig und verlangte von diesem, dass der elfjährige Sextaner, der nicht mit dem Hitlergruß gegrüßt hatte, von der Schule verwiesen werde. Solche „Kleinigkeiten" waren es, die über das zukünftige Wohl und Wehe eines Kindes entscheiden konnten. Die inständigen Bitten der älteren Schwester (die Mutter war verstorben) bewirkten bei dem ausgleichenden und vernünftigen Schulleiter Dr. Hoengen, dass der Junge das Gymnasium dennoch weiter besuchen durfte. [4]

„Pubertären Leichtsinn durfte man sich schon gar nicht leisten. Um den Bombenangriffen in der Stadt und eventuellen Zwangsevakuierungen der Schulen zu entgehen, hatten meine Mutter, meine Schwester und ich (damals 14 Jahre alt) auf dem Land einen zweiten Wohnsitz. Durch die polizeiliche Ummeldung in dem kleinen Ort *Born* gehörte ich nicht mehr zur HJ in *Viersen,* sondern zum Standort *Brüggen.* Dort hatte man mich für die HJ noch nicht registriert und in *Viersen* war meine polizeiliche Ummeldung noch nicht bemerkt worden. … Eines Tages bekam ich an die Viersener Adresse eine Postkarte mit der Aufforderung, zum HJ-Dienst zu erscheinen. Ich versah die Karte mit einem Vermerk, daß ich umgezogen sei. Mein gleichaltriger Vetter aus Bonn, der gerade bei uns zu Besuch war, versah sie noch mit dem flegelhaften Zusatz ‚Leck mich'. Die Karte schickte ich gedankenlos so zurück. Kurz darauf bekam ich einen scharfen Brief vom obersten HJ-Führer, der mit dem Schlußsatz endete: ‚Einem so dreckigen Jungen wie Dir werde ich die Zukunft zur Hölle machen.' Nun war guter Rat teuer. Schließlich machte sich meine Tante, die sehr beherzt war, auf den Weg zu ihm. Irgendwie hat sie es geschafft, daß dieser die Sache unter den Tisch fallen ließ. Mehr als eine pubertäre Dummheit war es ja nicht. Unsere Mutter hat jedoch bis zum Ende des Krieges in der Furcht gelebt, daß der Vorfall dennoch ein böses Ende nehmen könnte, zumal weder unser Vater, der im Krieg war, noch unsere Mutter der Partei oder einer ihr zugehörenden Organisation angehörten." [5]

1) H. W. Siemes, Das war so, (Erinnerungen) Hösbach, Maschinendruck, 1994 2) Boßmann/Van de Löcht 1997, 78 3) Michels, KKL 1981, 96 4) mdl. K. D. Viersen 1988 5) H.W. Siemes 1994, 93/94

Als Tertianer in der „Einsatzgefolgschaft" beim Schanzen

Das „Gaupropagandaamt, Hauptstelle, Aktive Propaganda" forderte bereits am 27. 8. 1941 in einem Rundschreiben alle Kreis- und Ortsgruppenpropagandaleiter auf, der „großen Bedeutung der ‚Propaganda-Erkundung'" Rechnung zu tragen. Darunter fiel u.a. auch, dass z.B. über die Stimmung in der Bevölkerung und über „Die Verbreitung von ‚Gerüchten und sogenannten Witzen'" berichtet wurde.

So fand man in den Akten der *Schiefbahner* Bürgermeisterregistratur unter dem Stichwort „Propagandaerkundung" am 17. November 1943 die Notiz: „Auf der Straße wurde von einem Jungen ein Lied gesungen, das in *Mönchengladbach* von den Kindern häufig auf der Straße gesungen werden soll: ‚Lieb Vaterland magst ruhig sein, Hitler zieht die Opas ein.'" (vgl. „Es braust ein Ruf wie Donnerhall …"). [1] Die Kinder hatten so absurderweise schon am 17. November 1943 mit dieser Liedzeile bereits die Entscheidung vom 25. September 1944 vorweggenommen, als nämlich alle waffenfähigen Männer zwischen 16 und 60 Jahren zum „Volkssturm" einberufen wurden.

Aber auch die ganz jungen, erst 14-jährigen Jungen entgingen nicht dem wahnsinnigen Unterfangen der Regierung, alle „Reserven" für eine verlorene Sache zu mobilisieren: „Im September 1944 erhielten wir Tertianer des Progymnasiums in *Dülken* die schriftliche Aufforderung von der HJ, daß sich unsere ganze Klasse als ‚Einsatzgefolgschaft' mit einer Schaufel am Dülkener Bahnhof einzu-

Gruppe von ungefähr 14-jährigen Hitlerjungen mit Spaten. Ein Panzergraben soll ausgehoben werden, links vorne der Hordenführer, Foto Stadtarchiv Viersen.

finden hätte. Ich war damals 14 Jahre alt. Wir waren etwa 50 Jungen, denn zu unserer Klasse kamen noch andere Schüler von Krefelder Schulen. Der Einsatz wurde vom Viersener HJ-Standortführer geleitet. Wohin wir fuhren, sagte er uns nicht. Wir wurden in Eisenbahnwagen verladen. Da wir uns in der Gegend auskannten, merkten wir, daß wir in Richtung *Kaldenkirchen* fuhren. Als der Zug unterwegs von Tieffliegern beschossen wurde, hielt der Zug an und wir warfen uns zum Schutz in den Graben des Bahndamms. In *Kaldenkirchen* hielt der Zug an und wir stiegen aus. Uns wurde eingeschärft, weder nach Hause zu schreiben noch telefonisch anzugeben, wo wir uns befanden. Es hieß: ‚Ort unbekannt!' Von *Kaldenkirchen* aus marschierten wir zu Fuß am Bahndamm entlang zurück nach *Leutherheide*. Dort wurde die große Scheune eines Bauern mit Stroh ausgelegt, wo wir Mann neben Mann unser Schlaflager zugewiesen bekamen. Nachts liefen Ratten und Mäuse über uns. Morgens wurden wir wie beim Militär vom UvD (Unteroffizier vom Dienst) geweckt. Sammelpunkt zum Antreten war der Platz vor der kleinen Kirche in *Leutherheide*. Sonntags war es verboten, in die Messe zu gehen, was strengstens überwacht wurde. Unser Standortführer aus *Viersen* hatte das Kommando über uns. Während in der Kirche die Sonntagsmesse stattfand, mußten wir 50 Jungen die üblichen zackigen HJ-Lieder singen, wobei jedem klar war, daß unser Singen den Gottesdienst gezielt stören sollte. Zwischen *Leuth* und *Leutherheide* sollte ein Panzergraben ausgehoben werden. Von *Leu-*

terheide bis dort mußten wir noch einige hundert Meter mit geschulterten Schaufeln marschieren. Anfang Oktober war es damals bereits empfindlich kalt, denn unsere kurzen Hosen waren nicht für eine solche Arbeit geeignet. Oft wurden wir von Tieffliegern angegriffen. Wir warfen uns in den Sand und bedeckten uns damit, damit die Flieger uns nicht sehen sollten.

An einem Abend war es bereits dunkel, als wir uns auf den Weg nach *Leutherhei-de* machten. Der HJ-Führer beschimpfte uns auf dem Rückweg, wir hätten an diesem Tag zu wenig geschafft, es müsse künftig schneller und mehr gear-

Beim „Schanzen" in Dülken, Ausheben eines Panzergrabens. Das Foto zeigt eine Gruppe von sieben Jungen, etwa 14 Jahre alt, in ihren kurzen Hosen mit Kniestrümpfen. Einige tragen das HJ-Hemd. Sie stützen sich – eher angestrengt dreinblickend – nicht gerade fröhlich auf ihren Spaten, Dülken, September/Oktober 1944, Stadtarchiv Viersen.

beitet werden. Zur Strafe ließ er uns im Paradeschritt marschieren. Als wir hungrig und todmüde im Dunkeln an unserm Standort ankamen, ließ er uns schikanös eineinhalb Stunden draußen in der Kälte stehen, bevor wir eine Scheibe Schwarzbrot mit Leberwurst und etwas zu trinken bekamen. Mit knurrendem Magen schliefen wir ein.

In einer Nacht von Samstag auf Sonntag war *Krefeld* durch einen Luftangriff bombardiert worden. Schüler aus einem Krefelder Gymnasium, die wie wir zu den ‚Schanzern‘ gehörten, machten sich an diesem Sonntagmorgen angstvoll

615

zu Fuß auf den Weg nach Krefeld, um nach Hause zu kommen und Gewißheit zu erhalten, ob ihre Angehörigen noch lebten. In einem Motorrad mit Beiwagen und mit vorgehaltener Pistole holte der JH-Standortführer sie bald ein und zwang sie, umzukehren."

mdl. *Dülken* 2003

Das letzte Kriegsjahr 1944

„Mit dem Fortschreiten des Krieges wurden die letzten ‚menschlichen Reserven' mobilisiert. Ab 1943 wurden die 15-jährigen Oberschüler mit der Schulklasse als Flakhelfer verpflichtet. Sie wohnten in Baracken und wurden wie die Soldaten verpflegt. Tagsüber hatten sie Notunterricht, solange keine feindlichen Flugzeuge gemeldet waren. Bei Luftalarm rannten sie in die Stellung und mußten Granaten an die Geschütze schleppen und andere Hilfsdienste leisten … Meine Viersener Schulkameraden waren im Transportdienst eingesetzt. Die gleichaltrigen Mädchen mußten Küchendienste tun. So brachten meine Schulkameraden Brot und andere Verpflegung für die, die draußen auf den Feldern arbeiteten. Nun gehörte ich zum ‚Standort Brüggen-Born'. Dort gab es etwa ein Dutzend Jungen unterschiedlichen Alters … Wir mußten auf dem Bürgermeisteramt, das gleichzeitig die Parteizentrale war, Dienst tun. Unsere wichtigste Aufgabe war es, daß jeweils zwei von uns die Dienstpost mit dem Fahrrad zum Bürgermeisteramt in *Amern* brachten. Dort warteten wieder zwei Jungen auf uns, übernahmen die Post und brachten sie zur nächsten Dienststelle. Durch diesen Melderdienst wurde die Post in kürzester Zeit hin und her transportiert, schneller als es die Reichspost konnte, die hätten Tage gebraucht. Außerdem mußten wir Schreibstubendienst machen. Brüggen war der erste Ort an der deutsch-holländischen Grenze, wo es Behörden gab. Da meldeten sich Soldaten, die zur Front mußten und schlecht weiterkamen. Andere waren von ihrer Einheit abgesprengt worden. Weil sie nicht riskieren konnten, als Deserteure angesehen zu werden, mußten sie sich irgendwo melden und den Sachverhalt bescheinigen lassen. Da es keine Formulare dafür gab, tippten wir auf der Schreibmaschine im Zweifingersystem die erforderlichen Bescheinigungen, die von irgendwelchen Funktionären unterschrieben und abgestempelt wurden. Aus Holland kamen Flüchtlinge und Vertriebene, die von Brüggen mit der Eisenbahn weitertransportiert wurden. Alle diese mußten Verpflegung erhalten, zu kaufen gab es nichts. Es gab drei verschiedene Küchen. Für die Schanzerküche gaben wir Berechtigungsscheine für Verpflegung aus, für ein paar belegte Brote oder für eine Portion Eintopf. Brot, Wurst, Margarine wurde hierfür aus Viersen gebracht. Auf den LKWs, die die Lebensmittel brachten, waren unsere Klassenkameraden zur Begleitung und zum Auf- und Abladen. In der Schanzerküche arbeiteten die Mädchen vom Viersener Lyzeum."[2]

Im Sommer 1944 wurden die Schulen geschlossen. Kurz vor dem Einmarsch der amerikanischen Truppen wurden Jungen ab 14 Jahren und alle älteren und alten Männer, die nicht zum Kriegdienst mit der Waffe eingezogen werden konnten, sowie russische Zwangsarbeiterinnen in *Brüggen* für „den Endsieg" herangezogen. Mit dem Spaten mussten sie Panzergräben und Schützengräben in der Nähe von *Leuth* ausheben, um das Vordringen der gegnerischen Truppen aufzuhalten, ein sinnloses Unternehmen!

Mädchen aus Altkalkar beim Ausheben eines Panzergrabens im Herbst 1944, Privatbesitz Josef Boßmann, Kalkar

In *Kalkar* wurden auch ältere Mädchen „dienstverpflichtet" und zum Schanzen eingesetzt. Vor dem Dorf *Haldern* waren es ebenfalls Mädchen, die entlang der Straße im Feld sogenannte „Deckungslöcher" ausheben mussten. Die „Deckungslöcher" sollten den Passanten, die von Angriffen der Tiefflieger überrascht wurden, als Schutz dienen.[3]

Sekunden der Angst

Besonders gefährlich war für eine Gruppe von Jungen, die für alle möglichen Dienste im Bürgermeisteramt in Brüggen eingesetzt wurden, die Übermittlung von eiligen Nachrichten mit dem Fahrrad von *Brüggen* nach *Amern, Waldniel* und *Niederkrüchten* oder zur „Organisation TODT" in *Bracht*. Die englischen Jagdbomber, Jabos genannt, schossen im Tiefflug auf alles, was sich bewegte – Menschen und Tiere.

Theo Königs aus Brüggen, der zu dieser Gruppe gehörte, erledigte bestimmte „Botengänge" mit seinem Ponygespann: „Es war ein schöner Tag Ende September 1944. Die Schule in *Viersen* war seit dem Sommer geschlossen … ich erhielt den Auftrag, eine Flakstellung in *Brempt* mittags mit Essen zu versorgen. Dort war eine Stellung mit 3 x 7,5 cm Flak, mehrere 3,7 cm und 2,2 Kanonen. Besonders die Amis, die auch am Tag hier vorbeiflogen, mochten diese Stellung nicht … Die Gulaschkanonen (Feldküche) standen in *Genholt* (Brüggen, d. V.).

Vor 11 Uhr fuhr ich mit meinem Ponywagen – Shimmy (das Pony) war eingespannt – dorthin und kriegte drei Essenkübel eingeladen, meistens mit Kartoffeln, Gemüse und Fleisch. In *Brempt* wurde ich mit großem Hallo empfangen, das Pony wurde versorgt und ich erhielt ein großes Eßgeschirr, gefüllt mit
dem … prima zubereiteten Essen. Mittags war meistens Ruhe in der Luft, so
hatten ich und das Pony eine gute Zeit. Der Ami war bis zur Maas vorgestoßen.
Ich glaube, wir wußten alle, das Kriegsende mußte bald kommen. Aber wie
würden wir dieses Kriegsende überstehen? Die Luftangriffe auch auf kleinere
Ziele nahmen zu.
Ich war wieder einmal auf meiner Tour. Es war richtig sonnig und warm. Irgendwo flog ein sogenannter Frontbeobachter … Bei Brimges ging es den Berg
hoch, Shimmy mußte arbeiten und durfte Schritt gehen, dann ging es weiter
im Trab. Kurz hinter Heyer hörte ich das Flugzeug wieder brummen. Auf einmal schwoll dieses Geräusch gefährlich an und es dauerte nur Sekunden, dann
ging es tack, tack, tack, erst hinter mir, dann neben mir und vor mir bohrten
sich die Kugeln in den Boden. Wie schnell mein Herz schlug, weiß ich nicht,
aber ich hatte Angst, richtige Angst und hätte mich gerne verkrochen. Aber das
Biest da oben machte einen großen Bogen, und jetzt wußte ich, was da kam.

Ich glaube, ich habe mich ganz klein
gemacht, und schon ging es wieder wie
eben tack, tack, tack. Das waren nur
wenige Sekunden, aber ich glaube, soviel Angst habe ich vorher und nachher in meinem Leben nicht mehr gehabt. Das Pony und ich haben diese
Tour unbeschadet überstanden."[4]

*Der 14-jährige Theo Königs mit
Ponywagen beförderte als „HJ-
Kurier" die Post vom Bürgermeister-
amt in Brüggen nach Amern und
Essenkübel von Brüggen nach
Brempt. Die Jagdbomber schossen im
Tiefflug auf alles, was sich bewegte,
Tiere, Fußgänger, Kinder und Men-
schen bei der Feldarbeit, Privatbe-
sitz Theo Königs, Brüggen.*

Nicht immer konnten Jugendliche der tödlichen Gefahr entkommen: Am 3.
Dezember 1944, an einem Sonntagmorgen, erhielten die Dülkener Hitlerjungen, insbesondere der Jahrgang 1928, den Befehl, im dortigen HJ-Heim anzu-

treten, um an einer Panzerfaustvorführung teilzunehmen. Es gab Luftalarm und unmittelbar danach um 9.30 Uhr erfolgten Bombenabwürfe auf die Stadt *Dülken.* Dabei wurde das HJ-Heim getroffen: 44 Jungen starben unter den Trümmern, sechs weitere an den Folgen der Verletzungen im Krankenhaus.[5]

Im Laufe des Zweiten Weltkrieges wurde der normale Schulbetrieb wegen der zunehmenden Fliegerangriffe auf die niederrheinischen Städte fast unmöglich. So versuchte man 1942 und 1943 z.B. in *Viersen* den wegen der Bombardierungen immer häufiger ausfallenden Unterricht dadurch aufzufangen, dass in Wohngebieten kleine Grüppchen von sechs bis acht Schülerinnen und Schülern gebildet wurden, die nicht weit voneinander entfernt wohnten.

„Wir kamen mit einem Lehrer oder einer Lehrerin in einem privaten Wohnhaus zum Unterricht zusammen. Bei Bombenalarm konnten wir rasch unsere in der Nähe liegenden Elternhäuser erreichen oder aber zusammen mit dem Lehrer im Luftschutzkeller das Ende des Alarms abwarten. Die meisten Kinder fanden dies so lange abenteuerlich und spannend, wie keine nahen Bombenexplosionen sie beunruhigten und in ihren Augen nichts Schlimmes in der nächsten Umgebung passiert war. Nach jedem Luftangriff liefen wir auf die Straße, um nach Bombensplittern, abgeworfenen Metallstreifen oder Flugblättern zu suchen, die – wie auch Patronenhülsen – als ‚Rarität‘ gesammelt wurden, wie man z.B. Glanzbildchen, Heiligenbildchen oder Murmeln sammelte, tauschte und damit spielte. Wir acht- und neunjährigen Kinder lebten damals zwischen Grauen und Angst, Neugierde und Abenteuerlust."[6]

1) Peters HKV 1985, 134 2) H. W. Siemes 1994, 42 3) Reinders 2003, 6 4) Theo Königs In: Röttgen/Strick 2001, 95/96 5) Abels HKV 1985, 122 ff. 6) mdl. Viersen 1974

Literatur

Abels, Wolfgang, Hartmut Feikes, Carlos Domsky und Thomas Bex, Die Geschichte des Hitlerjungen Günter Döring. In: Heimatbuch des Kreises Viersen 1985 (Abels HKV 1985)

Boßmann, Josef und Ernst-Josef van de Löcht, Eine der ältesten Gemeinden am Niederrhein: Altkalkar. Eine Ortsgeschichte in Bild und Text. Hg. von Josef Boßmann und Ernst-Josef van de Löcht, Horb a. Neckar 1997 (Boßmann/van de Löcht 1997)

HKV = Heimatbuch des Kreises Viersen

HKW = Heimatkalender Kreis Wesel 1988

Michels, Maria, Eine Zeugin erzählt. In: Kalender für das Klever Land 1981 (Michels KKL 1981)

HKW = Kalender für das Klever Land 1991

Reinders, Clemens, Damals am Niederrhein. Private Fotografien 1900 bis 1960, Duisburg 2003 (Reinders 2003)

Peters, Leo, „Jedes abträgliche Gerücht ist wie der Entstehungsbrand einer feindlichen Brandbombe." Kriegsstimmungen in Schiefbahn im Spiegel der Berichte des Ortsgruppenpropagandaleiters 1943/44. In: Heimatbuch des Kreises Viersen 1985 (Peters HKV 1985)

Röttgen, Bernhard, Nachlass in 2 Bänden. Bd. I, Brüggen und Born in schwerer Zeit, bearbeitet von Bernhard Röttgen, Pfarrer in Brüggen Ndrh., ergänzt und überarbeitet von Erwin Strick, Brüggen 2001, (Röttgen/Strick 2001)

Siemes, Hans Willi, Das war so. (Erinnerungen) Hösbach 1994, Maschinendruck (Siemes, H.W. 1994)

Kindliche Spottliedchen und -verse in der NS-Zeit

Die während des Zweiten Weltkrieges entstandenen Liedchen und Verse lassen erkennen, wie schnell Kinder und Jugendliche auf neue politische Verhältnisse reagieren, wie sie sich daran spöttisch „anpassen" und sich ihren „eigenen Reim" darauf machen. Jungen wie Mädchen schafften in den Kriegsjahren, wie die Schulchronik ähnlich aus *Sevelen* aus der Zeit des Ersten Weltkrieges berichtet, alle möglichen „Wertstoffe" (Abfälle) herbei, die wieder neu verwertet werden konnten. Schulkinder mussten Altmaterial jeder Art als Rohstoffe für die Kriegsindustrie sammeln: Papier, Altmetalle aller Art und – Knochen. Für ein Pfund Knochen, aus denen Seife hergestellt wurde, gab es einen Bon für Seife. [1]
Für die vielen Sammelaktionen wurde rasch ein Liedchen erdacht:

Nr. 1173 Haidèwitska, di N.S.V.

mdl. Text und Melodie, *Viersen, Overhetfeld* 1978, Melodie nach dem Karnevalsschlager „Heidewitzka, Herr Kapitän", s. Kommentar Nr. 1173

Das Liedchen durfte nicht in der Öffentlichkeit gesungen werden, da es als Verunglimpfung eines hohen Politikers galt und deshalb bestraft werden konnte. Doch der Text war wunderbar zweideutig, denn jeder wusste, dass mit der „dicken Sau" der beleibte Innenminister Hermann Göring gemeint war. Er war seit 1935 Oberbefehlshaber der Luftwaffe, wurde dann Rohstoff- und Devisenkommissar und war schließlich verantwortlich für die wirtschaftliche Seite der Wiederaufrüstung, die Kriegsindustrie. Im Rahmen der NSV (NS Volkswohlfahrt) wurde 1933 das WHW (Winterhilfswerk) gegründet, das unter der Aufsicht des Propagandaministeriums von Josef Goebbels stand. Es sammelte Geld, Lebensmittel, Brennstoffe sowie Kleider für Arbeitslose und Bedürftige. Zu den ständig wechselnden Sammelaktionen gehörte auch das Sammeln von Kartoffelkäfern, die die Ernte zu vernichten drohten. „Es hieß, die Engländer oder Amerikaner hätten sie (wie auch die vielen Flugblätter, die wir fanden, aber abgeben mussten) aus Flugzeugen abgeworfen. Mit leeren Flaschen, die zu einem Drittel oder zur Hälfte mit Wasser gefüllt waren, rückten wir Kinder der Plage zu Leibe, indem wir Larven und Käfer von den Pflanzen ablasen und sie anschließend in den Flaschen oder Gläsern ertränkten. Es war eine unvorstellbare Invasion von Käfern und Larven, deren auch so viele Kinder nicht Herr werden konnten."

mdl. *Viersen* 1980

Das folgende Liedchen war ein „Hit" über die Altmaterialsammlung. Kinder und Jugendliche sangen es mit Inbrunst:

Nr. 1174 Lumpen, Eisen, Knochen und Papier

Lum - pen, Ei - sen, Kno-chen und Pa - pier, aus - ge - fall´-ne

Zäh - ne sam-meln wir. Lum -pen, Ei - sen, Kno -chen und Pa - pier,

ja, das sam - meln wir für Her - mann.* wir!

* Damit war natürlich ebenfalls Hermann Göring gemeint, *Viersen, Dülken, Krefeld, Osterath* 1975, s. Kommentar Nr. 1174

Die Ausbeutung einer Altmaterialsammlung von Kindern eines zweiten Schuljahres für das Winterhilfswerk 1942 vor der Volksschule Lobberich, Privatbesitz.

Schnell hatten die Kinder auch Spottverse und Spottlieder auf die englischen Politiker Chamberlain und Churchill gedichtet, von denen sie auf Grund der Propaganda naiv glaubten, gerade sie seien für das Kriegselend, besonders für die Bombenabwürfe, verantwortlich. Durch die lächerliche Situation, in der die Kinder sich die „feindlichen" Politiker in ihrer Phantasie vorstellten und die sie in den Liedchen besangen, verloren diese Männer auch ihre Bedrohlichkeit.

Nr. 1175 Schämberlein (I)

Schämberlein, das dicke Schwein,*
Fuhr mit'm Pißpott übern Rhein.
*Doch da kam die deutsche Flak***
Und schoß den Pißpott ab.

Nr. 1176 Schämberlein (II)

Schämberlein, das dicke Schwein,
Fuhr im Pißpott übern Rhein.
Kam er an das Deutsche Eck,
Schoß die Flak den Pißpott weg.

* Chamberlain war von 1937 bis –1939 britischer Premierminister, mdl. *Grefrath* 2001
** Fliegerabwehrkanone, mdl. 1995 *Osterath, Meerbusch*

Nr. 1177

> Leise rieselt der Schnee, Schämberlein reicht ihm's Papier.
> Schurschill sitzt auf'm AB*. Pfui, wie stinkt es hier.

* AB = WC, Abort, Text und Melodie 1995 in *Osterath* aufgezeichnet, gesungen zur Melodie des Weihnachtsliedes „Leise rieselt der Schnee", s. Kommentar Nr. 1177

Nr. 1178

> Das kann ja einen Seemann nicht erschüttern,
> Keine Angst, keine Angst Rosmarie.
> Wir lassen uns das Leben nicht verbittern
> Keine Angst, keine Angst Rosmarie.
> Und wenn die ganze Erde bebt
> Und der Schämberlein im Hemd da steht.

mdl. *Viersen* 1972, s. Kommentar Nr. 1178

Wir Kinder hörten ebenfalls die Ansagen im Radio mit, wenn die Bevölkerung vor dem Anflug von Kampfflugzeugen und Bombenangriffen gewarnt wurde. Aus der Ankündigung: „Achtung, Achtung!" entstand bald ein Abzählvers:

Nr. 1179 Achtung! (I)

> Achtung! Achtung! Ende! Ende! Über Belgien schießt die Flak.
> Über Holland stehn Verbände*. Eins, zwei, drei, und du bist ab!

* Bombergeschwader, die im Anflug waren, mdl. *Viersen* 1970

Nr. 1180 Achtung! (II)

> Achtung! Achtung! Ende! Ende! Pack den Koffer unterm Arm.
> Über Holland (oder: Überm Kuhstall) Bald kommt wieder Großalarm.
> stehn Verbände.   mdl. *Viersen* 1970, mdl. *Viersen, Born*

Auf den Überfall des Deutschen Reiches auf Polen und dessen Widerstand bezieht sich der Vierzeiler, der das gebrochene Deutsch der Polen imitiert.

Nr. 1181

> So lang sich Katz hat Schwanzig So lang sich Katz hat Ohren,
> Behält sich Polen Danzig, Ist Polen nicht verloren.

mdl. *Viersen* 1985

Nr. 1182

> Bübchen, zieh dein Mützchen ab, Rote Haar' und Sommersprossen,
> Zeig, daß Deutschland Kupfer hat. Das sind deutsche Volksgenossen.

mdl. *Krefeld, Dülken, Born, Brüggen, Neuwerk, Kaldenkirchen, Amern, Wattenscheid* 1981, überall verbreitet

Nachdem die ersten Einquartierungen von Soldaten in der Zivilbevölkerung angeordnet worden waren und in der Folge ruchbar wurde, dass junge Mädchen und Frauen das eine oder andere Techtelmechtel mit den Einquartierten hatten, was nicht immer ohne Folgen blieb, sangen Kinder und Jugendliche:

Nr. 1183 Tidelitti

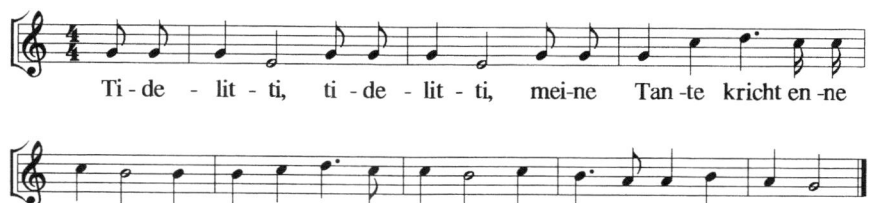

Im zweiten Teil des Liedchens „tröstet" die Tochter die Mutter:

Nr. 1184 Ach, Mutter

Osterath, Meerbusch 1995, Viersen 1972, in *Viersen* waren nur die ersten vier Zeilen bekannt, *Mönchengladbach* 2002, s. Kommentar Nr. 1184

Der jugendliche Widerstand der „Sturmschargruppen" des katholischen Jungmännerverbandes Deutschlands (KJMV) in Neukerk, Straelen, Wesel, Wachtendonk, Xanten, Dülken, Odenkirchen und weiteren Orten am Niederrhein

Die Gleichschaltung aller Vereine, gleich ob auf sportlichem, religiösem, kulturellem oder sonstigem gesellschaftlichen Gebiet, von der zu Beginn der Herrschaft der NSDAP auch die konfessionellen Jugendorganisationen und die Bündische Jugend (Nerother Wandervogel etc.) betroffen waren, hatte bei der katholischen Jugend am Niederrhein zu einem inneren Widerstand geführt. Die Sturmschar des katholischen Jungmännerverbandes, kurz „Schar" genannt, die

623

der Bündischen Jugend nahe stand, war neben den konfessionellen Pfadfindergruppen und dem Bund Neudeutschland (ND) an fast allen Orten des Niederrheins aktiv. Öffentliches Auftreten der Jugendlichen in „Kluft" (einheitliche Kleidung), Wandern in Gruppen, das Zelten, die Wimpel der Gruppen, kurz: alle kirchlichen Zeichen und Aktivitäten sowie die Liederhefte der bündischen Jugend wurden verboten. 1935 wurde erstmals der ganze Jahrgang der 1926 Geborenen fast geschlossen ins „Jungvolk" und zu den „Jungmädels" übernommen. Ein Erlass verpflichtete außerdem alle Beamten, ihre Kinder in der Hitlerjugend anzumelden. Die Betriebe sollten nur noch Lehrverträge mit HJ-Mitgliedern abschließen dürfen. [2]

„In dieser Zeit wurde u.a. auch das Singen von Bekenntnis- und Kampfliedern Ausdruck des Widerstandswillens." [3] Als Zeitzeuge und Angehöriger der Sturmschar aus *Nieukerk* erinnerte sich Fritz Meyers, dass allmählich ganz bestimmte Lieder, die „die Zähne zeigten", für die Jungenschaftler (14- bis 18jährige) zum Ausdruck des Widerstandes wurden und das Singen selbst gar zum „Synonym für Widerstand". Zugleich war das Singen solcher Lieder aber auch Ausdruck jugendlichen Aufbegehrens, jungenhaften Übermuts, von Abenteuerlust und Fernweh. [4] Zu den „Kampfliedern" jener Zeit gehörten nicht nur Kampf- und Soldatenlieder aus den Befreiungskriegen (1814–1818), sondern ebenso viele Lieder aus dem „Kirchenlied", eine Auslese geistlicher „Lieder für die Jugend", Düsseldorf 1938. Dazu gehörten: „Zieh an die Macht, du Arm des Herrn", „Mir nach, spricht Christus, unser Herr" oder „Ein Haus voll Glorie schauet", das in vielen katholischen Pfarrgemeinden als „Protestlied" gesungen wurde. [5]

Es gab auch ein in der bündischen Jugend zwischen den beiden Weltkriegen verbreitetes, umgedichtetes Reiterlied mit oppositionellem Inhalt: „Wir traben in die Weite". Sein ursprünglicher Text entstand wahrscheinlich um 1814 und wurde in der katholischen Jugend, der „Sturmschar", als Anti-Lied gegen die Nazis verteilt und gesungen. Unglücklicherweise war ein solches Exemplar dem Bürgermeister von *Willich* in die Hände geraten und sorgte allem Anschein nach für große Aufregung bei der Geheimen Staatspolizei (Gestapo) in Düsseldorf. Eine diesbezügliche Rundverfügung der Gestapo vom 30. April 1934 schickte der Landrat des Kreises *Geldern* an alle Gemeinden des Kreises mit der Aufforderung, aufgefundene Exemplare dieses „Lied(es) kath. deutscher Jugend" einzuziehen und „sofort vertrauliche Mitteilungen" über die „Urheber" zu machen. [6] Mit anderen Worten: Jugendliche, bei denen dieses Lied gefunden wurde, sollten bespitzelt werden. Kurze Zeit danach, am 29. Juni 1934, folgte eine zweite Rundverfügung der Gestapo, die die Konsequenzen für die entdeckten Besitzer dieses Liedes drastisch verschärfte. Es hieß: „Wie mir berichtet wird, wird das „Lied kath.(oli-scher) deutscher Jugend" allerorts von Mitgliedern der kath.(olischen)

Sturmscharen gesungen. Ich ersuche daher, gegen Personen, die das Lied singen oder es irgendwie verbreiten, bei den zuständigen Gerichten ein Strafverfahren anhängig zu machen. Über derartige Vorkommnisse ist jeweils zu berichten." Dieser schriftliche Vorgang zeigt, wie verbreitet das Lied damals am Niederrhein gewesen sein muss. „Denn dieses Lied ist unter den anotativen Widerstandsliedern (Anm.: offene und direkte Stellungnahme gegen das Regime und seinen Terror) das am häufigsten genannte, das darüber hinaus in den verschiedensten Bünden und Gruppen und in geographisch weit auseinanderliegenden Regionen – am Niederrhein wie in Hessen, im Ruhrgebiet wie im Bereich Berlins – belegt ist."[7] Die unten folgende Parodie Nr. 1186 zeigt, wie höchst brisant der Text in der damaligen Zeit war und dass er auf die Nazis äußerst beunruhigend wirken musste. Das Original (Nr. 1185) stammt aus den Befreiungskriegen im 19. Jh.

Nr. 1185 Wir traben in die Weite (I)

Wir traben in die Weite,
das Fähnlein weht im Wind.
Viel tausend mir zur Seite,
Die ausgezogen sind
Ins Feindesland zu reiten.
Hurra, Viktoria!
Für's Vaterland zu streiten.
Hurra, Viktoria!

Auf grünem Wiesenplane,
Freund Hein malt Blumen rot;
Und über uns die Fahne
Singt rauschend Blut und Tod.
Da geht ein brausend Rufen,
Hurra, Viktoria!
Der Schlag von tausend Hufen,
Hurra, Viktoria!

Fall ich auf fremder Erde,
Ade, so soll es sein!
Laßt rasten nicht die Pferde,
Ins Feindesland hinein!
Dringt eurer Rosse Traben
Ins Grab, Viktoria!
Daß wir gesieget haben,
Hurra, Viktoria!

1.Wir tra - ben in die Wei - te. Das Fähn-lein steht im Spind,
Viel - tau-send uns zur Sei - te, die auch ver -bo - ten sind.

Die Frei - heit uns ge - nom - men, da - zu das Eh - ren - kleid*. Das

macht uns nicht be - nom - men, sie ta - ten's nur aus Neid.

2. Auf grünem Wiesenplane,/Dort trifft sich nun die Schar;/Es flattert stolz die Fahne,/Die doch verboten war./So soll sie immer wehen,/Geschützt durch unsern Mut./Es wird der Feind zergehen/An seiner eignen Wut.

3. Stehn wir auf fremder Erde,/Dann wollen frei wir sein./Daß uns die Freiheit werde,/Des sollt gewiss ihr sein./Bald hallen alle Höhen/Das Echo uns'rem Schritt./Dann wird die Welt den sehen,/Der für die Freiheit stritt.

4. So stehen wir in Treuen/Zum Christus-Banner her./Und mag man uns auch dreuen,/Uns gilt: Viel Feind, viel Ehr./St. Michel ist der Feldherr./Die Kämpfer sein sind wir./So zwingen wir zu Boden/Des Hasses fahl Panier.

* mit „Ehrenkleid" ist die verbotene Bundestracht gemeint, Melodie: Willi Jahn, Text: Joseph Buchhorn, s. Kommentar Nr. 1185 und Nr. 1186

Nr. 1187 *Wir traben in die Weite* (III) *(Variante aus Krefeld)*

Wir traben in die Weite, das Fähnlein steht im Spind.
Viel tausend uns zur Seite, die auch verboten sind.
Die Bundestracht im Schranke, das Halstuch und der Hut.
Die sagen: Gott sei Danke, jetzt geht es uns mal gut.

Auf grünem Wiesenplane, trotz mancherlei Verbot,
Da flattern unsere Fahnen, sie kriegen uns nicht tot.
So soll'n sie immer wehen, geschützt durch unsern Mut,
Bis daß der Feind vergeht an seiner eignen Wut.

Und falln wir auf die Erde, von 20 Mann gefaßt,
Wir trampeln wie die Pferde, das macht uns riesig Spaß.
Wenn dann die Lappen fliegen und purzelt Groß und Klein,
Wir bündischen Halunken uns sehr darüber freun.

Die Freiheit uns genommen, dazu das Ehrenkleid,
Das macht uns nicht beklommen, das nimmt uns nicht den Schneid.

Sie konnten uns nicht leiden, hurra, Victoria!
Sie taten's nur aus Neiden, hurra, Victoria!

Krefeld, Klusen 1980, 552

Die Anspielung „Wir bündischen Halunken" in der vorletzten Strophe bezieht sich auf Baldur von Schirach, den Organisator der Hitlerjugend und „Reichsjugendführer". Er hatte in einer öffentlichen Rede am 21. Juni 1933 die Bündische Jugend als „Bündische Halunken" verunglimpft und gegen deren „kümmerliche Reste" gehetzt. Darauf antwortete die Sturmschar in *Wesel* mit dem selbst getexteten Lied:

Nr. 1188

Die kümmerlichen Reste, von denen Baldur sprach,
Die stehen eisern, feste, und treu zu ihrer Sach'.
Nicht viermal Hunderttausend, Millionen sind es noch;
Die denken leis': Trotz allem! Und siegen werden wir doch.

Zitiert nach Meyers 1993, 6

Von diesem verbalen Widerstand der jugendbewegten Gruppen am Niederrhein zeugen nach Meyers[8] Hunderte von Verhaftungen, Verhören, Hausdurchsuchungen, Strafen und Gefängnisaufenthalten, die in den Gestapo-Akten dokumentiert sind. „Dies waren Formulierungen, die in jenen zwölf Jahren der NS-Diktatur lebensbedrohlich waren, wie zahlreiche Prozesse beweisen, in denen solche Lieder das Belastungsmaterial verhängnisvoll zu vermehren vermochten."[9]

Der damals neunzehnjährige Theologiestudent Karl Leisner aus *Kleve,* dem man am heimatlichen Gymnasium wegen „politischer Unreife" zunächst das Reifezeugnis versagt hatte, war ein begeisternder und begnadeter Jugendführer. Er hatte für den Sommer 1934 ein Jungschar-Zeltlager mit 50 Jungen bei der Honselaerer Mühle bei *Wetten* (Kevelaer) geplant. Weil man aber damals schon mit handfesten Störungen und Belästigungen durch die HJ rechnen musste, entschieden er und seine Jungscharführer, nach Holland auszuweichen, um so in *Groesbeek* Störungen für das Ferienlager zu vermeiden. Es stand unter dem Motto: „Wir leben ein Leben der Gotteskinder in der Gnade ... und Gefolgschaft für Christus."[10]

Karl Leisner wurde 1939 verhaftet und kam ins Konzentrationslager Dachau. Im KZ wurde er heimlich zum Priester geweiht. Er starb unmittelbar nach der Befreiung an den Folgen der Haft am 12. August 1945 in Planegg bei München. Im Jahre 1996 wurde er zusammen mit anderen katholischen Widerstandskämpfern gegen das Dritte Reich von Papst Johannes Paul II. in Rom selig gesprochen.

627

Die „Liturgiekreise" der Messdiener in Dülken

Schon 1933 zeichnete sich ab, dass Hitler und seine Statthalter gegen die Kirchen vorgingen, die katholischen Jugendverbände sich aber zunächst nicht ohne Widerspruch von den Nationalsozialisten vereinnahmen lassen wollten. Am 24. Juni 1933 bei einer Sonnwendfeier in *Odenkirchen* feierten verschiedene Gruppen gemeinsam. Als das Horst-Wessel-Lied gesungen wurde, unterließen die katholische Sturmschar und der Katholische Verein Junger Männer auf Anweisung ihrer Führer Peter Ohlig und Peter Waldhausen den Deutschen Gruß. Den beiden wurde anschließend vorgeworfen, „sie hätten in ihrer Eigenschaft als Führer bzw. Unterführer einer katholischen Unterorganisation auf die ihnen unterstellten Mitglieder in provozierender Weise gegen den neuen Staat eingewirkt". Durch Verfügung des Polizeipräsidenten wurden beide in „Schutzhaft" genommen und dieser Schritt damit begründet, dass „sonst mit Gewalttätigkeiten gegen ihre Person zu rechnen sei". Peter Ohlig wurde noch am gleichen Abend verhaftet, Peter Waldhausen am nächsten Tag. Fast 14 Tage hielt man sie in Gewahrsam, bevor man sie am 11. Juli wieder frei ließ. [11]

Nach der Auflösung der Bekenntnisschulen und dem Verbot des Religionsunterrichtes in den Volksschulen im Jahre 1936 richteten die jungen Kapläne im Bistum Aachen sogenannte „Kinder-Seelsorgestunden" ein, die teils in der Kirche, teils im Jugendheim stattfanden und rege besucht wurden. Pfadfinder und die in der Pfarrjugend organisierten Jugendgruppen wie Jungschar, Sturmschar (Jungen) und Frohschar (Mädchen) wurden durch die Gestapo aufgelöst und verboten. Josef Dunkel, Kaplan an St. Cornelius in *Dülken,* suchte nach alternativen Wegen und Formen der Jugendarbeit. [12] Er sammelte – ohne Organisation und Institution – Jugendliche als Messdiener und Lektoren in Bibelkreisen und liturgischen Gruppen, in denen er in seiner Wohnung mit den Jungen die Apostelgeschichte las und ihnen die Liturgie des kommenden Sonntags erklärte. Schon früh hatte er eine Zitatensammlung aus Rosenbergs „Mythos des 20. Jahrhunderts", der Rassenlehre des Nationalsozialismus, zusammengestellt, die zum „Weg der deutschen Jugend" werden sollte. Diese konfrontierte er mit der Lehre der kirchlichen Dogmen und Moral. In mutigen Predigten und in Rundbriefen an die jugendlichen Gruppenführer der Pfarrgemeinden versuchte er die jungen Menschen gegen die nationalsozialistische Ideologisierung zu „immunisieren".
Josef Dunkel war furchtlos und betete nach jeder Zusammenkunft mit den Messdienern ein Gebet, an dessen hintergründiger Bedeutung niemand zweifeln konnte:

> *„Heiliger Erzengel Michael verteidige uns im Kampfe.*
> *Sei unser Schutz gegen die Bosheit und Nachstellungen des Teufels.*

Gott, gebiete ihm, so bitten wir flehentlich!
Du aber Führer der himmlischen Heerscharen
stürze den Satan und die anderen bösen Geister,
die in der Welt umherschweifen, um die Seelen zu verderben,
durch die Kraft Gottes hinab in den Abgrund! Amen."

Die Zweideutigkeit des Gebetes kannte damals jeder in der Gemeinde und wusste, dass mit dem „Teufel" und dem „Satan" sowie den „anderen bösen Geistern" Hitler und seine Anhänger gemeint waren.

mdl. *Dülken* 2003

Die Zeichnung mit der Unterschrift
„Deutsche Landschaft 1937" erschien in der
illegalen Zeitschrift „KAMERADSCHAFT,
Schriften junger Deutscher", hg. von
Theo Hespers und Dr. Hans Ebeling.
Theo Hespers wurde am 9. September 1943
in Berlin hingerichtet.

Durch seinen „Anti-Rosenberg" und die Verlesung eines bischöflichen Hirtenschreibens gegen die Auflösung der Konfessionsschulen hatte er seit einiger Zeit die Gestapo auf sich aufmerksam gemacht, die ihm 1935 die Ausübung seines Amtes und „öffentliches Reden" verbot. Im März 1938 wurde er verhaftet und zu sechs Monaten Haft verurteilt, u.a. wegen Verstoßes gegen das Heimtückegesetz (Stellungnahme gegen das Rassengesetz) in Verbindung mit der Verordnung über die verbotenen konfessionellen Jugendverbände. Ein Junge aus dem „Liturgiekreis" hatte Josef Dunkel denunziert. Neun Ministranten, die zum *Dülkener* „Liturgiekreis" gehörten, sie waren 15, 16 und 17 Jahre alt und zugleich keine Mitglieder der JH, wurden eines Tages von der Gestapo abgeholt und als „Zeugen" vor ein Sondergericht in Düsseldorf gestellt und scharf verhört.

Kaplan Dunkel hatte an den Heimabenden offen geäußert, dass man als praktizierender Katholik einen solchen Mann wie Adolf Hitler weder verehren noch ihm zujubeln dürfe, dem „GröFaZ" (dem „Größten Führer aller Zeiten", wie er schon bald spöttisch genannt wurde!), der zudem das Konkordat gebrochen habe. Entgegen der herrschenden Rassentheorie erklärte er immer wieder, die Deutschen seien ein „europäisches Mischvolk". Am Dienstag, dem 28. März 1939, wurden zwei Jungen von der Gestapo aus dem Liturgie-Kreis abgeholt. Es folgte ein sechsstündiges quälendes Verhör in Mönchengladbach, wobei man   629 sie mit dem Verräter konfrontierte, der sie denunziert hatte. Am Mittwoch, dem 29. März, folgte ein zweites Verhör auf der Polizeiwache in Dülken.

mdl. *Dülken,* 2003, vgl. dazu Einzelheiten bei Franken, HKV 1998, S. 34 ff

1) Küsters HKV 2004, 219 2) Brecher 1987 36ff; Brecher in der Rheinischen Post vom 2., 6., 7. April 1988 3) Meyers 1993, 52 4) Meyers a.a.O. 12 5) Meyers ebd. 6) Meyers GHK 1996, 194–197 7) Meyers GHK 1996, 196; vgl. Schepping 1971, unpag. 8) Jahn,W. in: Meyers 1996, 197 9) Meyers 1996, 13, Schepping 1971; vgl. Köllmann HKV 1987, 196–202; vermutlich wurde das aus dem Ersten Weltkrieg stammende Lied im RAD, dem Reichsarbeitsdienst gesungen, ist aber nicht zu lokalisieren, Vgl. bei Rühmkorf 1969, 170: 1 Fassung: Wir traben in die Weite/Der Spaten steht im Spind/ Der Arbeitsdienst geht pleite/Weil wir entlassen sind; 1. Fassung (möglicherweise aus der Umgebung von Berlin): Wir traben in die Kneipe,/der Spaten steckt im Spind,/Mit Kumpels uns zur Seite, die ooch besoffen sind./Fürs Vaterland zu saufen,/Hurrah, Viktoria,/Nun laßt noch einen laufen,/Hurrah Viktoria. 10) Dykmans KKL 1992, 68/69 11) Waldecker 2003, 322) 12) vgl. hierzu Franken HKV 1998, 30–34

Literatur

Brecher, August, Zwischen Anpassung und Widerstand. Geschichte der katholischen Pfarreien zu Stolberg. Teil 4 1933–45. Beiträge zur Stolberger Geschichte und Heimatkunde 9d, 1987 (Brecher 1987)

Dykmans, Paul, „Das geweihte Banner hoch auf vor uns". In: Kalender für das Klever Land 1992 (Dykmans KKL 1992)

Franken, René, Josef Dunkel, Kaplan an St. Cornelius Dülken 1935–1939, Katholische Jugenarbeit mit Hindernissen. In: HKV 1989

GHK = Geldrischer Heimatkalender 1996

HKV = Heimatbuch des Kreises Viersen 1987 und 2004

Jahn,Willi „Junger Mut" Meyers GHK 1996 (Meyers 1996)

KKL = Kalender für das Klever Land 1992

Klusen, Ernst, Deutsche Lieder, Frankfurt 1980 (Klusen 1980)

Köllmann, Heinz, Die Zerschlagung der deutschen Jugendbewegung im „Dritten Reich" In: Heimatbuch des Kreises Viersen 1987 (Köllmann HKV 1987)

Küsters, Herbert, Grefrath 1943/44 im Spiegel der Schulchronik des Johannes Beniers. In: HKV 2004 (Küsters HKV 2004)

Löhr, Wolfgang, Loca Desiderata. Mönchengladbacher Stadtgeschichte, Bd. 3, 1. Köln 2003

Meyers, Fritz, „… das Fähnlein steht im Spind". Lieder aus dem Souterrain des Dritten Reiches. In: Der Niederrhein, Zeitschrift für Heimatpflege und Wandern, 60. Jg., 1993 (Meyers 1993)

Meyers, Fritz, Verachtet mir die Archive nicht! Ein Quellenfund zur Geschichte des Dritten Reiches im Gemeindearchiv Wachtendonk. In: Geldrischer Heimatkalender 1996 (Meyers GHK 1996)

Rheinische Post, Viersen, Grenzland-Kurier, Leserbrief vom 27. 11. 2002 (RP 2002)

Rühmkorf, Peter, Über das Volksvermögen. Exkurse in den literarischen Untergrund, Reinbek b. Hamburg 1969 (Rühmkorf 1969)

Schepping, Wolfgang, „… viel tausend uns zur Seite, die auch verboten sind …" In: ad marginem … Mitteilungen des Instituts für Musikalische Volkskunde, Neuss Nr. XXI, 1971, unpag. (Schepping 1971)

Siemes, Hans Willi, Das war so. (Erinnerungen) Maschinendruck, Hösbach 1994 (Siemes H.W. 1994)

Waldecker, Christoph, Rheydt 1915-1974. (Der Widerstand gegen die nationalsozialistische Herrschaft) S. 322. In: Löhr, Wolfgang, Hg. Loca Desiderata. Mönchengaldbacher Stadtgeschichte, Bd. 3, 1. Köln 2003 (Waldecker 2003)

„Evakuierung" von Schulkindern im Zweiten Weltkrieg (1944/45)

Damit sie den Bombenangriffen in den Städten entgingen, wurden viele Schulkinder mit einigen Lehrern in die „Kinderlandverschickung" gebracht. Da sich aber nicht genug Lehrer freiwillig meldeten, ließ der Kreisamtsleiter aus Krefeld die zur Betreuung erforderlichen Lehrer am 15. Januar 1941 dienstlich einberufen und sie über ihre zukünftigen Aufgaben in den Lagern informieren.[1] Eine ehemalige, damals 15jährige Schülerin berichtet darüber: „1944 hatte ich die ersten vier Jahre des Progymnasiums in *Dülken* beendet. Nun mußten wir zur ‚Oberschule für Mädchen‘ in *Viersen,* wo die Schulausbildung ab der fünften Klasse fortgeführt werden sollte. Wegen der fortgeschrittenen Kriegsereignisse fand aber kein Unterricht statt. Man erklärte uns, die Schule würde evakuiert, wer nicht mitkomme, hätte später Nachteile. Mit einer Gruppe von drei Dutzend Schülerinnen zwischen zehn und sechzehn Jahren verließen wir am 6. Dezember 1944 mit der Eisenbahn die Heimat. Begleitet wurden wir von vier Lehrerinnen und einem Lehrer. Ich habe noch in Erinnerung, daß ich krank war, als wir nach mehrmaligem Umsteigen in Hanau ankamen und von dort statt nach Bad Kissingen, dem ursprünglichen Ziel der Reise, nach Karlstadt umgeleitet wurden. In Karlstadt wurden wir in einem Internat untergebracht, das Ordensschwestern gehörte. Dort übernachteten wir in einem großen Schlafsaal und wurden auch gut verpflegt. Wir hatten Unterricht bei den Studienrätinnen Wölki, Boch, Vüllers, Christ und dem Musiklehrer Studienrat Zart. Nach Weihnachten besuchten wir Würzburg, um die Residenz und andere Sehenswürdigkeiten zu besichtigen. Aber es gab gar nicht viel zu sehen, die transportablen Kunstwerke waren in Sicherheit gebracht, vieles mit Sandsäcken zugestellt worden. Wenige Tage danach wurde Würzburg durch einen Luftangriff in Schutt und Asche gelegt. Aus mir nicht bekannten Gründen wurden wir nach Bad Brückenau verlegt. Nachdem wir eine Nacht auf Stroh in einer Scheune verbracht hatten, zogen wir in eine stillgelegte Pension. Fräulein Vüllers, Parteigenossin und Lagerleiterin, hatte ständigen Telefonkontakt mit Behörden oder Dienststellen. Wir saßen buchstäblich auf gepackten Koffern oder Rucksäcken. Jede Nacht war Probealarm für den Fall, daß wir plötzlich aufbrechen mußten, denn die Front rückte immer näher. Am ersten Ostertag 1945 wurde aus der Übung Ernst. Auf Befehl ‚von oben‘ mußten wir aufbrechen. Unser Gepäck kam auf einen Lastwagen, und wir marschierten zu Fuß nach Wildflecken. Die Bevölkerung nahm uns spontan auf und versorgte uns. Von dort ging es per Bahn nach Bad Kissingen, während das meiste Gepäck in Brückenau blieb. Weiter ging es in Richtung Süden. In Haßfurt geriet der Zug in einen Fliegerangriff und wir flüchteten ins freie Feld. Bei dem Beschuß warf sich Fräulein Christ über die jüngste Schülerin. Obgleich ihr Mantel von Splittern getroffen wurde, war niemand verletzt worden. Über Nürnberg und München erreichten wir unsere letzte Station, Urfahrn am Chiemsee. Viel zu essen bekamen wir nicht mehr, aber es war landschaftlich wunderschön. Im See legte ich sogar eine Schwimmprüfung ab. Zwei Studienrätinnen und mehrere Schülerinnen ‚stürmten‘ mit anderen aus der Gegend ein Kasernendepot und ‚eroberten‘ Nesselschlafsäcke, Schlüpfer, Turnschuhe, Mehl, Haferflocken und Zucker. Diese Schlüpfer, von uns ‚Rhönpumper‘ genannt, dienten als Behälter zur Aufbewahrung der Lebensmittel und wurden auf die Zimmer verteilt aus Furcht vor Entdeckung der eisernen Ration durch die anrückenden Amerikaner. Dann kamen die Amerikaner. Vor allem vor den farbigen Soldaten, die wild mit ihren Waffen herumfuchtelten, hatten wir große Angst. Sie trieben aber nur ihre Scherze mit uns und stellten sich schließlich als harmlos heraus. Mitte Juli hatte uns der Vater einer Mitschülerin mit dem Auto in Urfahrn aufgespürt. Er organisierte einen Lastwagen mit Anhänger der Firma Steffes aus Viersen, der zu unserer großen Freude auch Lebensmittel mitbrachte. Das wenige Gepäck, das wir noch hatten, wurde verladen, und wir konnten auf dem Lastwagen auf Bänken sitzen. Nach einer viertägigen Fahrt über Landstraßen waren wir am 19. Juli 1945, meinem Geburtstag, wieder zu Hause in *Viersen*. Monatelang hatten wir keine Verbindung mit der Heimat gehabt. Ich wußte nur, daß Eltern und Bruder in den Harz geflohen waren. So suchte ich zuerst Tante Änni in Viersen auf. Inzwischen waren meine Eltern aber nach *Dülken* zurückgekehrt. In unserm Haus hatten sich in der Zwischenzeit Leute einquartiert, deren eigenes Haus durch Bomben zerstört worden war. So mußten wir uns im eigenen Haus vorerst mit zwei Zimmern begnügen. Zu den Lehrkräften, die mit uns evakuiert worden waren, hatten wir immer ein besonders gutes Verhältnis."[2]

Lebensmittelkarte (Ausschnitt),
Privatbesitz Josef Boßmann, Kalkar

Kapitulation und Nachkriegszeit

Nicht nur während der letzten Kriegsjahre, sondern auch in den Nachkriegsjahren bis zur Währungsreform 1948 und auch noch bis 1950 lag Deutschland am Boden. Die Städte waren zerstört, Flüchtlinge fanden keinen Wohnraum. Der Schwarzmarkt blühte. Es mangelte an allen Grundnahrungsmitteln, die durch sogenannte Lebensmittelkarten rationiert waren. Es waren Elends- und Hungerjahre, in denen die Bevölkerung für alles Lebensnotwendige von der Milch bis zum Brot vor den Geschäften Schlange stehen musste. Es hieß sarkastisch über die wenigen Zuteilungen auf den Lebensmittelkarten:

Heei Kallorièn	Hier Kalorien
Onn doa Kallorièn.	Und da Kalorien.
Ävvèr tè freätè kriijè wèrr nikks!	Aber zu essen bekommen wir nichts!

mdl. *Viersen* 1976

Alles drehte sich um Essen und Trinken. Die amerikanische und später die englische Besatzungsmacht wurden mit Mißtrauen betrachtet:

Nr. 1189

Willkommen ihr Befreier,	*Wir weinen vor Freude,*
Ihr nehmt uns die Eier,	*Wie nett ihr doch seid.*
Die Milch und die Butter,	*Wie schlecht war es früher,*
Das Vieh samt dem Futter,	*Wie schön ist es heut,*
Waggons und Geleisen*,	*Willkommen Befreier,*
Nehmt ihr mit auf Reisen,	*Ihr herrlichen Leut!*
Von all dem Plunder	
Habt ihr uns befreit.	

* Morgenthau-Plan, mdl. *Viersen* 2000

Die rechts stehende sarkastische „Anzeige" wurde, in Postkartengröße auf Pappe gedruckt, in *Viersen* gefunden. Liest man sie, so erkennt man, woran es damals mangelte und wovon die Menschen „träumten": von Brot, Butter, Fleisch, Fett, Eiern, Milch – kurz, von einem gefüllten Magen. Um etwas zugeteilt zu bekommen, stand man in langen Schlangen an. Fleischrationen gab es nahezu gar keine. Zuweilen wurde damals Pferdefleisch verkauft und auch hierfür sammelten sich lange Schlangen vor den Pferdemetzgereien an. Kinder und Jugendliche in *Viersen, Krefeld* und *Osterath* sangen unbekümmert zu der Melodie des durch Lale Andersen bekannt gewordenen Schlagers „Vor der Kaserne, vor dem großen Tor":

Schmerzerfüllt teilen wir Ihnen mit, daß heute früh 6 Uhr unser

Letztes Brot

im Alter von nahezu 2 Tagen verschieden ist. Es folgte ihm gleichzeitig das letzte Achtel Butter in die Ewigkeit.

Mit knurrendem Magen werden wir Ihrer stets gedenken.

In großer Sorge:

Karl Hunger und Frau
Lotti, geb. Fleischlos

Willi Hunger und Frau
Putti, geb. Ohnefett

Erich Hunger und Frau
Mausi, geb. Eiermangel

August Kohldampf und Frau
Rosi, geb. Magermilch

Erna Kartoffelknapp als Braut

Bad Elend, im Kalorienjahr 1947.
Steckrübenstraße 13

Etwaige Brot'penden bitten wir im Trauerhause unauffällig abzugeben. — Beileidsbesuche bitten wir zu unterlassen.

633

Nr. 1190 Rindfleisch ist teuer

In dieser Notzeit versuchte man, die karge Ernährung mit dem Ungewohnten zu bereichern. Die Pferdemetzgerei „Giesen" befand sich in Viersen auf der Dül-kener Straße. Das Lied wurde überall gesungen, wobei man den Namen der je-weiligen Pferdeschlachterei nach Bedarf einfügte.

* „Trap-Trap", war die damalige Bezeichnung für Pferdefleisch, Text und Melodie 1976 in Viersen aufgezeichnet, ähn-lich in *Osterath, Krefeld* und *Mönchengladbach:* „... drum gehen wir nach ‚Steinwegs' und kaufen uns ‚Trap-Trap'", s. Kommentar Nr. 1190

Auch die folgenden Liedchen wurden in den Hungerjahren nach dem Zweiten Weltkrieg von Kindern und Jugendlichen gesungen:

Nr. 1191 Häu ich maar è Brüètschè

Häu ich maar e Brüet-sche, Brüet-sche mett jätt Leä-ver-wuersch.

Häu ich maar e Brüet - sche, Brüet-sche mett jätt Wuersch.

Hätt ich nur ein Brötchen,/Ein Brötchen mit was Leberwurst./Hätt ich nur ein Brötchen,/Ein Brötchen mit 'was Wurst.

Text und Melodie 1981 in *Niederkrüchten* und *Viersen* aufgezeichnet

In der ebenfalls noch sehr mageren Nachkriegszeit sangen die Kinder zum Schlagertext eines Sambas „Ay, ay, ay Maria, Maria aus Bahia …"

Nr. 1192

> *Ei, ei, ei Sanella*
> *Sanella ist die Feine.**
> *Schmier sie dir auf's Butterbrot,*
> *Dann kriegst du dicke Beine.*

* ein Reklametext aus dieser Zeit lautete: „Ay, ay, ay, Sanella,/Sanella auf dem Teller …", mdl. *Viersen* 1974, mdl. *Krefeld* 1981

Zigaretten und Tabak, ebenfalls Mangelwaren, wurden auf dem Schwarzmarkt getauscht.

Nr. 1193

> *Tauet Himmel Zigaretten,*   *Rief das Volk in bangen Nächten,*
> *Wolken regnet Kautabak!*   *Als es nichts zu Rauchen gab.*

mdl. *Viersen* 1985, Melodie: „Tauet Himmel den Gerechten …", Gotteslob, Katholisches Gebet- und Gesangbuch für das Bistum Aachen, Stuttgart, 1975

Umdichtungen des Deutschland- und des Horst-Wessel-Liedes nach dem Zusammenbruch des Dritten Reiches gaben die Stimmung in der hungernden Bevölkerung wieder:

Nr. 1194 Das Deutschlandlied (umgedichtet)

> *Deutschland, Deutschland über alles,*   *Und das bißchen Marmelade,*
> *Ohne Butter, ohne Speck.*   *Frißt uns die Besatzung weg.*

mdl. *Viersen* 2000, vgl Rühmkorf 1969, 164, 6c

Nr. 1195 Das Horst-Wessel-Lied (umgedichtet)
  Die Preise hoch, die Zonen fest geschlossen,
  Die Not marschiert mit ruhig festem Schritt.
  Es hungern nur die kleinen Volksgenossen,
  Die Großen hungern nur im Geiste mit.
mdl. *Viersen* 2000

Wie aber gelangte ein Spottvers über Pieck und Grotewohl an den Niederrhein? Waren es Kinder, die aus der damals „russisch besetzten Zone" mit ihren Eltern in den Westen gekommen waren und mitbrachten? Der Vers war damals jedenfalls in aller Kindermunde:

Nr. 1196
  Hände falten, Köpfe senken,
  Immer an die Einheit denken,
  Wilhelm Pieck sei unser Gast,
  Und segne, was du uns bescheret hast,
  Doch nicht Rüben und Kohl,
  Sondern was du frißt und Grotewohl!
mdl. *Viersen* 1999

Ähnlich wie nach dem Ersten Weltkrieg gab es in den Notjahren überall in der damaligen Englischen Zone (wahrscheinlich auch in der Amerikanischen Zone) am Niederrhein und auch in *Viersen* für alle Schulkinder täglich eine Schulspeisung, die „Quäkerspeisung". Wieder einmal waren es Amerikaner, die „erste Hilfe" für die Kinder leisteten. Die Quäkerspeise bestand aus dicken Suppen, die in großen runden, verschließbaren Kübeln heiß blieben. Sie wurden in die Schulen transportiert und auf die Schulhöfe oder in die Klassenräume gebracht. Jeder Schüler brachte von zu Hause ein Essgeschirr und einen Löffel mit. Besonders beliebt war eine Biskuitsuppe, weniger jedoch die dicke Erbsensuppe. In der Viersener Oberschule für Mädchen wurden 1947 für ungefähr 50 unterernährte und gesundheitlich gefährdete Kinder im Hardter Wald bei Mönchengladbach zwei Wochen Erholung eingerichtet, organisiert von der Stadt. Man brachte sie in Baracken unter und fünf Lehrerinnen und 18 Unterprimanerinnen betreuten sie. Der Biologieunterricht z.B. fand bei schönem Wetter in der freien Natur statt.
mdl. *Viersen* 1999

In den Monaten nach der Kapitulation wurden die Bunker und Schützengräben mit den Schießunterständen am „Westwall", der an der Schwalm (bei *Born/Brüggen*) entlang verlief, zu gefährlichen „Spielplätzen" für Jungen und

Mädchen. Ohne die tödlichen Gefahren zu kennen, machten sie sich neugierig über die liegen gebliebene Munition her, nahmen Geschosse auseinander und zündeten die freigelegten Pulverstangen wie Wunderkerzen an. Eierhandgranaten wurden entsichert und in die Schwalm geworfen. An das Fischsterben hatte leider niemand gedacht. Schlimme Unfälle, auch tödliche, blieben nicht aus.

Als die Schule im Oktober wieder begann, waren die Städte am Niederrhein zerbombt: Emmerich, Xanten, Kleve, Goch, Geldern, Wesel, Krefeld, Mönchengladbach, Viersen. Es gab keine Schulbücher, keine Hefte, kein Papier, keine Tinte und nur Reste von Bleistiften, in kleine Stückchen geschnitten. Man schrieb auf Zeitungsrändern, auf die Rückseite alter Rechnungen, kurz: auf alles, was man nur finden konnte.

mdl. *Viersen* 1974

Die „Schüler" kehren aus dem Krieg zurück

„Bei meiner Entlassung als Luftwaffenhelfer im Januar 1945 hatte ich den sogenannten ‚Reifevermerk' erhalten, der nach fünfmonatiger Teilnahme an der Klasse 7 (Obersekunda, heute die Klasse 11) dazu berechtigte, an einem 12-monatigen ‚Sonderlehrgang für Kriegsteilnehmer zur Erlangung der Hochschulreife' teilzunehmen … Für den Unterricht waren die Schulbücher das größte Problem. Von den vorhandenen waren die meisten als untragbar ausgesondert worden, so daß wir uns meistens auf vom Lehrer erstellte Texte beschränken mußten. Dies galt vor allem für Deutsch, Geschichte und Biologie. Diese Fächer waren von der nationalsozialistischen Ideologie im Dritten Reich geprägt und in den Fakten entstellt. In Geschichte benutzte Frau Dr. Blomenröhr zum Beispiel ein Lehrbuch des berühmten Historikers Leopold von Ranke als Unterrichtsvorlage, ein Mann, der immerhin 1886 gestorben war und daher der Militärregierung als ‚unbelastet' angenehm war … Ein weiteres Problem waren die Schulhefte, da diese wegen des Papiermangels nicht zu kaufen waren und der Schule nur in begrenztem Umfang zur Verfügung gestellt werden konnten. Einzelhefte für jedes Fach gab es nicht, ein Heft wurde auseinandergenommen und die losen Blätter für die einzelnen Fächer verwendet, vor allem für die Klassenarbeiten. Manchmal war kein Papier da, dann schrieben wir auf die abgetrennten Ränder der Zeitung! Es gab auch verhältnismäßig kleine Probleme, die nahezu unlösbar waren. Manchmal hatten wir keine Tinte, da diese aus einem Pulver mit Wasser angerührt werden mußte und daher schnell verdunstete. Dann mußte mit Bleistift geschrieben werden!

Gelernt hatten wir eifrig, denn vieles hatte man vergessen und mußte nachgeholt werden, vor allem in Mathematik und Latein. Schließlich wollte jeder nach den 12 Monaten seinen Abschluß machen, vor allem die älteren, welche so viele Jahre durch den Krieg verloren hatten. Turnunterricht fand nicht statt, da es an Kohlen zum Heizen der Turnhalle fehlte."[3]

Ein Leserbrief aus der RP vom 27. November 2002 fasst die Situation der ganzen damaligen Schülergeneration zusammen, die nicht auf den Niederrhein beschränkt war und ganz Deutschland betraf: „Unser Jahrgang – 1936 – ist 1944 mit dem Schulranzen über dem Kopf mittags durchs Flak-Feuer gerannt, die Trümmer waren unsere Abenteuerspielplätze, von Tiefffliegern wurden wir wie Hasen gejagt. Die Toten der Kämpfe kurz vor der Kapitulation ersparten uns brutale Videospiele, wir bekamen sie frei Haus geliefert. Die Schuhe wuchsen mit uns, sie hatten zuletzt das Aussehen von Sandalen. Im Winter mußten wir ein Brikett in die Schule mitbringen. Mehlsuppe morgens, mittags und abends. Ein halber Liter Kakao und ein Brötchen als Schulspeisung waren eine Köstlichkeit. Die Hälfte meiner Klassenkameraden – ich eingeschlossen – hatten ihre Väter im Krieg oder durch Kriegsfolgen verloren. In den Ferien nach Teneriffa? – In der Landwirtschaft habe ich mir in dieser Zeit ein paar Mark zu meiner Halbwaisenrente von 40 DM verdient."[4]

1) Müller 1955, 148/49 2) Lilo Siemes, geb. Jammers, in: H.W. Siemes 1994, 46 f. 3) Marcus 1999, 107/108
4) Roggenbruck, in: Rheinische Post, Leserbrief vom 27. 11. 2002

Literatur

Marcus, Klaus, Wirre Zeiten. 1945–1949. Ein Viersener erinnert sich, Kleve 1999 (Marcus 1999)
Müller, Carl, Von der Kinderlandverschickung im Zweiten Weltkrieg. In: Die Heimat , Krefeld 1955, 148 – 149
Roggenbruck, in: Rheinische Post, 27. 11. 2002
Siemes, Hans Willi, a.a.O., 46 f.
Wehrhan, Karl, Frankfurter Kinderleben in Sitte, Brauch, Kinderlied und Kinderspiel, Wiesbaden 1929 (Wehrhan 1929)

In Klammern angegebene Ortsbezeichnungen (nach den jeweiligen Autoren- bzw. Herausgebernamen) beziehen sich nicht auf den Erscheinungsort der jeweiligen Literatur, sondern auf das regionale Sammelgebiet der Herausgeber.

Mit einem * Sternchen versehene Zeilenanfänge sind Texte mit Noten.

* Nr. 18 und Nr. 21 Abends, wenn ich schlafen geh

In ganz Deutschland weit verbreitet. Jacob Grimm hatte es von einer Magd bekommen, die es wiederum von ihrer Mutter gehört hatte und nahm es bereits 1806 in seine „Wiegen- und Kinderlieder" als „Abendgebät" auf. Er schickte es mit einem Brief an Clemens Brentano für dessen Sammlung von Kinderliedern und Versen und schrieb dazu: „Das Abendgebät mit den 14 Engeln habe ich nachher zufällig mit Abweichungen in Tenzel vita Friderici admorsi bei Menken Script. rer. germ. II col. 993 gefunden, der es wiederum aus Agricolas Sprichwörtern genommen" (1534).

Clemens Brentano wiederum wandelte das Sterbegebät zum „Abendgebet" um, indem er die zweite Zeile änderte. Anstatt wie im Todesgebet „14 Engel mit dir gehn" (am Ende des Lebens) heißt der Text nun: „14 Engel bei dir stehn". Der Text ist jedoch viel älter und stand bereits 1324 auf dem Grabstein des Markgrafen Friedrich von Meißen (vgl. Rölleke 1999, 101/02). Das Gebet ist in vielen regionalen Sammlungen zu finden, z.B. in alemannischer Dialektfassung (August Stöber, Elsässisches Volksbüchlein, Mülhausen [Elsass] 1859, 34, Nr. 110; vgl. auch Gustav Eskuche, Siegerländische Kinderliedchen, Siegen 1897, 100, Nr. 372 u.a.m.). Am Niederrhein schloss dieses Gebet meist mit „Amen".

Eine gedankliche Linie führt von dem Inhalt des „Todesgebetes", in dem 14 Engel die scheidende Seele ins Paradies geleiten, zu Bachs Schlusschoral aus der Johannespassion: „Ach Herr, lass dein lieb' Engelein/Am letzten End' die Seele mein/In Abrahams Schoß tragen"; vgl. hierzu ebenfalls die lateinische Antiphon, die in der Totenmesse gesungen wurde und heute auf deutsch bei der Beerdigung eines Verstorbenen vom Priester gebetet wird: „Zum Paradiese geleiten dich die Engel, bei deiner Ankunft empfangen dich froh die Märtyrer und führen dich in die heilige Stadt Jerusalem. Der Chor der Engel möge dich empfangen und mit Lazarus … mögest du den ewigen Frieden kosten." (Choral Meßbuch für die Sonn- und Feiertage. Hg. Mölders, J./Zenzen, E. Düsseldorf 1938, 622).

Das Gebet ist lt. Wehrhan 1909, S. 72 ff. nicht nur im deutschen Sprachgebiet verbreitet, sondern z.B. auch in anderen europäischen Ländern bekannt wie Schweden, Norwegen, Dänemark, England und in den romanischen Ländern. In Varianten wie auch aus den Niederlanden kommen auch 12, 16, 18 oder nur drei Engel vor. Meyer (Schleswig-Holstein) 1908, 8: „Herr Jesu, ik will slapen gan,/Lat veertein Engel bi mi stan."

Im 19. Jh. gab Engelbert Humperdincks Schwester Adelheid Wette dem „Abendgebet" den neuen Titel „Abendsegen" und veränderte ihrerseits die erste Zeile zu: „Abends will ich schlafen gehen". Durch die eingängige spätromantische Vertonung in der Märchenoper „Hänsel und Gretel" von Engelbert Humperdinck wurde das Gebet, nunmehr quasi zum „Volkslied" geworden, sehr populär. Die Kinderoper „Hänsel und Gretel" wurde am 23.12.1893 in Weimar uraufgeführt.

Nr. 22 und Nr. 23 Enn dèr Hemmèl schteet ennè Boom/Im Himmel steht ein goldner Baum

Das vierzeilige Gebet wurde von Jacob Grimm um 1813 handschriftlich auf einem kleinen Zettel notiert. Es war aber auch aus mündlicher Tradition im 19. und 20. Jh. bekannt. Wilhelm Grimm übernahm den Text in seinem Aufsatz über Kinderwesen 1819 aus dem Manuskript seines Bruders „als hübsches Kindergebet aus Hessen" (vgl. Rölleke, Wiegen-u. Kinderlieder 1999, 13, Nr. 1 u. 91). Es weicht jedoch in der dritten Zeile entscheidend von den niederrheinischen mündlichen wie schriftlichen Überlieferungen ab. Dort steht bei Grimm wie in den anderen Varianten „… dran häng ich meine Sünden". Am Niederrhein heißt es dagegen: … daran häng ich meinen „Senn" = Sinn, nicht aber „Söng" = Sünden. „Senn" (Sinn) kann bedeuten: Gemüt/Gesinnung/Gedanken/Herz/Verstand/Gesinnung. Auch in Kleve heißt es „Senn", vgl. RWB V, 622; vgl. Meyers (Geldern), Alte Besprechungsformeln vom Niederrhein. In: GHK 1965, 23: ebenfalls „Senn". Vgl. zu „Sinn": Jacob und Wilhelm Grimm, Deutsches Wörterbuch von Jacob und Wilhelm Grimm, Bd. 16, Leipzig 1905, Photomechanischer Nachdruck der Erstausgabe, München 1905 – 1984, S. 1103 – 1119. Vgl. Simrock 3. 1879, 80, Nr. 281 (auch hier „Sünd"); vgl. Böhme, Deutsches Kinderlied, 1897, 317, Nr. 1558 („Sünd"); vgl. Wehrhan, Kinderlied und Kinderspiel, Leipzig 1909, 33 („Sünd"); vgl. ebenfalls Lewalter/ Schläger (Kassel) 1911, Kommentar S. 289, Nr. 76, etc.

Nr. 24 Wän ek op min Bedje trêêj

Wehrhan, Kinderlied, 1909, 73 ff. notiert eine münsterländische Fassung dieser sechs Zeilen in Kombination mit Nr. 18: „Twiälf Engelkes gaot met mi,/Twee Engelkes an den Kopp = End,/Twee Engelkes an den Fööten = End,/Twee an de rechte Siet,/Twee an de linke Siet,/Twee, die mi decket,/Twee, die mi wecket,/Jesus in min Heätchen,/Maria in minen Sinn:/Im Namen Gaodes slap ick in"; vgl. RWB V, 862 (Kleve), Z. 5 – 6 mit der Ergänzung: „Liefheerke es mine Geleitsmann,/De mej den Weg wall wisen kann."

Nr. 29 Wi ich nôch è klee Jöngskè woar

Vgl. die identische Fassung aus Tegelen (NL-Limburg) Houx/Jacobs/Lücker 1968, 194, Nr. 10: „Wie ich nag ein Kinje waas/waas ich mooders Frenske:/Maar wie ich'n bietje grôtter waas,/Kreeg ich ze op mien penske."

Nr. 31 Danke, liev Hierke

Bei Gahlings/Matenaar (Kleve) 1936, 141 sind diese vier Zeilen in einem längeren Gebet enthalten: „Kom van bôôven, lieven Heer,/gêft ons Kost en Kleer,/en et Hemelrik en neks meer./Danke, danke lieven Heer./Now dank ek ow, minne lieven Heer,/dat gej min deesen Dag bescheert;/En ek bid ow lieve God,/dat gej min dees Nacht bewôôre lot,/vör Brand en Schand,/vör de lêleke Viand./Danke Jesus Kristus en den hellege Geest. Amen."

* Nr. 36 Oèvènsklôkk

Dieser Liedruf wird in seinem Ursprung zweiteilig gewesen sein: „Oèvènsklôkk, di Kengèr noèm Bätt,/sôns kütt di Häkks mèt dèr Bässèmstäkk!" Das lautmalerische zweifache „Vörr di hümmtata, vörr di hümmtata!" wurde aus Spaß ergänzt und weist diskret auf die Stelle hin, auf die der Besenstiel der Hexe schlagen will. Dieses Liedchen in der rheinischen Leierliedformel endet mit „la-la-so-so-mi" und verleiht der Melodie etwas Unendliches, das immer wieder zum Anfang drängt. Die Melodie schwebt, da der Grundton „do" fehlt; vgl. Kapellen, Erft: „Ovesklock, Kenger nom Bett/Kütt Pastur möm Bääsesteck". In: Peltzer, L., Alte niederrheinische Kinderreime und Lieder (Rhein. westf. Zeitschr. f. Volkskunde 7. 1960, 120). Damit die Kinder nach dem Abendläuten nicht zu spät nach Hause kamen, wurde ihnen auch mit dem Schreckgespenst der „Abendmutter" gedroht (mdl. Viersen 1970).

Nr. 38 Ek heb dèn Schlekk

Meyers, F., Alte Besprechungsformeln vom Niederrhein, GHK (Geldern) 1965, 32. Er zitiert eine Fassung aus Geldern, deren letzte Zeile auch heißen kann: „Ek gäb öm Jan en alle Man" (= jedermann). Meyers nennt diese Art von Verschen „Gegenzauber aus Kindermund". Das betrifft auch alle Nummern von Nr. 39 bis Nr. 53.

Nr. 40 Ich habb dä Schlekk

Ähnlich mdl. Neuwerk 1981 und mdl. Overhetfeld 1981.

Nr. 48 Hailè, bailè, Blüütjè

Vgl. Gahlings/Matenaar (Kleve) 1936, 134. Hier lautet die letzte Zeile: „Den dat Kindje heile kann", Meyers (Geldern) GHK 1965, 23. Meyers verweist bei all diesen „Besprechungsversen", die den Sinn hatten, das Kind von seinem augenblicklichen Schmerz abzulenken, auf die heidnischen, althochdeutschen Merseburger Zaubersprüche: „In Wirklichkeit sind es keine Kinderverse, jedenfalls nicht ihrem Ursprung nach."

Nr. 49 Heile, heile Blütjè

Meyer, F. G., Plattdeutsche Kinderreime aus Schleswig-Holstein, Kiel/ Leipzig 1908, 12: „Höteböte,/Kreienföte,/Hasensteert/Beter weer't!"; vgl. Krach (Moers) 1926, 80, Nr. 11: „Heil, heil, Sägen!/Drej Dag Rägen,/Drej Dag Schnee,/Nou düht et nit mehr weh."

* Nr. 54 Schlaf, Kindchen, schlaf

Siehe Nr. 58f – 63, Texte in vielen Varianten. Van Vlothen, J., Baker- en Kinderrijmen, Leiden, 4. 1894, s'Gravenhage (Neudruck 1969) 4, 1978, 6, notiert eine niederländisch-limburgische Variante im 6/8-Takt, deren Melodieverlauf eindeutig auf gemeinsame Wurzeln schließen lässt: „Slaap kindje slaap! Daar buiten loopt een schaap, een schaap met witte voetjes, dat drinkt zijn melk zoo zoetjes; Slaap kindje slaap." Der Rhythmus von Wiegen- bzw. Schlafliedern scheint im europäischen Kulturraum ursprünglich in einen Dreierrhythmus verwoben gewesen zu sein. Er bildet das Metrum zum ruhigen Anstoßen der Wiege des Kindes, vgl. Kapitel „Schlaf- und Wiegenliedchen". Wie häufig nachzuweisen ist, mutierte der Rhythmus im Verlaufe ihrer Geschichte vom Dreier- zum Viererrhythmus. Solche Mutationen wurden oft von Fachleuten vorgenommen, worauf auch das

„Schlaf, Kindchen, schlaf" in der von Reichardt bearbeiteten Volksweise schließen lässt, vgl. Böhme, Deutsches Kinderlied, 1897, 1 – 9, viele Varianten aus Kleve: „Diese Note (gemeint ist die erste Note in Takt Nr. 9) heißt ‚a' im Original. Erk setzt das musikalisch bessere ‚b'…"; auch zum Text: „Maikäfer flieg!/Dein Vater ist im Krieg./Deine Mutter ist in Pommerland./Pommerland ist abgebrannt./Maikäfer flieg!". Die dort notierte Fassung wird textlich (Str. 2 bis 3) Joachim Heinrich Campe, 1746 – 1818, zugeschrieben. Die 1. Strophe ist bereits im Jahre 1611 im „Fasciculus quodlibeticus" des Melchior Franck mit den ersten beiden Zeilen notiert: „Schlaff Kindlein schlaff/Die Mutter hütt der Schaff"; vgl. Gahlings/Matenaar 1936, 16: „Vaader es in Neederland,/Neederland es afgebrand." Mit „Pommerland" wusste man am Niederrhein anscheinend nicht viel anzufangen und machte daraus „Nederland" oder auch „Gelderland". Das waren wegen des einstmals grenzüberschreitenden gemeinsamen Geschichts-, Kultur- und Sprachraums Ortsangaben, die jeder kannte, Carl Nehrlich textete zu Beginn des 19. Jh.s sozialkritisch parodierend: „Schlaf, Kindlein, schlaf, dein Vater ist kein Graf!", vgl. Rölleke 1993: „Die Entstehung des bekanntesten aller deutschen Wiegenlieder reicht wohl noch ins 16. Jh. zurück … Der Text zeigt noch die für die frühe Kinderpädagogik charakteristische Mischung von Beruhigung und Drohung. Die populäre Melodie hat Johann Friedrich Reichardt 1781 nach einer Volksweise komponiert." Vgl. Siemes/Philips 1995, 29: „Maikeàvèr, flüsch!/Di Fadèr es èn dèr Kreesch …" (Aachener Fassung).

Nr. 58 Schloap, Kengkè, schloap
In zahlreichen Mundartversionen vorhanden, vgl. Krach (Moers) 1926, 78, Z. 3 lautet: „Klompènbuèr" statt „Kappèsbuèr".

* Nr. 65 Aia popaia, schlaach Kükkhännschè duèt
Dies ist wohl neben „Schlaf, Kindchen, schlaf" eines der meist verbreitetsten Wiegenliedchen. Im Wunderhorn 1806/08 (1977), 833, Z. 2 u. 3 heißt es: „Legt mir keine Eier und frißt mir mein Brot", Spee (Leuth) 1875, H. I, 14, f.; vgl. Schollen, Volksthümliches aus Aachen, 1881, 4, Nr. 10, Schollen (Z. d. Aach. Gesch.Ver.) 1887, 101; vgl. Schmitz (Mischmundart) 1893, 59; Böhme (Deutsches Kinderlied) 1897, 18, Nr. 78 a: Die Melodie aus Sachsenhausen bei Frankfurt ist im ersten Teil fast identisch mit der hiesigen; vgl. Meyer 1908, 4 (Schleswig-Holstein): „… Scheet' Piepvagel dot …"; vgl. Wriede, Plattdeutsche Kinder- und Volksreime, Hamburg 1919, 29; vgl. Schell, O./Weitkamp, H., Bergische Kinderreime, Bielefeld und Leipzig 1924, 12; vgl. Werner (Köln) 1961, 10: Z. 2: „… läht mer kein Eier un frißt meer mie Brut"; vgl. Firmenich I. (Mönchengladbach) 1968, 314 (fast identisch mit Spee 1875, H. I, 14, f.): „Heija, popeija, schlaj Kükelkes duet./Steäk s'ent Hälske, dann bloe se sech duet./Plöke öne alle di Feärkes ut,/Maake vör (wir) mi Kenken e Brödsche (Braten) dorut"; vgl. Siemes/ Philips (Aachen) 1995, 47 f.: „Die in Viersen aufgezeichnete Melodie wurde in der Aachener Sammlung einem Aachener Text unterlegt, da in Aachen keine Melodie aufgezeichnet werden konnte." Ähnlich Gerrits, G., (Schravelen/ Winnekendonk) Kinderreimchen, Wiegen- und Schaukelliedchen. In: 700 Jahre Winnekendonk. 1282 – 1982, Hg. F. J. Drißen, Winnekendonk 1982, 217. Dort heißt es: „Heia, popeia,/Schlott Kückskes dood,/Steck se in't Pögge/Dann worde se nit groot."

Nr. 71 Haia popaia, morjè wällè wörr brouwèn
Zum Hopfenanbau am Niederrhein vgl. Schmitz (Med. Topographie) 1871, 33, vgl. Plötz (Preußen a. Ndrh.) 2003, 331. In Z. 5 und 6 („Haia popaia/morjè wällè wörr brouwèn …") erscheint es zunächst unverständlich, warum der Kessel in „Holland" ist und die Kühe in „Brabant". Doch „Brabant" ist die niederländische Provinz „Nordbrabant". Die beiden letzten Zeilen gehören eigentlich nicht hierhin, sondern sind Teile eines Kniereiterliedchens und an dieser Stelle von der inhaltlichen „Logik" her unpassend. Dies zeigt einmal mehr, dass beim Wiegen des Kindes vom Text her alles gesungen werden kann, was dem Sänger bzw. der Sängerin gerade durch den Kopf geht.

* Nr. 72 und Nr. 73 Wenn andere Kinder spielen gehn/Wänn angèrè Kengèr schpièlè jônnt
In Deutschland weit verbreitet. Im „Wunderhorn" 1806/08/ 1977, 831 ist es die zweite Strophe eines Gedichtes mit dem Titel „Die Magd an der Wiege". Die 2. Strophe lautet: „Wenn die Leut spazieren gehen,/Muss ich an der Wiege stehn,/Muss da machen knick und knack,/Schlaf, du kleiner Habersack!"; vgl. Spee (Geldern u. Umgebung) 1875, H. II, 20, XXXIII: „Wenn ander Kinder spöle gohn,/mot eck an et Wiegske stohn./Et Wiegske sät wel: Krikedekrak/Schlôp, du kleene Pûpsack!". Diese vier Zeilen sind die letzten in einem anderen Wiegenliedzusammenhang; im Dülkener Fiedler 1875, 103 (Neudruck 1963) wurde die hochdeutsche Fassung mit Melodie ergänzt durch Klusen, vgl. dort dessen Kommentar S. 152; vgl. Krach (Moers) 1926, 78, Nr. 5; vgl. Meyers (Geldern) GHK 1961, 109: „Wenn andre Kinnekes spüele goan …"; vgl. Schönberner (Kleve)1979, 3, ebenfalls aus Kleve im Nachlass von Matenaar aufgezeichnet (Matenaar KKL 1987, 193); vgl. die Grafschafter

Version bei Caumanns (Moers) HKM 1940, 91. Fraglich ist, ob die ersten beiden Zeilen des folgenden, ansonsten inhaltlich gleichen Vierzeilers „echt" sind, oder ob der Herausgeber sie dazugedichtet hat: „Heija süßa Heckdepeck,/Eck denk an min Ongelöck …" (nämlich nicht mit den anderen Kindern spielen zu können). Wahrscheinlich fehlt nach der 3. Z. eine dazugehörige weitere. Die letzten vier Z. 5 bis 8 sind ein ursprünglich eigenständiges Liedchen, das 1980 mdl. in Overhetfeld aufgenommen wurde.

* Nr. 74 Haia Niina Kinnèkè, Moddèr schlöppt

Die vorliegende Fassung wurde mdl. 1979 in Born aufgezeichnet; vgl. Schollen (Volksthümliches aus Aachen) 1881, 4, Nr. 11; vgl. Schmitz 1893, 59, identisch mit obiger Fassung; vgl. Gierlichs (Mönchengladbach) RGB. 1902, 349 ff.; vgl. Schell/Weitkamp (Bergische Kinderreime) 1924, 16; vgl. Krach (Moers) 1925, 78; vgl. Nachlass Neef-Winz (Viersen) 1942; ebenfalls mdl. in Hüls, Neersen und Niederkrüchten aufgezeichnet. Gedruckt in RP (Rheinischen Post) Viersen, 9. 06. 1956, Nr. 132; vgl. Werner (Köln)1961; vgl. 18, Nachlass Peters (Waldniel) 1961, Kreisarchiv Kempen Nr. 4: In Waldniel folgen 4 Zeilen: „Fängt heä an dè freäte/On rappèlt möt dè Keätèlè./Mäkk di Wiijè krik, krak./Schloèp, du kleenè Dräkksakk." Vgl. Ernst Klusen, Das Mühlrad, Kempen 1966, 73: „Ein Schlaflied für die Kleinen … ,Heia susa Kinneken,/din Mooder heet Kathrineken./Wenn andre Kenger spöle gohn,/dann mott eck an die Wieg blieve stohn./Wat diet se doa? Se spinnt e Schoar,/eck wollt dat Mooder wier t'Hüs wöer'." Diese von Klusen 1952 in Walbeck (Ndrh.) aufgezeichnete Fassung ähnelt der 1996 in Viersen mitgeteilten mehr als der mdl. 1995 in Grefrath aufgezeichneten und hier abgedruckten Fassung, deren vollständiger Text die Zeilen 5 und 6 umfasst: „Haia Niina Kinnèkè,/Modèr hett Katrinnikè./Vaadèr ess ennè Kôppèsbuur,/Kömmt nô Heem onn kikk su suèr./Kikk heä enn deä Keätèl,/Kritt heä nikks tè eätè"; vgl. die mdl. 1981 in Neuwerk aufgezeichnete Fassung: „Haia Niina Kengkè,/Mamma heesch Kattringkè./Papp öss ennè Kappèsbuèr./Kömmb heä heem, dann kikk heä suur./Kikk heä enn dèr Keätèl,/Kritt heä nikks tè eätè"; vgl. Gerstner-Hirzel, E., Das volkstümliche dt.Wiegenlied. In: Handbuch des Volksliedes Bd. I., Hg. Brednich, Röhrich, Basel 1984, inhaltlich identisch mit ndl. Veldekekrink Remunj (Roermond) 1993, 11.

Nr. 86 Haia, popaia, kikkèrikii sätt ossèn Haan

Am Niederrhein und in Deutschland weit verbreitet. Lt. Fiedler (Dülken) 1875, 100, Nr. 151 ist es ein „Dülkener Fastnachtslied". In Z. 5 heißt es dort anstatt „Kou" „Kôtt" (Katze), in Z. 8 anstatt „datt Mimke" „di Schruut". Es handelt sich um einen Funktionswechsel vom ursprünglichen Fastnachtsliedchen (verkehrte Welt) zum Wiegenliedchen, indem einfach „Heia, popeia" vor den Text gesetzt wurde. Vgl. Freudenberg, Söitelsch Plott, 1875, 58, „Wie de Haan freie jeng"; vgl. Meyer, G. F. (Schleswig-Holstein) 1908, 66/67, Hadermanns Brautfahrt: „Hott, hott, Hadermann,/Treck din Vadder sin Stewlen an …", hier sind 14 Z. identisch mit der vorliegenden Fassung, als „Neck- und Lügenmärchen" bezeichnet; vgl. Krach (Moers) 1926, 81/82, Nr. 25: Z. 3 u. 4: „Do reh häj mätt no Amsterdam,/van Amsterdam noh Polen dusend Dahler holen./Do soht en Kuh be't Führ on sponn."

Nr. 87 Haia, popaia, Kükkskè hau è Ai jèlait

Norrenberg (Dülken) 1874, 119/120, Nr. 9. Die Zeile „Eia popeia" fehlt hier, was als Beleg gelten darf, dass dies ursprünglich kein Wiegenlied war: „Deä Vuerel hau een Ain jèlait (Der Vogel hatt' ein Ei gelegt)/Waal en deä kuèper Keätèl (In den Kupferkessel)./Du joèven sè mich di Schaalèn (Da gaben sie mir die Schalen)./Dat sau ich vöör nièmes saarèn (Das sollte ich niemandem sagen)./Du sait ich dat, du schloerèn sè mich (Da sagte ich es, da schlugen sie mich)./Du kriesch ich, du joèven sè mich (Da weinte ich, da gaben sie mir)/Een dekè Wäkbottèram (Ein dickes Weißbrotbutterbrot),/Du schweech ich (Da schwieg ich)./Du sott ich mich op een Schtöölkèn (Da setzte ich mich auf ein Stühlchen),/Du braitèn sè mich een Schöönkèn (Da brachten sie mir ein Schühchen),/Dat sau ich lappèn (Das sollte ich flicken),/Du koèm deä büèsè Nibbèlènapp (Da kam der böse ,Nibbelenapp'),/Noèm mich dat bäste Läppkèn ap (Nahm mir den besten Flicken ab),/Wat ich jèbäddèlt hau (Den ich erbettelt hatte)."

Nr. 89 Schokkèlè, schokkèlè, Schüürè

Diese Fassung weist dem Liedchen zwei Funktionen zu: Sehr deutlich trägt es die Züge eines Kettenliedes, gleichzeitig wird aber durch das lautmalerische „Schokkèlè, schokkèlè …" in der ersten Zeile die Bewegung des Schaukelns oder Wiegens angedeutet, was auf die Funktion eines Kniereiterliedchens verweist. Vermutlich wurde es in der so-la-so-mi-Form gesungen; vgl. Dülkener Fiedler 1875, 103, u. 153: Darin die von Klusen im Selfkant (Kreis Heinsberg) aufgezeichnete Fassung „Schuggele, schuggele Buäne" als „Wiegenvers"; vgl. HKE (Erkelenz) 1961, 32: Hier wird es als „Tagelöhnerlied" bezeichnet.

Nr. 92 Das ist der Daumen
Weit verbreitet, z.B. Simrock 1879, 6, Nr. 27; vgl. Böhme (Dt. Kinderlied) 1897, 50, Nr. 196; vgl. Meyer, G. (Schleswig-Holstein) 1908, 12 u.a.m; vgl. Fischer (Essen) 1994, 60, Nr. 310.

Nr. 95 Deä öss inn-ètt Waatèr jèvallè
Weit verbreitet; vgl. Smidt, H., (Bremen) 2. 1856, 34 (Wiegenlieder); vgl. Schmitz (Mischmundart) 1893, 59; vgl. Simrock 3. 1897, 7 Nr. 29 – 32; vgl. Klever (Mülheim a.d. Ruhr) 1901, 91: „Däumling wuar in den Pött gefalle/Fingerling hatt en drut gekrige,/Langmann hatt en afgedrüg,/Hendrik hatten in't Bett gelag,/Fitzfink hatt ett förr Muder gesag". Speziell zu den Fingerspielen vgl. Müller ZfVK 1915, 396; vgl. Roermond (NL-Limburg), Veldekekrink Remunj 1993, 16: „Doemelot waas in't water gevalle./Likkepot haet'm droet gehaold,/Langelot haet'm te dreuge gelag./Ringelink haet'm nao bèdje gebrach./En't kleine dink haet alles aan moder gesag"; vgl. mdl. Grefrath 1995: „Dä Kläänèn es enn't Waatèr jèvallè,/Dä hätt ömm aafjèdrücht,/Dä hätt ömm nô Heem jèbraut,/On dä dekkèn Düübèl hätt allès vörr Papp onn Mamm jèsaut."

Nr. 97 Dümling hau en Kuw jekoch
Spee (Nettetal-Lobberich), 1875, H. 2, 12, XV; Simrock 1879, 6, Nr. 25 und 33; ähnlich hochdeutsch; vgl. Böhme 1897, 51, Nr. 205; Müller ZfVK 1914, 400; Gahlings/Matenaar (Kleve) 1936, 16 f, Z. 5/6: „Rengleng had die Worst gemakt/Klêênpenk had sej gegêête"; vgl. Schönberner (Kleve) 1979, 13: Z. 4 „Feggelefak" häd de Worst gemakt", Z. 5/6: „En de kleene Puppsack/ häd se opgeknappt."

Nr. 99 Twee Nönnekes Waater halen
Vgl. Spee (Xanten) 1875, H. 2, 15/16: „Twê Männekes pompe/Twê Männekes Wâter hâle,/Hoch op de Klompe/Lèg op de Schuh,/Do sot de Pastor en de Prêkstuhl"; vgl. aus Vördese (Kreis Geldern): „Twee Beginnekes Water hale,/Twee Beginnekes pompe,/Hooch op de Klompe,/Leeg op de Stompe,/Annemarie sägg et mar nit,/De Spölmann es verdronke"; vgl. UH. (Geldern) 20. Jg., Nr. 7, 1932, unpag.; vgl. bei Gahlings/Matenaar (Kleve) 1936, 44 lauten die zwei letzten Verse nach „Pater noster op de Prêêkstuul": „Melk en Beschüt,/die Prêê es üt" (Milch und Zwieback, die Predigt ist aus); vgl. RWB II, 471: „Twie Bejinekes Waater pompen".

Nr. 104 Penk Golde Rengk
Ringe wurden, wie auf alten Gemälden zu sehen, am Zeigefinger getragen. Wahrscheinlich kommt daher die Bezeichnung „Fengerleng" für den Zeigefinger (vgl. Fassung aus Hünxe). Im Gegensatz zu den bekannten Abzählfolgen (zuerst der Daumen) beginnt die Vorstellung der Fingernamen hier mit dem kleinen Finger, dem „Penk". „Penk", „Pint", ist ein am ganzen Niederrhein und darüber hinaus bekanntes altes Maß, und zwar 1/4 Liter, im Englischen und Amerikanischen „pint", im Französischen ebenfalls ein altes Hohlmaß: la pinte. Sprachetymologisch bezeichnet es etwas Kleines. Mit „Penk" ist hier wohl im übertragenen Sinne die kleinste Fingergröße gemeint: der kleine Finger (vgl. Fassung aus dem Kreis Kleve).

* Nr. 106 Ann hätt ènn Taafèl
Diese Fassung wurde durch die Wiederholung der ersten vier Takte und der entsprechenden textlichen Unterlegung um vier Takte erweitert und somit (vermutlich) rekonstruiert. Dies entspricht „rheinischer Symmetrie", die in Vierermetrik Geschlossenheit erzielt. Die 1979 aufgenommene Melodie lässt auf ein Zersingen des Liedchens schließen, was durch die Kontraktion der ersten Zeile zur Sechstaktigkeit als sehr wahrscheinlich gilt. Originalaufzeichnung: „Ann hätt èn Taafèl, aidik, daidik, dumm, dumm, dumm. Vadèr …".

Nr. 109 Es saßen zwei Täubchen auf dem Dach
Vgl. Wolgast 1903; es ist heute noch in Gebrauch.

Nr. 122 Doa hässtè 'nèn Daalèr
In ganz Deutschland weit verbreitet; vgl. Schmitz (Mischmundart) 1893, 60; vgl. Firmenich I (Mönchengladbach) 1968, 514; vgl. Roermond (NL-Limburg): „Höbs se eine daalder,/Gank nao Paalder,/Koup ein koe./Sjtökske toe./Sjtök van de laever,/Sjtök van de pens/Kiele wiele wens." In: Veldekekrink Remunj 1993, 18, vgl. Fischer (Essen) 1994, 59, Nr. 309.

Nr. 131 Hoot schnièn
Viele Varianten, in ganz Deutschland verbreitet. Freudenberg (Süchteln)1888, 60, Z. 8 – 10: „Doa sett è klee Müsskèn/Sinn Küètelkès, di floarèn/Di Möschèn, di schtoavèn/Hi,hi,hi." Vgl. mdl. Krefeld-Traar 1981, Z. 4:

643

„Schtiivèl sè enn dèr Oavè" und Z. 9 – 12: „Datt Müsskè, datt piip/Datt Pöttschè, datt schièp/Di Möschè, di floèrè,/Onn allès woèr jèloèrè". Vgl. Röttsches (Krefeld) 1875, 54, Nr. 11 notiert nur folgende Zeilen: „Holt schniie/Fan alde Wiie/Klompe maake/Dat sal kraake/Scheeite, en enem Bakoave"; vgl. Norrenberg (Grefrath/Dülken) 1875, 119, Nr. 8, Z. 6: „Petterken sett doe boeven"; vgl. Spee 1875 (Leuth) H. 1, 12 f: Z. 9/10 inhaltlich identisch mit Freudenberg (Süchteln) 1888: „Di Köteln, di floaren/Di Möschen, di schtoaven/Prrrr …"; vgl. „Rheinische Post" (RP) Viersen, Nr. 132, vom 9. 06. 1956, Fassung von Neef-Winz mit der Variante in Z. 5: „In dat Piipersch Hüske", mdl. 1979 Born/Brüggen, Z. 2: „dörr di Wiè …"; vgl. Schönberner (Kleve) 1979, 24, letzte Zeile: „en … es een groot Puuplaake".

* Nr. 133 Hoot schniè
Diese 1989 mdl. mit Melodie in Overhetfeld aufgezeichnete Fassung ist in der letzten Zeile offensichtlich einem noch jungen Zersingeprozess anheim gefallen. Der Abgesang ab „… Honger hät …" verlässt den klassischen pentatonischen Schluss, der in der Regel auf C1 (do1) endet. Stattdessen verläuft er über f (fa) kadenzierend abwärts nach C (do). Beleg für diese Ansicht bildet die 1975 in Viersen aufgezeichnete Fassung, die den klassischen Bereich der Pentatonik nicht überschreitet und das Rufmotiv (Piip!) – wenn auch schreiend – eindeutig am Schluss nach C1 drängt. Vgl. Veldekekrink 1993, 9, mdl. Overhetfeld 1980: Z. 5 u. 6 weichen in Viersen und Hüls von Overhetfeld 1989 ab: „Schuèn lôppè,/Dat soll knôppè" (Schuhe sohlen,/Das soll knacken).

Nr. 144 Hôpp, Pärrdschèn, tsur Müülèn
Die Varianten wie z.B. Nr. 145 – 157 u.a. sind weit verbreitet; vgl. Norrenberg (Grefrath) 1875, 105, Nr.15; vgl. Z. 1 – 4 bei Spee (Leuth) H. I 1875, 13 c; vgl. Böhme (Dt. Kinderlied) 1897, 80, Nr. 357 b und c; vgl. Erk-Böhme I (Dt. Liederhort), H.6, S. 33, Nr. 29; vgl. Schmitz (Mischmundart) 1893, 61 notiert Z. 5 – 10: „Om e Mauer (Malter) Haaver,/Dät sall dätt Pättsche draare,/Om e Mauer (Malter) Wäkke,/Dät sall datt Pättsche schläkke,/Draf, draf, draf!/Morjen ös et Sonndaach"; vgl. Sander (Hünxe) ZfVK 1906, 117: Z. 3 – 4: „De Paster op de bonte Kuh,/Dat geht no Rommeln (Sapsöllen) tu"; vgl. Simrock 4. 1879, 33, Zeile 5/6, ähnlich wie Schmitz (Mischmundart) 1893, 61, Zeile 5 – 6; vgl. Veldekekrink Remunj (NL-Limburg) 1993, 17 Z. 1 – 8 identisch: „Hop paerdje meule/De köster riet op't veule./Riet d'rmit nao de bontje koe,/Geit d'rmit nao de meule toe,/Gaef det paerdje haver,/Laot det paerdje drave./Gaef det pardje wikke,/Laot det paerdje sjlikke". In unserer Fassung Nr. 144 ist in Z. 6 unverständlich, wenn es heißt „Wat soll datt Pärdschèn traabèn?". Es handelt sich vielleicht um einen Hör- oder Druckfehler und müsste heißen: „tragen".

Nr. 148 Jö! Jrettschèn opp dänn Drapp
Vgl. Röttsches (Krefeld)1875, Z. 4 lautet: „Dann kommen die Hiäre möt de witte Fiäre …", die letzte Zeile: „Hopp, hopp, dem Bärèch èropp"; vgl. Lochner von Hüttenbach (Rees) 1906, 225, vgl. Krach (Moers)1926, 80.

* Nr. 149 Hôpp, Peärdschèn, opp dänn Trapp
Weit verbreitet mit vielen Varianten; vgl. Firmenich I (Mönchengladbach) 1856, 515: „Hopp! hopp! Pättsche … Te Köllen op dem Schwättsche (Wättsche = ein Inselchen bei Köln, genannt Rheinau)/To Oaken (Aachen) en dä Nonnenbösch/Hant se jefangen ene wette Fösch,/Do kommen och di Heäre/Möt di bongkte Kleäre/Do kommen och di Fraue/Möt di wie Maue./Do kömmt och dän Akeschman/De dat Rien neden (nicht) kann,/Trap, trap, trap!/Do fällt he von dat Pättschen av", vgl. Röttsches 1875, 56 Nr. 28, in der Krefelder Fassung fehlen die Zeilen 3 – 4, vgl. (Hünxe/b.Wesel) Sander ZfVK 1906, 110; vgl. Schönberner (Kleve) 1979, 31, Variante in Zeile 7 – 8: „… Dan komme di Kinderkes/met die bonte Lenderkes"; vgl. die Fassung bei Schönberner mit der verkürzten Boisheimer Fassung Nr. 149 von 1994. Der einfache Melodieaufbau legt die Vermutung nahe, dass die vielen Varianten dieses Liedchens einen ähnlich melodiösen Verlauf nahmen.

* Nr. 150 Ju, Päddschè nô dèr Möölè
Mit „Offèrmann" ist der Küster gemeint, „zu dessen Dienst ursprünglich besonders das Einholen der Opfergaben gehörte. Küster ist seit längerem statt Offèrmann gebräuchlich". Wrede, Neuer Kölner Wortschatz II, 1978, 247.

* Nr. 158 Harubbè, dubbè, dupp
Die Übermittlerin des Liedchens glaubte, der Vers „Musst' sieben Jahr im Stalle stehn …" bezöge sich auf den siebenjährigen Krieg, was sehr unwahrscheinlich ist. Vgl. Janssen/Halmanns (Weeze) GHK 1997, 290, Nr. 19. Das Liedchen wurde vermutlich im Laufe der Zeit zersungen.

Nr. 161 Hôpp, Marjännkè!

In ganz Deutschland verbreitet, viele Varianten; vgl. Smidt (Norddeutschland/Hamburg/Bremen) 2. 1856, 28: Hier heißt es: Z. 5 – 8: „He rört denn Pott, he staakt dat Für,/he lett sien Kindken danzen./He kaakt de Zoppen (kocht die Suppe) un weegt dat Kind,/Un rukt na Pummeranzen" (riecht nach Apfelsinen); vgl. Schmitz 1893, 60 notiert nur die ersten vier Zeilen und anstatt „Kompelesante" heißt es: „… ene Mann von Poappele Schanze" (Pappelholz); vgl. Wansleben (Krefeld) 1925, 24; vgl. Kleintitschen (Hüls) 1979, 89: „Hôpp, Marjännèkè, Kaffekännèkè …" und „… Ennè Moan füèr Komplètonntè,/Dä soat ann-t Füèr/On rüürdè di Papp/onn lièt di Pöppkès danntsè".

* Nr. 162 Hôpp, Marjännikè

vgl. Böhme 1886, 170: „Zweitritt oder Schreiter" – Vom Rhein (unfern Köln). Anf. des 19. Jahrh. Sehr schnell". In vielen Text- und Melodievarianten bekannt, z.B. „Hôpp … morjè moss-dè schtärèvè!" (… morgen musst du sterben), vgl. Flothmann (Kettwig) 1926, 75, „Hopp Mariännchen,/Kaffeekännchen,/lass die Püppchen tanzen./Ein guter Mann, ein braver Mann,/ein Mann von Complaisancen,/er wiegt das Kind und kocht die Supp'/und riecht nach Pomeranzen" (Apfelsinen); vgl. (Gerderath) HKE 1962, 162.

* Nr. 171 Lôtt ess duèt

Weit verbreitet; die Gewährsperson aus Süchteln (Jg. 1927) berichtete, dass ihr Großvater dieses Liedchen gesungen und es als Kniereiterliedchen benutzt habe, vgl. Erk-Böhme II (Dt. Liederhort) 1893, 781, „mdl. um 1830 aus Sachsen und Thüringen": „Tanzliedchen, wohl aus dem Anfang des 19. Jahrhunderts von Erwachsenen und Kindern gesungen und noch jetzt in ganz Deutschland gekannt und zuweilen in Quodlibets gehört"; vgl. Firmenich I (Düsseldorf), 431: „Lott eß doot, Lott eß doot,/Liske lit am Sterve;/Dat eß goot, dat eß goot:/krieg' mer wat te erve"; vgl. Böhme 1897, 135, Nr. 619 mit anderer Melodie; vgl. Schumann (Lübeck) 1899, 35, Nr. 139: hier als „Polka" bezeichnet; vgl. Wehrhan 1906 (Kinderlied u. Kinderspiel) 105, 117, vgl. Möller 1933, 60. Die hier aufgezeichnete Fassung weicht stark von der in Erk/Böhme aufgezeichneten ab. Beiden Fassungen liegt jedoch der 2/4-Takt zugrunde; Schmidt-Görg (Rheinisches Volkslied) o. Jg., 39: Als „Tanzlied" bezeichnet aus dem Kreis Neuwied, Richter 1969: „Manche Textvarianten haben sich lange gehalten. In verschiedenen Kommersbüchern und Kinderliedsammlungen finden sich Spottverse auf einen französischen Luftschiffer Robinson, das heißt Robertson, der nach 1800 in Berlin auftauchte: „Robinson, Robinson,/Fuhr in einem Luftballon,/In die Höh, in die Höh/Mit der Jungfrau Salomé …" oder: „Wer ist tot? Wer ist tot?/Puppenspieler Richter!/Schad um ihn! Schad um ihn!/War ein großer Dichter", aus NL-Limburg mit Melodie: van Vlothen, 4. 1978, 38: „Lot is doot, Lot is doot,/Lijsje leit op sterven;/Dat is goed, dat is goed./dan is er wat te erven."

* Nr. 172 Piddèwiddèwitt, säät Schiièrèschlipp

Vgl. Siemes/Philips 2001, 263 u. 373; Janssen, J./Halmanns G., Lieder, Sprüche und Abzählverse in Weezer Mundart. GHK 1997, 290, Nr 17. Das Liedchen ist besonders am nördlichen Niederrhein verbreitet: Rees, Emmerich, Kleve, Geldern. In Kalkar heißt es anstatt „Schtrikkmöts" (mdl. 2000) „Schiddewiddewitt sät Schereschlipp,/Schereschlipp sät Katje,/Katje hät en Kneppmöts op,/Kneppmöts hät en Gatje"; vgl. auch: RWB IV, 918. Die „Kneppmöts" war eine reich bebänderte, weiße Faltenhaube mit Spitzen, die um den Kopf gekraust war.

* Nr. 175 Deä kleenè Kuèn sinn Vrau

Mdl. 1974 Viersen mit der Variante Z. 2 u. 3: „Hät Bengkès wi 'nè Wau-Wau", Z. 5 fehlt in Boisheim: „Dat weet ich jannts jènau."

* Nr. 177 Huttschè, Puttschè

Vgl. Norrenberg (Dülken) 1874, 119: Es ist zugleich ein Rätsel. Ebenfalls als Rätsel: Spee 1875, H. I, 20, n., Z. 1 u. 2: „Do jeng e Männèkè övèr dé Brök, Dat hâr è Krömkè op dè Rök"; vgl. RWB IV, Sp. 1350.

Nr. 181 Bimm, bamm, baièr (II)

In ganz Deutschland weit verbreitet mit vielen Varianten. Die vorliegende Fassung entspricht bis auf die letzte Zeile der aus dem „Wunderhorn" 1806/08 (1977), 837; vgl. Norrenberg (Dülken) 1874, 120, Nr. 12. Inhaltlich ist die Dialektversion identisch mit der Klever; vgl. Klewer (Mülheim) 1901, 97; Sander (Hünxe) ZfVK 1906, 116; Gerrits Th. (Schravelen) UH. 1928. 16. Jg., Nr. 8; Nachlass Neef-Winz (Viersen) 1950; Nachlass Peters (Waldniel) 1961: Z. 2: „… Dörr Kööstèr, dä läggt Aièr"; vgl. Siemes/Philips 1995, 63 f u. 216; Janssen/Halmanns (Weeze) GHK 1997, 290, Nr. 2.

645

Nr. 187 Willè, willè, woèr

Vgl. Schollen (Aachen) 1881, 10, Nr. 28: „Ene, zwie, zwo,/Fille, fille, fo,/Fille, fille, fille, fille,/Fille, fille, fo;/De Mahd die kann geng zwanzig zelle,/Zwanzig stönt er do." Das Unterstrichene wurde betont.

* Nr. 188 Klee, klee Knuètèrpöttschè

Das Liedchen von „Puuthönnekè" oder „Klootèrjettchèn" ist eines der weit verbreitetsten in vielen Varianten, wie die folgenden Belege zeigen. Erk/Irmer. Die deutschen Volkslieder II, Berlin 1838, H. 2, 7; H. 3, 5 u. 15; Weikert, Heinrich, Kinder-Gärtlein, ein Buch für Mütter zu deren Beschäftigung der Phantasie der Kinder, Hanau 1841, 203; Strackerjan 1851, 94 ff; Firmenich III (Mönchengladbach) 1854: Z. 1: „Knoötèrsäkkskè", Z. 4: „Du dees os jruètè Schad!", Z. 8: „Wi sall et dech dann jon!"; Frischbier (Preußen) 1867, 20; Simrock 3. 1879, 74, Nr. 262, 263: „Puthöneken …", Nr. 264 „Kleene, kleene Klüterken"; Röttsches (Krefeld)1875, 56: „Kleene kleene Knooterjan,/Watt deeste opp minnen Hoaf? …"; van Vlothen (NL-Limburg) 1894, 4.1978, 40: „Klein, klein kleutertje, wat doe jij in mijn hof, je plukt er al de bloempjes af, en maakt het veel te grof. Mamâtje die zal kijven, Papât-je die zal slaan! Klein, klein kleutertje, wil uit mijn hofjen gaan"; Erk/Böhme III 1894, 592 (Dt. Liederhort); Drosihn (Pommern) 1897, 45 f; Frömmel I, 1900, 9; Schumann 1899, 29; de Cock/Teirlinck II (NL-Limburg) 1903, 173 f, sowie III 1904, 79: „Klein, klein Marieken", „Kloterjat" (Kleuterjat); Meyer, G. F. (Schleswig-Holstein) 1908, 36; Wriede 1919, 29; Schell/Weitkamp (Berg. Land) 1924, 63; Krach (Moers) 1924, 83, Nr. 36 und 37: „Tüüre, lüüre Petter … Watt düüste enn minne Gaat?"; Stahl (Lübeck) 1925, 17; UH 14. Jg., Nr. 12, 1926 (Winnekendonk/Kevelaer); nach Bedarf wurde es auch auf kleine Mädchen umbenannt, vgl. Flothmann (Kettwig) 1926, 70: „Anneken, klein Anneken,/Wat dies du en minen Hof …"; Nachlass Neef-Winz (Viersen) 1940. In dieser Fassung ist es die Mutter, die „schlägt"; Klusen 1966 (Mühlrad), teilt eine Variante aus Grefrath mit: „Klien, klien Kloterjettsche". Klusen kommentiert: „Für diese hübsche Kinderszene aus Grefrath gibt es am Niederrhein und in den benachbarten Niederlanden weitere Belege. Das Lied ist auch weit in den deutschen Osten hineingewandert bis nach Ostpreußen." Bei Klusen lauten die Zeilen 7 und 8: „Da sett de kliene Krötelsack: Ick häbb et niet gedohn." Ebenso in mdl. Hinsbeck 1981, Z. 5 – 8: „Vattèr soll ènns schängè,/Mottèr soll ènns schloan./Doè sätt datt kleenè Klootèrjaat: „Datt habb ich nett jèdoèn"; 1981 mdl. in Süchteln, Breyell und Lobberich aufgezeichnet. In Niederkrüchten wurde mdl. 1990 eine niederländische Fassung aufgezeichnet. Die Mutter des Gewährsmannes war Niederländerin: „Kleein, kleein Klooterjaat,/Wat du je en min Hof?/Je plokt mi al min Blumjes aaf./Nu maak et niit te jrof"; vgl. Siemes/ Philips 1995, 103, Kommentar Nr. 163.

* Nr. 190 Mein Hintermann

Vgl. Erk/Irmer, Die deutschen Volkslieder mit ihren Singweisen. Berlin 1839, H. 4, 24, Nr. 20, „Die krähwinkler Landwehr". Der Refrain lautet: „Immer langsam voran, immer langsam voran, dass die krähwinkler Landwehr nachkommen kann." Im ersten Vers, dem, wie Erk/Irmer bemerken, unzählig viele Strophen folgen und ständig weiter gedichtet werden, heißt es: „Frau Wirthin, koch' sie Hirsebrei, wenn die Landwehr kommt, wird sie hungrig sein." Vgl. Schanz/Parucker 1848, 334; Erk, Germannia, Nr. 373; vgl. Erk-Böhme 1893, Nr. 1432: „Volkslied 1813, mit Zusätzen und Abänderungen aus späterer Zeit". Dieses Lied hat in der hier aufgezeichne-ten Form einen Funktionswechsel von der Parodie auf das Militär zum Kindergartenlied vorgenommen. Vgl. auch Klaaß o. J., 492 „Der Krähwinkler Landsturm" mit 13 Strophen, und Reisert 1908, 246 „Die Krähwink-ler Landwehr" – Im Spießbürgertakt – Fassung mit 18 Strophen. Glock 1910, 113; vgl. Steinitz I, 1955, 449: „Statt ‚Krähwinkler' auch ‚österreichische', neben ‚Landwehr' auch ‚Landsturm'"; vgl. Buhmann/Haeseler 1983, 430: „Im März 1813 … rief der Preußenkönig Wilhelm III. zur Bildung einer ‚Landwehr' gegen die französi-schen Besatzer auf … In kürzester Zeit wurden die Soldaten mehr schlecht als recht ausgebildet, ihre Ausrüstung und Bewaffnung war spärlich"; vgl. Härtel, Liederlexikon.

Nr. 194 Ött woar ènns ennèn Buèr

Vgl. Simrock (hochdeutsch) 3. 1879, 263, Nr. 1018 u.a.m.

Nr. 195 Ött woar ènns è Männkè

Weit verbreitet; vgl. Spee 1875, H. II, XVIII; vgl. Simrock 3. 1879, 259, Nr. 1002, notiert unter „Neck-Mär-chen und Gedächtnisübungen"; von den Hoff, M. (Aachen) ZfVK 1914, 33; Brückner/Cremer u.a., 358, Cre-feld 1910, 358, 1910; vgl. UH., 23. Jg., Nr. 5 (Geldern), 1935 unpag. Hier mit dem Zusatz: „Wird zu Kindern gesagt, die immer was erzählt haben wollen".

Nr. 200 Deä Dekkè onn dänn Dönnè

Variante aus Krefeld-Traar mdl. 1981: „Deä Dekkè on deä Dönnè,/Di wolltèn enns jätt könnè./Deä Dekkè fièl dè Träpp èraff,/On deä Dekkè hätt sich kapott jèlaach"; mdl. aus Mönchengladbach: „Dä Dekkè on dä Dönnè,/di jengè tèsaamè schpönnè./Dä Dekkè feel dè Träpp èraff,/Dä Dönnè heel sech am Schpönnraad fass."

* Nr. 206 Schmett, Schmett, Schmett, ärm Daier
Vgl. die vollständige „Dülkener Fassung" in Siemes/Philips 2001, 335 sowie den dazugehörenden Kommentar Nr. 20, S. 374; diese vier Zeilen (Refrain des Dülkener Schmiedeliedes) werden von C. Schumacher (Winnekendonk), UH. 6. Jg. 1928 unpag., als „Schmiedespruch" bezeichnet wie ebenfalls bei Meyers, F. (Geldern). So war es am Niederrhein 1990, 239 ; vgl. RWB VII, 1471 Spottvers Noever (Mönchengladbach) 2003, 433: „Schmett, Schmett, Schattkopp,/Wi jeet datt?/Schlaach harrt dropp!Rukkèdukkdukk, Rukkèdukkdukk."

Nr. 208 Düürè, düürè, Lisskè
Mdl. Variante aus Viersen 1978: „Düürè, düürè, Lisskè,/Di Vrau sett opp ètt Hüsskè./Dä Môôn deä sett doèneävè,/Onn deet jätt förr si Leävè."

Nr. 211 Annèmarii hätt Küèl jèschtoalè
Vgl. Sander ZfVK (Hünxe) 9. Jg., 1906, 112: „Annemarie hätt' Muss gestohle/In Pastor sinne Gaden./Pastor de gong no Cöln,/Un woll se dor verklage,/Annemarie, de wor so bang,/Sprong vör Angs in de Koffijkann."

Nr. 213 Di Pongèls Liis fònn Oakè
Das Motiv des sich Verbrennens am offenen Feuer lässt sich auch bei dem Spottvers über Antonius von Padua nachweisen.

Nr. 219 Rôppè, rôppè, rengkès
Vgl. Simrock 3. 1879, 104, Nr. 376: „Als Jesus aus der Schule kam,/Hatte Maria noch nicht gekocht./Da kocht sie schnell einen Aepfelbrei;/Da saßen alle Engel bei./Klein und groß,/Nackt und bloß,/Alle auf Marias Schoß."

* Nr. 220 Klippèr, klappèr Ringèlkè
Vgl. Böhme 1897 Nr. 324 „Die Himmelstür": „Klopfe, klopfe Ringelchen!/Da stehn zwei arme Kinderchen./Gib sie was und lass sie gehn,/die Himmelsthür wird offen gehn./Kommt Jesus aus der Schule,/kocht Maria Apfelbrei,/setz'n sich alle Engel bei,/klein und groß,/nackt und bloß,/alle auf Mariens Schoß." Hinzugefügt wurde die Angabe: „Spiel der Kinder in Mörs am Niederrhein. Ausführung (1836): Zwei Kinder außerhalb des Kreises klopfen bei den Worten ‚Die Himmelsthür …' auf die Hände zweier Kinder im Kreise, welche dann ihre verschlungenen Hände in die Höhe halten, die Himmelsthür zu bilden. Durch dieselbe treten die armen Kinderchen in den Kreis ein und wählen durch Handreichung am Schlusse des Liedchens die neuen armen Kinderchen. Die Erwählten gehen Hand in Hand aus dem Kreise: Die früheren treten wieder in die Reihe und das Spiel wiederholt sich. – Sonderbarer Inhalt: Gemisch von ernst geistlichen und recht matriellen Dingen!"
„Klipper Klapper Ringelke", hg. vom Institut für musikalische Volkskunde an der PH Neuß in Verbindung mit dem Kulturamt der Stadt Mönchengladbach 1964. Hier folgende Erläuterung: „Zu Nikolaus wie auch zu St. Martin – wohl auch zu Ostern und Pfingsten – zogen früher die Kinder in kleinen Gruppen an den Türen vorbei, Gaben zu heischen. Mit einem kleinen Spruch machten sie auf sich aufmerksam und wünschten, dass dem milden Spender durch seine Gabe das Himmelreich offenstehe"; vgl. Siemes/Philips (Aachen) 1995, 56 f. und 213 f., Nr. 60.

Nr. 221 Opp sangk Selligstér Bärch
Vgl. Aachen, Siemes/Philips 1995, 213, Nr. 60; wahrscheinlich stammt das Liedchen aus der Umgebung von Aachen: Aus dem „Salvatorberg" in Aachen – „Tsint Zellisterbärch" dort genannt – wurde in Mönchengladbach der „Sangk Selligster Berg".

Nr. 222 Kling, Klang, Gloria
Vgl. Böhme 1897, 707, Nr. 42: „Maria und die böse Katze"; vgl. Eskuche (Siegerland) 1897, 53, Nr. 115; vgl. die Variante aus Winnekendonk von Schumacher (in: 700 Jahre Winnekendonk, hg. F. J. Drißen, Winnekendonk 1982, 206): „Kling, klang, Gloria!/Maria ging die Trepp hinan/Und hat ein rotes Röcklein an,/Da hingen sieben Glöcklein dran./Die Glöcklein fingen an zu klingen, Maria fing an zu singen:/Mutter, Mutter, ein Butterbrot,/Ein großes, großes Stück!/Leg's mir auf den Tisch hin,/Bis ich aus der Schule komm./Wenn ich aus der Schule komm:/Mutter, Mutter, wo ist mein Butterbrot geblieben?/Hat gewiß die Katz gefressen./Hau der Katz den Schwanz ab!/Hau ihn nicht zu lang ab!/Lass ein kleines Stückchen dran,/Dass Maria drauf tanzen kann."
Schumacher bezeichnet den Vers als „Alter Kinderreigen".Vergleicht man beide Versionen miteinander, zeigt

sich, dass die erste Version eine typische von Kindern zersungene Fassung ist, während die hier im Kommentar dargestellte aus der späteren Überlieferung von Schumacher nicht nur eine perfekte Interpunktion aufweist, sondern auch möglicherweise von Schumacher, der Lehrer in Winnekendonk war, „sinnvoll" ergänzt wurde.

Nr. 223 Op Petersbur sin Paeche

Identischer Text, aber Schreibweise wie hier in UH., 25. Jg., Nr. 4, 1937, unpag.; vgl. Jannsen/Halmanns (Weeze) GHK 1997, 290 Nr. 10: „Op Huksenbur sin Päje,/Dor läj enne Bur on schiep./Eck schlug öm vör sin Gäje,/Bis dat hej Höllep riep."

Nr. 225 Hans Pitterken liet sinn Perdschen beschlohn

Erk (Neue Sammlung) H. III., 1843, 39, Nr. 34 (gesungen), „mündl. aus Meurs am Niederrhein"; Simrock 3. 1879, 36, Nr. 154. Es ist die auch bei Firmenich abgedruckte Fassung in Plattdeutsch. Außerdem notiert Simrock eine hochdeutsche Textfassung Nr. 155. In dem bis Z. 6 übereinstimmenden Text heißt es ab Z. 7: „Es wachsen drei Lilien auf dem Grab./Ein Bauer bricht die Lilien ab./Bauer, lass die Lilien stehn,/Die Himmelsthür soll offen gehen./Marie, Gottes Amme,/Kommt mit dem weißen Lamme,/Weist die Wolken über Land/Von Brabant nach Engelland./Von Engelland nach Spanien/Mit Aepfeln und Castanien"; Flothmann (Kettwig) 1926, 69. Die letzte Zeile hat einen gegenteiligen, überraschend lustigen Ausgang: „… Dann mot Hans Piterken kawuptich ut dem Grawe sprengen!"; vgl. Fiedler (Dülken) 1875 (1963), 102: „Petterke leit die (sien) Patsche schloän,/Leed den huäge Berg opgoän./Huäge Berg ös eben da,/Ech weet neit, wenn ich sterve sall./Wenn ech sterv, dann sieh ich duät./Begrave sö mech onger de Ruäse ruäth./Wenn de Ruäsen fallen,/Dann senge die Nachtigallen,/Kömmt deä Buär on plöckt se mech af". Klusen ebd. 152 f. macht auf einen Übertragungsfehler aufmerksam: Statt „die Pardsche" muss es – wie bei Erk – „sien Pardsche" heißen. Er führt den Fehler auf „Unverständnis der Sänger" zurück. So lautet die korrigierte Übersetzung: „Peterchen lässt sein Pferdchen beschlagen,/Ließ es den hohen Berg hinaufgehen./Der hohe Berg ist gerade da,/Ich weiß nicht, wann ich sterben soll./Wenn ich sterbe, dann bin ich tot,/Begraben sie mich unter Rosen rot./Wenn die Rosen fallen (verwelken),/Dann singen die Nachtigallen,/Kommt der Bauer und pflückt sie mir ab." Klusens Anmerkung findet in der von Firmenich I, 397 aus Moers aufgezeichneten Fassung Bestätigung.

Nr. 236 Trômm, trômm, trisèlkè

Vgl. ebenfalls bei Spee 1875, H. I 16, die ersten vier Zeilen: „Tüürè, lüürè lüddschè,/Wi rommelt dech datt Bükkskè?".

Nr. 239 Du leef Annèmarii

Vgl. Nolden, H./Dünte, B. u.a., Hg. Unsere Heimat, 3. 1926, Neudruck 1982, 331.

* Nr. 241 Auf dem Berge Sinai

Z. 1 – 6 wurden bereits 1974 ohne Melodie in Viersen aufgezeichnet; hier Text und Melodie aus Viersen 1994.

Nr. 243 Hännskè soèt imm Schoèrèschteen

Das Liedchen ist sehr verbreitet. Erk/Irmer 1839, H. 4, 33, Nr. 29: Die Textfassung ist inhaltlich ähnlich wie die aus Moers (Nr. 244); vgl. Böhme 1897, 125, Nr. 578; Drohsin 1897 (Pommern), 84, Nr. 185 a; Sander (Hünxe) ZfVK, 3. Jg. 1906, 112: „Hänschen saß im Schornstein/und flickte seine Schuh,/Da kam ein hübsches Mädchen/und setzte sich dazu./Hänschen, wenn du freien willst,/so freie doch an mir,/Ich hab noch einen Taler,/den schenk ich dir"; Stahl (Lübeck) 1925, 54, Nr. 67: „1. Str. Hänschen saß im Schornstein/und flickte seine Schuh'./Da kam ein wackres Mädchen und sah ihm freundlich zu. 2. Str. Hänschen, wenn du freien willst,/So frei doch mit mir./Ich habe noch zwei Dreier,/Die will ich schenken dir. 3. Str. Zwei Dreier ist zu wenig,/zwei Groschen ist zu viel/Da bleib ich lieber ledig und tue, was ich will"; vgl. Fischer (Essen) 1994, 155, Nr. 1108, sehr verkürzt: „Hans sitzt im Schornstein und putzt sich seine Schuh./Hans, was machst du, weinst du oder lachst du?/Ich weine nicht, ich lache nicht, ich putze meine Schuh"; vgl. Siemes/Philips (Aachen) 1995, 98, Nr. 159.

Nr. 248 Eine kleine Dickmadam

Abzählverse mit Varianten; vgl. Fischer (Essen) 1994, 52, Nr. 229 – 232.

Nr. 253 Ich bin ein kleines Stümpchen

Vgl. von den Hoff ZfVK 1914, 42, in Aachener Mundart.

Nr. 259 Heut zu deinem Namenfeste (I)
Varianten mdl. 1981 Kaldenkirchen: Z. 4: „Alle Tage frischen Weck!" und mdl. 1981 Neuwerk: Z. 3 u. 4: „Oanè Schengk onn oanè Schpäkk,/Hätt ött Leävè kennè Tswäkk." (Ohne Schinken und ohne Speck,/Hat das Leben keinen Zweck.)

* Nr. 265 Krämmèr Hänndschè und Nr. 266 Tönnèkèn, Tönnèkèn
Erk (Neue Sammlung) I H., 1844, 39, Nr. 33: „Dem Kindlein, welches auf den kreuzweise verschlungenen Händen des Papas und der Mamma fortgeschleppt wird, vorzusingen. Mündlich aus Meurs am Niederrhein"; Böhme 1897, 624, Nr. 502, nennt es „Tönnchen tragen"; vgl. de Cock/Teirlinck, IV, 317 – 337. Unter den vielen
von de Cock/Teirlinck (NL-Limburg) genannten Bezeichnungen in Holland (Zandbergen), 322: „Kindeken dragen" (Baardegem) 323, heißt es auch „Stoeltje dragen" (Stühlchen tragen); Schönberner (Kleve) 1979, 90.

Nr. 274 Jäff mich ènn Ärrt
In Hochdeutsch: Wunderhorn 1906/08 (1977), 847.

Nr. 276 Bisskè baabèn, bisskè baabèn
Vgl. Wansleben, Die Heimat (Krefeld) 1925, 70, letzte Zeile: „Kleen Kenger och jätt – Amen!"

Nr. 285 Der Engel des Herrn
Variante (Viersen) mdl. 1975: „Der Engel des Herrn brachte Maria die Brôttwuèrsch./Maria sprach: ‚Scheiß'/Der
Engel sprach: ‚Beiß'!"

Nr. 288 Steckenpferdreiten
In der Malerei gibt es zahlreiche Beispiele für Darstellungen mit Kindern, die auf einem Steckenpferd reiten.
Hier drei Beispiele aus dem 15. und 16. Jh.: 1. Vgl. „Pieter Brueghel d. J. – Jan Brueghel d. Ä. Flämische Malerei um 1600. Tradition und Fortschritt", Kulturstiftung Ruhr Essen, Lingen 1997, 422. Gemälde Nr. 145: „Rückkehr von der Kirmes". Im Vordergrund links ein Ehepaar, das ein Kind (es könnte ein Mädchen sein), das auf
einem Steckenpferd reitet, an der Hand führt. Ebenso ist 2. im Vordergrund des Kinderspielbildes von P. Brueghel d. Ä. (1560) ein bäuerlich gekleidetes Kind (von hinten) auf einem Steckenpferd zu sehen. 3. Vgl. dazu
aus John Plummer „Die Miniaturen aus dem Stundenbuch der Katharina von Kleve", Berlin 1966, Nr. 125 (um
1440) „Das Martyrium des Hl. Erasmus": In den Ranken, die die Initiale mit dem Bild des genannten Heiligen
einrahmen, befindet sich zuunterst das Bild eines Steckenpferd-reitenden kleinen Jungen. Der Junge ist mit einer weiten roten Hose und einem blauen Oberteil bekleidet. Auf dem Kopf trägt er einen kegelförmigen „Hut",
der aus Schilf gemacht ist. Mit solchen Hüten geschmückt, die nichts mit „soldatischer oder kriegerischer Kleidung" (so behauptet H. P. Mielke) zu tun haben, sieht man ebenfalls zwei Jungen im Hintergrund des Kinderspielbildes von P. Brueghel: Ein Junge bläst Seifenblasen, der andere spielt mit einem Vogel (Hills 1957, 11, Nr.
7 und 8). Diese Darstellung wie auch die auf dem Brueghelgemälde „Rückkehr der Kirmes" kann man nicht
mit einer „soldatischen Gestik" oder einer „soldatischen Ausrüstung" in Verbindung bringen, so wie Mielke
(Agression …), Grefrath 2001, 299 ff. es generell für das Steckenpferdreiten behauptet.

* Nr. 303 Maria zu lieben (I)
Wahrscheinlich entstanden die Kirchenliedparodien erst nach dem Ersten Weltkrieg (1914 – 1918), da die befragten Gewährspersonen, die vor 1914 geboren waren, sie nicht kannten.

* Nr. 307 Vadèr, Modèr, minnè Meärleng ess duèt
Diese Parodie ist am Niederrhein weit verbreitet, z.B. in Dülken, Süchteln, Viersen usw. Die Melodie entspricht
dem Original des Kirchenliedes „Großer Gott, wir loben dich" (Wien um 1776, Heinrich Bone 1852). Die Gewährspersonen kannten lediglich diese eine Strophe. In neuerer Zeit wurden andere dazugedichtet: „Vadèr, Modèr, min Mösch es am Aasch" oder „Vater, Mutter, meine Schwarzdrossel ist tot". Die Varianten wurden vornehmlich in „vorgerückter Stimmung" von Erwachsenen gesungen.

* Nr. 309 Dominus deies Schnettsèlèr
Vgl. hierzu den Kommentar von E. Klusen im Fiedler 1875, 152: „… am ganzen Niederrhein, z.T. auch im
Rheinland und darüberhinaus verbreitet. Lobberich 1954. Einen fast wörtlich … übereinstimmenden Text ohne Melodie … aus Erkelenz. Die Dülkener Fassung weicht von diesen beiden Aufzeichnungen in Einzelheiten
ab. Die von mir aufgezeichnete Singweise ist eine Psalmtonparodie."

* Nr. 310 Dominè Kööstèr, woè bös duu?

Helene Bongartz, Heimatbote Schwalmtal 1997, 71 beschreibt, wie sowohl das „Domine Kööstèr" als auch das „Vader Moder, minne Merleng ess duèt" nicht als Parodie empfunden, sondern sehr ernsthaft beim „Kirche Spielen" gesprochen und gesungen wurden.

Nr. 334 Aadam onn Eeva

Mit „Knupp" kann eine Erhöhung wie „Knubbèl" gemeint sein; mdl. Niederkrüchten 1981, Z. 2: „Soatèn opp ennè Hukk"; mdl. Neersen 1978, Z. 1: „Maria und Josef"; mdl. Neuwerk 1981, Z. 2: „Soatèn enn dèr Schlupp" (Pantoffel); vgl. Janssen/Halmanns (Weeze) GHK 1997, 291, Nr. 26: „Adam en Eva so/Satten in en Tönneke./Adam hat en Röksken an/En Eva en Nachtspönneke" (Nachthemd); mdl. Grefrath 1995: „Aadam onn Eeva,/Di sootèn bee dè Tsupp./Eeva säät: ‚Watt' … usw."; vgl. Siemes/Philips 1995, 91.

Nr. 359 Bäkkèr, schiit Läkkèr

Vgl. Janssen/Halmanns (Weeze) GHK 1997, 291, Nr. 23: „En, twee, drij, vier, fiff./Den Bäcker schlug sin Wiff./Den Bäcker schlug sin Höndje/wal vör et blote Köntje."

Nr. 379 Schöppèr, Schöppèr, Schoapskôpp

Die Zeilen 1 – 4 sind als traditionelle Kinderverse bekannt. Die weiteren Zeilen 5 – 14 wurden vermutlich dazugedichtet. Der logische Handlungsverlauf und die fehlenden Gedankensprünge widersprechen dem „Strukturprinzip der Unlogik" im traditionellen Kindervers; vgl. Einleitung zum Kapitel „Kinderlied und Kindergedicht".

Nr. 408 Tingèlingèling, di Läkktrisch kömmp

Meyer-Markau (Duisburg) 1905, 187: „Tengeleng, tengeleng,/Do kömp de Elektrisch her!/Wä nit fifftin Penning hät',/De löp do drachter her."

Nr. 417 Freut euch des Lebens

Vgl. Böhme 1895, 230, Nr. 304, „Gesellschaftslied" und den dazugehörigen Kommentar; vgl. Siemes/Philips 1995, 180 und 238.

Nr. 429 Wenn der Fuchs nach Hause kommt

Melodie dem Kinderlied „Fuchs, du hast die Gans gestohlen" nachempfunden; vgl. Siemes/Philips 1995, 93.

* Nr. 440 und Nr. 441 Judd, Judd, Judd, hepp, hepp, hepp

Weitere Belege zeigen, dass Spottverse auf Juden nicht nur am Niederrhein üblich waren, sondern auch in anderen deutschen Regionen von Kindern benutzt wurden und oftmals einander sehr ähnlich waren: Vgl. Becker (Köln) 1920, 49: „Jüdd, Jüdd, Jüdd,/Hepp, hepp, hepp,/hät en Nas wi en Wasserschepp." In der Sammlung Riedl/Klier (Burgenland) 1957, 174 lautet jeweils die erste Zeile der Spottrufe: „Jüdale, Jüdale, hepp, hepp, hepp!" oder (Jidelach, Jidele, Jüderle), insges. 6 Varianten: Nr. 2527 – 2532.

Nr. 449 Jüddsche, Jüddsche schachèlè nicht

Simrock 3. 1879, 217, Nr. 889 teilt die ersten drei Zeilen hochdeutsch im Kontext eines längeren Textes mit, der aus dem norddeutschen Raum stammt: „Jude, Jude, schachre nicht;/Weist du nicht, was Moses spricht?/Moses spricht: Du sollst nicht schachern!/Ich will den Buckel wackeln,/,Buckel wackeln, mag ich nicht.'/Ei, was bist du 'n Bösewicht./Bösewicht leep achter dat Schip,/Wart en lütte, grise Katt./Grise Katt leep up de Straat,/Wart en lütten Stadtsoldat;/Stadtsoldat leep vör dat Dor/Wart en lütten Hunnmajor"; Böhme (Dt. Kinderlied) 1897, 406, Nr. 1842 „aus Holstein".

* Nr. 450 Jude Itzich

Böhme (Dt. Kinderlied) 1897, 290/01: „Der Itzig und der Schmul,/Die gehen mitnander in d' Schul./Der Itzig nimmt's Nudelbrätt/Un schlät em Schmule d' Nas eweg" (Oberelsass). Ähnlich auch Dillmann 1909 (Hunsrück), 79, Nr. 313: „Der Itzig und der Schmul,/Die sitze sesamme auf dem Stuhl./Der Schmul lacht,/Der Stuhl kracht/und der Itzig fällt in Ohnmacht". Nr. 314/315/316 weitere Spottverse. „Itzig" ist der Spottname für einen Juden. Nach Aussage der befragten Gewährsleute ließen Erwachsene es meist nicht zu, wenn Kinder jüdische oder andere Mitbürger auf der Straße mit Versen verspotteten. Die Gewährsfrau (geb. 1912) aus Niederkrüchten berichtete, dass ihr Vater, „ein ehrbarer Schuhmachermeister", einmal zusehen musste, wie sie und andere Kinder eine jüdische Frau ärgerten. Als Strafe habe der Vater den Kindern, und ganz besonders ihr, auf der Stelle deftige Ohrfeigen verabreicht.

Nr. 451 Een twiè dree, enne Judd kapott

Böhme (Dt. Kinderlied) 1897, 290, Nr. 1425, aus dem Oberelsass: „Ais, zwei, drei, isch e Jud' kaput!/Nimm en in Sack und schleif ihn furt."

Nr. 453 Wilhelmus von Nassauen

Wortlaut des Freiheitsliedes der Geusen (übers.): „Wilhelmus von Nassaue bin ich von deutschem Blut./Dem Vaterland getreue bleib ich bis an den Tod;/Ein Prinze von Oranien bin ich frei unverwehrt,/Den König von Hispanien hab ich allzeit geehrt." Zum „Geusenlied" von 1568 vgl. Erk/Böhme (Liederhort) II, 1893, 106 – 108 mit Kommentar. Wilhelm v. Oranien (1533 – 1584) Führer des ndl. Unabhängigkeitskampfes. Als Oberbefehlshaber der Maasarmee Kaiser Karls V. und Ratgeber Kg. Philipps v. Spanien opponierte er nach dessen Tod zunächst gegen den Verlust alter Adelsprivilegien, dann gegen die span. Fremdherrschaft, vertreten durch Margarete v. Parma. Erst 1572, nach erfolgreichem Kampf im Bündnis mit den Wassergeusen, war er Statthalter von Holland, Zeeland und Utrecht. 1584 wurde er ermordet. Ndl. Text ebenfalls in: Schmidt/Weber (Die Garbe) 1963, 176.

Nr. 458 Tippè, tippè, taapè

Meyer-Markau (Duisburg) 1905, 181: „Sippke, sippke, saape,/Woll en Flötke maake,/Flötke woll nit dauge,/Schmet et en de Ruhr./Ut de Ruhr, en dr Rhin,/Mot dat Flötke ferdig sin!"; vgl. Die Heimat (Krefeld) 1921, 20: „Ziepe, ziepe, zape,/Wir welle en Flöttsche make./Datt Flöttsche well nett döije,/Schmiete wir et en dä Röge (Roggen)/En dä Röge, en dä Rhien, Soll en wacker Flöttsche sien"; Janssen, J./Halmanns G., Lieder, Sprüche und Abzählverse in Weezer Mundart, GHK 1997, 290, Nr. 4: „Teppe, teppe, tappe,/Eck well en Flöje make/Van Wellege (Rotweide) of van Esse (Esche)/Van Esse es et Beste."

Nr. 461 Ech woll è Flöttschè maakè

Vgl. Heinrichs HKK 1958, 17 mit der Variante Z. 7: „Pischpôtt".

* Nr. 467 Maireängèr

Weit verbreitet; vgl. Schmitz 1893, 67: „Haasèpuèt"; vgl. Samans (Vördese) UH. 20. Jg. Nr. 7, 1932, unpag., hier heißt es „Haasèpoot"; Gahlings/Matenaar (Kleve)1936, 22: „Meirêêgen, makt min groot,/Ek sin nog sönne klêêne Bokseknoop. (Mairegen, mach mich groß/Ich bin noch so ein kleiner Hosenknopf.) Kleintitschen (Hüls) 1979, 90: „Hahnpuèt".

Nr. 476 Èt reängèrt, èt seängèrt

Krach (Moers) 1924, 75: „Et rägent, et sägent,/De Pannen werden naat;/Do koomen twee Kaplonen on säjen: Watt ös dat?"; Röttsches (Krefeld) 1875, 54; Lennarz 1908, 200: „Et regnet, Jott segnet,/De Panne werde naß./Da kame drei Pastore,/Die wusche sich, die kämmte sich,/Bis de Regen über war." Mit dem Zusatz: „In möglichst raschem Tempo wird das Lied von den Kindern, die sich in ziemlich langen Reihen zusammenschließen, gesungen." Langer 1931, 86; Varianten aus Viersen, mdl. 1970: „Èt reängèrt, èt seängèrt,/Di Pannè wèrdè naat./Doa koamè opp dänn Tuurè,/Doa settèn twiè Pastuère./Di wäschè sech, di keemè sech,/Böss dat dèä Reängèr üèvèr ess." Ebenfalls belegt: „… doa koamè dree Soldaatè,/Di saarè: ‚Watt iss datt?'"; Variante mdl. 1979 aus Breyell: „Doa koamè dree Soldaatè,/di wèrdè klättschènaat"; Variante mdl.1979 aus Niederkrüchten: „Doa boavèn opp dèä Tüèrès/Doa soatè twiè Fijèrès …"; Janssen/Halmanns (Weeze) GHK 1997, 290, Nr. 5: „Et rägent, et sägend,/de Panne worde natt./Dor kommen drij Saldöjes ahn/di lope met et naxe gatt."

Nr. 478 Rege, Rege Schure

Vgl. Flothmann, F., Die Kinder, sie hören es gern. In: Kettwig in Geschichte und Sage. 2. Bd. Kettwig 1926,72, „Rege, Rege Schuren,/en Möllem (Mülheim) op der Ruhren,/en Kettwig op der Bröggen,/do danzen alle Möggen,/dat Gott weit, dat Gott weit,/bös dat de Regen öwergeit."

* Nr. 505 Maikääfèr, vleech

Nachlass Peters (Waldniel) 1961: „Maikeävèr, fleech!/Dinnè Vadèr es en dèr Kreech./Dinn Modèr ess enn Pômmèrland,/Pômmèrland ess affjèbrannt./Maikeävèr, fleech!" Identisch mdl. Grefrath 1995: „Maikääfèr vleech!/Dinn Vadér ess enn'è Kreech./Dinn Modér ess enn Pômmerlôngk …"; mdl. Meerbusch 1995, anstatt

651

„Maikäfer" hier: „Flimmflämmkè, fleech!/Di Fattèr ess emm Kreech./Dinn Mottèr ess inn Pômmèrland …"; vgl. Fischer (Essen) 1994, 94, Nr. 800.

* Nr. 507 Flimmflämmkè vleech

Vgl. Röttsches (Krefeld) 1875, 54, Z. 1: „Meljerflüetschen"; Norrenberg (Kreis Viersen) 1875, 104, Nr. 8; Straelen: Brückner/Cremer u. a. (Straelen) 1910, 361; Nolden 1912, 79; Krach (Moers) 1924, 80, 17; Langer, Hubert, Für te senge on te danze. In: Mitteilungen des Vereins linker Niederrhein, Krefeld 3. Jg. Nr. 3, 1931 (Langer 1931), hier heißt es: „Flimmflämmkè, Jôddèslämpkè,/fleeisch en den Hièmèl,/opp Marias Schöötschè,/da kristè èn Krentèbröötschè"; Heinrichs (Amern) HKK 1958, 17; Kleintitschen (Hüls) 1979, 90: „Hièmèlsmannekè, Hièmèlsmannekè,/Flüch dou noa dän Hièmèl/Op Maria sin Schöötschè./Doa krichs dou èn läkkèr Bröötschè"; mdl. Viersen 1979: „Mariêflöttschè" und „Mariavüèjèlkè": „Mariavüèjèlkè floèch opp Maria si Schüètschè,/Oèt doè Wäkk onn Brüètschè." Schönberner (Kleve) 1979, 265: „Lievelämpke, Jodeslämpke,/flieg mar nor den Hemel!/Op Marias Schöötje,/dor kriegt gej en Krentebröödje"; mdl Krefeld 1981: „Flimmflämmkè, Jôddèslämpkè/Fleesich waal nô dänn Hièmèl!/Opp Marias Schöötschè/Doè krisstè è Krenntèbröötschè"; mdl. Grefrath 1995: „Himmphämmpkè, Jôddèslämmpkè,/Vleech enn'ènn huèrèn Hemmèl èrenn!/Dô krisstè Waatèr onn Brüètschè/Opp Maria sinn Schüètschè./Himmphämmpkè, vleech, vleech, vleech!" und zugleich auch: „Maikääfèr, (Himphämpkè), vleech!/Dinn Vadèr ess enn'è Kreech!/Dinn Modèr ess enn Pômmèrlôngk,/Pômmèrlôngk ess aafjèbrôngk./Himmphämmpkè, vleech!"; mdl. in Amern, Waldniel, Büderich, Neuwerk und Krefeld nannte man das Marienkäferchen „Flimmflämmkè", in Niederkrüchten „Liilämmpkè", in Hüls „Hièmèlsmannèkè".

Nr. 511 Scherslämpke, bliv bej mej

Gerrits (Schravelen) UH 23. Jg. 1935: „Liewen Heeres Lämke blif bej mej,/Sije änne Düwel, goatt van mej!"; vgl. Stenmans GHK 1987, 208.

Nr. 515 und Nr. 516 Schläkk, Schläkk, komm èruut

Weit verbreitet; vgl. Norrenberg 1875, 104; Röttsches 1875, 55; Flothmann (Kettwig), 1926, 70; Langer 1931, 85.

Nr. 522 Maikewer turr

Sollte das Verschen zu der bekannten Maikäfer-Melodie gesungen worden sein, so ist vermutlich ein Aufzeichnungsfehler unterlaufen, denn sonst müsste die Textwiederholung der ersten Zeile unterbleiben. Ebenso entfiele die letzte Zeile. Allerdings könnte es in der Leiermelodie gesungen worden sein.

* Nr. 524 Du dumme Fliege

Vgl. Wehrhan (Frankfurt) 1929, 76, Varianten von Nr. 1068 – 1074; Variante (Waldniel), Nachlass Peters 1961: „Verdammte Fliege,/Wenn ich dich kriege,/Dann reiß' ich dir das linke Beinchen aus,/Dann musst du hinken,/Auf einem Schinken,/Dann kommst du nicht mehr heil nach Haus"; Rühmkorf 1969, 81, Nr. 14; vgl. Fischer 1994, 137, Nr. 1035 – 1037 u. S. 237: „Die Vorlage der Melodie ist eine Gavotte ‚Heimliche Liebe' von Joh. Reusch, op. 100."

Nr. 539 Tuck, tuck, tuck, min Hündèrkès

Weit verbreitet im gesamten deutschen Raum; vgl. „Klee, klee Knuètèrpöttsché …"; vgl. Böhme 1897, 138, Nr. 638; vgl. Klusen 1966, 9: „Klien, klien Kloterjettsche,/wat dies de in minne Hof?/Dou plücks mech all de Blömkes af,/dat is mech völl te grof!/Mama soll wahl kieve,/Papa soll wahl schlohn!/Da sett de kliene Krötelsack:/Ik häbb et niet gedohn."

Nr. 544 Schirrp, schirrp, schirrp

Vgl. Norrenberg 1875, 106, Nr 28; aus dem Kreis Geldern (Schravelen): „Schirp, schirp, schirp,/So senge all de Mösse,/Aenn wenn de frömde Vogel kömmt,/Dann schirpe wej de tösse"; vgl. Gerrits, UH., 20. Jg. Nr. 9, 1932, unpag.

* Nr. 546 Soat è Äppkè opp ètt Träppkè

„Soat èn Äppkèn …" ist eines der beliebtesten und bekanntesten Kinderliedchen und war am ganzen Niederrhein verbreitet. Die obige Fassung, aus dem Jahre 1875 überliefert, umfasst drei Strophen und ist nur bei Norrenberg zu finden. Alle anderen Versionen sind ausschließlich einstrophig. Norrenberg sagt in seiner „Chronik der Stadt Dülken" 1874, 119 ff., er habe die volkstümlichen Kinderreime zwar in Viersen gesammelt, sie seien aber großenteils in Dülken und am ganzen Niederrhein wiederzufinden; NL-Limburg Vloten 1894, 46: „Daar zat een aapje op een stokje,/Achter moeders keukendeur;/Hij had een gaatje in zijn rokje,/Daar stak het schelmpje zijn staartje deur!"; vgl. Gierlichs (Mönchengladbach) 1908, 137, 11: Z. 3 u. 4: „Hat è Lökkskè em Bökks-kè,/Hält èt Hängkè dafür"; 1. Strophe in Brückner,/Cremer u. a., 1910, 361; Becker (Köln) 1920, 41; Krach (Moers) 1924, 79, Nr. 4; vgl. Wansleben (Krefeld) 1925, 64; UH. (Vördese) 21. Jg., Nr. 4, 1933; Werner (Köln) 1961, 31 und 71; mdl. zwischen 1970 – 1980 in: Dülken, Süchteln, Grefrath, Kaldenkirchen, Hinsbeck, Lob-berich, Brüggen, Born, Breyell, Niederkrüchten, Krefeld; Schumacher (Winnekendonk) 1982, 208: „Sat en Aepke op et Traepke,/Achter Bestmoders Kökendör,/Hat en Löckske in et Röckske,/Stoak et Aepke et Fenger-ken dör"; eine 1981 in Aachen aufgezeichnete Variante lautet: „Sas en Kindschen op et Träpsche vor de Mama sin Döör./Hat en Häufje in sin Böksje, än et kuent net doföer"; vgl.Fischer (Essen) 1994, 51, Nr. 215: Ohne Melodie, „Reim ohne Anweisung": „ Ääpken/Sitzt auf Trääpken,/Bei die Großmoder vor der Dör./Hat en Stöks-ken/In Föttken,/Kann er selbst nix daföör"; vgl. Siemes/Philips (Aachen) 1995, 104. Es wird in Aachen beson-ders gern von Erwachsenen zur Karnevalszeit gesungen.

Nr. 556 Ich weet jätt
Vgl. Gierlichs (Mönchengladbach) 1901/02, 87: Anstatt „Pèsstuèr" heißt es „dèr Schniidèr", identisch sind Z. 1 – 6; vgl. von den Hoff 1914, 39, Nr. 8, Z. 1.

* Nr. 563 Wer sitzt auf uns'rer Mauer?
Kageler, L., Liederbuch für Höhere Mädchenschulen. I. Teil, Hannover i. Teil., 2. Hannover 1910, 36. Nr. 60; Volksweise, Text: H. Hoffmann von Fallersleben; vgl. Wehrhahn 1929, 27. Es fehlt die letzte Strophe.

* Nr. 567 Uns're Katz' hat Junge (II)
Bei Schumann (Lübeck) 1899, 44 als Abzählvers: „Unse Katt het Junge kreegen,/Dat het Nabers Kater daan …"; dieses Spottlied auf den Militärdienst ist in einigen melodischen Varianten in Viersen und Umgebung verbrei-tet. Lewalter/Schläger 1911, 213 und 392. Nr. 712: „… wohl auf die Weise eines verbreiteten Gassenhauers ‚Auf der grünen Wiese/ Hab ich sie gefragt …'." Die in Overhetfeld aufgezeichnete Melodie ist eine Parodie des Tur-nerliedes „Turner, auf zum Streite" von E. H. Stuntz. Auch gibt es Varianten nach der Melodie des Trios aus dem Marsch „Flotte Bursche" (op. 252) von Philipp Fahrbach jun.: „Auf der grünen Wiese/hab ich sie gefragt"; vgl. Richter 1969, 120 f. und 370.

* Nr. 568 Blaue Luft, Frühlingsduft
Variante mdl. 1975 aus Viersen: „Blaue Luft, Frühlingsduft,/Unser Mops hat Flöh./Kratzt er sich, kratzt er sich,/Springen sie in die Höh./Heißa, wie die Flöhe tanzen/Um den Mops herum."

Nr. 572 Butten in de Biise
Gerrits, Th. (Schravelen), Alte niederrheinische Sprichwörter, UH., 8. Jg. 1928, unpag., noch einmal abgedruckt durch Griche Gerrits (Schwester von Th. Gerrits) mit der Sammelüberschrift „Kinderreimchen, Wiegen- und Schaukelliedchen". UH., 6. Jg. 1932; Vördese UH., 20. 7. Jg., 1932 unpag.; neugedruckt in: Drißen, F. J., 700 Jahre Winnekendonk, 1982, 217; de Cock/Teirlinck (NL-Limburg) VIII., 1908, insgesamt 5 Varianten; 258 – 259: „Achter den boer z'n wagen,/Ligt er een hondje dood;/Z'n billetjes waren vervrozen,/Z'n gatje die lag bloot!/Dan kwam Jan de Donker,/Je zei: dat hondje is dronken!/Dan kwam Jan de Jager,/Je zei: dat hondje is mager!/Dan kwam Jan de Timmerman,/Je kapt dat hondje z'n steertjen af!/Danke! zei dat hondje,/Me steertje is af me kontje; Danke! zei dat katje,/Me steertje is af me gatje!"; Janssen/Halmanns GHK 1997, 290 Nr. 13: „Achter onse Flierestruck …" nur die ersten 6 Zeilen.

* Nr. 574 Pitt, hallt dänn Hongk fass
Vgl. Wunderhorn 1906/08 (1977) 845: „Bauer, bind dein Hündlein an,/Daß es mich nicht beißen kann;/Beißt es mich,/Straf ich dich/Um sechshundertdreißig"; weit verbreitet in vielen Varianten; vgl. Böhme 1897, 144, Nr. 665 a., b., c., d., e.; vgl. Meyer, G. F., Plattdeutsche Kinderreime aus Schleswig-Holstein, Kiel/Leipzig 1908, 33: „Bur, binn den Pudel an …"; Brückner/Cremer u.a. (Straelen) 1910, 361: „Bur, haalt den Hond faaß,/Dat hä mech niet bitt,/Bitt hä mech,/Eck segg et dech,/Thusend Dahler koß et dech"; vgl. Langer 1931, 85; die hier aufgezeichnete Fassung birgt Elemente des bekannten Märchenliedes „Hänsel und Gretel verirrten sich im Wald". Sie ist jedoch sehr stark zersungen, um sich dem neuen Text anzupassen. Auch als Abzählvers gebraucht: „Bau-er, bind dein Hündchen an,/Daß es mich nicht beißen kann./Beißt es mich, verklag ich dich./Hundert Taler kost' es dich"; UH., 26. Jg. Nr. 3, 1938 („Abzählreime.") u.a.m.

* Nr. 580 Zwischen Berg und tiefem, tiefem Tal

Erk-Böhme I (Liederhort) 1893, 527 f. Nr. 170: „Text und Melodie nach Erk, Germania 1868 Nr. 366. In dieser Fassung hat das Scherzliedchen, vermutlich von Studenten verfaßt, in allen Commers-, Taschen- und Schulliederbüchern Eingang gefunden …". Lewalter 1894, Heft 5, 82, Nr. 46, bezeichnet es als „Kinderlied", ein typisches Beispiel für einen Funktionswechsel vom Studenten- zum Kinderlied. Vgl. dort Nachweise bis 1894; vgl. Lewalter/Schläger 1911, 121. Text und Melodie heute noch üblich. Vgl. Klusen Bd. II, 2. 1981, 618 und 848, in dieser Form tradiert seit etwa 1800.

Nr. 617 Wenn Fliegen hinter Fliegen fliegen

Vgl. Fischer (Essen) 1994, 81, Nr. 650.

Nr. 620 Hirsch heiß ich

Vgl. Fischer (Essen) 1994, 79, Nr. 613.

Nr. 625 Die Katze tritt

Vgl. Fischer (Essen) 1994, 80, Nr. 62.

Nr. 653 Ènn Bônn on ènn Ärrt

Nachlass Peters (Waldniel) unpag., Zeile 3 u. 4: „Doè schlooch di Buèn di Ärrèt/Datt sè tôllvèrèt üèvèr dèr Märrèt."

Nr. 659 Üem, wänn-èr ennè küèm

1978 in Viersen lauten die Zeilen 1 bis 4 wie oben, Zeile 5 endet mit: „Tschüs Üem!".

Nr. 670 Schälè Wipp, schälè Wapp

Simrock 3. 1879, 130 Nr. 503 (vermutlich ripuarisch): „Schele Wipp, Schele Wapp,/Koch mir ein Papp/Von Weizenmehl./Die Frau ist schel,/Der Mann ist blind,/Die Mäd, die dräht dat hölze Kind/Wal en de Bösch./Do höpp de Mösch,/Do jag de Wind,/Do krisch dat Kind,/Do sät de Mäd:/Bes stell ming Kind,/Dann kriegst du och ene Zuckerring." Nach Heckmanns (Uerdingen), Die Heimat 9. Jg. 1930, 168, gehört zum Text ein Spiel, bei dem die Kinder wie bei „Ri-ra-rutsch" mit verschränkten Armen losgehen und bei „rutsch" kehrt machen: „Äppel onn Beerè mett lange Steelè,/Karwitsch, karwatsch,/karwitsch, karwatsch,/Maak mech enn Kapp von jroin on jäel./Dä Mann ess schäel,/Di Frau ess blengk,/Die Määt, die dräät datt höllterè Keng"; vgl. Siemes/Philips (Aachen) 1995, 77.

Nr. 671 Ich ging mal auf den Hof

Gierlichs (Mönchengladbach) ZfVK, 5. Jg. 1908, 90 führt diesen Kettenvers unter den Abzählreimen auf. Aber wie bei so vielen Versen und Liedchen waren sie sehr oft „multifunktional".

Nr. 675 „Kücklekück", säj onse Hahn

Weit verbreitet; Heckmanns (Uerdingen) Die Heimat 1926, 167. Hier sind die letzten Zeilen Teile eines Kreisliedes: „Krune krane,/Wä well met no England fare,/England es geschlote,/Schlötel es gebroke,/Welle mer ene neue make/Von Beene von Steene, Wo die Pöppkes danze/Falle mer op de Schanze./Kückelükück süt onse Haan,/Träck de Stefel met Spore an,/Geng herut freie/No de Madeleine/Kückelükück." Vgl. Gahlings/Matenaar (Kleve) 1936, 51/52: nach „Hahn …", „Kalb …", „Hund …", „Katze …", „Fledermaus …" und „Schwalbe …" heißt es vom „Hund" in den letzten vier Zeilen: „Den Hond lêêj achter den Oôven/en sêêj: et es gelôôge./Duw kôôm et Vöske met den höltere Schnüt/en now es min Verteltsel üt." Daneben überliefern Gahlings/Matenaar die ersten 3 Zeilen als Beginn eines Frage- und Antwortspiels, ebd.

Nr. 688 Klotz – Klotz – Klotz am Bein

Insbesondere nach 1946 beim Wandern in Gebrauch. Meist wurde unterwegs spontan weitergedichtet; bei Fischer (Ruhrgebiet) 1994, 49, Nr. 183 wird nur eine Strophe als Abzählreim notiert: „Klotz am Bein,/Klavier am Bauch,/Wie lang ist die Chaussee?/Rechts 'ne Pappel, links 'ne Pappel,/In der Mitte 'nen Pferdeappel."

Nr. 690 und Nr. 691 Ich und du, Müllers Kuh

Vgl. Fischer 1994 (Essen), 48, 172 – 174.

Nr. 694 Ene, dene Dintenfaß
Weit verbreitet; manchmal auch „One done …"; viele Varianten. Der anonyme Sammler von „Abzählversen" aus der Gelderner Gegend (ohne genaue Ortsangabe) hat Caros Veröffentlichung möglicherweise gekannt, denn es hat den Anschein, als habe er einige Verse aus dieser Sammlung übernommen. In einigen Fällen stimmt die Interpunktion genau überein, was diesen Eindruck zu bestätigen scheint. Die Übernahme der von Caro veröffentlichten Verse bedeutet aber nicht, dass sie nicht auch in Geldern oder Kevelaer und Umgebung bekannt waren. Zum Vergleich ziehe man die Sammlung hinzu: Anonym, „Abzählreime". In: UH., 26. Jg., Nr. 3, 1938 unpag.; vgl. Fischer 1994 (Essen) 45, Nr. 124 u. 125.

Nr. 706 Heei wörd nett lang Kämmèlai jèmäkk
Caro 1906, 56 (möglicherweise aus Viersen und Umgebung ?). In Waldniel mdl. Z. 1: „Küngèlai" statt „Kämmèlai"; vgl.: „Wej welle kenn lange Komplemente make, on do bess draan!" oder: „Hei wörd net lang Knöngelei jemäkt/On du mouss ganz einfach sein, 1, 2, 3."

Nr. 724 Rolle, rolle, rott
Vgl. Gahlings/Matenaar, 1936, 76: „Türelürelür, minne Mann es krank./Türelürelür, wat fêêlt öm dan?/Türelürelür, den Dokter hââle?/Türelürelür, die Kond versôôle."

Nr. 728 Haan sinnè Haan
Vgl. Norrenberg 1875, 107: Z. 1 u. 2: „Doa woar enè Haan/Deä schott die Baan …", Z. 7 u. 8: „Du krièch he en Schnii Bruèd,/Du woar he duut."

Nr. 738 Es geht ein Männchen über die Brück'
Vgl. dazu die fast identische Aufzeichnung aus: Caro 1906, 55; vgl. Krefeld, Die Heimat, Jg. 3, 1924; gleichlautend beginnen die ersten beiden Zeilen eines Rätsels.

Nr. 744 Eins, zwei, Polizei (I)
Vgl. Fischer (Essen) 1994, 40, Nr. 62.

Nr. 745 Eins, Zwei, Polizei (II)
Weit verbreitet. Brückner/Cremer u.a. (Straelen) 1910, 360; anonym, UH. (Geldern) Jg. 26, Nr. 3. 1938, unpag., „Abzählreime".

Nr. 748 Eins, zwei, drei, rischè, raschè, rei
Weit verbreitet; vgl. Frischbier (Ostpreußen) 1867, 134; vgl. UH (Winnekendonk) 26. Jg.Nr. 3, 1938, unpag.

Nr. 749 Ein, zwei, drei, in der Dechanei
Wunderhorn 1806/07 (1977) 845. Der Text ist fast identisch, Z. 4 weicht ab: „Kömmt die Katz und holt den Fisch", sowie Z. 6: „… sticht die Katze in den Nabel".

Nr. 769 Eins, zwei, drei, vier, fünf, sechs, sieben, meine Mutter, die kocht Rüben
Vgl. Fischer (Ruhrgebiet) 1994, 40, Nr. 56.

Nr. 774 Min Vader liet en alt Ratt beschloon
UH., 26. Jg., Nr. 3, 1938 (Umgebung von Geldern): „Min Vader liet en alt Rat beschlagen./Roj ös, wuvöl Nägel dat door tou goon? Tien. 1, 2, 3 …" usw. bis „10". Zugleich ebd. in Hochdeutsch: „Mein Vater will ein altes Rad beschlagen. Wie viel Nägel muss er dazu haben? Zehn bis …", ebd.; Houx/Jacobs/Lücker 1968, 189 (NL-Limburg, Tegelen): „Mijn vader wou laats eens een paard gaan beslaan,/Raad eens hoeveel spijkers erin zouden gaan?/(een der medespelers geeft'n getal op: b. v. zes):/Een, twee, drie, vier, vijf, zes,/Wie het laatste klapje krijgt,/Zal er uitgeteld zijn!"

Nr. 782 Ümmpkè, dümmpkè, Tsokkèrmijümmpkè
Vgl. Schönberner 1979, 57: Anstatt „Ängelsbruèt" heißt es dort „Eigen Brot, sonder Not".

* Nr. 789 Ringel, ringel Reihe
Wunderhorn 1806/08 (1977), 845; vgl. Böhme II reprogr. Nachdruck der Ausgabe Leipzig (1967) 1886, 186,

Nr. 306 – 310: „Kinderreigen (Vermuthlich Ueberreste alter Volksreigen). Aus Thüringen und Franken"; vgl. Gierlichs (Mönchengladbach) 1901/02, 91; Flothmann (Kettwig) 1926, 69: „Reigenlied, bei der letzten Zeile sinken alle in die Knie"; Nachlass Peters (Waldniel) 1961 unpag.: „Ringele, ringele, Rose,/Mehl in der Dose,/Zucker in dem Kasten,/Morgen wollen wir fasten ..."; mdl. Mönchengladbach 1980: „Ringel, ringel Reihe,/Sind der Kinder dreie./Sitzen unterm Holderbusch,/Rufen (machen) alle: Husch, husch, husch!"; Fischer (Essen) 1994, 49, Nr. 189 als „Abzählreim" in Verkürzung: „Ringel, rangel, Rose,/Butter in der Dose,/Butter wieder raus –/Und du bist aus."

* Nr. 792 bis Nr. 796 Kruènèkraanè

Kraniche wurden am ganzen Niederrhein wegen ihres zarten Federschmuckes auf dem Hinterkopf „Kronenkraniche" genannt. Die wahlweise hier angegebenen Belege zeigen die Beliebtheit des Liedchens. Es war im gesamten deutschsprachigen Raum in zahlreichen Varianten zu Hause. Vgl. Wunderhorn 1806/08 (1977), 849, Z. 1 – 5; Erk/Böhme III (Dt. Liederhort) 1894, 607; Lewalter, Dt. Volkslieder (Kassel) 1894 H., 5. 74; Böhme 1897, 536, Nr. 330 f. (Varianten Nr. 325 – 333): „Ahne, Krane, wickle, wahne,/Woll'n wir mit nach England fahren?/England ist geschlossen,/Töpfe sind zerbrochen,/Woll'n wir wieder neuen machen?/Wenn der Kessel tief ist,/Wenn die Milch süß ist,/Wenn die Puppen tanzen,/Haben wir nichts zu pflanzen"; Norrenberg (Dülken) 1874, 119, letzte Zeile: „opp di düèrè Schantsèn" (dür = dürr, trocken); Spee 1875 (Leuth), H I., 12 VII a: Acht Zeilen sind identisch mit den in Viersen 1980 aufgezeichneten. Spee ergänzt in der Anmerkung, es werde neben „leäch" auch „leere" (= leer) oder „leärè" (= lederne) „Schontsè" gesungen, sodass man davon ausgehen kann, dass mit „leäch" leer, frei, ausgeräumt gemeint ist. Auch in Kaldenkirchen hieß es mdl. „dörrè Schantsè" (mdl. 1981), vgl. Fiedler (Dülken) 1875, 103. Dazu bemerkt Klusen im Kommentar S. 153: „Weit verbreiteter Kindervers, fast stets ohne Melodie aufgezeichnet, aber nach der so-la-so-mi-Form gesungen zu denken"; Heinrichs HKK (Amern) 1958, 17: „Krunèkraanè, wengèlèwaanè,/Wä wellt mött na Holland vaarè?/Holland ess jèschloatè,/Dèr Schlüètèl ess jèbroakè,/Ött ess maar opp ennè engkèlè Mônnt. (Es ist/dauert nur ein/einen Monat.)/Wänn datt Köärkè riip es,/Wänn di Müèlè schtiif ess,/Wänn di Poppè donntsè,/opp di leäjè Schonntsè,/Hopp Marjännèkè,/Hopp Märjännèkè." Bei der mdl. Befragung in Amern 1981 wurde diese Version von 10 weiteren Gewährspersonen bestätigt. Zugleich mdl. überliefert in Breyell und Lobberich: „Kruènèkraanè, wengèlèwaanè ..." und Z. 2 – 3: „Holland es jèschloatè" sowie am Schluss „Hôpp, Marjännèkkè, hôpp, Marjännèkkè". Vgl. hierzu die Süchtelner Fassung von 1888; Schumann (Lübeck) 1899, 112; Lewalter/Schläger (Kassel) 1911, 120 und 356/57, der sich mit der Hypothese einiger Herausgeber des 19. Jh.s auseinandersetzt, ob die Erwähnung „England ös jèschloatè" aus altgermanischen Mythen stammt, sie letztlich aber für unwahrscheinlich und unbeweisbar hält. Hier auch alle Belege bis 1911; Becker (Köln) 1920, 39 f.; Wansleben (Krefeld) 1925, 64; Heckmanns (Uerdingen) Die Heimat, 1930, 167/ 68; Samans (Vördese) UH., 1932, Nr. 7 erläutert: „(Es) war der Gesang beim Vorüberzug der Kraniche." Nur die ersten vier Zeilen sind identisch, Z. 5 – 6 weichen ab: „Dan welle wej enne neie make/Van die alde Boonestaake"; Gahlings/Matenaar (Kleve) 1936, 41 ordnen dieses „Kreissingspiel" den Mädchenspielen zu; Heckmanns (Uerdingen) 1939, 301 glaubt, dass die Süchtelner Fassung als Reihenvers gebraucht wurde, „ähnlich dem Lied ‚Machet auf das Tor'". Auch in Duisburg heißt es „Holland üs jèschlotè" (Heckmanns 1939, 299). Werner (Köln) 1961, 30 ff. u. 40, 69 u. 70; vgl. die ersten vier Zeilen, van Vlothen (NL-Limburg) 4. 1978, 22; Schönberner (Kleve) 1979, 161, sehr kurze Fassung, insgesamt nur 6 Z., ohne Melodie: „Kruunekraane, wette Schwaane,/Wij well met nor England faare?/England es geschloote,/De Schlötel es gebrooke,/Et es genne Schmett in't ganze Land,/Denn eene Schlötel make kann." Es wird dort ähnlich gespielt wie „Machet auf das Tor"; in den mdl. 1981 in Waldniel, Dülken und 1995 in Grefrath aufgezeichneten Fassungen lauten die beiden letzten Zeilen: „Hôpp Marjännikkè, hôpp Marjännikkè./Lôtt di Pöppkès dônntsè!" Auch in Kaldenkirchen (mdl. 1981) lautet die letzte Zeile: „Hôpp Marjännikkè, hôpp!" Vielleicht wurde bei dem „Hôpp" am Ende des Spiels gehüpft. Das scheint eine Version aus Lobberich zu bestätigen, nach der sich zum Schluss alle auf ihr „Föttchen" fallen lassen. Heinrichs (Amern) HKK 1958, 17. In Mönchengladbach mdl. 1991 wurde zusätzlich gesungen: „Dat jröönè Meèrschepp", das ist lt. Nöever (Mönchengladbach) 2003, 241, ein „Wolkengebilde in Form eines Schiffes"; nach Aussage des Gewährsmannes aus Mönchengladbach handelt es sich um einen Kniereiter, nicht um ein Reigenlied, womit sich zeigt, dass auch hier wieder ein typischer Funktionswechsel stattgefunden hat. Bei den Zeilen 1 – 9 „ließ man die Kinder auf den Knien hopsen". Bei den Zeilen „Dat jröön Meèrschepp" wurden die Kinder rhythmisch gewiegt, wobei eine gewisse Spannung entstand, wenn die Kinder kurz danach bei dem „Kruè, kraa, kruè, kraa!" sanft gezwickt wurden (mdl. Mönchengladbach). Die Spannung entstand durch den Rhythmuswechsel vom Vierer- zum Dreierrhythmus; Siemes/Philips (Aachen) 1995, 130 und 227.

* Nr. 798 Die Blumenköhl

Fiedler (Dülken) 1875, 125: „Braunkraut, Braunkraut sind die besten Pflanzen"; vgl. Böhme 1889, 348, Nr. 1635 (Thüringen): „Blakohl, Blakohl sein die besten Pflanzen./Wenn das Mädchen gessen hat,/Fängt sie an zu tanzen", Nr. 1365 b. ebd.: „(magdeburgisch), Bruunkohl, Bruunkohl dat sünd die best'n Planten"; vgl. ebenfalls Nr. 1635 e. (Gegend von Bacharach): „Blumenkohl, Blumenkohl/das ist die schönste Pflanze;/Wenn die Mädchen lustig sind,/fangen sie an zu tanzen"; Wehrhan (Frankfurt) 1929, Nr. 092; vgl. Hoerburger/Segler 1962, Nr. 85, 92. Das „Viderallalla-Motiv" ist identisch mit dem der „Vogelhochzeit" und vermutlich von dort entlehnt. Schumann (Lübeck) 1899, 203, Nr. 697, Z. 3 und 4: „Wenn die Kinder spielen wolln,/Fangen sie an zu tanzen."

* Nr. 799 Ting, tang Tellerlein

Vgl. Böhme (Dt. Kinderlied) 1897, 460, Nr. 138. Böhme zeichnet 1896 eine Fassung mit Text und Melodie aus Oberdiebach am Rhein auf. Melodie und Text weichen von unserer Fassung ab, jedoch zeigen sich sowohl bei der Melodie als auch im Text Parallelen (Tor-, Mädchen- und Stein-Motiv): „Ting, tang, trallala!/Wer ist in meinem Thore?/Ein wunderschönes Mägdelein,/das sprach so:/Erster Stein,/zweiter Stein,/dritter Stein./Mädchen, du sollst mit mir sein!" (ab „Erster Stein ..." Wechsel vom schnellen 2/4-Takt zum behäbigen 4/4-Takt).

* Nr. 800 Grün, grün, grün sind alle meine Kleider

Vgl. Lewalter/Schläger (Kassel) 1911, 392, Nr. 707; Rölleke 1993, 334 f.: „Text und Melodie sind unbekannten Ursprungs und erstmals 1870 bei Kassel aufgezeichnet. Hier werden die sonst isolierten Lobgesänge auf einen Berufsstand zu einer immer erweiterbaren Reihe zusammengestellt."

* Nr. 801 bis Nr. 803 Als ich einmal reiste

Weit verbreitet; vgl. Böhme (Dt. Kinderlied) 1897, 502, Nr. 255. Aus Kirchditmold bei Kassel, „Das Murmelthier": „1. Als ich einmal reiste,/reist' ich durch Dirallala,/und ich war der Kleinste,/allen wohl bekannt. 2. Herren und Damen standen/wohl vor meiner Thür,/Wollten gerne schauen,/mich schönes Murmelthier. 3. Murmelthier kann tanzen,/eins, zwei oder drei und vier,/Oder du Schampansel,/du schönes Murmelthier!" Stahl (Lübeck) 1925, 104, Nr. 61: „Tirolerland' haben die Kinder für das ihnen unbekannte ‚Savoyerland' eingesetzt. Savoyardenknaben zogen im 18. Jh. mit abgerichteten Murmeltieren durch alle Länder." Vgl. ausführliche Kommentierung Siemes/Philips (Aachen) 1995, 101 f, Kommentar Nr. 162.

* Nr. 804 Wir wolln den Zaun binden

Ursprünglich ein Erwachsenentanz. Erk/Böhme (Dt. Liederhort) III 1894, 605: „Jetzt Kinderreigen, im Mittelalter von Erwachsenen getanzt"; vgl. hierzu Böhme, II. repr. Nachdruck (1967) d. Ausg. Leipzig 1886. Er bezeichnet dieses Lied als zu den „Zäunertänzen" gehörig (und a.a.O. S. 55), eine Liedgattung aus dem 15. – 17. Jh..: „... ein vielbekannter Reigentanz, scheinbar von sehr lustiger, ja leichtfertiger Art ... bei dessen Ausführung die Tanzenden durch Verflechten der Hände und Arme eine Art Zaun bildeten". In Herzog Ferdinands italienischen Reisen 1503 (Freyb. Samml. IV, 333) heißt es: „In einer Comödi zu Florenz haben 12 nackhent nymphä und so viel satyri durch einander, wie einen Z e u n e r, getanzt." Böhme 1897 (Dt. Kinderlied) 456, Nr. 122; Schön (Saarbrücken) 1909, 48; Dillmann (Hunsrück) 1909, 26, Nr. 113; Meyer (Tanzspiele) 4. 1913, 68; Stahl (Lübeck) 1925, 39, Nr. 46; Runkel (Lasset uns singen, tanzen u. springen) 1927, 74; Wehrhan (Frankfurt) 1929, 257; Peesch (Berlin) 1957, 18; Baader, Ulrich, Kinderspiele und Spiellieder, Diss. Tübingen 1979, 30, Nr. 24 II (Württemberg) 1979, 30, Nr. 24; Siemes/Philips (Aachen) 1995, 121, Nr. 180.

* Nr. 805 Zehntausend Mann, die zogen ins Manöver

Lewalter, Johann (Dt. Volkslieder i. Niederhessen u. i. Kassel 1891) H. 2., 1891, 6, Nr. 4, „Zwölftausend Mann ... Aus Kassel". Artillerie Rgt. Lewalter notiert: „Dieses Lied habe ich nirgends aufgezeichnet gefunden. Wahrscheinlich jüngeren Ursprungs." Bei Lewalter folgen eine 9. u. 10. Str.; Meyer (Tanzspiele u. Singtänze, Leipzig 4, 1913) 4. 1913, 118 ordnet es unter: „Neue Spiele, die teils ohne nachweisbare Quelle, teils im Unterricht der Schule entstanden sind. Sie sagt, dass die Kinder es als ganz einfaches Kreisspiel spielen, ohne die Handlung dramatisch auszubauen, wozu doch eigentlich das Lied lockt"; Stahl (Lübeck) 1925, 41. Nr. 49 mit Spielbeschreibung: Kreis mit Rollenverteilung und gestischem Spiel; in den 1950er Jahren wurde es in Viersen nur gesungen, und zwar bei Wanderungen und Wanderfahrten in der Jugendherberge von Schülerinnen der Klassen 7 – 10. 1) „Zehntausend Mann, die zogen ins Manöver,/Schrumm widdèbumm, deä Schtièvèl es krumm,/Deä Absats hängk doneävè,/Schrumm widdèbumm, Deä Schtièvèl deä is krumm. 2) Bei einem Bauern, da ließen sie sich nieder,/Schrumm widdèbumm 3) Der Bauer hat 'ne wunderschöne Tochter, 4) Der Hauptmann sprach: ‚Kann ich die Tochter haben?' 5) Der Bauer sprach: ‚Wie groß ist dein Vermögen?' 6) Der Hauptmann sprach: ‚Zwei Stiefel ohne Sohlen.' 7) Der Bauer sprach: ‚Dann kannst du sie nicht haben.' 8) Der Hauptmann sprach: ‚Dann will ich sie nicht haben.'" Vgl. Wehrhan (Frankfurter Kinderleben) 1929, 274, f., auch die Fassungen Nr. 3346 und 3347.

* Nr. 806 und Nr. 807 Franz Drake

Vgl. Böhme 1895, Volksthümliche Lieder der Deutschen, Leipzig 1895, 515, Nr. 687: „Kartoffellied". Böhme notiert 10 Strophen: „Text nach einem fliegenden Blatt, um 1840 vermuthlich in Halle oder Leipzig gedruckt." Die Melodie hörte Böhme 1842 in Weimar „zum Jahrmarkt von Drehorgeln …". Vermutlich handelt es sich um ein auch mit Bildern illustriertes „Jahrmarktlied" (ähnlich einer Moritat). Dazu ist interessant: Auf einer kolorierten Federlithographie (34,6 x 21,2 cm) mit der Darstellung eines Uhrenzifferblattes von F. Geißler um 1830/1840 findet man über dem Quadrat, in dem ein Uhrenblatt eingezeichnet ist, sein Portrait in einem Halbkreis, worunter folgender Text steht: „Es werde sein Name mit Dank stets gedacht, weil er die Erdbirn nach Europa gebracht". In: Vogel, Heiner, Bilderbogen, Papiersoldat, Würfelspiel und Lebensrad. Würzburg 1981, 246 Abb. 219; vgl. Commersbuch für den deutschen Studenten, Leipzig 1882, 178: „Franz Drake war der erste Mann, der vor zweihundert Jahren/Von England nach Amerika als Schiffskapitän gefahren./Hi, ha, hopsassa, valeri, juchheirassa./Von England nach Amerika in einem Ruck gefahren."

* Nr. 809 Steinchen will verstecken

Vgl. Schönberner, Onsen t'Hüs Teil II, Kinderspiele am Niederrhein (Kleve) 1979, 153.

* Nr. 811 Taler, Taler du mußt wandern

Böhme 1897, 662, Nr. 603: „Ringlein, Ringlein, du mußt wandern …" wie bei (Lewalter/Schläger); Leske (Spielbuch f. Mädchen) 1900, 169: „Das Thalersuchen"; Jöde (Ringel, Rangel Rosen) 1913, 78, Nr. 85; Lewalter/Schläger (Kassel) 1911, 256, Nr. 989. Anstatt „Taler" heißt es hier: „Ringlein, Ringlein, du mußt wandern …" (Melodieverlauf: g, g, fis, d). „Die Weise ist ungemein verbreitet … Es ergibt sich daraus mit großer Wahrscheinlichkeit, dass wir auch diese Weise als altes Volksgut ansprechen dürfen, wenn sie auch gedruckt erst im Jahre 1791 vorliegt."

Nr. 812 Eck hej en gold, gold Gäspelkè gefonde

Spee (Geldern) 1875, H. II., 18/19. XXX. Es fällt auf, dass bei allen Aufzeichnungen von der Textüberlieferung aus dem Jahre 1875 bei Spee auch nicht im geringsten abgewichen wurde; UH. (Kleve) 1928, 16. Jg. Nr. 5 unpag.; vgl. Samans UH., 1932, Nr. 7. unpag.; UH., 23. Jg. Nr. 5, 1933.

* Nr. 813 Rote Kirschen

Lewalter (Dt. Volkslieder) 1893, H. 445, Nr. 30 (Niederhessen), wie Böhme 1897, 490, Nr. 227; Frömmel (Leipzig) I., 1899 (Berlin), 30, Nr. 120. Zwei Varianten: a) „Rote Kirschen ess' ich gern,/Schwarze noch viel lieber;/Junge Mädchen (Junggesellen) küss' ich gern,/Alte stoß ich nieder./Fahre mit der Extrapost zur Berliner Halle./Wenn's auch 1000 Thaler kost',/Die bezahl ich alle./1000 Thaler ist kein Geld,/Wenn mir nur mein Schatz gefällt. Schätzel hin, Schätzel her,/Schätzel ist ein Zottelbär." b) Z. 1 – 2 wie oben: „Junggesellen küss' ich gern, Alte stoß' ich nieder./Wenn ich zu Mariechen komm,/Sag ich: ‚Guten Morgen!'/Mariechen, hast du's Bett gemacht?'/Nein, ich hab's vergessen.'/Was hast' den ganzen Tag gemacht?'/Ich hab bei Fritz gesessen!'/Wer den Fritzen haben will,/Muss rote Schnallen tragen;/Rote Schnallen trägst du nicht,/Kriegst du auch den Fritzen nicht"; die folgenden Belege zeigen die Beliebtheit und weite Verbreitung; vgl. Böhme 1897, 490, 227 notiert eine Kurzfassung, aus a) „Rote Kirschen ess' ich gern;/Schwarze noch viel lieber./Fahren mit der Extrapost,/Wenn es 1000 Thaler kost'./1000 Thaler ist kein Geld,/Wenn es meinem Schatz gefällt./Schätzchen hier, Schätzchen da,/Schätzchen in Amerika"; Schumann (Lübeck) 1899, 34, Nr. 135, Textfassung wie Frömmel b); Lewalter/Schläger 1919 (Kassel), 76, Nr. 246 und Kommentar, 416. Der Text setzt sich aus zwei verschiedenen Versionen zusammen: „Rote Kirschen ess ich gern, schwarze noch viel lieber,/Junge Herren küss ich gern, alte stoß ich nieder./Heda, Platz gemacht, für die jungen Damen!/Kuckuck ruft aus seinem Nest: Diese will ich haben!"; Meyer (Tanzspiele) 4. 1913, 73, Nr. 3: Identisch mit Frömmel (Berlin); Meyer notiert vier verschiedene Textfassungen mit Melodien und Spielregeln. Zu Nr. 14, 1 erläutert sie: „Mir will scheinen, als ob dieses Spiel eine Verquickung von mehreren älteren Spielen ist." Der Text ist sehr komplex mit 5 Strophen: „Hier ist Gras, dort ist Gras, unter meinen Füßen./Ich hab verloren meinen Schatz, ich soll ihn wiederfinden. 2. Hier und dort an jenem Ort, wo die Glöcklein schallen,/Lieschen mit dem roten Kleid kann mir sehr gefallen. 3. ‚Lieschen hast das Bett gemacht?', ‚Nein, ich habs vergessen,/hab' die liebe lange Nacht bei meinem Schatz gesessen.' 4. Rote Kirschen ess' ich gern, schwarze noch viel lieber,/junge Herren küss' ich gern, alte stoß' ich nieder./

5. Hier wird Platz gemacht für die jungen Damen./Saß ein Kuckuck auf dem Ast,/Kam der Regen, macht ihn naß,/kam der liebe Sonnenschein: Diese Dame soll es sein"; Becker (Köln) 1920, 41, Z. 8, wie Frömmel a); Stahl 1925, 69; Runkel, Lasset uns singen ..., Leipzig 1927, 31, die kürzere wie Lorbe; Dillmann 1928, 20, wie Frömmel a); Wehrhan 1929, Nr. 3391/3392/3393, die kürzere Textfassung wie Lorbe; Kanthack (Pommern) 1939, Nr. 125 wie Lorbe; Werner (Köln) 1961, 72 wie Frömmel a); Peesch (Berlin) 1957, 16, Fassung wie bei Lorbe; Lorbe 1971 (Nürnberg) 59, 180, Nr. 97 Kurzfassung, nur die Z. 1 – 2 wie Frömmel; Baader 1979, 47 – 50 mit Varianten; Grober-Glück (Kinderreime und -lieder in Bonn) 1967, in: „Jahrbuch für Volksliedforschung" Bd. 16, Berlin 1971, 123; vgl. Siemes/Philips (Aachen) 1995, 124, Nr. 183, wie Lorbe.

* Nr. 814 Klöre mit de bounte Höre
Vgl. Runkel, Leipzig 1927, 95/96; vgl. Hoerburger/Segler (Klare, klare Seide) 1962, Nr. 48. Beide Fassungen weisen textbezogene einfache Melodien auf. Bei der Rekonstruktion wurde die Fassung aus Hoerburger/Segler zugrunde gelegt.

* Nr. 815 Flaas siènè und Nr. 816 Vlashäorke
Vgl. RWB II, Sp. 516; Schollen (Aachen) 1881, 12, Nr. 37: „Rou, rou Sièvche,/De Nösscher sönt esou riefche,/De sövve Johr, die sönt bau öm …", hier ebenfalls derselbe Spielvorgang des nach außen gedrehten Kreises. Caro, Carl, Kinderspiele u. Kinderreime vom Ndrh. In: Niederdt. Jb. 1906/07, 1906, 75 überliefert ein ähnliches Kreisspiel „für den Niederrhein" ohne genaue lokale Angabe, in dem die „sieben Jahre" ebenfalls erwähnt werden: „Grüne, grüne Seide, grüne Seide sieben Jahr,/Sieben Jahr sind um./Wer der Allerjüngste ist, dreh sich mal herum./N.N. hat sich herumgedreht,/Das hat ihn Vater und Mutter gelehrt,/Grüne, grüne Seide, grüne Seide sieben Jahr,/Sieben Jahr sind um." Die Melodie wird in ihrem pentatonischen Verlauf mit der von „Flaas siènè" vergleichbar sein; vgl. Sieben, Preußische Volksreime u. Volksspiele, Berlin, 1988, 113. In Breyell existiert eine ähnliche Fassung; Houx,/Jacobs,/Lücker (NL-Limburg, Tegelen) 1968, 190; vgl. die Viersener Fassung aus dem Jahre 1997 Siemes/Philips 2001, 50.

Nr. 817 und Nr. 818 Wir treten auf die Kette
Weit verbreitet; vgl. Frischbier (Ostpreußen) 1867, 159, Nr. 671. Er verweist auf die von Rocholz (Schweiz) vertretene Theorie und These, dass das Kettenmotiv mit dem Winden einer Kette aus den Hohlstengeln des Löwenzahns zusammenhängt; Lewalter, Dt. Volkslieder (Niederhessen), 1891, H. 2. 67, Nr. 34; Frömmel II (Berlin) 1900, 63 f., Nr 290; Caro (Niederrhein) 1906, 72.

* Nr. 819 Machet auf das Tor
Weit verbreitet. Zu diesem „Brückenlied" gibt es eine Vielzahl von Textvarianten. Lewalter (Dt. Volkslieder i. Niederhessen) H., 2. 1891, 36, Nr. 19; Böhme 1897, 537; Frömmel II (Berlin) 1900, 62, Nr. 287; Gierlichs (Mönchengladbach) RGB 1902, 87; Schön, Kinderlieder+Spiele (Saarbrücken) 1909, 93; Dillmann 1909, 45; Lewalter/Schläger (Kassel) 1911, 92; Jöde 1913, 68; Becker (Köln) 1920, 35; Stahl (Lübeck) 1925, 99; Schlipköter 1925, 139; Runkel 1927, 49; Wehrhan 1929, 219; Comment 1949/50, 350; Werner (Köln) 1961, 64. In Waldniel hieß die 4. Z.: „Der Kaiser der Franzosen", Nachlass Peters 1961. Grober-Glück 1967, 121, Nr. 150: „Was hat sie denn gestohlen?/Dem Kaiser seine Krone." Lorbe (Nürnberg) 1971, 14 ff, 119: „Die Motive Tor und Wagen deuten mit ihrem Symbolgehalt in die Vergangenheit zurück. Eine bestimmte Entstehungszeit lässt sich nicht nachweisen. Die Tür galt früher als Ort zauberischer Handlung, eine besondere Bemalung und Beschriftung zur Bannung böser Geister ist jetzt noch mancherorts zu sehen." (vgl. in diesem Zusammenhang Siemes/Philips 2001, 32 f.: „Das traditionelle und das organisierte Sternsingen"), Lorbe: „Damit ist ein ehemals heidnischer Brauch ins Christentum übergegangen … Die Tür bezeichnet, mehr noch als die Schwelle, einen Übergang in eine andere Welt." Und zum Motiv des Wagens: „Noch heute kennt man Braut- und Totenwagen, und noch heute werden Wagen aus feierlichen Anlässen geschmückt." Klusen II (Das dt. Volkslied) 1981, 852 erläutert: „Text und Melodie seit Ende des 19. Jh.s aufgezeichnet in vielen Varianten bekannt, die zeigen, dass es sich hier um die kindliche Schwundstufe (einer) Mädchenmörderballade handelt"; vgl. Fischer, Kinderreime im Ruhrgebiet, (Essen) 1994, 170 Nr. 1157 – 1161; vgl. Siemes/Philips (Aachen) 1995, S. 131 f.

Nr. 821 Pannè schuèrè, Schottèlè wäschè
Wahrscheinlich ist die Spielbeschreibung unvollständig. Der Gewährsmann erinnerte sich nicht mehr genau, wie es weiterging. Der Spielvorgang wurde rekonstruiert nach dem Vorbild von Nr. 820 „Tömmermann, Tömmermann". Die Melodie verlief in der rheinischen Leierliedformel.

* Nr. 829 Es reisen zwölf Pantöffelchen (II)

Lewalter (Niederhessen) 1890, 2. Heft, 68, Nr. 35: „Es kamen zwei Pantoffeln herein"; vgl. Böhme (Dt. Kinderlied) 1897, 513, Nr. 279: „Brautwerbung mit Pantoffel"; vgl.: „Jammer, Jammer, über Jammer …" sowie „Petersilie Suppenkraut". Die Spielregel zu diesem Lied ähnelt der Spielregel zu „Es kommen die Herren von Blankenstein". Dieses Spiellied wurde in vielen Varianten umgetextet und zersungen; vgl. Jöde, Ringel, Rangel … 1913, 38 ff.; vgl. Runkel 1927, 78 ff.; vgl. Hoerburger/Segler 1962, 83; vgl. Dillmann, Hunsrücker Kinderlieder 1909, 43; 40; vgl. Wehran, Frankfurt 1929, 233, Nr. 3206; vgl. Baader, Bd. II, 1979, 131 – 133; mdl. aus Viersen 1971: Die ältere Generation (1892 und 1900 geb.) sang: „Nach England wolln sie fahren …" und anstatt „pitsche, patsche, putsch": „Mein Liebster, Bester, Du".

Nr. 830 Es kommen die Herren von Blankenstein

Es zählt zur Gattung der Brautwerbelieder; vgl. Erk-Böhme (Dt. Liederhort) III, 1894, 616: Brautwerbung aus Siegburg bei Bonn 1876: „Die Kinder, in zwei Reihen aufgestellt, gehen unter Gesang abwechselnd aufeinander zu, verbeugen sich und kehren wieder zurück. Am Schluss ziehen sie ein Mädchen aus der entgegengesetzten Reihe herüber, und dieses gilt als Braut"; vgl. Böhme 1897, 508 – 521 viele Varianten zum Thema „Brautwerbung", auch „Herr von Ninive", „Herr von Nunnefähr" u.a.; Lewalter/Schläger (Kassel) 1911, 394: „Es kommen drei Weisen aus Morgenland"; vgl. die versch. Fassungen in Jöde 1913, 38 – 41: „Es kommt ein Herr aus Nonnenfeld", „Es kommen zwei Herren aus Ninive" und „Es kam ein Herr aus Senive". Ähnliche Melodieaufgänge; vgl. Runkel, Lasset uns singen … 1927, 78 – 81: „Die Herren von Nunnifähr". Nach dieser Weise auch „Es kommen drei Töchter von Honigfeld"; Hoerburger/Segler (Klare, Klare Seide) 1983, 76 f.: „Herr von Fenefe"; vgl. Fischer (Essen) 1994, 158 und 160, Nr. 121, 1127: „Wir sind die Herrn von Frankenstein, porschnupper Schneiderlein."

* Nr. 831 Petersilie, Suppenkraut

Weit verbreitet. Böhme (Dt. Kinderlied) 1897, 480, Nr. 200 „Reigen zum Hochzeitmachen"; Eskuche (Siegerland) 1897, 88, Nr. 324; Frömmel II (Berlin) 1900, 27 , Nr. 99; Lewalter (Kassel) 1892, 67; Frischbier (Ostpreußen) 1867, 77, Nr. 302; Strackerjan, Oldenburg 1851, 83; Bruns 2.1884 (Kinderspielbuch), 36; Erk/Böhme III (Dt. Liederhort) 1894, 603; Dillmann (Hunsrück) 1909, 91, Nr. 384; Lewalter/Schläger (Kassel) 1911, 131, N. 320; Jöde, Ringel, Rangel … 1913, 58, Nr. 61; Wriede (Hamburg) 1919, 36; Becker (Köln) 1920, 41; Von Harten, J. Rosengaarn, Köln 1922, 23: „Rosmarin und Thymian"; Wehran (Frankfurt) 1929, 78, Nr. 1027; Baader 1979, 76, als Schluss von „14 Englein fahren", S. 140.

* Nr. 832 und Nr. 834 Vierzehn Englein fahren

Lewalter/Schläger (Kassel) 1909, 92, Nr. 267: In dieser Aufzeichnung endet das Spiel mit dem Torbilden und Hindurchschreiten von Paaren, die sich hinten wieder anschließen. Im Kommentar bemerkt Lewalter: „Bei dem roten Kragen könnte man zunächst an den Henker denken." (Wenig wahrscheinlich, da viele Varianten „rote" oder „goldne Haare" nennen.) Str. 4 und 5 ergänzt aus Dillmann/Wehran (Vierzehn Engel …) 1923, Nr. 137, 54; Wehran 1929, 233; Hoerburger/Segler 1962, 84.

* Nr. 836 Wo bist du denn gewesen, mein ziegender Bock?

Beachtenswert an diesem Liedchen ist die Rangfolge der Sprache. Der Frager spricht Hochdeutsch, der Antwortende, in diesem Falle der „einsichtige Dieb", Dialekt – aber nur in der 1. und 6. Strophe! E. Klusen, von dem die Melodie aus Kempen und Hüls in seine 1966 erschienene Sammlung „Das Mühlrad" übernommen wurde, kannte keine Spielanleitung. Unsere Spielbeschreibung wurde entnommen bei Schlipköter (Was sollen wir spielen?) Hamburg 10. 1925, 165, Nr. 7. Das Spiellied war folglich auch im norddeutschen Raum/Hamburg bekannt; aufgezeichnet auch bei Wehran (Frankfurt) 1929, 221/22, Nr. 3174, 3175.

* Nr. 837 und Nr. 838 Guter Freund, ich frage dich

Das Lied ist wahrscheinlich aus einem hebräischen Ostergesang entstanden. So auch Erk-Böhme II (Dt. Liederhort) 1894, 830; vgl. Erk 1893, 408; Böhme (Dt. Kinderlied) 1897, 328/29, Nr. 1602/03: In der lateinischen Fassung des 16. Jh.s sind es „undecim stellae"; vgl. Erk-Böhme III (Dt. Liederhort) 825 ff., insbesondere S. 828: „Elftausend Märtyrer …"; vgl. Klusen (Mühlrad) 1966, 39 ff. in der Fassung nach P. Ixfeld, Hüls, hier in überarbeiteter rhythmischer Form: „Ein Lied mit jahrhundertelanger europäischer Tradition"; Beiträge zur rhein. Musikgeschichte, H. 20; Schmidt-Görg, Das rh. Volkslied Düsseldorf, o. J.: „Eigentümliche Formen bewahren Kettenreime und Zählgeschichten … Die ‚elftausend Jungfrauen', nämlich die hl. Ursula und ihre Gefährtinnen, gehören zu den Patronen von Köln; ihre Erwähnung in diesem Lied ist daher nicht zufällig." Es ist nicht sicher, ob die plattdeutsche Fassung Küppers (Breyell) o. J. (1987), 93 original so gesungen oder gesprochen wurde, oder ob der Herausgeber sie übersetzt hat. Allerdings entspricht in der 6. Str. „Sääs Krööch ruè Wiin", „ses Krökke met roje Wien" und „Kaana in Judäa, Schtättschè in Jaliläa" der Klever Formulierung: „Kana in Judäa, Städje in Galiläa". Das würde für die Originalität sprechen. Allerdings erwähnt der Herausgeber nicht, dass es sich um ein Spiel handelt, das gesungen wurde. Er nennt es „Alter Kanon und Kinderlied". In dieser Fassung fehlen zudem die Strophen elf und zwölf, „Elftausend Jungfrauen" und „Zwölf Apostel Christi".

* Nr. 840 bis Nr. 842 Es war einmal ein kleiner Mann
Vor dem Ersten Weltkrieg sehr beliebt. Buchhorn 1897, 334: Hier zwei textlich abweichende Strophen: 3. u. 4: „Da stand im Schrank ein Honigtopf,/Der kleine Mann, der leckte dran"; vgl. ähnlich Hünxe ZfVK, 1906, 113, Nr. 14; vgl. Hünxe ZfVK, 1906, 113, Nr. 14; Lewalter/Schläger (Kassel) 1911, 362: s. Kommentar 362. Hier Hinweis auf Simrock: „Zugrunde liegt ein Volkslied, in dem der Schluss meist so lautet, dass der Nachbar den geschlagenen Ehemann tröstet …". Das Spiellied vom kleinen Mann und der großen Frau war vor dem Ersten Weltkrieg am Niederrhein besonders beliebt. Die von meinen Eltern (Viersen) gesungene und vertraute Fassung ist identisch mit der aus dem Fiedler (Dülken) 1875, 52, Nr. 70. Dazu sind zwei Zusatzstrophen aus Dilkrath aufgezeichnet, die nicht zur Geschichte vom kleinen Mann passen und wohl auch nicht gehören: 1) „Die Dellèkroèr Frallingè die send ösu lus./Sè schneufen dèr Tsukkèr waal uut dè Dues. 2) Sè habbè schtaats Baardèn von Klatschpapiiér …/Sè schpannèn ooch all dè Oas dafuèr"; vgl. die Fassung aus: Ndrh. Liedschatz o. J., 5; Schönberner (Kleve) 1979, 153; eine Waldnieler Fassung, die 1981 aufgezeichnet wurde, umfasst nur die ersten drei Strophen.

Nr. 844 Ett jing ennè Buèr dänn Bärich eropp
Um 1900 und nach dem Ersten Weltkrieg sehr beliebt; vgl. Fiedler (Dülken) 1875, 9 ff. mit zwei Varianten: „Es kam ein Bauer aus Lappeland" und „Es kam ein Bauer aus Oberland", ebd., 113, Kommentar von Klusen: „Im Material Brügman-Rittinghaus fand sich die … Melodie, die als einzige mit der Textstruktur Zurmühlens genau übereinstimmt, im übrigen auch eine Weise bringt, die in der rhein. Überlieferung, allerdings mit längeren Binnenkehrreimen, belegt ist." Vgl. Ndrh. Liedschatz o. J., 8.

Nr. 845 Schornsteinfeger ging spazier'n
Kanthack, Pommersche Kinder spielen und singen, Berlin 1939 (Pommern) 1939, 61/62 Nr. 136; Hoerburger/Segler (Klare klare Seide) 1962, 54, Nr. 56; nach Lorbe 1971, 37 ff. stammt das Lied aus „jüngerer Zeit", da es in „keiner der herangezogenen Liedersammlungen" (bis 1971) verzeichnet sei. Es ist ein „einheitliches kleines Werk und mutet mit seinen Motiven sehr modern an". Beispiel: „… kauften sich ein Zwillingspaar und dazu ein Negerlein" (ebd). Es weist aber auch ein überkommenes Motiv des Kinderliedes auf, das hier aufgenommen worden ist, wie z.B. das Reihenmotiv „… muss ich erst den Vater fragen … muss ich erst die Mutter fragen" (a. a. O. S. 38); Schönberner Onsent'Hüs II (Kleve) 1979, 157. Dort insgesamt 18 Strophen notiert. Spielbeschreibung aus: RAG Musik 1985, 9. Fischer Kinderreime im Ruhrgebiet (Essen) 1994, 165, Nr. 1151 – 1156: Erweiterung der Str. um: „Reisten sie nach Afrika … Kauften sich ein Krokodil … Papagei … Nilpferd" u. ä.; weit verbreitet. Hoerburger/Segler (Klare, klare Seide) 1962, 154, Nr. 151; vgl. Siemes/Philips (Aachen) 1995, 109, Nr. 168, Kommentar Nr. 222.

* Nr. 846 und Nr. 847 Klein Anna von der Mühle/Die Anna saß auf einem Stein
Ludwig Uland sieht in der 30-strophigen Ballade „Ulingerlied" ritterlich-höfische Wurzeln des Liedes. Die erste Strophe lautet: „Guot ritter der reit durch das riet,/Er sang ein schönes tageliet/Er sang von heller stimme/Dass in der burg erklinget." Es ist deutlich erkennbar, dass eine Vermischung mit „Dörnröschen" – ebenfalls eine Schlossballade – stattgefunden hat. Vgl. die Ausführungen in Lorbe, Nürnberg 1971, 9: „Bei diesem Lied (- Mariechen saß auf einem Stein) … ist vor allem der sittengeschichtliche und historische Ursprung von Bedeutung"; in Breyell hat Sieben 1988, 110 eine Fassung notiert, in der es in der 7. Strophe heißt: „Da kam die böse Fee herein …", 8. „Sie hat ein scharfes Messer …", 9. „Sie stach die Anna durch das Herz …", 10. „Nun ist die liebe Anna tot …", 11. „Morgen früh wird sie begraben", in ganz Deutschland in vielen Varianten verbreitet. Im grenznahen Tegelen (NL-Limburg), Huox/Jacobs/Lücker 1968, 191, 3, heißt das Lied „Johanna saß auf einem Stein". Es wurde auf deutsch gesungen und bekam erst später eine Variante in tegelschem Dialekt. Die ersten fünf Str. der „Johanna" sind inhaltlich gleich wie in Overhetfeld. Str. 6: „Und warum sollst du sterben …", 7. „Weil ich noch keinen Mann hab …", Str. 8. „Da kam der böse Friederich …", 9. „Der stach Johanna durch das Herz …", 10. „Jetzt ist Johanna mausetot …", 11. „Da kam das gute Fräulein …", 12. „Die nahm Johanna bei der Hand …", 13. „Und wanderte durchs ganze Land".

661

* Nr. 848 Dornröschen war ein schönes Kind

Böhme (Dt. Kinderlied) 1897, 552/53, Nr. 360: „Märchen-Spiel … Kinderballade mit Pantomimen … Die Textworte sind offenbar nicht Volksüberlieferung, sondern neueres Kunstgedicht für Spielschulen"; Dillmann (Hunsrück) 1909, 37 ff., Nr. 141; Lewalter (Kassel) 116, Nr. 303; Wehrhan (Frankfurt) 1929, 280, Nr. 3362; Lorbe (Nürnberg) 1971, 12/13 ff. bemerkt: „Der Rhythmus ist der des Liedes von ‚Mariechen'. Ebenso entspricht diesem das formelhafte ‚da kam …', das sich ständig wiederholt. Wahrscheinlich ist das Lied, in dem das Dornröschen aus dem Märchen vorkommt, erst nachträglich in Analogie zu dem alten Lied von ‚Mariechen' oder der ‚Anna' entstanden, indem man das Märchenmotiv mit dem alten Lied in Verbindung gebracht hat. Für eine jüngere Lebensdauer des Dornröschenliedes spricht auch die Folgerichtigkeit des Ablaufs und das Vorhandensein aller zum Verständnis notwendigen Motive … Heute ist der Text der beiden Lieder (Mariechen und Dornröschen), die auch nach der gleichen Melodie gesungen werden, mancherorts ineinander übergegangen. Die Motive des jüngeren, also des Dornröschenliedes, sind der volkstümlichen Art durchaus angepaßt, obwohl es sich dabei um ein Kunstlied handelt. Durch das Märchenthema ist eine Orientierung am Volkstümlichen von vornherein durch eine geschickte Handhabung der einzelnen Motive unterstützt."

* Nr. 849 Zehn kleine Negerlein

Lewalter/Schläger (Kassel) 1911 186: „Wohl studentisch"; Frömmel II (Berlin) Leipzig 1900, 72, Nr. 305/306/307; Runkel (Lasset uns singen) 1927, 77.

* Nr. 851 Ein Vogel wollte Hochzeit machen

Jöde gibt in seiner Gesamtausgabe zur Vogelhochzeit eine Spielbeschreibung: Beim 1. Teil jeder Strophe fassen sich die Kinder an und gehen im Kreise herum. Beim Refrain lassen sie sich los und gehen hintereinander her, wobei sie die einzelnen Vorgänge nachahmen. Dieses weit verbreitete Lied umfasst auch hier entsprechend viele, z.T. verschiedene Stropheninhalte. Uhland Stuttg. 1844–66 I, 34–43 notiert 32 Strophen, bekannt seit 1622.

* Nr. 852 Koch' Supp', du dumme Liese

Weit verbreitet; RWB IV, 1053; Stahl (Lübeck) 1925, 81, Nr. 100: „Dumme Lise kak Äten … Wo in sall ik dat Äten kaken, leewe Heinerich?"; Wehrhan (Frankfurt) 1929, 230, Nr. 3200: „Die dumme Liese". Er verweist auf die Spielbeschreibung von Nr. 3197 „In meinem Stübchen": „Nur unterbleibt das Drehen im Kreise. Oder aber die Kinder stellen sich einander gegenüber auf; im Dreitakt schlagen sie ihre Hände zuerst ineinander, dann gegen die Hände des gegenüberstehenden Kindes und endlich an die Seite der Beine, letzteres, indem sie die Hände mehr fallen lassen. In jedem Takt wird dieser dreifache Schlag wiederholt."

Nr. 855 Dieb o Dieb

Peesch (Berlin) 1957, 21; Spielanleitung nach Baader (Württemberg) II, 1979, 183 f. Dieses Lied ist eins von den neueren Spielliedern, die erst Mitte des 20. Jh.s entstanden sind.

* Nr. 857 und Nr. 858 Der Kaiser von Rom

Beispiel für einen Zersingeprozeß: Die Gewährsperson in Viersen (Kindergärtnerin, Jg. 1928) sang: „Napolium sein Sohn". Alle anderen, älteren Gewährspersonen aus Viersen und Umkreis, die zu Beginn des 20. Jhs. geboren waren (Jg. ca. 1900 – 1910), sangen „Napoleon". Diese Viersener Fassung aus dem Jahre 1992 ist sehr stark zersungen. So z.B. zwängt die Gewährsperson den gesamten Melodieverlauf in die „Kuckucksterz". Für diese Annahme spricht auch der Übergang in Sprechgesang im zweiten Teil des Liedes. Dort findet die Textstruktur zwar rhythmische Entsprechung, die Melodie wird aber unscharf und schwer transkribierbar. Die Viersener Fassung aus dem Jahre 1993 ähnelt hingegen sehr den im Jahre 1981 in Aachen aufgezeichneten Fassungen. Vgl. Siemes/Philips (Aachen) 1995, 154/55 und 231 f. (vgl. dort weitere Nachweise). Sie entspricht in Aufbau und Verlauf den zahlreichen Text- und Melodievarianten des rheinischen Raumes. Das Liedchen ist bei den Kindern aus dem Ruhrgebiet anscheinend nicht mehr von seinem Ursprung her bekannt. Fischer (Ruhrgebiet) 1994, 122, Nr. 962 notiert einen anklingenden Text mit Melodie, gesungen zum Seilchenspringen: „Die Kaiserin von China,/die wurde Ballerina,/die war noch zu klein,/um Kaiserin zu sein./Sie stieg auf eine Leiter,/und immer, immer weiter,/Doch plötzlich blieb sie stehn, stehn, ja stehn"; Schumann (Lübeck) 1899, 202/03, Nr. 696; Stahl, Lübeck 1925, 42, Nr. 50: „Der Kaiser von Rom/Hatt' einen Sohn./Der war noch zu klein,/Um Kaiser zu sein …" (Kreislied).

* Nr. 859 Der Sandmann ist da

Weit verbreitet; Böhme (Kinderlied) 1897, 538/539; Schön (Saarbrücken) 1909, 87; Lewalter/Schläger (Kassel)

1911, 114: Wird gespielt wie „Machet auf das Tor" und „Der Sandmann kommt"; Meyer (Tanzspiele) 4. 1913, 58, 2; Dillmann/Wehrhan 1923, 60; Runkel (Lasset uns singen) 1927, 38; Jöde (Ringel, Rangel, Rosen) 1913, 100, Nr. 105; Baader II (Württemberg) 1979, 162; Hoerburger/Segler (Klare, klare, Seide) 1983, 86 f; Gerstner-Hirzel 1984, 435; Fischer (Essen) 1994, 161, Nr. 1128.

* Nr. 861 Dèr Schmett

Vgl. Erk-Böhme II (Dt. Liederhort) 1893, 783; Jöde (Ringel rangel Rosen) 1913, 137, Anm. 16: „Alter Volkstanz, in ganz Norddeutschland bekannt … Diese Art Wechseltanz ist auch bei Erwachsenen in ganz Deutschland und bei den Nachbarvölkern weit verbreitet"; Kanthack (Pommern) Berlin 1939, 47/48, Nr. 116: „Herr Schmidt …". In Viersen und Amern sang man auch: „Dä Schmett, dä Schmett, dä nömmt si Meätschè mött,/Ennè Schlaièr onn ennè Feärèhoot,/Dä schteet datt Meätschè alltiid (oder: äröch) joot,/Ennè Schlaièr onn ennè Feärèhoot,/dä schteet datt Meätschè joot." (Nachlass Neef-Winz 1940); Heinrichs (Amern) HKK 1958, 16; RWB VII, Sp. 1471; Hoerburger/Segler (Klare, Klare Seide) 1962, 15, Nr. 12; Siemes/Philips (Aachen) 1995, 231 Kommentar Nr. 212.

* Nr. 863 und Nr. 864 Wänn hee nè Pôtt mött Bônnè schteet

Am Niederrhein und in Norddeutschland weit verbreitet; Meyer, G. F., Plattdeutsche Kinderreime aus Schleswig-Holstein 1908, 29; Schumann (Lübeck) 1899 33, Nr. 134, „Tanzreim"; Stahl (Lübeck) 1925, 32, Nr. 38: „Wird als sog. Kreuzpolka getanzt, wobei die einzelnen Paare die Polkaschritte nicht nur im Rundtanz, sondern abwechselnd damit auch vor und rückwärts ausführen." Die Differenz zwischen dem Liedtext unter den Noten („Ma-rutsch-tik-ka") und dem Text darunter („Ma-rusch-ka-ka") entstand durch fehlerhafte Überlieferung; verbindlich ist „Ma-rusch-ka-ka". Urprünglich Tanz für Erwachsene.

Nr. 865 Hier ist Grün

Vgl. Frischbier, Preuß. Volksreime (Berlin) 1867, 161; Erk-Böhme III (Dt. Liederhort) 1894, 609; ähnlich wie bei Böhme 1897, 484, Nr. 213: „Den verlorenen Schatz suchen". Der Text variiert geringfügig. Ab Zeile 2 heißt es: „Hier und da, hier und da,/Unter diesen allen,/Dieser mit dem bunten Rock/Könnte mir gefallen./Dreh dich um, ich kenn dich nicht,/Bist du's oder bist du's nicht!/Nein, nein, du bist es nicht,/Geh nur fort, ich will dich nicht. (Oder:) Ja, ja, du bist es wohl,/Der ein Küßchen geben soll." Böhme I Leipzig 1886, 302; vgl. Lewalter/Schläger, Kassel 1911, 104 und 348. Tanzanleitung nach Dillmann 1928, 14 – 15; Baader II Tübingen 1979, 173 – 174, vgl. hier die Spielanleitungen bzw. Varianten.

* Nr. 867 Es regnet auf der Brücke

Die Melodie dieses Liedchens hat Caro nicht aufgezeichnet. Hier ist sie nachgestellt aus Böhme (Dt. Kinderlied) 1897, 469, Nr. 170: „Ringelreihen mit Wahl (Brautwerbung). M. Aus Sachsen und Berlin 1872 … Der Text dieser Fassung lautet: ‚Es regnet auf der Brücke, und es wird naß./Ich hab' etwas vergessen, und weiß nicht was./Ach, schönster Schatz, komm 'rein zu mir,/es sind kein' schön're Leut' als wir,/Ei, ja freilich! Wer ich bin, der bleib' ich,/bleib' ich wer ich bin: Adje, adje! Mein Kind!' Text aus Chemnitz und Waldkirchen im Vogtland." Schon zu Anfang des 16. Jh.s bekannt (vgl. Nr. 171 „Jungfrau in dem rothen Rock"). Böhme stellt eine Variante vom Niederrhein vor. Sie ist ebenso bei Erk/Böhme III (Dt. Liederhort) 1897, 605 und bei Lewalter/Schläger (Kassel) 1911, 88, Nr. 262 verzeichnet. Die Melodie dieser (vermutlich zersungenen) Fassungen ist nahezu identisch (bei Wehrhan identisch mit der Melodie von „Ein Männlein steht im Walde"); Wehrhan 1929, 270, Nr. 3329 überliefert einen melodisch angepassten Text: „Es regnet auf der Brücke, und ich werd naß,/ich habe was vergessen und weiß nicht, was./Schöne Jungfrau, komm herein, lass mich einmal lustig sein,/lass mich einmal tanzen und lustig sein." Da Textaussage und rhythmische Struktur bei Caro mit der o. a. Fassung von 1872 nahezu übereinstimmen, wurde zur Rekonstruktion der Melodie die Fassung Nr. 170 aus Böhme 1897 hinzugezogen.

* Nr. 868 Da stehn zwei draußen vor der Tür

In der hier aufgezeichneten Fassung aus Viersen findet ein Tonartwechsel von C-Dur nach G-Dur statt. Das ist ungewöhnlich und lässt darauf schließen, dass die Gewährsperson, sich zwar des Textes noch erinnernd, den ersten Teil melodisch improvisiert hat. Der zweite Teil „Hier ist mein Schatz" ist nahezu identisch mit Böhme 1897, 484 f, Nr. 216 (aus der Wetterau, Oberhessen); vgl. Drosihn (Pommern) Leipzig 1897, 119; Lewalter/Schläger (Kassel) 1911, 287; Runkel 1927, 76; Baader, Tübingen 1979, 176, Nr. 76: „Wer steht da draußen …"; vgl. Siemes/Philips (Aachen) 1995, 116: „Wer steht da draußen vor der Tür?"; vgl. Simrock 1879, 823, Nr. 79: „Trauer, Trauer über Trauer" und „Der gefundene Schatz"; Meyer (Köln) 1913, 71 f.: „Jammer, Jammer über Jammer, hab' verloren meinen Ring." Meyer nennt es ein „altes Spiel"; vgl. Siemes/Philips 2001, 122 f.

* Nr. 871 bis Nr. 873 Adam hatte sieben Söhne

Weit verbreitet; Erk/Irmer (Die dt. Volkslieder mit ihren Singweisen) Bd. I H. 4, 1839, 69, Nr. 63: „Ein Gesellschaftsspiel"; lt. Böhme 1897, 495, Nr. 237: „... ursprünglich ein Gesellschaftsspiel" (Reigen mit Pantomimen); Erk/Böhme III (Dt. Liederhort) 1894, 611: Mit anderer Melodie als in Aachen; zu dieser Melodie heißt es: Sie „ist alt und findet sich wesentlich gleich zu alten Spiel- und Tanzliedern, auch zu Trinkliedern verwendet. In ganz Deutschland bekannt"; Lewalter II. Dt. Vokslieder (Hambg.) 1894, H. 5. 62, Nr. 34: „Jakob hatte sieben Söhne, sieben Söhne Abraham ...". Zimmer 1897, 25; Böhme (Dt. Kinderlied) 1897, 494/95 Nr. 238 notiert: „... eine ähnliche Melodie wie die Aachener ... Text in ganz Deutschland bekannt; gewöhnlich bloß I. Satz ...". Dieses Pantomimenspiel ist jedenfalls sehr alt. Böhme notiert ferner einen 2. Notenteil mit Pantomime und einen 3. Teil mit einem Rundtanz: „... Fischart kannte es und nennt die Anfangszeile davon ..." (in seinem Gargantua 1590); Leske (Spielbuch f. Mädchen) 1900, 171: „... sie aßen nicht, sie tranken nicht, sie sahen sich ins Angesicht"; Dillmann (Frankfurt) 1909, 35, Nr. 136; Lewalter/Schläger (Kassel) 1911, 122, Nr. 311, S. 358 mit dem Zusatz: „Aus drei Teilen zusammengesungen ... Beide Anfangszeilen kommen ... vor 1618 vor"; Jöde (Ringel, Rangel Rosen) 1913, 82, Nr. 89; die hier unter II. vorgestellte Textfassung, die von Caro 1906/07 aufgezeichnet wurde, ist ein Beispiel für die Verschmelzung zweier Liedmotive. Der erste Teil „Adam hatte sieben Söhne" ist als Original des bekannten Kreisspieles erhalten. „Mit dem Köpfchen nick, nick, nick" ist der 2. Teil des Kinderliedes „Brüderlein, komm tanz mit mir", das über die Märchenoper „Hänsel und Gretel" von E. Humperdinck einen sehr hohen Bekanntheitsgrad erreichte. R. R. Klein (Willkommen, lieber Tag, Frankfurt 1964, 40) stellt eine Fassung dieses Liedes vor, die den Text von Humperdincks' Schwester Adelheid Wette zugrunde legt. Die unterschiedliche Melodie, deren zweiter Teil (Einmal hin, einmal her) identisch ist mit dem zweiten Teil des Kinderliedes „1, 2, 3, 4, 5, 6, 7, wo ist meine Frau geblieben?/Ist nicht hier, ist nicht da, ist wohl in Amerika" bezeichnet er als „volkstümlich". Siemes/Philips (Aachen) 1995, 136, Nr. 193.

Nr. 874 Es kamen drei Weise aus dem Morgenland

Norrenberg 1875, 104, Nr. 11; Böhme 1897, 667/668, Nr. 612; Caro 1906, 72, Nr. 9; Nolden (Krefeld) 1912, 99, Kanthack (Berlin) 1939, 48, Nr. 118.

* Nr. 878 Hans Michel

Böhme 1897 verzeichnet es nicht; Lewalter/Schläger (Kassel) 1911, 123, f.: Lewalter nennt das Lied 358 Nr. 312 ein „Zählkonzert mit immer mehr anschwellender Wiederholung". Vgl. dort weitere Nachweise bis 1911. Meyer (Tanzspiele/Leipzig), 4. 1913, 122 ff. führt es unter „Neue Spiele, die ohne nachweisbare Quelle, teils im Unterricht der Schule entstanden sind, als ‚Hamburger Volkslied'" und mit plattdeutschem Text: „Der plattdeutsche Text unter den Noten ist der erste Vers eines bekannten niederdeutschen Kommersliedes. Das haben die Kinder ins Spiel übernommen und für sich umgewandelt."

* Nr. 879 Wollt ihr wissen, wie der Bauer

Weit verbreitet. Böhme (Dt. Kinderlied) 1897, 496/ 97 Nr. 239, „Singspiel mit Pantomimen". Er verzeichnet drei Melodien, wobei seine erste „Rheinländische Melodie" (Nr. 239) mit unserer Aufzeichnung in der Melodie identisch ist. Durch die Wiederholungen ist unsere Fassung jedoch erweitert; Dillmann (Hunsrück) Frankf. M. 1909, 35, Nr. 138; Lewalter/ Schläger (Kassel) 1911, 89 mit anderem Text und anderer Melodie; Jöde 1913 (Ringel, Rangel Rosen), 93/94, Nr. 99; Kommentar S. 153, Nr. 99/100; Hoerburger/ Segler (Klare, klare Seide) 19662, 136, Nr. 135.

* Nr. 881 Guten Abend, Herr Spielmann

Lt. Böhme (Dt. Kinderlied) 1897, 467, Nr. 167 handelt es sich um ein „altes Tanzlied". „Guten Abend, Herr Spielmann, wie geht es euch denn?/Mit der kleinen Violine, mit der großen Schrumm, Schrumm?/Da rasselt der Kessel, da klingelt der Topf,/da tanzen die Mädchen einen Galopp. Tral-la-la-la-la-la." Die Kinder bilden einen Kreis und singen. Mit dem Worte „Galopp" fangen sie an, drauflos zu tanzen, jedes allein oder zu zweien. Das ist ein später Nachkömmling eines altschwäbischen und rheinischen Tanzliedes, das die Wunderhorn-Herausgeber 1808 überarbeitet und mit Zusätzen versehen haben und das so anhebt: „Guten Morgen, Spielemann,/Wo bleibst du so lang?/Da draußen, da droben,/Da tanzen die Schwaben/Mit der kleinen Killikeie,/Mit der großen Kumkum." Aus diesem alten Tanzlied ist in der Viersener Fassung deutlich ein Kindergartenspiel entstanden; Dillmann (Hunsrück) Frankf. M. 1909, 93, Nr. 396 nur vier Zeilen „Unterhaltungsreim". Kein Hinweis auf Melodie oder Spiellied; vgl. Hoerburger/Segler (Klare, klare Seide) 1962, 33, Nr. 31.

* Nr. 882 Plumpsack (I)

Altes Spiel, weit verbreitet; Böhme (Dt. Kinderlied) 1897, 556, Nr. 366; Dillmann (Hunsrück) Frankf. M. 1909,

31, Nr. 125, Textvariante; Schön (Saarbrücken) 1909. 52 f.; Schlipköter (Was sollen wir spielen?) 10. 1925, 27, Nr. 10; Wehrhan (Frankfurt) 1929, 298, Nr. 3448; Stückrath (Nassau) Wiesbaden 1931, 38, Nr. 3327; Peesch (Berlin) 1957, 15: Hat ein Mitspieler nicht gemerkt, „dass das Taschentuch hinter ihm liegt, so gibt ihm der ‚Plumpser‘, wenn er bei der nächsten Runde wieder bei ihm vorbeikommt, drei Schläge mit den Worten: ‚Eins, zwei, drei, ins faule Ei.‘ Der Geschlagene muss sich dann in die Mitte des Kreises setzen, bis er von dem nächsten unaufmerksamen Mitspieler abgelöst wird." Grober-Glück, Jb. f. Volksliedforsch. 16, 1971, 114: „Der Besitzer des Plumpsacks gibt beim Herumgehen unvermerkt einem der Spieler das Tuch in die Hand, schreitet dann ruhig weiter, bis jener, den Plumpsack ordentlich gefaßt, nun seinen Nachbar zur Rechten mit Schlägen um den Kreis treibt. Der Geschlagene sucht so schnell wie möglich seinem Verfolger zu entwischen und die Lücke (seinen Platz) zu erreichen. Der jetzige Schläger setzt das Spiel fort." Fischer (Köln) 1994, 161, Nr. 1130: „Dreht euch nicht um, der Plumpsack geht um."

* Nr. 886 Ist die schwarze Köchin da
Altes, weit verbreitetes Spiel; Böhme 1897, 507, Nr. 267; Lewalter/Schläger (Kassel) 1911, 97, Nr. 274; Wehrhan (Frankfurt) 1929, 288, Nr. 3382; Lorbe (Nürnberg) Berlin 1971, 138 ff. vermutet, dass dieses Lied ebenso wie „Eine kleine Zipfelmütze", „Es tanzt ein Bi-ba-butzemann", „Machet auf das Tor" oder „Petersilie, Suppenkraut" ein ursprünglich „primitiv entstandenes Erwachsenenvolkslied (Naumann), von Kindern aufgenommen und abgewandelt wurde". Vgl. Kühn, o. J. 176; Grober-Glück 1971 Jb. f. Volksliedforsch. 121, Nr. 149 a, b, c; Baader II, Tübingen 1979, 52 – 55, Nr. 36.

Nr. 888 Häkks, Häkks, watt lütt ètt so schuèn?
Auch Josefine Biltz (Bühler/Biltz 1971) beschreibt dieses Spiel, das mit einer Variante in ihrer Kindheit in Köln gespielt wurde; vgl. insbesondere zu diesem Thema: Schier-Oberdorffer „Hex im Keller", München 1985.

Nr. 890 Fräuken, Fräuken, wat spennt gei so flietig?
Erk (Neue Sammlung) 1. H. 1841, 69, Nr. 56: „… mündlich aus Meurs am Niederrhein". Die Textfassung ist mit der aus Firmenich identisch.

Nr. 891 Vuès on Hännè
Böhme 1897, 569 ff., Nr. 388-390; Leske (Spielbuch f. Mädchen) Leipzig 18, 1900, 313: Fuchs: „Ich mache Feuer." Henne: „Weshalb?" Fuchs: „Um Wasser zu sieden." Henne: „Was willst du mit dem Wasser?" Fuchs: „Ein Küchlein kochen." usw.

Nr. 894 und Nr. 895 Kinderchen, Kinderchen, kommt herbei
Es gehört zur Familie der Fangspiele; vgl. den Text in Böhme 1897, 572, Nr. 393 ff. Identisch bei Caro 1906, 68, Nr. 20: „Kinderchen, Kinderchen kommt herbei!" und „Hillegänschen"; Leske (Spielbuch f. Mädchen) 1900, 320: „Alle meine Gänschen kommt nach Haus!", „Der Dieb ist da"; Variante aus Waldniel, Nachlass Peters, 1961: Spielregel wie „Alle meine Kinder …": „Mutter: Alle meine Entlein kommt nach Haus!/Entlein: Wir können nicht./Mutter: Warum denn nicht?/Entlein: Der ‚Wolf‘ ist da./Mutter: Was will er denn?/Entlein: Steinchen suchen./Mutter: Was will er mit den Steinchen?/Entlein: Messer schleifen./Mutter: Was will er mit dem Messer?/Entlein: Hals abschneiden./Mutter: Alle meine Entlein kommt nach Haus!"

Nr. 902 Tupp, tupp, Bella
Dialogfragment mdl. 1975 aus Viersen, ohne Melodie und Spielbeschreibung: Alle: Tupp, tupp Bella! (Klopf, klopf, Bella!) – Bella: „Weä ess doa? (Wer ist da?) – Alle: Ennèn Ölljèrschmann. (Ein Orgelmann.) – Bella: Watt wellt heä dann? (Was will er denn?) – Alle: Ennè Pänning hann. (Einen Pfennig haben.) – Bella: Ennè Pänning habb ich neet. (Einen Pfennig habe ich nicht.) Ennèm Bokksèknoop, dä wellt ich neet. (Einen Hosenknopf will ich nicht.)

Nr. 918 Vügel gelle
Ein sehr altes Spiel, das bereits Goethes Mutter kannte. In einem Brief vom 13.1.1786 schreibt sie an ihre Enkelin Luise Schlosser und deren Geschwister nach Emmendingen: „Wenn ich bei euch wäre, lernte ich euch allerlei Spiele als Vögel verkaufen, Tuchdiebe, Potz schimper, potz schemper und noch viele andere …" zitiert nach Joh. Bolte, „Zeugnisse zur Geschichte unserer Kinderspiele". In: Zeitschrift d. Vereins f. Volkskunde 19. Jg., 1909, 410; Wehrhan ZfVK 5. Jg. 1908, 192, Nr. 42: „Es werden ein Vogelhändler und ein Käufer erwählt. Ersterer verabredet mit den Spielenden, welchen Vogel sie vorstellen wollen. Der Käufer kommt und fragt: Guten Tag, mein

Herr! Antwort: Guten Tag, mein Herr! Der Erste: Ich möchte gern Vögel kaufen. Antwort: Was für welche? – Jetzt muß er raten. Ist ein Vogel nicht vertreten, so heißt es: ‚Ist nicht da‘, im anderen Falle läuft der Spieler, der den betr. Vogelnamen hat, fort; der Käufer sucht ihn einzuholen und stellt ihn, falls das gelingt, an einen bestimmten Ort. Entwischt er ihm oder erreicht er einen bestimmten Platz, so kommt er wieder in die Reihe und erhält einen neuen Namen. Das Spiel dauert, bis alle Vögel gefangen sind." Es ist in ganz Deutschland bekannt, am ähnlichsten ist der lippischen Spielweise die Oldenburger (Böhme Dt. Kinderlied, Leipzig 1897, 688).

Nr. 921 Blinde Kuh

Wahrscheinlich stammt die sprachliche Fassung aus der Kempener Gegend. Böhme, Leipzig 1897, 627, Nr. 511 zitiert einen von Simrock aufgezeichneten Dialog vom Niederrhein, der zum „Blinde-Kuh"-Spiel gehörte: „Blinde Koh, ik leide di." (Blinde Kuh, ich führe dich.) „Woneem hen?" (Wohin denn?) „In'n Bullenstall." (In den Bullenstall.) „Wat schall ik da dohn?" (Was soll ich da tun?) „Klüten on sööt Melk äten." („Klüten" = Klößchen und süße Milch essen.) „Ik hef keen Lepel." (Ich habe keinen Löffel.) „Nimm en Schepel." (Nimm ein Scheppchen/Stieltopf/Schöpfkelle.) „Ik hef keen Schlüssel." (Ich habe keinen Schlüssel.) „Nimm en Tüffel." (Nimm eine(n) Pantoffel(?).) „Geh hin on sock die een!" (Geh hin und such dir eine(n).)" Wie alt das Blindekuhspiel ist, lässt sich bei Rölleke (Grimm/Wiegen- u. Kinderlieder) Weimar 1999, 29, Nr. 35 (und S. 110/111) verfolgen. Der Dialog des Kindes, das die „Kuh" leitet: „Blinde Ko, ik leide di/Woneem hen? Na'n Bullenstall./Wat sall ick das doon?/Klütjen (Klößchen) un söt Milk eeten./Ick heff keen Lepel./Nimm en Schüffel (Schaufel)./Ick heff keen Schüffel./Nimm en Tüffel (Pantoffel)./Ick heff ken Tüffel./ Sü to, wo du een krigst." In Essen hieß der Dialog zum Blindekuhspiel: „Blinne Kau, eck föhr di! – Wohenn? – En'nen Kaustall! – Wat sall eck do? – Riespappe etten! – Eck heff kenen Läppel! – Dann go on seuck di enen!" Bei den letzten Worten wurde das Kind, dem die Augen verbunden waren, ein paarmal herumgedreht und musste anschließend suchen.

* Nr. 990 Teddybär, Teddybär

Vgl. Peesch (Berlin) 1957, 30; Fischer, Köln 1994, 124, Nr. 972 – 977.

* Nr. 992 Schifflein, segle weiter

Nach Aussage der Gewährsperson ist der hier aufgezeichnete Melodieverlauf der ersten beiden Zeilen identisch mit der Aachener Fassung, die in Siemes/Philips 1995, 163 aufgezeichnet wurde. Die dritte und vierte Zeile, deren Melodieverlauf nicht mehr bekannt war, wurde hier rekonstruiert nach einer Fassung aus dem „Liederbuch für westfälische Volksschulen", Oberstufe, Dortmund 1914, 6: „Harre, meine Seele", T. Friedrich Raeder (1815 – 1872) M. Cäsar Malan 1827 (1787 – 1864); vgl. „Evangelisches Gesangbuch für Rheinland und Westfalen", Dortmund o. J. Vermutlich handelt es sich hierbei um eine Ausgabe nach 1945; Werner (Köln) 1961, 75: „Beim Seilspringen. Schifflein ruhe weiter,/Bis der Tag anbricht./Gott sei dein Begleiter./Er verlässt dich nicht./Es kamen drei Weise aus dem Morgenland/Die hatten das Gesicht von der Sonne verbrannt./Da sahen sie einen Stern./Stern, Stern, wo gehst du hin,/Führe uns nach Bethlehem,/Bethlehem, du schöne Stadt,/Die der Herr verheißen hat." Ohne Melodie.

Nr. 1011 Die Zehnerprobe

Vgl. Peesch, Reinhard, Das Berliner Kinderspiel der Gegenwart, Berlin 1957

Nr. 1025 Buèr schmiitè, Buèr kailè

Klewer (Mülheim, Aus dem Kinderleben. In: Festschrift z. Lehrertagung Remscheid 1901) 1901, 100: „Bur paß op" oder „Klinkespiel". Wird 1901 als „Ersatz für das Kegelspiel" bezeichnet: „Aus den einzelnen übereinander gelegten Ziegelsteinen wurde ein Turm von 1? Fuß Höhe gebaut, der aus einer gewissen Entfernung mit einem halben Ziegelstein von den entsprechenden Spielern umgeworfen wurde. Der Kegeljunge hieß „Bur". Er hatte darüber zu wachen, dass die Steine nicht über ein zu beiden Seiten des Turmes bezeichnetes Mal hinausgeworfen wurden. Wer über das Mal warf, wurde Bur."

* Nr. 1047 Hurra, ich bin ein Schulkind

Wahrscheinlich ist dieses Verschen von Pädagogen verfasst worden. Als Melodieträger diente das Rätsellied „Ein Männlein steht im Walde ganz still und stumm". In Boisheim um 1955 lautet der Text „Hurra, ich bin ein Schulkind und nicht mehr klein,/Ich trag auf meinem Rücken ein Ränzlein klein./Tafel, Griffel, Lesebuch und ein feines Taschentuch,/Wenn ich fleißig lerne, dann wird' ich klug". Im Laufe der Jahre bis 1999 änderte sich die Textfassung im selben Ort in der dritten und vierten Zeile: „Tafel, Griffel, Lesebuch, ei, das ist für mich genug,/Will auch fleißig lernen, dann werd' ich klug." In kurzer Zeit hat bereits ein Zersingeprozeß stattgefunden, der auf die Häufigkeit des Singens dieses Liedchens schließen lässt, also auf seine Beliebtheit.

Nr. 1048 Abraham bat Christus
Ein ähnliches Kinder-ABC ist aus Berlin überliefert bei Frischbier, Preuß. Volksreime ..., Berlin 1867, 112: „Abraham bat Christus. Der Engel fuhr gen Himmel in kalter Luft mit neun Ochsen: Petrus, Quinzus, Repschläger, Seepsieder, Tonnewäscher, Vagelfänger, Wollkratzer, ex, Yx Zimmermann."

* Nr. 1049 Jetzt geht's in die Schule
Dieses Schulliedchen ist eine reformpädagogische Bearbeitung des ausgehenden 19. Jh.s. Als Vorlage diente das vaterländische Lied „Ich hab mich ergeben mit Herz und mit Hand" nach dem Text „Gelübde" des Hans Ferd. Maßmann (1797 – 1874). Ursprünglich diente die Melodie – eine Thüringische Volksweise vor 1819 – zu A. von Binzers „Wir hatten gebauet ein stattliches Haus".

* Nr. 1050 Wenn die Schul' ist geschlossen
„Die Tiroler sind lustig" oder „Kommt ein Vogel geflogen" dienten als Vorlage für diese Liedmelodie. Es war durchaus üblich, dass einer Melodie mehrere Texte unterlegt wurden. Ebenso wurde umgekehrt verfahren, indem man zu einem Text mehrere Melodien verfasste. Vgl. Erk/Böhme II (Dt. Liederhort), 790, Nr. 1051: „Vogel, flieg weiter", Volkslied im Niederöster. Dialekt … Musik von Wenzel Müller 1822. Die Melodie ist wesentlich dieselbe wie: ‚Und die Würzburger Glöckli'. Welcher Name dafür der ältere ist, lässt sich schwer ermitteln"; Kageler, Hannover, Liederbuch f. Höh. Mädchenschulen, Hannover 1903 und 1912, 45: „Österreichische Tanzweise" (1822), Textdichter A. Bäuerle; in Overhetfeld mdl. 1981 lautete die letzte Zeile: „Teilt das Mittagsbrot aus."

* Nr. 1052 Der Kaiser ist ein lieber Mann
Umtextung (vor 1900) von „Üb immer Treu und Redlichkeit" des Lyrikers Ludwig Christoph Heinrich Hölty (1748 – 1776); Rölleke Köln, 1993, 138: „In Freimaurer- und Schulbüchern verbreitet und durch die Melodie des Glockenspiels der Potsdamer Garnisonskirche förmlich eingehämmert, wurde die Eingangsparole zu einem Fanal bürgerlich-aufklärerischer Moralvorstellung …"; im Dritten Reich erfolgte eine textliche Anpassung an die politischen Gegebenheiten: „Der Führer ist ein lieber Mann …".

* Nr. 1053 Ich bin ein Preuße
In: Schauenburgs allgemeines Kommersbuch. Unter mus. Redaktion von Fr. Silcher u. Fr. Erk, 46. Aufl., Lahr, o. J. 61, Nr. 55 „Preußenlied"; Kommersbuch Freiburg i. Br. 1908, 34: Bernhard Tiersch (1794 – 1855), August Heinrich Neithardt (1793 – 1861). Zum ersten Mal gesungen am 3. August 1830 zu Halberstadt nach der Weise „Wo Mut und Kraft in deutscher Seele flammen" (a. a. O. 30); vgl. Unser Liederbuch, Dt. Soldatenliederbuch-Stiftung (Eine Sammlung deutscher u. österreichischer Soldaten-, Volks- und Heimat-Lieder, Berlin o. J. (ca. 1914), 75. Nachempfunden und umgedichtet auf die politische Situation des Ersten Weltkrieges 1914: „Ich bin ein Deutscher,/Kennt ihr meine Farben?/Die Fahne weht mir schwarzweißrot voran,/Dass für die Freiheit Deutschlands Männer starben,/voll heil'ger Liebe, zeigt mein Banner an./Den Helden will ich gleichen,/will keinem Feinde weichen;/Ich bin ein Deutscher, will ein Deutscher sein …" usw. Das Büchlein ist klein (10,5 x 7 cm) und passt in jede Tasche einer Soldatenuniform. Noten sind nicht beigefügt. Es ist bebildert mit Portraits von Kaiser Wilhelm II., Kaiser Franz Josef v. Österreich, Friedrich August, König von Sachsen, Rupprecht, Kronprinz v. Bayern, Albrecht, Herzog v. Württemberg, Generälen und weiteren hohen Offizieren der verbündeten Armeen im Ersten Weltkrieg.

Nr. 1054 Klappaikè woll nô dè Möölem joôn
Meyer-Markau (Duisburger Kinderleben. In: Festschrift d. Allg. Dt. Sprachvereins. Duisburg 1905), 1905, 186: „Klappeike woll no Möllem gohn (nach Mühlheim?)/Blew an Möllems Dör stohn,/hat son Not te kacke,/dret sich langes de Hacke."

* Nr. 1056 Du bess ennè Aap
Text und Melodie dieses Liedchens stammen vermutlich aus der Köln-Aachener Karnevalsliteratur des beginnenden 20. Jh.s. Es wurde in Neuwerk von Schulkindern gesungen; Siemes/Philips (Aachen) 1995, 176, Nr. 242, Melodie: „Randivuu und die Rheinländer, die sind gut".

* Nr. 1058 Wörr habbè Feriè
Auch Vorlage für die Melodie „Doè schteet ennè Schutsmann". S. 191, Nr. 373

* Nr. 1063 Eenè, meenè, Muulè

Vgl. Fischer (Köln) 1994, 55, Nr. 268/269 als Abzählreim: Z. 1 – 4 mit Zusatz: „Wie soll es heißen?/Steffi./Steffi hat ins Bett geschissen,/Gerade aufs Paradekissen./Mutter hat's gesehn,/Und du kannst gehen."

* Nr. 1065 Die Luft ist so blau und das Tal ist so grün

Die Melodie dieses Liedes, das über das „Rheinische Liederbuch", hg. von Schwann, Düsseldorf, bis in die 1940er Jahre in den meisten Volksschulen am Niederrhein verbreitet und bekannt wurde, wird auf eine Volkweise zurückgeführt. Den Text verfasste Rosalie Koch, gest. 1888: „Die Luft ist so blau und das Tal ist so grün./Lieb Mütterlein, lass in die Fremde mich ziehn!"

* Nr. 1066 Hinaus in die Ferne

Vgl. Böhme 1895, 39: Es wurde häufig von Schulkindern bei Schulausflügen oder Familienwanderungen gesungen. Richter 1969 kommentiert: „Eine derb-drastische Parodie auf das Soldatenlied „Hinaus in die Ferne mit lautem Hörnerklang", „Jäger-Marschlied" des Albert Methfessel aus dem Jahre 1813".

Zum Bericht „Kaisers Geburtstag" S. 533, bei dem die „Schüler ein Glas Wein erhielten", ist folgendes zu erklären: In der Vergangenheit war es keineswegs ungewöhnlich, dass Schüler zu besonderen Anlässen Wein oder Bier trinken durften, wie aus dem Jahre 1720 belegt ist: „In Afferden (NL) sammelten die Schulkinder durch Vouhjagen am Fastnachtssonntag Biergeld, davon tranken sie am ‚raesenden Montag' in der Schule Bier." Das Verbot der Obrigkeit führte zum Widerspruch der Einwohner: Es hieß, es handele sich dabei um eine Gerechtigkeit, welche von 100 zu 100 Jahren in Gebrauch gewesen sei. „Noch um 1800 ‚jagten' in den Nachbarorten Swalmen und Grubbenvorst (sie gehörten ursprünglich zum ‚Österreichischen Oberquartier', d.h. Heiligen Römischen Reich und fielen erst 1815 an die Niederlande) und wohl auch in Afferden die Knaben die Vuh, die dabei Hüte aus buntem Papier trugen. Die Gaben trugen sie in einer Kiepe und verzehrten sie in der Schule bei Bier. Grutbier und später Hopfenbier wurde seit dem Mittelalter von der Bevölkerung als Lebensmittel angesehen"; Zender 1977, 240.

Nr. 1067 Kömmt dè Liirèr en dè Scholl

Aus Düsseldorf: 1. „Kütt dè Lehrèr en di Scholl,/Sätzt è sich op sinnè Schtool./Lustig, lustig, trallèrallalla,/Nun ist Martinsabend da. 2. Nömmt dè Knöppèl en di Hangk,/Häut ons övvèr dè langè Schtrangk;/Lustig usw./3. Leevè Lehrèr, dat deet wii!/Ich donn et mi Levèjôttsdaach net mii!/Lustig … usw., N. A. St. Martinsabend in Düsseldorf". In: Niederrheinischer Geschichtsfreund, Nr. 21. 1880, 162. Vermutlich handelt es sich bei diesem Spottliedchen um eine Parodie auf das bekannte Nikolauslied „Lasst uns froh und munter sein".

Nr. 1073 Liièrer, lôtt dè Schuèl uutjoan

Der Lehrer wurde meist „Schuèlmeestèr" (Schulmeister) genannt, auch „Magister". Die Bezeichnung Schulmeister wurde später durch „Schullehrer" verdrängt; vgl. RWB VII, 1879; UH., 16. Jg., Nr. 8, 1928 unpag. (Kreis Geldern) Z. 3 u. 4: „Moder hät de Papp all gar,/on ek mot se rühre."

Nr. 1081 Wallbèrè saat

Firmenich I, 514 (Mönchengladbach): „Beim Nachhausegehen vom Waldbeerpflücken. Minne Kruk es voll, dä Buk es voll,/Wä wellt möt mech no Heem jon?/Ech! Ech! Ech!"; Schmitz (Mischmundart) 1893, 67: „Walbere saat/Schtop dat Jaat./Häst-er jen jenoch, dan plök-er dech saat./Mine Buuk ös fol./Mine Kruuk ös fol./Wä welt möt noa heem joan?/Ech net, du net, on vör alemoale net"; Neef-Winz (Viersen), VDZ 8. 8. 1939 „Laterna Magika": „Wëä wel möt nô Heem joan? Ich neet, du neet, wör allèmoalè neet." Es wurde speziell dann gesungen, wenn man mit vollem Krug nach Hause ging; HKE (Erkelenzer Land) 1965, 13. Jg., 154 heißt es ähnlich: „Minne Buk eß voll, minn Kruk es voll/Wä jeht mett mich noa heem?/Ech jonn mett noa heem/Heemop, Heemop hövt die Jeet de Been op!"

Nr. 1092 Die Mädchen von der Oberschul

Es wurde zu der Melodie gesungen: „Fuchs, du hast die Gans gestohlen …"; vgl auch Siemes/Philips (Aachen) 1995, 88.

* Nr. 1093 Die Töchterkes, die Töchterkes

Ebenfalls nach der Melodie „Fuchs, du hast die Gans gestohlen …". Laut einer jüngeren mdl. Überlieferung (2003) aus Boisheim sang man es nach der Melodie von „Mariechen kam geflogen/Auf einer Flasch Benzin./Da meinten die Franzosen,/es wär ein Zeppelin." Dieses Spottliedchen auf die Franzosen entwickelte sich mit dem Text der zweiten Strophe zum Gossenlied. Es entstand wohl Ende des 19. Jh.s und war als „Straßenlied" bis in die 1950er Jahre bekannt. Seit den 1960er Jahren auch als Kindergartenlied verbreitet: „1. Wir Kindergartenkinder, wir sind vergnügt und froh. Wir wandern jeden Morgen dem Kindergarten zu. 2. Und wenn vom Kirchenturme die Glocke zwölfe schlägt, dann wissen alle Kinder, dass es nach Hause geht." Mit erweitertem Schluss „Heidi, heida, heidi, heida. Wir Kindergartenkinder, wir sind da, haha!", Verfasser unbekannt.

Nr. 1098 Müèlè, Müèlè, maalè
De Cock/Teirlinck (NL-Limburg) VIII, 41, Nr. 15: Hier necken die Jungen die Mädchen: „Tierelierelìere!/De meiskes zijn zoo diere,/De jongens zijn zoo goeie koop (so ein guter Kauf)"; Göhn (Hüls) 1953, 145.

Nr. 1113 Allah ist groß, Allah ist mächtig
Vgl. Fischer (Köln) 1994, Nr. 540: „Allah ist groß,/Allah ist mächtig,/Hat einen Pimmel von drei Meter sechzig."

Nr. 1118 Dunkel war's, der Mond schien helle
Vgl. Fischer (Köln) 1994, 90, Nr. 782 – 884.

Nr. 1126 Drei Chinesen mit dem Kontrabaß
Der um 1895 bis 1918 geborenen Generation war das Lied unbekannt, ebenso wie die erste Strophe, nicht aber das Spiel mit den Vokalen.

* Nr. 1127 Auf der grünen Wiese
Vgl. Lorbe 1971, 138: „Es findet sich eine Spur des Schlagers ‚Auf der grünen Wiese/hat er sie gefragt' … in dem Kinderlied … wieder." Zu den nachgesungenen Schlagertexten gehört auch „Ay, ay, ay Maria, Maria aus Bahia …", 1949 von Misraki Feltz. Daraus wurde „Ei, ei, ei Sanella …", ein Reklametext, der durch „Zersingen" zu einem Kinderlied gewandelt wurde. Um 1950 in Viersen gesungen und dort 1975 aufgezeichnet. Zur Entstehung der Melodie vgl. Richter, 1969: Von einem „anderen, äußerst produktiven Unterhaltungskomponisten, Philipp Fahrbach jun., rührte der Marsch ‚Flotte Bursche' (op. 252). Dem Trio angepaßt wurden Verse auf ein 1890 in Berlin ausgestelltes Krokodil, das angeblich vom Nil nach Hamburg geschwommen sein sollte: ‚Unten in der Elbe/Schwimmt ein Krokodil,/S'ist doch wohl dasselbe,/Was auch schwimmt im Nil?'". Zur gleichen Melodie ersann der Berliner Volkswitz noch andere Scherzreime: „Unsre Katz hat Junge,/Sieben an der Zahl …", „Droschkenkutscher Wiese/sitzt auf seinem Bock …".

Nr. 1140 In Hannover an der Leine
Dieses weitverbreitete Lied ist eine Parodie auf das Operettenlied „Warte, warte nur ein Weilchen, bald kommt auch das Glück zu dir …" aus der Operette „Marietta" von Walter Kollo. Die Operette wurde 1923 in Berlin uraufgeführt.

Nr. 1149 Karl der Große
Vgl. Fischer (Essen) 1994, 61, Nr. 334.

Nr. 1155 Jôtt sai Dangk, sätt Frau Blangk
Variante aus Viersen: „… Schmiët dä Pischpott ann di Wangk"; ähnlich aus mdl. Hinsbeck 1981: „Jott sai Dangk,/Sätt Frau Blank,/Bis sie zu Boden sank/Und stank/Und dabei noch ein Liedchen sang."

Nr. 1160 Ach, wüèr ich doch enn Bottèrblomm
Vermutlich zuweilen auch zur Melodie „Üb immer Treu und Redlichkeit" gesungen; Siemes/Philips (Aachen) 1995, 144, Nr. 201. In Aachen wird zur selben Melodie gesungen: „Isch jönnt, isch wüèr enn Bottèrbloom".

Nr. 1161 Harry Piel saß am Nil
Zirkler 1932, 87: „Harry Piel sitzt am Nil,/Wäscht die Beene mit Persil./Henny Porten sitzt im Norden,/Zählt die Eier aller Sorten." Dem Filmschauspieler Harry Piel (1892 – 1963) gelang 1919 mit dem Film „Der große Unbekannte", in dem er die Hauptrolle spielte, der große Durchbruch. Henny Porten (1890 – 1960) galt als „Erster Star des deutschen Films". Sie stand bis 1954/55 vor der Kamera. Berühmt wurde sie u.a. durch den Film „Das Fräulen von Scudun".

Nr. 1165 Puppè ess enn jruètè Nuét
In Viersen, Dülken und Breyell hieß es mdl. 1980: „Driitè ess enn jruètè Nuèt …", die letzten beiden Zeilen:

„Mää (Mägde), di driitè inn dèr Schtall,/Kleenè Kengèr üevèrall" (kleine Kinder überall); weit verbreitet; RWB IV, 17: „Kakkè ess enn jruètè Nuèt/Weä nett kakkè kann jeet duèt./Kakkè möddè ooch di Nonnè,/Buurè kakkè enn dè Tonnè,/Määdè kakkè enn dèr Schtall,/Kleenè Kenger üevèrall."

Nr. 1173 Haidèwitska, di NSV
Weil sich dieser Gassenhauer in vielfachen Varianten zum politischen Untergrundlied ausbreitete, bekam der Schlagerkomponist Karl Berbuer große Schwierigkeiten mit den Nazis.

Nr. 1174 Lumpen, Eisen, Knochen und Papier
Die Melodie zu dieser Parodie wurde dem im Dritten Reich sehr bekannten Lied „Schwarzbraun ist die Haselnuß, schwarzbraun bin auch ich" entnommen. Der Originaltext „Juvijuvidi, ha, ha, ha, ha …" wurde gegen den hier dargestellten ausgewechselt. Dieses Lied musste für viele Parodien herhalten, z.B.: „Vollfett ist die Leberwurst,/Vollfett bin auch ich./ Vollfett muß mein Madel sein/Gerade so wie ich." Textvarianten wie „Haarig ist die Kokosnuß, haarig bin auch ich …" oder „Löcher hat der Schweizerkäs …" führten bis an die Grenzen des guten Geschmacks.

Nr. 1177 Leise rieselt der Schnee
Mit „Schurschill" ist Winston Curchill gemeint, britischer Premierminister von 1940 bis 1945 und mit „Schämberlein" Arthur Neville Chamberlain, sein Vorgänger im Amt von 1937 bis 1940; Text und Melodie von Eduard Ebel, 1839 – 1905.

Nr. 1178 Das kann doch einen Seemann nicht erschüttern
Bei diesem Schlager handelt es sich um eine Filmmelodie aus dem Film „Paradies der Junggesellen". In den Hauptrollen: Hans Albers und Heinz Rühmann (1939).

Nr. 1184 Ach Mutter
Parodie des Schlagers „Rosamunde" (Melodie: J. Vejvoda, Seq. bei Richard Agilar), Deutscher Text: Klaus S. Richter: „Schon seit vielen langen Jahren liebe ich die Rosamunde …". Variante einer Mönchengladbacher Parodie: „Kolrabi, Kolrabi, die Tante kritt enè Babi …". Die Rhythmik des Schlagers ähnelt der Böhmischen Polka.

* Nr. 1185 und Nr. 1186 Wir traben in die Weite
Schepping, „ad marginem" Nr. 21, 1971: „Wassenberg: … statt ‚Vom Westen bis zum Osten': ‚Von Düsseldorf bis Aachen' … Zwei Umtexturierungen (nehmen) aufgrund ihrer jugendpsychologisch durchaus charakteristischen Mischung von Selbstironie, Galgenhumor und Banalität eine Sonderstellung ein … ‚Wir traben in die Kneipe', bzw. sogar ‚Wir traten in was Weiches' … beides … seltsam unangemessen erscheinende Verballhornungen"; vgl. bei Rühmkorf 1969, 170, Nr. 18 a, u. 18 b: 1. Textfassung: „Wir traben in die Weite/Der Spaten steht im Spind/Der Arbeitsdienst geht pleite/Weil wir entlassen sind." 2. Textfassung (möglicherweise aus der Umgebung von Berlin): „Wir traben in die Kneipe,/der Spaten steckt im Spind,/Mit Kumpels uns zur Seite, die ooch besoffen sind./Fürs Vaterland zu saufen,/Hurrah, Viktoria,/Nun lasst noch einen laufen,/Hurrah Viktoria." Vermutlich wurde das ursprünglich aus dem Ersten Weltkrieg stammende Lied im RAD (Reichsarbeitsdienst) gesungen, ist aber nicht zu lokalisieren.

* Nr. 1190 Rindfleisch ist teuer
Text: Hans Leip 1915. Der Gardefuselier Hans Leip schrieb den Text als Abschiedslied für seine beiden Freundinnen Lili und Marlene. Der Text wurde in 48 Sprachen übersetzt. Norbert Schultze komponierte 1937 die Melodie. Vielfach parodiert. Auch am Niederrhein als Original und als Parodie weit verbreitet, erkennbar an den verschiedenen ortsgebundenen Namen der Pferdemetzgereien, z.B. Mönchengladbach: „… drum gehen wir nach Steinwegs und kaufen uns ‚Trapp-Trapp'". Melodie bei Klusen, Deutsche Lieder 2. 1981, Bd. II, 554 mit einer parodistischen Strophe; wurde auch in Frankfurt gesungen, allerdings nach dem Ersten Weltkrieg, vgl. Wehrhan (Frankfurt) 1929, 98, Nr. 1405, 1406; S. 99, Nr. 1407.

Abkürzungen

Die Heimat, Krefelder Jahrbuch. Zeitschrift für niederrheinische Kultur- und Heimatpflege

GHK Geldrischer Heimatkalender

HDA Handbuch des deutschen Aberglaubens

HKW/JKW Heimatkalender des Kreises Wesel/Jahrbuch Kreis Wesel

HKH Heimatkalender des Kreises Heinsberg

HKE Heimatkalender der Erkelenzer Lande

HKK/HKV Heimatbuch des Grenzkreises Kempen-Krefeld,/ … des Landkreises Kempen-Krefeld,/ … des Kreises Viersen

KKL Kalender für das Klever Land

HKM Heimatkalender für den Kreis Moers

LexMa Lexikon des Mittelalters

NGF Niederrheinischer Geschichtsfreund

RhJW Rheinischer Jahrweiser für den Feierabend am heimischen Herd

RGB Rheinische Geschichtsblätter

RWB Rheinisches Wörterbuch

UH. Unsere Heimat, Zwanglose Blätter, hg. von den Heimatvereinen des Kreises Geldern, Beilage zur Niederrheinischen Landes-Zeitung/zur Westdeutschen Landes-Zeitung, unpag.

VDZ Vereinigte Dreistädte-Zeitung, Viersen

ZfVK Zeitschrift für rheinische und westfälische Volkskunde

In gleicher Ausstattung erschienen

Woher kommen die zahlreichen Bräuche und Feste, die sich durch das ganze Jahr ziehen? Dieser Frage sind Helena Siemes und Gerd Philips nachgegangen und haben eine große Fülle von Liedern, Versen und Brauchtumstraditionen zusammengetragen.

Helena Siemes / Gerd Philips

Durch das Jahr

Feste und Bräuche am Niederrhein
2. Auflage, 404 Seiten mit 49 Bildern,
zzgl. 8 Seiten Farbtafeln,
Format 17 x 24 cm, gebunden,
ISBN 3-87463-371-3, € 19,80

Mercator-Verlag